2023

WANDER GARCIA
ALEXANDRE MOREIRA NASCIMENTO
ANA PAULA DOMPIERI
COORDENADORES

Bateria de SIMULADOS ENEM!

COMENTÁRIOS ATUALIZADOS

5 SIMULADOS

SIMULADOS COM AS PROVAS ORIGINAIS + COMENTÁRIOS ÀS QUESTÕES E RELATÓRIOS DE RESULTADOS

APRENDIZADOS COM O LIVRO:

• **ADMINISTRAR** melhor o tempo • **AGILIDADE** para responder questões **TÉCNICAS** para acertar mais questões • **DESCOBERTA** dos erros de conteúdo e o que precisa estudar mais • **DESCOBERTA** dos erros de interpretação e de escolha da alternativa correta • **MAIS** calma no dia da prova, com mente e emoções mais preparadas.

EDITORA FOCO

2023 © Editora Foco
Coordenadores: Wander Garcia, Alexandre Moreira Nascimento e Ana Paula Dompieri
Organizadora: Paula Morishita
Autores: Alexandre Moreira Nascimento, André Moreira Nascimento,
Anna Carolina Müller Queiroz, Elson Garcia, Gabriel Kenji Godoy Shimanuki e Leila Satin
Diretor Acadêmico: Leonardo Pereira
Editor: Roberta Densa
Assistente Editorial: Paula Morishita
Revisora Sênior: Georgia Renata Dias
Capa Criação: Leonardo Hermano
Diagramação: Ladislau Lima e Aparecida Lima
Impressão miolo e capa: FORMA CERTA

Dados Internacionais de Catalogação na Publicação (CIP) de acordo com ISBD

B329

Bateria de simulados ENEM / Alexandre Moreira Nascimento ... [et al.] ; coordenado por Alexandre Moreira Nascimento, Wander Garcia, Ana Paula Garcia. - Indaiatuba, SP : Editora Foco, 2023.
504 p. ; 16cm x 23cm.
Inclui bibliografia e índice.
ISBN: 978-65-5515-820-5
1. Metodologia de estudo. 2. ENEM. 3. Simulados. I. Nascimento, Alexandre Moreira. II. Nascimento, André Moreira. III. Queiroz, Anna Carolina Müller. IV. Garcia, Elson. V. Bandeira, Felipe Vasconcellos. VI. Shimanuki, Gabriel Kenji Godoy. VII. Satin, Leila. VIII. Garcia, Wander. IX. Garcia, Ana Paula. X. Título.

2023-1631 CDD 001.4 CDU 001.8

Elaborado por Vagner Rodolfo da Silva - CRB-8/9410
Índices para Catálogo Sistemático:
1. Metodologia de estudo 001.4 2. Metodologia de estudo 001.8

NOTAS DA EDITORA:

Atualizações e erratas: A presente obra é vendida como está, atualizada até a data do seu fechamento, informação que consta na página II do livro. Havendo a publicação de legislação de suma relevância, durante o ano da edição do livro, a editora, de forma discricionária, se empenhará em disponibilizar atualização futura.

Bônus ou Capítulo ***On-line***: Excepcionalmente, algumas obras da editora trazem conteúdo no *on-line*, que é parte integrante do livro, cujo acesso será disponibilizado durante a vigência da edição da obra.

Erratas: A Editora se compromete a disponibilizar no site www.editorafoco.com.br, na seção Atualizações, eventuais erratas por razões de erros técnicos ou de conteúdo. Solicitamos, outrossim, que o leitor faça a gentileza de colaborar com a perfeição da obra, comunicando eventual erro encontrado por meio de mensagem para contato@editorafoco.com.br. O acesso será disponibilizado durante a vigência da edição da obra.

Impresso no Brasil (07.2023) Data de Fechamento (07.2023)

2023

Editora Foco Jurídico Ltda.
Rua Antonio Brunetti, 593 – Jd. Morada do Sol
CEP 13348-533 – Indaiatuba – SP
E-mail: contato@editorafoco.com.br
www.editorafoco.com.br

APRESENTAÇÃO

Quer passar no ENEM?

Então faça simulados antes da prova!

Você terá os seguintes ganhos ao fazer os simulados desse livro:

- aprenderá a administrar melhor o tempo;
- aprenderá como ser mais ágil para responder questões;
- aprenderá técnicas para acertar mais questões a cada prova;
- descobrirá onde estão os seus erros e o que precisa estudar mais;
- descobrirá onde estão os seus erros de interpretação e de escolha da alternativa correta;
- ficará mais calmo para o dia da prova, pois terá simulado diversas vezes esse momento e suas mente e emoções estarão mais preparadas.

Mas não basta fazer simulados. É preciso fazer com o material correto.

Existem técnicas para treinar via simulados e esse livro tem tudo o que você precisa para fazer isso da melhor maneira.

Confira os principais pontos para estudar por meio de simulados:

1º) Você precisa usar como simulado provas reais e completas de exames anteriores do ENEM. E isso é o que fazemos neste livro. Disponibilizamos 5 provas já aplicadas, em sua versão original.

2º) Você precisa resolver as questões como se você estivesse na prova. Neste livro as questões vêm dispostas como na prova, e depois você tem uma folha de respostas para fazer o mesmo que faria nesta. Sem contar que os comentários às questões e os gabaritos não ficam na mesma página do simulado, então você só tem a sua mente mesmo para resolver as questões, como se estivesse na hora da prova.

3º) Você precisa ter um feedback de cada questão, para saber onde e porque cometeu cada erro. Este livro também oferece isso, pois cada questão é respondida e comentada, alternativa por alternativa, para você entender o que precisa estudar mais e que erros você têm cometido ao interpretar questões e escolher a alternativa correta.

4º) Você precisa saber como está o controle do tempo e a evolução dos seus resultados. Neste ponto disponibilizamos ao final do livro uma sessão só para você preencher a sua pontuação em cada prova, o tempo gasto na prova, os itens que você precisa melhorar e outros pontos importantes para você evoluir seus resultados a cada novo simulado.

5º) Você precisa fazer um número mínimo de simulados. Quanto mais simulados, melhor. Nossa recomendação é fazer no mínimo 3 simulados. Cada simulado que você fizer a mais, melhor, por isso disponibilizamos 5 simulados para você. Eles devem ser feitos ao final de cada semana de estudos, ou seja, 1 simulado por semana é o ideal.

Se não for possível, tente fazer ao menos 1 simulado a cada 10 dias ou a cada 2 semanas.

Outro ponto importante é que o livro está atualizadíssimo e informa para você como fica a resposta de cada questão, se por ventura alguma questão sofrer alteração no gabarito por alguma novidade.

Agora é com você: crie seu cronograma de simulados e cumpra-o com seriedade, simulando pra valer o momento da prova.

Bom trabalho e ótimos estudos!

Como Usar o Livro?

Em primeiro lugar você deve criar o seu cronograma de simulados e cumpri-lo com seriedade, simulando pra valer o momento da prova.

Para cada simulado você deve fazer o seguinte também:

• Reservar o tempo necessário, seguindo o limite de tempo estabelecido no edital do ENEM;

• Escolher um lugar que você não seja interrompido;

• Colocar um cronômetro que não seja interrompido e ser fiel ao tempo de prova, ou seja, terminado o tempo, você deve pausar suas atividades, tendo ou não terminado o simulado;

• Em seguida você deve conferir as repostas em sua folha de resposta;

• Após, você deverá ler os comentários de cada questão que tiver errado e fazer todas as anotações na sessão do livro que trata dos relatórios sobre os seus resultados, anotando não só as matérias que precisa estudar mais, como dicas de como evitar erros de interpretação e de escolha de alternativas.

Pronto, agora é só ir atrás de estudar mais os pontos fracos e aguardar a data que você reservou para o próximo simulado.

Bons estudos e sucesso!

Coordenadores e Autores

SOBRE OS COORDENADORES

Alexandre Moreira Nascimento

- Professor de diversas disciplinas na Faculdade Fundação Escola de Comércio Álvares Penteado - FECAP.
- Participou na execução do PEDP – Programa de Educação Dinâmica Progressiva, resultando nos conceitos "A" no Exame Nacional de Cursos de 2000 a 2003 e conceito máximo no ENADE desde 2006, bem como no reconhecimento da instituição como "o melhor entre todos os Centros Universitários do país, entre privados e públicos" pelo IGC – Índice Geral de Cursos do MEC.
- Palestrante no Programa de Qualificação de Docentes.
- É um *serial entrepreneur*, tendo fundado três empresas onde desenvolveu produtos com tecnologias inovadoras.
- Fundou a Coaster.io (www.coaster.io) no Vale do Silício (EUA), empresa que, com investimento da Samsung Eletronics, está desenvolvendo uma plataforma de *software* e *hardware* para o compartilhamento de mídias entre diferentes dispositivos audiovisuais. Atualmente exerce a função de COO (*Chief Operating Officer*) na empresa.
- Graduado em Engenharia Mecatrônica pela Escola Politécnica da Universidade de São Paulo.
- Mestre em Administração de Empresas pela FEA/USP.
- Pós-graduado em *Marketing* pela FGV e em Medicina Comportamental pela Escola Paulista de Medicina da Universidade de São Paulo.
- Possui um *Master in Business Administration* pelo MIT (Massachusetts Institute of Technology) e especializações pela FGV e Harvard.

Wander Garcia – @wander_garcia

É Doutor, Mestre e Graduado em Direito pela PUC/SP. É professor universitário e de cursos preparatórios para Concursos e Exame de Ordem, tendo atuado nos cursos LFG e DAMASIO. Neste foi Diretor Geral de todos os cursos preparatórios e da Faculdade de Direito. Foi diretor da Escola Superior de Direito Público Municipal de São Paulo. É um dos fundadores da Editora Foco, especializada em livros jurídicos e para concursos e exames. É autor *best seller* com mais de 50 livros publicados na qualidade de autor, coautor ou organizador, nas áreas jurídica e de preparação para concursos e exame de ordem. Já vendeu mais de 1,5 milhão de livros, dentre os quais se destacam "Como Passar na OAB", "Como Passar em Concursos Jurídicos", "Exame de Ordem Mapamentalizado" e "Concursos: O Guia Definitivo". É também advogado desde o ano de 2000 e foi procurador do município de São Paulo por mais de 15 anos. É *Coach* Certificado, com sólida formação em Coaching pelo IBC e pela *International Association of Coaching.*

Ana Paula Dompieri

Procuradora do Estado de São Paulo, Pós-graduada em Direito, Professora do IEDI, Escrevente do Tribunal de Justiça por mais de 10 anos e Assistente Jurídico do Tribunal de Justiça. Autora de diversos livros para OAB e concursos.

SOBRE OS AUTORES

André Moreira Nascimento

- Advogado e Especialista em Regulação na Agência Nacional do Petróleo, Gás Natural e Biocombustíveis - ANP.
- Autor de diversas de obras voltadas à preparação para exames oficiais e concursos públicos.
- Autor de artigos especializados.
- Instrutor de cursos, tendo recebido menção elogiosa pela destacada participação e dedicação.
- Graduado em Direito pela Universidade Presbiteriana Mackenzie/SP.
- Cursou Geografia pela Universidade de São Paulo.
- Possui diversos cursos de extensão nas áreas de Direito, Regulação, Petróleo e Gás Natural, Geopolítica e Administração Pública.

Anna Carolina Müller Queiroz

- Pesquisadora responsável pelos projetos em tecnologias na educação e educação ambiental na Stanford Accelerator for Learning e no Virtual Human Interaction Lab, ambos na Universidade de Stanford/EUA.
- Lidera diversos projetos educacionais em larga escala nos EUA, América Latina e Europa, sendo premiada pelo Stanford King Center in Global Development pelo importante impacto social de seus projetos.
- Membro do comitê científico do programa "Planetary Health" da Universidade de Edimburgo.
- Autora de diversos capítulos e artigos científicos, suas pesquisas tem informado governos, acadêmicos e empresas sobre o uso de tecnologias na educação e mudança comportamental.
- Graduada em Psicologia pela Universidade Estadual de Londrina/PR.
- Mestre e Doutora em Psicologia do Desenvolvimento e Aprendizagem pela Universidade de São Paulo.
- Pós-graduada em Medicina Comportamental pela Escola Paulista de Medicina da Universidade Federal de São Paulo.
- Pós-graduada em Administração de Empresas pela Fundação Getúlio Vargas.
- Especializações no exterior - "Estudos da Mente, Cérebro, Saúde e Educação" em Harvard e "Estudos Científicos sobre a Força de Vontade" na Universidade de Stanford.
- Professora assistente do curso de pós-graduação "Computação Aplicada à Educação" da Universidade de São Paulo.
- Professora de Psicologia em diversas universidades em São Paulo.
- Professora e palestrante convidada em diversas universidades, como University of Massachusetts, Stanford University, Carnegie Mellon, San Diego State University, Nanjing University e Harvard University.
- Profissional premiada por excelência em seu desempenho acadêmico e profissional.

Elson Garcia

- Autor, coautor e organizador de diversas obras voltadas à preparação para Exames Oficiais e Concursos Públicos.
- Consultor educacional.
- Professor e Engenheiro graduado e pós-graduado pela UFRJ.

Gabriel Kenji Godoy Shimanuki

- Graduação em Engenharia da Computação na Escola Politécnica da USP
- Mestrando em Engenharia da Computação e Sistemas Digitais na Escola Politécnica da USP
- Pesquisador em Veículos Autônomos do Grupo de Análise de Segurança (GAS) do PCS - Engenharia da Computação e Sistemas Digitais na Escola Politécnica da Universidade de São Paulo
- Pesquisador do Centro de Ciência de Dados (C2D) da Escola Politécnica da USP e Banco Itaú-Unibanco

Leila Satin

- Graduação em Letras pela USP
- Mestre em Letras pela USP
- Profissional em Ensino e Aprendizagem de Italiano

Sumário

ENEM 2018 • DIA 1

LINGUAGENS, CÓDIGOS E SUAS TECNOLOGIAS

QUESTÕES DE 01 A 45

QUESTÕES DE 01 A 05 (OPÇÃO INGLÊS)

Lava Mae: Creating Showers on Wheels for the Homeless

San Francisco, according to recent city numbers, has 4,300 people living on the streets. Among the many problems the homeless face is little or no access to showers. San Francisco only has about 16 a 20 shower stalls to accommodate them.

But Doniece Sandoval has made it her mission to change that. The 52-year-old former marketing executive started Lava Mae, a sort of showers on wheels, a new project that aims to turn decommissioned city buses into shower stations for the homeless. Each bus will have two shower stations and Sandoval expects that they'll be able to provide, 2,000 showers a week.

ANDREANO, C. Disponível em: http://abcnews.go.co.
Acesso em: 26 jun. 2015 (adaptado)

1. (ENEM – 2018) A relação dos vocábulos *shower, bus* e *homeless*, no texto, refere-se a

(A) empregar moradores de rua em lava a jatos para ônibus.
(B) criar acesso a banhos gratuitos para moradores de rua.
(C) comissionar sem-teto para dirigir os ônibus da cidade.
(D) exigir das autoridades que os ônibus municipais tenham banheiros.
(E) abrigar dois mil moradores de rua em ônibus que foram adaptados.

"WHEN I WAS 5 EVERYONE TOLD ME TO BE A BIG BOY. WHEN I WAS 10 THEY TOLD ME I SHOULD BE MORE MATURE. NOW THEY SAY IT'S TIME TO START ACTING LIKE AN ADULT. AT THIS RATE, I'LL BE ELIGIBLE FOR SOCIAL SECURITY BEFORE I GRADUATE FROM HIGH SCHOOL!"

GLASBERGEN, R. Disponível em: www.glasbergen.com. Acesso em: 3 jun. 2015 (adaptado).

2. (ENEM – 2018) No cartum, a crítica está no fato de a sociedade exigir do adolescente que

(A) se aposente prematuramente.
(B) amadureça precocemente.
(C) estude aplicadamente.
(D) se forme rapidamente.
(E) ouça atentamente.

Don't write in English, they said,
English is not your mother tongue...
Becomes mine, its distortions, its queerness
All mine, mine alone, it is half English, half
Indian, funny perhaps, but it is honest,
It is as human as I am human...
...It voices my joys, my longings my
Hopes...

(Kamala Das, 1965:10) GARGESH, R. South Asian Englishes.
In: KACHRU, B. B.; KACHRU, Y.; NELSON, C. L. (Eds.). **The Handbook of World Englishes**. Singapore: Blackwell, 2006.

3. (ENEM – 2018) A poetisa Kamala Das, como muitos escritores indianos, escreve suas obras em inglês, apesar de essa não ser sua primeira língua. Nesses versos, ela

(A) usa a língua inglesa com efeito humorístico.
(B) recorre a vozes de vários escritores ingleses.
(C) adverte sobre o uso distorcido da língua inglesa.
(D) demonstra consciência de sua identidade linguística.
(E) reconhece a incompreensão na sua maneira de falar inglês.

TEXTO I

A Free World-class Education for Anyone Anywhere

The Khan Academy is an organization on a mission. We´re a not-for-profit with the goal of changing education for the better by providing a free world-class education to anyone anywhere. All of the site's resources are available to anyone. The Khan Academy's materials and resources are available to you completely free of charge.

Disponível em: www.khanacademy.org. acesso em:24 fev. 2012 (adaptado)

TEXTO II

I didn't have a problem with Khan Academy site until very recently. For me, the problem is the way Khan Academy is being promoted. The way the media sees it as "revolutionizing education". The way people with power and Money view education as simply "sit-and-get". If your philosophy of education is "sit-and-get", i.e., teaching is telling and learning is listening, then Khan Academy is way more eficiente than classroom lecturing. Khan Academy does it better. But TRUE progressive educators, TRUE education visionaries and revolutionaries don't want to do these things better. We want to DO BETTER THINGS.

Disponível em: http://fnoschese.wordpress.com. Acesso em: 2 mar.2012.

4. (ENEM – 2018) Com o impacto das tecnologias e a ampliação das redes sociais, consumidores encontram na internet possibilidades de opinar sobre serviços oferecidos. Nesse sentido, o segundo texto, que é um comentário sobre o *site* divulgado no primeiro, apresenta a intenção do autor de

(A) elogiar o trabalho proposto para a educação nessa era tecnológica.
(B) reforçar como a mídia pode contribuir para revolucionar a educação.
(C) chamar a atenção das pessoas influentes para o significado da educação
(D) destacar que o site tem melhores resultados do que a educação tradicional.
(E) criticar a concepção de educação em que se baseia a organização.

1984 (excerpt)

'Is it your opinion, Winston, that the past has real existence?' [...] O'Brien smiled faintly. 'I will put it more precisely. Does the past exist concretely, in space? Is there somewhere or other a place, a world of solid objects, where the past is still happening?'

'No.'

'Then where does the past exist, if at all?' 'In records. It is written down.'

'In records. And — —?'

'In the mind. In human memories.'

'In memory. Very well, then. We, the Party, control all records, and we control all memories. Then we control the past, do we not?'

ORWELL, G. **Nineteen Eighty-Four**. New York: Signet Classics, 1977.

5. (ENEM – 2018) O romance *1984* descreve os perigos de um Estado totalitário. A ideia evidenciada nessa passagem é que o controle do Estado se dá por meio do(a)

(A) boicote a ideais libertários.
(B) veto ao culto das tradições.
(C) poder sobre memórias e registros.
(D) censura a produções orais e escritas.
(E) manipulação de pensamentos individuais.

LINGUAGENS, CÓDIGOS E SUAS TECNOLOGIAS

QUESTÕES DE 01 A 45

QUESTÕES DE 01 A 05 (OPÇÃO ESPANHOL)

El día en que lo iban a matar, Santiago Nasar se levantó a las 5:30 de la mañana para esperar el buque en que llegaba el obispo. Había soñado que atravesaba un bosque de higuerones donde caía una llovizna tierna, y por un instante fue feliz en el sueño, pero al despertar se sintió por completo salpicado de cagada de pájaros. "Siempre soñaba con árboles", me dijo Plácida Linero, su madre, evocando 27 años después los pormenores de aquel lunes ingrato. "La semana anterior había soñado que iba solo en un avión de papel de estaño que volaba sin tropezar por entre los almendros", me dijo. Tenía una reputación muy bien ganada de intérprete certera de los sueños ajenos, siempre que se los contaran en ayunas, pero no había advertido ningún augurio aciago en esos dos sueños de su hijo, ni en los otros sueños con árboles que él le había contado en las mañanas que precedieron a su muerte.

MÁRQUEZ, G.G. Crónica de uma muerte anunciada. Disponível em: http:// biblio3.url.edu.gt. acesso em: 2 jan. 2015.

1. **(ENEM – 2018)** Na introdução do romance, o narrador resgata lembranças de Plácida Lineto relacionadas a seu filho Santiago Nasar. Nessa introdução, o uso da expressão *augurio aciago* remete ao(à)

(A) relação mística que se estabelece entre Plácida e seu filho Santiago.

(B) destino trágico de Santiago, que Plácida foi incapaz de prever nos sonhos.

(C) descompasso entre a felicidade de Santiago nos sonhos e seu azar na realidade.

(D) crença de Plácida na importância da interpretação dos sonhos para mudar o futuro.

(E) presença recorrente de elementos sombrios que se revelam nos sonhos de Santiago.

Revolución en la arquitectura china

Levantar rascacielos en 19 días

Un rascacielos de 57 pisos no llama la atención en la China del siglo XXI. Salvo que se haya construido en 19 días, claro. Y eso es precisamente lo que ha conseguido Broad Sustainable Building (BSB), una empresa dedicada a la fabricación de purificadores de aire y de equipos de aire acondicionado para grandes infraestructuras que ahora se ha empeñado en liderar una revolución con su propio modelo de arquitectura modular prefabricada. Como subraya su presidente, Zhang Yue, es una fórmula económica, ecológica, segura, y limpia. Ese último término, además, lo utiliza tanto para referirse al polvo que se produce en la construcción como a los gruesos sobres que suelen circular por debajo de las mesas en adjudicaciones y permisos vários. "Quiero que nuestros edifícios alumbren una nueva era en la arquitectura, y que se conviertan en símbolo de la lucha contra la contaminación y el cambio climático, que es la mayor amenaza a la que se enfrenta la humanidad", sentencia.

"Es como montar un Lego. Apenas hay subcontratación, lo cual ayuda a mantener un costo bajo y un control de calidad estricto, y nos permite eliminar también la corrupción inherente al sector", explica la vicepresidenta de BSB y responsable del mercado internacional, Jiang Yan.

Disponível em: http://tecnologia.elpais.com. Acesso em: 23 jun. 2015 (adaptado)

2. **(ENEM – 2018)** No texto, alguns dos benefícios de se utilizar estruturas pré-moldadas na construção de altos edifícios estão expressos por meio da palavra *limpia*. Essa expressão indica que, além de produzir menos resíduos, o uso desse tipo de estrutura

(A) reduz o contingente de mão de obra.

(B) inibe a corrupção na construção civil.

(C) facilita o controle da qualidade da obra.

(D) apresenta um modelo arquitetônico conciso.

(E) otimiza os custos da construção de edifícios.

¿Qué es la *X Solidaria*?

La *X Solidaria* es una equis que ayuda a las personas más vulnerables. Podrás marcarla cuando hagas la declaración de la renta. Es la casilla que se denomina "Fines Sociales". Nosotros preferimos llamarla *X Solidaria*:

• porque al marcarla haces que se destina um 0,7% de tus impuestos a programas sociales que realizan las ONG.

• porque se benefician los colectivos más desfavorecidos, sin ningún coste económico para ti.

• porque NO marcarla es tomar una actitud pasiva, y dejar que sea el Estado quien decida el destino de esa parte de tus impuestos.

• porque marcándola te conviertes en contribuyente activo solidario.

Disponível em: http://xsolidaria.org.br. Acesso em: 20 fev. 2012. (adaptado)

3. **(ENEM – 2018)** As ações solidárias contribuem para o enfrentamento de problemas sociais. No texto, a ação solidária ocorre quando o contribuinte

(A) delega ao governo o destino de seus impostos.

(B) escolhe projetos que terão isenção de impostos.

(C) destina parte de seus impostos para custeio de programas sociais.

(D) determina a criação de impostos para implantação de projetos sociais.

(E) seleciona programas para beneficiar cidadãos vulneráveis socialmente.

¿Cómo gestionar la diversidad lingüística en el aula?

El aprendizaje de idiomas es una de las demandas de la sociedad en la escuela: los alumnos tienen que finalizar la escolarización con un buen conocimiento por lo menos, de las tres lenguas curriculares: catalán, castellano e inglés (o francés, portugués...).

La metodología que promueve el aprendizaje integrado de idiomas en la escuela tiene en cuenta las relaciones entre las diferentes lenguas: la mejor enseñanza de una lengua incide en la mejora de todas las demás. Se trata de educar en y para la diversidad lingüística y cultural.

Por eso, la V Jornada de Buenas Prácticas de Gestión del Multilingüismo, que se celebrará en Barcelona, debatirá sobre la gestión del multilingüismo en el aula. El objetivo es difundir propuestas para el aprendizaje integrado de idiomas y presentar experiencias prácticas de gestión de la diversidad lingüística presente en las aulas.

Disponível em: www10.gencat.cat. Acesso em: 15 set. 2010 (adaptado)

4. **(ENEM – 2018)** Na região da Catalunha, Espanha, convivem duas línguas oficiais: o catalão e o espanhol. Além dessas, ensinam-se outras línguas nas escolas. De acordo com o texto, para administrar a variedade linguística nas aulas, é necessário

(A) ampliar o número de línguas ofertadas para enriquecer o conteúdo.

(B) divulgar o estudo de diferentes idiomas e culturas para atrair os estudantes.

(C) privilegiar o estudo de línguas maternas para valorizar os aspectos regionais.

(D) explorar as relações entre as línguas estudadas para promover a diversidade.

(E) debater as práticas sobre multilinguismo para formar melhor os professores de línguas.

Mayo 15

Que mañana no sea otro nombre de hoy

En el año 2011, miles de jóvenes, despojados de sus casas y de sus empleos, ocuparon las plazas y las calles de varias ciudades de España.

Y la indignación se difundió. La buena salud resultó más contagiosa que las pestes, y las voces de *los indignados* atravesaron las fronteras dibujadas en los mapas. Así resonaron en el mundo:

Nos dijeron "¡a la puta calle!", y aquí estamos.

Apaga la tele y enciende la calle.

La llaman crisis, pero es estafa.

No falta dinero: sobran ladrones.

Los mercados gobiernan. Yo no los voté.

Ellos toman decisiones por nosotros, sin nosotros.

Se alquila esclavo económico.

Estoy buscando mis derechos. ¿Alguien los ha visto?

Si no nos dejan soñar, no los dejaremos dormir.

GALEANO, E. **Los hijos de los días**. Buenos Aires: Siglo Veintiuno, 2012

5. **(ENEM – 2018)** Ao elencar algumas frases proferidas durante protestos na Espanha, o enunciador transcreve, de forma direta, as reivindicações dos manifestantes para

(A) provocá-los de forma velada.

(B) dar voz ao movimento popular.

(C) fomentar o engajamento do leitor.

(D) favorecer o diálogo entre governo e sociedade.

(E) instaurar dúvidas sobre a legitimidade da causa.

"A Declaração Universal dos Direitos Humanos está completando 70 anos em tempos de desafios crescentes, quando o ódio, a discriminação e a violência permanecem vivos", disse a diretora-geral da Organização das Nações Unidas para a Educação, a Ciência e a Cultura (Unesco), Audrey Azoulay.

"Ao final da Segunda Guerra Mundial, a humanidade inteira resolveu promover a dignidade humana em todos os lugares e para sempre. Nesse espírito, as Nações Unidas adotaram a Declaração Universal dos Direitos Humanos como um padrão comum de conquistas para todos os povos e todas as nações", disse Audrey.

"Centenas de milhões de mulheres e homens são destituídos e privados de condições básicas de subsistência e de oportunidades. Movimentos populacionais forçados geram violações aos direitos em uma escala sem precedentes. A Agenda 2030 para o Desenvolvimento Sustentável promete não deixar ninguém para trás – e os direitos humanos devem ser o alicerce para todo o progresso."

Segundo ela, esse processo precisa começar o quanto antes nas carteiras das escolas. Diante disso, a Unesco lidera a educação em direitos humanos para assegurar que todas as meninas e meninos saibam seus direitos e os direitos dos outros.

Disponível em: https://nacoesunidas.org. Acesso em: 3 abr. 2018 (adaptado)

6. **(ENEM – 2018)** Defendendo a ideia de que "os direitos humanos devem ser o alicerce para todo o progresso", a diretora-geral da Unesco aponta, como estratégia para atingir esse fim, a

(A) inclusão de todos na Agenda 2030.
(B) extinção da intolerância entre os indivíduos.
(C) discussão desse tema desde a educação básica.
(D) conquista de direitos para todos os povos e nações.
(E) promoção da dignidade humana em todos os lugares.

7. **(ENEM – 2018)**

Disponível em: wwwfacebook.com/minasaude. Acesso em: 14 fev. 2018 (adaptado)

A utilização de determinadas variedades linguísticas em campanhas educativas tem a função de atingir o público-alvo de forma mais direta e eficaz. No caso desse texto, identifica-se essa estratégia pelo(a)

(A) discurso formal da língua portuguesa.
(B) registro padrão próprio da língua escrita.
(C) seleção lexical restrita à esfera da medicina.
(D) fidelidade ao jargão da linguagem publicitária.
(E) uso de marcas linguísticas típicas da oralidade.

8. **(ENEM – 2018)**

– Famigerado? [...]

– Famigerado é "inóxio", é "célebre", "notório", "notável"...

– Vosmecê mal não veja em minha grossaria no não entender. Mais me diga: é desaforado? É caçoável? É de arrenegar? Farsância? Nome de ofensa?

– Vilta nenhuma, nenhum doesto. São expressões neutras, de outros usos...

– Pois... e o que é que é, em fala de pobre, linguagem de em dia de semana?

– Famigerado? Bem. É: "importante", que merece louvor, respeito...

ROSA, G. Famigerado. In: **Primeiras estórias**. Rio de Janeiro: Nova Frinteira, 2001.

Nesse texto, a associação de vocábulos da língua portuguesa a determinados dias da semana remete ao

(A) local de origem dos interlocutores.
(B) estado emocional dos interlocutores.
(C) grau de coloquialidade da comunicação.
(D) nível de intimidade entre os interlocutores.
(E) conhecimento compartilhado na comunicação.

9. **(ENEM – 2018)**

Na sociologia e na literatura, o brasileiro foi por vezes tratado como cordial e hospitaleiro, mas não é isso o que acontece nas redes sociais: a democracia racial apregoada por Gilberto Freyre passa ao largo do que acontece diariamente nas comunidades virtuais do país. Levantamento inédito realizado pelo projeto *Comunica que Muda* [...] mostra em números a intolerância do internauta tupiniquim. Entre abril e junho, um algoritmo vasculhou plataformas [...] atrás de mensagens e textos sobre temas sensíveis, como racismo, posicionamento político e homofobia. Foram identificadas 393 284 menções, sendo 84% delas com abordagem negativa, de exposição do preconceito e da discriminação.

Disponível em: https://oglobo.com. Acesso em: 6 dez. 2017 (adaptado)

Ao abordar a postura do internauta brasileiro mapeada por meio de uma pesquisa em plataformas virtuais, o texto

(A) minimiza o alcance da comunicação digital.
(B) refuta ideias preconcebidas sobre o brasileiro.
(C) relativiza responsabilidades sobre a noção de respeito.
(D) exemplifica conceitos contidos na literatura e na sociologia.
(E) expõe a ineficácia dos estudos para alterar tal comportamento.

10. **(ENEM – 2018)**

Quebranto

às vezes sou o policial que me suspeito me peço documentos
e mesmo de posse deles
me prendo e me dou porrada
às vezes sou o porteiro
não me deixando entrar em mim mesmo a não ser
pela porta de serviço
[...]
às vezes faço questão de não me ver
e entupido com a visão deles
sinto-me a miséria concebida como um eterno
começo
fecho-me o cerco
sendo o gesto que me nego
a pinga que me bebo e me embebedo
o dedo que me aponto
e denuncio
o ponto em que me entrego.
às vezes!...

CUTI. Negroesia. Belo Horizonte: Mazza, 2007 (fragmento).

Na literatura de temática negra produzida no Brasil, é recorrente a presença de elementos que traduzem experiências históricas de preconceito e violência. No poema, essa vivência revela que o eu lírico

(A) incorpora seletivamente o discurso do seu opressor.
(B) submete-se à discriminação como meio de fortalecimento.
(C) engaja-se na denúncia do passado de opressão e injustiças.
(D) sofre uma perda de identidade e de noção de pertencimento.
(E) acredita esporadicamente na utopia de uma sociedade igualitária.

11. **(ENEM – 2018)**

TEXTO I

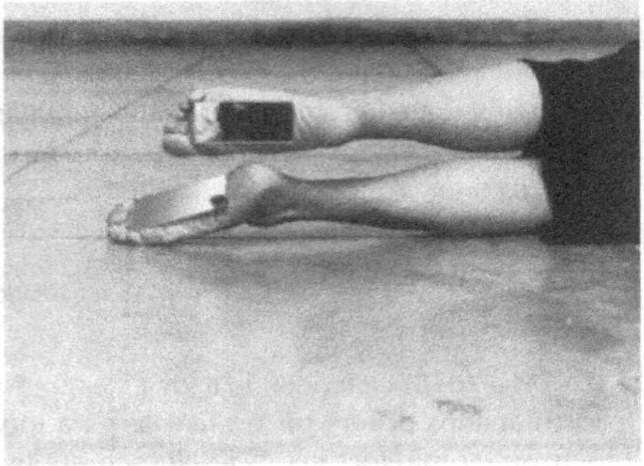

ALMEIDA, H. **Dentro de mim**, 2000.) Fotografia p/b. 132 cm x 88 cm. Faculdade de Belas-Artes da Universidade de Lisboa.

TEXTO II

A *body art* põe o corpo tão em evidência e o submete a experimentações tão variadas, que sua influência estende-se aos dias de hoje. Se na arte atual as possibilidades de investigação do corpo parecem ilimitadas – pode-se escolher entre representar, apresentar, ou ainda apenas evocar o corpo – isso ocorre graças ao legado dos artistas pioneiros.

SILVA, P. R. Corpo na arte, body art, body modification: fronteiras. II Encontro da História da Arte: IFCH-Unicamp, 2006 (adaptado).

Nos textos, a concepção de *body art* está relacionada à intenção de

(A) estabelecer limites entre o corpo e a composição.
(B) fazer do corpo um suporte privilegiado de expressão.
(C) discutir políticas e ideologias sobre o corpo como arte.
(D) Compreender a autonomia do corpo no contexto da obra.
(E) destacar o corpo do artista em contato com o expectador.

12. **(ENEM – 2018)**

Deficientes visuais já podem ir a algumas salas de cinema e teatros para curtir, em maior intensidade, as atrações em cartaz. Quem ajuda na tarefa é o aplicativo Whatscine, recém-chegado ao Brasil e disponível para os sistemas operacionais iOS (Apple) ou Android (Google). Ao ser conectado à rede *wi-fi* de cinemas e teatros, o *app* sincroniza um áudio que descreve o que ocorre na tela ou no palco com o espetáculo em andamento: o usuário, então, pode ouvir a narração em seu celular.

O programa foi desenvolvido por pesquisadores da Universidade Carlos III, em Madri. "Na Espanha, 200 salas de cinema já oferecem o recurso e filmes de grandes estúdios já são exibidos com o recurso do Whatscine!", diz o brasileiro Luis Mauch, que trouxe a tecnologia para o país. "No Brasil, já fechamos parceria com a São Paulo Companhia de Dança para adaptar os espetáculos deles! Isso já é um avanço. Concorda?"

Disponível em: http://veja.abril.com.br. Acesso em: 25 jun. 2014 (adaptado).

Por ser múltipla e apresentar peculiaridades de acordo com a intenção do emissor, a linguagem apresenta funções diferentes. Nesse fragmento, predomina a função referencial da linguagem, porque há a presença de elementos que

(A) buscam convencer o leitor, incitando o uso do aplicativo.

(B) definem o aplicativo, revelando o ponto de vista da autora.

(C) evidenciam a subjetividade, explorando a entonação emotiva.

(D) expõem dados sobre o aplicativo, usando linguagem denotativa.

(E) objetivam manter um diálogo com o leitor, recorrendo a uma indagação.

13. **(ENEM – 2018)**

TEXTO I

Disponível em: http://revistaiiqb.usac.edu.gt. Acesso em: 25 abr. 2018 (adaptado)

TEXTO II

Imaginemos um cidadão, residente na periferia de um grande centro urbano, que diariamente acorda às 5h para trabalhar, enfrenta em média 2 horas de transporte público, em geral lotado, para chegar às 8h ao trabalho. Termina o expediente às 17h e chega em casa às 19h para, aí sim, cuidar dos afazeres domésticos, dos filho etc. Como dizer a essa pessoa que ela deve praticar exercícios, pois é importante para sua saúde? Como ela irá entender a mensagem da importância do exercício físico? A probabilidade de essa pessoa praticar exercícios regularmente é significativamente menor que a de pessoas da classe média/alta que vivem em outra realidade. Nesse caso, a abordagem individual do problema tende a fazer com que a pessoa se sinta impotente em não conseguir praticar exercícios e, consequentemente, culpada pelo fato de ser ou estar sedentária.

FERREIRA, M. S. Aptidão física e saúde na educação física escolar: ampliando o enfoque. RBCE, N. 2, jan. 2001 (adaptado).

O segundo texto, que propõe uma reflexão sobre o primeiro acerca do impacto de mudanças no estilo de vida na saúde, apresenta uma visão

(A) medicalizada, que relaciona a prática de exercícios físicos por qualquer indivíduo à promoção da saúde.

(B) ampliada, que considera aspectos sociais intervenientes na prática de exercícios no cotidiano.

(C) crítica, que associa a interferência das tarefas da casa ao sedentarismo do indivíduo.

(D) focalizada, que atribui ao indivíduo a responsabilidade pela prevenção de doenças.

(E) geracional, que preconiza a representação do culto à jovialidade.

14. **(ENEM – 2018)**

No tradicional concurso de *miss*, as candidatas apresentaram dados de feminicídio, abuso sexual e estupro no país.

No lugar das medidas de altura, peso, busto, cintura e quadril, dados da violência contra as mulheres no Peru. Foi assim que as 23 candidatas ao *Miss* Peru 2017 protestaram contra os altos índices de feminicídio e abuso sexual no país no tradicional desfile em trajes de banho.

O tom político, porém, marcou a atração desde o começo: logo no início, quando as peruanas se apresentaram, uma a uma, denunciaram os abusos morais e físicos, a exploração sexual, o assédio, entre outros crimes contra as mulheres.

Disponível em: www.cartacapital.com.br. Acesso em: 29 nov. 2017.

Quanto à materialização da linguagem, a apresentação de dados relativos à violência contra a mulher

(A) configura uma discussão sobre os altos índices de abuso físico contra as peruanas.

(B) propõe um novo formato no enredo dos concursos de beleza feminina.

(C) condena o rigor estético exigido pelos concursos tradicionais.

(D) recupera informações sensacionalistas a respeito desse tema.

(E) subverte a função social da fala das candidatas a miss.

15. **(ENEM – 2018)**

Dia 20/10

É preciso não beber mais. Não é preciso sentir vontade de beber e não beber: é preciso não sentir vontade de beber. É preciso não dar de comer aos urubus. É preciso fechar para balanço e reabrir. É preciso não dar de comer aos urubus. Nem esperanças aos urubus. É preciso sacudir a poeira. É preciso poder beber sem se oferecer em holocausto. É preciso. É preciso não morrer por enquanto. É preciso sobreviver para verificar. Não pensar mais na solidão de Rogério, e deixa-lo. É preciso não dar de comer aos urubus. É preciso enquanto é tempo não morrer na via pública.

TORQUATO NETO. In: MENDONÇA, J. (Org.) **Poesia (im)popular brasileira**. São Bernardo do Campo: Lamparina Luminosa, 2012.

O processo de construção do texto formata uma mensagem por ele dimensionada, uma vez que

(A) configura o estreitamento da linguagem poética.

(B) reflete as lacunas da lucidez em desconstrução.

(C) projeta a persistência das emoções reprimidas.

(D) repercute a consciência da agonia antecipada.

(E) revela a fragmentação das relações humanas.

16. **(ENEM – 2018)**

Somente uns tufos secos de capim empedrados crescem na silenciosa baixada que se perde de vista. Somente uma árvore, grande e esgalhada mas com pouquíssimas folhas, abre-se em farrapos de sombra. Único ser nas cercanias, a mulher é magra, ossuda, seu rosto está lanhado de vento. Não se vê o cabelo, coberto por um pano desidratado. Mas seus olhos, a boca, a pele – tudo é de uma aridez sufocante. Ela está de pé. A seu lado está uma pedra. O sol explode.

Ela estava de pé no fim do mundo. Como se andasse para aquela baixada largando para trás suas noções de si mesma. Não tem retratos na memória. Desapossada e despojada, não se abate em autoacusações e remorsos. Vive.

Sua sombra somente é que lhe faz companhia. Sua sombra, que se derrama em traços grossos na areia, é que adoça como um gesto a claridade esquelética. A mulher esvaziada emudece, se dessangra, se cristaliza, se mineraliza. Já é quase de pedra como a pedra a seu lado. Mas os traçães de sua sombra caminham e, tornando-se mais longos e finos, esticam-se para os farrapos de sombra da ossatura da árvore, com os quais se enlaçam.

FRÓES, L. **Vertigens**: obra reunida. Rio de Janeiro: Rocco, 1998.

Na apresentação da paisagem e da personagem, o narrador estabelece uma correlação de sentidos em que esses elementos se entrelaçam. Nesse processo, a condição humana configura-se

(A) amalgamada pelo processo comum de desertificação e de solidão.

(B) fortalecida pela adversidade extensiva à terra e aos seres vivos.

(C) redimensionada pela intensidade da luz e da exuberância local.

(D) imersa num drama existencial de identidade e de origem.

(E) imobilizada pela escassez e pela opressão do ambiente.

17. **(ENEM – 2018)**

Aconteceu mais de uma vez: ele me abandonou. Como todos os outros. O quinto. A gente já estava junto há mais de um ano. Parecia que dessa vez seria para sempre. Mas não: ele desapareceu de repente, sem deixar rastro. Quando me dei conta, fiquei horas ligando sem parar - mas só chamava, chamava, e ninguém atendia. E então fiz o que precisava ser feito: bloqueei a linha.

A verdade é que nenhum telefone celular me suporta. Já tentei de todas as marcas e operadoras, apenas para descobrir que eles são todos iguais: na primeira oportunidade, dão no pé. Esse último aproveitou que eu estava distraído e não desceu do táxi junto comigo. Ou será que ele já tinha pulado do meu bolso no momento em que eu embarcava no táxi? Tomara que sim. Depois de fazer o que me fez, quero mais é que ele tenha ido parar na sarjeta. [...] Se ainda fossem embora do jeito que chegaram, tudo bem. [...] Mas já sei o que vou fazer. No caminho da loja de celulares, vou passar numa papelaria. Pensando bem, nenhuma das minhas agendinhas de papel jamais me abandonou.

FREIRE, R. Começar de novo. **O Estado de S. Paulo**, 24 QRY. 2006.

Nesse fragmento, a fim de atrair a atenção do leitor e de esclarecer um fio condutor de sentido, o autor utiliza-se de

(A) primeira pessoa do singular para imprimir subjetividade ao relato de mais uma desilusão amorosa.

(B) ironia para tratar da relação com os celulares na era de produtos altamente descartáveis.

(C) frases feitas na apresentação de situações amorosas estereotipadas para construir a ambientação do texto.

(D) quebra de expectativa como estratégia argumentativa para ocultar informações.

(E) verbos no tempo pretérito para enfatizar uma aproximação com os fatos abordados ao longo do texto.

18. **(ENEM – 2018)**

Enquanto isso, nos bastidores do universo

Você planeja passar um longo tempo em outro país, trabalhando e estudando, mas o universo está preparando a chegada de um amor daqueles de tirar o chão, um amor que fará você jogar fora seu atlas e criar raízes no quintal como se fosse uma figueira. Você treina para a maratona mais desafiadora de todas, mas não chegará com as duas pernas intactas na hora da largada, e a primeira perplexidade será esta: a experiência da frustração.

O universo nunca entrega o que promete. Aliás, ele nunca prometeu nada, você é que escuta vozes.

No dia em que você pensa que não tem nada a dizer para o analista, faz a revelação mais bombástica dos seus dois anos de terapia. O resultado de um exame de rotina coloca sua rotina de cabeça para baixo. Você não imaginava que iriam tantos amigos à sua festa, e tampouco imaginou que justo sua grande paixão não iria. Quando achou que estava bela, não arrasou corações. Quando saiu sem maquiagem e com uma camiseta puída, chamou a atenção. E assim seguem os dias à prova de planejamento e contrariando nossas vontades, pois, por mais que tenhamos ensaiado nossa fala e estejamos preparados para a melhor cena, nos bastidores do universo alguém troca nosso papel de última hora, tornando surpreendente a nossa vida.

MEDEIROS, M. **O Globo**, 21 jun. 2015.

Entre as estratégias argumentativas utilizadas para sustentar a tese apresentada nesse fragmento, destaca-se a recorrência de

(A) estruturas sintáticas semelhantes, para reforçar a velocidade das mudanças da vida.

(B) marcas de interlocução, para aproximar o leitor das experiências vividas pela autora.

(C) formas verbais no presente, para exprimir reais possibilidades de concretização das ações.

(D) construções de oposição, para enfatizar que as expectativas são afetadas pelo inesperado.

(E) sequências descritivas, para promover a identificação do leitor com as situações apresentadas.

19. **(ENEM – 2018)**

BRANCO, A. Disponível em: www.oesquema.com.br. Acesso em: 30 jun. 2015 (adaptado).

A internet proporcionou o surgimento de novos paradigmas sociais e impulsionou a modificação de outros já estabelecidos nas esferas da comunicação e da informação. A principal consequência criticada na tirinha sobre esse processo é a

(A) criação de memes.
(B) ampliação da blogosfera.
(C) supremacia das ideias cibernéticas.
(D) comercialização de pontos de vista.
(E) banalização do comércio eletrônico.

20. (ENEM – 2018)

Vó Clarissa deixou cair os talheres no prato, fazendo a porcelana estalar. Joaquim, meu primo, continuava com o queixo suspenso, batendo com o garfo nos lábios, esperando a resposta. Beatriz ecoou a palavra como pergunta, "o que é lésbica?". Eu fiquei muda. Joaquim sabia sobre mim e me entregaria para a vó e, mais tarde, para toda a família. Senti um calor letal subir pelo meu pescoço e me doer atrás das orelhas. Previ a cena: vó, a senhora é lésbica? Porque a Joana é. A vergonha estava na minha cara e me denunciava antes mesmo da delação. Apertei os olhos e contraí o peito, esperando o tiro. [...]

[...] Pensei na naturalidade com que Taís e eu levávamos a nossa história. Pensei na minha insegurança de contar isso à minha família, pensei em todos os colegas e professores que já sabiam, fechei os olhos e vi a boca da minha vó e a boca da tia Carolina se tocando, apesar de todos os impedimentos. Eu quis saber mais, eu quis saber tudo, mas não consegui perguntar.

POLESSO, N. B. Vó, a senhora é lésbica? Amora. Porto Alegre: Não Editora, 2015 (fragmento).

A situação narrada revela uma tensão fundamentada na perspectiva do

(A) conflito com os interesses de poder.
(B) silêncio em nome do equilíbrio familiar.
(C) medo instaurado pelas ameaças de punição.
(D) choque imposto pela distância entre as gerações.
(E) apego aos protocolos de conduta segundo os gêneros.

21. (ENEM – 2018)

Ó Pátria amada,
Idolatrada,
Salve! Salve!
Brasil, de amor eterno seja símbolo
O lábaro que ostentas estrelado,
E diga o verde-louro dessa flâmula
— "Paz no futuro e glória no passado."
Mas, se ergues da justiça a clava forte,
Verás que um filho teu não foge à luta,
Nem teme, quem te adora, a própria morte.
Terra adorada,
Entre outras mil,
És tu, Brasil,
Ó Pátria amada!
Dos filhos deste solo és mãe gentil,
Pátria amada, Brasil!

Hino Nacional do Brasil. Letra: Joaquim Osório Duque Estrada. Música: Francisco Manuel da Silva (fragmento).

O uso da norma-padrão na letra do *Hino Nacional do Brasil* é justificado por tratar-se de um(a)

(A) reverência de um povo a seu país.
(B) gênero solene de característica protocolar.
(C) canção concebida sem interferência da oralidade.
(D) escrita de uma fase mais antiga da língua portuguesa.
(E) artefato cultural respeitado por todo o povo brasileiro.

22. (ENEM – 2018)

SILVA, I.; SANTOS, M. E. P.; JUNG, N. M. Domínios de Linguagem, N. 4,out-dez. 2016 (adaptado).

A fotografia exibe a fachada de um supermercado em Foz do Iguaçu, cuja localização transfronteiriça é marcada tanto pelo limite com Argentina e Paraguai quanto pela presença de outros povos. Essa fachada revela o(a)

(A) apagamento da identidade linguística.
(B) planejamento linguístico no espaço urbano.
(C) presença marcante da tradição oral na cidade.
(D) disputa de comunidades linguísticas diferentes.
(E) poluição visual promovida pelo multilinguismo.

23. (ENEM – 2018)

O trabalho não era penoso: colar rótulos, meter vidros em caixas, etiquetá-las, selá-las, envolvê-las em papel celofane, branco, verde, azul, conforme o produto, separá-las em dúzias... Era fastidioso. Para passar mais rapidamente as oito horas havia o remédio: conversar. Era proibido, mas quem ia atrás de proibições? O patrão vinha? Vinha o encarregado do serviço? Calavam o bico, aplicavam-se ao trabalho. Mal viravam as costas, voltavam a taramelar. As mãos não paravam, as línguas não paravam. Nessas conversas intermináveis, de linguagem solta e assuntos crus, Leniza se completou. Isabela, Afonsina, Idália, Jurete, Deolinda – foram mestras. O mundo acabou de se desvendar. Leniza perdeu o tom ingênuo que ainda podia ter. Ganhou um jogar de corpo que convida, um quebrar de olhos que promete tudo, à toa, gratuitamente. Modificou-se o timbre de sua voz. Ficou mais quente. A própria inteligência se transformou. Tornou-se mais aguda, mais trepidante.

REBELO, M. **A estrela sobe**. Rio de Janeiro: José Olympio, 2009.

O romance, de 1939, traz à cena tipos e situações que espelham o Rio de Janeiro daquela década. No fragmento, o narrador delineia esse contexto centrado no

(A) julgamento da mulher fora do espaço doméstico.
(B) relato sobre as condições de trabalho no Estado Novo.
(C) destaque a grupos populares na condição de protagonistas.
(D) processo de inclusão do palavrão nos hábitos de linguagem.
(E) vínculo entre as transformações urbanas e os papéis femininos.

24. (ENEM – 2018)

A imagem da negra e do negro em produtos de beleza e a estética do racismo

Resumo: Este artigo tem por finalidade discutir a representação da população negra, especialmente da mulher negra, em imagens de produtos de beleza presentes em comércios do nordeste goiano. Evidencia-se que a presença de estereótipos negativos nessas imagens dissemina um imaginário racista apresentado sob a forma de uma estética racista que camufla a exclusão e normaliza a inferiorização sofrida pelos(as) negros(as) na sociedade brasileira. A análise do material imagético aponta a desvalorização estética do negro, especialmente da mulher negra, e a idealização da beleza e do branqueamento a serem alcançados por meio do uso dos produtos apresentados. O discurso midiático-publicitário dos produtos de beleza rememora e legitima a prática de uma ética racista construída e atuante no cotidiano. Frente a essa discussão, sugere-se que o trabalho antirracismo, feito nos diversos espaços sociais, considere o uso de estratégias para uma "descolonização estética" que empodere os sujeitos negros por meio de sua valorização estética e protagonismo na construção de uma ética da diversidade.

Palavras-chave: Estética, racismo, mídia, educação, diversidade.

SANT'ANA, J. A imagem da negra e do negro em produtos de beleza e a estética do racismo. Dossiê: trabalho e educação básica. **Margens Interdisciplinar**. Versão digital. Abaetuba, n. 16, jun. 2017 (adaptado).

O cumprimento da função referencial da linguagem é uma marca característica do gênero resumo de artigo acadêmico. Na estrutura desse texto, essa função é estabelecida pela

(A) impessoalidade, na organização da objetividade das informações, como em "Este artigo tem por finalidade" e "Evidencia-se".
(B) seleção lexical, no desenvolvimento sequencial do texto, como em "imaginário racista" e "estética do negro".
(C) metaforização, relativa à construção dos sentidos figurados, como nas expressões "descolonização estética" e "discurso midiático-publicitário".
(D) nominalização, produzida por meio de processos derivacionais na formação de palavras, como "inferiorização" e "desvalorização".
(E) adjetivação, organizada para criar uma terminologia antirracista, como em "ética da diversidade" e "descolonização estética".

25. (ENEM – 2018)

ROSA, R. **Grande sertão: veredas**: adaptação da obra de João Guimarães Rosa.

São Paulo: Globo, 2014 (adaptado).

A imagem integra uma adaptação em quadrinhos da obra Grande *sertão: veredas*, de Guimarães Rosa. Na representação gráfica, a inter-relação de diferentes linguagens caracteriza-se por

(A) romper com a linearidade das ações da narrativa literária.

(B) ilustrar de modo fidedigno passagens representativas da história.

(C) articular a tensão do romance à desproporcionalidade das formas.

(D) potencializar a dramaticidade do episódio com recursos das artes visuais.

(E) desconstruir a diagramação do texto literário pelo desequilíbrio da composição.

26. (ENEM – 2018)

Tanto os Jogos Olímpicos quanto os Paralímpicos são mais que uma corrida por recordes, medalhas e busca da excelência. Por trás deles está a filosofia do barão Pierre de Coubertin, fundador do Movimento Olímpico. Como educador, ele viu nos Jogos a oportunidade para que os povos desenvolvessem valores, que poderiam ser aplicados não somente ao esporte, mas à educação e à sociedade. Existem atualmente sete valores associados aos Jogos. Os valores olímpicos são: a amizade, a excelência e o respeito, enquanto os valores paralímpicos são: a determinação, a coragem, a igualdade e a inspiração.

MIRAGAYA, A. Valores para toda a vida. Disponível em: www.esporteessencial.com.br. Acesso em: 9 ago. 2017 (adaptado).

No contexto das aulas de Educação Física escolar, os valores olímpicos e paralímpicos podem ser identificados quando o colega

(A) procura entender o próximo, assumindo atitudes positivas como simpatia, empatia, honestidade, compaixão, confiança e solidariedade, o que caracteriza o valor da igualdade.

(B) faz com que todos possam ser iguais e receber o mesmo tratamento, assegurando imparcialidade, oportunidades e tratamentos iguais para todos, o que caracteriza o valor da amizade.

(C) dá o melhor de si na vivência das diversas atividades relacionadas ao esporte ou aos jogos, participando e progredindo de acordo com seus objetivos, o que caracteriza o valor da coragem.

(D) manifesta a habilidade de enfrentar a dor, o sofrimento, o medo, a incerteza e a intimidação nas atividades, agindo corretamente contra a vergonha, a desonra e o desânimo, o que caracteriza o valor da determinação.

(E) inclui em suas ações o fair play (jogo limpo), a honestidade, o sentimento positivo de consideração por outra pessoa, o conhecimento dos seus limites, a valorização de sua própria saúde e o combate ao doping, o que caracteriza o valor do respeito.

27. (ENEM – 2018)

Mais *big* do que *bang*

A comunidade científica mundial recebeu, na semana passada, a confirmação oficial de uma descoberta sobre a qual se falava com enorme expectativa há alguns meses. Pesquisadores do

Centro de Astrofísica Harvard-Smithsonian revelaram ter obtido a mais forte evidência até agora de que o universo em que vivemos começou mesmo pelo Big Bang, mas este não foi explosão, e sim uma súbita expansão de matéria e energia infinitas concentradas em um ponto microscópico que, sem muitas opções semânticas, os cientistas chamam de "singularidade". Essa semente cósmica permanecia em estado latente e, sem que exista ainda uma explicação definitiva, começou a inchar rapidamente [...]. No intervalo de um piscar de olhos, por exemplo, seria possível, portanto, que ocorressem mais de 10 trilhões de Big Bangs.

ALLEGRETTI, F. **Veja**, 26 PDU. 2014 (adaptado).

No título proposto para esse texto de divulgação científica, ao dissociar os elementos da expressão Big Bang, a autora revela a intenção de

(A) evidenciar a descoberta recente que comprova a explosão de matéria e energia.

(B) resumir os resultados de uma pesquisa que trouxe evidências para a teoria do Big Bang.

(C) sintetizar a ideia de que a teoria da expansão de matéria e energia substitui a teoria da explosão.

(D) destacar a experiência que confirma uma investigação anterior sobre a teoria de matéria e energia.

(E) condensar a conclusão de que a explosão de matéria e energia ocorre em um ponto microscópico.

28. **(ENEM – 2018)**

Cascas e ossos
Restos de comida
Pó de café e chá
Galhos e podas
ÚMIDO
PLÁSTICO VELHO PODE VIRAR TECIDO NOVO
SECO
Latas
Papéis
Plástico
Vidro
Garrafa PET vazia tem valor líquido e certo: reciclada, vira tecido, madeira sintética ou plástico novo de novo. Separar o lixo facilita o trabalho dos catadores e aumenta o material aproveitado, principalmente se você limpar as embalagens por dentro, retirando toda a sujeira antes de descartá-las. Mude de atitude. Assim, você ajuda a gerar renda para quem precisa e poupa recursos naturais.
SEPARE O LIXO E ACERTE NA LATA

Disponível em: www.separeolixo.gov.br. Acesso em: 4dez. 2017 (adaptado).

Nessa campanha, a principal estratégia para convencer o leitor a fazer a reciclagem do lixo é a utilização da linguagem não verbal como argumento para

(A) reaproveitamento de material.

(B) facilidade na separação do lixo.

(C) melhoria da condição do catador.

(D) preservação de recursos naturais.

(E) geração de renda para o trabalhador.

29. **(ENEM – 2018)**

TEXTO I

Também chamados impressões ou imagens fotogramáticas [...], o fotogramas são, numa definição genérica, imagens realizadas sem a utilização da câmera fotográfica, por contato direto direto de um objeto ou material com uma superfície fotossensível exposta a uma fonte de luz. Essa técnica, que nasceu junto com a fotografia e serviu de modelo a muitas discussões sobre a ontologia da imagem fotográfica, foi profundamente transformada pelos artistas da vanguarda, nas primeiras décadas do século XX. Representou mesmo, ao lado das colagens, fotomontagens e outros procedimentos técnicos, a incorporação definitiva da fotografia à arte moderna e seu distanciamento da representação figurativa.

COLUCCI, M. B. Impressões fotogramáticas e vanguardas: as experiências de Man Ray. **Studium**, Q. 2, 2000.

TEXTO II

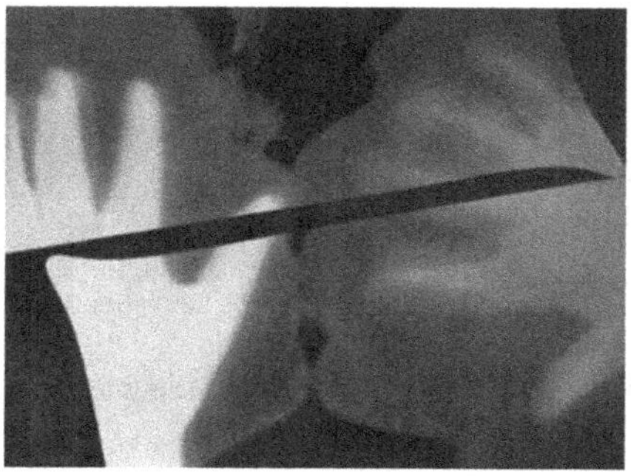

RAY, M. **Rayograph**, 1922. 23,9 cm. MOMA, Nova York Disponível em: www.moma.org. acesso em: 18 abr. 2018 (adaptado)

No fotograma de Man Ray, o "distanciamento da representação figurativa" a que se refere o Texto I manifesta-se na

(A) ressignificação do jogo de luz e sombra, nos moldes surrealistas.

(B) imposição do acaso sobre a técnica, como crítica à arte realista.

(C) Composição experimental, fragmentada e de contornos difusos.

(D) abstração radical, voltada para a própria linguagem fotográfica.
(E) imitação de formas humanas, com base em diferentes objetos.

30. (ENEM – 2018)

Eu sobrevivi do nada, do nada
Eu não existia
Não tinha uma existência
Não tinha uma matéria
Comecei existir com quinhentos milhões
e quinhentos mil anos
Logo de uma vez, já velha
Eu não nasci criança, nasci já velha
Depois é que eu virei criança
E agora continuei velha
Me transformei novamente numa velha
Voltei ao que eu era, uma velha

PATROCÍNIO, S. In: MOSÉ, V. (Org.). **Reino dos bichos e dos animais é meu nome**. Rio de Janeiro: Azougue, 2009.

Nesse poema de Stela do Patrocínio, a singularidade da expressão lírica manifesta-se na

(A) representação da infância, redimensionada no resgate da memória.
(B) associação de imagens desconexas, articuladas por uma fala delirante.
(C) expressão autobiográfica, fundada no relato de experiências de alteridade.
(D) incorporação de elementos fantásticos, explicitada por versos incoerentes.
(E) transgressão à razão, ecoada na desconstrução de referências temporais.

31. (ENEM – 2018)

A história do futebol é uma triste viagem do prazer ao dever. [...] O jogo se transformou em espetáculo, com poucos protagonistas e muitos espectadores, futebol para olhar, e o espetáculo se transformou num dos negócios mais lucrativos do mundo, que não é organizado para ser jogado, mas para impedir que se jogue. A tecnocracia do esporte profissional foi impondo um futebol de pura velocidade e muita força, que renuncia à alegria, atrofia a fantasia e proíbe a ousadia. Por sorte ainda aparece nos campos, [...] algum atrevido que sai do roteiro e comete o disparate de driblar o time adversário inteirinho, além do juiz e do público das arquibancadas, pelo puro prazer do corpo que se lança na proibida aventura da liberdade.

GALEANO, E. **Futebol ao sol e à sombra**. Porto Alegre: L&PM Pockets, 1995 (adaptado).

O texto indica que as mudanças nas práticas corporais, especificamente no futebol,

(A) fomentaram uma tecnocracia, promovendo uma vivência mais lúdica e irreverente.
(B) promoveram o surgimento de atletas mais habilidosos, para que fossem inovadores.
(C) incentivaram a associação dessa manifestação à fruição, favorecendo o improviso.
(D) tornaram a modalidade em um produto a ser consumido, negando sua dimensão criativa.
(E) contribuíram para esse esporte ter mais jogadores, bem como acompanhado de torcedores.

32. (ENEM – 2018)

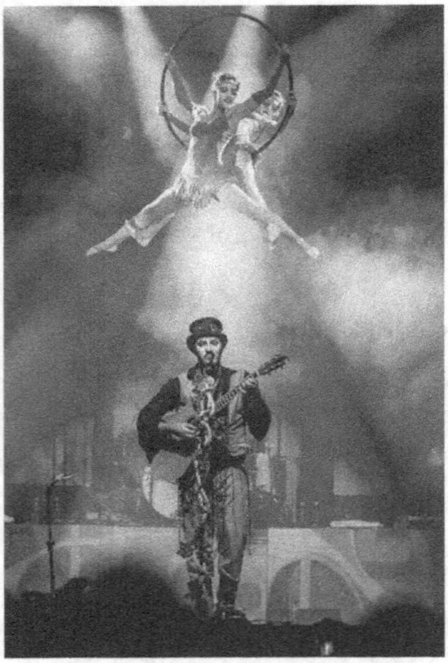

Fotografia: LUCAS HALLEL. Disponível em: www.flickr.com. Acesso em: 16 abr. 2018 (adaptado).

O grupo O Teatro Mágico apresenta composições autorais que têm referências estéticas do *rock*, do *pop* e da música folclórica brasileira. A originalidade dos seus *shows* tem relação com a ópera europeia do século XIX a partir da

(A) disposição cênica dos artistas no espaço teatral.

(B) integração de diversas linguagens artísticas.
(C) sobreposição entre música e texto literário.
(D) manutenção de um diálogo com o público.
(E) adoção de um enredo como fio condutor.

33. **(ENEM – 2018)**

A trajetória de Liesel Meminger é contada por uma narradora mórbida, surpreendentemente simpática. Ao perceber que a pequena ladra de livros lhe escapa, a Morte afeiçoa-se à menina e rastreia suas pegadas de 1939 a 1943. Traços de uma sobrevivente: a mãe comunista, perseguida pelo nazismo, envia Liesel e o irmão para o subúrbio pobre de uma cidade alemã, onde um casal se dispõe a adotá-los por dinheiro. O garoto morre no trajeto e é enterrado por um coveiro que deixa cair um livro na neve. É o primeiro de uma série que a menina vai surrupiar ao longo dos anos. O único vínculo com a família é esta obra, que ela ainda não sabe ler.

A vida ao redor é a pseudorrealidade criada em torno do culto a Hitler na Segunda Guerra. Ela assiste à eufórica celebração do aniversário do *Führer* pela vizinhança. A Morte, perplexa diante da violência humana, dá um tom leve e divertido à narrativa deste duro confronto entre a infância perdida e a crueldade do mundo adulto, um sucesso absoluto – e raro – de crítica e público.

Disponível em: www.odevoradordelivros.com. Acesso em: 24 jun. 2014.

Os gêneros textuais podem ser caracterizados, dentre outros fatores, por seus objetivos. Esse fragmento é um(a)

(A) reportagem, pois busca convencer o interlocutor da tese defendida ao longo do texto.
(B) resumo, pois promove o contato rápido do leitor com uma informação desconhecida.
(C) sinopse, pois sintetiza as informações relevantes de uma obra de modo impessoal.
(D) instrução, pois ensina algo por meio de explicações sobre uma obra específica.
(E) resenha, pois apresenta uma produção intelectual de forma crítica.

34. **(ENEM – 2018)**

TEXTO I

GRIMBERG, N. **Estrutura vertical dupla.** Disponível em: www.normagrimberg.com.br. Acesso em: 13 dez. 2017.

TEXTO II

Urna Cerimonial marajoara. Cerâmica. 1400 a 400 a.C. 81 cm. Museu Nacional do Rio de Janeiro.

Disponível em: www.museunacional.ufrj.br. Acesso em: 11 dez. 2017.

As duas imagens são produções que têm a cerâmica como matéria-prima. A obra *Estrutura vertical dupla* se distingue da urna funerária marajoara ao

(A) evidenciar a simetria na disposição das peças.
(B) materializar a técnica sem função utilitária.
(C) abandonar a regularidade na composição.
(D) anular possibilidades de leituras afetivas.
(E) integrar o suporte em sua constituição.

35. (ENEM – 2018)

o que será que ela quer
essa mulher de vermelho
alguma coisa ela quer
pra ter posto esse vestido
não pode ser apenas
uma escolha casual
podia ser um amarelo
verde ou talvez azul
mas ela escolheu vermelho
ela sabe o que ela quer
e ela escolheu vestido
e ela é uma mulher
então com base nesses fatos
eu já posso afirmar
que conheço o seu desejo
caro watson, elementar:
o que ela quer sou euzinho
sou euzinho o que ela quer
só pode ser euzinho
o que mais podia ser

FREITAS, A. **Um útero é do tamanho de um punho**. São Paulo: Cosac Naify, 2013.

No processo de elaboração do poema, a autora confere ao eu lírico uma identidade que aqui representa a

(A) hipocrisia do discurso alicerçado sobre o senso comum.
(B) mudança de paradigmas de imagem atribuídos à mulher.
(C) tentativa de estabelecer preceitos da psicologia feminina.
(D) importância da correlação entre ações e efeitos causados.
(E) valorização da sensibilidade como característica de gênero.

36. (ENEM – 2018)

O rio que fazia uma volta atrás de nossa casa era a imagem de um vidro mole que fazia uma volta atrás de casa.
Passou um homem e disse: Essa volta que o
rio faz por trás de sua casa se chama enseada.
Não era mais a imagem de uma cobra de vidro que fazia uma volta atrás de casa.
Era uma enseada.
Acho que o nome empobreceu a imagem.

BARROS, M. **O livro das ignorãças**. 5LR GH -DQHLUR: %HVW 6HOOHU, 2008.

O sujeito poético questiona o uso do vocábulo "enseada" porque a

(A) terminologia mencionada é incorreta.
(B) nomeação minimiza a percepção subjetiva.
(C) palavra é aplicada a outro espaço geográfico
(D) designação atribuída ao termo é desconhecida.
(E) definição modifica o significado do termo no dicionário.

37. (ENEM – 2018)

"Acuenda o Pajubá": conheça o "dialeto secreto" utilizado por gays e travestis

Com origem no iorubá, linguagem foi adotada por travestis e ganhou a comunidade

"Nhaí, amapô! Não faça a loka e pague meu acue, deixe de equê se não eu puxo teu picumã!" Entendeu as palavras dessa frase? Se sim, é porque você manja alguma coisa de pajubá, o "dialeto secreto" dos gays e travestis.

Adepto do uso das expressões, mesmo nos ambientes mais formais, um advogado afirma: "É claro que eu não vou falar durante uma audiência ou numa reunião, mas na firma, com meus colegas de trabalho, eu falo de 'acue' o tempo inteiro", brinca. "A gente tem que ter cuidado de falar outras palavras porque hoje o pessoal já entende, né? Tá na internet, tem até dicionário...", comenta.

O dicionário a que ele se refere é o *Aurélia, a dicionária da língua afiada,* lançado no ano de 2006 e escrito pelo

jornalista Angelo Vip e por Fred Libi. Na obra, há mais de 1300 verbetes revelando o significado das palavras do pajubá.

Não se sabe ao certo quando essa linguagem surgiu, mas sabe-se que há claramente uma realção entre o pajubá e a cultura africana, numa costura iniciada ainda na época do Brasil colonial.

Disponível em: www.midiamax.com.br. Acesso em: 4 abr. 2017 (adaptado).

Da perspectiva do usuário, o pajubá ganha status de dialeto, caracterizando-se como elemento de patrimônio linguístico, especialmente por

(A) ter mais de mil palavras conhecidas.
(B) ter palavras diferentes de uma linguagem secreta.
(C) ser consolidado por objetos formais de registro.
(D) ser utilizado por advogados em situações formais.
(E) ser comum em conversas no ambiente de trabalho.

38. **(ENEM – 2018)**

Certa vez minha mãe surrou-me com uma corda nodosa que me pintou as costas de manchas sangrentas. Moído, virando a cabeça com dificuldade, eu distinguiria nas costas grandes lanhos vermelhos. Deitaram-me, enrolaram-me em panos molhados com água de sal - e houve uma discussão na família. Minha avó, que nos visitava, condenou o procedimento da filha e esta afligiu-se. Irritada, ferira-me à toa, sem querer. Não guardei ódio a minha mãe: o culpado era o nó.

RAMOS, G. **Infância**. Rio de Janeiro: Record, 1998.

Num texto narrativo, a sequência dos fatos contribui para a progressão temática. No fragmento, esse processo é indicado pela

(A) alternância das pessoas do discurso que determinam o foco narrativo.
(B) utilização de formas verbais que marcam tempos narrativos variados.
(C) indeterminação dos sujeitos de ações que caracterizam os eventos narrados.
(D) justaposição de frases que relacionam semanticamente os acontecimentos narrados.
(E) recorrência de expressões adverbiais que organizam temporalmente a narrativa.

39. **(ENEM – 2018)**

Disponível em: www.facebook.com/omeusegredinho. Acesso em: 9 dez. 2017 (adaptado).

Essa imagem ilustra a reação dos celíacos (pessoas sensíveis ao glúten) ao ler rótulos de alimentos sem glúten. Essas reações indicam que, em geral, os rótulos desses produtos

(A) trazem informações explícitas sobre a presença do glúten.
(B) oferecem várias opções de sabor para esses consumidores.
(C) classificam o produto como adequado para o consumidor celíaco.
(D) influenciam o consumo de alimentos especiais para esses consumidores.
(E) variam na forma de apresentação de informações relevantes para esse público.

40. **(ENEM – 2018)**

ABL lança novo concurso cultural: "Conte o conto sem aumentar um ponto"

Em razão da grande repercussão do concurso de Microcontos do Twitter da ABL, o Abletras, a Academia Brasileira de Letras lançou no dia do seu aniversário de 113 anos um novo concurso cultural intitulado "Conte o conto sem aumentar um ponto", baseado na obra *A cartomante*, de Machado de Assis.

"Conte o conto sem aumentar um ponto" tem como objetivo dar um final distinto do original ao conto *A cartomante*, de Machado de Assis, utilizando-se o mesmo número de caracteres – ou inferior – que Machado concluiu seu trabalho, ou seja, 1778 caracteres.

Vale ressaltar que, para participar do concurso, o concorrente deverá ser seguidor do Twitter da ABL, o Abletras.

Disponível em: www.academia.org.br. Acesso em: 18 out 2015 (adaptado)

O Twitter é reconhecido por promover o compartilhamento de textos. Nessa notícia, essa rede social foi utilizada como veículo-suporte para um concurso literário por causa do(a)

(A) limite predeterminado de extensão do texto.
(B) interesse pela participação de jovens.
(C) atualidade do enredo proposto.
(D) Fidelidade a fatos cotidianos.
(E) dinâmica da sequência narrativa.

41. (ENEM – 2018)

Disponível em: www.sul21.com.br. Acesso em: 1 dez 2017 (adaptado)

Nesse texto, busca-se convencer o leitor a mudar seu comportamento por meio da associação de verbos no modo imperativo à

(A) indicação de diversos canais de atendimento.

(B) divulgação do Centro de Defesa da Mulher.

(C) informação sobre a duração da campanha.

(D) apresentação dos diversos apoiadores.

(E) utilização da imagem das três mulheres.

42. (ENEM – 2018)

A Casa de Vidro

Houve protestos.

Deram uma bola a cada criança e tempo para brincar. Elas aprenderam malabarismos incríveis e algumas viajavam pelo mundo exibindo sua alegre habilidade. (O problema é que muitos, a maioria, não tinham jeito e eram feios de noite, assustadores. Seria melhor prender essa gente – havia quem dissesse.)

Houve protestos.

Aumentaram o preço da carne, liberaram os preços dos cereais e abriram crédito a juros baixos para o agricultor. O dinheiro que sobrasse, bem, digamos, ora o dinheiro que sobrasse!

Houve protestos.

Diminuíram os salários (infelizmente aumentou o número de assaltos) porque precisamos combater a inflação e, como se sabe, quando os salários estão acima do índice de produtividade eles se tornam altamente inflacionários, de modo que.

Houve protestos.

Proibiram os protestos.

E no lugar dos protestos nasceu o ódio. Então surgiu a Casa de Vidro, para acabar com aquele ódio.

ÂNGELO, I. **A casa de vidro**. São Paulo: Círculo do Livro, 1985.

Publicado em 1979, o texto compartilha com outras obras da literatura brasileira escritas no período as marcas do contexto em que foi produzido, como a

(A) referência à censura e à opressão para alegorizar a falta de liberdade de expressão característica da época.

(B) valorização de situações do cotidiano para atenuar os sentimentos de revolta em relação ao governo instituído.

(C) utilização de metáforas e ironias para expressar um olhar crítico em relação à situação social e política do país.

(D) tendência realista para documentar com verossimilhança o drama da população brasileira durante o Regime Militar.

(E) sobreposição das manifestações populares pelo discurso oficial para destacar o autoritarismo do momento histórico.

43. (ENEM – 2018)

Encontrando base em argumentos supostamente científicos, o mito do sexo frágil contribuiu historicamente para controlar as práticas corporais desempenhadas pelas mulheres. Na história do Brasil, exatamente na transição entre os séculos XIX e XX, destacam-se os esforços para impedir a participação da mulher no campo das práticas esportivas. As desconfianças em relação à presença da mulher no esporte estiveram culturalmente associadas ao medo de masculinizar o corpo feminino pelo esforço físico intenso. Em relação ao futebol feminino, o mito do sexo frágil atuou como obstáculo ao consolidar a crença de que o esforço físico seria inapropriado para proteger a feminilidade da mulher "normal". Tal mito sustentou um forte movimento contrário à aceitação do futebol como prática esportiva feminina. Leis e propagandas buscaram desacreditar o futebol, considerando-o inadequado à delicadeza. Na verdade, as mulheres eram consideradas incapazes de se adequar às múltiplas dificuldades do "esporte-rei".

TEIXEIRA, F. L. S.; CAMINHA, I. O. Preconceito no futebol feminino: uma revisão sistemática.

Movimento, Porto Alegre, n. 1, 2013 (adaptado).

No contexto apresentado, a relação entre a prática do futebol e as mulheres é caracterizada por um

(A) argumento biológico para justificar desigualdades históricas e sociais.

(B) discurso midiático que atua historicamente na desconstrução do mito do sexo frágil.

(C) apelo para a preservação do futebol como uma modalidade praticada apenas pelos homens.

(D) olhar feminista que qualifica o futebol como uma atividade masculinizante para as mulheres.

(E) receio de que sua inserção subverta o "esporte-rei" ao demonstrarem suas capacidades de jogo.

44. (ENEM – 2018)

Farejador de Plágio: uma ferramenta contra a cópia ilegal

No mundo acadêmico ou nos veículos de comunicação, as cópias ilegais podem surgir de diversas maneiras, sendo integrais, parciais ou paráfrases. Para ajudar a combater esse crime, o professor Maximiliano Zambonatto Pezzin, engenheiro de computação, desenvolveu junto com os seus alunos o programa Farejador de Plágio.

O programa é capaz de detectar: trechos contínuos e fragmentados, frases soltas, partes de textos reorganizadas, frases reescritas, mudanças na ordem dos períodos e erros fonéticos e sintáticos.

Mas como o programa realmente funciona? Considerando o texto como uma sequência de palavras, a ferramenta analisa e busca trecho por trecho nos *sites* de busca, assim como um professor desconfiado de um aluno faria. A diferença é que o programa permite que se pesquise em vários buscadores, gerando assim muito mais resultados.

Disponível em: http://reporterunesp.jor.br. Acesso em: 19 mar. 2018

Segundo o texto, a ferramenta Farejador de Plágio alcança seu objetivo por meio da

(A) seleção de cópias integrais.

(B) busca em sites especializados.

(C) simulação da atividade docente.

(D) comparação de padrões estruturais.

(E) identificação de sequência de fonemas.

45. (ENEM – 2018)

TEXTO I

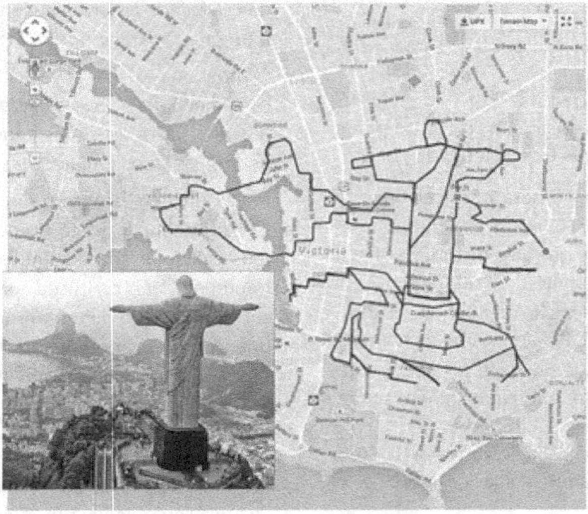

BRACCO, A; LOSCHI, M. Quando rotas se tornam arte. **Retratos: a revista do IBGE**. Rio de Janeiro, n. 3, set. 2017 (adaptado).

TEXTO II

Stephen Lund, artista canadense, morador em Victoria, capital da Colúmbia Britânica (Canadá), transformou-se em fenômeno mundial produzindo obras de arte virtuais pedalando sua *bike*. Seguindo rotas traçadas com o auxílio de um dispositivo de GPS, ele calcula ter percorrido mais de 10 mil quilômetros.

Disponível em: www.booooooo.com. Acesso em: 9 dez. 2017 (adaptado).

Os textos destacam a inovação artística proposta por Stephen Lund a partir do(a)

(A) deslocamento das tecnologias de suas funções habituais.
(B) perspectiva de funcionamento do dispositivo de GPS.
(C) ato de guiar sua bicicleta pelas ruas da cidade.
(D) análise dos problemas de mobilidade urbana.
(E) foco na promoção cultural da sua cidade.

CIENCIAS HUMANAS

46. **(ENEM – 2018)**

No Segundo Congresso Internacional de Ciências Geográficas, em 1875, a que compareceram o presidente da República, o governador de Paris e o presidente da Assembleia, o discurso inaugural do almirante La Roucière-Le Noury expôs a atitude predominante no encontro: "Cavalheiros, a Providência nos ditou a obrigação de conhecer e conquistar a terra. Essa ordem suprema é um dos deveres imperiosos inscritos em nossas inteligências e nossas atividades.

A geografia, essa ciência que inspira tão bela devoção e em cujo nome foram sacrificadas tantas vítimas, tornou-se a filosofia da terra".

SAID, E. **Cultura e política**. São Paulo: Cia. das Letras, 1995.

No contexto histórico apresentado, a exaltação da ciência geográfica decorre do seu uso para o(a)

(A) preservação cultural dos territórios ocupados.
(B) formação humanitária da sociedade europeia.
(C) catalogação de dados úteis aos propósitos colonialistas.
(D) desenvolvimento de técnicas matemáticas de construção de cartas.
(E) consolidação do conhecimento topográfico como campo acadêmico.

A existência em Jerusalém de um hospital voltado para o alojamento e o cuidado dos peregrinos, assim como daqueles entre eles que estavam cansados ou doentes, fortaleceu o elo entre a obra de assistência e de caridade e a Terra Santa. Ao fazer, em 1113, do Hospital de Jerusalém um estabelecimento central da ordem, Pascoal II estimulava a filiação dos hospitalários do Ocidente a ele, sobretudo daqueles que estavam ligados à peregrinação na Terra Santa ou em outro lugar. A militarização do Hospital de Jerusalém não diminuiu a vocação caritativa primitiva, mas a fortaleceu.

DEMURGER, A. Os Cavaleiros de Cristo. Rio de Janeiro: Jorge Zahar, 2002 (adaptado).

47. **(ENEM – 2018)** No O acontecimento descrito vincula-se ao fenômeno ocidental do(a)

(A) surgimento do monasticismo guerreiro, ocasionado pelas cruzadas.
(B) descentralização do poder eclesiástico, produzida pelo feudalismo.
(C) alastramento da peste bubônica, provocado pela expansão comercial.
(D) afirmação da fraternidade mendicante, estimulada pela reforma espiritual.
(E) criação das faculdades de medicina, promovida pelo renascimento urbano.

48. **(ENEM – 2018)**

A tribo não possui um rei, mas um chefe que não é chefe de Estado. O que significa isso? Simplesmente que o chefe não dispõe de nenhuma autoridade, de nenhum poder de coerção, de nenhum meio de dar uma ordem. O chefe não é um comandante, as pessoas da tribo não têm nenhum dever de obediência. O espaço da chefia não é o lugar do poder. Essencialmente encarregado de eliminar conflitos que podem surgir entre indivíduos, famílias e linhagens, o chefe só dispõe, para restabelecer a ordem e a concórdia, do prestígio que lhe reconhece a sociedade. Mas evidentemente prestígio não significa poder, e os meios que o chefe detém para realizar sua tarefa de pacificador limitam-se ao uso exclusivo da palavra.

CLASTRES, P. **A sociedade contra o Estado**. Rio de Janeiro: Francisco Alves, 1982 (adaptado)

O modelo político das sociedades discutidas no texto contrasta com o do Estado liberal burguês porque se baseia em:

(A) Imposição ideológica e normas hierárquicas.
(B) Determinação divina e soberania monárquica.
(C) Intervenção consensual e autonomia comunitária.
(D) Mediação jurídica e regras contratualistas.
(E) Gestão coletiva e obrigações tributárias.

49. **(ENEM – 2018)**

O filósofo reconhece-se pela posse inseparável do gosto da evidência e do sentido da ambiguidade. Quando se limita a suportar a ambiguidade, esta se chama equívoco. Sempre aconteceu que, mesmo aqueles que pretenderam construir uma filosofia absolutamente positiva, só conseguiram ser filósofos na medida em que, simultaneamente, se recusaram o direito de se instalar no saber absoluto. O que caracteriza o filósofo é o movimento que leva incessantemente do saber à ignorância, da ignorância ao saber, e um certo repouso neste movimento.

MERLEAU-PONTY, M. **Elogio da filosofia.** Lisboa: Guimarães, 1998 (adaptado)

O texto apresenta um entendimento acerca dos elementos constitutivos da atividade do filósofo, que se caracteriza por

(A) reunir os antagonismos das opiniões ao método dialético.
(B) ajustar a clareza do conhecimento ao inatismo das ideias.
(C) associar a certeza do intelecto à imutabilidade da verdade.
(D) conciliar o rigor da investigação à inquietude do questionamento.
(E) compatibilizar as estruturas do pensamento aos princípios fundamentais.

50. (ENEM – 2018)

Figura 1

Disponível em: www.thehenryfor.org. Acesso em: 3 maio 2018

Figura 2

Disponível em: www.abc.net.au. Acesso em: 3 maio 2018

Esse ônibus relaciona-se ao ato praticado, em 1955, por Rosa Parks, apresentada em fotografia ao lado de Martin Luther King. O veículo alcançou o estatuto de obra museológica por simbolizar o(a)

(A) impacto do medo da corrida armamentista.
(B) democratização do acesso à escola pública.
(C) preconceito de gênero no transporte coletivo.
(D) deflagração do movimento por igualdade civil.
(E) eclosão da rebeldia no comportamento juvenil.

51. (ENEM – 2018)

Desde eu tenhamos compreendido o significado da palavra "Deus", sabemos, de imediato, que Deus existe. Com efeito, essa palavra designa uma coisa de tal ordem que não podemos conceber nada que lhe seja maior. Ora, o que existe na realidade e no pensamento é maior do que o que existe apenas no pensamento. Donde se segue que o objeto designado pela palavra "Deus", que existe no pensamento, desde que se entenda essa palavra, também existe na realidade. Por conseguinte, a existência de Deus é evidente.

TOMÁS DE AQUINO. **Suma teológica**. Rio de Janeiro: Loyola,, 2002.

O texto apresenta uma elaboração teórica de Tomás de Aquino caracterizada por

(A) reiterar a ortodoxia religiosa contra os heréticos.
(B) sustentar racionalmente doutrina alicerçada na fé.
(C) explicar as virtudes teologais pela demonstração.
(D) flexibilizar a interpretação oficial dos textos sagrados.
(E) justificar pragmaticamente crença livre de dogmas.

52. (ENEM – 2018)

TEXTO I

Tudo aquilo que é válido para um tempo de guerra, em que todo homem é inimigo de todo homem, é válido também para o tempo durante o qual os homens vivem sem outra segurança senão aquela que lhes pode ser oferecida por sua própria força e invenção.

HOBBES, T. **Leviatã**. São Paulo: Abril Cultural, 1983.

TEXTO II

Não vamos concluir, com Hobbes que, por não ter nenhuma ideia de bondade, o homem seja naturalmente mau. Esse autor deveria dizer que, sendo o estado de natureza aquele em que o cuidado de nossa conservação é menos prejudicial à dos outros, esse estado era, por conseguinte, o mais próprio à paz e o mais conveniente ao gênero humano.

ROUSSEAU, J.-J. Discurso sobre a origem e o fundamento da desigualdade entre os homens. São Paulo: Martins Fontes, 1993 (adaptado).

Os trechos apresentam divergências conceituais entre autores que sustentam um entendimento segundo o qual a igualdade entre os homens se dá em razão de uma

(A) predisposição ao conhecimento.
(B) submissão ao transcendente.
(C) tradição epistemológica.
(D) condição original.
(E) vocação política.

53. **(ENEM – 2018)**

Foi-se o tempo em que era possível mostrar um mundo econômico organizado em camadas bem definidas, onde grandes centros urbanos se ligavam, por si próprios, a economias adjacentes "lentas", com o ritmo muito mais rápido do comércio e das finanças de longo alcance. Hoje tudo ocorre como se essas camadas sobrepostas estivessem mescladas e interpermeadas. Interdependências de curto e longo alcance não podem mais ser separadas umas das outras.

BRENNER, N. A globalização como reterritorialização. **Cadernos Metrópole**, Q. 24, jul.-dez. 2010 (adaptado).

A maior complexidade dos espaços urbanos contemporâneos ressaltada no texto explica-se pela

(A) expansão de áreas metropolitanas.
(B) emancipação de novos municípios.
(C) consolidação de domínios jurídicos.
(D) articulação de redes multiescalares.
(E) redefinição de regiões administrativas.

54. **(ENEM – 2018)**

TEXTO I

E pois que em outra cousa nesta parte me não posso vingar do demônio, admoesto da parte da cruz de Cristo Jesus a todos que este lugar lerem, que deem a esta terra o nome que com tanta solenidade lhe foi posto, sob pena de a mesma cruz que nos há de ser mostrada no dia final, os acusar de mais devotos do pau-brasil que dela.

BARROS, J. In: SOUZA, L.M. **Inferno atlântico**: demonologia
e colonização:Séculos XVI-XVIII. São Paulo: Cia das Letras, 1993.

TEXTO II

E deste modo se hão os povoadores, os quais, por mais arraigados que na terra estejam e mais ricos que

sejam, tudo pretendem levar a Portugal, e, se as fazendas e bens que possuem souberam falar, também lhes houveram de ensinar a dizer como os papagaios, aos quais a primeira coisa que ensinam é: papagaio real para Portugal, porque tudo querem para lá.

SALVADOR, F. V. In: SOUZA, L. M. (Org). **História da vida privada no Brasil:** cotidiano e vida privada na América portuguesa. São Paulo: Cia. Das Letras, 1997.

As críticas desses cronistas ao processo de colonização portuguesa na América estavam relacionadas à

(A) utilização do trabalho escravo.
(B) implantação de polos urbanos.
(C) devastação de áreas naturais.
(D) ocupação de terras indígenas.
(E) expropriação de riquezas locais.

55. **(ENEM – 2018)** Os soviéticos tinham chegado a Cuba muito cedo na década de 1960, esgueirando-se pela fresta aberta pela imediata hostilidade norte-americana em relação ao processo social revolucionário. Durante três décadas os soviéticos mantiveram sua presença em Cuba com bases e ajuda militar, mas, sobretudo, com todo o apoio econômico que, como saberíamos anos mais tarde, mantinha o país à tona, embora nos deixasse em dívida com os irmãos soviéticos – e depois com seus herdeiros russos – por cifras que chegavam a US$ 32 bilhões.

Ou seja, o que era oferecido em nome da solidariedade socialista tinha um preço definido.

O texto indica que durante a Guerra Fria as relações internas em um mesmo bloco foram marcadas pelo(a)

(A) busca da neutralidade política.
(B) estímulo à competição comercial.
(C) subordinação à potência hegemônica.
(D) elasticidade das fronteiras geográficas.
(E) compartilhamento de pesquisas científicas.

56. **(ENEM – 2018)**

Anamorfose é a transformação cartográfica espacial em que a forma dos objetos é distorcida, de forma a realçar o tema. A área das unidades espaciais às quais o tema se refere é alterada de forma proporcional ao respectivo valor.

GASPAR, A. J.Dicionário de ciências cartográficas. Lisboa: Lidel. 2004

A técnica descrita foi aplicada na seguinte forma de representação do espaço:

(A) 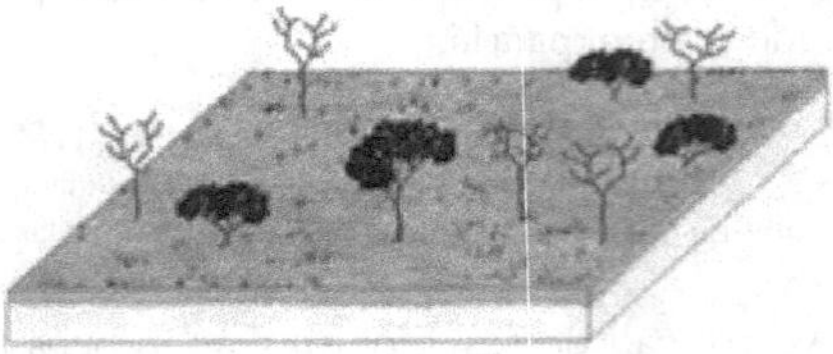

(B) 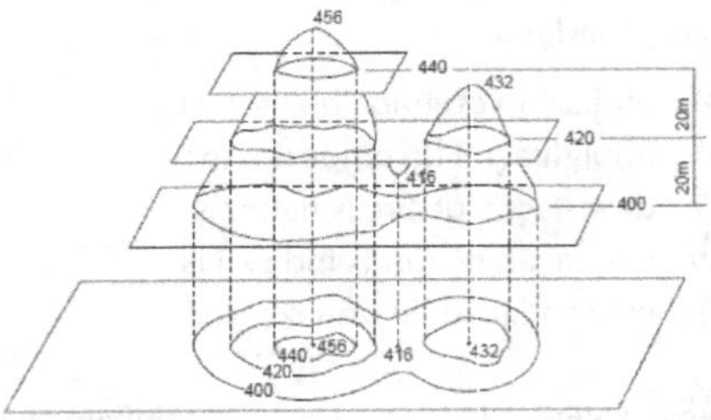

(C) 

(D) 

(E) 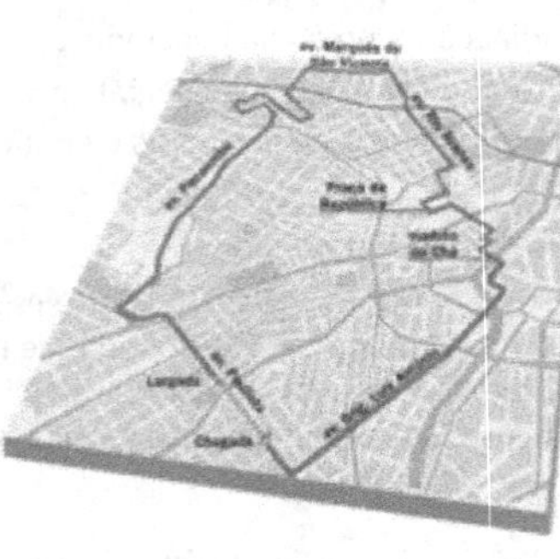

57. **(ENEM – 2018)**

A poetisa Emília Freitas subiu a um palanque, nervosa, pedindo desculpas por não possuir títulos nem conhecimentos, mas orgulhosa ofereceu a sua pena que "sem ser hábil, é, em compensação, guiada pelo poder da vontade". Maria Tomásia pronunciava orações que levantavam os ouvintes. A escritora Francisca Clotilde arrebatava, declamando seus poemas. Aquelas "angélicas senhoras", "heroínas da caridade", levantavam dinheiro para comprar liberdades e usavam de seu entusiasmo a fim de convencer os donos de escravos a fazerem alforrias gratuitamente.

MIRANDA, A. Disponível em: www.opovoonline.com.br. Acesso em: 10 jun. 2015.

As práticas culturais narradas remetem, historicamente, ao movimento

(A) feminista.
(B) sufragista.
(C) socialista.
(D) republicano.
(E) abolicionista.

58. **(ENEM – 2018)**

A democracia que eles pretendem é a democracia dos privilégios, a democracia da intolerância e do ódio. A democracia que eles querem é para liquidar com a Petrobras, é a democracia dos monopólios, nacionais e internacionais, a democracia que pudesse lutar contra o povo. Ainda ontem eu afirmava que a democracia jamais poderia ser ameaçada pelo povo, quando o povo livremente vem para as praças – as praças que são do povo. Para as ruas – que são do povo.

Disponível em: www.revistadehistoria.com.br/secao/artigos/discurso-de-joao-goulart-no-comicio-da-central. Acesso em: 29 out. 2015.

Em um momento de radicalização política, a retórica no discurso do presidente João Goulart, proferido no comício da Central do brasil, buscava justificar a necessidade de

(A) conter a abertura econômica para conseguir a adesão das elites.
(B) impedir a ingerência externa para garantir a conservação de direitos.
(C) regulamentar os meios de comunicação para coibir os partidos de oposição.
(D) aprovar os projetos reformistas para atender a mobilização de setores trabalhistas.

(E) incrementar o processo de desestatização para diminuir a pressão da opinião pública.

59. **(ENEM – 2018)**

A rebelião luso-brasileira em Pernambuco começou a ser urdida em 1644 e explodiu em 13 de junho de 1645, dia de Santo Antônio. Uma das primeiras medidas de João Fernandes foi decretar nulas as dívidas que os rebeldes tinham com os holandeses. Houve grande adesão da "nobreza da terra", entusiasmada com esta proclamação heroica.

VAINFAS, R. Guerra declarada e paz fingida na restauração portuguesa. **Tempo**, n.27, 2009

O desencadeamento dessa revolta na América portuguesa seiscentista foi o resultado do(a)

(A) fraqueza bélica dos protestantes batavos.
(B) comércio transatlântico da África ocidental.
(C) auxílio financeiro dos negociantes flamengos.
(D) diplomacia internacional dos Estados ibéricos.
(E) interesse econômico dos senhores de engenho.

60. **(ENEM – 2018)**

Em Beirute, no Líbano, quando perguntado sobre onde se encontram os refugiados sírios, a resposta do homem é imediata: "em todos os lugares e em lugar nenhum". Andando ao acaso, não é raro ver, sob um prédio ou num canto de calçada, ao abrigo do vento, uma família refugiada em volta de uma refeição frugal posta sobre jornais como se fossem guardanapos. Também se vê de vez em quando uma tenda com a sigla ACNUR (Alto Comissariado das Nações Unidas para Refugiados), erguida em um dos raros terrenos vagos da capital.

JABER, H. Quem realmente acolhe os refugiados? **Le Monde Diplomatique Brasil**, out. 2015 (adaptado).

O cenário descrito aponta para uma crise humanitária que é explicada pelo processo de

(A) migração massiva de pessoas atingidas por catástrofe natural.
(B) hibridização cultural de grupos caracterizados por homogeneidade social.
(C) desmobilização voluntária de militantes cooptados por seitas extremistas.
(D) peregrinação religiosa de fiéis orientados por lideranças fundamentalistas.
(E) desterritorialização forçada de populações afetadas por conflitos armados.

61. **(ENEM – 2018)**

TEXTO I

Programa do Partido Social Democrático (PSD)

Capitais estrangeiros

É indispensável manter clima propício à entrada de capitais estrangeiros. A manutenção desse clima recomenda a adoção de normas disciplinadoras dos investimentos e suas rendas, visando reter no país a maior parcela possível dos lucros auferidos.

TEXTO II

Programa da União Democrática Nacional (UDN)

O capital

Apelar para o capital estrangeiro, necessário para os empreendimentos da reconstrução nacional e, sobretudo, para o aproveitamento das nossas reservas inexploradas, dando-lhe um tratamento equitativo e liberdade para a saída dos juros.

CHACON, V. **História dos partidos brasileiros**: discurso e práxis dos seus programas. Brasília: UnB, 1981 (adaptado).

Considerando as décadas de 1950 e 1960 no Brasil, os trechos dos programas do PSD e UDN convergiam na defesa da

(A) autonomia de atuação das multinacionais.
(B) descentralização da cobrança tributária.
(C) flexibilização das reservas cambiais.
(D) liberdade de remessa de ganhos.
(E) captação de recursos do exterior.

62. **(ENEM – 2018)**

A situação demográfica de Israel é muito particular. Desde 1967. A esquerda sionista afirma que Israel deveria se desfazer rapidamente da Cisjordânia e da Faixa de Gaza, argumentando a partir de uma lógica demográfica aparentemente inexorável. Devido à taxa de nascimento árabe ser muito mais elevada, a anexação dos territórios palestinos, formal ou informal, acarretaria dentro de uma ou duas gerações uma maioria árabe "entre o rio e o mar".

DEMANT, P. Israel: a crise próxima. **História**, n. 2 jul.-dez.2014.

A preocupação apresentada no texto revela um aspecto da condução política desse Estado identificado ao (à)

(A) abdicação da interferência militar em conflito local.
(B) busca da preeminência étnica sobre o espaço nacional.

(C) admissão da participação proativa em blocos regionais.

(D) rompimento com os interesses geopolíticos das potências globais.

(E) compromisso com as resoluções emanadas dos organismos internacionais.

Trajetória de ciclones tropicais

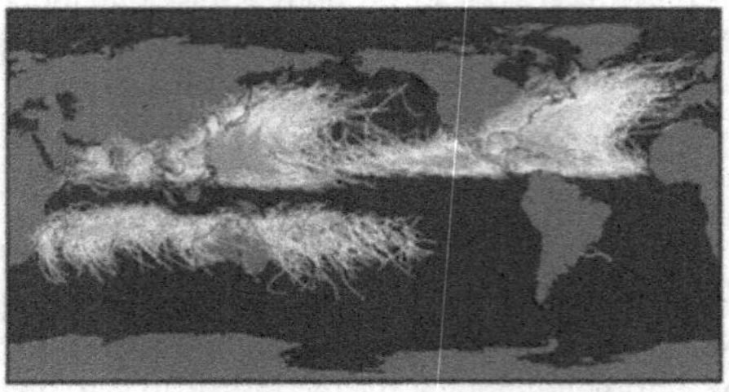

Disponível em: http://globalwarmingart.com. Acesso em: 12 jul. 2015 (adaptado).

63. **(ENEM – 2018)** Qual característica do meio físico é condição necessária para a distribuição espacial do fenômeno representado?

(A) Cobertura vegetal com porte arbóreo.

(B) Barreiras orográficas com altitudes elevadas.

(C) Pressão atmosférica com diferença acentuada.

(D) Superfície continental com refletividade intensa.

(E) Correntes marinhas com direções convergentes.

64. **(ENEM – 2018)**

Outra importante manifestação das crenças e tradições africanas na Colônia eram os objetos conhecidos como "bolsas de mandinga". A insegurança tanto física como espiritual gerava uma necessidade generalizada de proteção: das catástrofes da natureza, das doenças, da má sorte, da violência dos núcleos urbanos, dos roubos, das brigas, dos malefícios de feiticeiros etc. Também para trazer sorte, dinheiro e até atrair mulheres, o costume era corrente nas primeiras décadas do século XVIII, envolvendo não apenas escravos, mas também homens brancos.

CALAINHO, D. B. Feitiços e feiticeiros. In: FIGUEIREDO, L. **História do Brasil para ocupados**. Rio de Janeiro: Casa da Palavra, 2013 (adaptado)

A prática histórico-cultural da matriz africana descrita no texto representava um(a)

(A) expressão do valor das festividades da população pobre.

(B) ferramenta para submeter os cativos ao trabalho forçado.

(C) estratégia de subversão do poder da monarquia portuguesa.

(D) elemento de conversão dos escravos ao catolicismo romano.

(E) Instrumento para minimizar o sentimento de desamparo social.

65. **(ENEM – 2018)**

Os portos sempre foram respostas ao comércio praticado em grande volume, que se dá via marítima, lacustre e fluvial, e sofreram adaptações, ou modernizações, de acordo com um conjunto de fatores que vão desde a sua localização privilegiada frente a extensas hinterlândias, passando por sua conectividade com modernas redes de transportes que garantam acessibilidade, associados, no atual momento, à tecnologia, que os transformam em pontas de lança de uma economia globalizada que comprime o tempo em nome da produtividade e da competitividade.

ROCHA NETO, J. M.; CRAVIDÃO, F. D. Portos no contexto do meio técnico. **Mercator**, n. 2, maio-ago. 2014 (adaptado)

Uma mudança que permitiu aos portos adequarem-se às novas necessidades comerciais apontadas no texto foi a

(A) Intensificação do uso de contêineres.

(B) compactação das áreas de estocagem.

(C) burocratização dos serviços de alfândega.

(D) redução da profundidade dos atracadouros.

(E) superação da especialização dos cargueiros.

66. **(ENEM – 2018)**

O século XVIII é, por diversas razões, um século diferenciado. Razão e experimentação se aliavam no que se acreditava ser o verdadeiro caminho para o estabelecimento do conhecimento científico, por tanto tempo almejado. O fato, a análise e a indução passavam a ser parceiros fundamentais da razão. É ainda no século XVIII que o homem começa a tomar consciência de sua situação na história.

ODALIA, N. In: PINSKY, C. B. **História da cidadania**. São Paulo: Contexto, 2003.

No ambiente cultural do Antigo Regime, a discussão filosófica mencionada no texto tinha como uma de suas características a

(A) aproximação entre inovação e saberes antigos.

(B) conciliação entre revelação e metafísica platônica.

(C) vinculação entre escolástica e práticas de pesquisa.

(D) separação entre teologia e fundamentalismo religioso.

(E) contraposição entre clericalismo e liberdade de pensamento.

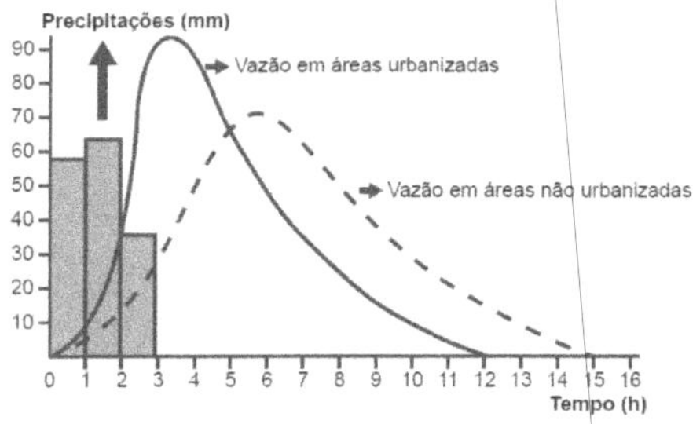

Disponível em: www.biologiasur.org. Acesso em: 4 jul. 2015 (adaptado).

67. (ENEM – 2018) A dinâmica hidrológica expressa no gráfico demonstra que o processo de urbanização promove a

(A) redução do volume dos rios.

(B) expansão do lençol freático.

(C) diminuição do índice de chuvas.

(D) retração do nível dos reservatórios.

(E) ampliação do escoamento superficial.

68. (ENEM – 2018)

O encontro entre o Velho e o Novo Mundo, que a descoberta de Colombo tornou possível, é de um tipo muito particular: é uma guerra – ou a Conquista –, como se dizia então. E um mistério continua: o resultado do combate. Por que a vitória fulgurante, se os habitantes da América eram tão superiores em número aos adversários e lutaram no próprio solo? Se nos limitarmos à conquista do México – a mais espetacular, já que a civilização mexicana é a mais brilhante do mundo pré-colombiano – como explicar que Cortez, liderando centenas de homens, tenha conseguido tomar o reino de Montezuma, que dispunha de centenas de milhares de guerreiros?

TODOROV, T. **A conquista da América**. São Paulo: Martins Fontes, 1991 (adaptado).

No contexto da conquista, conforme análise apresentada no texto, uma estratégia para superar as disparidades levantadas foi

(A) implantar as missões cristãs entre as comunidades submetidas.

(B) utilizar a superioridade física dos mercenários africanos.

(C) explorar as rivalidades existentes entre os povos nativos.

(D) introduzir vetores para a disseminação de doenças epidêmicas.

(E) comprar terras para o enfraquecimento das teocracias autóctones.

69. (ENEM – 2018)

São Paulo, 10 de janeiro de 1979.
Exmo. Sr. Presidente Ernesto Geisel.
Considerando as instruções dadas por V. S. de que sejam negados os passaportes aos senhores Francisco Julião, Miguel Arraes, Leonel Brizola, Luis Prestes, Paulo Schilling, Gregório Bezerra, Márcio Moreira Alves e Paulo Freire.
Considerando que, desde que nasci, me identifico plenamente com a pele, a cor dos cabelos, a cultura, o sorriso, as aspirações, a história e o sangue destes oito senhores.
Considerando tudo isto, por imperativo de minha consciência, venho por meio desta devolver o passaporte que, negado a eles, me foi concedido pelos órgãos competentes de seu governo.

Carta do cartunista Henrique de Souza Filho, conhecido como Henfil. In: HENFIL. **Cartas da mãe**. Rio de Janeiro: Codecri, 1981 (adaptado)

No referido contexto histórico, a manifestação do cartunista Henfil expressava uma crítica ao (à)

(A) censura moral das produções culturais.

(B) limite do processo de distensão política.

(C) interferência militar de países estrangeiros.

(D) representação social das agremiações partidárias.

(E) impedimento de eleição das assembleias estaduais.

70. (ENEM – 2018)

A primeira fase da dominação da economia sobre a vida social acarretou, no modo de definir toda realização humana, uma evidente degradação do *ser* para o *ter*. A fase atual, em que a vida social está totalmente tomada pelos resultados da economia, leva a um deslizamento generalizado do *ter* para o *parecer*, do qual todo *ter* efetivo deve extrair seu prestígio imediato e sua função última.

Ao mesmo tempo, toda realidade individual tornou-se social, diretamente dependente da força social, moldada por ela.

DEBORD, G. **A sociedade do espetáculo**. Rio de Janeiro: Contraponto, 2015.

Uma manifestação contemporânea do fenômeno descrito no texto é o(a)

(A) valorização dos conhecimentos acumulados.
(B) exposição nos meios de comunicação.
(C) aprofundamento da vivência espiritual.
(D) fortalecimento das relações interpessoais.
(E) reconhecimento na esfera artística.

Os seus líderes terminaram presos e assassinados. A "marujada" rebelde foi inteiramente expulsa da esquadra. Num sentido histórico, porém, eles foram vitoriosos. A "chibata" e outros castigos físicos infamantes nunca mais foram oficialmente utilizados; a partir de então, os marinheiros – agora respeitados – teriam suas condições de vida melhoradas significativamente. Sem dúvida fizeram avançar a História.

MAESTRI, M. **1910: a revolta dos marinheiros – uma saga negra. São Paulo: Global**, 1982.

71. **(ENEM – 2018)** A eclosão desse conflito foi resultado da tensão acumulada na Marinha do Brasil pelo(a)

(A) engajamento de civis analfabetos após a emergência de guerras externas.
(B) Insatisfação de militares positivistas após a consolidação da política dos governadores.
(C) rebaixamento de comandantes veteranos após a repressão a insurreições milenaristas.
(D) sublevação das classes populares do campo após a instituição do alistamento obrigatório.
(E) Manutenção da mentalidade escravocrata da oficialidade após a queda do regime imperial.

Uma pesquisa realizada por Carolina Levis, especialista em ecologia do Instituto Nacional de Pesquisas da Amazônia, e publicada na revista *Science*, demonstra que as espécies vegetais domesticadas pelas civilizações pré-colombianas são as mais domintantes.

"A domesticação de plantas na floresta começou há mais de 8000 anos. Primeiro eram selecionadas as plantas com características que poderiam ser úteis ao homem e em um segundo momento era feita a propagação dessas espécies. Começaram a cultivá-las em pátios e jardins, por meio de um processo quase intuitivo de seleção".

OLIVEIRA, J. **Indígenas foram os primeiros a alterar o ecossistema da Amazônia.** Disponível em: https://brasil.elpais.com. Acesso em: 11 dez, 2017 (adaptado)

72. **(ENEM – 2018)** O texto apresenta um novo olhar sobre a configuração da Floresta Amazônica por romper com a ideia de

(A) primazia de saberes locais.
(B) ausência de ação antrópica.
(C) insuficiência de recursos naturais.
(D) necessidade de manejo ambiental.
(E) predominância de práticas agropecuárias.

73. **(ENEM – 2018)**

TEXTO I

Quando um exército atravessa montanhas, florestas, zonas de precipícios, ou marcha ao longo de desfiladeiros, alagadiços ou pântanos, ou qualquer outro terreno onde a deslocação é árdua, está em terreno difícil. O terreno onde é apertado e a sua saída é tortuosa e onde uma pequena força inimiga pode atacar a minha, embora maior, é cercado.

TZU, S. **A arte da guerra**, São Paulo: Martin Claret, 2001.

TEXTO II

O objetivo principal era encontrar e matar Osama Bin Laden. Onde ele se esconde? Não podemos esquecer a dificuldade de ocupação do país, que possui um relevo montanhoso, cheio de cavernas, onde fica fácil, para quem está acostumado com esse relevo, esconder-se.

OLIVEIRA, M. G.; SANTOS, M. S. **Ásia:** uma visão histórica, política e econômica do continente. Rio de Janeiro: E-Papers, 2009 (adaptado)

As situações apresentadas atestam a importância da relação entre a topografia e o(a)

(A) construção de vias terrestres.
(B) preservação do meio ambiente.
(C) emprego de armamentos sofisticados.
(D) intimidação contínua da população local.
(E) domínio cognitivo da configuração espacial.

Disponível em: http://cpdoc.fgv.br. Acesso em: 6 dez. 2017.

74. **(ENEM – 2018)** Essa imagem foi impressa em cartilha escolar durante a vigência do Estado Novo com o intuito de

(A) destacar a sabedoria inata do líder governamental.
(B) atender a necessidade familiar de obediência infantil.
(C) promover o desenvolvimento consistente das atitudes solidárias.
(D) conquistar a aprovação política por meio do apelo carismático.
(E) estimular o interesse acadêmico por meio de exercícios intelectuais.

75. **(ENEM – 2018)**

Os países industriais adotaram uma concepção diferente das relações familiares e do lugar da fecundidade na vida familiar e social. A preocupação de garantir uma transmissão integral das vantagens econômicas e sociais adquiridas tem como resultado uma ação voluntária de limitação do número de nascimentos.

GEORGE, P. **Panorama do mundo atual**. São Paulo: Difusão Europeia do Livro, 1968 (adaptado)

Em meados do século XX, o fenômeno social descrito contribuiu para o processo europeu de

(A) estabilização da pirâmide etária.
(B) conclusão da transição demográfica.
(C) contenção da entrada de imigrantes.
(D) elevação do crescimento vegetativo.
(E) formação de espaços superpovoados.

76. **(ENEM – 2018)**

Código Penal dos Estados Unidos do Brasil, 1890

Dos crimes contra a saúde pública

Art. 156. Exercer a medicina em qualquer dos seus ramos, a arte dentária ou a farmácia; praticar a homeopatia, a dosimetria, o hipnotismo ou magnetismo animal, sem estar habilitado segundo as leis e regulamentos.

Art. 158. Ministrar, ou simplesmente prescrever, como meio curativo para uso interno ou externo, e sob qualquer forma preparada, substância de qualquer dos reinos da natureza, fazendo, ou exercendo assim, o ofício denominado curandeiro.

Disponível em: http://legis.senado.gov.br. Acesso em: 21 dez. 2014 (adaptado)

No início da Primeira República, a legislação penal vigente evidenciava o(a)

(A) negligência das religiões cristãs sobre as moléstias.
(B) desconhecimento das origens das crenças tradicionais.
(C) preferência da população pelos tratamentos alopáticos.
(D) abandono pela comunidade das práticas terapêuticas de magia.
(E) condenação pela ciência dos conhecimentos populares de cura.

A presunção de que a superfície das chapadas e chapadões representa uma velha peneplanície é corroborada pelo fato de que ela é coberta por acumulações superficiais, tais como massas de areia, camadas de cascalhos e seixos e pela ocorrência generalizada de concreções ferruginosas que formam uma crosta laterítica, denominada "canga".

WEIBEL, L. Disponível em: http://biblioteca.ibge.gov.br. Acesso em: 8 jul. 2015 (adaptado)

77. (ENEM – 2018) Qual tipo climático favorece o processo de alteração do solo descrito no texto?

(A) Árido, com déficit hídrico.
(B) Subtropical, com baixas temperaturas.
(C) Temperado, com invernos frios e secos.
(D) Tropical, com sazonalidade das chuvas.
(E) Equatorial, com pluviosidade abundante.

78. (ENEM – 2018)

O marco inicial das discussões parlamentares em torno do direito do voto feminino são os debates que antecederam a Constituição de 1824, que não trazia qualquer impedimento ao exercício dos direitos políticos por mulheres, mas, por outro lado, também não era explícita quanto à possibilidade desse exercício. Foi somente em 1932, dois anos antes de estabelecido o voto aos 18 anos, que as mulheres obtiveram o direito de votar, o que veio a se concretizar no ano seguinte. Isso ocorreu a partir da aprovação do Código Eleitoral de 1932.

Disponível em: http://tse.jusbrasil.com.br. Acesso em: 14 maio 2018.

Um dos fatores que contribuíram para a efetivação da medida mencionada no texto foi a

(A) superação da cultura patriarcal.
(B) Influência de igrejas protestantes.
(C) pressão do governo revolucionário.
(D) fragilidade das oligarquias regionais.
(E) campanha de extensão da cidadania.

79. (ENEM – 2018)

A quem não basta pouco, nada basta.

EPICURO. **Os pensadores**. São Paulo: Abril Cultural, 1985.

Remanescente do período helenístico, a máxima apresentada valoriza a seguinte virtude:

(A) Esperança, tida como confiança no porvir.
(B) Justiça, interpretada como retidão de caráter.
(C) Temperança, marcada pelo domínio da vontade.
(D) Coragem, definida como fortitude na dificuldade.
(E) Prudência, caracterizada pelo correto uso da razão.

80. (ENEM – 2018)

Em algumas línguas de Moçambique não existe a palavra "pobre". O indivíduo é pobre quando não tem parentes. A pobreza é a solidão, a ruptura das relações familiares que, na sociedade rural, servem de apoio à sobrevivência. Os consultores internacionais, especialistas em elaborar relatórios sobre a miséria, talvez não tenham em conta o impacto dramático da destruição dos laços familiares e das relações de entreajuda. Nações inteiras estão tornando-se "órfãs", e a mendicidade parece ser a única via de uma agonizante sobrevivência.

COUTO, M. **E se Obama fosse africano?** & outras intervenções. Portugal: Caminho, 2009 (adaptado)

Em uma leitura que extrapola a esfera econômica, o autor associa o acirramento da pobreza à

(A) afirmação das origens ancestrais.
(B) fragilização das redes de sociabilidade.
(C) padronização das políticas educacionais.
(D) fragmentação das propriedades agrícolas.
(E) globalização das tecnologias de comunicação.

81. (ENEM – 2018)

TEXTO I

As fronteiras, ao mesmo tempo que se separam, unem e articulam, por elas passando discursos de legitimação da ordem social tanto quanto do conflito.

CUNHA, L. Terras lusitanas e gentes dos brasis: a nação e o seu retrato literário. **Revista Ciências Sociais**, n. 2, 2009.

TEXTO II

As últimas barreiras ao livre movimento do dinheiro e das mercadorias e informação que rendem dinheiro andam de mãos dadas com a pressão para cavar novos fossos e erigir novas muralhas que barrem o movimento daqueles que em consequência perdem, física ou espiritualmente, suas raízes.

BAUMAN, Z. **Globalização**: as consequências humanas. Rio de Janeiro: Jorge Zahar, 1999.

A ressignificação contemporânea da ideia de fronteira compreende a

(A) liberação da circulação de pessoas.
(B) preponderância dos limites naturais.
(C) supressão dos obstáculos aduaneiros.
(D) desvalorização da noção de nacionalismo.
(E) seletividade dos mecanismos segregadores.

TEXTO I

Há mais de duas décadas, os cientistas e ambientalistas têm alertado para o fato de a água doce ser um recurso escasso em nosso planeta. Desde o começo de 2014, o Sudeste do Brasil adquiriu uma clara percepção dessa realidade em função da seca.

TEXTO II

Dinâmicas atmosféricas no Brasil

Elementos relevantes ao transporte de umidade na América do Sul a leste dos Andes pelos Jatos de Baixos Níveis (JBN), Frentes Frias (FF) e transporte de umidade do Atlântico Sul, assim como a presença da Zona de Convergência do Atlântico Sul (ZCAS), para um verão normal e para o verão seco de 2014. "A" representa o centro da anomalia de alta pressão atmosférica.

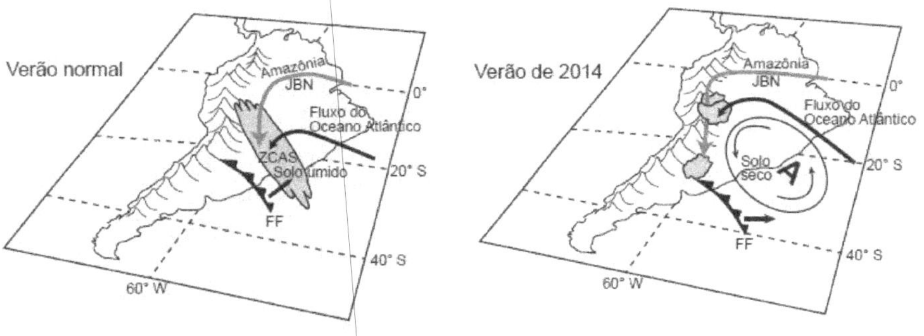

MARENGO, J. A. et al. A seca e a crise hídrica de 2014-2015 em São Paulo. **Revista USP**, n. 106, 2015 (adaptado).

82. **(ENEM – 2018)** De acordo com as informações apresentadas, a seca de 2014, no Sudeste, teve como causa natural o(a)

(A) constituição de frentes quentes barrando as chuvas convectivas.

(B) formação de anticiclone impedindo a entrada de umidade.

(C) presença de nebulosidade na região de cordilheira.

(D) avanço de massas polares para o continente.

(E) baixa pressão atmosférica no litoral.

83. **(ENEM – 2018)**

Não é verdade que estão ainda cheios de velhice espiritual aqueles que nos dizem: "Que fazia Deus antes de criar o céu e a terra? Se estava ocioso e nada realizava", dizem eles, "por que não ficou sempre assim no decurso dos séculos, abstendo-se, como antes, de toda ação? Se existiu Deus um novo movimento, uma vontade nova para dar o ser a criaturas que nunca antes criara, como pode haver verdadeira eternidade, se n'Ele aparece uma vontade que antes não existia?"

AGOSTINHO. **Confissões**. São Paulo: Abril Cultural, 1984.

A questão da eternidade, tal como abordada pelo autor, é um exemplo da reflexão filosófica sobre a(s)

(A) essência da ética cristã.

(B) natureza universal da tradição.

(C) certezas inabaláveis da experiência.

(D) abrangência da compreensão humana.

(E) interpretações da realidade circundante.

84. **(ENEM – 2018)**

Rodrigo havia sido indicado pela oposição para fiscal duma das mesas eleitorais. Pôs o revólver na cintura, uma caixa de balas no bolso e encaminhou-se para seu posto. A chamada dos eleitores começou às sete da manhã. Plantados junto da porta, os capangas do Trindade ofereciam cédulas com o nome dos candidatos oficiais a todos os eleitores que entravam. Estes, em sua quase totalidade, tomavam docilmente dos papeluchos e depositavam-nos na urna, depois de assinar a autêntica. Os que se recusavam a isso tinham seus nomes acintosamente anotados.

VERISSIMO, E. **O tempo e o vento**. São Paulo: Globo, 2003 (adaptado).

Erico Verissimo tematiza em obra ficcional o seguinte aspecto característico da vida política durante a Primeira República:

(A) Identificação forçada de homens analfabetos.
(B) Monitoramento legal dos pleitos legislativos.
(C) Repressão explícita ao exercício de direito.
(D) Propaganda direcionada à população do campo.
(E) Cerceamento policial dos operários sindicalizados.

Então disse: "Este é o local onde construirei. Tudo pode chegar aqui pelo Eufrates, o Tigre e uma rede de canais. Só um lugar como este sustentará o exército e a população geral". Assim ele traçou e destinou as verbas para a sua construção, e deitou o primeiro tijolo com sua própria mão, dizendo: "Em nome de Deus, e em louvor a Ele. Construí, e que Deus vos abençoe".

AL-TABARI, M. **Uma história dos povos árabes**. São Paulo: Cia. das Letras, 1995 (adaptado).

85. **(ENEM – 2018)** A decisão do califa AL-Mansur (754-775) de construir Bagdá nesse local orientou-se pela

(A) disponibilidade de rotas e terras férteis como base da dominação política.
(B) proximidade de áreas populosas como afirmação da superioridade bélica.
(C) submissão à hierarquia e à lei islâmica como controle do poder real.
(D) fuga da península arábica como afastamento dos conflitos sucessórios.
(E) ocupação de região fronteiriça como contenção do avanço mongol.

86. **(ENEM – 2018)**

A agricultura ecológica e a produção orgânica de alimentos estão ganhando relevância em diferentes partes do mundo. No campo brasileiro, também acontece o mesmo. Impulsionado especialmente pela expansão da demanda de alimentos saudáveis, o setor cresce a cada ano, embora permaneça relativamente marginalizado na agenda de prioridades da política agrícola praticada no país.

AQUINO, J. R.; GAZOLLA, M.; SCHNEIDER, S. In: SAMBUICHI, R. H. R. et al. (Org.). **A política nacional de agroecologia e produção orgânica no Brasil**: uma trajetória de luta pelo desenvolvimento rural sustentável. Brasília: Ipea, 2017 (adaptado).

Que tipo de intervenção do poder público no espaço rural é capaz de reduzir a marginalização produtiva apresentada no texto?

(A) Subsidiar os cultivos de base familiar.
(B) Favorecer as práticas de fertilização química.
(C) Restringir o emprego de maquinário moderno.
(D) Controlar a expansão de sistemas de irrigação.
(E) Regulamentar o uso de sementes selecionadas.

87. **(ENEM – 2018)**

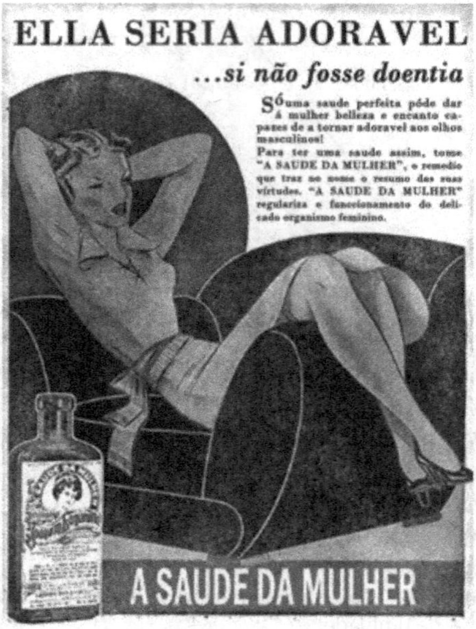

Tônico para a saúde da mulher. Disponível em: www.propagandashistoricas.com.br. Acesso em: 28 nov. 2017.

O anúncio publicitário da década de 1940 reforça os seguintes estereótipos atribuídos historicamente a uma suposta natureza feminina:

(A) Pudor inato e instinto maternal.
(B) Fragilidade física e necessidade de aceitação.
(C) Isolamento social e procura de autoconhecimento.
(D) Dependência econômica e desejo de ostentação.
(E) Mentalidade fútil e conduta hedonista.

Participação percentual do extrativismo vegetal e da silvicultura no valor da produção primária florestal – Brasil – 1996-2014

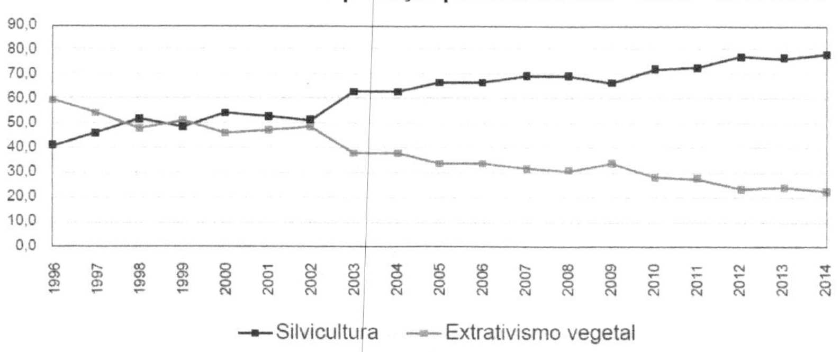

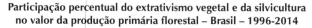

IBGE. **Produção da extração vegetal e da silvicultura**. Rio de Janeiro: IBGE, 2014 (adaptado).

88. **(ENEM – 2018)** Considerando as diferenças entre extrativismo vegetal e silvicultura, a variação das curvas do gráfico foi influenciada pela tendência de

(A) conservação do bioma nativo.
(B) estagnação do setor primário.
(C) utilização de madeira de reflorestamento.
(D) redução da produção de móveis.
(E) retração da indústria alimentícia.

89. **(ENEM – 2018)**

No início da década de 1990, dois biólogos importantes, Redford e Robinson, produziram um modelo largamente aceito de "produção sustentável" que previa quantos indivíduos de cada espécie poderiam ser caçados de forma sustentável baseado nas suas taxas de reprodução. Os seringueiros do Alto Juruá tinham um modelo diferente: a quem lhes afirmava que estavam caçando acima do sustentável (dentro do modelo), eles diziam que não, que o nível da caça dependia da existência de áreas de refúgio em que ninguém caçava. Ora, esse acabou sendo o modelo batizado de "fonte-ralo" proposto dez anos após o primeiro por Novaro, Bodmer e o próprio Redford e que suplantou o modelo anterior.

CUNHA, M. C. **Revista USP**, n. 75, set-nov. 2007.

No contexto da produção científica, a necessidade de reconstrução desse modelo, conforme exposto no texto, foi determinada pelo confronto com um(a)

(A) conclusão operacional obtida por lógica dedutiva.
(B) visão de mundo marcada por preconceitos morais.
(C) hábito social condicionado pela religiosidade popular.
(D) conhecimento empírico apropriado pelo senso comum.
(E) padrão de preservação construído por experimentação dirigida.

90. **(ENEM – 2018)**

Um dos teóricos da democracia moderna, Hans Kelsen, considera elemento essencial da democracia real (não da democracia ideal, que não existe em lugar algum) o método da seleção dos líderes, ou seja, a eleição. Exemplar, nesse sentido, é a afirmação de um juiz da Corte Suprema dos Estados Unidos, por ocasião de uma eleição de 1902: "A cabine eleitoral é o templo das instituições americanas, onde cada um de nós é um sacerdote, ao qual é confiada a guarda da arca da aliança e cada um oficia do seu próprio altar".

BOBBIO, N. **Teoria geral da política**. Rio de Janeiro: Elsevier, 2000 (adaptado).

As metáforas utilizadas no texto referem-se a uma concepção de democracia fundamentada no(a)

(A) justificação teísta do direito.
(B) rigidez da hierarquia de classe.
(C) ênfase formalista na administração.
(D) protagonismo do Executivo no poder.
(E) centralidade do indivíduo na sociedade.

Folha de Respostas

1	A	B	C	D	E
2	A	B	C	D	E
3	A	B	C	D	E
4	A	B	C	D	E
5	A	B	C	D	E
6	A	B	C	D	E
7	A	B	C	D	E
8	A	B	C	D	E
9	A	B	C	D	E
10	A	B	C	D	E
11	A	B	C	D	E
12	A	B	C	D	E
13	A	B	C	D	E
14	A	B	C	D	E
15	A	B	C	D	E
16	A	B	C	D	E
17	A	B	C	D	E
18	A	B	C	D	E
19	A	B	C	D	E
20	A	B	C	D	E
21	A	B	C	D	E
22	A	B	C	D	E
23	A	B	C	D	E
24	A	B	C	D	E
25	A	B	C	D	E
26	A	B	C	D	E
27	A	B	C	D	E
28	A	B	C	D	E
29	A	B	C	D	E
30	A	B	C	D	E
31	A	B	C	D	E
32	A	B	C	D	E
33	A	B	C	D	E
34	A	B	C	D	E
35	A	B	C	D	E
36	A	B	C	D	E
37	A	B	C	D	E
38	A	B	C	D	E

39	A	B	C	D	E
40	A	B	C	D	E
41	A	B	C	D	E
42	A	B	C	D	E
43	A	B	C	D	E
44	A	B	C	D	E
45	A	B	C	D	E
46	A	B	C	D	E
47	A	B	C	D	E
48	A	B	C	D	E
49	A	B	C	D	E
50	A	B	C	D	E
51	A	B	C	D	E
52	A	B	C	D	E
53	A	B	C	D	E
54	A	B	C	D	E
55	A	B	C	D	E
56	A	B	C	D	E
57	A	B	C	D	E
58	A	B	C	D	E
59	A	B	C	D	E
60	A	B	C	D	E
61	A	B	C	D	E
62	A	B	C	D	E
63	A	B	C	D	E
64	A	B	C	D	E
65	A	B	C	D	E
66	A	B	C	D	E
67	A	B	C	D	E
68	A	B	C	D	E
69	A	B	C	D	E
70	A	B	C	D	E
71	A	B	C	D	E
72	A	B	C	D	E
73	A	B	C	D	E
74	A	B	C	D	E
75	A	B	C	D	E
76	A	B	C	D	E

77	A	B	C	D	E
78	A	B	C	D	E
79	A	B	C	D	E
80	A	B	C	D	E
81	A	B	C	D	E
82	A	B	C	D	E
83	A	B	C	D	E

84	A	B	C	D	E
85	A	B	C	D	E
86	A	B	C	D	E
87	A	B	C	D	E
88	A	B	C	D	E
89	A	B	C	D	E
90	A	B	C	D	E

Gabarito Comentado

1. Gabarito: B
O texto trata de um projeto para transformar ônibus urbanos desativados em chuveiros para os sem-teto. Assim, a relação dos vocábulos *shower*, *bus* e *homeless* refere-se a criar acesso a banhos gratuitos para moradores de rua.

2. Gabarito: B
Ao descrever as cobranças que sofre para amadurecer, o adolescente ironiza que, nesse ritmo, ele estará qualificado para a seguridade social antes de se formar no ensino médio. Assim, o cartum critica o fato de a sociedade exigir do adolescente que amadureça precocemente.

3. Gabarito: D
Nesses versos, a poetisa rebate as críticas sobre escrever na língua inglesa e demonstra consciência de sua identidade linguística.

4. Gabarito: E
O texto II critica o modo como a *Khan Academy* está sendo promovida – como se estivesse "revolucionando a educação" –, pois ela emprega uma filosofia da educação baseada no "sentar e pegar" (ensinar é dizer, e aprender é ouvir). Nesse sentido, o segundo texto apresenta a intenção do autor de criticar a concepção de educação em que se baseia a organização.

5. Gabarito: C
A ideia evidenciada nessa passagem é que o controle do Estado se dá por meio do poder sobre memórias e registros.

1. Gabarito: B
Embora tivesse reputação de ser uma intérprete certeira dos sonhos alheios, Plácida Linero não conseguiu prever a morte de seu filho com base nos sonhos dele. O uso da expressão *augurio aciago* (presságio fatídico) remete ao destino trágico de Santiago, que Plácida foi incapaz de prever nos sonhos.

2. Gabarito: B
Como enfatiza o presidente da empresa, Zhang Yue, o uso de estruturas pré-moldadas é uma fórmula econômica, ecológica, segura e limpa. A expressão *limpia* (limpa) indica que, além de produzir menos resíduos, o uso desse tipo de estrutura inibe a corrupção na construção civil.

3. Gabarito: C
De acordo com o texto, o *X Solidaria* é uma opção na declaração do imposto de renda ("Finalidades sociais") que permite ao contribuinte destinar 0,7% de seus impostos para programas sociais realizados por ONGs. A ação solidária ocorre quando o contribuinte destina parte de seus impostos para custeio de programas sociais.

4. Gabarito: D
Segundo o texto, a metodologia que promove o aprendizado integrado de idiomas nas escolas leva em consideração as relações entre diferentes idiomas e a diversidade linguística e cultural. Assim, para administrar a variedade linguística nas aulas, é necessário explorar as relações entre as línguas estudadas para promover a diversidade.

5. Gabarito: B
O discurso direto reproduz fielmente as falas das personagens, permitindo que elas se expressem livremente. O enunciador transcreve, de forma direta, as reivindicações dos manifestantes para dar voz ao movimento popular.

6. Gabarito: C
A: incorreta, pois a inclusão de todos na Agenda 2030 é uma promessa, isto é, o objetivo para o desenvolvimento sustentável e não uma estratégia para alcançá-lo; **B:** incorreta, apesar de não mencionar explicitamente a extinção da intolerância, o texto nos permite entender que este seria uma consequência de uma sociedade que tem os direitos humanos como alicerce e a questão pede que se identifique a estratégia para alcançar esse fim; **C:** correta, a diretora-geral da Unesco, Audrey Azoulay, afirma no último parágrafo do texto que o processo para que os direitos humanos se tornem alicerce para o progresso de todas as sociedades é a "carteira das escolas", isto é, a inclusão deste tema na educação básica para "assegurar que todas as meninas e meninos saibam seus direitos e os direitos dos outros"; **D:** incorreta, conforme explica o segundo parágrafo, a conquista de direitos para todos os povos e nações é o motivo para a fundação da ONU e da UNESCO, enquanto a questão pede qual a estratégia adotada para se atingir esse objetivo; **E:** incorreta, de acordo com o primeiro parágrafo a promoção da dignidade humana tornou-se um objetivo comum da sociedade após a Segunda Guerra Mundial.

7. Gabarito: E
A: incorreta, pois a linguagem utilizada nesta campanha não se utiliza do discurso formal, mas de traços de oralidade como a frase interrogativa direta que aparece

no topo da imagem; **B:** incorreta, de fato a campanha se utiliza do registro padrão, porém este não é o fator principal que a faz atingir o público-alvo de forma direta; **C:** incorreta, pois a utilização de uma seleção lexical que se restringe a um determinado grupo não colabora com a função comunicativa de uma campanha educativa; **D:** incorreta, assim como o léxico restrito à esfera médica, também o jargão publicitário limita a compreensão de uma mensagem a um determinado público alvo e uma campanha educativa, como a exemplificada nesta questão, deve atingir um grande número de pessoas; **E:** correta, o uso de marcas de oralidade como a frase interrogativa direta serve ao propósito de transmitir um mensagem de forma direta e eficaz, por provocar interação direta com o interlocutor e oferece a resposta ao questionamento no mesmo quadro da imagem.

8. Gabarito: C

A: incorreta, pois os dias da semana são uma referência de tempo que independe do local de origem dos interlocutores; **B:** incorreta, pois o apelo da personagem em pedir explicação sobre a palavra com "linguagem de dia de semana" se refere ao seu desconhecimento linguístico das palavras "inóxio", "célebre", "notório" e "notável" utilizadas pela personagem do doutor como sinônimos de "famigerado"; **C:** correta, o diálogo se dá entre um doutor e um cangaceiro que deseja saber o significado da palavra "famigerado", aflito com a possibilidade de ofender o homem ao dizer que a palavra descreve algo ou alguém com má fama, o doutor decide usar palavras de alta literatura, então o cangaceiro usa as expressão "dia de semana" para demonstrar o nível de informalidade com o que o doutor deve expressar; **D:** incorreta, pois o diálogo que ocorre entre um perigoso cangaceiro do sertão e um doutor demonstra uma tensão de poderes, o cangaceiro detém o poder da violência e o doutor o poder do conhecimento das palavras, essa tensão não se refere portanto à intimidade entre os interlocutores que se colocam em oposição; **E:** incorreta, pois o nível de conhecimento compartilhado se refere a expressão "fala de pobre" que demarca a diferença de classe social entre o cangaceiro e o doutor, porém a questão diz respeito somente à expressão "dia de semana" que faz referência ao grau de coloquialidade da comunicação.

9. Gabarito: B

A: incorreta, o texto em questão não traz dados referentes ao alcance da comunicação digital, mas de posturas agressivas em relação ao preconceito e à discriminação; **B:** correta, no início do texto menciona-se que o brasileiro é tratado como cordial, mas ao final do parágrafo os dados da pesquisa mostram que a grande maioria de mensagens relacionadas a temas sensíveis apresentam um caráter violento; **C:** incorreta, a construção do texto provoca uma relação de contradição e não de relativização, marcada principalmente pela sentença "mas não é isso o que acontece"; **D:** incorreta, as referências literárias de um brasileiro cortês e hospitaleiro e a teoria sociológica de Gilberto Freyre servem como elemento de construção da contradição, que apresenta no outro extremo o discurso de ódio apresentado pelo projeto "Comunica que muda"; **E:** incorreta, os estudos não são apresentados como medida para alteração de comportamento, mas como elemento de contraposição em relação ao estereótipo de cordialidade do brasileiro.

10. Gabarito: A

A: correta, o início da estrofe "às vezes[...]" apresenta o marcador da seletividade do eu lírico que se segue por exemplos de experiências violentas sofridas em consequência do discurso do seu opressor; **B:** incorreta, a discriminação não pode ser considerada meio de fortalecimento pois dessa forma incorre-se no equívoco de justificá-la; **C:** incorreta, as vivências de violência relatadas como a suspeita policial e a discriminação do porteiro não se referem a um passado, mas a situações atuais; **D:** incorreta, o eu lírico não discute sua perda de identidade, mas denuncia os momentos em que sente o discurso de opressão racial que se estrutura em seu cotidiano; **E:** incorreta, todo o poema denuncia vivências de discriminação racial e não acena para uma utopia de sociedade igualitária.

11. Gabarito: B

A: incorreta, o texto II afirma que as possibilidades de exploração do corpo na composição são ilimitadas e o texto II que apresenta uma foto de pés descalços com espelhos colados em suas solas demonstra visualmente que hão há mais limites entre o corpo e a composição; **B:** correta, o texto I apresenta justamente a imagem de partes do corpo do humano como suporte para a composição artística, o que é reforçado pelo texto II quando afirma que a *"body arte* põe o corpo em evidência [...]"; **C:** incorreta, por mais que nenhuma arte seja totalmente isenta de posicionamento político e ideológico, o texto II explicita o conceito apresentado pelo texto I de que a *body art* traz o corpo como suporte artístico; **D:** incorreta, os dois textos apresentam o corpo como parte integrante da obra e não como elemento autônomo; **E:** incorreta, os textos da questão não fazem menção ao expectador.

12. Gabarito: D

A: incorreta, no texto não se encontram verbos no imperativo que possam dar a entender que se busca convencer o leitor a usar o aplicativo. Além disso, a função referencial é caracterizada pela exposição de dados de forma objetiva; **B:** incorreta, apesar do texto definir a utilidade e o modo de uso do aplicativo, não é possível identificar o posicionamento pessoal da autora em relação a ele, pois a ideia de que esta tecnologia seja um avanço é dada entre aspas o que indica uma voz externa ao texto. Além disso, a função referencial se caracteriza por sua objetividade e não pela apresentação de um ponto de vista pessoal; **C:** incorreta, o texto em questão não apresenta traços de subjetividade ou emoção que seriam expressos pelo uso de adjetivos, advérbios, interjeições e pontos exclamativos; **D:** correta, o texto descreve a função e o uso do aplicativo de forma objetiva e sem uso de adjetivos ou outros recursos que expressem opinião pessoal do autor e a única avaliação individual feita sobre o tema é exposta entre aspas e com o nome de quem se expõe para distingui-la do texto. **E:** incorreta, a frase interrogativa presente no texto está dentro de aspas o que indica a fala de uma terceira pessoa que foi incorporada ao texto e não expressa necessariamente o objetivo de manter um diálogo com o leitor.

13. Gabarito: B

A: incorreta, a visão que relaciona a prática de exercícios à promoção da saúde é apresentada pelo texto I, porém a questão nos pede o ponto de vista apresentado pelo texto II que acrescenta aspectos sociais ao debate sobre estilo de vida e saúde; **B:** correta, o texto II traz pontos como a localização e o transporte das pessoas nos grandes centros urbanos, a dupla jornada de trabalho e as diferenças e classe social que interferem em questões do estilo de vida de um modo que vai muito além da simples escolha entre o sedentarismo ou a vida ativa; **C:** incorreta, o texto II de fato apresenta uma crítica em relação ao pensamento limitado de que o sedentarismo é uma questão de opção quando amplia as variantes que interferem nessa escolha; **D:** incorreta, quando o texto nos pede para "imaginar um cidadão" não está se referindo a um indivíduo, mas a toda uma classe que se encaixa nas condições sociais descritas pelo autor; **E:** incorreta, nenhum dos textos menciona a questão geracional ou o culto à jovialidade, o primeiro texto inclusive apresenta como modelo uma mulher adulta, enquanto o segundo trata de aspectos sociais relacionados às classes trabalhadores e periféricas.

14. Gabarito: E

A: incorreta, não se trata apenas de discussão dos altos índices de violência contra a mulher, quando o contexto em que esses dados são apresentados tradicionalmente é caracterizado como um espaço de silenciamento político e exaltação de padrões de beleza que também são opressores; **B:** incorreta, a materialização dos dados relativos à violência contra a mulher foram apresentados em momentos tradicionais do concurso e por isso não podemos afirmar que há uma nova proposta, mas uma subversão da tradição; **C:** incorreta, os dados apresentados se relacionam mais à violência física como o estupro e abuso sexual e outros crimes, apesar de que o modo subversivo com que estas informações foram apresentadas pode ser interpretado também como uma crítica aos padrões estéticos criados para este tipo de concurso; **D:** incorreta, pois o sensacionalismo é um recurso midiático que tem como objetivo chamar atenção de um modo superficial para algum fato, enquanto que a manifestação das candidatas do concurso deve ser interpretada como um ato político e subversivo de uma sociedade que violenta mulheres e as silencia quando destaca apenas os aspectos físicos de sua existência; **E:** correta, tradicionalmente os concursos de miss têm como objetivo colocar mulheres em competição por um padrão de beleza ideal e opressor, ao utilizar o espaço de medidas corporais para divulgar informações de violência contra a mulher as candidatas subvertem esse contexto de silenciamento ao transformá-los em espaço de voz feminina e politizada.

15. Gabarito: D

A: incorreta, a configuração do texto pode revelar algum tipo de estreitamento da linguagem poética, no entanto, a mensagem dimensionada não reflete explicitamente este estreitamento, mas antecipa a agonia do eu-lírico que a todo momento repete a máxima "É preciso não dar de comer aos urubus."; **B:** incorreta, apesar das imagens fortes que o texto apresenta, o tom agonizante do eu-lírico se mantém ao longo de todo o texto, o que não concorda com uma ideia de lucidez em desconstrução; **C:** incorreta, apesar da repetição de alguns sintagmas provocarem a sensação de persistências e emoções reprimidas, o texto dimensiona a agonia antecipada do eu-lírico que se preocupa em "não morrer na via pública" para "não dar de comer aos urubus"; **D:** correta, a máxima "é preciso" que se repete ao longo do texto repercute a consciência da agonia do eu-lírico; **E:** incorreta, a construção do texto gira sempre ao redor da agonia do eu-lírico sem ampliar sua existência para relações humanas como se vê no trecho "Não pensar mais na solidão de Rogério, e deixá-lo ir."

16. Gabarito: A

A: correta, o autor descreve a personagem com as mesmas características do deserto que a circunda dissipando assim os limites entre a solidão do ambiente e aquela experienciada pela mulher; **B:** incorreta, o narrador descreve uma mulher desprovida de companhia, personalidade e vida que não se relaciona com a ideia de força; **C:** incorreta, a paisagem descrita não é exuberante, mas árida com "tufos secos de capim empedrados", árvores de "pouquíssimas folhas" e o "sol que explode"; **D:** incorreta, apesar do narrador apresentar a perda da origem e da existência da mulher o que se destaca é a forma como a sua figura se integra na solidão da paisagem, como se pode verificar no seguinte trecho: "Mas os trações de sua sombra caminham e, tornando-se mais longos e finos, esticam-se para os farrapos de sombra da ossatura da árvore, com os quais se enlaçam."; **E:** incorreta, apesar de descrever um cenário estático, há mobilidade na condição humana no sentido em que ela se transforma ao perder suas característica de humanidade como o sangue e a memória.

17. Gabarito: C

A: incorreta, no segundo parágrafo compreende-se que o autor não está relatando uma desilusão amorosa, mas seus infortúnios em relação à constante perda de aparelhos celulares; **B:** incorreta, apesar de usar recursos de ironia o autor não aborda a relação dos celular com a era de produtos descartáveis, mas de sua relação individual com a capacidade de manter um aparelho consigo por mais de um ano como se pode ver no seguinte trecho: "A gente já estava junto há mais de um ano. Parecia que dessa vez seria para sempre."; **C:** correta, o primeiro parágrafo não explicita o conteúdo do texto, mas o autor se vale do conhecimento coletivo sobre histórias de amor para criar a ambientação romântica do texto para só então revelar que se trata de sua relação com os aparelhos celulares constantemente perdidos; **D:** incorreta, de fato o texto trabalha com quebra de expectativa porém não oculta informações, uma vez que no segundo parágrafo já se esclarece para o leitor qual é o real tema do texto; **E:** incorreta, o autor oscila entre o passado e o presente para narrar fatos pontuais e estabelecer outros que acontecem com frequência tanto em momentos anteriores quanto futuros, por exemplo, a probabilidade de perda do aparelho celular.

18. Gabarito: D

A: incorreta, o argumento central do texto não trata da velocidade das mudanças da vida, mas no fato de que a vida sempre surpreende os planos que fazemos, como afirma o seguinte trecho: "O universo nunca entrega o que promete. Aliás, ele nunca prometeu nada, você é que escuta vozes."; **B:** incorreta, de fato o texto apresenta marcas de interlocução como o vocativo "você", porém ele é utilizado para generalizar as experiências permitindo que o leitor se identifique com aquilo que pode ser vivido por qualquer pessoa e não necessariamente com a autora do texto; **C:** incorreta, as formas verbais no presente dão o efeito de atemporalidade às afirmações, mas não estabelecem relação de real possibilidade de concretização uma vez que o argumento central do texto é justamente mostrar que o universo não se compromete com nossos planos; **D:** correta, cada sentença apresentada pela autora apresenta a expectativa ou o plano de realização que é quebrado na mesma sentença em oposição ao que se esperava; **E:** incorreta, apesar das sequências apresentadas no texto descreverem situações cotidianas, seu ponto de argumentação está na constante quebra de expectativas geradas nestas sequências.

19. Gabarito: D

A: incorreta, a criação de memes é mencionada na tirinha, porém associada à ideia de comercialização de ponto de vista uma vez que a personagem informa o valor cobrado pela sua criação; **B:** incorreta, a ampliação de redes de blogs, conhecida como blogosfera, não é explicitamente mencionada na tirinha; **C:** incorreta, o primeiro e o segundo quadro das tirinhas apresentam uma crítica à oferta de opiniões em troca de favores ou dinheiro, discordando assim da ideia de supremacia apresentada pela alternativa; **D:** correta, em todos os quadros da tirinha se observa uma menção de transação comercial ou troca de opinião em função de favores; **E:** incorreta, o que está sendo comercializado nas tirinhas é a opinião e as ideias das personagens, não se trata, portanto, de comércio eletrônico tradicional.

20. Gabarito: B

A: incorreta, pois a inquietação da personagem acontece em função da perspectiva de que Joaquim revele seu segredo, como se pode inferir do seguinte trecho: "Previ a cena: vó, a senhora é lésbica? Porque a Joana é. A vergonha estava na minha cara e me denunciava antes mesmo da delação."; **B:** correta, o silêncio da personagem sobre sua orientação sexual se restringe ao ambiente familiar, pois em outras esferas da sua vida esta informação é compartilhada sem apresentar algum risco, como se pode entender a partir do trecho: "Pensei na minha insegurança de contar isso à minha família, pensei em todos os colegas e professores que já sabiam"; **C:** incorreta, não há ameaças explícitas, pois a personagem entra em suposições de que a pergunta de seu primo o levará a contar a família sobre sua orientação sexual e a possível consequência desta denúncia, que não acontece no trecho, seria a punição. Mas tudo isso são suposições. O fato é que a personagem esconde tal informação de sua família; **D:** incorreta, o texto não trata explicitamente de protocolos de conduta, ele está mais relacionado à tensão que corresponde aos papeis do núcleo familiar e mais especificamente em relação ao segredo guardado pela personagem. **E:** incorreta, os protocolos de normatividade de gênero e sexualidade são a fonte da tensão, mas esta se revela pelo silêncio das personagens que provoca o efeito de suspensão do tempo."

21. Gabarito: B

A: incorreta, o hino é um símbolo de identidade nacional, mas isso não significa necessariamente que seja um manifesto popular de reverência; **B:** correta, como símbolo de identidade nacional, recorre-se ao uso da norma padrão para a escrita de um hino como uma de suas características protocolares; **C:** incorreta, a ausência de interferência da oralidade estaria, neste contexto, relacionada ao gênero solene de um hino nacional; **D:** incorreta, a norma-padrão acompanha, ainda que de forma lenta e gradual, as mudanças ocorridas na língua com o passar do tempo, portanto seu uso não é justificado pela idade do texto; **E:** incorreta, apesar de ser considerado um símbolo de identidade nacional, isso não significa que ele seja respeitado pela população. Tanto que é possível encontrar paródias de todo tipo de caráter em que se utiliza o hino nacional como base.

22. Gabarito: B

A: incorreta, neste caso a fachada de um supermercado exerce função referencial, portanto não é possível observar uma característica de identidade da língua, além disso a pluralidade de línguas faz um movimento de inclusão e não de apagamento; **B:** correta, dada a informação presente no enunciado de que o contexto urbano contempla a presença e circulação de pessoas e línguas diversas, a inclusão desta diversidade linguística em uma fachada de supermercado contempla as necessidades da população que ali vive e transita; **C:** incorreta, o texto presente na imagem indica um conteúdo meramente informativo onde não é possível identificar nenhum traço de oralidade; **D:** incorreta, a primeira palavra está escrita com uma fonte diferente e letras maiores por ser tratar da língua oficial onde o supermercado está localizado (Foz do Iguaçu, Brasil), no entanto é possível inferir que a escolha da ordem de apresentação das outras línguas siga um critério de maior presença naquela região, o que não necessariamente caracteriza uma disputa de comunidades linguísticas; **E:** incorreta, a disposição das palavras em forma padronizada, ainda que sejam muitas, não caracteriza poluição visual.

23. Gabarito: E

A: incorreta, a descrição do final do texto que dá mais características de Leniza retrata mais a perspectiva subjetiva interior da personagem do que um julgamento exterior dela fora do espaço doméstico; **B:** incorreta, o relato das condições de trabalho como algo fastidioso serve mais como um pano de fundo para a vivência das personagens do que como o centro do texto; **C:** incorreta, de fato o texto retrata um grupo popular de mulheres trabalhadoras, no entanto, as últimas linhas dão destaque particular a Leniza e não ao grupo de mulheres; **D:** incorreta, não há menção explícita da inclusão de palavrões nos hábitos de linguagem para que isso se torne o ponto central do texto; **E:** correta, naquele período a mulher conquistou os primeiros passos para sua emancipação social ao assumir postos de trabalho nas indústrias e assim, como demonstram os trechos "[...] Leninza se completou." e "O mundo acabou de se desvendar" a saída da mulher para a convivência social que o trabalho oferecia acabou por transformar o papel feminino que era delimitado pela sociedade daquela época.

24. Gabarito: A

A: correta, ao invés de usar a primeira pessoa para indicar o objetivo e os destaques que o autor pretende dar ao seu próprio trabalho, o uso de recursos impessoais como os trechos destacados na alternativa estabelecem a função referencial característica dos textos acadêmicos; **B:** incorreta, a seleção lexical serve como indicação do posicionamento adotado pelo autor da pesquisa; **C:** incorreta, as expressões destacadas na alternativa são palavras-chave para definições de conceitos trabalhados neste texto, além disso a metaforização e o uso de sentidos figurados não são características comuns ao gênero acadêmico; **D:** incorreta, a nominalização é um recurso linguístico que não necessariamente se relaciona com a função referencial que se cumpre em um texto do gênero acadêmico; **E:** incorreta, a adjetivação presente nos termos citados servem como indicação para o posicionamento do autor da pesquisa, mas não cumpre com a função referencial pois esta requer impessoalidade e clareza na construção do texto, enquanto a adjetivação demonstra uma certa subjetividade do autor que é tolerada no campo acadêmico desde que sustentada por argumentação teórica.

25. Gabarito: D

A: incorreta, a disposição gráfica dos desenhos em uma história em quadrinhos ainda segue a linearidade apresentada na narrativa literária; **B:** incorreta, a questão da representação fidedigna não cabe neste contexto, uma vez que sempre haverá a subjetividade do artista ilustrador. Além disso se trata de uma obra de ficção que abre ainda mais espaço para interpretações pessoais; **C:** incorreta, a desproporcionalidade das formas, neste caso, tem a função de potencializar a dramaticidade do episódio dando menor destaque ao narrador da história que é representado apenas por sua boca e maior destaque à figura do bezerro com a cara disforme; **D:** correta, os recursos visuais conferem uma maior potência na dramaticidade da narrativa pois o impacto visual acontece de forma mais imediata e global do que o texto escrito que o acompanha; **E:** incorreta, a desconstrução da diagramação acontece pela interferência das ilustrações, mas não provoca desequilíbrio, uma vez que as proporções apresentadas na imagem acompanham o sentido dramático da narrativa.

26. Gabarito: E

A: incorreta, as atitudes descritas na alternativa caracterizam valores que podem e devem ser aplicados em todas as esferas do convívio escolar e a questão pede que se identifique aquela que corresponde ao contexto das aulas de Educação Física; **B:** incorreta, assim como na alternativa anterior, o exemplo de atitudes que caracterizam o valor da amizade pode ser aplicado em qualquer outro contexto do convívio escolar, enquanto a questão pede que se identifique apenas aquele restrito às aulas de Educação Física; **C:** incorreta, neste tipo de questão em que o enunciado é reticente, faz-se necessária a atenção à alternativa que o melhor completa, neste caso "o colega" ao final da frase no indica que devem ser identificados os valores relacionais, e esta alternativa apresenta um valor que se traduz em atitudes individuais como "dar o melhor de si"; **D:** incorreta, assim como na alternativa anterior, fica claro no enunciado que se pede a identificação de valores coletivos, enquanto esta alternativa apresenta valores que se manifestam por meio de atitudes individuais; **E:** correta, as ações de jogo limpo são típicas do contexto das aulas de educação física e envolvem a interação entre os colegas de classe neste ambiente esportivo.

27. Gabarito: C

A: incorreta, o texto afirma justamente o contrário, isto é, a descoberta recente refuta a ideia de explosão e apresenta a ideia de expansão da matéria; **B:** incorreta, pois até então a teoria do Big Bang, como resume a expressão em inglês, era definida como uma grande explosão e o texto, assim como o título representado pela dissociação da expressão, apresenta um novo elemento para esta teoria; **C:** correta, a dissociação dos elementos da expressão Big Bang destaca uma informação que é novidade para a teoria, isto é que se trata de uma expansão e não de uma explosão que é representada neste par pela onomatopeia "Bang"; **D:** incorreta, o texto não apresenta uma teoria antiga como afirma a alternativa, mas uma nova teoria que muda substancialmente a interpretação científica sobre o Big Bang; **E:** incorreta, o texto mostra que não se trata de explosão, mas de expansão de matéria e energia que ocorre em um ponto microscópico.

28. Gabarito: A

A: correta, a representação visual do tecido em formato de desenho próxima à fotografia de uma garrafa pet ajuda o leitor a visualizar uma possibilidades concreta de reaproveitamento do material; **B:** incorreta, a imagem presente nessa campanha não se relaciona com a facilidade na separação do lixo, mas com o que pode ser feito com o material reciclado; **C:** incorreta, o texto menciona que a reciclagem contribui com o trabalho dos catadores, mas a imagem reforça a possibilidade de utilização do material reciclado; **D:** incorreta, a preservação de recurso naturais é mencionada como um argumento para o incentivo da reciclagem, mas a imagem da campanha retrata um produto dessa reutilização e não os recursos que são poupados com ela; **E:** incorreta, embora a geração de renda seja citada no texto, a imagem não se relaciona diretamente com os trabalhadores de reciclagem.

29. Gabarito: C

A: incorreta, ainda que a obra de Man Ray tenha sido produzida durante o período surrealista, o jogo de luz e sombra presente na imagem está mais relacionado à técnica dos fotogramas; **B:** incorreta, a silhueta das pessoas no fotograma de Ray indicam que foi algo preparado previamente, isto é, a obra não contou com o acaso sobre a técnica como principal fator em sua composição; **C:** correta, a composição que não nos permite ter clara noção de profundidade, assim como os cortes no fotograma e os contornos difusos das silhuetas mostram um distanciamento da representação figurativa que não distorce ou reconfigura a realidade; **D:** incorreta, apesar da composição fragmentada e das silhuetas difusas, ainda é possível identificar o que o fotograma representa, portanto não é possível afirmar que há abstração radical na obra apresentada; **E:** incorreta, o fotograma apresentado não se utiliza de objetos para representação da forma humana, mas de modelos verdadeiros.

30. Gabarito: E

A: incorreta, apesar do poema mencionar a infância na terceira estrofe, o que mais se destaca como expressão lírica é a relação única com o tempo criada pela poetisa; **B:** incorreta, dentro da singularidade lírica do poema é possível criar conexão entre as imagens por meio da construção dos versos com repetição das palavras cria uma coesão interna do texto; **C:** incorreta, as noções do tempo expressas no poema e a ausência de mais elementos referenciais em relação à biografia da poetisa não permite a conclusão de que o texto apresente algum tipo de expressão autobiográfica; **D:** incorreta, o poema de fato apresenta elementos fantásticos como os versos que afirmam que o eu-lírico nasceu velho, porém o uso de repetição de palavras cria, dentro do universo lírico do poema, uma coesão interna; **E:** correta, as referências temporais afirmam que o eu-lírico nasceu há milhões de anos e já nasceu velho, o que transgride a razão pois o ser humano está condicionado a um determinado limite de tempo e crescimento biológico.

31. Gabarito: D

A: incorreta, o conceito de tecnocracia é justamente a supressão da vivência lúdica e irreverente em função de técnicas que buscam otimizar o desempenho dos jogadores; **B:** incorreta, de acordo com o autor não há a promoção de inovação entre os atletas, pois ele classifica como "atrevido" aquele "que sai do roteiro"; **C:** incorreta, a abertura do texto já indica que não há mais fruição no esporte quando afirma que se trata de "uma triste viagem do prazer ao dever"; **D:** correta, o autor afirma que o futebol se transformou em um espetáculo lucrativo e como consequência disso a tecnocracia substituiu a alegria e a invenção do jogador; **E:** incorreta, o autor afirma na segunda frase do texto que se trata de um jogo com "poucos protagonistas e muitos espectadores" o que indica que não houve aumento na quantidade de jogadores.

32. Gabarito: B

A: incorreta, a disposição cênica dos artistas não é o que destaca o grupo O Teatro Mágico de outros tipos de espetáculos artísticos, uma vez que é comum a posição central no palco reforçada pelos holofotes; **B:** correta, uma das principais características da ópera europeia do século XIX é a integração de várias artes como o drama, a música e a dança e como se pode ver na imagem é possível identificar por meio do figurino do cantor e da presença de artistas circenses que há uma integração de diversas linguagens artísticas; **C:** incorreta, de fato os espetáculos do grupo são marcados por essa sobreposição de música e texto literário, no entanto há integração com outras artes como o ballet e acrobacias circenses, como demonstra a imagem; **D:** incorreta, apesar de haver a manutenção de um diálogo com o público durante os espetáculos do grupo, esse elemento não se fazia presente na ópera europeia do século XIX e por isso não é possível estabelecer relação entre as duas representações artísticas por meio deste elemento; **E:** incorreta, a adoção de um enredo como fio condutor é um elemento básico para qualquer produção teatral e portanto não caracteriza uma originalidade do grupo.

33. Gabarito: E

A: incorreta, a definição dada na alternativa corresponde a um texto argumentativo e não uma reportagem que tem como característica a exploração jornalística de um determinado tema, além disso nenhum dos dois gêneros corresponde ao conteúdo apresentado no texto em questão; **B:** incorreta, apesar de haver alguns elementos de resumo no texto, pois o autor de fato apresenta o enredo de um livro de forma rápida e acessível, mas também há outros elementos como a avaliação pessoal do autor e a forma como a obra foi recebida pelo público e pela crítica; **C:** incorreta, no texto é possível identificar um posicionamento crítico como a avaliação sobre as personagens "narradora mórbida, surpreendentemente simpática"; **D:** incorreta, o principal elemento do gênero instrução é o uso dos verbos no modo imperativo e não é possível identificar no texto nenhum verbo com essa flexão; **E:** correta, o texto apresenta o enredo da obra ao mesmo tempo que o avalia criticamente por meio do uso de adjetivos e posicionamento do autor em relação a recepção do público e da crítica.

34. Gabarito: B

A: incorreta, a obra *Estrutura vertical dupla* não apresenta simetria, mas uma sinuosidade; **B:** correta, enquanto a funerária marajoara tem um função social de conter cinzas funerárias, a peça *Estrutura vertical dupla* não apresenta uma utilidade além daquela artística de domínio sobre a matéria-prima de forma criativa e original; **C:** incorreta, ainda que não sejam idênticos em sua disposição e tamanho, é possível identificar uma regularidade na forma dos elementos que compõem a obra; **D:** incorreta, a leitura afetiva é uma característica intrínseca de qualquer obra artística, isto é, ainda que a ausência de leitura afetiva seja a intenção do autor no momento de concepção da peça, uma vez que é finalizada e exposta o artista perde o controle sobre os tipos de leituras que sua obra provocará; **E:** incorreta, o suporte que sustenta a obra está oculto pelas peças trabalhadas de cerâmica e portanto, não podemos considerar que ele está integrado à obra.

35. Gabarito: A

A: correta, neste poema a hipocrisia de que a mulher se veste para o homem se alicerça no senso comum quando o fato genérico de uma mulher ter escolhido um vestido seja sinal "elementar" de seu desejo pelo homem; **B:** incorreta, não há uma mudança de paradigma uma vez que o machismo estrutural da sociedade é conivente com a falsa suposição de que as mulheres se vestem para os homens; **C:** incorreta, o eu-lírico do poema não tem a intenção de se aprofundar na psicologia feminina, mas sim de objetificar o corpo da mulher em função do seu desejo pessoal usando como justificativa o senso comum equivocado e machista de que a mulher se veste para o homem; **D:** incorreta, não há uma correlação real entre ação e efeito no poema, o eu-lírico cria esta correlação como forma de justificar seu desejo de forma hipócrita; **E:** incorreta, o poema não apresenta traços de sensibilidade da mulher, apenas o discurso hipócrita do homem representado pelo eu-lírico.

36. Gabarito: B

A: incorreta, o termo enseada é utilizado em geografia para definir uma entrada maior do mar na costa, a curva de um rio é denominada meandro, ainda assim o questionamento do termo se dá porque o eu-lírico criava imagens poéticas para definir o acidente geográfico que desapareceu quando alguém lhe dá um termo técnico; **B:** correta, ao longo do poema o sujeito poético tenta definir aquela paisagem usando sua percepção subjetiva como "vidro" e "cobra", porém a definição técnica do fenômeno natural "empobreceu a imagem" criada pelo eu-lírico; **C:** incorreta, os personagens do poema falam sobre o mesmo lugar, porém apresentam pontos de vista diferentes, isto é, um subjetivo ("vidro" e "cobra") e um objetivo ("enseada"); **D:** incorreta, a designação atribuída ao termo é conhecida, uma vez que ambos as personagens do poema compartilham do mesmo referencial, isto é, a visão da curva do rio; **E:** incorreta, a definição não modifica o termo no dicionário, mas a relação subjetiva do sujeito poético com a paisagem.

37. Gabarito: C

A: incorreta, apenas o fator quantitativo não é suficiente para caracterizar um patrimônio linguístico; **B:** incorreta, o pajubá tem na origem de suas palavras uma forte relação com a cultura africana iorubá que não se trata de uma língua secreta, **C:** correta, a criação do dicionário Aurélia dá ao usuário da língua um status de dialeto por ser um objeto formal de registro; **D:** incorreta, o uso do pajubá por advogados em situações formais é apenas um exemplo da amplitude dos falantes desta linguagem, isto é, ela é utilizada por pessoas de diversas classes profissionais em diversos ambientes sociais; **E:** incorreta, o uso do pajubá em conversas no ambiente de trabalho é um exemplo de contexto, mas não é suficiente para caracterizá-la como dialeto pelo ponto de vista do usuário.

38. Gabarito: B

A: incorreta, o foco narrativo se mantém sempre em primeira pessoa e não transita entre as personagens da história; **B**: correta, a composição do texto nos tempos pretérito perfeito e imperfeito indica a progressão na passagem do tempo; **C:** incorreta, as principais ações narradas têm seus sujeitos identificados de forma clara, o filho apanhou, a mãe bateu e a avó repreendeu a mãe da criança; **D:** incorreta, os acontecimentos são narrados em sequências de frases curtas e não com justaposição de frases, isto é, ausência de separação entre as sentenças; **E:** incorreta, embora o texto apresente expressões adverbiais como "certa vez", o que configura a progressão temporal da narrativa é o uso de tempos verbais.

39. Gabarito: E

A: incorreta, a reação que representa a raiva, um emoji com as sobrancelhas cerradas e a onomatopeia "Grr!", está associada a informações erradas no rótulo, o que indica que nem sempre as embalagens são explícitas; **B:** incorreta, as reações de "Amei!" e de espanto, um emoji de sobrancelhas levantadas e a boca aberta associada à interjeição "UAU!" estão ligadas ao fato dos produtores apresentarem sabor e sabor agradável, respectivamente, o que indica que a variedade de sabores não é a regra geral para o rótulo ou o conteúdo dos produtos; **C:** incorreta, as reações apresentadas se associam à classificação de produtos adequados para celíacos de diversas formas, portanto esta alternativa não permite identificar qual seria a regra geral para os rótulos; **D:** incorreta, as reações não demonstram uma reação de influência dos rótulos sobre o consumidor, mas sim uma postura crítica do consumidor em relação ao rótulo e qualidade do produto; **E:** correta, a variedade de reações e os critérios estabelecidos para cada uma delas demonstra que, em geral, os rótulos variam as formas de apresentação das informações relevantes para o consumidor celíaco.

40. Gabarito: A

A: correta, a plataforma é conhecida por sua estrutura de publicações com limite de caracteres (280 no ano da prova) e o texto afirma que houve um concurso literário de grande repercussão nesta plataforma e por isso seria promovido um novo concurso com o mesmo critério de limitação de caracteres; **B:** incorreta, embora as plataformas de publicação online sejam mais populares entre os usuários jovens, a notícia não informa a faixa etária dos participantes do concurso; **C:** incorreta, a notícia dá maior destaque ao limite de caracteres que diferencia o concurso de modelos tradicionais; **D:** incorreta, o tema proposto para a notícia é baseado em uma obra literário e não em fatos quotidianos; **E:** incorreta, apesar de trabalhar com a dinâmica da sequência narrativa, pois o concurso envolve a alteração do final de uma história já publicada, a notícia mostra que o maior destaque se dá à plataforma do twitter por conta da sua limitação de caracteres.

41. Gabarito: E

A: incorreta, o verbo imperativo é associado a ações imediatas, portanto os canais de atendimento são uma informações relevantes, porém não descrevem uma ação; **B:** incorreta, a divulgação do centro se relaciona ao órgão que promove a campanha e não ao comportamento que esta visa a mudar em seu público-alvo; **C:** incorreta, o texto não informa explicitamente que há um período de duração da campanha, ainda assim este tipo de conteúdo referencial não se relaciona com o verbo imperativo que evoca a ideia de ação; **D:** incorreta, a apresentação de informações não corresponde a uma mudança de comportamento iniciada pelo uso dos verbos no modo imperativo; **E:** correta, a utilização da imagem das mulheres que metaforicamente estão imobilizadas em seus sentidos comunicativos (audição, fala e visão) se associa aos verbos imperativos "rompa" e "denuncie" no objetivo de convencer o público-alvo a romper com essa imobilidade e denunciar casos de violência contra a mulher.

42. Gabarito: C

A: incorreta, no texto apresentado pela questão aparecem referências à censura e opressão, no entanto o que caracteriza o período em que foi produzido não é somente o conteúdo das obras, mas a forma como se tratam estes temas; **B:** incorreta, a valorização de situações cotidianas é um recurso irônico para expressar o ponto de vista crítico do autor do poema; **C:** correta, este período é marcado socialmente pelo declínio da ditadura militar no país, mas ainda uma forte censura nas artes, portanto o uso de ironia para apresentar posicionamento crítico é uma marca em comum às produções desta época; **E:** incorreta, o discurso oficial que se observa no texto é marcado pela ironia para destacar o posicionamento crítico do autor não só em relação ao autoritarismo, mas ao complexo de medidas tomadas pelo governo militar.

43. Gabarito: A

A: correta, de acordo com o texto havia um senso falsamente científico de que o corpo da mulher deveria seguir algum tipo de padrão biológico que estaria ameaçado pelo esforço físico provocado pelo futebol; **B:** incorreta, a informação do texto aponta justamente para a construção do mito do sexo frágil por meio de "argumentos supostamente científicos"; **C:** incorreta, fica claro que o objetivo do texto é a desconstrução do futebol como modalidade masculina quando desde o início são criticadas as motivações para o impedimento desta prática esportiva por mulheres; **D:** incorreta, o conceito de feminismo diz respeito a posicionamentos políticos que buscam igualar os direitos entre homens e mulheres, portanto é incoerente dizer que o olhar feminista "masculiniza" algum tipo de comportamento; **E:** incorreta, o posicionamento do texto diz respeito aos efeitos da prática esportiva sobre o corpo do mulher e não os efeitos da inserção da mulher sobre a prática esportiva.

44. Gabarito: D

A: incorreta, de acordo com o terceiro parágrafo: "a ferramenta analisa e busca trecho por trecho"; **B:** incorreta, de acordo com o texto o farejador de plágios "permite que se pesquisa em vários buscadores" e não só os sites especializados; **C:** incorreta, apesar de se basear em procedimentos realizados por professores, como a busca trecho por trecho, o programa alcança seu objetivo por meio de uma amplitude maior tanto nos sites de busca, quanto das possibilidades de detecção de plágio; **D:** correta, conforme o segundo parágrafo do texto o programa é capaz de realizar comparações estruturais como "trechos contínuos e fragmentados, frases soltas, partes de textos reorganizadas, frases reescritas, mudanças na ordem dos períodos e erros fonéticos e sintáticos"; **E:** incorreta, a identificação de sequência de fonemas só é possível em produção oral.

45. Gabarito: A

A: correta, a função original do gps é traçar rotas a serem seguidas ou demarcar aquelas que foram percorridas. Ao utilizar essa tecnologia para representações artísticas Lund transforma a marcação cartográfica em técnica de arte visual; **B:** incorreta, a partir do conhecimento sobre como funciona um dispositivo gps o artista foi capaz de deslocá-lo de sua função inicial para transformá-lo em ferramenta artística; **C:** incorreta, o ato de guiar a bicicleta pelas ruas é o modo com que o artista se locomoveu para realizar seus traços no mapa com o auxílio do gps; **D:** incorreta, a obra do artista representada na primeira imagem não retrata problemas de mobilidade, mas paisagens turísticas, por exemplo, a visão do Cristo Redentor no Rio de Janeiro; **E:** incorreta, o artista é de uma cidade do Canadá, enquanto a paisagem retratada por ele no texto I representa o Rio de Janeiro, que é uma cidade brasileira.

46. Gabarito: C

O texto de Edward Said apresenta o contexto do século XIX, período do imperialismo da Europa sobre a Ásia e a África e também do processo de consolidação da ciência moderna com o surgimento de disciplinas científicas, como história, geografia, sociologia, antropologia e psicologia. No período da França pós-1870, a Geografia ainda não tinha sido isolada metodologicamente das práticas políticas, assumindo uma posição estratégica no projeto de desenvolvimento da nação e do imperialismo franceses. Assim, no discurso do almirante francês, a exaltação da ciência geográfica decorre do seu uso para a catalogação de dados úteis aos propósitos colonialistas.

47. Gabarito: QUESTÃO CONTROVERTIDA

48. Gabarito: C

O texto do antropólogo e etnógrafo francês Pierre Clastres descreve o modelo político de sociedades primitivas (denominadas sociedades contra o Estado), que eram organizadas de forma não hierárquica, dotadas de formas não coercitivas de ação política e destituídas de centralização do poder coercitivo nas mãos de uma figura ou órgão separado da sociedade. O modelo político dessas sociedades contra o Estado se baseia na intervenção consensual — a chefia é esvaziada de poder coercitivo — e na autonomia comunitária — a guerra impede a unificação e a concentração do poder.

49. Gabarito: D

O filósofo francês Maurice Merleau-Ponty reconhece a mutabilidade e o devir como características fundamentais da filosofia e apresenta-a como uma investigação livre, sem verdades absolutas ou dogmas inquestionáveis, onde o filósofo não deve procurar atingir o saber absoluto, mas sim oscilar, num incessante vai-e-vem, entre o saber e a ignorância. Assim, a atividade do filósofo é caracterizada por conciliar o rigor da investigação à inquietude do questionamento.

50. Gabarito: D
Rosa Parks foi uma ativista do movimento dos direitos civis dos negros nos Estados Unidos. No dia 1 de dezembro de 1955, Rosa se negou a ceder a um branco o seu assento em um ônibus em Montgomery, no Alabama. A polícia foi chamada e Rosa Parks foi detida e levada para a prisão por violar a lei de segregação da cidade. Isso provocou um grande protesto que resultou em um boicote aos ônibus urbanos, de modo que os trabalhadores negros e os simpatizantes da causa passaram a caminhar quilômetros em direção ao trabalho, causando grande prejuízo para a empresa. Assim, o veículo simboliza a deflagração do movimento por igualdade civil.

51. Gabarito: B
Tomás de Aquino foi o principal expoente da Filosofia Escolástica, método de pensamento que mescla a filosofia de Aristóteles com o Cristianismo, promovendo a junção entre a razão filosófica e a fé católica no desenvolvimento de ideias filosóficas. De acordo com ele, Deus é o ser que existe como fundamento da realidade das outras essências que, uma vez existentes participam de seu Ser. O texto apresenta uma elaboração teórica caracterizada por sustentar racionalmente doutrina alicerçada na fé.

52. Gabarito: D
Para o filósofo inglês Thomas Hobbes, no estado da natureza, o homem seria egoísta, competitivo, vingativo e ambicioso (o homem é o lobo do homem). Portanto, a vida anterior ao Estado e à sociedade seria brutal, violenta, miserável e solitária (a guerra de todos contra todos), marcada pelo intenso sentimento do medo da morte. Para conter essa natureza humana e solucionar o medo da morte, os homens realizam um contrato ou pacto para atribuir ao Estado poderes absolutos, sacrificando sua liberdade em nome da sua segurança. Por sua vez, segundo o filósofo genebrino Jean-Jacques Rousseau, no estado da natureza, o homem seria livre, virtuoso, piedoso e amoral. A passagem do estado da natureza para o estado de sociedade ou estado de civilização fez o homem se distanciar da sua essência virtuosa. A solução seria a realização de um acordo racional entre os homens, chamado de Contrato Social, com a finalidade de criar a sociedade civil e o Estado regido pela vontade geral, no qual os homens abdicam dos seus direitos naturais em troca da garantia de sua liberdade. Assim, os autores sustentam um entendimento segundo o qual a igualdade entre os homens se dá em razão de uma condição original.

53. Gabarito: D
Segundo o professor Neil Brenner, as regiões urbanas contemporâneas devem ser concebidas como espaços preponderantemente "glocais", nos quais múltiplas escalas geográficas se interceptam de maneira potencial e altamente conflitante. Nesse contexto, o local está inserido e sobreposto ao global, enquanto processos globais parecem permear simultaneamente todos os aspectos do local, gerando uma articulação de redes multiescalares.

54. Gabarito: E
O primeiro texto critica a substituição do nome original da colônia, de origem sagrada referente ao divino lenho da cruz ("Santa Cruz"), por um nome de origem profana, derivado de um pau de cor abrasada e vermelha usado para tingimento. O segundo texto critica o caráter predatório dos primeiros colonizadores, que não se preocupavam com o local onde viviam e enxergavam o Brasil como experiência transitória: viviam e enriqueciam aqui para depois, quando esgotada as fontes de riqueza, voltarem para Portugal. De modo geral, os dois criticam a colonização portuguesa na América voltada para a exploração e expropriação das riquezas coloniais sem nenhuma preocupação com o seu desenvolvimento.

55. Gabarito: C
Durante a Guerra Fria, as relações internas em um mesmo bloco foram marcadas pela subordinação à potência hegemônica: aos Estados Unidos da América, no bloco capitalista; e à União Soviética (URSS), no bloco socialista.

56. Gabarito: C
Anamorfose cartográfica é uma forma de representação do espaço geográfico caracterizada pela distorção da proporcionalidade de áreas geográficas (regiões, países, estados, cidades etc.) visando adequá-las aos dados quantitativos que norteiam o mapa, permitindo uma rápida comparação visual do fenômeno destacado.

57. Gabarito: E
Advogados, artistas, intelectuais, jornalistas e políticos engajaram-se no movimento abolicionista, criando associações e clubes abolicionistas pelo país e arrecadando fundos para pagar cartas de alforria. Ao lado de figuras históricas como Joaquim Nabuco, José do Patrocínio, José Mariano, André Rebouças, João Clapp, Luis Gama e outros, a participação feminina foi de grande relevância na luta pelo fim da escravidão, atuando em parceria com os abolicionistas históricos ou de forma independente.

58. Gabarito: D
No dia 13 de março de 1964, o presidente João Goulart realizou um comício na Central do Brasil para defender

as reformas de base propostas por seu governo. Cerca de 200 mil pessoas acompanharam o discurso, que foi transmitido ao vivo por rádio e TV para todo o país. O evento fazia parte de uma estratégia de mobilização popular para pressionar o Congresso pela aprovação do projeto de reformas anunciado durante o comício e encaminhado ao Legislativo alguns dias depois.

59. Gabarito: E

A Insurreição Pernambucana (1645-1654) foi uma rebelião luso-brasileira contra a ocupação holandesa do Nordeste do Brasil no século XVII, liderada pelos senhores de engenho André Vidal de Negreiros e João Fernandes Vieira, pelo afrodescendente Henrique Dias e pelo indígena Filipe Camarão. Com a saída de Maurício de Nassau da administração da Companhia das Índias Ocidentais (WIC), os novos administradores da companhia intensificaram a cobrança de impostos e a liquidação dos empréstimos realizados pelos senhores de engenho com os banqueiros holandeses e com a Companhia das Índias Ocidentais. Essa política gerou insatisfação das elites e conduziu à rebelião luso-brasileira, que culminou na extinção do domínio neerlandês após a segunda Batalha dos Guararapes, em 19 de fevereiro de 1649.

60. Gabarito: E

O texto descreve a crise dos refugiados, considerada pela ONU a pior crise humanitária do século. Trata-se do maior fluxo de refugiados desde a II Guerra Mundial, sendo que metade do fluxo anual de refugiados é de sírios forçados a fugir por causa guerra civil em que o país está imerso desde 2011. Logo, essa crise humanitária é explicada pelo processo de desterritorialização forçada de populações afetadas por conflitos armados.

61. Gabarito: E

Com o fim do Estado Novo ou Era Vargas (1930–1945), houve o restabelecimento da democracia brasileira e a criação dos principais partidos políticos atuantes nas décadas de 1940 a 1960: o Partido Trabalhista Brasileiro (PTB), ligado aos sindicatos e chefes sindicalistas associados ao governo Vargas; o Partido Social Democrático (PSD), composto pela classe média alta e representantes dos setores empresariais; a União Democrática Nacional (UDN), representante dos grupos mais tradicionalistas do Brasil. De acordo com os textos, os trechos dos programas do PSD e da UDN convergiam na defesa da captação de recursos do exterior.

62. Gabarito: B

Durante a Guerra dos Seis Dias (1967), Israel ampliou consideravelmente seu território anexando áreas pertencentes às nações árabes, como a Faixa de Gaza e a península do Sinai, do Egito, a Cisjordânia e a parte oriental de Jerusalém, da Jordânia, e as Colinas de Golã, da Síria. A partir de então, Israel passou a construir assentamentos ou colônias judaicas nesses territórios ocupados, visando reduzir a predominância árabe-palestina. O texto descreve a preocupação da esquerda sionista com o surgimento de uma maioria árabe nas áreas ocupadas, revelando a busca da preeminência étnica judaica sobre o espaço nacional israelense.

63. Gabarito: C

Segundo o Instituto Nacional de Meteorologia, ciclone tropical é o sistema de área de baixa pressão atmosférica, que se desenvolve sobre as águas tropicais devido as altas temperaturas e umidade, que se movimenta de forma circular organizada. Dependendo dos ventos de sustentação da superfície, o fenômeno pode ser classificado como perturbação tropical, depressão tropical, tempestade tropical, furacão ou tufão. Os ciclones são formados pela movimentação do ar em uma zona de baixa pressão atmosférica: o ar quente e úmido (menos denso) eleva-se para as camadas mais altas da atmosfera, enquanto o ar frio e seco (mais denso) desce para a superfície, provocando a redução da pressão atmosférica.

64. Gabarito: E

Dentre as práticas mágicas realizadas pelos africanos e crioulos no Império Português, tiveram destaque os amuletos em formato de bolsinha, conhecidos como bolsas de mandinga, que protegiam contra armas e doenças e traziam sorte ao usuário. Essa prática histórico-cultural da matriz africana representava um instrumento para minimizar o sentimento de desamparo social.

65. Gabarito: A

A expansão do comércio mundial promoveu mudanças significativas nas características dos serviços de transporte marítimo, tais como o aumento do porte e a especialização por tipo de carga dos navios (graneleiros, petroleiros e porta-contêineres), a intensificação do uso de contêineres para o transporte de carga geral, a ampliação e a modernização dos portos visando constituir complexos portuários especializados e a constituição de grandes empresas multinacionais de navegação.

66. Gabarito: E

O século XVIII ficou conhecido como Século das Luzes em razão de um movimento artístico, filosófico, literário e científico que promoveu mudanças políticas, econômicas e sociais na Europa, ao qual se deu o nome de Iluminismo ou Ilustração. Ao defender uma visão racional e científica, em oposição aos antigos valores baseados nas tradições e na fé católica, o Iluminismo promoveu uma ruptura com o Antigo Regime. O próprio termo Iluminismo evidencia a visão de que a razão e a ciência trariam a luz que iria superar o obscurantismo da fé e dos dogmas. Nesse contexto, uma das principais características do Iluminismo foi a contraposição entre clericalismo e liberdade de pensamento.

67. Gabarito: E
O gráfico compara a dinâmica hidrológica da vazão em áreas urbanizadas e áreas não urbanizadas. Em áreas urbanizadas, a vazão aumenta rapidamente após as precipitações, pois a impermeabilização do solo impede a infiltração e amplia o escoamento superficial da água. Logo, a dinâmica hidrológica expressa no gráfico demonstra que o processo de urbanização promove a ampliação do escoamento superficial.

68. Gabarito: C
A conquista do Império Asteca ocorreu entre 1519 e 1521, sob a liderança do espanhol Hernán Cortés, que usou a "diplomacia" para desequilibrar, em seu favor, a estrutura de poder existente na região. Cortés percebeu que o poder dos astecas era baseado no controle militar e que os povos subjugados eram obrigados a pagar pesados impostos. Então, ele passou a usar esses povos – principalmente os totonacas e os tlaxcaltecas – como seus aliados contra os astecas. Assim, a estratégia usada pelos conquistadores espanhóis para superar sua inferioridade numérica foi a exploração das rivalidades existentes entre os povos nativos. Vale ressaltar que a introdução de vetores para a disseminação de doenças epidêmicas entre os nativos não foi uma estratégia utilizada para a conquista do Império Asteca pelos espanhóis, que se caracterizou como um processo rápido e sangrento.

69. Gabarito: B
Ao assumir o governo, Ernesto Geisel prometeu o retorno à democracia por meio de um processo "lento, gradual e seguro" que pretendia criar uma distensão na situação política do país. O projeto de redemocratização concebido por Geisel previa a adoção de um conjunto de medidas políticas liberalizantes controladas pelo Executivo Federal, como a diminuição da censura, a lenta desmontagem do aparelho repressivo estatal, a lei da Anistia de 1979, entre outras medidas. A manifestação do cartunista Henfil expressava uma crítica ao limite do processo de distensão política em razão da negação de passaportes para militantes e políticos de esquerda.

70. Gabarito: B
O escritor francês Guy Debord, na obra *A Sociedade do Espetáculo*, critica as manifestações espetaculares presentes nas sociedades modernas. Para Debord, o espetáculo é um elemento a serviço do capitalismo que faz com que a vida das sociedades seja sem autenticidade, baseada na alienação. As pessoas perderam a autenticidade nas suas formas de viver. A vida tornou-se representação e pura ilusão, e as relações sociais passaram a ser mediadas por imagens, cultuando-se o "parecer". Uma manifestação contemporânea desse fenômeno é a exposição nos meios de comunicação.

71. Gabarito: E
A Revolta da Chibata foi um motim organizado pelos marinheiros em embarcações da Marinha que estavam atracadas na Baía de Guanabara, Rio de Janeiro, no final de novembro de 1910. Ela foi motivada pela insatisfação dos marinheiros com os castigos físicos, os baixos salários e as péssimas condições de trabalho. Essa rebelião foi o resultado direto do uso de chibatadas por oficiais navais ao punir marinheiros negros e mulatos.

72. Gabarito: B
Ao demonstrar que as civilizações pré-colombianas praticavam a domesticação de plantas na Amazônia, o texto rompe com a ideia de ausência de ação antrópica na Floresta Amazônica antes da chegada dos colonizadores europeus.

73. Gabarito: E
O termo *topografia* pode ser traduzido como a descrição minuciosa de um lugar. Topografia é a ciência que estuda os acidentes geográficos, especificando suas medições, localizações e situações, assim como as variações do relevo na superfície terrestre. É um conhecimento essencial para a construção civil, para a estratégia militar, para os estudos geográficos, entre outras aplicações. As situações apresentadas atestam a importância da relação entre a topografia e o domínio cognitivo da configuração espacial.

74. Gabarito: D
Getúlio Vargas realizou diversas ações de propaganda durante o Estado Novo, como a distribuição da cartilha escolar *A Juventude no Estado Novo*, que ensinava disciplina cívica e moral para as crianças, mostrando que a juventude brasileira era o futuro do país. Logo, a imagem foi impressa em cartilha escolar com o intuito de conquistar a aprovação política por meio do apelo carismático.

75. Gabarito: B
Em meados do século XX, os países industrializados europeus estavam num estágio de elevado desenvolvimento urbano, passando por mudanças nas relações sociais e familiares decorrentes da elevação do custo de vida, da inclusão da mulher no mercado de trabalho e da difusão de métodos contraceptivos. Com isso, a fecundidade diminuiu e as taxas de natalidade caíram, gerando um crescimento demográfico em um nível

moderado – terceiro estágio da transição demográfica descrita pelo demógrafo estadunidense Warren Thompson. Esse fenômeno social contribuiu para o processo europeu de conclusão da transição demográfica (quarto estágio), caracterizado por baixas taxas de natalidade e de mortalidade e com um crescimento demográfico próximo a zero.

76. Gabarito: E
Logo após a Proclamação da República, foi decretada a laicização do Estado brasileiro em janeiro de 1890 (Decreto 119-A, de 7 de janeiro de 1890). Sem a influência direta da Igreja Católica, mas do crescente cientificismo, a relação estabelecida entre o Estado e as religiões afro-brasileiras foi traçada com base nos discursos médico e sanitarista. Com base nas orientações de médicos e departamentos de saúde pública, o Código Penal dos Estados Unidos do Brasil, de 1890, tratou as práticas de curandeirismo e magia sob o título de *crimes contra a saúde pública*. Assim, a legislação penal vigente evidenciava a condenação pela ciência dos conhecimentos populares de cura.

77. Gabarito: D
Segundo o *Glossário Geológico Ilustrado* do Serviço Geológico do Brasil – CPRM, laterita é o solo fortemente lixiviado por intemperismo químico que se desenvolve em climas tropicais a temperados úmidos, pobre em nutrientes e com alta concentração residual de hidróxidos de ferro e alumínio. Esse processo de alteração do solo é designado por laterização e se caracteriza pela ocorrência de lixiviação decorrente do excesso de chuvas em regiões de clima úmido e quente, como a região central do Brasil, de clima tropical com sazonalidade de chuvas.

78. Gabarito: E
O Código Eleitoral de 1932, instituído durante o Governo Provisório de Getúlio Vargas, criou a Justiça Eleitoral e estabeleceu o voto secreto e o voto feminino. Seu art. 2º estabelecia que "*é eleitor o cidadão maior de 21 anos, sem distinção de sexo, alistado na forma deste Código*". A conquista do sufrágio feminino foi resultado da campanha de extensão da cidadania e da atuação de mulheres, como Leolinda Daltro, Bertha Lutz, Celina Guimarães Viana, Mietta Santiago, entre outras.

79. Gabarito: C
Epicuro de Samos (341 A.C.–270 A.C.) foi um filósofo do período helenístico, nascido em Atenas. Para Epicuro, a temperança é a moderação que nos torna senhores dos nossos prazeres, ao invés de escravos deles, sendo, por isso, uma virtude. A máxima de Epicuro valoriza a virtude da temperança, marcada pela moderação, pelo domínio da vontade.

80. Gabarito: B
O escritor moçambicano Mia Couto associa o acirramento da pobreza na África à fragilização das redes de sociabilidade.

81. Gabarito: E
A globalização é o processo de integração econômica, política, social e cultural entre as diversas nações, que tem como seus pilares a abertura comercial e o livre-comércio. Com a abertura das economias nacionais e a eliminação do protecionismo, a globalização promoveu a livre circulação de bens, serviços e capitais e, consequentemente, gerou a ressignificação da noção de fronteira. Contudo, a globalização é seletiva no que tange à livre circulação de pessoas, já que muitas nações restringem os fluxos populacionais com a adoção de barreiras protecionistas, como a construção de muros, o aumento do controle na imigração, o fechamento de fronteiras etc. Dessa forma, a globalização promove apenas a livre circulação de bens, serviços e capitais, mas não a livre circulação de pessoas, proporcionando a exclusão de parcela da população. Logo, a ressignificação contemporânea da ideia de fronteira compreende a seletividade dos mecanismos segregadores.

82. Gabarito: B
A seca do verão de 2014, no Sudeste do Brasil, teve como causa natural a formação de um anticiclone de boqueio (indicado pela letra "A"), que impediu a entrada do fluxo de umidade da Amazônia e o avanço das frentes frias, que ficaram estacionadas sobre o Sul do Brasil. A ZCAS não se formou nesse período, e o fluxo de umidade da Amazônia foi desviado pela ação do bloqueio para o sul e oeste da Amazônia, gerando chuvas intensas nessa região. O JBN levou umidade para o Sul do Brasil, gerando também chuvas intensas nessa região.

83. Gabarito: D
Na obra *Confissões*, o filósofo Santo Agostinho realiza uma reflexão sobre o tempo e a eternidade. O tempo é humano, concebido como a distensão da alma humana, enquanto a eternidade é divina, concebida como aquilo que não é temporal, pois Deus é anterior ao tempo. O texto trata da dificuldade para compreender o tema da eternidade divina, sendo um exemplo da reflexão filosófica sobre abrangência da compreensão humana.

84. Gabarito: C
Nesse excerto da obra *O tempo e o Vento*, Erico Veríssimo descreve o voto de cabresto, uma prática da

vida política comum durante a Primeira República que consistia na repressão explícita ao exercício do direito de voto. Como o voto era aberto, os eleitores eram pressionados e fiscalizados por capangas dos coronéis – grandes fazendeiros com poder econômico – para votarem nos candidatos por eles indicados. Além disso, os coronéis utilizavam outras artimanhas para assegurar seus interesses, como compra de votos, troca de favores, violência e fraudes eleitorais.

85. Gabarito: A

Bagdá foi fundada em 762 pelo califa abássida Al-Mansur e sua construção foi orientada pela disponibilidade de rotas e terras férteis como base da dominação política. A localização da cidade, próxima dos rios Tigre e Eufrates, propiciou o controle sobre rotas estratégicas e comerciais, acesso a terras férteis e abundância de água, contribuindo para o seu rápido crescimento. Bagdá tornou-se um dos principais centros culturais e comerciais do mundo islâmico até 1258, quando foi conquistada pelos mongóis.

86. Gabarito: A

A partir da primeira década do século XXI, o governo brasileiro começou a apoiar a agricultura ecológica e a produção orgânica de alimentos em escala nacional, criando linhas de crédito e de financiamento rural subsidiadas, com foco na agricultura familiar e no segmento empresarial.

87. Gabarito: B

O anúncio publicitário reforça os estereótipos de fragilidade física e necessidade de aceitação atribuídos historicamente à natureza feminina.

88. Gabarito: C

A participação da silvicultura (extração em áreas plantadas) na produção primária florestal aumentou de 40% para quase 80%, entre 1996 e 2014; enquanto a extração vegetal (retirada de áreas nativas) reduziu de 60% para quase 20%, no mesmo período. Essa inversão decorre diretamente da troca da lenha de matas nativas por madeira de reflorestamento, resultante do aumento da fiscalização e de uma maior conscientização ambiental no país.

89. Gabarito: D

O texto mostra que os seringueiros desenvolveram uma prática sustentável pelo uso do senso comum que serviu como base para a reconstrução do modelo teórico de sustentabilidade da caça (modelo "fonte-ralo"). Assim, a necessidade de reconstrução desse modelo foi determinada pelo confronto com um conhecimento empírico apropriado pelo senso comum.

90. Gabarito: E

O texto do filósofo político Norberto Bobbio salienta a importância das eleições e do sufrágio para a democracia. As metáforas utilizadas no texto referem-se a uma concepção de democracia fundamentada na centralidade do indivíduo na sociedade.

ENEM 2018 • DIA 2

CIÊNCIAS DA NATUREZA E SUAS TECNOLOGIAS
Questões de 91 a 135

91. **(ENEM – 2018)** Para serem absorvidos pelas células do intestino humano, os lipídios ingeridos precisam ser primeiramente emulsificados. Nessa etapa da digestão, torna-se necessária a ação dos ácidos biliares, visto que os lipídios apresentam uma natureza apolar e são insolúveis em água.

Esses ácidos atuam no processo de modo a

(A) hidrolisar os lipídios.
(B) agir como detergentes.
(C) Tornar os lipídios anfifílicos.
(D) Promover a secreção de lipases.
(E) estimular o trânsito intestinal dos lipídios.

92. **(ENEM – 2018)**

A tecnologia de comunicação da etiqueta RFID (chamada de etiqueta inteligente) é usada há anos para rastrear gado, vagões de trem, bagagem aérea e carros nos pedágios. Um modelo mais barato dessas etiquetas pode funcionar sem baterias e é constituído por três componentes: um microprocessador de silício; uma bobina de metal, feita de cobre ou de alumínio, que é enrolada em um padrão circular; e um encapsulador, que é um material de vidro ou polímero envolvendo o microprocessador e a bobina. Na presença de um campo de radiofrequência gerado pelo leitor, a etiqueta transmite sinais. A distância de leitura é determinada pelo tamanho da bobina e pela potência da onda de rádio emitida pelo leitor.

Disponível em: http//eletrônicos.hsw.uol.com.br. acesso em: 27 fev. 2012 (adaptado)

A etiqueta funciona sem pilhas porque o campo

(A) elétrico da onda de rádio agita elétrons da bobina.
(B) elétrico da onda de rádio cria uma tensão na bobina.
(C) magnético da onda de rádio induz corrente na bobina.
(D) magnético da onda de rádio aquece os fios da bobina.
(E) magnético da onda de rádio diminui a ressonância no interior da bobina.

93. **(ENEM – 2018)**

Corredores ecológicos visam mitigar os efeitos da fragmentação dos ecossistemas promovendo a ligação entre diferentes áreas, com o objetivo de proporcionar o deslocamento de animais, a dispersão de sementes e o aumento da cobertura vegetal. São instituídos com base em informações como estudos sobre o deslocamento de espécies, sua área de vida (área necessária para o suprimento de suas necessidades vitais e reprodutivas) e a distribuição de suas populações.

Disponível em: www.mma.gov.br. Acesso em: 30 nov. 2017 (Adaptado).

Nessa estratégia, a recuperação da biodiversidade é efetiva porque

(A) propicia o fluxo gênico.
(B) intensifica o manejo de espécies.
(C) amplia o processo de ocupação humana.
(D) aumenta o número de indivíduos nas populações.
(E) favorece a formação de ilhas de proteção integral.

94. **(ENEM – 2018)**

A identificação de riscos de produtos perigosos para o transporte rodoviário é obrigatória e realizada por meio da sinalização composto por um painel de segurança, de cor alaranjada, e um rótulo de risco. As informações inseridas no painel de segurança e no rótulo de risco, conforme determina a legislação, permitem que se identifique o produto transportado e os perigos a ele associados.

A sinalização mostrada identifica uma substância que está sendo transportada em um caminhão.

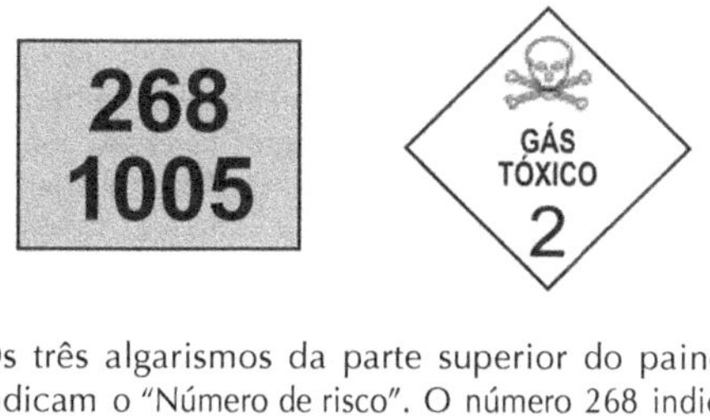

Os três algarismos da parte superior do painel indicam o "Número de risco". O número 268 indica tratar-se de um gás (2), tóxico (6) e corrosivo (8). Os quatro dígitos da parte inferior correspondem ao "Número ONU", que identifica o produto transportado.

BRASIL. Resolução n. 420, de 12/02/2004, da Agênca Nacional de Transportes Terrestres (ANTT)/Ministério dos Transportes (adaptado).

ABNT. **NBR 7500**: identificação para o transporte terrestre, manuseio, movimentação e armazenamento de produtos. Rio de Janeiro, 2004 (adaptado).

Considerando a identificação apresentada no caminhão, o código 1005 corresponde à substância

(A) eteno (C_2H_4).
(B) nitrogênio (N_2).
(C) amônia (NH_3).
(D) propano (C_3H_8).
(E) dióxido de carbono (CO_2).

95. **(ENEM – 2018)** No ciclo celular atuam moléculas reguladoras. Dentre elas, a proteína p53 é ativada em resposta a mutações no DNA, evitando a progressão do ciclo até que os danos sejam reparados, ou induzindo a célula à autodestruição.

ALBERTS, B. et al. **Fundamentos da biologia celular**. Porto Alegre: Artmed, 2011 (adaptado).

A ausência dessa proteína poderá favorecer a

(A) redução da síntese de DNA, acelerando o ciclo celular.
(B) saída imediata do ciclo celular, antecipando a proteção do DNA.
(C) ativação de outras proteínas reguladoras, induzindo a apoptose.
(D) manutenção da estabilidade genética, favorecendo a longevidade.
(E) proliferação celular exagerada, resultando na formação de um tumor.

96. **(ENEM – 2018)**

Muitos primatas, incluindo nós humanos, possuem visão tricromática: têm três pigmentos visuais na retina sensíveis à luz de uma determinada faixa de comprimentos de onda. Informalmente, embora os pigmentos em si não possuam cor, estes são conhecidos como pigmentos "azul", "verde" e "vermelho" e estão associados à cor que causa grande excitação (ativação). A sensação que temos ao observar um objeto colorido decorre da ativação relativa dos três pigmentos. Ou seja, se estimulássemos a retina com uma luz na faixa de 530 nm (retângulo I no gráfico), não excitaríamos o pigmento "azul", o pigmento "verde" seria ativado ao máximo e o "vermelho" seria ativado em aproximadamente 75%, e isso nos daria a sensação de ver uma cor amarelada. Já uma luz na faixa de comprimento de onda de 600 nm (retângulo II) estimularia o pigmento "verde" um pouco e o "vermelho" em cerca de 75%, e isso nos daria a sensação de ver laranja-avermelhado. No entanto, há características genéticas presentes em alguns indivíduos, conhecidas coletivamente como Daltonismo, em que um ou mais pigmentos não funcionam perfeitamente.

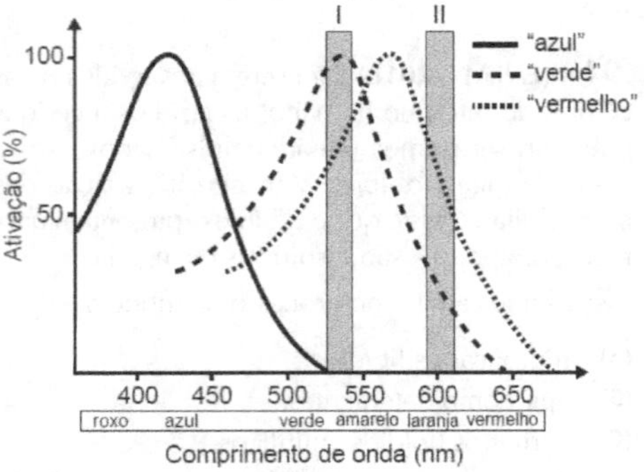

Disponível em: www.comprehensivephysiology.com. Acesso em: 3 ago. 2012 (adaptado).

Caso estimulássemos a retina de um indivíduo com essa característica, que não possuísse o pigmento conhecido como "verde", com as luzes de 530 nm e 600 nm na mesma intensidade luminosa, esse indivíduo seria incapaz de

(A) identificar o comprimento de onda do amarelo, uma vez que não possui o pigmento "verde".
(B) ver o estímulo de comprimento de onda laranja, pois não haveria estimulação de um pigmento visual.
(C) detectar ambos os comprimentos de onda, uma vez que a estimulação dos pigmentos estaria prejudicada.
(D) visualizar o estímulo do comprimento de onda roxo, já que este se encontra na outra ponta do espectro.
(E) distinguir os dois comprimentos de onda, pois ambos estimulam o pigmento "vermelho" na mesma intensidade.

97. **(ENEM – 2018)** O grafeno é uma forma alotrópica do carbono constituído por uma folha planar (arranjo bidimensional) de átomos de carbono compactados e com a espessura de apenas um átomo. Sua estrutura é hexagonal, conforme a figura

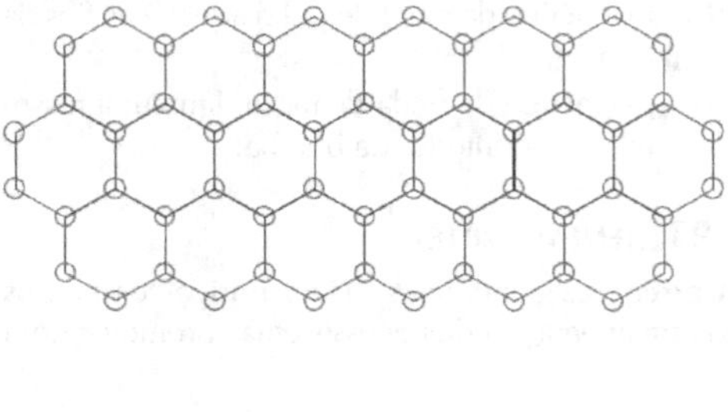

Nesse arranjo, os átomos de carbono possuem hibridação

(A) *sp* de geometria linear.
(B) sp^2 de geometria trigonal planar.
(C) sp^3 alternados com carbonos com hibridação *sp* de geometria linear.
(D) sp^3d de geometria planar.
(E) sp^3d^2 com geometria hexagonal planar.

Um projetista deseja construir um brinquedo que lance um pequeno cubo ao longo de um trilho horizontal, e o dispositivo precisa oferecer a opção de mudar a velocidade de lançamento. Para isso, ele utiliza uma mola e um trilho onde o atrito pode ser desprezado, conforme a figura.

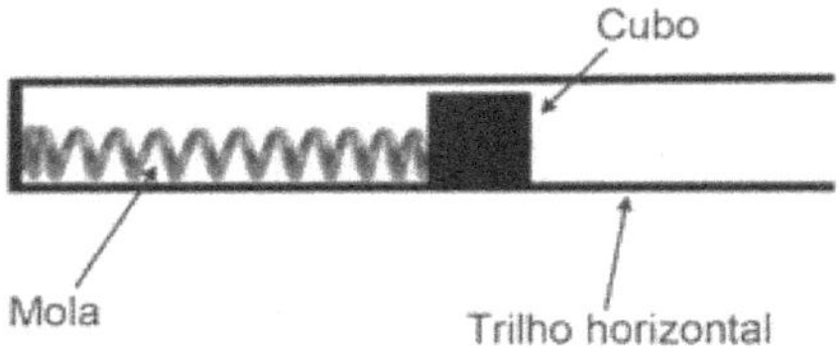

98. (ENEM – 2018) Para que a velocidade de lançamento do cubo seja aumentada quatro vezes, o projetista deve

(A) manter a mesma mola e aumentar duas vezes a sua deformação.
(B) manter a mesma mola e aumentar quatro vezes a sua deformação.
(C) manter a mesma mola e aumentar dezesseis vezes a sua deformação.
(D) trocar a mola por outra de constante elástica duas vezes maior e manter a deformação.
(E) trocar a mola por outra de constante elástica quatro vezes maior e manter a deformação.

99. (ENEM – 2018)

Pesquisas demonstram que nanodispositivos baseados em movimentos de dimensões atômicas, induzidos por luz, poderão ter aplicações em tecnologias futuras, substituindo micromotores, sem a necessidade de componentes mecânicos. Exemplo de movimento molecular induzido pela luz pode ser observado pela flexão de uma lâmina delgada de silício, ligado a um polímero de azobenzeno e a um material suporte, em dois comprimentos de onda, conforme ilustrado na figura. Com a aplicação de luz ocorrem reações reversíveis da cadeia do polímero, que promovem o movimento observado.

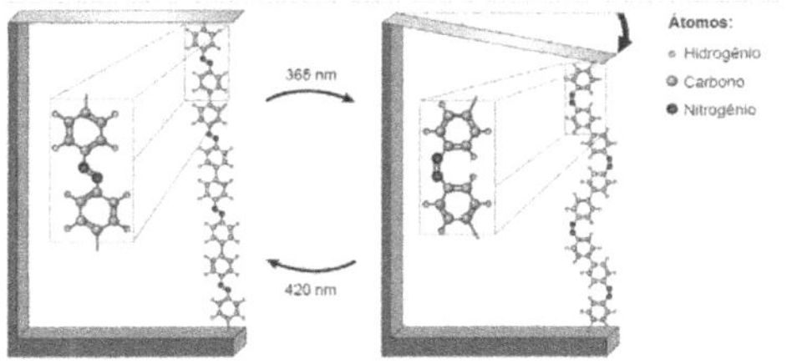

TOMA, H. E. A nanotecnologia das moléculas. **Química Nova na Escola**, n. 21, maio 2005 (adaptado).

O fenômeno de movimento molecular, promovido pela incidência de luz, decorre do(a)

(A) movimento vibracional dos átomos, que leva ao encurtamento e à relaxação das ligações.
(B) isomerização nas ligações N=N, sendo a forma cis do polímero mais compacta que a trans.
(C) tautomerização das unidades monoméricas do polímero, que leva a um composto mais compacto.
(D) ressonância entre os elétrons π do grupo azo e os do anel aromático que encurta as ligações duplas.
(E) variação conformacional das ligações N=N, que resulta em estruturas com diferentes áreas de superfície.

100. (ENEM – 2018) O carro flex é uma realidade no Brasil. Estes veículos estão equipados com motor que tem a capacidade de funcionar com mais de um tipo de combustível. No entanto, as pessoas que têm esse tipo de veículo, na hora do abastecimento, têm sempre a dúvida: álcool ou gasolina? Para avaliar o consumo desses combustíveis, realizou-se um percurso com um veículo flex, consumindo 40 litros de gasolina e no percurso de volta utilizou-se etanol. Foi considerado o mesmo consumo de energia tanto no percurso de ida quanto no de volta.

O quadro resume alguns dados aproximados sobre esses combustíveis.

Combustível	Densidade ($g\ mL^{-1}$)	Calor de combustão ($kcal\ g^{-1}$)
Etanol	0,8	-6
Gasolina	0,7	-10

O volume de etanol combustível, em litro, consumido no percurso de volta é mais próximo de

(A) 27.
(B) 32.
(C) 37.
(D) 58.
(E) 67.

101. **(ENEM – 2018)**

As abelhas utilizam a sinalização química para distinguir a abelha-rainha de uma operária, sendo capazes de reconhecer diferenças entre moléculas. A rainha produz o sinalizador químico conhecido como ácido 9-hidroxidec-2-enoico, enquanto as abelhas-operárias produzem ácido 10-hidroxidec-2-enoico. Nós podemos distinguir as abelhas-operárias e rainhas por sua aparência, mas, entre si, elas usam essa sinalização química para perceber a diferença. Pode-se dizer que veem por meio da química.

LE COUTEUR, P.; BURRESON, J. **Os botões de Napoleão**: AS 17 MOLÉCULAS QUE MUDARAM A HISTÓRIA. RiO DE Janeiro: Jorge Zahar, 2006 (adaptado).

As moléculas dos sinalizadores químicos produzidas pelas abelhas rainha e operária possuem diferença na

(A) fórmula estrutural.
(B) fórmula molecular.
(C) identificação dos tipos de ligação.
(D) contagem do número de carbonos.
(E) identificação dos grupos funcionais.

102. **(ENEM – 2018)** Insetos podem apresentar três tipos de desenvolvimento. Um deles, a holometabolia (desenvolvimento completo), é constituído pelas fases de ovo, larva, pupa e adulto sexualmente maduro, que ocupam diversos hábitats. Os insetos com holometabolia pertencem às ordens mais numerosas em termos de espécies conhecidas.

Esse tipo de desenvolvimento está relacionado a um maior número de espécies em razão da

(A) proteção na fase de pupa, favorecendo a sobrevivência de adultos férteis.
(B) produção de muitos ovos, larvas e pupas, aumentando o número de adultos.
(C) exploração de diferentes nichos, evitando a competição entre as fases da vida.
(D) ingestão de alimentos em todas as fases de vida, garantindo o surgimento do adulto.
(E) utilização do mesmo alimento em todas as fases, otimizando a nutrição do organismo.

103. **(ENEM – 2018)** Talvez você já tenha bebido suco usando dois canudinhos iguais. Entretanto, pode-se verificar que, se colocar um canudo imerso no suco e outro do lado de fora do líquido, fazendo a sucção simultaneamente em ambos, você terá dificuldade em bebê-lo.

Essa dificuldade ocorre porque o(a)

(A) força necessária para a sucção do ar e do suco simultaneamente dobra de valor.
(B) densidade do ar é menor que a do suco, portanto, o volume de ar aspirado é muito maior que o volume de suco.
(C) velocidade com que o suco sobe deve ser constante nos dois canudos, o que é impossível com um dos canudos de fora.
(D) peso da coluna de suco é consideravelmente maior que o peso da coluna de ar, o que dificulta a sucção do líquido.
(E) pressão no interior da boca assume praticamente o mesmo valor daquela que atua sobre o suco.

104. **(ENEM – 2018)**

O alemão Fritz Haber recebeu o Prêmio Nobel de química de 1918 pelo desenvolvimento de um processo viável para a síntese da amônia (NH_3). Em seu discurso de premiação, Haber justificou a importância do feito dizendo que:

"Desde a metade do século passado, tornou-se conhecido que um suprimento de nitrogênio é uma necessidade básica para o aumento das safras de alimentos; entretanto, também se sabia que as plantas não podem absorver o nitrogênio em sua forma simples, que é o principal constituinte da atmosfera. Elas precisam que o nitrogênio seja combinado [...] para poderem assimilá-lo.

Economias agrícolas basicamente mantêm o balanço do nitrogênio ligado. No entanto, com o advento da era industrial, os produtos do solo são levados de onde cresce a colheita para lugares distantes, onde são consumidos, fazendo com que o nitrogênio ligado não retorne à terra da qual foi retirado.

Isso tem gerado a necessidade econômica mundial de abastecer o solo com nitrogênio ligado. [...] A demanda por nitrogênio, tal como a do carvão, indica quão diferente nosso modo de vida se tornou com relação ao das pessoas que, com seus próprios corpos, fertilizam o solo que cultivam.

Desde a metade do último século, nós vínhamos aproveitando o suprimento de nitrogênio do salitre que a natureza tinha depositado nos desertos montanhosos do Chile. Comparando o rápido crescimento da demanda com a extensão calculada desses depósitos, ficou claro que em meados do século atual uma emergência seríssima seria inevitável, a menos que a química encontrasse uma saída."

HABER, F. **The Synthesis of Ammonia from its Elements**.

Disponível em: www.nobelprize.org. acesso em: 13 jul. 2013 (adaptado).

De acordo com os argumentos de Haber, qual fenômeno teria provocado o desequilíbrio no "balanço do nitrogênio ligado"?

(A) O esgotamento das reservas de salitre no Chile.
(B) O aumento da exploração de carvão vegetal e carvão mineral.
(C) A redução da fertilidade do solo nas economias agrícolas.
(D) A intensificação no fluxo de pessoas do campo para as cidades.
(E) A necessidade das plantas de absorverem sais de nitrogênio disponíveis no solo.

105. (ENEM – 2018) A polinização, que viabiliza o transporte do grão de pólen de uma planta até o estigma de outra, pode ser realizada biótica ou abioticamente. Nos processos abióticos, as plantas dependem de fatores como o vento e a água.

A estratégia evolutiva que resulta em polinização mais eficiente quando esta depende do vento é o(a)

(A) diminuição do cálice.
(B) alongamento do ovário.
(C) disponibilização do néctar.
(D) intensificação da cor das pétalas.
(E) aumento do número de estames.

106. (ENEM – 2018) Muitos *smartphones* e *tablets* não precisam mais de teclas, uma vez que todos os comandos podem ser dados ao se pressionar a própria tela. Inicialmente essa tecnologia foi proporcionada por meio das telas resistivas, formadas basicamente por suas camadas de material condutor transparente que não se encostam até que alguém as pressione, modificando a resistência total do circuito de acordo com o ponto onde ocorre o toque. A imagem é uma simplificação do circuito formado pelas placas, em que **A** e **B** representam pontos onde o circuito pode ser fechado por meio do toque.

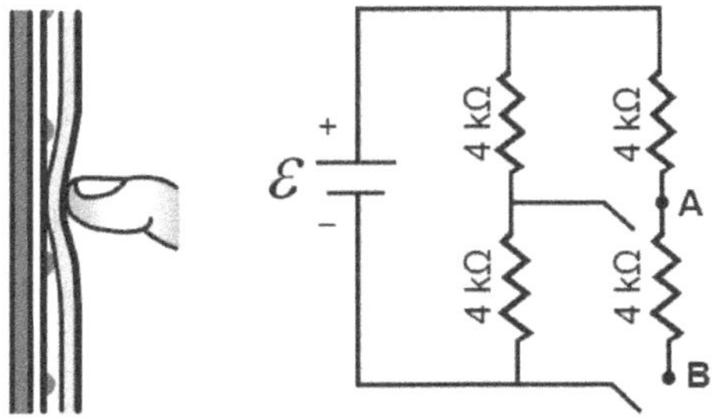

Qual é a resistência equivalente no circuito provocada por um toque que fecha o circuito no ponto **A**?

(A) 1,3 kΩ
(B) 4,0 kΩ
(C) 6,0 kΩ
(D) 6,7 kΩ
(E) 12,0 kΩ

107. (ENEM – 2018)

Companhias que fabricam *jeans* usam cloro para o clareamento, seguido de lavagem. Algumas estão substituindo o cloro por substâncias ambientalmente mais seguras como peróxidos, que podem ser degradados por enzimas chamadas peroxidases. Pensando nisso, pesquisadores inseriram genes codificadores de peroxidases em leveduras cultivadas nas condições de clareamento e lavagem dos *jeans* e selecionaram as sobreviventes para produção dessas enzimas.

TORTORA, G.J.; FUNKE, B. R.; CASE, C. L. **Microbiologia**.

Rio De Janeiro: Artmed, 2016 (adaptado).

Nesse caso, o uso dessas leveduras modificadas objetiva

(A) reduzir a quantidade de resíduos tóxicos nos efluentes da lavagem.
(B) eliminar a necessidade de tratamento da água consumida.
(C) elevar a capacidade de clareamento dos *jeans*.
(D) aumentar a resistência do *jeans* a peróxidos.
(E) Associar ação bactericida ao clareamento

108. **(ENEM – 2018)**

Por meio de reações químicas que envolvem carboidratos, lipídeos e proteínas, nossas células obtêm energia e produzem gás carbônico e água. A oxidação da glicose no organismo humano libera energia, conforme ilustra a equação química, sendo que aproximadamente 40% dela é disponibilizada para atividade muscular.

$$C_6H_{12}O_6\,(s) + 6\,O_2\,(g) \longrightarrow 6\,CO_2\,(g) + 6\,H_2O\,(l) \quad \Delta_c H = -2\,800\ kJ$$

Considere as massas molares (em g mol^{-1}): H = 1; C = 12; O = 16.

LIMA, L. M.; FRAGA, C. A. M.; BARREIRO, E. J. **Química na saúde**. São Paulo: Sociedade Brasileira de Química, 2010 (adaptado).

Na oxidação de1,0 grama de glicose, a energia obtida para atividade muscular, em quilojoule, é mais próxima de

(A) 6,2.
(B) 15,6.
(C) 70,0.
(D) 622,2.
(E) 1 120,0.

109. **(ENEM – 2018)** Alguns peixes, como o poraquê, a enguia-elétrica da Amazônia, podem produzir uma corrente elétrica quando se encontram em perigo. Um poraquê de 1 metro de comprimento, em perigo, produz uma corrente em torno de 2 ampères e uma voltagem de 600 volts.

O quadro apresenta a potência aproximada de equipamentos elétricos.

Equipamento elétrico	Potência aproximada (watt)
Exaustor	150
Computador	300
Aspirador de pó	600
Churrasqueira elétrica	1 200
Secadora de roupas	3 600

O equipamento elétrico que tem potência similar àquela produzida por esse peixe em perigo é o(a)

(A) exaustor.
(B) computador.
(C) aspirador de pó.
(D) churrasqueira elétrica.
(E) secadora de roupas.

110. **(ENEM – 2018)** Ao pesquisar um resistor feito de um novo tipo de material, um cientista observou o comportamento mostrado no gráfico tensão versus corrente.

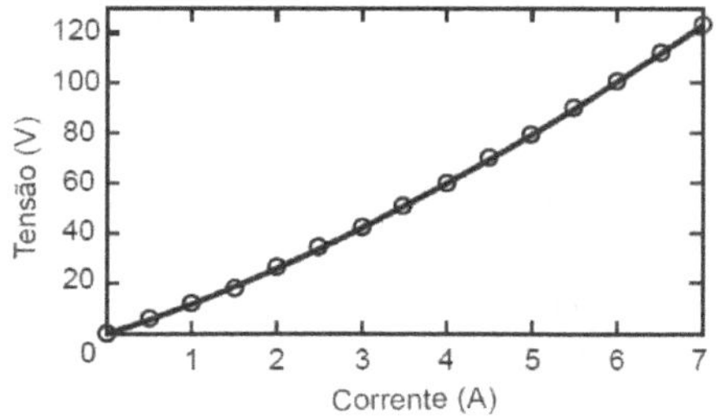

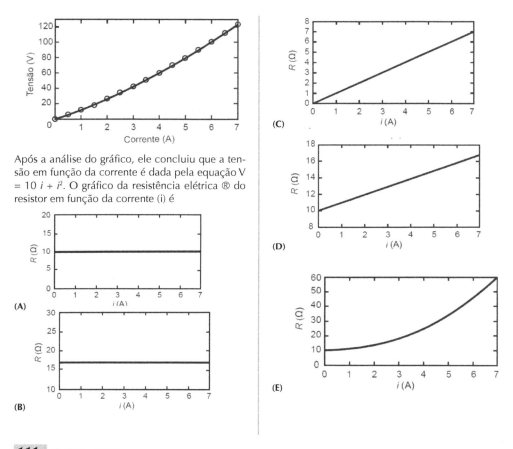

Após a análise do gráfico, ele concluiu que a tensão em função da corrente é dada pela equação $V = 10\,i + i^2$. O gráfico da resistência elétrica ® do resistor em função da corrente (i) é

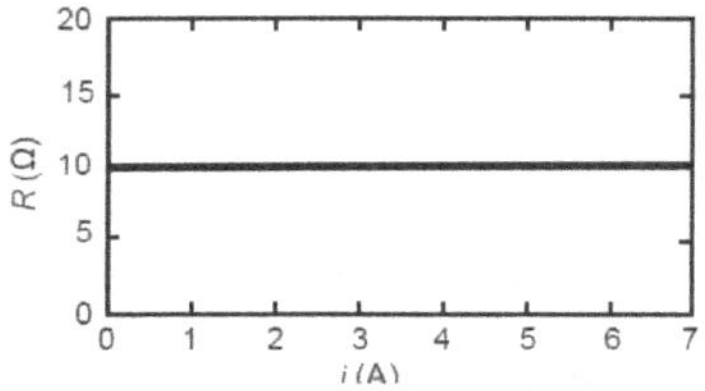

(A)

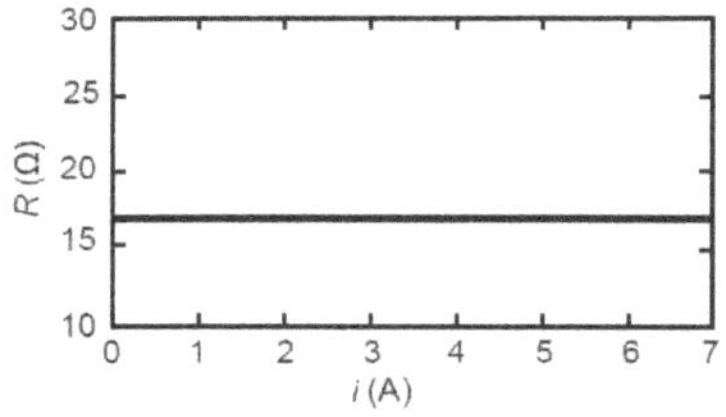

(B)

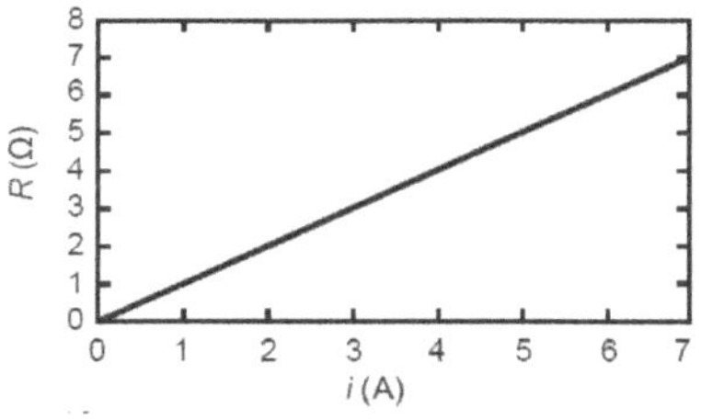

(C)

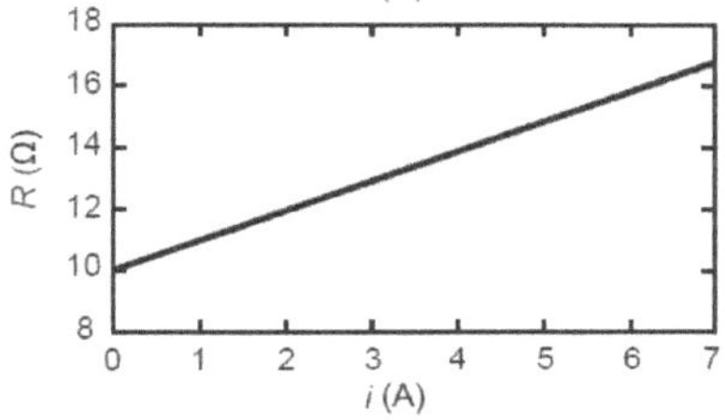

(D)

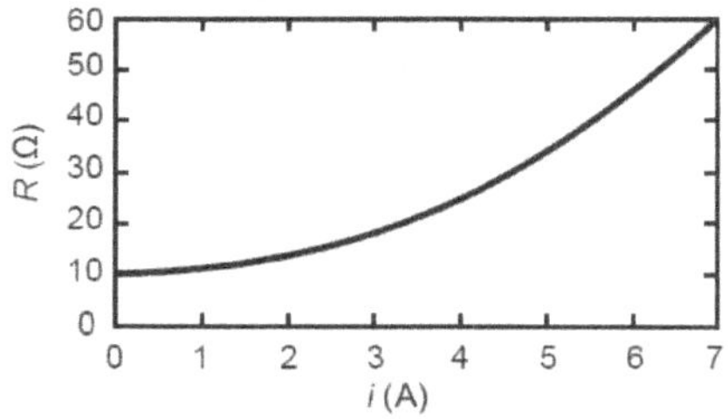

(E)

111. **(ENEM – 2018)**

A hidroxilamina (NH_2OH) é extremamente reativa em reações de substituição nucleofílica, justificando sua utilização em diversos processos. A reação de substituição nucleofílica entre o anidrido acético e a hidroxilamina está representada.

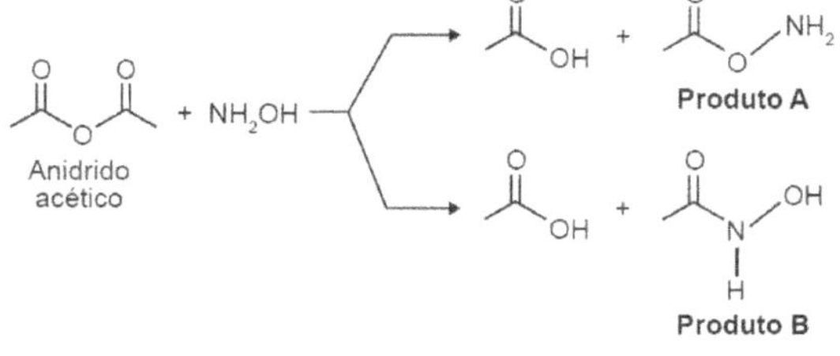

O produto A é favorecido em relação ao B, por um fator de 10^5. Em um estudo de possível substituição do uso de hidroxilamina, foram testadas as moléculas numeradas de 1 a 5.

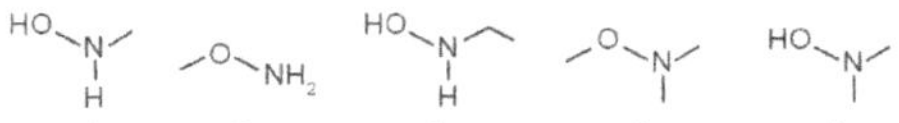

1 2 3 4 5

Dentre as moléculas testadas, qual delas apresentou menor reatividade?

(A) 1
(B) 2
(C) 3
(D) 4
(E) 5

112. **(ENEM – 2018)** Um estudante relatou que o mapeamento do DNA da cevada foi quase todo concluído e seu código genético desvendado. Chamou atenção para o número de genes que compõem esse código genético e que a semente da cevada, apesar de pequena, possui um genoma mais complexo que o humano, sendo boa parte desse código constituída de sequências repetidas. Nesse contexto, o conceito de código genético está abordado de forma equivocada.

Cientificamente esse conceito é definido como

(A) trincas de nucleotídeos que codificam os aminoácidos.
(B) localização de todos os genes encontrados em um genoma.
(C) codificação de sequências repetidas presentes em um genoma.
(D) conjunto de todos os RNAs mensageiros transcritos em um organismo.
(E) todas as sequências de pares de bases presentes em um organismo.

113. **(ENEM – 2018)**

Células solares à base de TiO_2 sensibilizadas por corantes (S) são promissoras e poderão vir a substituir as células de silício. Nessas células, o corante adsorvido sobre o TiO_2 é responsável por absorver a energia luminosa (*hv*), e o corante excitado (S*) é capaz de transferir elétrons para o TiO_2. Um esquema dessa célula e os processos envolvidos estão ilustrados na figura. A conversão de energia solar em elétrica ocorre por meio da sequência de reações apresentadas.

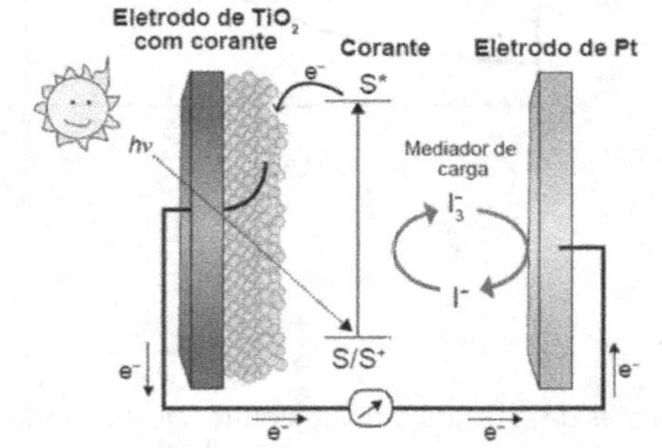

$$TiO_2|S + h\nu \longrightarrow TiO_2|S^* \quad (1)$$

$$TiO_2|S^* \longrightarrow TiO_2|S^+ + e^- \quad (2)$$

$$TiO_2|S^+ + \frac{3}{2} I^- \longrightarrow TiO_2|S + \frac{1}{2} I_3^- \quad (3)$$

$$\frac{1}{2} I_3^- + e^- \longrightarrow \frac{3}{2} I^- \quad (4)$$

LONGO, C.; DE PAOLI, M.-A. Dye-Sensitized Solar Cells: A Successful Combination of Materials. **Journal of the Brazilian Chemical Society**, n. 6, 2003 (adaptado).

A reação 3 é fundamental para o contínuo funcionamento da célula solar, pois

(A) reduz íons I^- a I_3^-.
(B) regenera o corante.
(C) garante que a reação 4 ocorra.
(D) promove a oxidação do corante.
(E) transfere elétrons para o eletrodo de TiO_2.

114. **(ENEM – 2018)** O nível metabólico de uma célula pode ser determinado pela taxa de síntese de RNAs e proteínas, processos dependentes de energia. Essa diferença na taxa de síntese de biomoléculas é refletida na abundância e características morfológicas dos componentes celulares. Em uma empresa de produção de hormônios proteicos a partir do cultivo de células animais, um pesquisador deseja selecionar uma linhagem com o metabolismo de síntese mais elevado, dentre as cinco esquematizadas na figura.

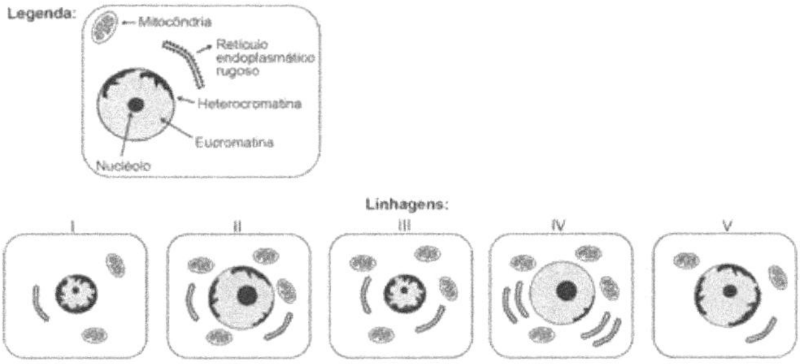

Qual linhagem deve ser escolhida pelo pesquisador?

(A) I
(B) II
(C) III
(D) IV
(E) V

115. **(ENEM – 2018)** O deserto é um bioma que se localiza em regiões de pouca umidade. A fauna é, predominantemente, composta por animais roedores, aves, répteis e artrópodes.

Uma adaptação, associada a esse bioma, presente nos seres vivos dos grupos citados é o(a)

(A) existência de numerosas glândulas sudoríparas na epiderme.
(B) eliminação de excretas nitrogenadas de forma concentrada.
(C) desenvolvimento do embrião no interior de ovo com casca.
(D) capacidade de controlar a temperatura corporal.
(E) respiração realizada por pulmões foliáceos.

116. **(ENEM – 2018)**

O sulfeto de mercúrio (II) foi usado como pigmento vermelho para pinturas de quadros e murais. Esse pigmento, conhecido como *vermilion*, escurece com o passar dos anos, fenômeno cuja origem é alvo de pesquisas. Aventou-se a hipótese de que o *vermilion* seja decomposto sob a ação da luz, produzindo uma fina camada de mercúrio metálico na superfície. Essa reação seria catalisada por íon cloreto presente na umidade do ar.

WOGAN, T. **Mercury´s Dark Influence on Art**. Disponível em: www.chemistryworld.com.

Acesso em: 26 abr. 2018 (adaptado).

Segundo a hipótese proposta, o íon cloreto atua na decomposição fotoquímica do *vermilion*

(A) reagindo como agente oxidante.
(B) deslocando o equilíbrio químico.
(C) diminuindo a energia de ativação.
(D) precipitando cloreto de mercúrio.
(E) absorvendo a energia da luz visível.

117. **(ENEM – 2018)**

O sonorizador é um dispositivo físico implantado sobre a superfície de uma rodovia de modo que provoque uma trepidação e ruído quando da passagem de um veículo sobre ele, alertando para uma situação atípica à frente, como obras, pedágios ou travessia de pedestres. Ao passar sobre os sonorizadores, a suspensão do veículo sofre vibrações que produzem ondas sonoras, resultando em um barulho peculiar. Considere um veículo que passe com velocidade constante igual a 108 km/h sobre um sonorizador cujas faixas são separadas por uma distância de 8 cm.

Disponível em: www.denatran.gov.br. Acesso em: 2 set. 2015 (adaptado).

A frequência da vibração do automóvel percebida pelo condutor durante a passagem nesse sonorizador é mais próxima de

(A) 8,6 hertz.
(B) 13,5 hertz.
(C) 375 hertz.
(D) 1 350 hertz.
(E) 4 860 hertz.

118. **(ENEM – 2018)** As pessoas que utilizam objetos cujo princípio de funcionamento é o mesmo do das alavancas aplicam uma força, chamada de força potente, em um dado ponto da barra, para superar ou equilibrar uma segunda força, chamada de resistente, em outro ponto da barra. Por causa das diferentes distâncias entre os pontos de aplicação das forças, potente e resistente, os seus efeitos também são diferentes. A figura mostra alguns exemplos desses objetos.

Em qual dos objetos a força potente é maior que a força resistente?

(A) Pinça.
(B) Alicate.
(C) Quebra-nozes.
(D) Carrinho de mão.
(E) Abridor de garrafa.

119. **(ENEM – 2018)**

Na mitologia grega, Nióbia era a filha de Tântalo, dois personagens conhecidos pelo sofrimento. O elemento químico de número atômico (Z) igual a 41 tem propriedades químicas e físicas tão parecidas com as do elemento de número atômico 73 que chegaram a ser confundidos. Por isso, em homenagem a esses dois personagens da mitologia grega, foi conferido a esses elementos os nomes de nióbio (Z=41) e tântalo (Z=73). Esses dois elementos químicos adquiriram grande importância econômica na metalurgia, na produção de supercondutores e em outros aplicações na indústria de ponta, exatamente pelas propriedades químicas e físicas comuns aos dois.

KEAN, S. **A colher que desaparece**: e outras histórias reais de loucura, amor e morte a partir dos elementos químicos. Rio de Janeiro: Zahar, 2011 (adaptado).

A importância econômica e tecnológica desses elementos, pela similaridade de suas propriedades químicas e físicas, deve-se a

(A) terem elétrons no subnível *f*.
(B) serem elementos de transição interna.
(C) pertencerem ao mesmo grupo na tabela periódica.
(D) terem seus elétrons mais externos nos níveis 4 e 5, respectivamente.
(E) estarem localizados na família dos alcalinos terrosos e alcalinos, respectivamente.

120. **(ENEM – 2018)**

O processo de formação de novas espécies é lento e repleto de nuances e estágios intermediários, havendo uma diminuição da viabilidade entre cruzamentos. Assim, plantas originalmente de uma mesma espécie que não cruzam mais entre si podem ser consideradas como uma espécie se diferenciando. Um pesquisador realizou cruzamentos entre nove populações – denominadas de acordo com a localização onde são encontradas – de uma espécie de orquídea (*Epidendrum denticulatum*). No diagrama estão os resultados dos cruzamentos entre as populações. Considere que o doador fornece o pólen para o receptor.

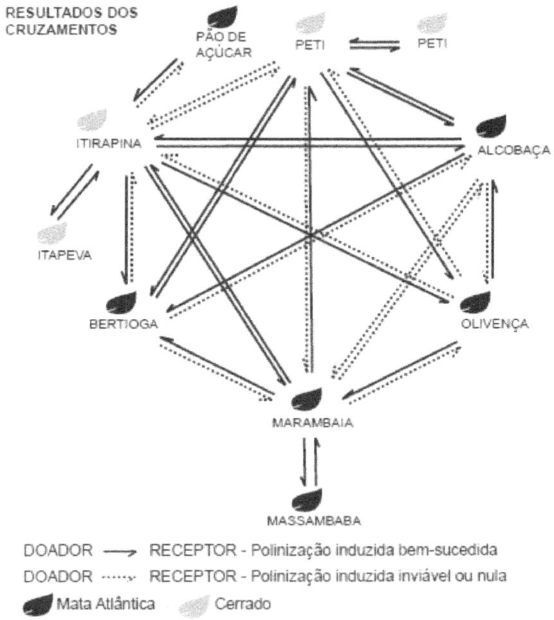

FIORAVANTI, C. Os primeiros passos de novas espécies: plantas e animais se diferenciam por meio de mecanismos surpreendentes. **Pesquisa Fapesp**, out. 2013 (adaptado).

Em populações de quais localidades se observa um processo de especiação evidente?

(A) Bertioga e Marambaia; Alcobaça e Olivença.
(B) Itirapina e Itapeva; Marambaia e Massambaba.
(C) Itirapina e Marambaia; Alcobaça e Itirapina.
(D) Itirapina e Peti; Alcobaça e Marambaia.
(E) Itirapina e Olivença; Marambaia e Peti.

121. (ENEM – 2018) O cruzamento de duas espécies da família das Anonáceas, a cherimoia (Annona cherimola) com a fruta-pinha (*Annona squamosa*), resultou em uma planta híbrida denominada de atemoia. Recomenda-se que o seu plantio seja por meio de enxertia.

Um dos benefícios dessa forma de plantio é a

(A) ampliação da variabilidade genética.
(B) produção de frutos das duas espécies.
(C) manutenção do genótipo da planta híbrida.
(D) reprodução de clones das plantas parentais.
(E) modificação do genoma decorrentes da transgenia.

122. (ENEM – 2018) Alguns materiais sólidos são compostos por átomos que interagem entre si formando ligações que podem ser covalentes, iônicas ou metálicas. A figura apresenta a energia potencial de ligação em função da distância interatômica em um sólido cristalino. Analisando essa figura, observa-se que, na temperatura de zero kelvin, a distância de equilíbrio da ligação entre os átomos (R_0) corresponde ao valor mínimo de energia potencial. Acima dessa temperatura, a energia térmica fornecida aos átomos aumenta sua energia cinética e faz com que eles oscilem em torno de uma posição de equilíbrio média (círculos cheios), que é diferente para cada temperatura. A distância de ligação pode variar sobre toda a extensão das linhas horizontais, identificadas com o valor da temperatura, de T_1 a T_4 (temperaturas crescentes).

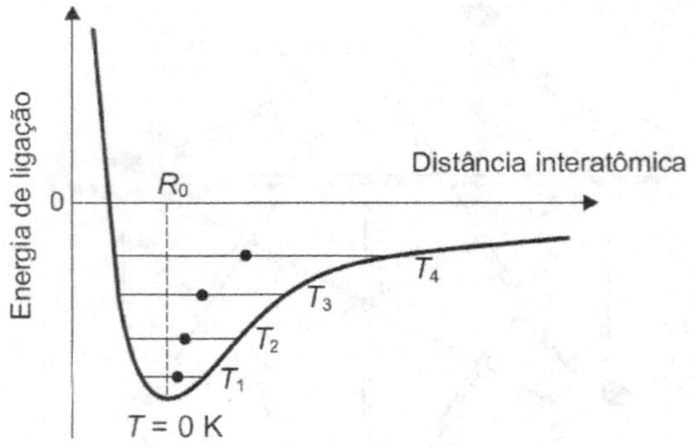

O deslocamento observado na distância média revela o fenômeno da

(A) ionização.
(B) dilatação.
(C) dissociação
(D) quebra de ligações covalentes.
(E) formação de ligações metálicas.

123. **(ENEM – 2018)** A utilização de extratos de origem natural tem recebido a atenção de pesquisadores em todo o mundo, principalmente nos países em desenvolvimento que são altamente acometidos por doenças infecciosas e parasitárias. Um bom exemplo dessa utilização são os produtos de origem botânica que combatem insetos. O uso desses produtos pode auxiliar no controle da

(A) esquistossomose.
(B) leptospirose.
(C) leishmaniose.
(D) hanseníase.
(E) aids.

124. **(ENEM – 2018)** Nos manuais de instalação de equipamentos de som há o alerta aos usuários para que observem a correta polaridade dos fios ao realizarem as conexões das coisas de som. As figuras ilustram o esquema de conexão das caixas de som de um equipamento de som mono, no qual os alto-falantes emitem as mesmas ondas. No primeiro caso, a ligação obedece às especificações do fabricante e no segundo mostra uma ligação na qual a polaridade está invertida.

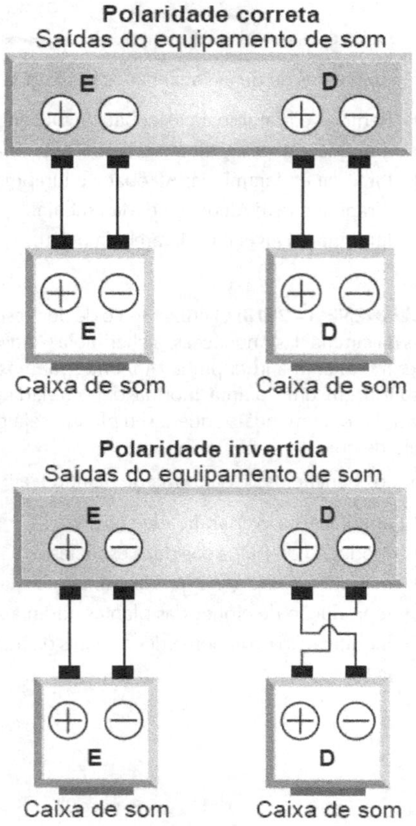

O que ocorre com os alto-falantes **E** e **D** se forem conectados de acordo com o segundo esquema?

(A) O alto-falante E funciona normalmente e o D entra em curto-circuito e não emite som.

(B) O alto-falante E emite ondas sonoras com frequências ligeiramente diferentes do alto-falante D provocando o fenômeno de batimento.

(C) O alto-falante E emite ondas sonoras com frequências e fases diferentes do alto-falante D provocando o fenômeno conhecido como ruído.

(D) O alto-falante E emite ondas sonoras que apresentam um lapso de tempo em relação às emitidas pelo alto-falante D provocando o fenômeno de reverberação.

(E) O alto-falante E emite ondas sonoras em oposição de fase às emitidas pelo alto-falante D provocando o fenômeno de interferência destrutiva nos pontos equidistantes aos alto-falantes.

125. **(ENEM – 2018)** Em 1938 o arqueólogo alemão Wihelm König, diretor do Museu Nacional do Iraque, encontrou um objeto estranho na coleção da instituição, que poderia ter sido usado como uma pilha, similar às utilizadas em nossos dias. A suposta pilha, datada de cerca de 200 a.C., é constituída de um pequeno vaso de barro (argila) no qual foram instalados um tubo de cobre, uma barra de ferro (aparentemente corroída por ácido) e uma tampa de betume (asfalto), conforme ilustrado. Considere os potenciais-padrão de redução: $E^{\theta}(Fe^{2+}|Fe) = -0,44$ V; $E^{\theta}(H^{+}|H_2) = 0,00$ V; e $E^{\theta}(Cu^{2+}|Cu) = +0,34$ V.

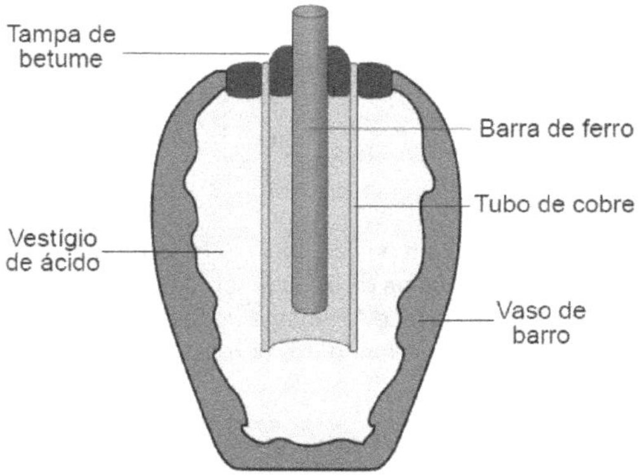

As pilhas de Bagdá e a acupuntura. Disponível em: http://jornalggn.com.br. Acesso em: 14 dez. 2014 (adaptado).

Nessa suposta pilha, qual dos componentes atuaria como cátodo?

(A) A tampa de betume.

(B) O vestígio de ácido.

(C) A barra de ferro.

(D) O tubo de cobre.

(E) O vaso de barro.

126. **(ENEM – 2018)** Anabolismo e catabolismo são processos celulares antagônicos, que são controlados principalmente pela ação hormonal. Por exemplo, no fígado a insulina atua como um hormônio com ação anabólica, enquanto o glucagon tem ação catabólica e ambos são secretados em resposta ao nível de glicose sanguínea.

Em caso de um indivíduo com hipoglicemia, o hormônio citado que atua no catabolismo induzirá o organismo a

(A) realizar a fermentação lática.

(B) metabolizar aerobicamente a glicose.

(C) produzir aminoácidos a partir de ácidos graxos.

(D) transformar ácidos graxos em glicogênio.

(E) estimular a utilização do glicogênio.

127. **(ENEM – 2018)** Usando um densímetro cuja menor divisão da escala, isto é, a diferença entre duas marcações consecutivas, é de $5,0 \times 10^{-2}$ g cm^{-3}, um estudante realizou um teste de densidade: colocou este instrumento na água pura e observou que ele atingiu o repouso na posição mostrada.

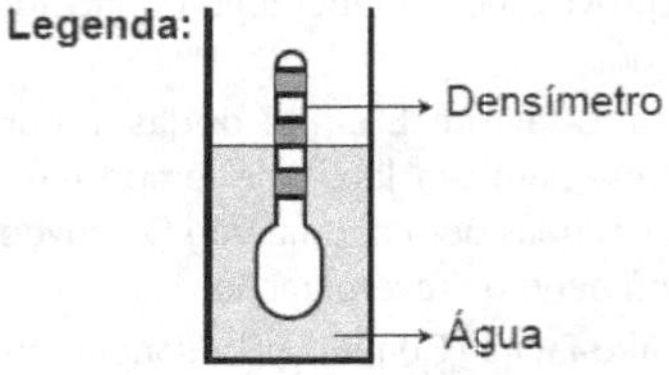

Em dois outros recipientes **A** e **B** contendo 2 litros de água pura, em cada um, ele adicionou 100g e 200g de NaCl, respectivamente.

Quando o cloreto de sódio é adicionado à água pura ocorre sua dissociação formando os íons Na^+ e Cl^-. Considere que esses íons ocupam os espaços intermoleculares na solução.

Nestes recipientes, a posição de equilíbrio do densímetro está representada em:

(A)
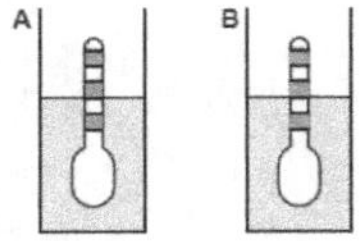

(B)
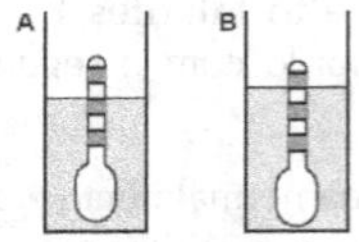

(C)
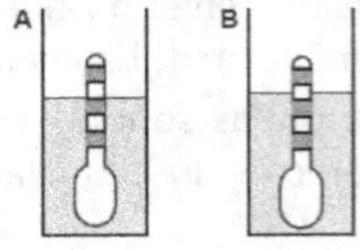

(D)
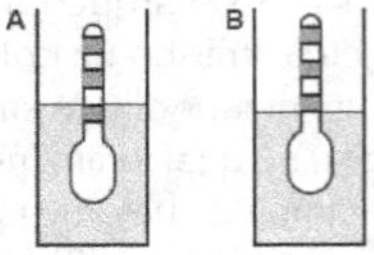

(E)
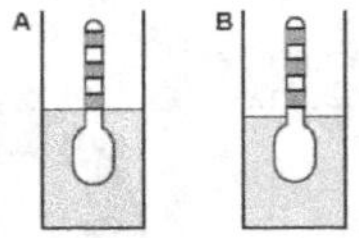

128. **(ENEM – 2018)** A figura representa um prisma óptico, constituído de um material transparente, cujo índice de refração é crescente com a frequência da luz que sobre ele incide. Um feixe luminoso, composto por luzes vermelha, azul e verde, incide na face A, emerge na face B e, após ser refletido por um espelho, incide num filme para fotografia colorida, revelando três pontos.

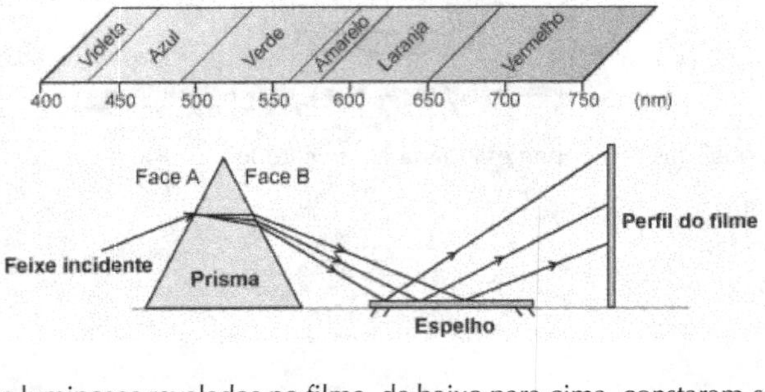

Observando os pontos luminosos revelados no filme, de baixo para cima, constataram-se as seguintes cores:

(A) Vermelha, verde, azul.
(B) Verde, vermelha, azul.
(C) Azul, verde, vermelha.
(D) Verde, azul, vermelha.
(E) Azul, vermelha, verde.

129. **(ENEM – 2018)**

Tensoativos são compostos orgânicos que possuem comportamento anfifílico, isto é, possuem duas regiões, uma hidrofóbica e outra hidrofílica. O principal tensoativo aniônico sintético surgiu na década de 1940 e teve grande aceitação no mercado de detergentes em razão do melhor desempenho comparado ao do sabão. No entanto, o uso desse produto provocou grandes problemas ambientais, dentre eles a resistência à degradação biológica, por causa dos diversos carbonos terciários na cadeia que compõe a porção hidrofóbica desse tensoativo aniônico. As ramificações na cadeia dificultam sua degradação, levando à persistência no meio ambiente por longos períodos. Isso levou a sua substituição na maioria dos países por tensoativos biodegradáveis, ou seja, com cadeias alquílicas lineares.

PENTEADO, J. C. P.; EL SEOUD, O. A.; CARVALHO, L. R. F. [...]: uma abordagem ambiental e analítica. **Química Nova**, n. 5, 2006 (adaptado).

Qual a fórmula estrutural do tensoativo persistente no ambiente mencionado no texto?

A) 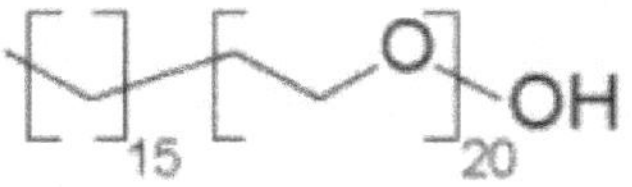

B) 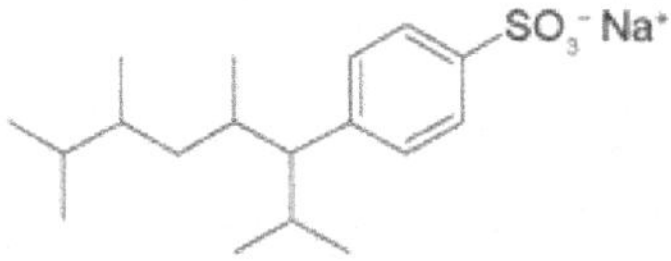

C) 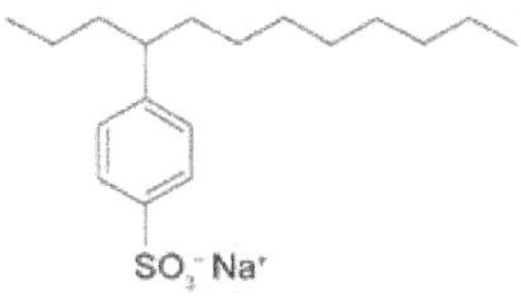

D) 

E) 

130. **(ENEM – 2018)** Considere, em um fragmento ambiental, uma árvore matriz com frutos (M) e outras cinco que produziram flores e são apenas doadoras de pólen (DP1, DP2, DP3, DP4 e DP5). Foi excluída a capacidade de autopolinização das árvores. Os genótipos da matriz, da semente (S1) e das prováveis fontes de pólen foram obtidos pela análise de dois locos (loco A e loco B) de marcadores de DNA, conforme a figura

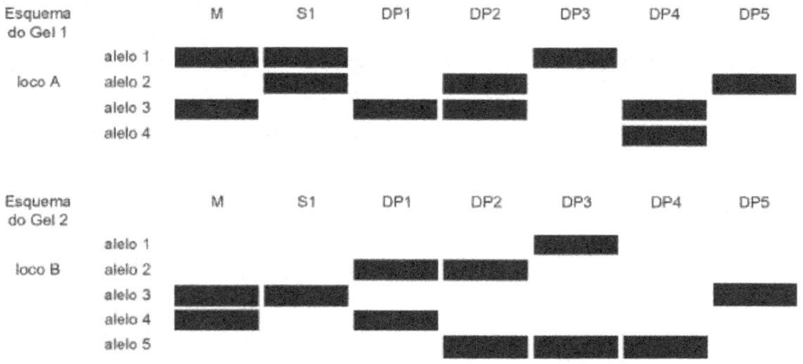

COLLEVATTI, R. G.; TELLES, M. P.; SOARES, T. N. Dispersão do pólen entre pequizeiros: uma atividade para a genética do ensino superior. **Genética na Escola**, n. 1, 2013 (adaptado

A progênie S1 recebeu o pólen de qual doadora?

(A) DP1

(B) DP2

(C) DP3

(D) DP4

(E) DP5

131. **(ENEM – 2018)** Em desenhos animados é comum vermos a personagem tentando impulsionar um barco soprando ar contra a vela para compensar a falta de vento. Algumas vezes usam o próprio fôlego, foles ou ventiladores. Estudantes de um laboratório didático resolveram investigar essa possibilidade. Para isso, usaram dois pequenos carros de plástico, **A** e **B**, instalaram sobre estes pequenas ventoinhas e fizeram verticalmente uma cartolina de curvatura parabólica para desempenhar uma função análoga à vela de um barco. No carro **B** inverteu-se o sentido da ventoinha e manteve-se a vela, a fim de manter as características físicas do barco, massa e formato de cartolina. As figuras representam os carros produzidos. A montagem do carro **A** busca simular a situação dos desenhos animados, pois a ventoinha está direcionada para a vela.

Carro A **Carro B**

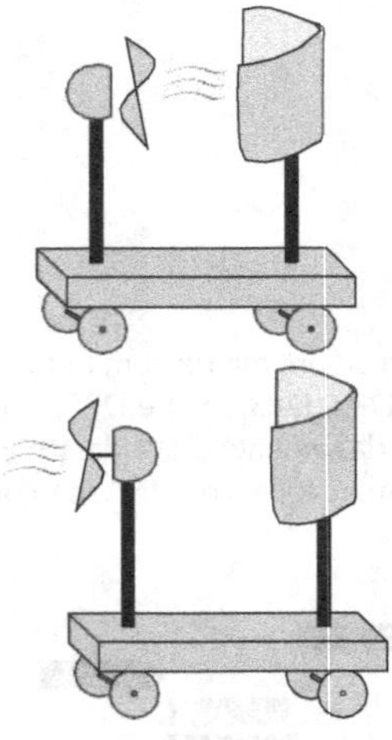

Com os carros orientados de acordo com as figuras, os estudantes ligaram as ventoinhas, aguardaram o fluxo de ar ficar permanente e determinaram os módulos das velocidades médias dos carros **A** (V_A) e **B** (V_B) para o mesmo intervalo de tempo.

A respeito das intensidades das velocidades médias e do sentido de movimento do carro **A**, os estudantes observaram que:

(A) $V_A = 0$; $V_B > 0$; o carro **A** não se move.

(B) $0 < V_A < V_B$; o carro **A** se move para a direita.

(C) $0 < V_A < V_B$; o carro **A** se move para a esquerda.

(D) $0 < V_B < V_A$; o carro **A** se move para a direita.

(E) $0 < V_B < V_A$; o carro **A** se move para a esquerda.

132. **(ENEM – 2018)**

O manejo adequado do solo possibilita a manutenção de sua fertilidade à medida que as trocas de nutrientes entre matéria orgânica, água, solo e o ar são mantidas para garantir a produção. Algumas espécies iônicas de alumínio são tóxicas, não só para a planta, mas para muitos organismos como as bactérias responsáveis pelas transformações no ciclo do nitrogênio. O alumínio danifica as membranas das células das raízes e restringe a expansão de suas paredes, com isso, a planta não cresce adequadamente. Para promover benefícios para a produção agrícola, é recomendada a remediação do solo utilizando calcário ($CaCO_3$).

BRADY, N. C.; WEIL, R. R. **Elementos da natureza e propriedades dos solos.**

Porto Alegre: Bookman, 2013 (adaptado).

Essa remediação promove no solo o(a)

(A) diminuição do pH, deixando-o fértil.

(B) solubilização do alumínio, ocorrendo sua lixiviação pela chuva.

(C) interação do íon cálcio com o íon alumínio, produzindo uma liga metálica.

(D) reação do carbonato de cálcio com os íons alumínio, formando alumínio metálico.

(E) aumento da sua alcalinidade, tornando os íons alumínio menos disponíveis.

133. **(ENEM – 2018)** Visando a melhoria estética de um veículo, o vendedor de uma loja sugere ao consumidor que ele troque as rodas de seu automóvel de aro 15 polegadas para aro 17 polegadas, o que corresponde a um diâmetro maior do conjunto roda e pneu.

Duas consequências provocadas por essa troca de aro são:

(A) Elevar a posição do centro de massa do veículo tornando-o mais instável e aumentar a velocidade do automóvel em relação à indicada no velocímetro.

(B) Abaixar a posição do centro de massa do veículo tornando-o mais instável e diminuir a velocidade do automóvel em relação à indicada no velocímetro.

(C) Elevar a posição do centro de massa do veículo tornando-o mais estável e aumentar a velocidade do automóvel em relação à indicada no velocímetro.

(D) Abaixar a posição do centro de massa do veículo tornando-o mais estável e diminuir a velocidade do automóvel em relação à indicada no velocímetro.

(E) Elevar a posição do centro de massa do veículo tornando-o mais estável e diminuir a velocidade do automóvel em relação à indicada no velocímetro.

134. **(ENEM – 2018)** As células e os organismos precisam realizar trabalho para permanecerem vivos e se reproduzirem. A energia metabólica necessária para a realização desse trabalho é oriunda da oxidação de combustíveis, gerados no ciclo do carbono, por meio de processos capazes de interconverter diferentes formas da energia.

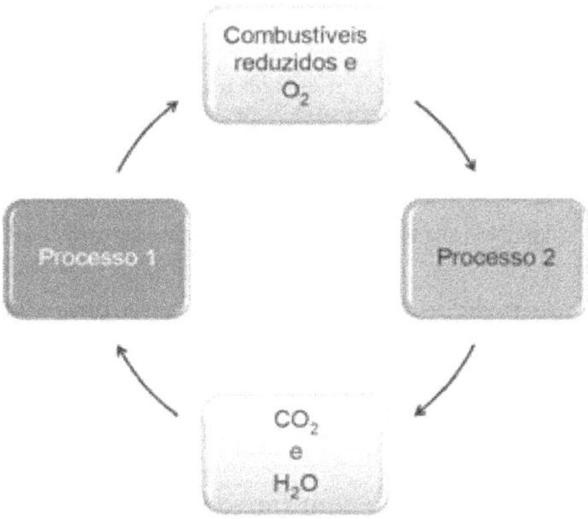

NELSON, D. L.; COX, M. M. **Lehninger**: princípios de bioquímica. São Paulo: Savier, 2002 (adaptado).

Nesse ciclo, a formação de combustíveis está vinculada à conversão de energia

(A) térmica em cinética.
(B) química em térmica.
(C) eletroquímica em calor.
(D) cinética em eletromagnética.
(E) eletromagnética em química.

135. **(ENEM – 2018)** O petróleo é uma fonte de energia de baixo custo e de larga utilização como matéria-prima para uma grande variedade de produtos. É um óleo formado de várias substâncias de origem orgânica, em sua maioria hidrocarbonetos de diferentes massas molares. São utilizadas técnicas de separação para obtenção dos componentes comercializáveis do petróleo. Além disso, para aumentar a quantidade de frações comercializáveis, otimizando o produto de origem fóssil, utiliza-se o processo de craqueamento.

O que ocorre nesse processo?

(A) Transformação das frações do petróleo em outras moléculas menores.
(B) Reação de óxido-redução com transferência de elétrons entre as moléculas.
(C) Solubilização das frações do petróleo com a utilização de diferentes solventes.
(D) Decantação das moléculas com diferentes massas molares pelo uso de centrífugas.
(E) Separação dos diferentes componentes do petróleo em função de suas temperaturas de ebulição.

MATEMÁTICA E SUAS TECNOLOGIAS

136. **(ENEM – 2018)** Numa atividade de treinamento realizada no Exército de um determinado país, três equipes – Alpha, Beta e Gama – foram designadas a percorrer diferentes caminhos, todos com os mesmos pontos de partida e de chegada.

- A equipe Alpha realizou seu percurso em 90 minutos com uma velocidade média de 6,0 km/h.
- A equipe Beta também percorreu sua trajetória em 90 minutos, mas sua velocidade média foi de 5,0 km/h.
- Com uma velocidade média de 6,5 km/h, a equipe Gama concluiu seu caminho em 60 minutos.

Com base nesses dados, foram comparadas as distâncias d_{Beta}; d_{Alpha} e d_{Gama} percorridas pelas três equipes.

A ordem das distâncias percorridas pelas equipes Alpha, Beta e Gama é

(A) $d_{Gama} < d_{Beta} < d_{Alpha}$
(B) $d_{Alpha} = d_{Beta} < d_{Gama}$
(C) $d_{Gama} < d_{Beta} = d_{Alpha}$
(D) $d_{Beta} < d_{Alpha} < d_{Gama}$
(E) $d_{Gama} < d_{Alpha} < d_{Beta}$

137. **(ENEM – 2018)** O colesterol total de uma pessoa é obtido pela soma da taxa do seu "colesterol bom" com a taxa do seu "colesterol ruim". Os exames periódicos, realizados em um paciente adulto, apresentaram taxa normal de "colesterol bom", porém, taxa do "colesterol ruim" (também chamado LDL) de 280 mg/dL.

O quadro apresenta uma classificação de acordo com as taxas de LDL em adultos.

Taxa de LDL (mg/dL)	
Ótima	Menor do que 100
Próxima de ótima	De 100 a 129
Limite	De 130 a 159
Alta	De 160 a 189
Muito alta	190 ou mais

Disponível em: www.minhavida.com.br. Acesso em: 15 out. 2015 (adaptado).

O paciente, seguindo as recomendações médicas sobre estilo de vida e alimentação, realizou o exame logo após o primeiro mês, e a taxa de LDL reduziu 25%. No mês seguinte, realizou novo exame e constatou uma redução de mais 20% na taxa de LDL.

De acordo com o resultado do segundo exame,

(A) ótima.
(B) próxima de ótima.
(C) limite.
(D) alta.
(E) muito alta.

138. **(ENEM – 2018)** Uma empresa deseja iniciar uma campanha publicitária divulgando uma promoção para seus possíveis consumidores. Para esse tipo de campanha, os meios mais viáveis são a distribuição de panfletos na rua e anúncios na rádio local. Considera-se que a população alcançada pela distribuição de panfletos seja igual à quantidade de panfletos distribuídos, enquanto que a alcançada por um anúncio na rádio seja igual à quantidade de ouvintes desse anúncio. O custo de cada anúncio na rádio é de R$ 120,00, e a estimativa é de que seja ouvido por 1 500 pessoas. Já a produção e a distribuição dos panfletos custam R$ 180,00 cada 1 000 unidades. Considerando que cada pessoa será alcançada por um único desses meios de divulgação, a empresa pretende investir em ambas as mídias. Considere *X* e *Y* os valores (em real) gastos em anúncios na rádio e com panfletos, respectivamente.

O número de pessoas alcançadas pela campanha será dado pela expressão.

(A) $\frac{50X}{4} + \frac{50y}{9}$

(B) $\frac{50X}{9} + \frac{50y}{4}$

(C) $\frac{4X}{50} + \frac{4Y}{50}$

(D) $\frac{50}{4X} + \frac{50}{9Y}$

(E) $\frac{50}{9X} + \frac{50Y}{4Y}$

139. **(ENEM – 2018)** O remo de assento deslizante é um esporte que faz uso de um barco e dois remos do mesmo tamanho.

A figura mostra uma das posições de uma técnica chamada afastamento.

Disponível em: www.remobrasil.com. Acesso em: 6 dez. 2017 (adaptado).

Nessa posição, os dois remos se encontram no ponto *A* e suas outras extremidades estão indicadas pelos pontos *B* e *C*. Esses três pontos formam um triângulo *ABC* cujo ângulo $B\hat{A}C$ tem medida de 170°.

O tipo de triângulo com vértices nos pontos *A*, *B* e *C*, no momento em que o remador está nessa posição, é

(A) retângulo escaleno.
(B) acutângulo escaleno.
(C) acutângulo isósceles.
(D) obtusângulo escaleno.
(E) obtusângulo isósceles.

140. **(ENEM – 2018)** Um rapaz estuda em uma escola que fica longe de sua casa, e por isso precisa utilizar o transporte público. Como é muito observador, todos os dias ele anota a hora exata (sem considerar os segundos) em que o ônibus passa pelo ponto de espera. Também notou que nunca consegue chegar ao ponto de ônibus antes de 6 h 15 min da manhã. Analisando os dados coletados durante o mês de fevereiro, o qual teve 21 dias letivos, ele concluiu que 6h 21min foi o que mais se repetiu, e que a mediana do conjunto de dados é 6h 22 min.

A probabilidade de que, em algum dos dias letivos de fevereiro, esse rapaz tenha apanhado o ônibus antes de 6h 21min da manhã é, no máximo,

(A) 4/21
(B) 5/21
(C) 6/21
(D) 7/21
(E) 8/21

141. **(ENEM – 2018)** Um para é a representação reduzida e simplificada de uma localidade. Essa redução, que é feita com o uso de uma escala, mantém a proporção do espaço representado em relação ao espaço real.

Certo mapa tem escala 1 : 58 000 000.

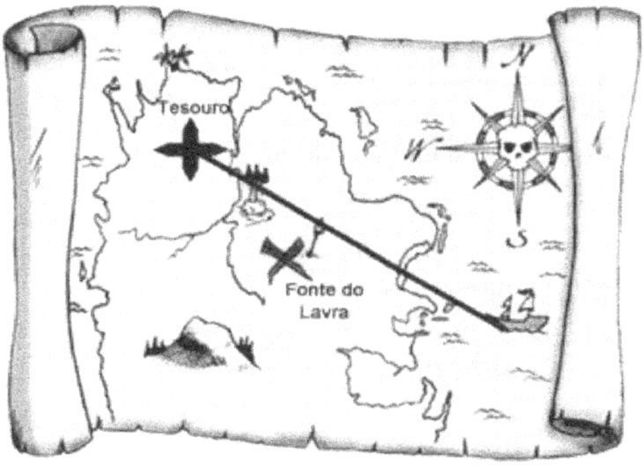

Disponível em: http://oblogdedaynabrigth.blogspot.com.br. Acesso em: 9 ago. 2012.

Considere que, nesse mapa, o segmento de reta que liga o navio à marca do tesouro meça 7,6 cm. A medida real, em quilômetro, desse segmento de reta é

(A) 4 408.
(B) 7 632.
(C) 44 080.
(D) 76 316.
(E) 440 800.

142. **(ENEM – 2018)** Um produtor de milho utiliza uma área de 160 hectares para as suas atividades agrícolas. Essa área é dividida em duas partes: uma de 40 hectares, com maior produtividade, e outra, de 120 hectares, com menor produtividade. A produtividade é dada pela razão entre a produção, em tonelada, e a área cultivada. Sabe-se que a área de 40 hectares tem produtividade igual a 2,5 vezes à da outra. Esse fazendeiro pretende aumentar sua produção total em 15%, aumentando o tamanho da sua propriedade. Para tanto, pretende comprar uma parte de uma fazenda vizinha, que possui a mesma produtividade da parte de 120 hectares de suas terras.

Qual é a área mínima, em hectare, que o produtor precisará comprar?

(A) 36
(B) 33
(C) 27
(D) 24
(E) 21

143. **(ENEM – 2018)** A raiva é uma doença viral e infecciosa, transmitida por mamíferos. A campanha nacional de vacinação antirrábica tem o objetivo de controlar a circulação do vírus da raiva canina e felina, prevenindo a raiva humana. O gráfico mostra a cobertura (porcentagem de vacinados) da campanha, em cães, nos anos de 2013, 2015 e 2017, no município de Belo Horizonte, em Minas Gerais. Os valores das coberturas dos anos de 2014 e 2016 não estão informados no gráfico e deseja-se estima-los. Para tal, levou-se em consideração que a variação na cobertura de vacinação da campanha antirrábica, nos períodos de 2013 a 2015 e de 2015 a 2017, deu-se de forma linear.

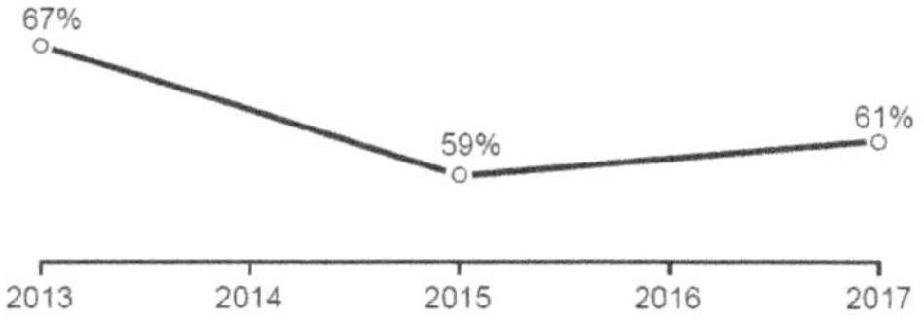

Disponível em: http://pni.datasus.gov.br. Acesso em: 5 nov. 2017.

Qual teria sido a cobertura dessa campanha no ano de 2014?

(A) 62,3%
(B) 63,0%
(C) 63,5%
(D) 64,0%
(E) 65,5%

144. **(ENEM – 2018)** Uma empresa de comunicação tem a tarefa de elaborar um material publicitário de um estaleiro para divulgar um novo navio, equipado com um guindaste de 15 m de altura e uma esteira de 90 m de comprimento. No desenho desse navio, a representação do guindaste deve ter sua altura entre 0,5 cm e 1 cm, enquanto a esteira deve apresentar comprimento superior a 4 cm. Todo desenho deverá ser feito em uma escala 1 : X. os valores possíveis para X são, apenas,

(A) X > 1 500.
(B) X < 3 000.
(C) 1 500 < X < 2 250.

(D) 1 500 < X < 3 000.

(E) 2 250 < X < 3 000.

145. **(ENEM – 2018)** Em 2014 foi inaugurada a maior roda-gigante do mundo, a *High Roller*, situada em Las Vegas. A figura representa um esboço dessa roda-gigante, no qual o ponto *A* representa uma de suas cadeiras:

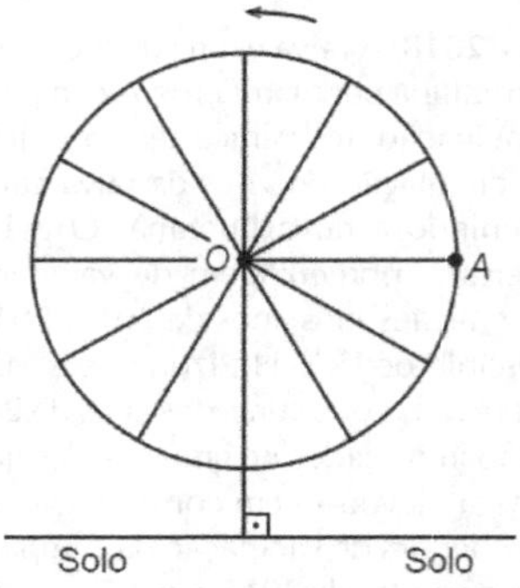

Disponível em: http://en.wikipedia.org. Acesso em: 22 abr. 2014 (adaptado).

A partir da posição indicada, em que o segmento *OA* se encontra paralelo ao plano do solo, rotaciona-se a *High Roller* no sentido anti-horário, em torno do ponto *O*. Sejam *t* o ângulo determinado pelo segmento *OA* em relação à sua posição inicial, e *f* a função que descreve a altura do ponto *A*, em relação ao solo, em função de *t*. Após duas voltas completas, *f* tem o seguinte gráfico:

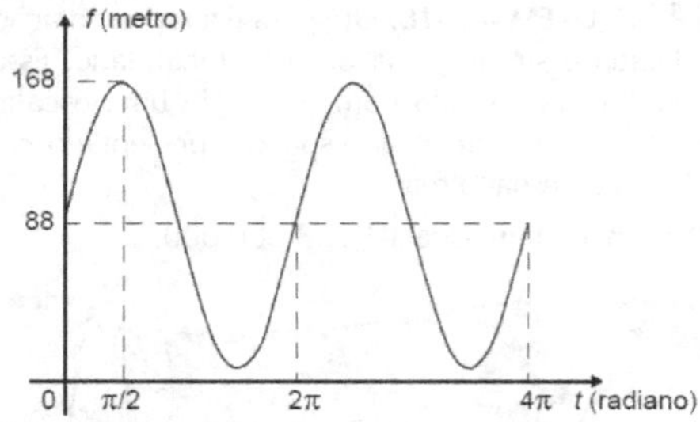

A expressão da função altura é dada por

(A) $f(t) = 80sen(t) + 88$

(B) $f(t) = 80cos(t) + 88$

(C) $f(t) = 88cos(t) + 168$

(D) $f(t) = 168sen(t) + 88cos(t)$

(E) $f(t) = 88sen(t) + 168cos(t)$

146. **(ENEM – 2018)** *Minecraft* é um jogo virtual que pode auxiliar no desenvolvimento de conhecimentos relacionados a espaço e forma. É possível criar casas, edifícios, monumentos e até naves espaciais, tudo em escala real, através do empilhamento de cubinhos.

Um jogador deseja construir um cubo com dimensões 4 x 4 x 4. Ele já empilhou alguns dos cubinhos necessários, conforme a figura.

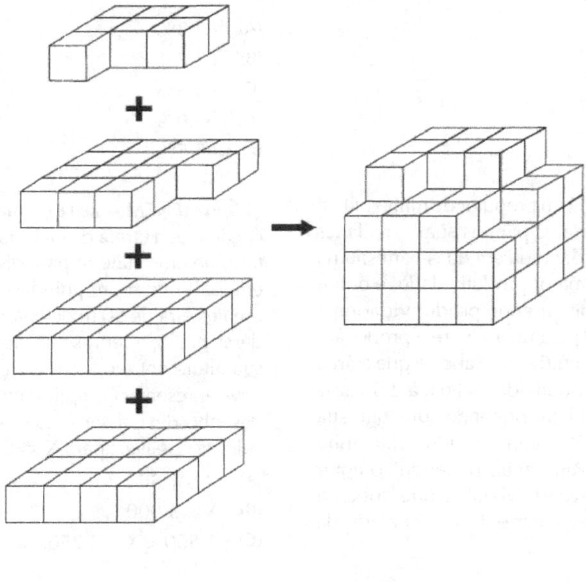

Os cubinhos que ainda faltam empilhar para finalizar a construção do cubo, juntos, formam uma peça única, capaz de completar a tarefa.

O formato da peça capaz de completar o cubo 4 x 4 x 4 é

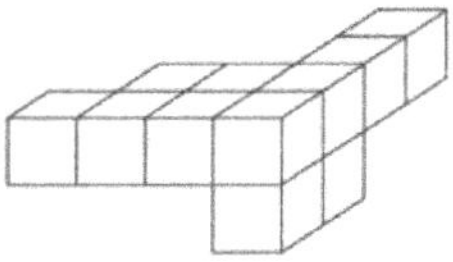

(A)

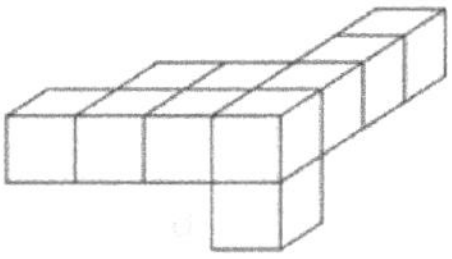

(B)

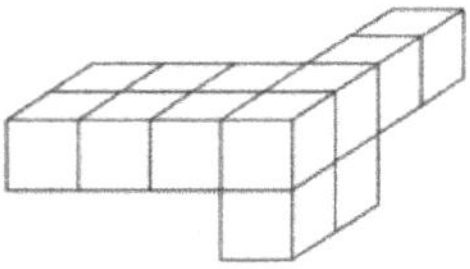

(C)

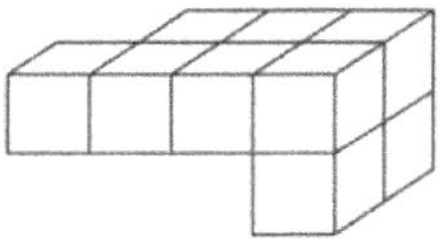

(D)

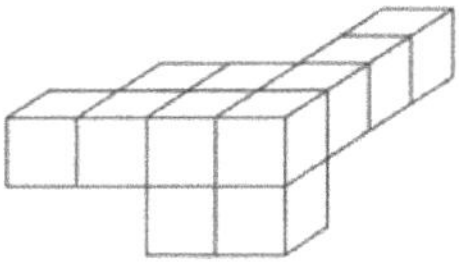

(E)

147. **(ENEM – 2018)** De acordo com um relatório recente da Agência Internacional de Energia (AIE), o mercado de veículos elétricos atingiu um novo marco em 2016, quando foram vendidos mais de 750 mil automóveis da categoria. Com isso, o total de carros elétricos vendidos no mundo alcançou a marca de 2 milhões de unidades desde que os primeiros modelos começaram a ser comercializados em 2011.

No Brasil, a expansão das vendas também se verifica. A marca A, por exemplo, expandiu suas vendas no ano de 2016, superando em 360 unidades as vendas de 2015, conforme representado no gráfico.

Disponível em: www.tecmundo.com.br. Acesso em: 5 dez. 2017.

A média anual do número de carros vendidos pela marca A, nos anos representados no gráfico, foi de

(A) 192.
(B) 240.
(C) 252.
(D) 320.
(E) 420.

148. **(ENEM – 2018)** Para apagar os focos A e B de um incêndio, que estavam a uma distância de 30 m um do outro, os bombeiros de um quartel decidiram se posicionar de modo que a distância de um bombeiro ao foco A, de temperatura mais elevada, fosse sempre o dobro da distância desse bombeiro ao foco B, de temperatura menos elevada.

Nestas condições, a maior distância, em metro, que dois bombeiros poderiam ter entre eles é

(A) 30.
(B) 40.
(C) 45.
(D) 60.
(E) 68.

149. **(ENEM – 2018)** Torneios de tênis, em geral, são disputados em sistema eliminatória simples. Nesse sistema, são disputadas partidas entre dois competidores, com a eliminação do perdedor e promoção do vencedor para a fase seguinte. Dessa forma, se na 1ª fase o torneio conta com $2n$ competidores, então na 2ª fase restarão n competidor, e assim sucessivamente até o a partida final.

Em um torneio de tênis, disputado nesse sistema, participam 128 tenistas.

Para se definir o campeão desse torneio, o número de partidas necessárias é dado por

(A) 2 x 128
(B) 64 + 32 + 16 + 8 + 4 + 2
(C) 128 + 64 + 32 + 16 + 8 + 4 + 2 + 1

(D) 128 + 64 + 32 + 16 + 8 + 4 + 2

(E) 64 + 32 + 16 + 8 + 4 + 2 + 1

150. **(ENEM – 2018)** O artigo 33 da lei brasileira sobre drogas prevê a pena de reclusão de 5 a 15 anos para qualquer pessoa que seja condenada por tráfico ilícito ou produção não autorizada de drogas. Entretanto, caso o condenado seja réu primário, com bons antecedentes criminais, essa pena pode sofrer uma redução de um sexto a dois terços.

Suponha que um réu primário, com bons antecedentes criminais, foi condenado pelo artigo 33 da lei brasileira sobre drogas.

Após o benefício da redução de pena, sua pena poderá variar de

(A) 1 ano e 8 meses a 12 anos e 6 meses.

(B) 1 ano e 8 meses a 5 anos.

(C) 3 anos e 4 meses a 10 anos.

(D) 4 anos e 2 meses a 5 anos.

(E) 4 anos e 2 meses a 12 anos e 6 meses.

151. **(ENEM – 2018)** De acordo com a Lei Universal da Gravitação, proposta por Isaac Newton, a intensidade da força gravitacional *F* que a Terra exerce sobre um satélite em órbita circular é proporcional à massa *m* do satélite e inversamente proporcional ao quadrado do raio *r* da órbita, ou seja,

$$F = \frac{km}{r^2}$$

No plano cartesiano, três satélites, *A*, *B* e *C*, estão representados, cada um, por um ponto (*m* ; *r*) cujas coordenadas são, respectivamente, a massa do satélite e o raio da sua órbita em torno da Terra.

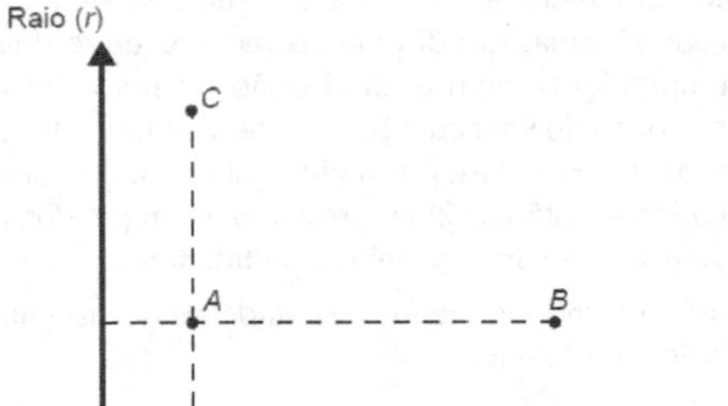

Com base nas posições relativas dos pontos no gráfico, deseja-se comparar as intensidades F_A, F_B e F_C da força gravitacional que a Terra exerce sobre os satélites A, B e C, respectivamente.

As intensidades F_A, F_B e F_C expressas no gráfico satisfazem a relação

(A) $F_C = F_A < F_B$

(B) $F_A = F_B < F_C$

(C) $F_A < F_B < F_C$

(D) $F_A < F_C < F_B$

(E) $F_C < F_A < F_B$

152. **(ENEM – 2018)** Os tipos de prata normalmente vendidos são 975, 950 e 925. Essa classificação é feita de acordo com a sua pureza. Por exemplo, a prata 975 é a substância constituída de 975 partes de prata pura e 25 partes de cobre em 1 000 partes de substância. Já a prata 950 é constituída de 950 partes de prata pura e 50 de cobre em 1 000; e a prata 925 é constituída de 925 partes de prata pura e 75 partes de cobre em 1 000. Um ourives possui 10 gramas de prata 925 e deseja obter 40 gramas de prata 950 para produção de uma joia.

Nessas condições, quantos gramas de prata e de cobre, respectivamente, devem ser fundidos com os 10 gramas de prata 925?

(A) 29,25 e 0,75

(B) 28,75 e 1,25

(C) 28,50 e 1,50

(D) 27,75 e 2,25

(E) 25,00 e 5,00

153. **(ENEM – 2018)** Em um aeroporto, os passageiros devem submeter suas bagagens a uma das cinco máquinas de raio-X disponíveis ao adentrarem a sala de embarque. Num dado instante, o tempo gasto por essas máquinas para escanear a bagagem de cada passageiro e o número de pessoas presentes em cada fila estão apresentados em um painel, como mostrado na figura

Um passageiro, ao chegar à sala de embarque desse aeroporto no instante indicado, visando esperar o menor tempo possível, deverá se dirigir à máquina

(A) 1.

(B) 2.

(C) 3.

(D) 4.

(E) 5.

154. **(ENEM – 2018)** A Comissão Interna de Prevenção de Acidentes (CIPA) de uma empresa, observando os altos custos com os frequentes acidentes de trabalho ocorridos, fez, a pedido da diretoria, uma pesquisa do número de acidentes sofridos por funcionários. Essa pesquisa, realizada com uma amostra de 100 funcionários, norteará as ações da empresa na política de segurança no trabalho.

Os resultados obtidos estão no quadro.

Número de acidentes sofridos	Número de trabalhadores
0	50
1	17
2	15
3	10
4	6
5	2

A média do número de acidentes por funcionário na amostra que a CIPA apresentará à diretoria da empresa é

(A) 0,15
(B) 0,30
(C) 0,50
(D) 1,11
(E) 2,22

155. **(ENEM – 2018)** A rosa dos ventos é uma figura que representa oito sentidos, que dividem o círculo em partes iguais.

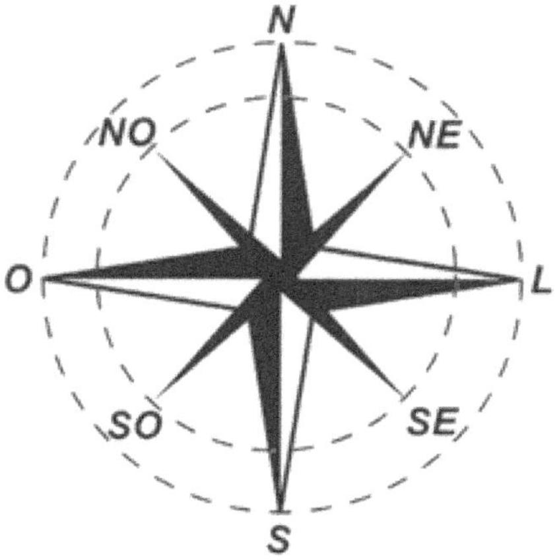

Uma câmera de vigilância está fixada no teto de um *shopping* e sua lente pode ser direcionada remotamente, através de um controlador, para qualquer sentido. A lente da câmera está apontada inicialmente no sentido Oeste e o seu controlador efetua três mudanças consecutivas, a saber:

- 1ª mudança: 135° no sentido anti-horário;
- 2ª mudança: 60° no sentido horário;
- 3ª mudança: 45° no sentido anti-horário.

Após a 3ª mudança, ele é orientado a reposicionar a câmera, com a menor amplitude possível, no sentido Noroeste (*NO*) devido a um movimento suspeito de um cliente.

Qual mudança de sentido o controlador deve efetuar para reposicionar a câmera?

(A) 75° no sentido horário.
(B) 105° no sentido anti-horário.
(C) 120° no sentido anti-horário.
(D) 135° no sentido anti-horário.
(E) 165° no sentido horário.

156. **(ENEM – 2018)** Na teoria das eleições, o Método de Borda sugere que, em vez de escolher um candidato, cada juiz deve criar um *ranking* de sua preferência para os concorrentes (isto é, criar uma lista com a ordem da classificação dos concorrentes). A este *ranking* é associada uma pontuação: um ponto para o último colocado no *ranking*, dois pontos para o penúltimo, três para o antepenúltimo, e assim sucessivamente. Ao final, soma-se a pontuação atribuída a cada concorrente por cada um dos juízes.

Em uma escola houve um concurso de poesia no qual cinco alunos concorreram a um prêmio, sendo julgados por 25 juízes. Para a escola da poesia vencedora foi utilizado o Método de Borda. Nos quadros, estão apresentados os *rankings* dos juízes e a frequência de cada *ranking*.

Colocação	*Ranking*			
	I	II	III	IV
1°	Ana	Dani	Bia	Edu
2°	Bia	Caio	Ana	Ana
3°	Caio	Edu	Caio	Dani
4°	Dani	Ana	Edu	Bia
5°	Edu	Bia	Dani	Caio

Ranking	Frequência
I	4
II	9
III	7
IV	5

A poesia vencedora foi a de

(A) Edu.

(B) Dani.

(C) Caio.

(D) Bia.

(E) Ana.

157. (ENEM – 2018) Sobre um sistema cartesiano considera-se uma malha formada por circunferências de raios com medidas dadas por números naturais e por 12 semirretas com extremidades na origem, separadas por ângulos de $\pi/6$ rad, conforme a figura

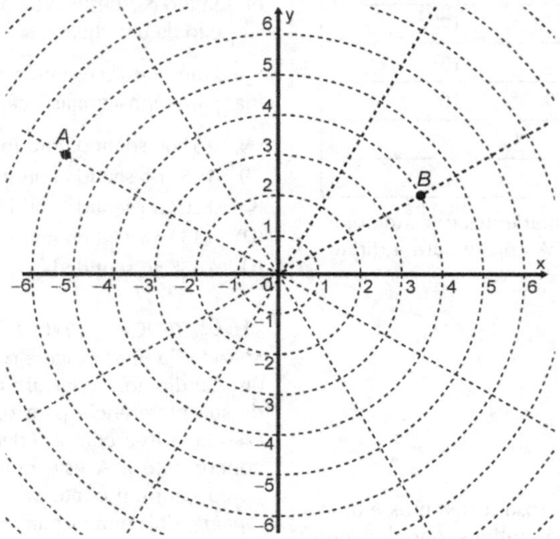

Suponha que os objetos se desloquem apenas pelas semirretas e pelas circunferências dessa malha, não podendo passar pela origem (0 ; 0).

Considere o valor de π com aproximação de, pelo menos, uma casa decimal.

Para realizar o percurso mais curto possível ao longo da malha, do ponto *B* até o ponto *A*, um objeto deve percorrer uma distância igual a

(A) $\frac{2.\pi.1}{3} + 8$

(B) $\frac{2.\pi.2}{3} + 6$

(C) $\frac{2.\pi.3}{3} + 4$

(D) $\frac{2.\pi.4}{3} + 2$

(E) $\frac{2.\pi.5}{3} + 2$

158. **(ENEM – 2018)** Um artesão possui potes cilíndricos de tinta cujas medidas externas são 4 cm de diâmetro e 6 cm de altura. Ele pretende adquirir caixas organizadoras para armazenar seus potes de tinta, empilhados verticalmente com tampas voltadas para cima, de forma que as caixas possam ser fechadas.

No mercado, existem cinco opções de caixas organizadoras, com tampa, em formato de paralelepípedo reto retângulo, vendidas pelo mesmo preço, possuindo as seguintes dimensões internas:

Modelo	Comprimento (cm)	Largura (cm)	Altura (cm)
I	8	8	40
II	8	20	14
III	18	5	35
IV	20	12	12
V	24	8	14

Qual desses modelos o artesão deve adquirir para conseguir armazenar o maior número de potes por caixa?

(A) I
(B) II
(C) III
(D) IV
(E) V

159. **(ENEM – 2018)** A prefeitura de um pequeno município do interior decide colocar postes para iluminação ao longo de uma estrada retilínea, que inicia em uma praça central e termina numa fazenda na zona rural. Como a praça já possui iluminação, o primeiro poste será colocado a 80 metros da praça, o segundo, a 100 metros, o terceiro, a 120 metros, e assim sucessivamente, mantendo-se sempre uma distância de vinte metros entre os postes, até que o último poste seja colocado a uma distância de 1 380 metros da praça.

Se a prefeitura pode pagar, no máximo, R$ 8 000,00 por poste colocado, o maior valor que poderá gastar com a colocação desses postes é

(A) R$ 512 000,00.
(B) R$ 520 000,00.
(C) R$ 528 000,00.
(D) R$ 552 000,00.
(E) R$ 584 000,00.

160. **(ENEM – 2018)** Um edifício tem a numeração dos andares iniciando no térreo (*T*), e continuando com primeiro, segundo, terceiro,..., até o último andar. Uma criança entrou no elevador e, tocando no painel, seguiu uma sequência de andares, parando, abrindo e fechando a porta em diversos andares. A partir de onde entrou a criança, o elevador subiu sete andares, em seguida desceu dez, desceu mais treze, subiu nove, desceu quatro e parou no quinto andar, finalizando a sequência. Considere que, no trajeto seguido pela criança, o elevador parou uma vez no último andar do edifício.

De acordo com as informações dadas, o último andar do edifício é o

(A) 16º
(B) 22º
(C) 23º
(D) 25º
(E) 32º

161. **(ENEM – 2018)**

O Salão do Automóvel de São Paulo é um evento no qual vários fabricantes expõem seus modelos mais recentes de veículos, mostrando, principalmente, suas inovações em *design* e tecnologia.

Disponível em: http://g1.globo.com. Acesso em: 4 fev. 2015 (adaptado).

Uma montadora pretende participar desse evento com dois estandes, um na entrada e outro na região central do salão, expondo, em cada um deles, um carro compacto e uma caminhonete.

Para compor os estandes, foram disponibilizados pela montadora quatro carros compactos, de modelos distintos, e seis caminhonetes de diferentes cores para serem escolhidos aqueles que serão expostos. A posição dos carros dentro de cada estande é irrelevante.

Uma expressão que fornece a quantidade de maneiras diferentes que os estandes podem ser compostos é

(A) A_{10}^{4}

(B) C_{10}^{4}

(C) $C_4^2 \times C_6^2 \times 2 \times 2$

(D) $A_4^2 \times A_6^2 \times 2 \times 2$

(E) $C_4^2 \times C_6^2$

162. **(ENEM – 2018)** Os alunos da disciplina de estatística, em um curso universitário, realizam quatro avaliações por semestre com os pesos de 20%, 10%, 30% e 40%, respectivamente. No final do semestre, precisam obter uma média nas quatro avaliações de, no mínimo, 60 pontos para serem aprovados. Um estudante dessa disciplina obteve os seguintes pontos nas três primeiras avaliações: 46, 60 e 50, respectivamente.

O mínimo de pontos que esse estudante precisa obter na quarta avaliação para ser aprovado é

(A) 29,8.
(B) 71,0.
(C) 74,5.
(D) 75,5.
(E) 84,0.

163. **(ENEM – 2018)** O gerente do setor de recursos humanos de uma empresa está organizando uma avaliação em que uma das etapas é um jogo de perguntas e respostas. Para essa etapa, ele classificou as perguntas, pelo nível de dificuldade, em fácil, médio e difícil, e escreveu cada pergunta em cartões para colocação em uma urna.

Contudo, após depositar vinte perguntas de diferentes níveis na urna, ele observou que 25% delas eram de nível fácil. Querendo que as perguntas de nível fácil sejam a maioria, o gerente decidiu acrescentar mais perguntas de nível fácil à urna, de modo que a probabilidade de o primeiro participante retirar, aleatoriamente, uma pergunta de nível fácil seja de 75%.

Com essas informações, a quantidade de perguntas de nível fácil que o gerente deve acrescentar à urna é igual a

(A) 10.
(B) 15.
(C) 35.
(D) 40.
(E) 45.

164. **(ENEM – 2018)** A Transferência Eletrônica Disponível (TED) é uma transação financeira de valores entre diferentes bancos. Um economista decide analisar os valores enviados por meio de TEDs entre cinco bancos (1, 2, 3, 4 e 5) durante um mês. Para isso, ele dispõe esses valores em uma matriz A [a_{ij}], em que $1 \le i \le 5$ e $1 \le j \le 5$, e o elemento a_{ij} corresponde ao total proveniente das operações feitas via TED, em milhão de real, transferidos do banco i para o banco j durante o mês. Observe que os elementos $a_{ii} = 0$, uma vez que TED é uma transferência entre bancos distintos. Esta é a matriz obtida para essa análise:

$$A = \begin{bmatrix} 0 & 2 & 0 & 2 & 2 \\ 0 & 0 & 2 & 1 & 0 \\ 1 & 2 & 0 & 1 & 1 \\ 0 & 2 & 2 & 0 & 0 \\ 3 & 0 & 1 & 1 & 0 \end{bmatrix}$$

Com base nessas informações, o banco que transferiu a maior quantia via TED é o banco

(A) 1.
(B) 2.
(C) 3.
(D) 4.
(E) 5.

165. **(ENEM – 2018)** Um contrato de empréstimo prevê que quando uma parcela é paga de forma antecipada, conceder-se-á uma redução de juros de acordo com o período de antecipação. Nesse caso, paga-se o valor presente, que é o valor, naquele momento, de uma quantia que deveria ser paga em uma data futura. Um valor presente P submetido a juros compostos com taxa i, por um período de tempo n, produz um valor futuro V determinado pela fórmula

$V = P \cdot (1 + i)^n$

Em um contrato de empréstimo com sessenta parcelas fixas mensais, de R$ 820,00, a uma taxa de juros de 1,32% ao mês, junto com a trigésima parcela será paga antecipadamente uma outra parcela, desde que o desconto seja superior a 25% do valor da parcela.

Utiliza 0,2877 como aproximação para ln(4/3) e 0,0131 como aproximação para ln (1,0132).

A primeira das parcelas que poderá ser antecipada junto com a 30ª é a

(A) 56ª
(B) 55ª
(C) 52ª
(D) 51ª
(E) 45ª

166. **(ENEM – 2018)** Um jogo pedagógico utiliza-se de uma interface algébrico-geométrica do seguinte modo: os alunos devem eliminar os pontos do plano cartesiano dando "tiros", seguindo trajetórias que devem passar pelos pontos escolhidos. Para dar os tiros, o aluno deve escrever em uma janela do programa a equação cartesiana de uma reta ou de uma circunferência que passa pelos pontos e pela origem do sistema de coordenadas. Se o tiro for dado por meio da equação da circunferência, cada ponto diferente da origem que for atingido vale 2 pontos. Se o tiro for dado por meio da equação de uma reta, cada ponto diferente da origem que for atingido vale 1 ponto. Em uma situação de jogo, ainda restam os seguintes pontos para serem eliminados: *A*(0 ; 4), *B*(4 ; 4), *C*(4 ; 0), *D*(2 ; 2) e *E*(0 ; 2)

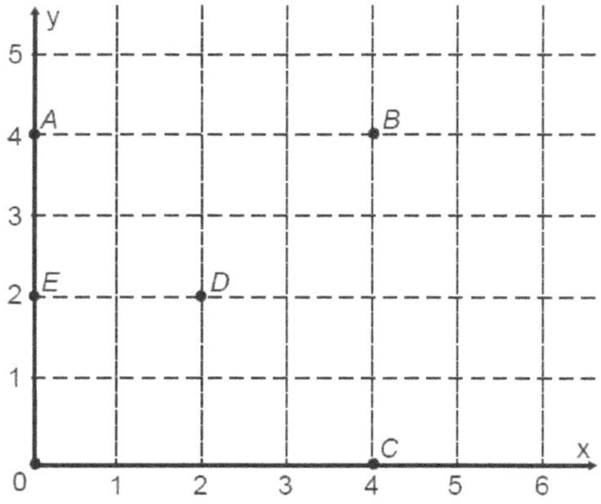

Passando pelo ponto A, qual equação forneceria a maior pontuação?

(A) $x = 0$
(B) $y = 0$
(C) $x^2 + y^2 = 16$
(D) $x^2 + (y - 2)^2 = 4$
(E) $(x - 2)^2 + (y - 2)^2 = 8$

167. **(ENEM – 2018)** Devido ao não cumprimento das metas definidas para a campanha de vacinação contra a gripe comum e o vírus H1N1 em um ano, o Ministério da Saúde anunciou a prorrogação da campanha por mais uma semana. A tabela apresenta as quantidades de pessoas vacinadas dentre os cinco grupos de risco até a data de início da prorrogação da campanha.

Balanço parcial nacional da vacinação contra a gripe			
Grupo de risco	População (milhão)	População já vacinada	
		(milhão)	(%)
Crianças	4,5	0,9	20
Profissionais de saúde	2,0	1,0	50
Gestantes	2,5	1,5	60
Indígenas	0,5	0,4	80
Idosos	20,5	8,2	40

Disponível em: http://portalsaude.saude.gov.br. Acesso em: 16 ago. 2012.

Qual é a porcentagem do total de pessoas desses grupos de risco já vacinadas?

(A) 12
(B) 18
(C) 30
(D) 40
(E) 50

168. **(ENEM – 2018)** Durante uma festa de colégio, um grupo de alunos organizou uma rifa. Oitenta alunos faltaram à festa e não participaram da rifa. Entre os que compareceram, alguns compraram três bilhetes, 45 compraram 2 bilhetes, e muitos compraram apenas um. O total de alunos que comprou um único bilhete era 20% do número total de bilhetes vendidos, e o total de bilhetes vendidos excedeu em 33 o número total de alunos do colégio.

Quantos alunos compraram somente um bilhete?

(A) 34
(B) 42
(C) 47
(D) 48
(E) 79

169. **(ENEM – 2018)** Um quebra-cabeça consiste em recobrir um quadrado com triângulos retângulos isósceles, como ilustra a figura.

Uma artesã confecciona um quebra-cabeça como o descrito, de tal modo que a menor das peças é um triangulo retângulo isósceles cujos catetos medem 2 cm. O quebra-cabeça, quando montado, resultará em um quadrado cuja medida do lado, em centímetro, é

(A) 14
(B) 12
(C) $7\sqrt{2}$
(D) $6 + 4\sqrt{2}$
(E) $6 + 2\sqrt{2}$

170. **(ENEM – 2018)** Para decorar um cilindro circular reto será usada uma faixa retangular de papel transparente, na qual está desenhada em negrito uma diagonal que forma 30° com a borda inferior. O raio da base do cilindro mede $6/\pi$ cm, e ao enrolar a faixa obtém-se uma linha em formato de hélice, como na figura

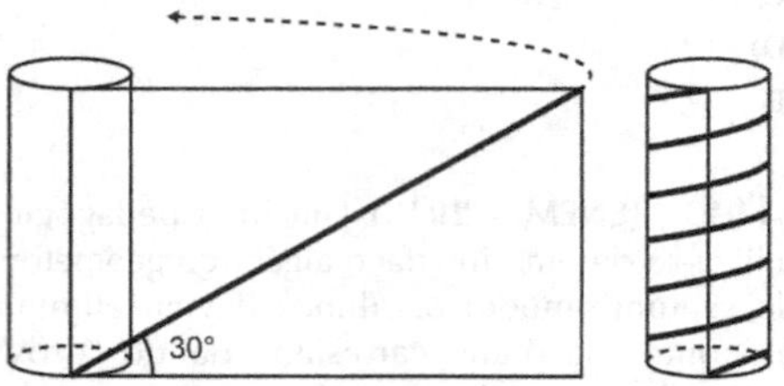

O valor da medida da altura do cilindro, em centímetro, é

(A) $36\sqrt{3}$
(B) $24\sqrt{3}$
(C) $4\sqrt{3}$
(D) 36
(E) 72

171. **(ENEM – 2018)**

Com o avanço em ciência da computação, estamos próximos do momento em que o número de transistores no processador de um computador pessoal será da mesma ordem de grandeza que o número de neurônios em um cérebro humano, que é da ordem de 100 bilhões.

Uma das grandezas determinantes para o desempenho de um processador é a densidade de transistores, que é o número de transistores por centímetro quadrado. Em 1986, uma empresa fabricava um processador contendo 100 000 transistores distribuídos em $0{,}25 cm^2$ de área. Desde então, o número de transistores por centímetro quadrado que se pode colocar em um processador dobra a cada dois anos (Lei de Moore).

Disponível em: www.pocket-lint.com. Acesso em: 1 dez. 2017 (adaptado).

Considere 0,30 como aproximação para $\log_{10} 2$. Em que ano a empresa atingiu ou atingirá a densidade de 100 bilhões de transistores?

(A) 1999
(B) 2002
(C) 2022
(D) 2026
(E) 2146

172. **(ENEM – 2018)** Uma loja vende automóveis em N parcelas iguais sem juros. No momento de contratar o financiamento, caso o cliente queira aumentar o prazo, acrescentando mais 5 parcelas, o valor de cada uma das parcelas diminui R$ 200,00, ou se ele quiser diminuir o prazo, com 4 parcelas a menos, o valor de cada uma das parcelas sobe R$ 232,00. Considere ainda que, nas três possibilidades de pagamento, o valor do automóvel é o mesmo, todas são sem juros e não é dado desconto em nenhuma das situações.

Nessas condições, qual é a quantidade N de parcelas a serem pagas de acordo com a proposta inicial da loja?

(A) 20

(B) 24

(C) 29

(D) 40

(E) 58

173. **(ENEM – 2018)** O salto ornamental é um esporte em que cada competidor realiza seis saltos. A nota em cada salto é calculada pela soma das notas dos juízes, multiplicada pela nota de partida (o grau de dificuldade de cada salto). Fica em primeiro lugar o atleta que obtiver a maior soma das seis notas recebidas.

O atleta 10 irá realizar salto da final. Ele observa no Quadro 1, antes de executar o salto, o recorte do quadro parcial de notas com a sua classificação e a dos três primeiros lugares até aquele momento.

Quadro 1

Classificação	Atleta	6º Salto	Total
1º	3	135,0	829,0
2º	4	140,0	825,2
3º	8	140,4	824,2
6º	10		687,5

Ele precisa decidir com seu treinador qual salto deverá realizar. Os dados dos possíveis tipos de salto estão no Quadro 2.

Quadro 2

Tipo de salto	Nota de partida	Estimativa da soma das notas dos juízes	Probabilidade de obter a nota
T1	2,2	57	89,76%
72	2,4	58	93,74%
T3	2,6	55	91,88%
74	2,8	50	95,38%
T5	3,0	53	87,34%

O atleta optará pelo salto com a maior probabilidade de obter a nota estimada, de maneira que lhe permita alcançar o primeiro lugar.

Considerando essas condições, o salto que o atleta deverá escolher é o de tipo

(A) T1.

(B) T2.

(C) T3.

(D) T4.

(E) T5.

174. **(ENEM – 2018)** Os guindastes são fundamentais em canteiros de obras, no manejo de materiais pesados como vigas de aço. A figura ilustra uma sequência de estágios em que um guindaste iça uma viga de aço que se encontra inicialmente no solo.

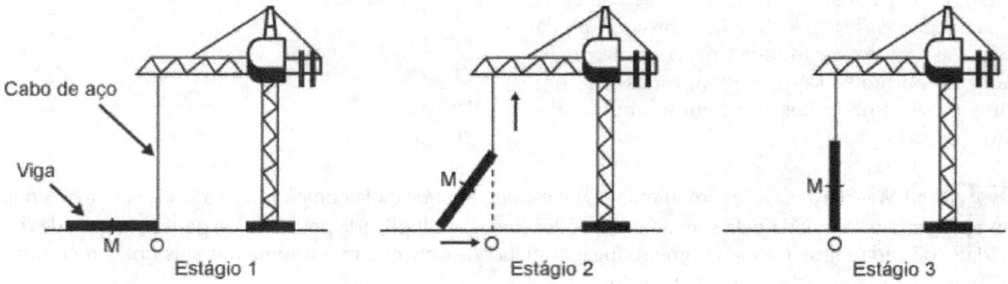

Na figura, o ponto O representa a projeção ortogonal do cabo de aço sobre o plano do chão e este se mantém na vertical durante todo o movimento de içamento da viga, que se inicia no tempo t = 0 (estágio 1) e finaliza no tempo tf (estágio 3). Uma das extremidades da viga é içada verticalmente a partir do ponto O, enquanto que a outra extremidade desliza sobre o solo em direção ao ponto O. Considere que o cabo de aço utilizado pelo guindaste para içar a viga fique sempre na posição vertical. Na figura, o ponto M representa o ponto médio do segmento que representa a viga.

O gráfico que descreve a distância do ponto M ao ponto O, em função do tempo, entre t = 0 e t_f, é

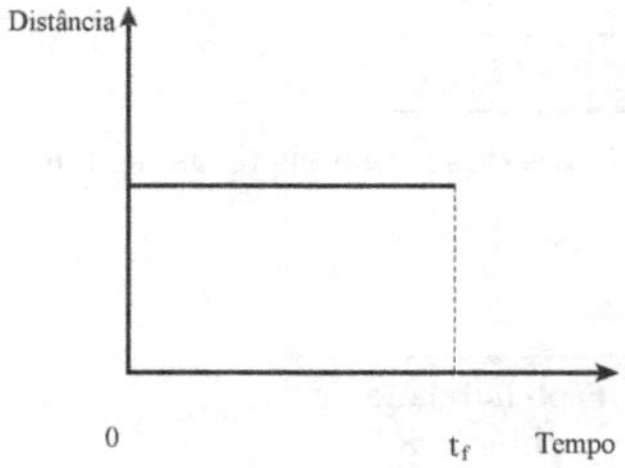

(A)

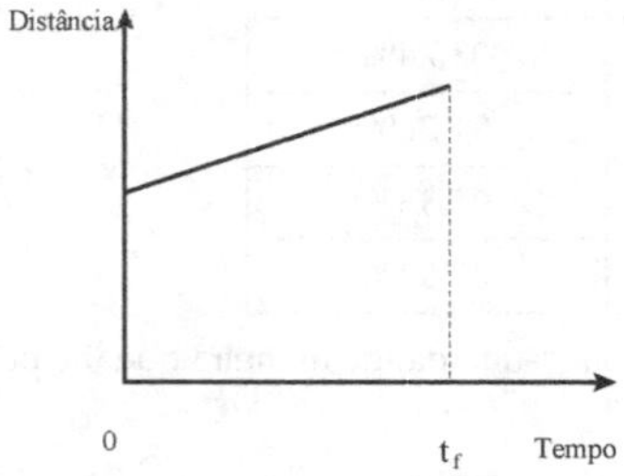

(B)

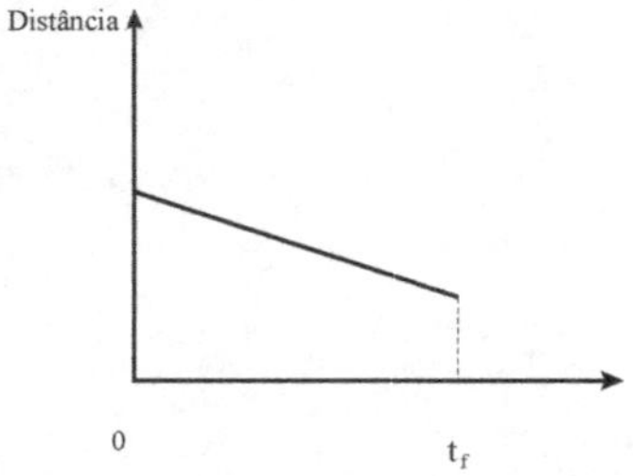

(C)

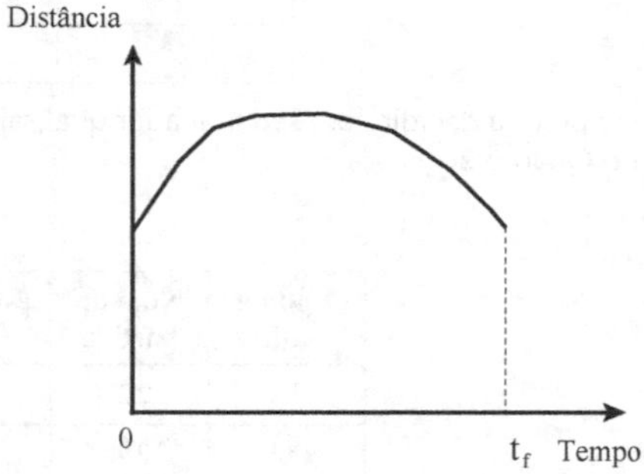

(D)

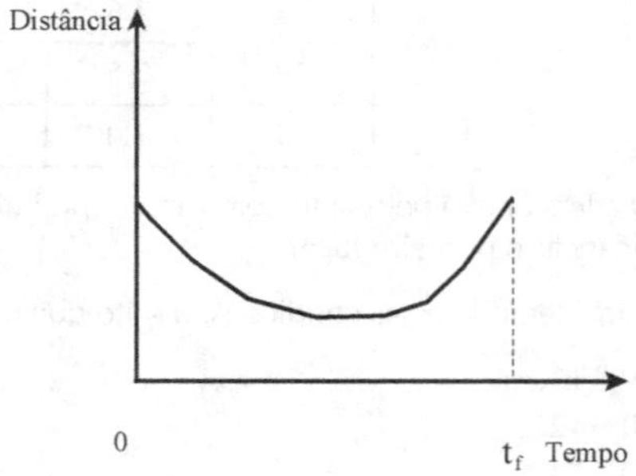

(E)

175. **(ENEM – 2018)** A inclinação de uma rampa é calculada da seguinte maneira: para cada metro medido na horizontal, mede-se x centímetros na vertical. Diz-se, nesse caso, que a rampa tem inclinação de x%, como no exemplo da figura:

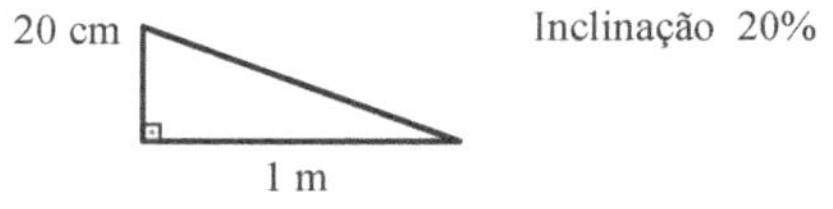

A figura apresenta um projeto de uma rampa de acesso a uma garagem abaixo do nível da rua, tem 8 metros de comprimento.

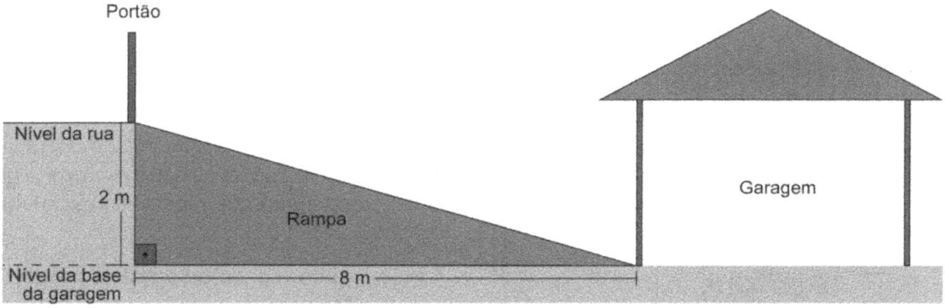

Depois de projetada a rampa, o responsável pela obra foi informado de que as normas técnicas do município onde ela está localizada exigem que a inclinação máxima de uma rampa de acesso a uma garagem residencial seja de 20%.

Se a rampa projetada tiver inclinação superior a 20%, o nível da garagem deverá ser alterado para diminuir o percentual de inclinação, mantendo o comprimento da base da rampa.

Para atender às normas técnicas do município, o nível da garagem deverá ser

(A) elevado em 40 cm.
(B) elevado em 50 cm.
(C) mantido no mesmo nível.
(D) rebaixado em 40 cm.
(E) rebaixado em 50 cm.

176. **(ENEM – 2018)** Para ganhar um prêmio, uma pessoa deverá retirar, sucessivamente e sem reposição, duas bolas pretas de uma mesma urna.

Incialmente, as quantidades e cores das bolas são como descritas a seguir:

- Urna A – Possui três bolas brancas, duas bolas pretas e uma bola verde;

- Urna B – Possui seis bolas brancas, três bolas pretas e uma bola verde;

- Urna C – Possui duas bolas pretas e duas bolas verdes;

- Urna D – Possui três bolas brancas e três bolas pretas.

A pessoa deve escolher uma entre as cinco opções apresentadas:

- Opção 1 – retirar, aleatoriamente, duas bolas da urna A;

- Opção 2 – retirar, aleatoriamente, duas bolas da urna B;

- Opção 3 – passar, aleatoriamente, uma bola da urna C para a urna A; após isso, retirar, aleatoriamente, duas bolas da urna A;

- Opção 4 – passar, aleatoriamente, uma bola da urna D para a urna C; após isso, retirar, aleatoriamente, duas bolas da urna C;

- Opção 5 – passar, aleatoriamente, uma bola da urna C para a urna D; após isso, retirar, aleatoriamente, duas bolas da urna D.

Com o objetivo de obter a maior probabilidade possível de ganhar o prêmio, a pessoa deve escolher a opção

(A) 1.
(B) 2.
(C) 3.
(D) 4.
(E) 5.

177. (ENEM – 2018) A Ecofont possui *design* baseado na velha fonte Vera Sans. Porém, ela tem um diferencial: pequenos buraquinhos circulares congruentes, e em todo o seu corpo, presentes em cada símbolo. Esses furos proporcionam um gasto de tinta menor na hora da impressão.

Disponível em: www.goo.al. Acesso em: 2 dez. 2017 (adaptado).

Suponha que a palavra ECO esteja escrita nessa fonte, com tamanho 192, e que seja composta por letras formadas por quadrados de lados x com furos circulares de raio $r = x/3$. Para que a área a ser pintada seja reduzida a 1/16 da área inicial, pretende-se reduzir o tamanho da fonte. Sabe-se que, ao alterar o tamanho da fonte, o tamanho da letra é alterado na mesma proporção.

Nessas condições, o tamanho adequado da fonte será

(A) 64.
(B) 48.
(C) 24.
(D) 21.
(E) 12.

178. ENEM – 2018) Para criar um logotipo, um profissional da área de design gráfico deseja construí-lo utilizando o conjunto de pontos do plano n forma de um triângulo, exatamente como mostra a imagem.

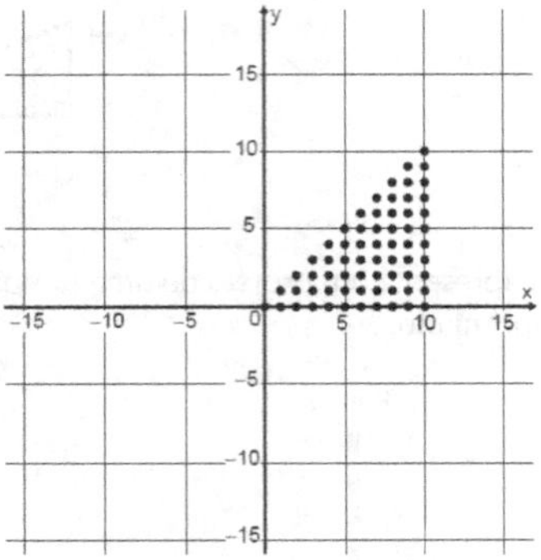

Para construir tal imagem utilizando uma ferramenta gráfica, será necessário escrever algebricamente o conjunto que representa os pontos desse gráfico.

Esse conjunto é dado pelos pares ordenados (x ; y) € ℕ x ℕ, tais que

(A) $0 \le x \le y \le 10$
(B) $0 \le y \le x \le 10$
(C) $0 \le x \le 10$, $0 \le y \le 10$
(D) $0 \le x + y \le 10$
(E) $0 \le x + y \le 20$

179. (ENEM – 2018) A figura mostra uma praça circular que contém um chafariz em seu centro e, em seu entorno, um passeio. Os círculos que definem a praça e o chafariz são concêntricos.

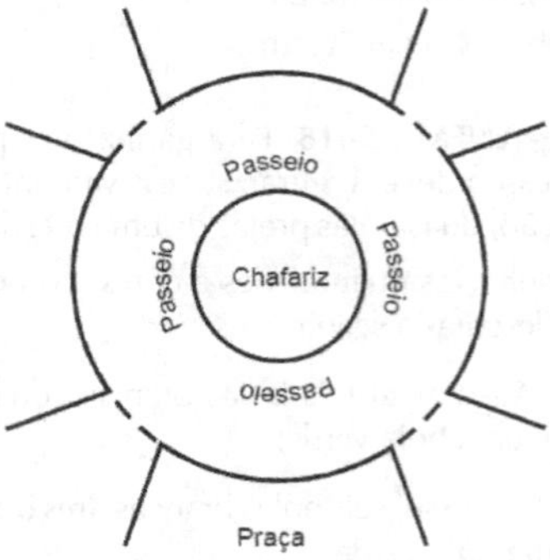

O passeio terá seu piso revestido com ladrilhos. Sem condições de calcular os raios, pois o chafariz está cheio, um engenheiro faz a seguinte medição:

esticou uma trena tangente ao chafariz, medindo a distância entre dois pontos *A* e *B*, conforme a figura. Com isso, obteve a medida do segmento de reta *AB*: 16 m

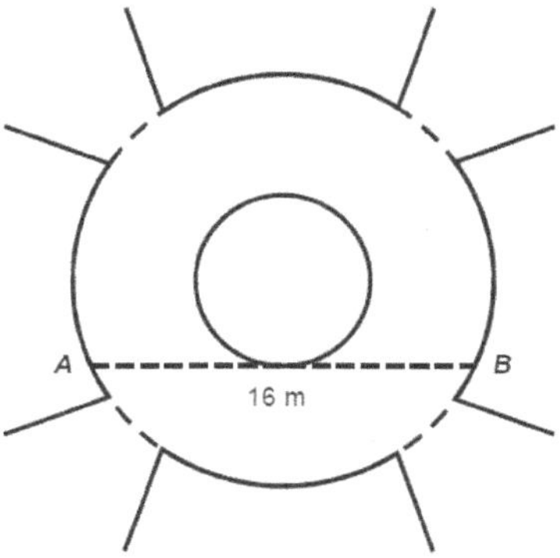

Dispondo apenas dessa medida, o engenheiro calculou corretamente a medida da área do passeio, em metro quadrado.
A medida encontrada pelo engenheiro foi

(A) 4π
(B) $8\ \pi$
(C) $48\ \pi$
(D) $64\ \pi$
(E) $192\ \pi$

180. (ENEM – 2018) Um *designer* de jogos planeja um jogo que faz uso de um tabuleiro de dimensão *n* x *n*, com n ≥ 2, no qual cada jogador, na sua vez, coloca uma peça sobre uma das casas vazias do tabuleiro. Quando uma peça é posicionada, a região formada pelas casas que estão na mesma linha ou coluna dessa peça é chamada de zona de combate dessa peça. Na figura está ilustrada a zona de combate de uma peça colocada em uma das casas de um tabuleiro de dimensão 8 x 8.

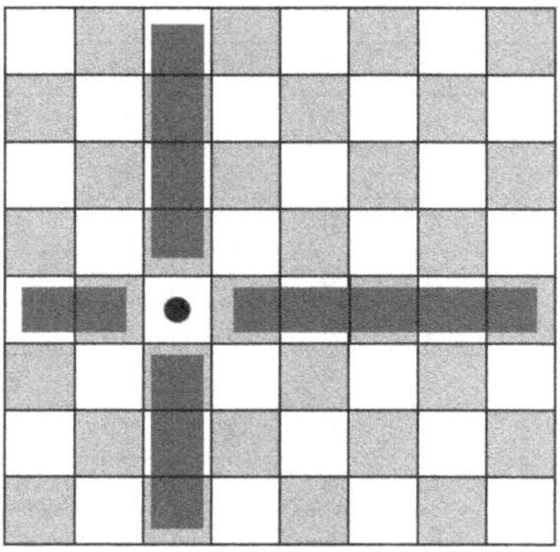

O tabuleiro deve ser dimensionado de forma que a probabilidade de se posicionar a segunda peça aleatoriamente, seguindo a regra do jogo, e esta ficar sobre a zona de combate da primeira, seja inferior a 1/5.

A dimensão mínima que o *designer* deve adotar para esse tabuleiro é

(A) 4 x 4.
(B) 6 x 6.
(C) 9 x 9.
(D) 10 x 10.
(E) 11 x 11.

Folha de Respostas

91	A	B	C	D	E
92	A	B	C	D	E
93	A	B	C	D	E
94	A	B	C	D	E
95	A	B	C	D	E
96	A	B	C	D	E
97	A	B	C	D	E
98	A	B	C	D	E
99	A	B	C	D	E
100	A	B	C	D	E
101	A	B	C	D	E
102	A	B	C	D	E
103	A	B	C	D	E
104	A	B	C	D	E
105	A	B	C	D	E
106	A	B	C	D	E
107	A	B	C	D	E
108	A	B	C	D	E
109	A	B	C	D	E
110	A	B	C	D	E
111	A	B	C	D	E
112	A	B	C	D	E
113	A	B	C	D	E
114	A	B	C	D	E
115	A	B	C	D	E
116	A	B	C	D	E
117	A	B	C	D	E
118	A	B	C	D	E
119	A	B	C	D	E
120	A	B	C	D	E
121	A	B	C	D	E
122	A	B	C	D	E
123	A	B	C	D	E
124	A	B	C	D	E
125	A	B	C	D	E
126	A	B	C	D	E
127	A	B	C	D	E
128	A	B	C	D	E
129	A	B	C	D	E

130	A	B	C	D	E
131	A	B	C	D	E
132	A	B	C	D	E
133	A	B	C	D	E
134	A	B	C	D	E
135	A	B	C	D	E
136	A	B	C	D	E
137	A	B	C	D	E
138	A	B	C	D	E
139	A	B	C	D	E
140	A	B	C	D	E
141	A	B	C	D	E
142	A	B	C	D	E
143	A	B	C	D	E
144	A	B	C	D	E
145	A	B	C	D	E
146	A	B	C	D	E
147	A	B	C	D	E
148	A	B	C	D	E
149	A	B	C	D	E
150	A	B	C	D	E
151	A	B	C	D	E
152	A	B	C	D	E
153	A	B	C	D	E
154	A	B	C	D	E
155	A	B	C	D	E
156	A	B	C	D	E
157	A	B	C	D	E
158	A	B	C	D	E
159	A	B	C	D	E
160	A	B	C	D	E
161	A	B	C	D	E
162	A	B	C	D	E
163	A	B	C	D	E
164	A	B	C	D	E
165	A	B	C	D	E
166	A	B	C	D	E
167	A	B	C	D	E
168	A	B	C	D	E

169	A	B	C	D	E
170	A	B	C	D	E
171	A	B	C	D	E
172	A	B	C	D	E
173	A	B	C	D	E
174	A	B	C	D	E

175	A	B	C	D	E
176	A	B	C	D	E
177	A	B	C	D	E
178	A	B	C	D	E
179	A	B	C	D	E
180	A	B	C	D	E

Gabarito Comentado

91. Gabarito: B

A função dos ácidos biliares durante a digestão é atuar na emulsificação de gorduras, tal que ela possa se misturar com a água. É uma função análoga à atuação do detergente.

92. Gabarito: C

O fenômeno que ocorre é o da indução eletromagnética. Pela Lei de Faraday, quando houver variação do fluxo magnético por meio de um circuito, surgirá nele uma força eletromotriz e uma corrente induzida.

93. Gabarito: A

Ao favorecer o deslocamento de espécies entre diferentes áreas, os corredores ecológicos favorecem o fluxo gênico ao permitir que populações de diferentes áreas se encontrem.

94. Gabarito: C

As cinco substâncias das alternativas são gasosas, porém somente a amônia é tóxica e corrosiva.

95. Gabarito: E

Ao impedir a progressão do ciclo de mutações no DNA progrida, a proteína p53 evita que haja uma proliferação celular exagerada. Na sua ausência, as células irão proliferar descontroladamente de forma a resultar num tumor.

96. Gabarito: E

A curva correspondente ao azul não seria percebida nos comprimentos de onda de 530nm e 600nm, respectivamente, retângulos I e II. Também a curva associada ao verde não ativa a visão da pessoa considerada.

O indivíduo com essa característica, nos comprimentos de ondas citados, somente estimularia o pigmento vermelho com ativações próximas a 75%.

Consequentemente o indivíduo jamais conseguiria distinguir os dois comprimentos de ondas.

97. Gabarito: B

O carbono só possui 3 tipos de hibridização: sp, sp^2 e sp^3, dependendo do número de ligações que está fazendo.

Olhando a estrutura do grafeno, constatamos que cada carbono está fazendo 3 ligações, sendo uma dupla e duas simples.

Portanto trata-se de uma hibridização tripla, ou seja, tem uma geometria trigonal plana.

98. Gabarito: B

Nessa questão temos uma transformação de energia elástica (da mola) em energia cinética. Pelo princípio da conservação de energia $E_{elástica} = E_{cinética}$

A energia elástica é expressa pela fórmula: $kx^2/2$, onde K é a constante elástica e x é igual a deformação.

A energia cinética é expressa pela fórmula $mV^2/2$, onde m é a massa do corpo e V é a velocidade.

Portanto: $kx^2/2 = mV^2/2$ e $V = x.\sqrt{k/m}$

Como K e m são constantes, a velocidade vai ser diretamente proporcional à deformação.

Portanto para aumentar a velocidade em 4 vezes teremos que aumentar em 4 vezes a deformação da mola.

99. Gabarito: B

A incidência da luz sobre a lâmina provoca um movimento molecular do polímero azobenzeno devido à isomerização das ligações N=N, conforme a figura abaixo.

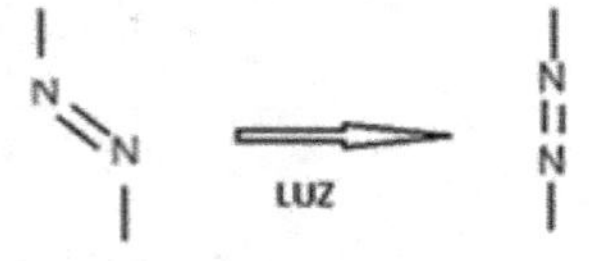

TRANS CIS

Os grupos dos anéis aromáticos da forma cis do polímero estão mais próximos que a trans. Portanto, a forma cis do polímero é mais compacta.

100. Gabarito: D

Na viagem de ida do veículo, utilizou-se 40 litros de gasolina, ou 40.000 mL. Considerando a densidade da gasolina de 0,7 g/ml, e que m = d.V, a massa consumida de gasolina foi de (0,7)(40.000) = 28.000 g.

Como o calor de combustão da gasolina é de 10 kcal/g, a energia liberada é de (10)(28.000) = 280.000 kcal.

Na viagem de volta, o consumo de energia também será de 280.000 kcal. Como o calor de combustão do etanol é 6 kcal/g, o consumo de etanol será de (280.000)/(6) = 46.667 g.

Como a densidade do álcool é de 0,80 g /ml e V = m/d, o volume V de etanol será (46.667)/(0,80) = 58.334 mL ou 58,3 litros.

101. Gabarito: A

Comparando as fórmulas estruturais das duas moléculas:

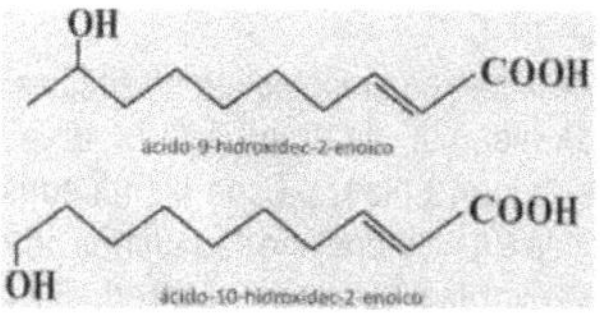

Constatamos que elas são isômeras, apresentando diferenças nas suas fórmulas estruturais.

102. Gabarito: C

Ao ocupar diversos habitats, os insetos com holometabolia evitam competição durante as diferentes fases da vida, o que favorece a sobrevivência um maior número de espécies destes insetos.

103. Gabarito: E

O motivo é que a pressão no interior da boca será igual à pressão atmosférica. Sem diferença de pressão não há escoamento do líquido.

104. Gabarito: D

A quebra do equilíbrio é devido ao aumento do deslocamento dos produtos dos solos onde crescem – no campo – para outros lugares de consumo – nas cidades – fazendo com que o nitrogênio ligado não retorne à terra da qual foi retirado.

105. Gabarito: E

Quanto mais estames uma planta apresentar, maior a produção de pólen (pois o pólen se localiza nos estames), que resulta numa polinização mais eficiente do que a de plantas com menos estames.

106. Gabarito: C

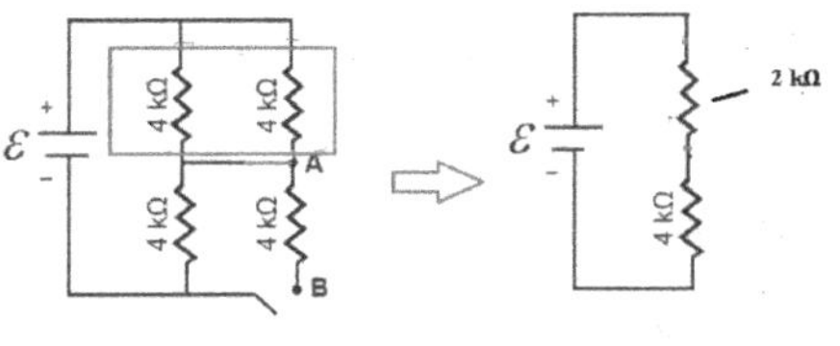

Fechando o circuito no ponto A teremos duas resistências em paralelo, cuja resistência equivalente será

$R_1 = (4x4) / (4+4) = 2$ kΩ.

As duas resistências restantes estão em série cuja resistência equivalente será igual a 6 kΩ.

107. Gabarito: A

O objetivo da utilização das leveduras é reduzir a poluição dos rios, pela redução da quantidade de resíduos tóxicos nos efluentes do clareamento dos jeans com cloro, seguidos de lavagem.

108. Gabarito: A

Reação	$C_6H_{12}O_6$	-->	- 2.800 kJ
Massa molar	180 g	-----	- 2.800 kJ
Massa	1g	-----	x

x = (2.800) /180 = 15,55 kJ Como somente 40 % é para atividade muscular, teremos (15,55) (0,4) = 6,22 kJ ~ 6,2 kJ.

Nota: A variação de entalpia nas reações de combustão, que são exotérmicas, será sempre negativa.

109. Gabarito: D

A potência produzida pelo peixe é igual a: P = Vi = 600x2 = 1.200watts, similar à potência de uma churrasqueira elétrica.

110. Gabarito: D

$V = 10\,i + i^2$

Pela lei de Ohm V = Ri. Substituindo na equação acima:

$Ri = 10i + i^2$

Simplificando: R = 10 + i.

Trata-se de uma equação do primeiro grau, do tipo y = ax + b cujo coeficiente linear é 10 e o coeficiente angular é 1. O gráfico correspondente a esta equação é o da letra d.

111. Gabarito: D

De acordo com a reação acima, a hidroxilamina (NH2OH) reage como anidrido acético formando ácido acético. O átomo de hidrogênio para a formação do ácido é fornecido pela hidroxilamina.

As moléculas 1, 2, 3 e 5 possuem átomo de hidrogênio disponível para a formação do ácido acético.

A única molécula que não tem átomo de hidrogênio ligado a átomo de O ou N é a 4.

Portanto essa é a substância de menor reatividade.

112. Gabarito: A

O código genético do DNA é expressado por trincas de bases, chamadas códons. Estas trincas, por sua vez, são compostas por combinações de nucleotídeos: adenina, guanina, timina e uracila). Portanto, o conceito de código genético é definido como trincas de nucleotídeos que codificam os aminoácidos.

113. Gabarito: B

Na reação 3 ocorre uma redução do S^+ corante para S. Dessa forma, o corante é regenerado.

114. Gabarito: D

O retículo endoplasmático rugoso apresenta uma grande quantidade de ribossomos em sua membrana. Os ribossomos são responsáveis pela síntese de proteínas, e são constituídos por moléculas de RNA e proteínas. Dessa forma, a linhagem celular que apresenta um metabolismo de síntese mais elevado deverá ser aquela que apresenta maior número de retículos endoplasmático rugosos.

115. Gabarito: B

Como há pouca disponibilidade de água no deserto, uma adaptação importante nos seres vivos que compõem esse bioma é a conversão de amônia em substâncias menos tóxicas e solúveis, como ureia ou ácido úrico, que compõem as excretas nitrogenadas (contém nitrogênio).

116. Gabarito: C

Conforme a hipótese do enunciado da questão, o vermilion é decomposto sob a ação da luz, produzindo uma fina camada de mercúrio metálico na superfície. Essa reação seria catalisada por íon cloreto, conforme abaixo.

H_gS -----------> Hg (reação catalisada pelo íon cloreto do ar)

Nesta reação, o H_gS sofre uma redução. O íon cloreto atua como um catalisador, aumentando a velocidade da reação por meio de um percurso com menor energia de ativação.

117. Gabarito: C

Pela equação fundamental da Ondulatória, temos que $\lambda = v/f$, onde, λ = comprimento de onda = 8 cm = 0,08 m, v = velocidade = 108 km/hora = 30 m/s e *f* é a frequência da vibração, em hertz. Portanto $f = v/\lambda$ = 375 hz.

118. Gabarito: A

Na pinça, o braço da força potente é menor que o braço da força resistente. Portanto, a força potente é maior que a força resistente.

119. Gabarito: C

O Nióbio e o Tântalo têm propriedades semelhantes por pertencerem ao mesmo grupo 5 da Tabela Periódica, correspondente aos metais de transição.

A distribuição eletrônica, dos dois elementos são similares, conforme abaixo.

41Nb: 1s2 2s2 2p6 3s2 3p6 4s2 3d10 4p6 5s2 4d3 (têm 2 elétrons na camada de valência) e

73Ta: 1s2 2s2 2p6 3s2 3p6 4s2 3d10 4p6 5s2 4d10 5p6 6s2 4f14 5d3 (também têm dois elétrons na camada de valência).

120. Gabarito: D

Como mencionado na questão, quando plantas da mesma espécie não cruzam mais entre si, há sinalização da diferenciação dessas espécies. De acordo com o diagrama apresentado, as espécies que não estão mais cruzando entre si (representado por duas linhas pontilhadas no diagrama) são Itirapina e Peti; Alcobaça e Marambaia.

121. Gabarito: C

A enxertia consiste na união de duas espécies diferentes por meio da inserção de uma parte de uma planta em outra parte de outra planta. Cada planta conserva suas características e os tecidos não são unidos por completo, portanto, a enxertia é um tipo de reprodução assexuada que mantém o genótipo da planta híbrida.

122. Gabarito: B

Na temperatura de zero kelvin um corpo tem energia cinética e potencial iguais a zero e praticamente não tem agitação térmica. À medida que a temperatura vai sendo elevada, aumenta a distância de equilíbrio da ligação entre átomos (R_0). Esta maior separação revela o fenômeno da dilatação térmica.

123. Gabarito: C

A questão menciona o uso de produtos de origem botânica que combatem insetos, portanto, sua eficácia será contra doenças em transmitidas por insetos. Dentre as doenças citadas, a leishmaniose é a única doença transmitida por inseto (mosquito palha) e, portanto, o uso de produtos de origem botânica poderá auxiliar no controle dessa doença.

124. Gabarito: E

Na conexão com a polaridade invertida, o alto-falante "E" funciona normalmente, pois está ligado corretamente.

Com a inversão da caixa de som "D", o seu alto-falante passará a emitir ondas com a fase invertida.

Consequentemente as caixas de som "E" e "D" estarão emitindo ondas em oposição de fase provocando o fenômeno de interferência destrutiva nos pontos equidistantes aos alto-falantes.

125. Gabarito: D

Teremos as seguintes reações de oxirredução:

$Fe \rightarrow Fe^{2+} + 2e^-$ $e^0 = +0,44$ V

(oxidação, no ânodo)

$2H^+ + 2e^- \rightarrow H_2$ $e^0 = +0,00$ V

(redução, no cátodo)

Portanto, a barra de ferro é o ânodo e o tubo de cobre inerte é o cátodo.

126. Gabarito: E

O anabolismo e catabolismo são processos envolvidos no metabolismo. O anabolismo é um conjunto de reações enzimáticas de síntese, com gasto de energia nesse processo. O catabolismo é um conjunto de reações enzimáticas de degradação, no qual há liberação de energia. O glicogênio é o principal polissacarídeo de reserva nos animais (com cerca de 60000 resíduos de glicose), e é o recurso utilizado quando há necessidade de liberação de energia. No caso de um indivíduo com hipoglicemia, como há necessidade da liberação de energia, o catabolismo induzirá o organismo a estimular a utilização da reserva de energia, ou seja, do glicogênio.

127. Gabarito: D

Inicialmente vamos calcular as densidades das soluções:

Recipiente A: Volume de água: 2 litros = 2.000 cm^3. Massa de soluto: 100 g e a densidade: 100 g/ 2.000 cm^3 = 0,05 g/cm^3 =
5.10^{-2} g/cm^3.

Recipiente B: Volume de água: 2 litros = 2.000 cm^3. Massa de soluto: 200 g e a densidade: 200 g/ 2.000 cm^3 = 0,10 g/cm^3 =
10.10^{-2} g/cm^3.

Isso considerando que os íons Na+ e Cl^- ocupam os espaços intermoleculares nas soluções e que os volumes das soluções não se alteram significativamente.

Para a água pura, os densímetros estavam posicionados com 2 unidades da escala abaixo da linha da água.
Para o recipiente A, a densidade do líquido aumentou em $5.10^{-2}g/cm^3$ e, portanto, o densímetro deve subir uma divisão de sua escala.
Para o recipiente B, a densidade do líquido aumentou em $10.10^{-2}g/cm^3$ e, portanto, o densímetro deve subir duas unidades de sua escala.
Analisando as ilustrações, concluímos que a que atende é a da letra (d).

128. Gabarito: A

Para a sequência de cores: vermelha, azul e verde, temos a seguinte relação de frequências:
$f_{azul} > f_{verde} > f_{vermelho}$.
Consequentemente o prisma apresenta índices de refração n de acordo com:
$n_{azul} > n_{verde} > n_{vermelho}$.
Ao atravessar o prisma, a frequência de luz azul se desvia mais que a verde, que se desvia mais que a vermelha, resultando no filme, após a reflexão no espelho, a ordem de cores abaixo:
Vermelha, verde, azul.

129. Gabarito: B

A fórmula estrutural do tensoativo utilizado na época é a da letra "B", que possui uma cadeia de hidrocarbonetos apolar com uma extremidade polar ($SO_3^-Na^+$), tensoativa aniônica. A cadeia hidrocarbônica possui diversos carbonos terciários.

130. Gabarito: E

Para saber qual foi a doadora para a S1, precisamos identificar quais doadoras de pólen apresentam bandas compatíveis com S1. No esquema 1, vemos que S1 apresenta alelos compatíveis com DP2 e DP5 (loco A, alelo 2). No esquema 2, vemos que S1 apresenta alelos compatíveis com DP5 apenas (loco B, alelo 3). Portanto, a progênie S1 recebeu o pólen da doadora DP5.

131. Gabarito: B

Na situação do Carro B, com o ventilador no sentido oposto à vela, ele empurra o ar para trás e o ar empurra o ventilador para frente, fazendo com que o barco entre em movimento para a direita.
Na situação do Carro A, com o ventilador direcionado para a vela, devido ao fato de que a cartolina tem formato parabólico, o ar não fica em repouso após a colisão e sim retorna porem com velocidade V_A menor que V_B.

132. Gabarito: E

Teremos as seguintes reações:
1) A hidrólise do cátion alumínio gerando meio ácido:
$Al^{3+} + 3H_2O \rightarrow Al(OH)_3 + 3H^+$
2) O carbonato de cálcio se decompõe gerando meio alcalino: $CaCO3 \rightarrow Ca^{2+} + (CO_3)^{2-}$
3) O íon carbonato se hidrolisa dando meio básico:
$(CO_3)^{2-} + H_2O \longrightarrow (HCO_3)^- + OH^-$
Com o aumento do pH do solo, ocorrerá formação do precipitado de $Al(OH)_3$.

133. Gabarito: A

Aumentando o diâmetro das rodas elevamos o centro de gravidade do veículo, deixando-o mais instável.
O velocímetro mede a velocidade angular da roda do carro (ω), que não será aumentada quando se aumenta o diâmetro do pneu. Porem a velocidade linear, que é dada por $V = \omega.R$, aumenta na proporção dos diâmetros das rodas, ou seja, em 17/15.
Portanto, a indicação do velocímetro fica menor em relação à velocidade real do carro.

134. Gabarito: E

No ciclo do carbono, a formação de combustíveis está vinculada à conversão da energia solar (eletromagnética) em energia química (por exemplo, energia química vegetal).

135. Gabarito: A

O "craqueamento" catalítico é um processo químico a que são submetidos os resíduos pesados do petróleo após a Destilação Fracionada.
Esses resíduos ficam no fundo da coluna de Destilação.
A palavra "craqueamento" vem do verbo inglês "to crack", que significa "quebrar".

É isso que é feito nesse processo, ocorrendo a quebra de moléculas longas de hidrocarbonetos de elevada massa molar para a formação de outras moléculas com cadeias menores e massas molares mais baixas, tais como o GLP e a gasolina.

136. Gabarito: A
Para calcular as distâncias percorridas, basta multiplicar o tempo pela velocidade, com a apropriada conversão das unidades para garantir que todos os valores estejam nas mesmas unidades. Como a velocidade está em km/h, podemos converter o tempo em horas, de forma que temos 60 min = 1 h e, portanto, 90 min = 1,5 h.

$d_{Alpha} = 6 \times 1{,}5 = 9\ km$

$d_{Beta} = 5 \times 1{,}5 = 7{,}5\ km$

$d_{Gama} = 6{,}5 \times 1 = 6{,}5\ km$

Portanto, $d_{Gama} < d_{Beta} < d_{Alpha}$, ou seja, alternativa A.

137. Gabarito D
Basta aplicar 2 reduções percentuais sucessivas no valor de 280. Assim temos:
280 x (1-0,25) x (1-0,20) = 280 x (0,75) x (0,80) = 168 mg/dL
Como entre 160 e 189 mg/dL a tabela indica que a taxa é ALTA, a alternativa D é a correta.

138. Gabarito A
X/120 é o número de anúncios de rádio, portanto (X/120) x 1500 é a expressão que calcula o número de pessoas atingidas por um investimento X em anúncios de rádio. (Y/180) x 1000 é o número de panfletos produzidos pois cada R$ 180 investido produz 1000 panfletos, portanto (Y/180) x 1000 é a expressão que calcula o número de pessoas atingidas por um investimento Y em anúncios em panfletos, dado que cada panfleto alcança 1 pessoa. Assim, o número total de pessoas é dado pela soma das duas expressões:
(X/120) x 1500 + (Y/180) x 1000 = (50X/4) + (50Y/9).

139. Gabarito E
Trata-se de um triângulo isósceles pelo fato do segmento AB ter a mesma medida do segmento AC. E trata-se de um triângulo obtusângulo pelo fato do ângulo BÂC ter medida de 170°.

140. Gabarito D
Há 10 valores entre 6h 15min e 6h 21min, pois a há 21 medidas e a mediana é 6h 22min. A probabilidade máxima do rapaz tenha apanhado o ônibus antes de 6h 21min ocorre quando a moda 6h 21min for composta por 3 medidas. Assim, dos 10 valores 6h 15min e 6h 21min, haverá 7 medidas antes de 6h 21min. Como o total de medidas é 21, temos que o valor da probabilidade máxima é dado por 7/21.

141. Gabarito A
A escala faz com que 1 cm no mapa corresponda a 58 000 000 cm, ou seja, 580 km. Com isso, 7,6 cm correspondem a 7,6 x 580 km = 4.408 km.

142. Gabarito B
A produtividade atual é dada por 40 x 2.5 + 120 x 1 = 220. Como o fazendeiro deseja comprar uma área que possui a mesma produtividade da área de 120 hectares, ele terá um aumento de A nessa área. Portanto a nova produtividade será dada por 40 x 2.5 + (120 + A) x 1 = 220 + A. Como o produtor deseja um aumento de 15% na produção total com essa aquisição da área A, ou seja, na sua produtividade, a nova produtividade será dada pela produtividade anterior acrescida de 15%, ou seja, 220 x 1.15 = 253. Temos assim que 220 + A = 253 => A = 33.

143. Gabarito: B
Esse valor pode ser calculado pela média entre os valores dos anos de 2013 e 2015, portanto (67% + 59%)/2 = 63%.

144. Gabarito: C
A escala possível para a representação do guindaste deve estar entre 1500 cm:1 cm e 1500 cm:0.5 cm, ou seja, 1:1500 e 1:3000 cm. Já a escala da esteira deve ser tal que o comprimento seja superior a 4 cm, ou seja, superior a 9000 cm:4 cm, o que significa uma escala máxima de 1:(9000/4) => 1:2250. Portanto, que o limite inferior para X é dado por 1500 e o limite superior é dado por 2250, ou seja, 1500 < X < 2250.

145. Gabarito: A
Pelo gráfico, temos que o raio é dado por 168m – 88m = 80m. Como o ângulo t é determinado pelo segmento AO em relação à sua posição horizontal, temos que a projeção do segmento AO na vertical é dada por 80sen(t). Como o ponto O está na altura 88, de acordo com o gráfico da função f, temos que a função da altura é dada por: f(t) = 80sen(t) + 88.

146. Gabarito: A
Trata-se de um exercício que exige uma habilidade de visualização em 3D. Deve-se imaginar como cada uma das peças poderia se encaixar ao cubo incompleto do enunciado. Assim, será possível ver que a alternativa A corresponde à peça faltantes de acordo com o diagrama abaixo:

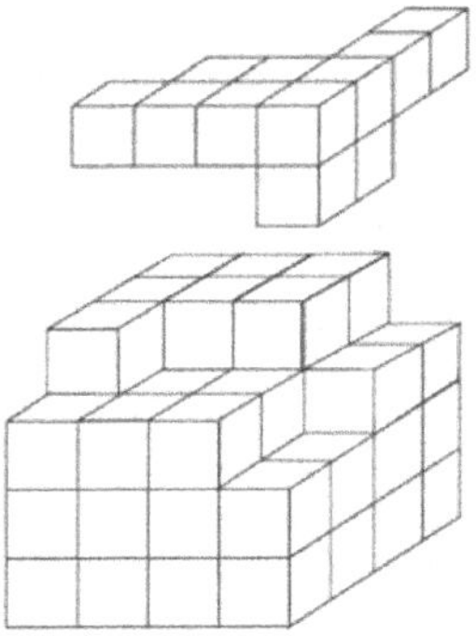

Outra forma de resolver é contar em cada fileira quantos cubinhos faltam. Assim, iniciando-se pela camada superior, na posição mais próxima do observador, na primeira fileira (da esquerda para a direita), falta um cubinho na camada super, já na segunda fileira, faltam 2 cubinhos, assim como na terceira fileira. Já na quarta fileira faltam dois cubinhos na camada inferior e uma fileira inteira de cubinhos na camada superior. Com essa análise, é possível encontrar a peça correta.

147. Gabarito: D

Como a marca A superou em 360 unidades o ano anterior, e, isso corresponde a 3 carrinhos a mais em relação ao ano anterior, tem-se que cada carrinho no gráfico corresponde a 360/3 = 120 unidades. Com isso, tem-se que em 2014, 2015 e 2016 foram vendidos respectivamente 120, 240 e 600 automóveis, cuja média é dada por (120+240+600)/3=320.

148. Gabarito: B

Considerando um plano cartesiano, podemos considerar as coordenadas dos pontos A e B como (0,0) e (30,0) respectivamente. A posição do bombeiro pode ser descrita como F, com coordenadas (X,Y). Como a distância (d_1) entre o ponto F e A deve ser o dobro da distância entre o ponto F e B (d_2), temos: $d_1 = 2d_2$ =>

$\sqrt{X^2 + Y^2} = 2(\sqrt{(X-30)^2 + Y^2})$, portanto:

$X^2 + Y^2 = 4(X^2 - 60X + 900 + Y^2)$ =>

$(X-40)^2 + Y^2 = 400$, que equivale a circunferência de centro na coordenada (40,0) com raio 20m. Assim, a maior distância entre os dois bombeiros ocorre quando cada um está numa coordenada diametralmente oposta em relação ao outro, cuja distância é o diâmetro dessa circunferência igual à 40m.

149. Gabarito: E

Em cada partida participam 2 jogadores, portanto, na primeira rodada são necessárias 64 partidas. Com isso sobram as alternativas B e E como potenciais respostas corretas. A resposta correta é a alternativa E, pois é necessário ter 1 partida que é a final do campeonato, que não está representada pela alternativa B.

150. Gabarito: ANULADA

Tem-se que a pena pode ser de 5 anos ou 60 meses até 15 anos ou 180 meses. Uma redução de um sexto equivale a mudar a pena potencial para algo entre 60-(60/6)=50 até 180-(180/6)=150 meses. Já uma redução de 2 terços equivale mudará a pena para 60-(2x60/3)=20 até 180-(2x180/3)=60 meses. Assim, a pena pode ficar entre 20 meses até 150 meses, ou seja, de 1 ano e 8 meses até 12 anos e 6 meses. **Nota:** Questão anulada porque a mesma questão caiu no vestibular UFPR/2014.

151. Gabarito: E

Quanto maior o raio, menor a força. Quanto maior a massa, maior a força. Como os satélites A e B têm o mesmo raio, porém a massa de B é maior, temos que $F_B > F_A$. Os satélites A e C têm as mesmas massas, no entanto, o raio de C é maior do que o raio de A, então, temos que $F_A > F_C$. Assim, temos que $F_C < F_A < F_B$.

152. Gabarito: B

Para produzir 40g de prata 925 o ourives precisa de 40 x 0,950 = 38g de prata e 40 x 0,050 = 2g de cobre. Como ele já tem 10g de prata 925, ele já possui 10 x 0,925 = 9,25g de prata e 10 x 0,075 = 0,75g de cobre. Portanto, ele precisa de 38-9,25= 28,75g de prata e 2-0,75=1,25g de cobre.

153. Gabarito: B

Para responder, é necessário calcular o tempo total para cada máquina escanear as bagagens dos passageiros em cada fila, e, escolher a filha com o menor tempo. Assim tem-se:

Máquina 1: 35s x 5 = 175s
Máquina 2: 25s x 6 = 150s
Máquina 3: 22s x 7 = 154s
Máquina 4: 40s x 4 = 160s
Máquina 5: 20s x 8 = 160s

Portanto o passageiro deve se dirigir à máquina 2.

154. Gabarito: D

O cálculo da média é dado por pelo somatório do número total de acidentes sofridos por todos os funcionários dividido pelo número total de funcionários.

Média = (50x0 + 17x1 + 15x2 + 10x3 + 6x4 + 2x5)/100 = 111/100 = 1,11.

155. Gabarito: E

Cada ponto da rosa dos ventos corresponde a 45°. A 1ª mudança de 135° no sentido anti-horário a partir de oeste colocará a câmera equivale a girar 135/45 = 3 pontos cardeais para o sentido anti-horário, terminando da posição SE. A 2ª mudança de 60° no sentido horário a colocará na direção entre S e SO, há 15° de S. A 3ª mudança no sentido anti-horário de 45° colocará na direção entre S e SE, há 15° de SE. Como o ângulo entre SE e NO é 180°, temos que a mudança para menor percurso para NO deverá ser no sentido horário e de 180° - 15° = 165°.

156. Gabarito: E

A pontuação total por candidato é dada pela frequência de cada *ranking* multiplicada pela pontuação do candidato em cada ranking. Assim, temos:

Ana = 5 x 4 + 2 x 9 + 4 x 7 + 4 x 5 = 20 + 18 + 28 + 20 = 86

Bia = 4 x 4 + 1 x 9 + 5 x 7 + 2 x 5 = 16 + 9 + 35 + 10 = 70

Caio = 3 x 4 + 4 x 9 + 3 x 7 + 1 x 5 = 12 + 36 + 21 + 5 = 74

Dani = 2 x 4 + 5 x 9 + 1 x 7 + 3 x 5 = 8 + 45 + 7 + 15 = 75

Edu = 1 x 4 + 3 x 9 + 2 x 7 + 5 x 5 = 4 + 27 + 14 + 25 = 70

Portanto, a poesia vencedora pela maior pontuação foi a de Ana.

157. Gabarito: A

Cada segmento de reta entre o centro e o primeiro arco, ou entre dois arcos mede 1 unidade. O comprimento de cada arco formado entre duas semirretas vizinhas é dado pelo raio, ou seja, a contagem do número de unidades até a origem, multiplicado por $\pi/6$. Assim, contando a partir da origem, temos que os arcos das primeiras circunferências medem $\pi/6$ que é aproximadamente 3,1/6, ou seja, quase 0,5. Os da segunda medem $2\pi/6 = 2(3,1)/6$, ou seja, aproximadamente 1. Assim, a menor distância é dada pelo caminho abaixo mostrado no diagrama a seguir. Ou seja, percorre-se 3 unidades a partir de B em direção à origem, então 3 arcos no sentido anti-horário na circunferência de raio 1, e, depois 5 segmentos (5 unidades) em direção ao ponto A. Com isso tem-se $8 + 3\pi 1/6 = 2\pi 1/3 + 8$.

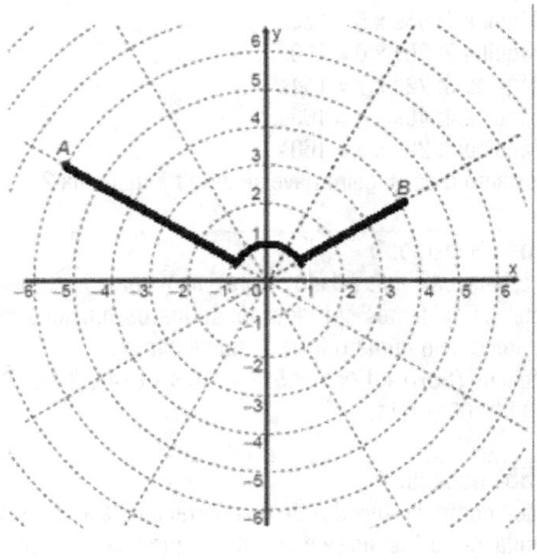

158. Gabarito: D

Cada pote pode ser inserido num paralelepípedo de dimensões 4 x 4 x 6 (comprimento x largura x altura em cm). Assim, basta verificar por divisão das dimensões de cada modelo quantas latas cabem:

Modelo I: Comprimento: 8/4 = 2; Largura 8/4 = 2; Altura 40/6= 6 e sobra um espaço. Assim, cabem 2 x 2 x 6 = 24 potes.

Modelo II: Comprimento: 8/4 = 2; Largura 20/4 = 5; Altura 14/6= 2 e sobra um espaço. Assim, cabem 2 x 5 x 2 = 20 potes.

Modelo III: Comprimento: 18/4 = 4 (sobra um espaço); Largura 5/4 = 1 (com sobra); Altura 35/6= 5 e sobra um espaço. Assim, cabem 4 x 1 x 5 = 20 potes.

Modelo IV: Comprimento: 20/4 = 5; Largura 12/4 = 3; Altura 12/6= 2 e sobra um espaço. Assim, cabem 5 x 3 x 2 = 30 potes.

Modelo V: Comprimento: 24/4 = 6; Largura 8/4 = 2; Altura 14/6= 2 e sobra um espaço. Assim, cabem 6 x 2 x 2 = 24 potes.

Portanto, o Modelo IV consegue armazenar o maior número de potes.

159. Gabarito: C

É necessário calcular o número de postes. Foram colocados n postes a cada 20 metros em uma distância de 1380 – 80 = 1300m, ou seja, foram colocados 1300/20 = 65 postes depois do primeiro poste colocado a 80 metros da praça, o que totaliza 66 postes. Como o valor máximo pago por poste é R$ 8.000,00, temos que o valor máximo que a prefeitura poderá gastar com a colocação desses postes é 66 x 8000.00 = R$ 528.000,00.

160. Gabarito: C

Sendo X o andar de entrada, tem-se que a sequência de andares onde parou é dada por:

1ª parada: X+7

2ª parada: X+7-10 = X-3

3ª parada: X+7-10-13 = X-16

4ª parada: X+7-10-13+9 = X-7

5ª parada: X+7-10-13+9-4 = 5, pois parou no 5° andar.

Portanto X-7-4=5 => X=16. Como a criança entrou no 16° andar, as paradas ocorreram nos andares 23°, 13°, térreo, 6° e 5°. Assim, o último andar é o 23°, por ser o andar mais alto da sequência.

161. Gabarito: C

O problema trata de uma combinação e não arranjo, portanto, pode-se eliminar as alternativas A e D. De um total de 4 carros, devem ser escolhidos 2, o que se trata de uma operação combinação pode ser representado por $C_{4,2}$. Como há 2 formas de arranjar cada escolha, pois há 2 estandes, tem-se 2 x $C_{4,2}$. De um total de 6 caminhonetes, devem ser escolhidas 2, o que se trata de uma operação combinação pode ser representado por $C_{6,2}$. Como há 2 formas de arranjar cada escolha, pois há 2 estandes, tem-se 2 x $C_{6,2}$. Portanto, a expressão que fornece a quantidade de maneiras diferentes que os estandes podem ser compostos é $C_{4,2} \times C_{6,2} \times 2 \times 2$.

162. Gabarito: C

Deve-se utilizar a expressão de média ponderada, utilizando as notas disponíveis e os pesos, e colocar como incógnita N a nota da última avaliação. Essa expressão deve ser igualada com a média mínima para aprovação (60 pontos). Resolvendo-se a equação, o valor de N será encontrado, sendo esse o valor do mínimo de pontos necessário na quarta avaliação para o aluno ser aprovado:

0,20 x 46 + 0,10 x 60 + 0,30 x 50 + 0,40 x N = 60

9,2 + 6,0 + 15,0 + 0,40N = 60

N = 74,5,

163. Gabarito: D

25% de 20 perguntas de nível fácil corresponde a 5 perguntas de nível fácil. Deve acrescentar N perguntas, de forma que o total de perguntas fáceis (5+N) corresponda a 75% de todas as perguntas (20 + N). Assim, tem-se a seguinte equação:

(5+N) = 75% x (20+N)

(5+N) = 75/100 x (20+N)

500 + 100N = 1500 + 75N

25N = 1000

N=40.

Portanto, deve-se acrescentar mais 40 questões fáceis na urna para que a proporção delas atinja 75% do total.

164. Gabarito: A

O banco que transferiu a maior quantia via TED é aquele cuja soma dos valores das linhas da matriz for o maior.

Banco 1: 0 + 2 + 0 + 2 + 2 = 6

Banco 2: 0 + 0 + 2 + 1 + 0 = 3

Banco 3: 1 + 2 + 0 + 1 + 1 = 5

Banco 4: 0 + 2 + 2 + 0 + 0 = 4

Banco 5: 3 + 0 + 1 + 1 + 0 = 0

Portanto, o Banco 1 foi o que transferiu a maior quantia via TED.

165. Gabarito: C

Pelo enunciado, o valor de uma quantia P aplicada a uma taxa de juros compostos de 1,32% ao mês, por n meses valerá: $V = P \times (1 + 0{,}0132)^n = p(1{,}0132)^n$. Um desconto de 25% sobre equivale a uma redução de 1/4 do valor, restando 3/4 do valor. Como o desconto precisa ser maior que 25%, temos: $p < (3/4)p(1{,}0132)^n \Rightarrow 4/3 < (1{,}0132)^n \Rightarrow n \ln(1{,}0132) > \ln(4/3) \Rightarrow 0{,}0132n > 0{,}2877 \Rightarrow n > 21{,}96$. Assim, a primeira das parcelas que poderá ser antecipada junto com a parcela de número 30 é a parcela de número (30+22)=52.

166. Gabarito: E

Pode-se analisar cada equação apresentada em cada uma das alternativas para verificar qual delas resulta na maior pontuação. Assim, tem-se:

a) Representa a reta sobre o eixo Y, que acertará os pontos A e E, totalizando 1 + 1 = 2 pontos.

b) Representa a reta sobre o eixo X, que acertará o ponto C, totalizando 1 ponto.

c) Representa uma circunferência com centro na origem (0,0) e de raio 4, que acertará os pontos A e C, totalizando 1 + 1 = 2 pontos.

d) Representa uma circunferência com centro em (0,2) e de raio 2, que acertará os pontos A e D, totalizando 1 + 1 = 2 pontos.

e) Representa uma circunferência com centro em (2,2) e de raio $2\sqrt{2}$, que acertará os pontos A, B e C, totalizando 1 + 1 + 1 = 3 pontos.

Portanto, a equação da alternativa E apresenta a equação que forneceria a maior pontuação.

167. Gabarito: D

Para calcular o percentual, basta somar o total de pessoas já vacinadas desses grupos de risco e dividir pela população total dos grupos de risco.

(0,9 + 1,0 + 1,5 + 0,4 + 8,2)/(4,5 + 2,0 + 2,5 + 0,5 + 20,5) = 12/30 = 40%

168. Gabarito: D

O número total de alunos é dado pelos 80 alunos que faltaram, 45 alunos que compraram 2 bilhetes, os X alunos que compraram 3 bilhetes, e os Y alunos que compraram apenas 1 bilhete, resultando na expressão: 80 + 45 + X + Y = 125 + X + Y. O total de bilhetes vendidos, de acordo com o enunciado, para cada grupo de alunos foi 80 x 0 = 0, 45 x 2 = 90, X x 3 = 3X, Y x 1 = Y, totalizando 90 + 3X + Y bilhetes vendidos. Como o número total de alunos que comprou um único bilhete era de 20% do número total de bilhetes vendidos, temos: Y = 0,2 (90 + 3X + Y) (eq.1). Como o total de bilhetes vendidos excedeu em 33 o número total de alunos do colégio, temos: (90 + 3X + Y) = 33 + (125 + X + Y) (eq.2). Assim, temos um sistema de 2 equações e duas variáveis:

(eq.2) => 90 + 3X = 158 + X => 2X = 68 => X = 34

Multiplicando-se ambos os lados da (eq.1) por 5, temos => 5Y = 90 + 3X + Y => 4Y = 90 + 3X => 4Y = 90 + 3 x 34 = 192 =>

Y = 192/4 = 48. Portanto, 48 alunos compraram somente um bilhete.

169. Gabarito: A

Uma forma rápida de resolver essa questão é observar o fato que independentemente das medidas do desenho corresponderem as medidas do enunciado, elas estarão em proporção. Assim, com uma régua, ou até um barbante, é possível verificar as proporções tal como ilustrado. Assim, se os catetos do menor triângulo correspondem à x, é possível verificar que o triângulo imediatamente maior possui cateto de medida 2x, e, o seguinte 4x, de forma que a lateral totaliza 4x + 2x + x = 7x. Como a medida do cateto do menor é 2cm segundo o enunciado, temos que x = 2cm e, portanto, 7x = 14cm.

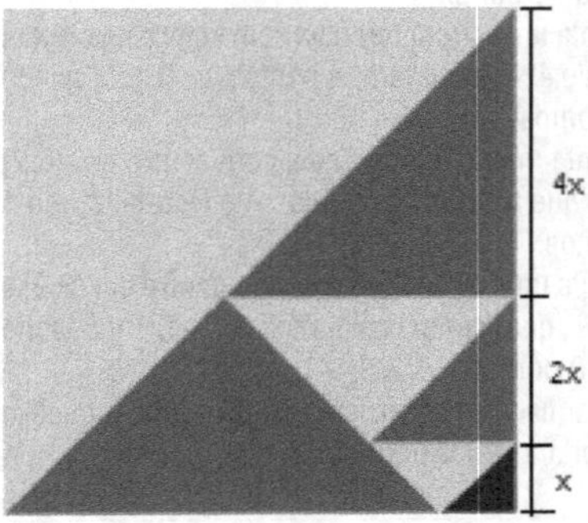

170. Gabarito: B

A circunferência que forma a base do cilindro possui comprimento de $2\pi(6/\pi)$, ou seja, 12 cm. Como são 6 voltas, temos que o cateto adjacente do triangulo ABC mede 6x12=72 cm. Para calcular o lado l, basta aplicar a tangente de 30, que corresponde ao cateto oposto, no caso l, dividido pelo cateto adjacente (72cm). Assim, temos: $tg(30^o) = \sqrt{3}/3 = h/72 \Rightarrow h = 24\sqrt{3}$ cm.

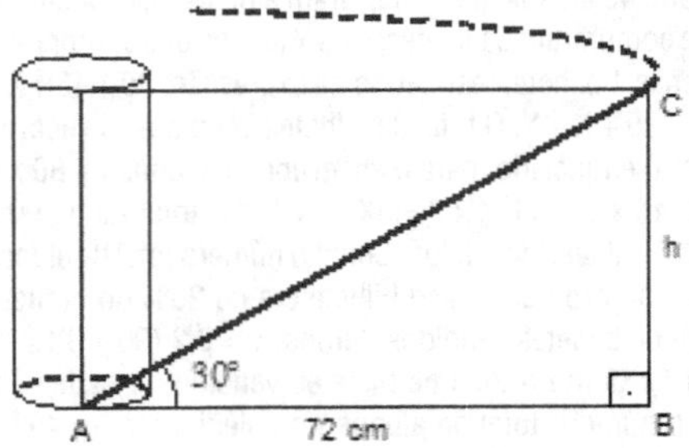

171. Gabarito: C

Inicialmente deve-se calcular a densidade no momento inicial (1986), que é dada por $(100000)/0{,}25 = 4 \times 10^5 = 2^2 \times 10^5$. Assim, considerando que a densidade dobra a cada 2 anos, temos uma progressão geométrica de razão $2^{(t/2)}$ que fornece a quantidade de transistores no ano de número t, onde t=0 corresponde ao ano de 1986, descrita por: $Q = 2^2 \times 10^5 \times 2^{(t/2)}$. Assim, para atingir 100×10^9 transistores, é necessário calcular a seguinte inequação:

$Q \geq 100 \times 10^9 \Rightarrow 2^2 \times 10^5 \times 2^{(t/2)} \geq 100 \times 10^9 \Rightarrow 10^5 \times 2^{[(4+t)/2]} \geq 10^{11} \Rightarrow 2^{[(4+t)/2]} \geq 10^6 \Rightarrow 2^{[(4+t)/2]} \geq 10^6$

$[(4+t)/2] \log_{10} 2 \geq 6 \log_{10} 10 \Rightarrow 0{,}3[(4+t)/2] \geq 6 \Rightarrow [(4+t)/2] \geq 20 \Rightarrow 4+t \geq 40 \Rightarrow \Rightarrow t \geq 36$. Assim, 36 anos após 1986, ou seja, em 1986+36 = 2022, a densidade de 100 bilhões de transistores será atingida.

172. Gabarito: B

Do enunciado temos que o valor total pago não muda independentemente da forma de pagamento adotada. Ou seja, o total sempre será igual ao número de parcelas N proposto inicialmente multiplicado pelo valor P da parcela proposto inicialmente. Assim, temos:

$N \times P = (N + 5) \times (P - 200) \Rightarrow P = 200 + 40N$ (eq,1)

$N \times P = (N - 4) \times (P + 232) \Rightarrow P = -232 + 58N$ (eq.2)

(eq.1)-(eq.2) $\Rightarrow 0 = 432 - 18N \Rightarrow N = 24$ parcelas.

173. Gabarito: C

O atleta 10 precisa no mínimo tirar a seguinte nota para alcançar o primeiro lugar: 829 – 687,5 = 141,5.

Para cada salto, deve-se calcular a nota multiplicando-se a nota da partida pela estimativa da soma das notas dos juízes.

T1 => Nota = 2,2 x 57 = 125,4

T2 => Nota = 2,4 x 58 = 139,2

T3 => Nota = 2,6 x 55 = 143,0

T4 => Nota = 2,8 x 50 = 140,0

T5 => Nota = 3,0 x 53 = 159,0

Apenas T3 e T5 possuem notas maior ou igual à 141,5. Deve-se adotar o tipo de salto que possui a maior probabilidade de se obter a nota dentre T3 e T5. Assim, o atleta deve escolher T3 por ter a maior probabilidade.

174. Gabarito: A

A distância será constante, ou seja, a alternativa A é a correta. Uma forma de visualizar isso é perceber que no estágio 2, por exemplo, forma-se um triângulo isósceles OMA, de forma que a medida MO é igual a MA. Em qualquer estágio em que haja a formação de um triângulo, ele será isósceles e a medida será igual à metade do comprimento da barra. Quando a barra está totalmente no chão, o ponto A coincide com o ponto O, portanto a distância continuará a ser igual à metade do comprimento da barra. Já quando a barra está na vertical, o ponto B coincide com o ponto O, portanto a distância continuará sendo da metade do comprimento da barra.

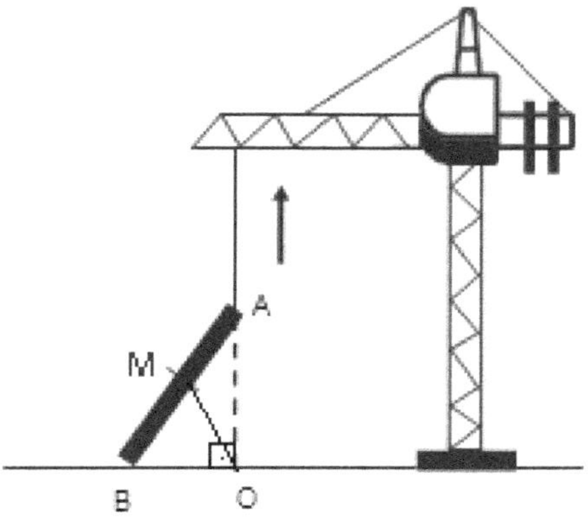

175. Gabarito: A

Com a configuração atual, a inclinação é de 2/8=25%. Portanto, é necessário elevar o nível da base da garagem. Considerando X a elevação necessária do nível da garagem, tem-se que que a diferença entre o nível da rua e o nível da base após a elevação será (2-X). Com isso, tem-se que para uma inclinação de 20%: (2-X)/8=20% => 2-X = 1,6 => X = 0,4m = 40cm. Portanto, uma elevação de 40 cm.

176. Gabarito: E

Temos inicialmente a configuração descrita nas urnas, com os seguintes números de bolas para as urnas A, B, C e D, respectivamente: 6, 10, 4 e 6. Deve-se então calcular para cada opção a probabilidade de retirada de duas bolas pretas sucessivamente e sem reposição: p1 = (2/6)(1/5) = 1/15 = 0,067; p2 = (3/10)(2/9) = 1/15 = 0,067; p3 = (3/7)(2/6)+(2/7)(1/6) = 1/7 + 1/21 = 4/21 = 0,19; p4 = (3/5)(2/4)+(2/5)(1/4) = 3/10 + 1/10 = 4/10 = 0,4; p5= (4/7)(2/4)+(3/7)(2/6) = 2/7 + 1/7 = 3/7 = 0,43. A pessoa deve escolher a opção 5 para obter a maior probabilidade de ganhar o prêmio.

177. Gabarito: B

(Área Original)/(Área Reduzida) = 1/(1/16) = 16. Uma razão de áreas de 16 equivale a uma razão linear de 4. Assim, o tamanho adequado da fonte será 192/4 = 48.

178. Gabarito: B

Todos os pontos então delimitados por $0 \leq x \leq 10$, $0 \leq y \leq 10$, e estão sobre ou abaixo da reta $y = x$, ou seja, $y \leq x$. Portanto, todos os pontos (x,y) da figura são tal que $0 \leq y \leq x \leq 10$.

179. Gabarito: D

Considerando R1 e R2 as medidas das circunferências menor e maior, respectivamente, tem-se que a área do passeio é dada pela área da circunferência maior menos a área da circunferência menor = $A = \pi R2^2 - \pi R1^2 = \pi(R2^2 - = \pi(R1^2)$. Ambas as circunferências possuem centro em O, de forma que se pode aproveitar o triângulo retângulo AOC ilustrado a seguir, de catetos de medidas R1 e 8m, com hipotenusa R2, e, aplicar-se o Teorema de Pitágoras: $R1^2 + 8^2 = R2^2 \Rightarrow R1^2 - R2^2 = 64$, que substituindo-se na expressão de área, tem-se o valor de 64π.

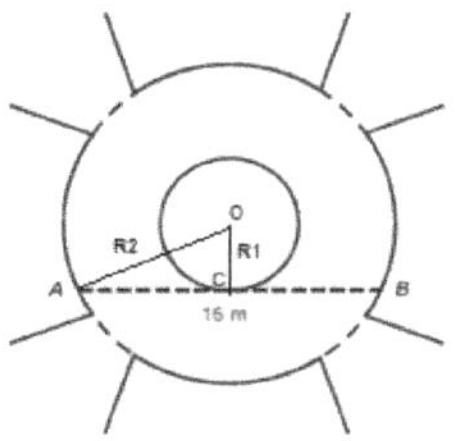

180. Gabarito: D

A área de combate num tabuleiro de dimensão d x d e área d^2 é dada por $2d - 2$. O número de posições no tabuleiro d x d que estão disponíveis para que uma segunda peça seja colocada é dada por $d^2 - 1$. Assim, para a probabilidade da segunda peça se posicionar sobre a zona de combate da primeira ser inferior a 1/5, tem-se:
$(2d-2)/(d^2 - 1) < 1/5$
$d^2 - 10d + 9 > 0 \Rightarrow d < 1$ ou $d > 9$. Não é possível um tabuleiro com $d < 1$, portanto, o valor mínimo de d é 10.

ENEM 2019 • DIA 1

LINGUAGENS, CÓDIGOS E SUAS TECNOLOGIAS QUESTÕES DE 01 A 45 QUESTÕES DE 01 A 05 (OPÇÃO INGLÊS)

5 Ways Pets Can Improve Your Health

A pet is certainly a great friend. After a difficult day, pet owners quite literally feel the love.

In fact, for nearly 25 years, research has shown that living with pets provides certain health benefits. Pets help lower blood pressure and lessen anxiety. They boost our immunity. They can even help you get dates.

Allergy Fighters: A growing number of studies have suggested that kids growing up in a home with "furred animals" will have less risk of allergies and asthma.

Date Magnets: Dogs are great for making love connections. Forget Internet matchmaking — a dog is a natural conversation starter.

Dogs for the Aged: Walking a dog or just caring for a pet — for elderly people who are able — can provide exercise and companionship.

Good for Mind and Soul: Like any enjoyable activity, playing with a dog can elevate levels of serotonin and dopamine — nerve transmitters that are known to have pleasurable and calming properties.

Good for the Heart: Heart attack patients who have pets survive longer than those without, according to several studies.

DAVIS, J. L. Disponível em: www.webmd.com. Acesso em: 21 abr. 2013 (adaptado).

1. **(ENEM – 2019)** Ao discutir sobre a influência de animais de estimação no bem-estar do ser humano, a autora, a fim de fortalecer seus argumentos, utiliza palavras e expressões como *research, a growing number of research* e *several studies* com o objetivo de

(A) mostrar que animais de estimação ajudam na cura de doenças como alergias e asma.

(B) convencer sobre os benefícios da adoção de animais de estimação para a saúde.

(C) fornecer dados sobre os impactos de animais de estimação nas relações amorosas.

(D) explicar como o contato com animais de estimação pode prevenir ataques cardíacos.

(E) esclarecer sobre o modo como idosos devem se relacionar com animais de estimação.

LETTER TO THE EDITOR:
Sugar fear-mongering unhelpful

By The Washington Times Tuesday, June 25, 2013

In his recent piece "Is obesity a disease?" (Web, June 19), Dr. Peter Lind refers to high-fructose corn syrup and other "manufactured sugars" as "poison" that will "guarantee storage of fat in the body." Current scientific research strongly indicates that obesity results from excessive calorie intake combined with a sedentary lifestyle. The fact is Americans are consuming more total calories now than ever before. According to the U.S. Department of Agriculture, our total per-capita daily caloric intake increased by 22 percent from 2,076 calories per day in 1970 to 2,534 calories per day in 2010 — an additional 458 calories, only 34 of which come from increased added sugar intake. A vast majority of these calories come from increased fats and flour/ cereals. Surprisingly, the amount of caloric sweeteners (i.e. sugar, high-fructose, corn syrup, honey, etc.). Americans consume has actually decreased over the past decade. We need to continue to study the obesity epidemic to see what more can be done, but demonizing one specific ingredient accomplishes nothing and raises unnecessary fears that get in the way of real solutions.

JAMES M. RIPPE

Shrewsbury, Mass.

Disponível em: www.washingtontimes.com. Acesso em: 29 jul. 2013 (adaptado).

2. **(ENEM – 2019)** Ao abordar o assunto "obesidade", em uma seção de jornal, o autor

(A) defende o consumo liberado de açúcar.

(B) aponta a gordura como o grande vilão da saúde.

(C) demonstra acreditar que a obesidade não é preocupante.

(D) indica a necessidade de mais pesquisas sobre o assunto.

(E) enfatiza a redução de ingestão de calorias pelos americanos.

In this life

Sitting on a park bench
Thinking about a friend of mine
He was only twenty-three
Gone before he had his time.
It came without a warning
Didn't want his friends to see him cry

He knew the day was dawning
And I didn't have a chance to say goodbye.

MADONNA. **Erotica**. Estados Unidos: Maverick, 1992.

3. **(ENEM – 2019)** A canção, muitas vezes, é uma forma de manifestar sentimentos e emoções da vida cotidiana. Por exemplo, o sofrimento retratado nessa canção foi causado

(A) pela morte precoce de um amigo jovem.
(B) pelo término de um relacionamento amoroso.
(C) pela mudança de um amigo para outro país.
(D) pelo fim de uma amizade de mais de vinte anos.
(E) pela traição por parte de pessoa próxima.

If children live with criticism, they learn to condemn.

If children live with fear, they learn to be apprehensive. If children live with pity, they learn to feel sorry for themselves. If children live with ridicule, they learn to feel shy.

If children live with tolerance, they learn patience. If children live with praise, they learn appreciation. If children live with acceptance, they learn to love.

If children live with approval, they learn to like themselves. If children live with recognition, they learn it is good to have a goal.

If children live with sharing, they learn generosity. If children live with fairness, they learn justice.

If children live with kindness and consideration, they learn respect.

If children live with friendliness, they learn the world is a nice place in which to live.

NOLTE, D. L. Disponível em: www.americanfamilytraditions.com. Acesso em: 30 jul. 2012.

4. **(ENEM – 2019)** Valores culturais de um povo revelam sua forma de ser, agir e pensar. Na concepção da autora, as diferentes formas de educar crianças nos Estados Unidos confirmam que as crianças

(A) temem quem as amedronta.
(B) aprendem com o que vivem.
(C) amam aqueles que as aceitam.
(D) são gentis quando respeitadas.
(E) ridicularizam quem as intimida.

KEEFER, M. Disponível em: www.nj.com. Acesso em: 3 dez. 2018.

5. **(ENEM – 2019)** No cartum, o estudante faz uma pergunta usando *turn this thing on* por

(A) suspeitar que o colega está com seu material por engano.
(B) duvidar que o colega possa se tornar um bom aluno.
(C) desconfiar que o livro levado é de outra matéria.
(D) entender como desligada a postura do colega.
(E) desconhecer como usar um livro impresso.

LINGUAGENS, CÓDIGOS E SUAS TECNOLOGIAS
QUESTÕES DE 01 A 45
QUESTÕES DE 01 A 05 (OPÇÃO ESPANHOL)

Adelfos

Yo soy como las gentes que a mi tierra vinieron
— soy de la raza mora, vieja amiga del sol —,
que todo lo ganaron y todo lo perdieron.
Tengo el alma de nardo del árabe español.

MACHADO, M. Disponível em: www.poetasandaluces.com. Acesso em: 22 out. 2015 (fragmento).

1. **(ENEM – 2019)** Nessa estrofe, o poeta e dramaturgo espanhol Manuel Machado reflete acerca

(A) de sua formação identitária plural.
(B) da condição nômade de seus antepassados.
(C) da perda sofrida com o processo de migração.
(D) da dívida do povo espanhol para com o povo árabe.
(E) de sua identificação com os elementos da natureza.

Millennials: Así es la generación que ya no recuerda cómo era el mundo sin Internet

Algunos los llaman generación Y, otros "Millennials", generación del milenio o incluso "Echo Boomers".

Nacieron y crecieron en una era de rápido desarrollo de las nuevas tecnologías, y casi no recuerdan cómo era el mundo sin Internet.

Son idealistas, impacientes y están bien preparados académicamente. Muchos de ellos han tenido oportunidad de viajar por el mundo a una edad temprana, de estudiar en las mejores universidades y de trabajar en empresas multinacionales y extranjeras.

La generación Y se compone de este tipo de personas que quieren todo a la vez. No están dispuestos a soportar un trabajo poco interesante y rutinario, no quieren dejar las cosas buenas para luego. Lo que sí quieren es dejar su huella en la historia, vivir una vida interesante, formar parte de algo grande, crecer y desarrollarse, cambiar el mundo que les rodea, y no solo ganar dinero.

Disponível em: https://actualidad.rt.com. Acesso em: 4 dez. 2018.

2. **(ENEM – 2019)** O texto aponta características e interesses da "Geração Y". Nele, a expressão *dejar su huella* refere-se a um dos desejos dessa geração, que é o de

(A) conhecer diferentes lugares.
(B) fazer a diferença no mundo.
(C) aproveitar todas as oportunidades.
(D) obter uma formação acadêmica de excelência.
(E) conquistar boas colocações no mundo do trabalho.

Que hay de cierto en la fábula de la cigarra y la hormiga

Cuenta una conocida fábula que, tras pasar todo un verano cantando y ociosa, una cigarra se encontró sin alimento y decidió pedir a su vecina, la hormiga algo que llevarse a la boca. Esta le ofreció granos de arroz acompañados de una moraleja: más vale prevenir que lamentar. ¿Merecen su fama de previsoras y afanosas las hormigas? Sin duda. Las hormigas cortadoras de hojas (*Atta cephalotes*), por ejemplo, son consideradas las primeras agricultoras del planeta, dedicadas a cortar, acarrear e integrar hojas en el jardín de hongos del que se alimentan. Otro dato curioso es que se ha comprobado que, prácticamente en todas las especies de hormigas, las más ancianas asumen trabajos de mayor riesgo. De acuerdo con Dawid Moron de la Universidad de Jagiellonian (Polonia), esto se debe a que es mejor para la colonia sacrificar una vida que está cerca de su fin que a un individuo joven.

En cuanto a las cigarras, no se les puede acusar de perezosas. Lo que sí es cierto es que los machos pasan el verano "cantando" — un sonido que producen con unas membranas llamadas timbales — y encaramados a un árbol, de cuya savia se alimentan.

Disponível em: www.muyinteresante.es. Acesso em: 31 out. 2012 (adaptado).

3. **(ENEM – 2019)** A fábula é um gênero de ampla divulgação frequentemente revisitado com diversos objetivos.

No texto, a fábula *A cigarra e a formiga* é retomada para

(A) apresentar ao leitor um ensinamento moral.
(B) reforçar o estereótipo associado às cigarras.
(C) descrever o comportamento dos insetos na natureza.
(D) expor a superioridade das formigas em relação às cigarras.
(E) descrever a relação social entre formigas e cigarras na natureza.

Empanada

Overa en bayo claro,
vaquilla echada,
eres del vino tinto
la camarada.
[...]
Vienes llena de pino,
cebolla y carne,
con pasas, huevo duro,
y aliño de hambre.
Con el primer mordisco
por una oreja,
se abre tu boca ardiente
como sorpresa.

Te la lleno de pebre
quedas picante
si te beso muy fuerte,
no me reclames.

Busco, loco, en tu vientre,
delicia oscura,
la traición exquisita
de tu aceituna.
[...]

Y repite el ataque
por andanadas:
Nadie queda con hambre
si hay empanadas.

ANTRIX, J. Disponível em: http://versado-en-la-cocina.blogspot.com. Acesso em: 8 dez. 2018 (fragmento).

4. **(ENEM – 2019)** A gastronomia é uma das formas de expressão cultural de um povo. Nesse poema, ao personificar as empanadas, o escritor chileno Antrix

(A) enaltece esse prato da culinária hispânica.
(B) descreve algumas etapas de preparação dessa receita.
(C) destaca a importância do vinho na alimentação hispânica.
(D) resgata o papel histórico desse alimento em tempos de fome.
(E) evidencia a relevância de alguns condimentos na cozinha hispânica.

El Hombre Electrónico

¿Cuántas veces has cambiado de móvil? ¿Cuántos ordenadores has tenido ya? ¿Tienes cámara digital, IPOD, Nintendo Wii y televisión de pantalla de plasma? Ordenadores, teléfonos móviles, GPS, walkmans, televisiones, lavadoras, tostadores, aspiradores y un larguísimo etcétera. Todos usamos aparatos eléctricos que tarde o temprano convertirán en residuos. *El Hombre Electrónico* mide 7 metros de altura y pesa 3,3 toneladas. Es una escultura hecha con la cantidad de residuos eléctricos y electrónicos que un ciudadano medio (en el Reino Unido) tirará a la basura a lo largo de su vida, si se sigue consumiendo este tipo de productos al ritmo actual. *El Hombre Electrónico* ha sido diseñado por el escultor Paul Bomini con objetivo de aumentar la conciencia de los ciudadanos a la hora de consumir aparatos eléctricos. Esta campaña parte de la base de que todos compramos aparatos electrónicos como herramientas de trabajo u ocio, pero haciéndonos unas cuantas preguntas podemos inducir cambios en nuestro comportamiento que beneficiarán al medio ambiente, otras personas y a nosotros mismos: ¿Tienes algún aparato eléctrico o electrónico que no necesitas?

¿Podrías ser más responsable a la hora de comprar un nuevo producto electrónico? ¿Podrías reciclar o reparar estos productos una vez que se han quedado obsoletos o se han roto? ¿Intentas ahorrar energia en tu vida diaria?

Disponível em: www.verdecito.es. Acesso em: 20 fev. 2009 (adaptado).

5. **(ENEM – 2019)** Considerando a necessidade de assumir uma conduta mais responsável com o meio ambiente, Paul Bomini criou a escultura *O homem eletrônico* para

(A) incentivar inovações em reciclagem para a construção de máquinas.
(B) propor a criação de objetos a partir de aparelhos descartados.
(C) divulgar o lançamento de produtos eletrônicos sustentáveis.
(D) problematizar o descarte inconsequente de equipamentos.
(E) alertar sobre as escolhas tecnológicas da população.

QUESTÕES DE 06 A 45

6. **(ENEM – 2019)**

PALAVRAS TÊM PODER

Palavras informam, libertam, destroem preconceitos.
Palavras desinformam, aprisionam e criam preconceitos.

Liberdade de expressão. A escolha é sua.
A responsabilidade, também.

A liberdade de expressão é uma conquista inquestionável. O que todos precisam saber é que liberdade traz responsabilidades. Publicar informações e mensagens sensacionalistas, explorar imagens mórbidas, desrespeitar os Direitos Humanos e estimular o preconceito e a violência são atos de desrespeito à lei.

Para promover a liberdade de expressão com responsabilidade, o Ministério Público de Pernambuco se une a vários parceiros nesta ação educativa. Colabore. Caso veja alguma mensagem que desrespeite os seus direitos, denuncie.

0800 281 9455 - Ministério Público de Pernambuco

Disponível em: http://palavrastempoder.org. Acesso em: 20 abr. 2015.

Pela análise do conteúdo, constata-se que essa campanha publicitária tem como função social

(A) propagar a imagem positiva do Ministério Público.

(B) conscientizar a população que direitos implicam deveres.

(C) coibir violações de direitos humanos nos meios de comunicação.

(D) divulgar políticas sociais que combatem a intolerância e o preconceito.

(E) instruir as pessoas sobre a forma correta de expressão nas redes sociais.

7. (ENEM – 2019)

Um amor desse
Era 24 horas lado a lado
Um radar na pele, aquele sentimento alucinado
Coração batia acelerado

Bastava um olhar pra eu entender
Que era hora de me entregar pra você
Palavras não faziam falta mais
Ah, só de lembrar do seu perfume
Que arrepio, que calafrio
Que o meu corpo sente
Nem que eu queira, eu te apago da minha mente

Ah, esse amor
Deixou marcas no meu corpo
Ah, esse amor
Só de pensar, eu grito, eu quase morro

AZEVEDO, N.; LEÃO, W.; QUADROS, R. **Coração pede socorro**.

Rio de Janeiro: Som Livre, 2018 (fragmento).

Essa letra de canção foi composta especialmente para uma campanha de combate à violência contra as mulheres, buscando conscientizá-las acerca do limite entre relacionamento amoroso e relacionamento abusivo. Para tanto, a estratégia empregada na letra é a

(A) revelação da submissão da mulher à situação de violência, que muitas vezes a leva à morte.

(B) ênfase na necessidade de se ouvirem os apelos da mulher agredida, que continuamente pede socorro.

(C) exploração de situação de duplo sentido, que mostra que atos de dominação e violência não configuram amor.

(D) divulgação da importância de denunciar a violência doméstica, que atinge um grande número de mulheres no país.

(E) naturalização de situações opressivas, que fazem parte da vida de mulheres que vivem em uma sociedade patriarcal.

8. (ENEM – 2019)

Meu caro Sherlock Holmes, algo horrível aconteceu às três da manhã no Jardim Lauriston. Nosso homem que estava na vigia viu uma luz às duas da manhã saindo de uma casa vazia. Quando se aproximou, encontrou a porta aberta e, na sala da frente, o corpo de um cavalheiro bem vestido. Os cartões que estavam em seu bolso tinham o nome de Enoch J. Drebber, Cleveland, Ohio, EUA. Não houve assalto e nosso homem não conseguiu encontrar algo que indicasse como ele morreu. Não havia marcas de sangue, nem feridas nele. Não sabemos como ele entrou na casa vazia. Na verdade, todo assunto é um quebra-cabeça sem fim. Se puder vir até a casa seria ótimo, se não, eu lhe conto os detalhes e gostaria muito de saber sua opinião. Atenciosamente, Tobias Gregson.

DOYLE, A. C. **Um estudo em vermelho**. Cotia: Pé de Letra, 2017.

Considerando o objetivo da carta de Tobias Gregson, a sequência de enunciados negativos presente nesse texto tem a função de

(A) restringir a investigação, deixando-a sob a responsabilidade do autor da carta.

(B) refutar possíveis causas da morte do cavalheiro, auxiliando na investigação.

(C) identificar o local da cena do crime, localizando-o no Jardim Lauriston.

(D) introduzir o destinatário da carta, caracterizando sua personalidade.

(E) apresentar o vigia, incluindo-o entre os suspeitos do assassinato.

9. **(ENEM – 2019)**

Mídias: aliadas ou inimigas da educação física escolar?

No caso do esporte, a mediação efetuada pela câmera de TV construiu uma nova modalidade de consumo: o esporte telespetáculo, realidade textual relativamente autônoma face à prática "real" do esporte, construída pela codificação e mediação dos eventos esportivos efetuados pelo enquadramento, edição das imagens e comentários, interpretando para o espectador o que ele está vendo. Esse fenômeno tende a valorizar a forma em relação ao conteúdo, e para tal faz uso privilegiado da linguagem audiovisual com ênfase na imagem cujas possibilidades são levadas cada vez mais adiante, em decorrência dos avanços tecnológicos. Por outro lado, a narração esportiva propõe uma concepção hegemônica de esporte: esporte é esforço máximo, busca da vitória, dinheiro... O preço que se paga por sua espetacularização é a fragmentação do fenômeno esportivo. A experiência global do ser-atleta é modificada: a sociabilização no confronto e a ludicidade não são vivências privilegiadas no enfoque das mídias, mas as eventuais manifestações de violência, em partidas de futebol, por exemplo, são exibidas e reexibidas em todo o mundo.

BETTI, M. **Motriz**, n. 2, jul.-dez. 2001 (adaptado).

A reflexão trazida pelo texto, que aborda o esporte telespetáculo, está fundamentada na

(A) distorção da experiência do ser-atleta para os espectadores.

(B) interpretação dos espectadores sobre o conteúdo transmitido.

(C) utilização de equipamentos audiovisuais de última geração.

(D) valorização de uma visão ampliada do esporte.

(E) equiparação entre a forma e o conteúdo.

Disponível em: www.essl.pt. Acesso em: 9 maio 2019 (adaptado).

10. **(ENEM – 2019)** Essa campanha se destaca pela maneira como utiliza a linguagem para conscientizar a sociedade da necessidade de se acabar com o *bullying*. Tal estratégia está centrada no(a)

(A) chamamento de diferentes atores sociais pelo uso recorrente de estruturas injuntivas.

(B) variedade linguística caracterizadora do português europeu.

(C) restrição a um grupo específico de vítimas ao apresentar marcas gráficas de identificação de gênero como o(a)".

(D) combinação do significado de palavras escritas em línguas inglesa e portuguesa.
(E) enunciado de cunho esperançoso "passe à história" no título do cartaz.

11. **(ENEM – 2019)**

Esporte e cultura: análise acerca da esportivização de práticas corporais nos jogos indígenas

Nos Jogos dos Povos Indígenas, observa-se que as práticas corporais realizadas envolvem elementos tradicionais (como as pinturas e adornos corporais) e modernos (como a regulamentação, a fiscalização e a padronização). O arco e flecha e a lança, por exemplo, são instrumentos tradicionalmente utilizados para a caça e a defesa da comunidade na aldeia. Na ocasião do evento, esses artefatos foram produzidos pela própria etnia, porém sua estruturação como "modalidade esportiva" promoveu uma semelhança entre as técnicas apresentadas, com o sentido único da competição.

ALMEIDA, A. J. M.; SUASSUNA, D. M. F. A. **Pensar a prática**, n. 1, jan.-abr. 2010 (adaptado).

A relação entre os elementos tradicionais e modernos nos Jogos dos Povos Indígenas desencadeou a

(A) padronização de pinturas e adornos corporais.
(B) sobreposição de elementos tradicionais sobre os modernos.
(C) individuação das técnicas apresentadas em diferentes modalidades.
(D) legitimação das práticas corporais indígenas como modalidade esportiva.
(E) preservação dos significados próprios das práticas corporais em cada cultura.

12. **(ENEM – 2019)**

TEXTO I

A promessa da felicidade

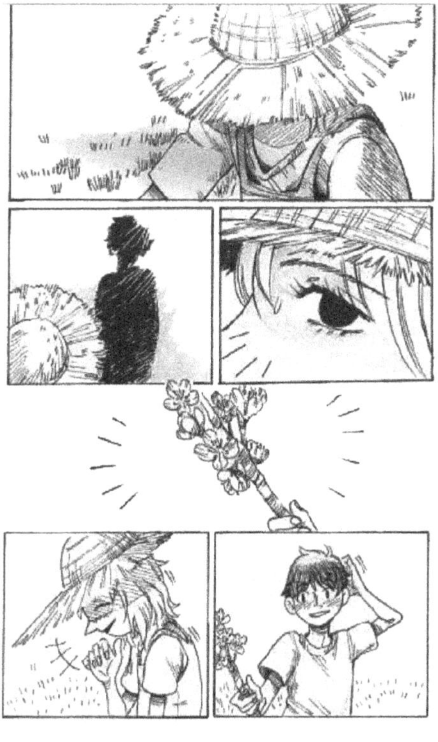

JU LOYOLA. **The promise of happiness**.
LOYOLA, J. Disponível em: http://ladyscomics.com.br.
Acesso em: 8 dez. 2018 (adaptado).

TEXTO II

Quadrinista surda faz sucesso na CCXP com narrativas silenciosas

A área de artistas independentes da Comic Con Experience (CCXP) deste ano é a maior da história do evento *geek*, são mais de 450 quadrinistas e ilustradores no *Artists' Alley*.

E a diversidade vai além do estilo das HQ. Em uma das mesas na fila F, senta a quadrinista com deficiência auditiva Ju Loyola, com suas histórias que classifica como "narrativas silenciosas". São histórias que podem ser compreendidas por crianças e adultos, e pessoas de qualquer nacionalidade, pelo simples motivo de não terem uma única palavra.

A artista não escreve roteiros convencionais para suas obras. Sua experiência de ter que entender a comunicação pelo que vê faz com que ela se identifique muito mais com o que observa do que com o que as pessoas dizem.

E basta folhear suas obras que fica claro que elas não são histórias em quadrinhos que perderam as palavras, mas sim que ganharam uma nova perspectiva.

Disponível em: https://catracalivre.com.br. Acesso em: 8 dez. 2018 (adaptado).

O Texto I exemplifica a obra de uma artista surda, que promove uma experiência de leitura inovadora, divulgada no Texto II. Independentemente de seus objetivos, ambos os textos

(A) incentivam a produção de roteiros compostos por imagens.
(B) colaboram para a valorização de enredos românticos.
(C) revelam o sucesso de um evento de cartunistas.
(D) contribuem com o processo de acessibilidade.
(E) questionam o padrão tradicional das HQ.

13. **(ENEM – 2019)**

HELOÍSA: Faz versos?

PINOTE: Sendo preciso... Quadrinhas... Acrósticos...Sonetos... Reclames.

HELOÍSA: Futuristas?

PINOTE: Não senhora! Eu já fui futurista. Cheguei a acreditar na independência... Mas foi uma tragédia! Começaram a me tratar de maluco. A me olhar de esguelha. A não me receber mais. As crianças choravam em casa. Tenho três filhos. No jornal também não pagavam, devido à crise. Precisei viver de bicos. Ah! Reneguei tudo. Arranjei aquele instrumento (*Mostra a faca*) e fiquei passadista.

ANDRADE, O. **O rei da vela**. São Paulo: Globo, 2003.

O fragmento da peça teatral de Oswald de Andrade ironiza a reação da sociedade brasileira dos anos 1930 diante de determinada vanguarda europeia. Nessa visão, atribui-se ao público leitor uma postura

(A) preconceituosa, ao evitar formas poéticas simplificadas.
(B) conservadora, ao optar por modelos consagrados.
(C) preciosista, ao preferir modelos literários eruditos.
(D) nacionalista, ao negar modelos estrangeiros.
(E) eclética, ao aceitar diversos estilos poéticos.

14. **(ENEM – 2019)**

A viagem

Que coisas devo levar
nesta viagem em que partes?
As cartas de navegação só servem a quem fica.
Com que mapas desvendar um continente
que falta?
Estrangeira do teu corpo
tão comum
quantas línguas aprender
para calar-me?
Também quem fica
procura
um oriente.
Também
a quem fica
cabe uma paisagem nova
e a travessia insone do desconhecido
e a alegria difícil da descoberta.
O que levas do que fica,
o que, do que levas, retiro?

MARQUES, A. M. In: SANT'ANNA, A. (Org.). **Rua Aribau**.

Porto Alegre:, Tag, 2018.

A viagem e a ausência remetem a um repertório poético tradicional. No poema, a voz lírica dialoga com essa tradição, repercutindo a

(A) saudade como experiência de apatia.
(B) presença da fragmentação da identidade.
(C) negação do desejo como expressão de culpa.
(D) persistência da memória na valorização do passado.
(E) revelação de rumos projetada pela vivência da solidão.

15. **(ENEM – 2019)**

O Instituto de Arte de Chicago disponibilizou para visualização on-line, compartilhamento ou download (sob licença *Creative Commons*), 44 mil imagens de obras de arte em altíssima resolução, além de livros, estudos e pesquisas sobre a história da arte.

Para o historiador da arte, Bendor Grosvenor, o sucesso das coleções on-line de acesso aberto, além de democratizar a arte, vem ajudando a formar um novo público museológico. Grosvenor acredita que quanto mais pessoas forem expostas à arte on-line, mais visitas pessoais acontecerão aos museus.

A coleção está disponível em seis categorias: paisagens urbanas, impressionismo, essenciais, arte africana, moda e animais. Também é possível pesquisar pelo nome da obra, estilo, autor ou período. Para navegar pela imagem em alta definição, basta clicar sobre ela e utilizar a ferramenta de zoom. Para fazer o download, disponível para obras de domínio público, é preciso utilizar a seta localizada do lado inferior direito da imagem.

Disponível em: www.revistabula.com. Acesso em: 5 dez. 2018 (adaptado).

A função da linguagem que predomina nesse texto se caracteriza por

(A) evidenciar a subjetividade da reportagem com base na fala do historiador de arte.

(B) convencer o leitor a fazer o acesso on-line, levando-o a conhecer as obras de arte.

(C) informar sobre o acesso às imagens por meio da descrição do modo como acessá-las.

(D) estabelecer interlocução com o leitor, orientando-o a fazer o download das obras de arte.

(E) enaltecer a arte, buscando popularizá-la por meio da possibilidade de visualização on-line.

16. **ENEM – 2019)**

Ed Mort só vai

Mort. Ed Mort. Detetive particular. Está na plaqueta. Tenho um escritório numa galeria de Copacabana entre um fliperama e uma loja de carimbos. Dá só para o essencial, um telefone mudo e um cinzeiro. Mas insisto numa mesa e numa cadeira. Apesar do protesto das baratas. Elas não vencerão. Comprei um jogo de máscaras. No meu trabalho o disfarce é essencial. Para escapar dos credores. Outro dia entrei na sala e vi a cara do King Kong andando pelo chão. As baratas estavam roubando as máscaras. Espisoteei meia dúzia. As outras atacaram a mesa. Consegui salvar a minha Bic e o jornal. O jornal era novo, tinha só uma semana. Mas elas levaram a agenda. Saí ganhando. A agenda estava em branco. Meu último caso fora com a funcionária do Erótica, a primeira ótica da cidade com balconista topless. Acabara mal. Mort. Ed Mort. Está na plaqueta.

VERISSIMO, L. F. **Ed Mort**: todas as histórias. Porto Alegre: L&PM, 1997 (adaptado).

Nessa crônica, o efeito de humor é basicamente construído por uma

(A) segmentação de enunciados baseada na descrição dos hábitos do personagem.

(B) ordenação dos constituintes oracionais na qual se destaca o núcleo verbal.

(C) estrutura composicional caracterizada pelo arranjo singular dos períodos.

(D) sequenciação narrativa na qual se articulam eventos absurdos.

(E) seleção lexical na qual predominam informações redundantes.

17. (ENEM – 2019)

Os tipos cheios de si
O difícil é encontrar quem nunca cruzou com (ou se passou por) um desses on-line
O TURISTA EM TEMPO INTEGRAL
Posta o ano inteiro fotos das férias (deste e de outros anos). Parece viver viajando.
A ÚNICA BEM-AMADA
Só ela tem o parceiro mais especial. Porque momentos a dois são mesmo para divulgar.
O BALADEIRO VIDA LOUCA
Quase dá para escutar o "Uhuuu!!!", pelas fotos de bebidas e pistas de dança.
O EXIBIDO HUMILDE
Ele (acha que) disfarça ao dar dicas do próprio sucesso. Não engana ninguém.
O BEM RELACIONADO DE OCASIÃO
Descobriu quem é o "famoso" que aparece na foto naquela hora. Mas não deixa passar.
O GOURMET DE APARÊNCIAS
Por que ir a um restaurante se ninguém souber? É clique no prato.
A MÃE ORGULHOSA DEMAIS
Faz questão de contar todas as gracinhas. Até as que só têm graça para a mãe.
O(A) LINDO(A) DEMAIS PARA NÃO MOSTRAR
Acha que o dia de cabelo bom desculpa um autorretrato (*selfie*). Quem nunca, não é?

Disponível em: http://epoca.globo.com. Acesso em: 20 mar. 2014.

De acordo com esse infográfico, as redes sociais estimulam diferentes comportamentos dos usuários que revelam

(A) exposição exagerada dos indivíduos.
(B) comicidade ingênua dos usuários.
(C) engajamento social das pessoas.
(D) disfarce do sujeito por meio de avatares.
(E) autocrítica dos internautas.

18. (ENEM – 2019)

O que é software livre

Software livre é qualquer programa de computador construído de forma colaborativa, via internet, por uma comunidade internacional de desenvolvedores independentes. São centenas de milhares de hackers, que negam sua associação com os "violadores de segurança". Esses desenvolvedores de software se recusam a reconhecer o significado pejorativo do termo e continuam usando a palavra hacker para indicar "alguém que ama programar e que gosta de ser hábil e engenhoso". Além disso, esses programas são entregues à comunidade com o código fonte aberto e disponível, permitindo que a ideia original possa ser aperfeiçoada e devolvida novamente à comunidade. Nos programas convencionais, o código de programação é secreto e de propriedade da empresa que o desenvolveu, sendo quase impossível decifrar a programação.

O que está em jogo é o controle da inovação tecnológica. Software livre é uma questão de liberdade de expressão e não apenas uma relação econômica. Hoje existem milhares de programas alternativos construídos dessa forma e uma comunidade de usuários com milhões de membros no mundo.

BRANCO, M. Software livre e desenvolvimento social e económico. In: CASTELLS, M.; CARDOSO, G. (Org). **A sociedade em rede**: do conhecimento à acção política. Lisboa: Imprensa Nacional, 2005 (adaptado).

A criação de softwares livres contribui para a produção do conhecimento na sociedade porque

(A) democratiza o acesso a produtos construídos coletivamente.
(B) complexifica os sistemas operacionais disponíveis no mercado.
(C) qualifica um maior número de pessoas para o uso de tecnologias.
(D) possibilita a coleta de dados confidenciais para seus desenvolvedores.
(E) insere profissionalmente os hackers na área de inovação tecnológica.

19. **(ENEM – 2019)**

Expostos na web desde a gravidez

Mais da metade das mães e um terço dos pais ouvidos em uma pesquisa sobre compartilhamento paterno em mídias sociais discutem nas redes sociais sobre a educação dos filhos. Muitos são pais e mães de primeira viagem, frutos da geração Y (que nasceu junto com a internet) e usam esses canais para saberem que não estão sozinhos na empreitada de educar uma criança. Há, contudo, um risco no modo como as pessoas estão compartilhando essas experiências. É a chamada exposição parental exagerada, alertam os pesquisadores.

De acordo com os especialistas no assunto, se você compartilha uma foto ou vídeo do seu filho pequeno fazendo algo ridículo, por achar engraçadinho, quando a criança tiver seus 11, 12 anos, pode se sentir constrangida. A autoconsciência vem com a idade.

A exibição da privacidade dos filhos começa a assumir uma característica de linha do tempo e eles não participaram da aprovação ou recusa quanto à veiculação desses conteúdos. Assim, quando a criança cresce, sua privacidade pode já estar violada.

OTONI, A. C. **O Globo**, 31 mar. 2015 (adaptado).

Sobre o compartilhamento parental excessivo em mídias sociais, o texto destaca como impacto o(a)

(A) interferência das novas tecnologias na comunicação entre pais e filhos.
(B) desatenção dos pais em relação ao comportamento dos filhos na internet.
(C) distanciamento na relação entre pais e filhos provocado pelo uso das redes sociais.
(D) fortalecimento das redes de relações decorrente da troca de experiências entre as famílias.
(E) desrespeito à intimidade das crianças cujas imagens têm sido divulgadas nas redes sociais.

20. **(ENEM – 2019)**

O projeto DataViva consiste na oferta de dados oficiais sobre exportações, atividades econômicas, localidades e ocupações profissionais de todo o Brasil. Num primeiro momento, o DataViva construiu uma ferramenta que permitia a análise da economia mineira embasada por essa perspectiva metodológica complexa e diversa. No entanto, diante das possibilidades oferecidas pelas bases de dados trabalhadas, a plataforma evoluiu para um sistema mais completo. De maneira interativa e didática, o usuário é guiado por meio das diversas formas de navegação dos aplicativos. Além de informações sobre os produtos exportados, bem como acerca do volume das exportações em cada um dos estados e municípios do País, em poucos cliques, o interessado pode conhecer melhor o perfil da população, o tipo de atividade desenvolvida, as ocupações formais e a média salarial por categoria.

MANTOVANI, C. A. Guardião de informações. **Minas faz Ciência**,

n. 58, jun.-jul.-ago. 2014 (adaptado).

Entre as novas possibilidades promovidas pelo desenvolvimento de novas tecnologias, o texto destaca a

(A) auditoria das ações de governo.
(B) publicidade das entidades públicas.
(C) obtenção de informações estratégicas.
(D) disponibilidade de ambientes coletivos.
(E) comunicação entre órgãos administrativos.

21. **(ENEM – 2019)**

Menina

A máquina de costura avançava decidida sobre o pano. Que bonita que a mãe era, com os alfinetes na boca. Gostava de olhá-la calada, estudando seus gestos, enquanto recortava retalhos de pano com a tesoura. Interrompia às vezes seu trabalho, era quando a mãe precisava da tesoura. Admirava o jeito decidido da mãe ao cortar pano, não hesitava nunca, nem errava. A mãe sabia tanto! Tita chamava-a de ( ) como quem diz ( ). Tentava não pensar as palavras, mas sabia que na mesma hora da tentativa tinha-as pensado. Oh, tudo era tão difícil. A mãe saberia o que ela queria perguntar-lhe intensamente agora quase com fome depressa depressa antes de morrer, tanto que não se conteve e — Mamãe, o que é desquitada? — atirou rápida com uma voz sem timbre. Tudo ficou suspenso, se alguém gritasse o mundo acabava ou Deus aparecia — sentia Ana Lúcia. Era muito forte aquele instante, forte demais para uma menina, a mãe parada com a tesoura no ar, tudo sem solução podendo desabar a qualquer pensamento, a máquina avançando desgovernada sobre o vestido de seda brilhante espalhando luz luz luz.

ÂNGELO, I. Menina. In: **A face horrível**. São Paulo: Lazuli, 2017.

Escrita na década de 1960, a narrativa põe em evidência uma dramaticidade centrada na

(A) insinuação da lacuna familiar gerada pela ausência da figura paterna.
(B) associação entre a angústia da menina e a reação intempestiva da mãe.
(C) relação conflituosa entre o trabalho doméstico e a emancipação feminina.
(D) representação de estigmas sociais modulados pela perspectiva da criança.
(E) expressão de dúvidas existenciais intensificadas pela percepção do abandono.

22. **(ENEM – 2019)**

Uma ouriça

Se o de longe esboça lhe chegar perto,
se fecha (convexo integral de esfera),
se eriça (bélica e multiespinhenta):
e, esfera e espinho, se ouriça à espera.
Mas não passiva (como ouriço na loca);
nem só defensiva (como se eriça o gato);
sim agressiva (como jamais o ouriço),
do agressivo capaz de bote, de salto
(não do salto para trás, como o gato):
daquele capaz de salto para o assalto.

Se o de longe lhe chega em (de longe),
de esfera aos espinhos, ela se desouriça.
Reconverte: o metal hermético e armado
na carne de antes (côncava e propícia),
e as molas felinas (para o assalto),
nas molas em espiral (para o abraço).

MELO NETO, J. C. **A educação pela pedra**. Rio de Janeiro:

Nova Fronteira, 1997.

Com apuro formal, o poema tece um conjunto semântico que metaforiza a atitude feminina de

(A) tenacidade transformada em brandura.
(B) obstinação traduzida em isolamento.
(C) inércia provocada pelo desejo platônico.
(D) irreverência cultivada de forma cautelosa.
(E) desconfiança consumada pela intolerância.

23. **(ENEM – 2019)**

Disponível em: www.acnur.org. Acesso em: 11 dez. 2018.

Nesse cartaz, o uso da imagem do calçado aliada ao texto verbal tem o objetivo de

(A) criticar as difíceis condições de vida dos refugiados.
(B) revelar a longa trajetória percorrida pelos refugiados.
(C) incentivar a campanha de doações para os refugiados.
(D) denunciar a situação de carência vivida pelos refugiados.
(E) simbolizar a necessidade de adesão à causa dos refugiados.

24. **(ENEM – 2019)**

***Blues* da piedade**

Vamos pedir piedade
Senhor, piedade
Pra essa gente careta e covarde
Vamos pedir piedade
Senhor, piedade
Lhes dê grandeza e um pouco de coragem

CAZUZA. **Cazuza: o poeta não morreu**. Rio de Janeiro:

Universal Music, 2000 (fragmento).

Todo gênero apresenta elementos constitutivos que condicionam seu uso em sociedade. A letra de canção identifica-se com o gênero ladainha, essencialmente, pela utilização da sequência textual

(A) expositiva, por discorrer sobre um dado tema.

(B) narrativa, por apresentar uma cadeia de ações.

(C) injuntiva, por chamar o interlocutor à participação.

(D) descritiva, por enumerar características de um personagem.

(E) argumentativa, por incitar o leitor a uma tomada de atitude.

25. **(ENEM – 2019)**

Com o enredo que homenageou o centenário do Rei do Baião, Luiz Gonzaga, a Unidos da Tijuca foi coroada no Carnaval 2012.

A penúltima escola a entrar na Sapucaí, na segunda noite de desfiles, mergulhou no universo do cantor e compositor brasileiro e trouxe a cultura nordestina com criatividade para a Avenida, com o enredo *O dia em que toda a realeza desembarcou na Avenida para coroar o Rei Luiz do Sertão.*

Disponível em: www.cultura.rj.gov.br. Acesso em: 15 maio 2012 (adaptado).

A notícia relata um evento cultural que marca a

(A) primazia do samba sobre a música nordestina.

(B) inter-relação entre dois gêneros musicais brasileiros.

(C) valorização das origens oligárquicas da cultura nordestina.

(D) proposta de resgate de antigos gêneros musicais brasileiros.

(E) criatividade em compor um samba-enredo em homenagem a uma pessoa.

26. **(ENEM – 2019)**

TEXTO I

O Estatuto do Idoso completou 15 anos em 2018 e só no primeiro semestre o Disque 100 recebeu 16 mil denúncias de violação de direitos dos idosos em todo o País.

Para especialistas da área, o aumento no número de denúncias pode ser consequência do encorajamento dos mais velhos na busca pelos direitos. Mas também pode refletir uma onda crescente de violência na sociedade e dentro das próprias famílias.

Políticas públicas mais eficazes no atendimento ao idoso são o mínimo que um país deve estabelecer. O Brasil está ficando para trás e é preciso levar em consideração que o País envelhece (tendência mundial) sem estar preparado para arcar com os desafios, como criar uma rede de proteção, preparar os serviços de saúde pública e dar suporte às famílias que precisam cuidar de seus idosos dependentes.

Disponível em: www.folhadelondrina.com.br. Acesso em: 9 dez. 2018 (adaptado).

TEXTO II

Disponível em: www.brasil.gov.br. Acesso em: 9 dez. 2018.

Na comparação entre os textos, conclui-se que as regras do Estatuto do Idoso

(A) apresentam vantagens em relação às de outros países.

(B) são ignoradas pelas famílias responsáveis por idosos.

(C) alteram a qualidade de vida das pessoas com mais de 60 anos.

(D) precisam ser revistas em razão do envelhecimento da população.

(E) contrastam com as condições de vida proporcionadas pelo País.

27. (ENEM – 2019)

Educação para a saúde mediante programas de educação física escolar

A educação para a saúde deverá ser alcançada mediante interação de ações que possam envolver o próprio homem mediante suas atitudes frente às exigências ambientais representadas pelos hábitos alimentares, estado de estresse, opções de lazer, atividade física, agressões climáticas etc. Dessa forma, parece evidente que o estado de ser saudável não é algo estático. Pelo contrário, torna-se necessário adquiri-lo e construí-lo de forma individualizada constantemente ao longo de toda a vida, apontando para o fato de que saúde é educável e, portanto, deve ser tratada não apenas com base em referenciais de natureza biológica e higienista, mas sobretudo em um contexto didático-pedagógico.

GUEDES, D. P. **Motriz**, n. 1, 1999.

A educação para a saúde pressupõe a adoção de comportamentos com base na interação de fatores relacionados à

(A) adesão a programas de lazer.
(B) opção por dietas balanceadas.
(C) constituição de hábitos saudáveis.
(D) evasão de ambientes estressores.
(E) realização de atividades físicas regulares.

28. (ENEM – 2019)

Os subúrbios do Rio de Janeiro foram a primeira coisa a aparecer no mundo, antes mesmo dos vulcões e dos cachalotes, antes de Portugal invadir, antes do Getúlio Vargas mandar construir casas populares. O bairro do Queím, onde nasci e cresci, é um deles. Aconchegado entre o Engenho Novo e Andaraí, foi feito daquela argila primordial, que se aglutinou em diversos formatos: cães soltos, moscas e morros, uma estação de trem, amendoeiras e barracos e sobrados, botecos e arsenais de guerra, armarinhos e bancas de jogo do bicho e um terreno enorme reservado para o cemitério. Mas tudo ainda estava vazio: faltava gente.

Não demorou. As ruas juntaram tanta poeira que o homem não teve escolha a não ser passar a existir, para varrê-las. À tardinha, sentar na varanda das casas e reclamar da pobreza, falar mal dos outros e olhar para as calçadas encardidas de sol, os ônibus da volta do trabalho sujando tudo de novo.

HERINGER, V. **O amor dos homens avulsos**. São Paulo: Cia. das Letras, 2016.

Traçando a gênese simbólica de sua cidade, o narrador imprime ao texto um sentido estético fundamentado na

(A) excentricidade dos bairros cariocas de sua infância.
(B) perspectiva caricata da paisagem de traços deteriorados.
(C) importância dos fatos relacionados à história dos subúrbios.
(D) diversidade dos tipos humanos identificados por seus hábitos.
(E) experiência do cotidiano marcado pelas necessidades e urgências.

29. (ENEM – 2019)

A rede é, antes de tudo, um instrumento de comunicação entre pessoas, um laço virtual em que as comunidades auxiliam seus membros a aprender o que querem saber. Os dados não representam senão a matéria-prima de um processo intelectual e social vivo, altamente elaborado. Enfim, toda inteligência coletiva do mundo jamais dispensará a inteligência pessoal, o esforço individual e o tempo necessário para aprender, pesquisar, avaliar e integrar-se a diversas comunidades, sejam elas virtuais ou não. A rede jamais pensará em seu lugar, fique tranquilo.

LÉVY, P. **A máquina universo**: criação, cognição e cultura informática. Porto Alegre: Artmed, 1998.

No contexto das novas tecnologias de informação e comunicação, a circulação de saberes depende da

(A) otimização do tempo.
(B) confiabilidade dos sites.
(C) contribuição dos usuários.
(D) quantidade de informação.
(E) colaboração de intelectuais.

30. (ENEM – 2019)

TEXTO I

Estratos

Na passagem de uma língua para outra, algo sempre permanece, mesmo que não haja ninguém para se lembrar desse algo. Pois um idioma retém em si mais memórias que os seus falantes e, como uma chapa mineral marcada por camadas de uma história mais antiga do que aquela dos seres viventes, inevitavelmente carrega em si a impressão das eras pelas quais passou. Se as "línguas são arquivos da história", elas carecem de livros de registro e catálogos. Aquilo que contêm pode apenas ser consultado em parte, fornecendo ao pesquisador menos os elementos de uma biografia do que um estudo geológico de uma sedimentação realizada em um período sem começo ou sem fim definido.

HELLER-ROAZEN, D. **Ecolalias**: sobre o esquecimento das línguas. Campinas: Unicamp, 2010.

TEXTO II

Na reflexão gramatical dos séculos XVI e XVII, a influência árabe aparece pontualmente, e se reveste sobretudo de item bélico fundamental na atribuição de rudeza aos idiomas português e castelhano por seus respectivos detratores. Parecer com o árabe, assim, é uma acusação de dessemelhança com o latim.

SOUZA, M. P. **Linguística histórica.** Campinas: Unicamp, 2006.

Relacionando-se as ideias dos textos a respeito da história e memória das línguas, quanto à formação da língua portuguesa, constata-se que

(A) a presença de elementos de outras línguas no português foi historicamente avaliada como um índice de riqueza.

(B) o estudioso da língua pode identificar com precisão os elementos deixados por outras línguas na transformação da língua portuguesa.

(C) o português é o resultado da influência de outras línguas no passado e carrega marcas delas em suas múltiplas camadas.

(D) o árabe e o latim estão na formação escolar e na memória dos falantes brasileiros.

(E) a influência de outras línguas no português ocorreu de maneira uniforme ao longo da história.

31. **(ENEM – 2019)**

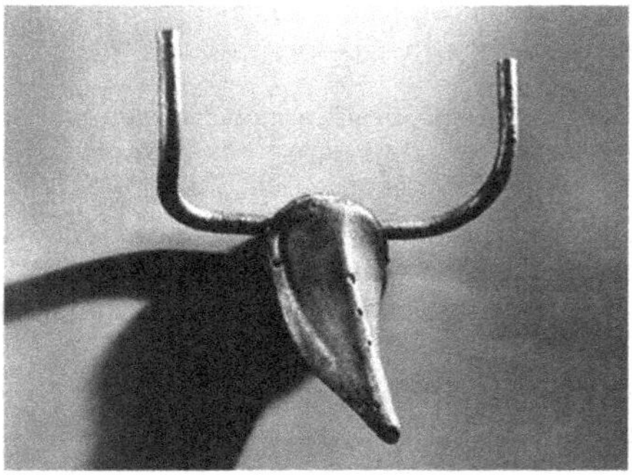

PICASSO, P. **Cabeça de touro**. Bronze, 33,5 cm x 43,5 cm x 19 cm. Musée Picasso, Paris. França, 1945. JANSON, H. W. **Iniciação à história da arte**. São Paulo: Martins Fontes, 1988.

Na obra *Cabeça de touro*, o material descartado torna-se objeto de arte por meio da

(A) reciclagem da matéria-prima original.

(B) complexidade da combinação de formas abstratas.

(C) perenidade dos elementos que constituem a escultura.

(D) mudança da funcionalidade pela integração dos objetos.

(E) fragmentação da imagem no uso de elementos diversificados.

32. **(ENEM – 2019)**

Emagrecer sem exercício?

Hormônio aumenta a esperança de perder gordura sem sair do sofá. A solução viria em cápsulas.

O sonho dos sedentários ganhou novo aliado. Um estudo publicado na revista científica *Nature*, em janeiro, sugere que é possível modificar a gordura corporal sem fazer exercício. Pesquisadores do Dana-Farber Cancer Institute e da Escola de Medicina de Harvard, nos EUA, isolaram em laboratório a irisina, hormônio naturalmente produzido pelas células musculares durante os exercícios aeróbicos, como caminhada, corrida ou pedalada. A substância foi aplicada em ratos e agiu como se eles tivessem se exercitado, inclusive com efeito protetor contra o diabetes.

O segredo foi a conversão de gordura branca – aquela que estoca energia inerte e estraga nossa silhueta – em marrom. Mais comum em bebês, e praticamente inexistente em adultos, esse tipo de gordura serve para nos aquecer. E, nesse processo, gasta uma energia tremenda. Como efeito colateral, afinaria nossa silhueta. A expectativa é que, se o hormônio funcionar da mesma forma em humanos, surja em breve um novo medicamento para emagrecer. Mas ele estaria longe de substituir por completo os benefícios da atividade física. "Possivelmente existem muitos outros hormônios musculares liberados durante o exercício e ainda não descobertos", diz o fisiologista Paul Coen, professor assistente da Universidade de Pittsburgh, nos EUA. A irisina não fortalece os músculos, por exemplo. E para ficar com aquele tríceps de fazer inveja só o levantamento de controle remoto não daria conta.

LIMA, F. **Galileu**. São Paulo, n. 248, mar. 2012.

Para convencer o leitor de que o exercício físico é importante, o autor usa a estratégia de divulgar que

(A) a falta de exercício físico não emagrece e desenvolve doenças.
(B) se trata de uma forma de transformar a gordura branca em marrom e de emagrecer.
(C) a irisina é um hormônio que apenas é produzido com o exercício físico.
(D) o exercício é uma forma de afinar a silhueta por eliminar a gordura branca.
(E) se produzem outros hormônios e há outros benefícios com o exercício.

33. **(ENEM – 2019)**

Inverno! inverno! inverno!

Tristes nevoeiros, frios negrumes da longa treva boreal, descampados de gelo cujo limite escapa-nos sempre, desesperadamente, para lá do horizonte, perpétua solidão inóspita, onde apenas se ouve a voz do vento que passa uivando como uma legião de lobos, através da cidade de catedrais e túmulos de cristal na planície, fantasmas que a miragem povoam e animam, tudo isto: decepções, obscuridade, solidão, desespero e a hora invisível que passa como o vento, tudo isto é o frio inverno da vida.

Há no espírito o luto profundo daquele céu de bruma dos lugares onde a natureza dorme por meses, à espera do sol avaro que não vem.

POMPEIA, R. **Canções sem metro**. Campinas: Unicamp, 2013.

Reconhecido pela linguagem impressionista, Raul Pompeia desenvolveu-a na prosa poética, em que se observa a

(A) imprecisão no sentido dos vocábulos.
(B) dramaticidade como elemento expressivo.
(C) subjetividade em oposição à verossimilhança.
(D) valorização da imagem com efeito persuasivo.
(E) plasticidade verbal vinculada à cadência melódica.

34. **(ENEM – 2019)**

Antes de Roma ser fundada, as colinas de Alba eram ocupadas por tribos latinas, que dividiam o ano de acordo com seus deuses. Os romanos adaptaram essa estrutura. No princípio dessa civilização o ano tinha dez meses e começava por Martius (atual março). Os outros dois teriam sido acrescentados por Numa Pompílio, o segundo rei de Roma.

Até Júlio César reformar o calendário local, os meses eram lunares, mas as festas em homenagem aos deuses permaneciam designadas pelas estações. O descompasso de dez dias por ano fazia com que, em todos os triênios, um décimo terceiro mês, o Intercalaris, tivesse que ser enxertado. Com a ajuda de matemáticos do Egito emprestados por Cleópatra, Júlio César acabou com a bagunça ao estabelecer o seguinte calendário solar: Januarius, Februarius, Martius, Aprilis, Maius, Junius, Quinctilis, Sextilis, September, October, November e December. Quase igual ao nosso, com as diferenças de que Quinctilis e Sextilis deram origem aos meses de julho e agosto.

Disponível em: https://aventurasnahistoria.uol.com.br. Acesso em: 8 dez. 2018.

Considerando as informações no texto e aspectos históricos da formação da língua, a atual escrita dos meses do ano em português

(A) reflete a origem latina de nossa língua.
(B) decorre de uma língua falada no Egito antigo.
(C) tem como base um calendário criado por Cleópatra.
(D) segue a reformulação da norma da língua proposta por Júlio César.
(E) resulta da padronização do calendário antes da fundação de Roma.

35. **(ENEM – 2019)**

No Brasil, a disseminação de uma expectativa de corpo com base na estética da magreza é bastante grande e apresenta uma enorme repercussão, especialmente, se considerada do ponto de vista da realização pessoal. Em pesquisa feita na cidade de São Paulo, aparecem os percentuais de 90% entre as mulheres pesquisadas que se dizem preocupadas com seu peso corporal, sendo que 95% se sentem insatisfeitas com "seu próprio corpo".

SILVA, A. M. **Corpo, ciência e mercado**: reflexões acerca da gestação de um novo arquétipo da felicidade. Campinas: Autores Associados; Florianópolis: UFSC, 2001.

A preocupação excessiva com o "peso" corporal pode provocar o desenvolvimento de distúrbios associados diretamente à imagem do corpo, tais como

(A) anorexia e bulimia.
(B) ortorexia e vigorexia.
(C) ansiedade e depressão.
(D) sobrepeso e fobia social.
(E) sedentarismo e obesidade.

36. (ENEM – 2019)

TEXTO I

Fotografia de Jackson Pollock pintando em seu ateliê, realizada por Hans Namuth em 1951. CHIPP, H. **Teorias da arte moderna**. São Paulo: Martins Fontes, 1988.

TEXTO II

MUNIZ, V. **Action Photo** (segundo Hans Namuth em *Pictures in Chocolate*). Impressão fotográfica, 152,4 cm x 121,92 cm, The Museum of Modern Art, Nova Iorque, 1977. NEVES, A. **História da arte 4**. Vitória: Ufes – Nead, 2011.

Utilizando chocolate derretido como matéria-prima, essa obra de Vick Muniz reproduz a célebre fotografia do processo de criação de Jackson Pollock. A originalidade dessa releitura reside na

(A) apropriação parodística das técnicas e materiais utilizados.
(B) reflexão acerca dos sistemas de circulação da arte.
(C) simplificação dos traços da composição pictórica.
(D) contraposição de linguagens artísticas distintas.
(E) crítica ao advento do abstracionismo.

37. (ENEM – 2019)

Na semana passada, os alunos do colégio do meu filho se mobilizaram, através do Twitter, para não comprarem na cantina da escola naquele dia, pois acharam o preço do pão de queijo abusivo. São adolescentes. Quase senhores das novas tecnologias, transitam nas redes sociais, varrem o mundo através dos teclados dos celulares, *iPads* e se organizam para fazer um movimento pacífico de não comprar lanches por um dia. Foi parar na TV e em muitas páginas da internet.

GOMES, A. **A revolução silenciosa e o impacto na sociedade das redes sociais**. Disponível em: www.hsm.com.br. Acesso em: 31 jul. 2012.

O texto aborda a temática das tecnologias da informação e comunicação, especificamente o uso de redes sociais. Muito se debate acerca dos benefícios e malefícios do uso desses recursos e, nesse sentido, o texto

(A) aborda a discriminação que as redes sociais sofrem de outros meios de comunicação.
(B) mostra que as reivindicações feitas nas redes sociais não têm impacto fora da internet.
(C) expõe a possibilidade de as redes sociais favorecerem comportamentos e manifestações violentos dos adolescentes que nelas se relacionam.
(D) trata as redes sociais como modo de agregar e empoderar grupos de pessoas, que se unem em prol de causas próprias ou de mudanças sociais.
(E) evidencia que as redes sociais são usadas inadequadamente pelos adolescentes, que, imaturos, não utilizam a ferramenta como forma de mudança social.

38. (ENEM – 2019)

"O computador, dando prioridade à busca pela própria felicidade, parou de trabalhar para os humanos". É assim que termina o conto *O dia em que um computador escreveu um conto*, escrito por uma inteligência artificial com a ajuda de cientistas humanos.

Os cientistas selecionaram palavras e frases que seriam usadas na narrativa, e definiram um roteiro geral da história, que serviria como guia para a inteligência artificial. A partir daí, o computador criou o texto combinando as frases e seguindo as diretrizes que os cientistas impuseram. Os juízes não sabem quais textos são escritos por humanos e quais são feitos por computadores, o que mostra que o conto estava bem escrito. *O dia* só não passou para as próximas etapas porque, de acordo com os juízes, os personagens não foram muito bem descritos, embora o texto estivesse estruturalmente impecável. A ideia dos cientistas é continuar desenvolvendo a criatividade da IA para que ela se pareça cada vez mais com a humana. Simular esse tipo de resposta é difícil, porque o computador precisa ter, primeiro, um banco de dados vasto vinculado a uma programação específica para cada tipo de projeto — escrita, pintura, música, desenho e por aí vai.

D'ANGELO, H. Disponível em: https://super.abril.com.br. Acesso em: 5 dez. 2018.

O êxito e as limitações da tecnologia utilizada na composição do conto evidenciam a

(A) indistinção entre personagens produzidos por máquinas e seres humanos.
(B) necessidade de reformulação da base de dados elaborada por cientistas.
(C) autonomia de programas computacionais no desenvolvimento ficcional.
(D) diferença entre a estrutura e a criatividade da linguagem humana.
(E) qualidade artística de textos produzidos por computadores.

39. (ENEM – 2019)

Essa lua enlutada, esse desassossego
A convulsão de dentro, ilharga
Dentro da solidão, corpo morrendo
Tudo isso te devo. E eram tão vastas
As coisas planejadas, navios,
Muralhas de marfim, palavras largas
Consentimento sempre. E seria dezembro.
Um cavalo de jade sob as águas
Dupla transparência, fio suspenso
Todas essas coisas na ponta dos teus dedos
E tudo se desfez no pórtico do tempo
Em lívido silêncio. Umas manhãs de vidro
Vento, a alma esvaziada, um sol que não vejo
Também isso te devo.

HILST, H. **Júbilo, memória, noviciado da paixão.** São Paulo: Cia. das Letras, 2018.

No poema, o eu lírico faz um inventário de estados passados espelhados no presente. Nesse processo, aflora o

(A) cuidado em apagar da memória os restos do amor.
(B) amadurecimento revestido de ironia e desapego.
(C) mosaico de alegrias formado seletivamente.
(D) desejo reprimido convertido em delírio.
(E) arrependimento dos erros cometidos.

40. (ENEM – 2019)

1. Nós queremos cantar o amor ao perigo, o hábito da energia e da temeridade.

2. A coragem, a audácia, a rebelião serão elementos essenciais de nossa poesia.

3. A literatura exaltou até hoje a imobilidade pensativa, o êxtase, o sono. Nós queremos exaltar o movimento agressivo, a insônia febril, o passo de corrida, o salto mortal, o bofetão e o soco.

4. Nós afirmamos que a magnificência do mundo enriqueceu-se de uma beleza nova: a beleza da velocidade. Um automóvel de corrida com seu cofre enfeitado com tubos grossos, semelhantes a serpentes de hálito explosivo... um automóvel rugidor, que parece correr sobre a metralha, é mais bonito que a Vitória de Samotrácia.

5. Nós queremos entoar hinos ao homem que segura o volante, cuja haste ideal atravessa a Terra, lançada também numa corrida sobre o circuito da sua órbita.

6. É preciso que o poeta prodigalize com ardor, fausto e munificiência, para aumentar o entusiástico fervor dos elementos primordiais.

MARINETTI, F. T. Manifesto futurista. In: TELES, G. M. **Vanguardas europeias e Modernismo brasileiro**. Petrópolis: Vozes, 1985.

O documento de Marinetti, de 1909, propõe os referenciais estéticos do Futurismo, que valorizam a

(A) composição estática.
(B) inovação tecnológica.
(C) suspensão do tempo.
(D) retomada do helenismo.
(E) manutenção das tradições.

41. **(ENEM – 2019)**

Ela nasceu lesma, vivia no meio das lesmas, mas não estava satisfeita com sua condição. Não passamos de criaturas desprezadas, queixava-se. Só somos conhecidas por nossa lentidão. O rastro que deixaremos na História será tão desprezível quanto a gosma que marca nossa passagem pelos pavimentos.

A esta frustração correspondia um sonho: a lesma queria ser como aquele parente distante, o *escargot*. O simples nome já a deixava fascinada: um termo francês, elegante, sofisticado, um termo que as pessoas pronunciavam com respeito e até com admiração. Mas, lembravam as outras lesmas, os *escargots* são comidos, enquanto nós pelo menos temos chance de sobreviver. Este argumento não convencia a insatisfeita lesma, ao contrário: preferiria exatamente terminar sua vida desta maneira, numa mesa de toalha adamascada, entre talheres de prata e cálices de cristal. Assim como o mar é o único túmulo digno de um almirante batavo, respondia, a travessa de porcelana é a única lápide digna dos meus sonhos.

SCLIAR, M. Sonho de lesma. In: ABREU, C. F. et al. **A prosa do mundo**. São Paulo: Global, 2009.

Incorporando o devaneio da personagem, o narrador compõe uma alegoria que representa o anseio de

(A) rejeitar metas de superação de desafios.
(B) restaurar o estado de felicidade pregressa.
(C) materializar expectativas de natureza utópica.
(D) rivalizar com indivíduos de condição privilegiada.
(E) valorizar as experiências hedonistas do presente.

42. **(ENEM – 2019)**

A ciência do Homem-Aranha

Muitos dos superpoderes do querido Homem-Aranha de fato se assemelham às habilidades biológicas das aranhas e são objeto de estudo para produção de novos materiais.

O "sentido-aranha" adquirido por Peter Parker funciona quase como um sexto sentido, uma espécie de habilidade premonitória e, por isso, soa como um mero elemento ficcional. No entanto, as aranhas realmente têm um sentido mais aguçado. Na verdade, elas têm um dos sistemas sensoriais mais impressionantes da natureza.

Os pelos sensoriais das aranhas, que estão espalhados por todo o corpo, funcionam como uma forma muito boa de perceber o mundo e captar informações do ambiente. Em muitas espécies, esse tato por meio dos pelos tem papel mais importante que a própria visão, uma vez que muitas aranhas conseguem prender e atacar suas presas na completa escuridão. E por que os pelos humanos não são tão eficientes como órgãos sensoriais como os das aranhas? Primeiro, porque um ser humano tem em média 60 fios de pelo em cada cm^2 do corpo, enquanto algumas espécies de aranha podem chegar a ter 40 mil pelos por cm^2; segundo, porque cada pelo das aranhas possui até 3 nervos para fazer a comunicação entre a sensação percebida e o cérebro, enquanto nós, seres humanos, temos apenas 1 nervo por pelo.

Disponível em: http://cienciahoje.org.br. Acesso em: 11 dez. 2018 (adaptado).

Como estratégia de progressão do texto, o autor simula uma interlocução com o público leitor ao recorrer à

(A) revelação do "sentido-aranha" adquirido pelo super-herói como um sexto sentido.
(B) caracterização do afeto do público pelo super-herói marcado pela palavra "querido".
(C) comparação entre os poderes do super-herói e as habilidades biológicas das aranhas.
(D) pergunta retórica na introdução das causas da eficiência do sistema sensorial das aranhas.
(E) comprovação das diferenças entre a constituição física do homem e da aranha por meio de dados numéricos.

43. **(ENEM – 2019)**

Disponível em: www.tecmundo.com.br.
Acesso em: 10 dez. 2018 (adaptado).

O texto tem o formato de uma carta de jogo e apresenta dados a respeito de Marcelo Gleiser, premiado pesquisador brasileiro da atualidade. Essa apresentação subverte um gênero textual ao

(A) vincular áreas distintas do conhecimento.
(B) evidenciar a formação acadêmica do pesquisador.
(C) relacionar o universo lúdico a informações biográficas.
(D) especificar as contribuições mais conhecidas do pesquisador.
(E) destacar o nome do pesquisador e sua imagem no início do texto.

Toca a sirene na fábrica,
e o apito como um chicote
bate na manhã nascente
e bate na tua cama
no sono da madrugada.
Ternuras da áspera lona
pelo corpo adolescente.
É o trabalho que te chama.
Às pressas tomas o banho,
tomas teu café com pão,
tomas teu lugar no bote
no cais do Capibaribe.
Deixas chorando na esteira
teu filho de mãe solteira.
Levas ao lado a marmita,
contendo a mesma ração
do meio de todo o dia,
a carne-seca e o feijão.
De tudo quanto ele pede
dás só bom-dia ao patrão,
e recomeças a luta
na engrenagem da fiação.

MOTA, M. **Canto ao meio**. Rio de Janeiro: Civilização Brasileira, 1964.

44. **(ENEM – 2019)** Nesse texto, a mobilização do uso padrão das formas verbais e pronominais

(A) ajuda a localizar o enredo num ambiente estático.
(B) auxilia na caracterização física do personagem principal.

(C) acrescenta informações modificadoras às ações dos personagens.
(D) alterna os tempos da narrativa, fazendo progredir as ideias do texto.
(E) está a serviço do projeto poético, auxiliando na distinção dos referentes.

45. **(ENEM – 2019)**

Irerê, meu passarinho do sertão do Cariri,
Irerê, meu companheiro,
Cadê viola? Cadê meu bem? Cadê Maria?
Ai triste sorte a do violeiro cantadô!
Ah! Sem a viola em que cantava o seu amô,
Ah! Seu assobio é tua flauta de irerê:
Que tua flauta do sertão quando assobia,
Ah! A gente sofre sem querê!
Ah! Teu canto chega lá no fundo do sertão,
Ah! Como uma brisa amolecendo o coração,
Ah! Ah!
Irerê, solta teu canto!
Canta mais! Canta mais!
Prá alembrá o Cariri!

VILLA-LOBOS, H. Bachianas Brasileiras n. 5 para soprano e oito violoncelos (1938-1945). Disponível em: http://euterpe.blog.br. Acesso em: 23 abr. 2019.

Nesses versos, há uma exaltação ao sertão do Cariri em uma ambientação linguisticamente apoiada no(a)

(A) uso recorrente de pronomes.
(B) variedade popular da língua portuguesa.
(C) referência ao conjunto da fauna nordestina.
(D) exploração de instrumentos musicais eruditos.
(E) predomínio de regionalismos lexicais nordestinos.

CIÊNCIAS HUMANAS E SUAS TECNOLOGIAS

A pegada ecológica gigante que estamos a deixar no planeta está a transformá-lo de tal forma que os especialistas consideram que já entramos numa nova época geológica, o Antropoceno. E muitos defendem que, se não travarmos a crise ambiental, mais rapidamente transformaremos a Terra em Vênus do que iremos a Marte. A expressão "Antropoceno" é atribuída ao químico e prêmio Nobel Paul Crutzen, que a propôs durante uma conferência em 2000, ao mesmo tempo que anunciou o fim do Holoceno — a época geológica em que os seres humanos se encontram há cerca de 12 mil anos, segundo a União Internacional das Ciências Geológicas (UICG), a entidade que define as unidades de tempo geológicas.

SILVA, R. D. **Antropoceno: e se formos os últimos seres vivos a alterar a Terra?** Disponível em: www.publico.pt. Acesso em: 5 dez. 2017 (adaptado).

46. **(ENEM – 2019)** A concepção apresentada considera a existência de uma nova época geológica concebida a partir da capacidade de influência humana nos processos

(A) eruptivos.
(B) exógenos.
(C) tectônicos.
(D) magmáticos.
(E) metamórficos.

47. (ENEM – 2019)

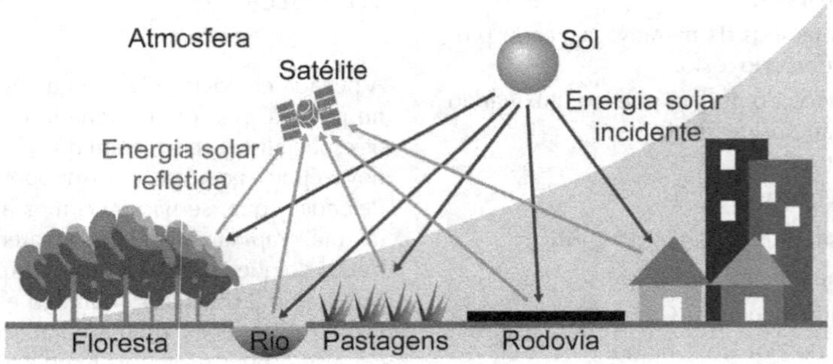

Disponível em: www.ibge.gov.br. Acesso em: 11 dez. 2018 (adaptado).

A geração de imagens por meio da tecnologia ilustrada depende da variação do(a):

(A) Albedo dos corpos físicos.
(B) Profundidade do lençol freático.
(C) Campo de magnetismo terrestre.
(D) Qualidade dos recursos minerais.
(E) Movimento de translação planetária.

48. (ENEM – 2019)

Dizem que Humboldt, naturalista do século XIX, maravilhado pela geografia, flora e fauna da região sul-americana, via seus habitantes como se fossem mendigos sentados sobre um saco de ouro, referindo-se a suas incomensuráveis riquezas naturais não exploradas. De alguma maneira, o cientista ratificou nosso papel de exportadores de natureza no que seria o mundo depois da colonização ibérica: enxergou-nos como territórios condenados a aproveitar os recursos naturais existentes.

ACOSTA, A. **Bem viver**: uma oportunidade para imaginar outros mundos. São Paulo: Elefante, 2016 (adaptado).

A relação entre ser humano e natureza ressaltada no texto refletia a permanência da seguinte corrente filosófica:

(A) Relativismo cognitivo.
(B) Materialismo dialético.
(C) Racionalismo cartesiano.
(D) Pluralismo epistemológico.
(E) Existencialismo fenomenológico.

49. (ENEM – 2019)

O Instituto Brasileiro do Meio Ambiente e dos Recursos Naturais Renováveis (Ibama) está investigando o extermínio de abelhas por intoxicação por agrotóxicos em colmeias de São Paulo e Minas Gerais. Os estudos com inseticidas do tipo neonicotinoides devem estar concluídos no primeiro semestre de 2015. Trata-se de um problema de escala mundial, presente, inclusive, em países do chamado primeiro mundo, e que traz, como consequência, grave ameaça aos seres vivos do planeta, inclusive ao homem.

IBAMA. **Polinizadores em risco de extinção são ameaça à vida do ser humano**. Disponível em: www.mma.gov.br.Acesso em: 10 mar. 2014.

Qual solução para o problema apresentado garante a produtividade da agricultura moderna?

(A) Preservação da área de mata ciliar.
(B) Adoção da prática de adubação química.
(C) Utilização da técnica de controle biológico.
(D) Ampliação do modelo de monocultura tropical.
(E) Intensificação da drenagem do solo de várzea.

50. ENEM – 2019)

A hospitalidade pura consiste em acolher aquele que chega antes de lhe impor condições, antes de saber e indagar o que quer que seja, ainda que seja um nome ou um "documento" de identidade. Mas ela também supõe que se dirija a ele, de maneira singular, chamando-o portanto e reconhecendo-lhe um nome próprio: "Como você se chama?" A hospitalidade consiste em fazer tudo para se dirigir ao outro, em lhe conceder, até mesmo perguntar seu nome, evitando que essa pergunta se torne uma "condição", um inquérito policial, um fichamento ou um simples controle das fronteiras. Uma arte e uma poética, mas também toda uma política dependem disso, toda uma ética se decide aí.

DERRIDA, J. **Papel-máquina**. São Paulo: Estação Liberdade, 2004 (adaptado).

Associado ao contexto migratório contemporâneo, o conceito de hospitalidade proposto pelo autor impõe a necessidade de

(A) anulação da diferença.
(B) cristalização da biografia.
(C) incorporação da alteridade.
(D) supressão da comunicação.
(E) verificação da proveniência.

51. **(ENEM – 2019)**

Em sentido geral e fundamental, Direito é a técnica da coexistência humana, isto é, a técnica voltada a tornar possível a coexistência dos homens. Como técnica, o Direito se concretiza em um conjunto de regras (que, nesse caso, são leis ou normas); e tais regras têm por objeto o comportamento intersubjetivo, isto é, o comportamento recíproco dos homens entre si.

ABBAGNANO, N. **Dicionário de Filosofia**. São Paulo: Martins Fontes, 2007.

O sentido geral e fundamental do Direito, conforme foi destacado, refere-se à

(A) aplicação de códigos legais.
(B) regulação do convívio social.
(C) legitimação de decisões políticas.
(D) mediação de conflitos econômicos.
(E) representação da autoridade constituída.

52. **ENEM – 2019)**

O processamento da mandioca era uma atividade já realizada pelos nativos que viviam no Brasil antes da chegada de portugueses e africanos. Entretanto, ao longo do processo de colonização portuguesa, a produção de farinha foi aperfeiçoada e ampliada, tornando-se lugar-comum em todo o território da colônia portuguesa na América. Com a consolidação do comércio atlântico em suas diferentes conexões, a farinha atravessou os mares e chegou aos mercados africanos.

BEZERRA, N. R. **Escravidão, farinha e tráfico atlântico**: um novo olhar sobre as relações entre o Rio de Janeiro e Benguela (1790-1830). Disponível em: www.bn.br. Acesso em: 20 ago. 2014 (adaptado).

Considerando a formação do espaço atlântico, esse produto exemplifica historicamente a

(A) difusão de hábitos alimentares.
(B) disseminação de rituais festivos.
(C) ampliação dos saberes autóctones.
(D) apropriação de costumes guerreiros.
(E) diversificação de oferendas religiosas.

53. **(ENEM – 2019)**

Brasil, Alemanha, Japão e Índia pedem reforma do Conselho de Segurança

Os representantes do G4 (Brasil, Alemanha, Índia e Japão) reiteraram, em setembro de 2018, a defesa pela ampliação do Conselho de Segurança da Organização das Nações Unidas (ONU) durante reunião em Nova York (Estados Unidos). Em declaração conjunta, de dez itens, os chanceleres destacaram que o órgão, no formato em que está, com apenas cinco membros permanentes e dez rotativos, não reflete o século 21. "A reforma do Conselho de Segurança é essencial para enfrentar os desafios complexos de hoje. Como aspirantes a novos membros permanentes de um conselho reformado, os ministros reiteraram seu compromisso de trabalhar para fortalecer o funcionamento da ONU e da ordem multilateral global, bem como seu apoio às respectivas candidaturas", afirma a declaração conjunta.

Disponível em: http://agenciabrasil.ebc.com.br. Acesso em: 7 dez. 2018 (adaptado).

Os países mencionados no texto justificam sua pretensão com base na seguinte característica comum:

(A) Extensividade de área territorial.
(B) Protagonismo em escala regional.
(C) Investimento em tecnologia militar.
(D) Desenvolvimento de energia nuclear.
(E) Disponibilidade de recursos minerais.

54. **(ENEM – 2019)**

Dificilmente passa-se uma noite sem que algum sitiante tenha seu celeiro ou sua pilha de cereais destruídos pelo fogo. Vários trabalhadores não diretamente envolvidos nos ataques pareciam apoiá-los, como se vê neste depoimento ao *The Times*: "deixa queimar, pena que não foi a casa"; "podemos nos aquecer agora"; "nós só queríamos algumas batatas, há um fogo ótimo para cozinhá-las".

HOBSBAWM, E.; RUDÉ, G. **Capitão Swing**. Rio de Janeiro: Francisco Alves, 1982 (adaptado).

A revolta descrita no texto, ocorrida na Inglaterra no século XIX, foi uma reação ao seguinte processo socioespacial:

(A) Restrição da propriedade privada.
(B) Expropriação das terras comunais.
(C) Imposição da estatização fundiária.
(D) Redução da produção monocultora.
(E) Proibição das atividades artesanais.

55. **(ENEM – 2019)**

Entre os combatentes estava a mais famosa heroína da Independência. Nascida em Feira de Santana, filha de lavradores pobres, Maria Quitéria de Jesus tinha trinta anos quando a Bahia começou a pegar em armas contra os portugueses. Apesar da proibição de mulheres nos batalhões de voluntários, decidiu se alistar às escondidas. Cortou os cabelos, amarrou os seios, vestiu-se de homem e incorporou-se às fileiras brasileiras com o nome de Soldado Medeiros.

GOMES, L. **1822**. Rio de Janeiro: Nova Fronteira, 2010.

No processo de Independência do Brasil, o caso mencionado é emblemático porque evidencia a

(A) rigidez hierárquica da estrutura social.
(B) inserção feminina nos ofícios militares.
(C) adesão pública dos imigrantes portugueses.
(D) flexibilidade administrativa do governo imperial.
(E) receptividade metropolitana aos ideais emancipatórios.

56. **(ENEM – 2019)**

A reestruturação global da indústria, condicionada pelas estratégias de gestão global da cadeia de valor dos grandes grupos transnacionais, promoveu um forte deslocamento do processo produtivo, até mesmo de plantas industriais inteiras, e redirecionou os fluxos de produção e de investimento. Entretanto, o aumento da participação dos países em desenvolvimento no produto global deu-se de forma bastante assimétrica quando se compara o dinamismo dos países do leste asiático com o dos demais países, sobretudo os latino-americanos, no período 1980-2000.

SARTI, F.; HIRATUKA, C. **Indústria mundial**: mudanças e tendências recentes. Campinas: Unicamp, n. 186, dez. 2010.

A dinâmica de transformação da geografia das indústrias descrita expõe a complementaridade entre dispersão espacial e

(A) autonomia tecnológica.
(B) crises de abastecimento.
(C) descentralização política.
(D) concentração econômica.
(E) compartilhamento de lucros.

57. **(ENEM – 2019)**

Regiões áridas e semiáridas do mundo

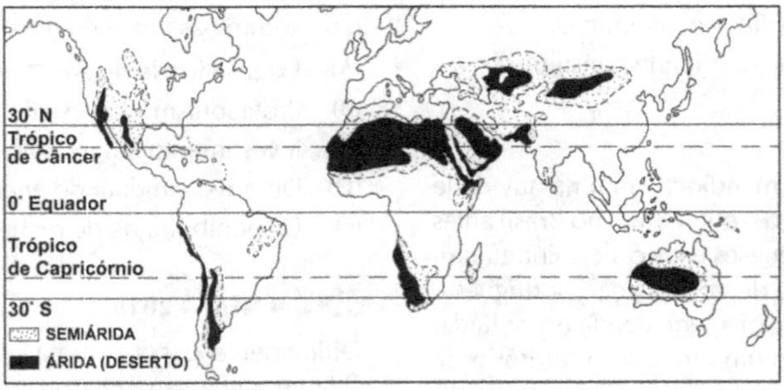

SALGADO-LABOURIAL, M. L. **História ecológica da Terra**. São Paulo: Edgard Blucher, 1994 (adaptado).

No Hemisfério Sul, a sequência latitudinal dos desertos representada na imagem sofre uma interrupção no Brasil devido à seguinte razão:

(A) Existência de superfícies de intensa refletividade.
(B) Preponderância de altas pressões atmosféricas.
(C) Influência de umidade das áreas florestais.
(D) Predomínio de correntes marinhas frias.
(E) Ausência de massas de ar continentais.

58. **(ENEM – 2019)**

De fato, não é porque o homem pode usar a vontade livre para pecar que se deve supor que Deus a concedeu para isso. Há, portanto, uma razão pela qual Deus deu ao homem esta característica, pois sem ela não poderia viver e agir corretamente. Pode-se compreender, então, que ela foi concedida ao homem para esse fim, considerando-se que se um homem a usa para pecar, recairão sobre ele as punições divinas. Ora, isso seria injusto se a vontade livre tivesse sido dada ao homem não apenas para agir corretamente, mas também para pecar. Na verdade, por que deveria ser punido aquele que usasse sua vontade para o fim para o qual ela lhe foi dada?

AGOSTINHO. O livre-arbítrio. In: MARCONDES, D. **Textos básicos de ética**. Rio de Janeiro: Jorge Zahar, 2008.

Nesse texto, o filósofo cristão Agostinho de Hipona sustenta que a punição divina tem como fundamento o(a)

(A) desvio da postura celibatária.
(B) insuficiência da autonomia moral.
(C) afastamento das ações de desapego.
(D) distanciamento das práticas de sacrifício.
(E) violação dos preceitos do Velho Testamento.

59. **(ENEM – 2019)**

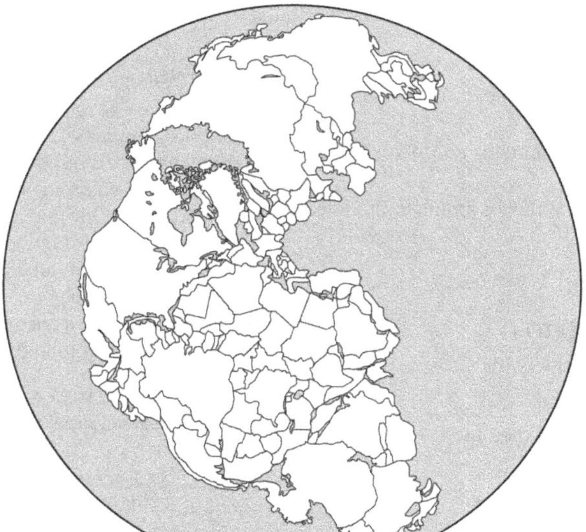

Disponível em: https://hypescience.com. Acesso em: 1 dez. 2018 (adaptado).

A divisão política do mundo como apresentada na imagem seria possível caso o planeta fosse marcado pela estabilidade do(a)

(A) ciclo hidrológico.
(B) processo erosivo.
(C) estrutura geológica.
(D) índice pluviométrico.
(E) pressão atmosférica.

60. **(ENEM – 2019)**

A cidade medieval é, antes de mais nada, uma sociedade da abundância, concentrada num pequeno espaço em meio a vastas regiões pouco povoadas. Em seguida, é um lugar de produção e de trocas, onde se articulam o artesanato e o comércio, sustentados por uma economia monetária. É também o centro de um sistema de valores particular, do qual emerge a prática laboriosa e criativa do trabalho, o gosto pelo negócio e pelo dinheiro, a inclinação para o luxo, o senso da beleza. É ainda um sistema de organização de um espaço fechado com muralhas, onde se penetra por portas e se caminha por ruas e praças e que é guarnecido por torres.

LE GOFF, J.; SCHMITT, J.-C. **Dicionário temático do Ocidente Medieval**. Bauru: Edusc, 2006.

No texto, o espaço descrito se caracteriza pela associação entre a ampliação das atividades urbanas e a

(A) emancipação do poder hegemônico da realeza.
(B) aceitação das práticas usurárias dos religiosos.
(C) independência da produção alimentar dos campos.
(D) superação do ordenamento corporativo dos ofícios.
(E) permanência dos elementos arquitetônicos de proteção.

61. **(ENEM – 2019)**

TEXTO I

Ouve o barulho do rio, meu filho
Deixa esse som te embalar
As folhas que caem no rio, meu filho
Terminam nas águas do mar
Quando amanhã por acaso faltar
Uma alegria no seu coração
Lembra do som dessas águas de lá
Faz desse rio a sua oração.

MONTE, M. et al. O rio. In: **Infinito particular**. Rio de Janeiro:
Sony; Universal Music, 2006 (fragmento).

TEXTO II

O atrativo ecoturístico não é somente o banho de cachoeira, sentar e caminhar pela praia, cavalgar, mas conhecer a biodiversidade, às vezes supostamente em extinção. Observar baleias, nadar com golfinho, tocar em corais, sair ao encontro de dezenas de jacarés em seu hábitat natural são símbolos que fascinam um ecoturista. A natureza é transformada em espetáculo diferente da vida urbana moderna.

SANTANA, P. V. **Ecoturismo**: uma indústria sem chaminé?
São Paulo: Labur Edições, 2008.

São identificadas nos textos, respectivamente, as seguintes posturas em relação à natureza:

(A) Exploração e romantização.
(B) Sacralização e profanação.
(C) Preservação e degradação.
(D) Segregação e democratização.
(E) Idealização e mercantilização.

62. **(ENEM – 2019)**

A maior parte das agressões e manifestações discriminatórias contra as religiões de matrizes africanas ocorrem em locais públicos (57%). É na rua, na via pública, que tiveram lugar mais de 2/3 das agressões, geralmente em locais próximos às casas de culto dessas religiões. O transporte público também é apontado como um local em que os adeptos das religiões de matrizes africanas são discriminados, geralmente quando se encontram paramentados por conta dos preceitos religiosos.

REGO, L. F.; FONSECA, D. P. R.; GIACOMINI, S. M.
Cartografia social de terceiros no Rio de Janeiro.
Rio de Janeiro: PUC-Rio, 2014.

As práticas descritas no texto são incompatíveis com a dinâmica de uma sociedade laica e democrática porque

(A) asseguram as expressões multiculturais.
(B) promovem a diversidade de etnias.
(C) falseiam os dogmas teológicos.
(D) estimulam os rituais sincréticos.
(E) restringem a liberdade de credo.

63. **(ENEM – 2019)**

TEXTO I

A centralização econômica, o protecionismo e a expansão ultramarina engrandeceram o Estado, embora beneficiassem a burguesia incipiente.

ANDERSON, P. In: DEYON, P. **O mercantilismo**. Lisboa: Gradiva,1989 (adaptado).

TEXTO II

As interferências da legislação e das práticas exclusivistas restringem a operação benéfica da lei natural na esfera das relações econômicas.

SMITH, A. **A riqueza das Nações**. São Paulo: Abril Cultural, 1983 (adaptado).

Entre os séculos XVI e XIX, diferentes concepções sobre as relações entre Estado e economia foram formuladas. Tais concepções, associadas a cada um dos textos, confrontam-se, respectivamente, na oposição entre as práticas de

(A) valorização do pacto colonial — combate à livre-iniciativa.
(B) defesa dos monopólios régios — apoio à livre concorrência.
(C) formação do sistema metropolitano — crítica à livre navegação.
(D) abandono da acumulação metalista — estímulo ao livre-comércio.
(E) eliminação das tarifas alfandegárias — incentivo ao livre-cambismo.

64. **(ENEM – 2019)**

A lenda diz que, em um belo dia ensolarado, Newton estava relaxando sob uma macieira. Pássaros gorjeavam em suas orelhas. Havia uma brisa gentil. Ele cochilou por alguns minutos. De repente, uma maçã caiu sobre a sua cabeça e ele acordou com um susto. Olhou para cima. "Com certeza um pássaro ou um esquilo derrubou a maçã da árvore", supôs. Mas não havia pássaros ou esquilos na árvore por perto. Ele, então, pensou: "Apenas alguns minutos antes, a maçã estava pendurada na árvore. Nenhuma força externa fez ela cair. Deve haver alguma força subjacente que causa a queda das coisas para a terra".

The English Enlightenment, p. 1-3, apud MARTINS, R. A. A maçã de Newton: história, lendas e tolices. In: SILVA, C. C. (org.). **Estudos de história e filosofia das ciências:** subsídios para aplicação no ensino. São Paulo: Livraria da Física, 2006. p. 169 (adaptado).

Em contraponto a uma interpretação idealizada, o texto aponta para a seguinte dimensão fundamental da ciência moderna:

(A) Falsificação de teses.
(B) Negação da observação.
(C) Proposição de hipóteses.
(D) Contemplação da natureza.
(E) Universalização de conclusões.

65. **(ENEM – 2019)**

Para Maquiavel, quando um homem decide dizer a verdade pondo em risco a própria integridade física, tal resolução diz respeito apenas a sua pessoa. Mas se esse mesmo homem é um chefe de Estado, os critérios pessoais não são mais adequados para decidir sobre ações cujas consequências se tornam tão amplas, já que o prejuízo não será apenas individual, mas coletivo. Nesse caso, conforme as circunstâncias e os fins a serem atingidos, pode-se decidir que o melhor para o bem comum seja mentir.

ARANHA, M. L. **Maquiavel**: a lógica da força. São Paulo: Moderna, 2006 (adaptado).

O texto aponta uma inovação na teoria política na época moderna expressa na distinção entre

(A) idealidade e efetividade da moral.
(B) nulidade e preservabilidade da liberdade.
(C) ilegalidade e legitimidade do governante.
(D) verificabilidade e possibilidade da verdade.
(E) objetividade e subjetividade do conhecimento.

66. **(ENEM – 2019)**

A criação do Sistema Único de Saúde (SUS) como uma política para todos constitui-se uma das mais importantes conquistas da sociedade brasileira no século XX. O SUS deve ser valorizado e defendido como um marco para a cidadania e o avanço civilizatório. A democracia envolve um modelo de Estado no qual políticas protegem os cidadãos e reduzem as desigualdades. O SUS é uma diretriz que fortalece a cidadania e contribui para assegurar o exercício de direitos, o pluralismo político e o bem-estar como valores de uma sociedade fraterna, pluralista e sem preconceitos, conforme prevê a Constituição Federal de 1988.

RIZZOTO, M. L. F. et al. Justiça social, democracia com direitos sociais e saúde: a luta do Cebes. **Revista Saúde em Debate**, n. 116, jan.-mar. 2018 (adaptado).

Segundo o texto, duas características da concepção da política pública analisada são:

(A) Paternalismo e filantropia.
(B) Liberalismo e meritocracia.
(C) Universalismo e igualitarismo.
(D) Nacionalismo e individualismo.
(E) Revolucionarismo e coparticipação.

67. (ENEM – 2019)

TEXTO I

Considero apropriado deter-me algum tempo na contemplação deste Deus todo perfeito, ponderar totalmente à vontade seus maravilhosos atributos, considerar, admirar e adorar a incomparável beleza dessa imensa luz.

DESCARTES, R. **Meditações**. São Paulo: Abril Cultural, 1980.

TEXTO II

Qual será a forma mais razoável de entender como é o mundo? Existirá alguma boa razão para acreditar que o mundo foi criado por uma divindade todo-poderosa? Não podemos dizer que a crença em Deus é "apenas" uma questão de fé.

RACHELS, J. **Problemas da filosofia**. Lisboa: Gradiva, 2009.

Os textos abordam um questionamento da construção da modernidade que defende um modelo

(A) centrado na razão humana.
(B) baseado na explicação mitológica.
(C) fundamentado na ordenação imanentista.
(D) focado na legitimação contratualista.
(E) configurado na percepção etnocêntrica.

68. (ENEM – 2019)

A comunidade de Mumbuca, em Minas Gerais, tem uma organização coletiva de tal forma expressiva que coopera para o abastecimento de mantimentos da cidade do Jequitinhonha, o que pode ser atestado pela feira aos sábados. Em Campinho da Independência, no Rio de Janeiro, o artesanato local encanta os frequentadores do litoral sul do estado, além do restaurante quilombola que atende aos turistas.

ALMEIDA, A. W. B. (Org.). **Cadernos de debates nova cartografia social**: Territórios quilombolas e conflitos. Manaus: Projeto Nova Cartografia Social da Amazônia; UEA Edições, 2010 (adaptado).

No texto, as estratégias territoriais dos grupos de remanescentes de quilombo visam garantir:

(A) Perdão de dívidas fiscais.
(B) Reserva de mercado local.
(C) Inserção econômica regional.
(D) Protecionismo comercial tarifário.
(E) Benefícios assistenciais públicos.

69. (ENEM – 2019)

Localizado a 160 km da cidade de Porto Velho (capital do estado de Rondônia), nos limites da Reserva Extrativista Jaci-Paraná e Terra Indígena Karipunas, o povoado de União Bandeirantes surgiu em 2000 a partir de movimentos de camponeses, madeireiros, pecuaristas e grileiros que, à revelia do ordenamento territorial e diante da passividade governamental, demarcaram e invadiram terras na área rural fundando a vila. Atualmente, constitui-se na região de maior produção agrícola e leiteira do município de Porto Velho, fornecendo, inclusive, alimentos para a Hidrelétrica de Jirau.

SILVA, R. G. C. Amazônia globalizada — o exemplo de Rondônia. **Confins**, n. 23, 2015 (adaptado).

A dinâmica de ocupação territorial descrita foi decorrente da

(A) mecanização do processo produtivo.
(B) adoção da colonização dirigida.
(C) realização de reforma agrária.
(D) ampliação de franjas urbanas.
(E) expansão de frentes pioneiras.

70. (ENEM – 2019)

Em nenhuma outra época o corpo magro adquiriu um sentido de corpo ideal e esteve tão em evidência como nos dias atuais: esse corpo, nu ou vestido, exposto em diversas revistas femininas e masculinas, está na moda: é capa de revistas, matérias de jornais, manchetes publicitárias, e se transformou em sonho de consumo para milhares de pessoas. Partindo dessa concepção, o gordo passa a ter um corpo visivelmente sem comedimento, sem saúde, um corpo estigmatizado pelo desvio, o desvio pelo excesso. Entretanto, como afirma a escritora Marylin Wann, é perfeitamente possível ser gordo e saudável. Frequentemente os gordos adoecem não por causa da gordura, mas sim pelo estresse, pela opressão a que são submetidos.

VASCONCELOS, N. A.; SUDO, I.; SUDO, N. Um peso na alma: o corpo gordo e a mídia. **Revista Mal-Estar e Subjetividade**, n. 1, mar. 2004 (adaptado).

No texto, o tratamento predominante na mídia sobre a relação entre saúde e corpo recebe a seguinte crítica:

(A) Difusão das estéticas antigas.
(B) Exaltação das crendices populares.

(C) Propagação das conclusões científicas.
(D) Reiteração dos discursos hegemônicos.
(E) Contestação dos estereótipos consolidados.

71. (ENEM – 2019)

No sistema capitalista, as muitas manifestações de crise criam condições que forçam a algum tipo de racionalização. Em geral, essas crises periódicas têm o efeito de expandir a capacidade produtiva e de renovar as condições de acumulação. Podemos conceber cada crise como uma mudança do processo de acumulação para um nível novo e superior.

HARVEY, D. **A produção capitalista do espaço**. São Paulo: Annablume, 2005 (adaptado).

A condição para a inclusão dos trabalhadores no novo processo produtivo descrito no texto é a

(A) associação sindical.
(B) participação eleitoral.
(C) migração internacional.
(D) qualificação profissional.
(E) regulamentação funcional.

72. (ENEM – 2019)

Art. 90. As nomeações dos deputados e senadores para a Assembleia Geral, e dos membros dos Conselhos Gerais das províncias, serão feitas por eleições, elegendo a massa dos cidadãos ativos em assembleias paroquiais, os eleitores de província, e estes, os representantes da nação e província.

Art. 92. São excluídos de votar nas assembleias paroquiais:

I. Os menores de vinte e cinco anos, nos quais se não compreendem os casados, os oficiais militares, que forem maiores de vinte e um anos, os bacharéis formados e os clérigos de ordens sacras.

II. Os filhos de famílias, que estiverem na companhia de seus pais, salvo se servirem a ofícios públicos.

III. Os criados de servir, em cuja classe não entram os guarda-livros, e primeiros caixeiros das casas de comércio, os criados da Casa Imperial, que não forem de galão branco, e os administradores das fazendas rurais e fábricas.

IV. Os religiosos e quaisquer que vivam em comunidade claustral.

V. Os que não tiverem de renda líquida anual cem mil réis por bens de raiz, indústria, comércio, ou emprego.

BRASIL. **Constituição de 1824**. Disponível em: www.planalto.gov.br. Acesso em: 4 abr. 2015 (adaptado).

De acordo com os artigos do dispositivo legal apresentado, o sistema eleitoral instituído no início do Império é marcado pelo(a)

(A) representação popular e sigilo individual.
(B) voto indireto e perfil censitário.
(C) liberdade pública e abertura política.
(D) ética partidária e supervisão estatal.
(E) caráter liberal e sistema parlamentar.

73. (ENEM – 2019)

O cristianismo incorporou antigas práticas relativas ao fogo para criar uma festa sincrética. A igreja retomou a distância de seis meses entre os nascimentos de Jesus Cristo e João Batista e instituiu a data de comemoração a este último de tal maneira que as festas do solstício de verão europeu com suas tradicionais fogueiras se tornaram "fogueiras de São João". A festa do fogo e da luz no entanto não foi imediatamente associada a São João Batista. Na Baixa Idade Média, algumas práticas tradicionais da festa (como banhos, danças e cantos) foram perseguidas por monges e bispos. A partir do Concílio de Trento (1545-1563), a Igreja resolveu adotar celebrações em torno do fogo e associá-las à doutrina cristã.

CHIANCA, L. Devoção e diversão: expressões c ontemporâneas de festas e santos católicos. **Revista Anthropológicas**, n. 18, 2007 (adaptado).

Com o objetivo de se fortalecer, a instituição mencionada no texto adotou as práticas descritas, que consistem em

(A) promoção de atos ecumênicos.
(B) fomento de orientações bíblicas.
(C) apropriação de cerimônias seculares.
(D) retomada de ensinamentos apostólicos.
(E) ressignificação de rituais fundamentalistas.

74. ENEM – 2019)

Penso que não há um sujeito soberano, fundador, uma forma universal de sujeito que poderíamos encontrar em todos os lugares. Penso, pelo contrário, que o sujeito se constitui através das práticas de sujeição ou, de maneira mais autônoma, através de práticas de liberação, de liberdade, como na Antiguidade — a partir, obviamente, de um certo número de regras, de estilos, que podemos encontrar no meio cultural.

FOUCAULT, M. **Ditos e escritos V**: ética, sexualidade, política. Rio de Janeiro: Forense Universitária, 2004.

O texto aponta que a subjetivação se efetiva numa dimensão

(A) legal, pautada em preceitos jurídicos.
(B) racional, baseada em pressupostos lógicos.
(C) contingencial, processada em interações sociais.
(D) transcendental, efetivada em princípios religiosos.
(E) essencial, fundamentada em parâmetros substancialistas.

75. **(ENEM – 2019)**

TEXTO I

Os segredos da natureza se revelam mais sob a tortura dos experimentos do que no seu curso natural.

BACON, F. Novum Organum, 1620. In: HADOT, P. **O véu de Ísis**: ensaio sobre a história da ideia de natureza. São Paulo: Loyola, 2006.

TEXTO II

O ser humano, totalmente desintegrado do todo, não percebe mais as relações de equilíbrio da natureza. Age de forma totalmente desarmônica sobre o ambiente, causando grandes desequilíbrios ambientais.

GUIMARÃES, M. **A dimensão ambiental na educação**. Campinas: Papirus, 1995.

Os textos indicam uma relação da sociedade diante da natureza caracterizada pela

(A) objetificação do espaço físico.
(B) retomada do modelo criacionista.
(C) recuperação do legado ancestral.
(D) infalibilidade do método científico.
(E) formação da cosmovisão holística.

76. **(ENEM – 2019)**

Essa atmosfera de loucura e irrealidade, criada pela aparente ausência de propósitos, é a verdadeira cortina de ferro que esconde dos olhos do mundo todas as formas de campos de concentração. Vistos de fora, os campos e o que neles acontece só podem ser descritos com imagens extraterrenas, como se a vida fosse neles separada das finalidades deste mundo. Mais que o arame farpado, é a irrealidade dos detentos que ele confina que provoca uma crueldade tão incrível que termina levando à aceitação do extermínio como solução perfeitamente normal.

ARENDT, H. **Origens do totalitarismo**. São Paulo: Cia. das Letras, 1989 (adaptado).

A partir da análise da autora, no encontro das temporalidades históricas, evidencia-se uma crítica à naturalização do(a)

(A) ideário nacional, que legitima as desigualdades sociais.
(B) alienação ideológica, que justifica as ações individuais.
(C) cosmologia religiosa, que sustenta as tradições hierárquicas.
(D) segregação humana, que fundamenta os projetos biopolíticos.
(E) enquadramento cultural, que favorece os comportamentos punitivos.

77. **(ENEM – 2019)**

Fala-se aqui de uma arte criada nas ruas e para as ruas, marcadas antes de tudo pela vida cotidiana, seus conflitos e suas possibilidades, que poderiam envolver técnicas, agentes e temas que não fossem encontrados nas instituições mais tradicionais e formais.

VALVERDE, R. R. H. F. Os limites da inversão: a heterotopia do Beco do Batman. **Boletim Goiano de Geografia** (Online). Goiânia, v. 37, n. 2, maio/ago. 2017 (adaptado).

A manifestação artística expressa na imagem e apresentada no texto integra um movimento contemporâneo de

(A) regulação das relações sociais.
(B) apropriação dos espaços públicos.
(C) padronização das culturas urbanas.
(D) valorização dos formalismos estéticos.
(E) revitalização dos patrimônios históricos.

78. (ENEM – 2019)

TEXTO I

Duas coisas enchem o ânimo de admiração e veneração sempre crescentes: o céu estrelado sobre mim e a lei moral em mim.

KANT, I. **Crítica da razão prática**. Lisboa: Edições 70, s/d (adaptado).

TEXTO II

Duas coisas admiro: a dura lei cobrindo-me e o estrelado céu dentro de mim.

FONTELA, O. Kant (relido). In: **Poesia completa**. São Paulo: Hedra, 2015.

A releitura realizada pela poeta inverte as seguintes ideias centrais do pensamento kantiano:

(A) Possibilidade da liberdade e obrigação da ação.
(B) A prioridade do juízo e importância da natureza.
(C) Necessidade da boa vontade e crítica da metafísica.
(D) Prescindibilidade do empírico e autoridade da razão.
(E) Interioridade da norma e fenomenalidade do mundo.

79. (ENEM – 2019)

A soberania dos cidadãos dotados de plenos direitos era imprescindível para a existência da cidade-estado. Segundo os regimes políticos, a proporção desses cidadãos em relação à população total dos homens livres podia variar muito, sendo bastante pequena nas aristocracias e oligarquias e maior nas democracias.

CARDOSO, C. F. **A cidade-estado clássica**. São Paulo: Ática, 1985.

Nas cidades-estado da Antiguidade Clássica, a proporção de cidadãos descrita no texto é explicada pela adoção do seguinte critério para a participação política:

(A) Controle da terra.
(B) Liberdade de culto.
(C) Igualdade de gênero.
(D) Exclusão dos militares.
(E) Exigência da alfabetização.

80. (ENEM – 2019)

A Revolta da Vacina (1904) mostrou claramente o aspecto defensivo, desorganizado, fragmentado da ação popular. Não se negava o Estado, não se reivindicava participação nas decisões políticas; defendiam-se valores e direitos considerados acima da intervenção do Estado.

CARVALHO, J. M. **Os bestializados**: o Rio de Janeiro e a República que não foi. São Paulo: Cia. das Letras, 1987 (adaptado).

A mobilização analisada representou um alerta, na medida em que a ação popular questionava

(A) a alta de preços.
(B) a política clientelista.
(C) as reformas urbanas.
(D) o arbítrio governamental.
(E) as práticas eleitorais.

81. (ENEM – 2019)

A partir da segunda metade do século XVIII, o número de escravos recém-chegados cresce no Rio e se estabiliza na Bahia. Nenhum lugar servia tão bem à recepção de escravos quanto o Rio de Janeiro.

FRANÇA, R. O tamanho real da escravidão. **O Globo**, 5 abr. 2015 (adaptado).

Na matéria, o jornalista informa uma mudança na dinâmica do tráfico atlântico que está relacionada à seguinte atividade:

(A) Coleta de drogas do sertão.
(B) Extração de metais preciosos.
(C) Adoção da pecuária extensiva.
(D) Retirada de madeira do litoral.
(E) Exploração da lavoura de tabaco.

82. (ENEM – 2019)

Tratava-se agora de construir um ritmo novo. Para tanto, era necessário convocar todas as forças vivas da Nação, todos os homens que, com vontade de trabalhar e confiança no futuro, pudessem erguer, num tempo novo, um novo Tempo. E, à grande convocação que conclamava o povo para a gigantesca tarefa, começaram a chegar de todos os cantos da imensa pátria os trabalhadores: os homens simples e quietos, com pés de raiz, rostos de couro e mãos de pedra, e no calcanho, em carro de boi, em lombo de burro, em paus-de-arara, por todas as formas possíveis e imagináveis, em sua mudez cheia de esperança, muitas vezes deixando para trás mulheres e filhos a aguardar suas promessas de melhores dias; foram chegando de tantos povoados, tantas cidades cujos nomes pareciam cantar saudades aos seus ouvidos, dentro dos antigos ritmos da imensa pátria... Terra de sol, Terra de luz... Brasil! Brasil! Brasília!

MORAES, V.; JOBIM, A. C. **Brasília, sinfonia da alvorada.** III — A chegada dos candangos. Disponível em: www.viniciusdemoraes.com.br. Acesso em: 14 ago. 2012 (adaptado).

No texto, a narrativa produzida sobre a construção de Brasília articula os elementos políticos e socioeconômicos indicados, respectivamente, em:

(A) Apelo simbólico e migração inter-regional.
(B) Organização sindical e expansão do capital.
(C) Segurança territorial e estabilidade financeira.
(D) Consenso partidário e modernização rodoviária.
(E) Perspectiva democrática e eficácia dos transportes.

83. (ENEM – 2019)

Saudado por centenas de militantes de movimentos sociais de quarenta países, o Papa Francisco encerrou no dia 09/07/2015 o 2° Encontro Mundial dos Movimentos Populares, em Santa Cruz de La Sierra, na Bolívia. Segundo ele, a "globalização da esperança, que nasce dos povos e cresce entre os pobres, deve substituir esta globalização da exclusão e da indiferença".

Disponível em: http://cartamaior.com.br. Acesso em: 15 jul. 2015 (adaptado).

No texto há uma crítica ao seguinte aspecto do mundo globalizado:

(A) Liberdade política.
(B) Mobilidade humana.
(C) Conectividade cultural.
(D) Disparidade econômica.
(E) Complementaridade comercial.

84. (ENEM – 2019)

A Declaração Universal dos Direitos Humanos, adotada e proclamada pela Assembleia Geral da ONU na Resolução 217-A, de 10 de dezembro de 1948, foi um acontecimento histórico de grande relevância. Ao afirmar, pela primeira vez em escala planetária, o papel dos direitos humanos na convivência coletiva, pode ser considerada um evento inaugural de uma nova concepção de vida internacional.

LAFER, C. Declaração Universal dos Direitos Humanos (1948). In: MAGNOLI, D. (Org.). **História da paz.** São Paulo: Contexto, 2008.

A declaração citada no texto introduziu uma nova concepção nas relações internacionais ao possibilitar a

(A) superação da soberania estatal.
(B) defesa dos grupos vulneráveis.
(C) redução da truculência belicista.
(D) impunidade dos atos criminosos.
(E) inibição dos choques civilizacionais.

"Nossa cultura não cabe nos seus museus".

TOLENTINO, A. B. Patrimônio cultural e discursos museológicos. **Midas**, n. 6, 2016.

85. (ENEM – 2019) Produzida no Chile, no final da década de 1970, a imagem expressa um conflito entre culturas e sua presença em museus decorrente da

(A) valorização do mercado das obras de arte.
(B) definição dos critérios de criação de acervos.
(C) ampliação da rede de instituições de memória.
(D) burocratização do acesso dos espaços expositivos.
(E) fragmentação dos territórios das comunidades representadas.

86. (ENEM – 2019)

A ocasião fez o ladrão: Francis Drake travava sua guerra de pirataria contra a Espanha papista quando roubou as tropas de mulas que levavam o ouro do Peru para o Panamá. Graças à cumplicidade da rainha Elizabeth I, ele reincide e saqueia as costas do Chile e do Peru antes de regressar pelo Oceano Pacífico, e depois pelo Índico. Ora, em Ternate ele oferece sua proteção a um sultão revoltado com os portugueses; assim nasce o primeiro entreposto inglês ultramarino.

FERRO, M. **História das colonizações.** Das colonizações às independências. Séculos XIII a XX. São Paulo: Cia. das Letras, 1996.

A tática adotada pela Inglaterra do século XVI, conforme citada no texto, foi o meio encontrado para

(A) restabelecer o crescimento da economia mercantil.
(B) conquistar as riquezas dos territórios americanos.
(C) legalizar a ocupação de possessões ibéricas.
(D) ganhar a adesão das potências europeias.
(E) fortalecer as rotas do comércio marítimo.

87. **(ENEM – 2019)**

O Ministério do Trabalho e Emprego (MTE) realizou 248 ações fiscais e resgatou um total de 1.590 trabalhadores da situação análoga à de escravo, em 2014, em todo o país. A análise do enfrentamento do trabalho em condições análogas às de escravo materializa a efetivação de parcerias inéditas no trato da questão, podendo ser referenciadas ações fiscais realizadas com o Ministério da Defesa, Exército Brasileiro, Instituto Brasileiro do Meio Ambiente e dos Recursos Naturais Renováveis (Ibama) e Instituto Chico Mendes de Conservação da Biodiversidade (ICMBio).

Disponível em: http://portal.mte.gov.br. Acesso em: 4 fev. 2015 (adaptado).

A estratégia defendida no texto para reduzir o problema social apontado consiste em:

(A) Articular os órgãos públicos.
(B) Pressionar o Poder Legislativo.
(C) Ampliar a emissão das multas.
(D) Limitar a autonomia das empresas.
(E) Financiar as pesquisas acadêmicas.

88. **(ENEM – 2019)**

O bônus demográfico é caracterizado pelo período em que, por causa da redução do número de filhos por mulher, a estrutura populacional fica favorável ao crescimento econômico. Isso acontece porque há proporcionalmente menos crianças na população, e o percentual de idosos ainda não é alto.

GOIS, A. **O Globo**, 5 abr. 2015 (adaptado).

A ação estatal que contribui para o aproveitamento do bônus demográfico é o estímulo à

(A) atração de imigrantes.
(B) elevação da carga tributária.
(C) qualificação da mão de obra.
(D) admissão de exilados políticos.
(E) concessão de aposentadorias.

89. **(ENEM – 2019)**

Os moradores de Utqiagvik passaram dois meses quase totalmente na escuridão

Os habitantes desta pequena cidade no Alasca — o estado dos Estados Unidos mais ao norte — já estão acostumados a longas noites sem ver a luz do dia. Em 18 de novembro de 2018, seus pouco mais de 4 mil habitantes viram o último pôr do sol do ano. A oportunidade seguinte para ver a luz do dia ocorreu no dia 23 de janeiro de 2019, às 13 h 04 min (horário local).

Disponível em: www.bbc.com. Acesso em: 16 maio 2019 (adaptado).

O fenômeno descrito está relacionado ao fato de a cidade citada ter uma posição geográfica condicionada pela

(A) continentalidade.
(B) maritimidade.
(C) longitude.
(D) latitude.
(E) altitude.

90. **(ENEM – 2019)**

A fome não é um problema técnico, pois ela não se deve à falta de alimentos, isso porque a fome convive hoje com as condições materiais para resolvê-la.

PORTO-GONÇALVES, C. W. Geografia da riqueza, fome e meio ambiente. In: OLIVEIRA, A. U.; MARQUES, M. I. M. (Org.). **O campo no século XXI**: território de vida, de luta e de construção da justiça social. São Paulo: Casa Amarela; Paz e Terra, 2004 (adaptado).

O texto demonstra que o problema alimentar apresentado tem uma dimensão política por estar associado ao(à)

(A) escala de produtividade regional.
(B) padrão de distribuição de renda.
(C) dificuldade de armazenamento de grãos.
(D) crescimento da população mundial.
(E) custo de escoamento dos produtos.

Folha de Respostas

1	A	B	C	D	E
2	A	B	C	D	E
3	A	B	C	D	E
4	A	B	C	D	E
5	A	B	C	D	E
6	A	B	C	D	E
7	A	B	C	D	E
8	A	B	C	D	E
9	A	B	C	D	E
10	A	B	C	D	E
11	A	B	C	D	E
12	A	B	C	D	E
13	A	B	C	D	E
14	A	B	C	D	E
15	A	B	C	D	E
16	A	B	C	D	E
17	A	B	C	D	E
18	A	B	C	D	E
19	A	B	C	D	E
20	A	B	C	D	E
21	A	B	C	D	E
22	A	B	C	D	E
23	A	B	C	D	E
24	A	B	C	D	E
25	A	B	C	D	E
26	A	B	C	D	E
27	A	B	C	D	E
28	A	B	C	D	E
29	A	B	C	D	E
30	A	B	C	D	E
31	A	B	C	D	E
32	A	B	C	D	E
33	A	B	C	D	E
34	A	B	C	D	E
35	A	B	C	D	E
36	A	B	C	D	E
37	A	B	C	D	E

38	A	B	C	D	E
39	A	B	C	D	E
40	A	B	C	D	E
41	A	B	C	D	E
42	A	B	C	D	E
43	A	B	C	D	E
44	A	B	C	D	E
45	A	B	C	D	E
46	A	B	C	D	E
47	A	B	C	D	E
48	A	B	C	D	E
49	A	B	C	D	E
50	A	B	C	D	E
51	A	B	C	D	E
52	A	B	C	D	E
53	A	B	C	D	E
54	A	B	C	D	E
55	A	B	C	D	E
56	A	B	C	D	E
57	A	B	C	D	E
58	A	B	C	D	E
59	A	B	C	D	E
60	A	B	C	D	E
61	A	B	C	D	E
62	A	B	C	D	E
63	A	B	C	D	E
64	A	B	C	D	E
65	A	B	C	D	E
66	A	B	C	D	E
67	A	B	C	D	E
68	A	B	C	D	E
69	A	B	C	D	E
70	A	B	C	D	E
71	A	B	C	D	E
72	A	B	C	D	E
73	A	B	C	D	E
74	A	B	C	D	E

75	A	B	C	D	E
76	A	B	C	D	E
77	A	B	C	D	E
78	A	B	C	D	E
79	A	B	C	D	E
80	A	B	C	D	E
81	A	B	C	D	E
82	A	B	C	D	E

83	A	B	C	D	E
84	A	B	C	D	E
85	A	B	C	D	E
86	A	B	C	D	E
87	A	B	C	D	E
88	A	B	C	D	E
89	A	B	C	D	E
90	A	B	C	D	E

Gabarito Comentado

1. Gabarito: B
A autora discute a influência de animais de estimação no bem-estar do ser humano, apontando cinco benefícios desse convívio para a saúde. O uso de palavras e expressões como *research*, *a growing number of research* e *several studies* tem o objetivo de convencer sobre os benefícios da adoção de animais de estimação para a saúde.

2. Gabarito: D
O autor defende que o aumento da obesidade resulta da ingestão excessiva de calorias combinada com um estilo de vida sedentário, refutando a ideia de apontar um ingrediente específico (por ex., açúcar, xarope de milho com alto teor de frutose, mel etc.) como responsável pela obesidade. Por fim, o autor indica a necessidade de mais pesquisas sobre o assunto.

3. Gabarito: A
O sofrimento retratado nessa canção foi causado pela morte precoce de um amigo jovem, que morreu com apenas 23 anos, sem que a autora pudesse dizer adeus.

4. Gabarito: B
Para a autora, as diferentes formas de educar crianças nos Estados Unidos confirmam que as crianças aprendem com o que vivem: se as crianças vivem com críticas, elas aprendem a condenar, e assim por diante.

5. Gabarito: E
No cartum, o estudante pergunta "como você liga essa coisa?" (*turn on* = ligar) por desconhecer como usar um livro impresso.

1. Gabarito: A
Ao lembrar de suas origens (eu sou como as pessoas que vieram à minha terra), o poeta Manuel Machado reflete acerca de sua formação identitária plural.

2. Gabarito: B
A expressão *dejar su huella* (deixar sua marca) refere-se a um dos desejos dessa geração, que é o de fazer a diferença no mundo.

3. Gabarito: C
No texto, a fábula *A cigarra e a formiga* é retomada para descrever o comportamento dos insetos na natureza, com base em estudos científicos.

4. Gabarito: A
O poeta chileno Antrix escreve poesias sobre comidas e pratos chilenos. Nesse poema, ele enaltece as empanadas, prato típico da culinária hispânica.

5. Gabarito: D
A escultura *O Homem Eletrônico* foi projetada com o objetivo de aumentar a conscientização dos cidadãos ao consumir aparelhos elétricos e problematizar o descarte inconsequente de equipamentos.

6. Gabarito: B
A: incorreta, a campanha é promovida pelo Ministério Público e seus parceiros com o objetivo de conscientizar a população de que a liberdade de expressão é um direito que implica responsabilidade sobre aquilo que se publica; **B:** correta, de acordo com o seguinte trecho do texto: "O que todos precisam saber é que liberdade traz responsabilidades", a função desta campanha publicitária é a conscientização de que a liberdade de expressão é um direito protegido por lei, mas no entanto o cidadão precisa ter se responsabilizar para não "publicar informações e mensagens sensacionalistas, explorar imagens mórbidas, desrespeitar os Direitos Humanos e estimular o preconceito e a violência"; **C:** incorreta, a campanha dá igual equilíbrio tanto à importância do direito de liberdade expressão quanto à coibição de violações de direitos humanos nos meios de comunicação, portanto esta alternativa não é a correta pois sua afirmação está incompleta; **D:** incorreta, o intuito da campanha não é somente o combate à intolerância e ao preconceito, mas também a outras formas de irresponsabilidade ao direito de liberdade de expressão como notícias sensacionalistas e exploração de imagens mórbidas; **E:** incorreta, a campanha não busca instruir as pessoas sobre alguma forma correta de expressão, mas tem como objetivo conscientizar a população de que o direito de liberdade de expressão acarreta na responsabilidade sobre o conteúdo compartilhado.

7. Gabarito:C
A: incorreta, a canção não revela a submissão da mulher, mas deixa a interpretação ambígua justamente para mostrar o limite entre o relacionamento amoroso e o abusivo, pois o machismo estrutural de nossa cultura muitas vezes leva a mulher a pensar que atos de violência e dominação são sinais de amor e proteção; **B:** incorreta, o pedido de socorro da mulher vem somente ao final da canção e não continuamente como afirma a questão;

C: correta, o poema se utiliza de situações ambíguas colocadas frequentemente em contextos românticos como a presença constante do parceiro, a ausência de palavras e o suposto dever da mulher se entregar, a dificuldade de se afastar do parceiro e a necessidade de pedir socorro; **D:** incorreta, a mensagem do texto tem uma abordagem mais sutil de sensibilização para o tema do limite entre o amor e o abuso, mas não chega a informar dados precisos sobre o número de mulheres atingidas ou a importância de se fazer denúncias pelo número 180; **E:** incorreta, de fato o texto se aproveita da naturalização de situações opressivas, porém os versos finais que expressam um pedido de socorro dão a todas as situações apresentadas um caráter ambíguo que também pode ser interpretado como sinais de alerta de que não se trata de atos de amor, mas sim de violência.

8. Gabarito: B

A: incorreta, o autor da carta não demonstra a intenção de restringir a investigação uma vez que ao final afirma que "gostaria muito de saber" a opinião do interlocutor, isto é, gostaria de compartilhar a responsabilidade da investigação; **B:** correta, os enunciados negativos têm a função de descartar causas de morte que seriam facilmente presumíveis pelo contexto, e assim ela oferecem um panorama mais restrito ao interlocutor a quem o autor da carta pede auxílio para a investigação do caso; **C:** incorreta, a cena do crime não é identificada por meio dos enunciados negativos, mas com uma sentença afirmativa logo no início da carta; **D:** incorreta, os enunciados negativos dizem respeito à cena do crime e não ao destinatário da carta; **E:** incorreta, o vigia é apenas o mensageiro do que se passou na cena do crime e não é indiciado como suspeito.

9. Gabarito: A

A: correta, como afirma o texto "a experiência global do ser-atleta é modificada", distorce-se a imagem quando se dá maior importância ao esforço máximo, a busca da vitória e do dinheiro em detrimento da socialização no confronto e a ludicidade da vivência esportiva; **B:** incorreta, a interpretação do conteúdo não é feita pelos espectadores, mas sim pelos comentaristas e em certo nível pela edição das imagens que são transmitidas; **C:** incorreta, a utilização desses equipamentos de alta tecnologia é apresentada apenas como um dos vários componentes da estrutura do esporte telespetáculo que acabam por distorcer a imagem do ser-atleta para os espectadores; **D:** incorreta, a crítica do texto é justamente o contrário, isto é, as consequências de uma visão distorcida que se restringe ao esforço máximo, a busca da vitória e do dinheiro; **E:** incorreta, de acordo com o texto o esporte telespetáculo valoriza mais a forma do que o conteúdo.

10. Gabarito: A

A: correta, campanha envolve tanto a vítima do bullying e as pessoas que a cercam e que poderiam formar uma rede de apoio, quanto o próprio autor do bullying em uma abordagem de prevenção e contenção do problema social; **B:** incorreta, percebe-se a variedade do português europeu por se tratar de uma campanha publicada em Portugal, mas isto não se relaciona com a estratégia de comunicação; **C:** incorreta, as marcas de identidade de gênero são inclusivas para todos os gêneros binários, mas podemos entender que a não marcação gráfica dos gêneros não binários se deve à falta de tradição destas formas em campanhas publicitárias; **D:** incorreta, o termo bullying é um empréstimo da língua inglesa, isto é, apesar de ser uma palavra estrangeira já foi incorporado à língua portuguesa para descrever um certo tipo de assédio físico e/ou moral; **E:** incorreta, apenas a mensagem de cunho esperançoso não é suficiente para a conscientização, mas uma chamada para ação de diversos atores sociais é a estratégia adequada que a campanha utiliza.

11. Gabarito: D

A: incorreta, as pinturas e os adornos corporais não foram padronizadas em função dos jogos indígenas, mas compõe os elementos tradicionais destes jogos; **B:** incorreta, o texto afirma que os elementos tradicionais e modernos estão igualmente envolvidas nestes jogos; **C:** incorreta, os jogos promovem "uma semelhança entre as técnicas apresentadas" em função do caráter competitivo do evento; **D:** correta, estes jogos desencadearam a união de elementos modernos como a regulamentação, fiscalização e padronização de técnicas a regulamentação e elementos tradicionais como as práticas corporais de adornos e pinturas em uma forma de legitimação da tradicional indígena; **E:** incorreta, pois não se trata somente da preservação de práticas corporais, mas sim da forma com que os jogos legitimam essas práticas por meio da união entre elementos tradicionais e modernos.

12. Gabarito: D

A: incorreta, por se tratar de uma HQ, a produção de roteiros compostos por imagens pode ser considerada um pré-requisito do gênero, a inovação está no fato da obra não utilizar elementos escritos para reproduzir o modo como a autora, que é deficiente auditiva, interage com o mundo promovendo assim a inclusão da deficiência como elemento de diversidade que contribui muito para cultura e produção artística; **B:** incorreta, apesar do texto I representar uma obra de viés romântico, os textos não se concentram nisso, mas no fator inclusivo da produção da artista sem falas que levam seu ponto de vista de pessoa a todos os públicos independente da língua ou grau de alfabetização; **C:** incorreta, o texto II destaca que a área dedicada a cartunistas independentes cresceu muito em relação a edições anteriores deste evento, no entanto essa informação apenas introduz a autora do texto I; **D**: correta, ao divulgar a obra de uma artista com deficiência auditiva e dar destaque à contribuição de sua técnica artística, os dois textos contribuem com o processo de acessibilidade ao mostrar que a diversidade é um fator positivos em todas as áreas da produção humana; **E:** incorreta, os textos não demonstram questionar o padrão tradicional das HQ mas contribuir com novas formas de utilização desta expressão gráfica.

13. Gabarito: B

A: incorreta, pois ao responder os tipos de versos que fazia, Pinote apresenta algumas formas mais simplificadas como os acrósticos que de acordo com o contexto da peça são melhor recebidos pelo público do que as obras futuristas; **B:** correta, a lista de versos que Pinote produz somada a sua explicação de por que não trabalha mais com versos futuristas revela a postura conservadora do público; **C:** incorreta, a personagem lista como versos que são bem aceitos pelo público formas populares como as quadrinhas e os reclames; **D:** incorreta, pois algumas das formas de verso que Pinote afirma trabalhar são de origem europeia e aparentemente são bem aceita por seu público; **E:** incorreta, não se pode classificar a postura do público leitor como eclética, uma vez que Pinote afirma ter sofrido severas resistências ao estilo futurista, isto é, seu público não aceita diversos estilos poéticos, apenas aqueles modelos consagrados.

14. Gabarito: E

A: incorreta, os questionamentos apresentados pelo eu-lírico não revelam apatia, mas sim projeção de novos rumos nesta viagem permeada pela ausência; **B**: incorreta, o sujeito do poema não se fragmenta mas busca novas perspectivas de língua, paisagens e descobertas; **C:** incorreta, o poema não perpassa pelos sentidos de desejo e culpa, mas de viagem, ausência e descobertas; **D:** incorreta, a todo tempo o eu-lírico se projeta para novas perspectivas, o que vai contra a ideia de valorização do passado proposta na alternativa; **E:** correta, a dualidade entre ficar e partir leva o eu-lírico a revelar novos rumos, como se observa nos versos finais do poema "Também quem fica procura um oriente."

15. Gabarito: C

A: incorreta, a fala do historiador da arte confere um argumento de autoridade ao texto que contradiz a ideia de subjetividade apresentada pela questão; **B:** incorreta, o artigo não apresenta verbos no imperativo ou outro tipo de indicação que leve à interpretação de convencimento do leitor; **C:** correta, o texto informa como se dá o acesso e descreve detalhadamente o uso das ferramentas de zoom e download; **D:** incorreta, o texto não estabelece interlocução com o leitor, pois não há traços de vocativo que provocam o efeito de interlocução; **E:** incorreta, o texto se concentra menos no enaltecimento da arte e mais na informação sobre como acessá-la.

16. Gabarito: D

A: incorreta, de fato há uma segmentação de enunciados, porém os hábitos descritos quebram com a perspectiva de verossimilhança e esta quebra é o que provoca o humor do texto; **B:** incorreta, a fragmentação da sentença não altera a ordem sujeito-verbo-objeto; **C:** incorreta, a estrutura da composição em períodos curtos dá o ritmo do texto que contribui para potencializar o fator humorístico que ocorre diante do absurdo dos fatos narrados; **D:** correta, o humor é provocado pela quebra de uma expectativa, seja pela construção de uma sequência, seja pelo absurdo da realidade descrita como é o caso do texto em questão; **E:** incorreta, a redundância, assim como a repetição no texto humorístico são fatores que ajudam a construir o elemento de humor.

17. Gabarito: A

A: correta, todas as personagens apresentadas no infográfico expõem uma parte de suas vidas de forma exagerada, como viagens, alimentação, círculo social e a própria imagem; **B:** incorreta, a comicidade dos perfis parte da descrição de juízo de valor que o autor do infográfico atribui ao comportamento das pessoas nas redes sociais; **C:** incorreta, o infográfico revela a exposição pessoal e individual das pessoas, apresentando um viés que pode ser interpretado como egocêntrico, por exemplo o trecho "Por que ir a um restaurante se ninguém souber?"; **D:** incorreta, os avatares servem para complementar o texto escrito e dar mais personalidade ao comportamento, mas não se referem a um sujeito específico como seria o caso de uma caricatura, por exemplo; **E:** incorreta, a crítica é feita pelo autor do infográfico que julga inadequado o comportamento pessoal dos internautas.

18. Gabarito: A

A: correta, o conceito de software livre não só permite a colaboração entre programadores do mundo todo como também disponibiliza o código fonte do produto "final" para que outras pessoas tenham acesso e possam aprender com ele e transformá-lo, criando assim uma rede democrática, acessível e coletiva; **B:** incorreta, os softwares livres são simples de serem decodificados justamente pelo seu princípio de acessibilidade e democratização, enquanto os disponíveis no mercado são praticamente indecifráveis para garantir a exclusividade do código para a empresa desenvolvedora; **C:** incorreta, a programação de códigos, ainda que acessível e democrática, continua sendo um tipo de linguagem complexa para usuários de conhecimento avançado e até mesmo científico; **D:** incorreta, apesar de alguns códigos executarem essa função, de caráter eticamente questionável, não é este o princípio fundamental dos softwares livres; **E:** incorreta, alguns eventos chamados Hackathon, maratonas de programação, se relacionam com o conceito de softwares livres e podem sim criar oportunidades para inserção profissional, porém esta não é a maior contribuição destes programas para a sociedade.

19. Gabarito: E

A: incorreta, o compartilhamento parental excessivo se relaciona mais com a exposição da relação pais e filhos para as pessoas de fora do núcleo familiar do que na comunicação interna; **B:** incorreta, a questão do compartilhamento parental diz respeito ao comportamento dos pais em expor os filhos que ainda não tem autonomia suficiente para julgar a exposição da própria imagem da internet; **C:** incorreta, o compartilhamento parental excessivo não afeta a relação entre pais e filhos pelo distanciamento, mas sim pela exposição das crianças sem que elas tenham autonomia o suficiente para consentir; **D:** incorreta, o texto introduz o assunto do compartilhamento parental excessivo com as redes de relações que formam na internet, mas o texto destaca a exposição da criança sem que ela tenha consciência desta exposição; **E:** correta, de acordo com o texto os pais compartilham situações íntimas do desenvolvimento da crianças que estas podem julgar constrangedoras quando crescerem.

20. Gabarito: C

A: incorreta, não se trata de auditoria, pois o texto não informa algum tipo de investigação, mas sim de transparência ao se disponibilizar dados estratégicos do governo que são de interesse público; **B:** incorreta, essa nova tecnologia não tem como objetivo divulgar as entidades públicas para torná-las conhecidas da população geral, mas reúne em algoritmos inteligentes dados do governo aos setores interessados; **C:** correta, o site não só disponibiliza informações estratégicas do governo, como as organiza de forma interativa e inteligente facilitando o acesso e a interpretação das informações; **D:** incorreta, por se tratar de um ambiente virtual, a coletividade é pressuposta, portanto essa não seria uma nova possibilidade de uso das tecnologias; **E:** incorreta, pelo que se pode entender da notícia, não se trata de comunicação apenas entre órgãos internos da administração pública, uma vez que as informações são disponibilizadas para todo o público interessado.

21. Gabarito: D

A: incorreta, o trecho apresentado na questão não nos permite inferir de que há uma ausência da figura paterna, pois a menina aborda o tema do desquite pelo desconhecimento da palavra, mas não se sabe se ela está se referindo à situação da mãe; **B:** incorreta, a reação da mãe não se demonstra intempestiva, mas é apresentada como um momento de suspensão como se pode observar no seguinte trecho "Tudo ficou suspenso, se alguém gritasse o mundo acabava ou Deus aparecia — sentia Ana Lúcia."; **C:** incorreta, o trabalho da mãe como costureira não se apresenta como algo conflituoso aos olhos da narradora, mas algo que confere beleza, poder e sabedoria; **D:** correta, a menina sabe que sua curiosidade aborda um estigma social tanto pela urgência e hesitação em questionar, quanto pelo sentimento de gravidade e suspensão do tempo após irromper a pergunta, no entanto como o texto demonstra era algo "forte demais" para a perspectiva de uma criança; **E:** incorreta, o contexto não nos permite depreender uma sensação de abandono, mas uma curiosidade sob a perspectiva infantil de algo tratado de forma estigmatizada pela sociedade.

22. Gabarito: A

A: correta, essa metáfora se mostra mais forte nos versos finais do poema "Reconverte: o metal hermético e armado/ na carne de antes (côncava e propícia),/ e as molas felinas (para o assalto),/nas molas em espiral (para o abraço)."; **B:** incorreta, a metáfora não demonstra exatamente o isolamento, pois ao final essa obstinação se transforma em abraço, demonstrando afeto e aproximação; **C:** incorreta, o poema é repleto de movimentos de expansão e retração que são contrários à ideia de inércia apresentada pela alternativa; **D:** incorreta, as metáforas construídas no poema não dizem respeito à irreverência, mas à tenacidade feminina que é capaz de passar da tenacidade a brandura; **E:** incorreta, os movimentos de retração expostos no poema podem criar a sensação de desconfiança e intolerância, porém ao final esse movimento se transforma em brandura no gesto do abraço.

23. Gabarito: E

A: incorreta, o texto verbal não apresenta uma mensagem de crítica, mas de empatia ao pedir que se calcem os sapatos, isto é, colocar-se no lugar dos refugiados para se entender sua situação; **B:** incorreta, a imagem dos sapatos é tanto uma representação desta longa jornada quanto um convite a experimentar a vivência destas pessoas como forma de entendê-las; **C:** incorreta, o objetivo da campanha não é pedir doações materiais, mas sim convidar a população a demonstrar empatia e entender o ponto de vista das pessoas refugiadas; **D:** incorreta, o estado de conservação dos sapatos representados na imagem representam a situação de carência dos refugiados, porém a composição com o texto verbal apresentam a intenção de incentivar as pessoas a fazer o exercício de empatia e entender a situação dos refugiados; **E:** correta, a imagem dos sapatos gastos que representam a jornada dos refugiados somada ao convite para calçá-los é um claro convite a adesão à causa dos refugiados.

24. Gabarito: C

A: incorreta, as características desta canção não se identificam com o gênero expositivo, pois se faz um pedido de intercessão às pessoas definidas pelo autor como "caretas e covardes"; **B:** incorreta, pois a ação que se apresenta é repetida ao longo da estrofe e não provoca uma cadeia de acontecimentos; **C:** correta, os versos "Vamos pedir piedade/Senhor, piedade" invocam os interlocutores a juntarem-se no pedido de intercessão como se faz tradicionalmente no gênero da ladainha religiosa; **D:** incorreta, as características apresentadas no poema não se referem à descrição de um personagem mas à classificação de um determinado tipo de comportamento social; **E:** incorreta, não se trata de argumentação com fatos e posicionamento, mas de uma invocação ao pedido de intercessão que o sujeito da canção faz em nome das pessoas que ele classifica como "caretas e covardes".

25. Gabarito: B

A: incorreta, por se tratar de um samba-homenagem, entende-se que não se trata de primazia, mas de inter-relação entre os gêneros musicais; **B:** correta, o fato de um gênero musical como o samba homenagear um grande nome de outro gênero como o baião demonstra a inter-relação entre essas tradições musicais características de diferentes regiões do país; **C:** incorreta, a menção a Luiz Gonzaga como Rei e a realeza do sertão não diz respeito a títulos oligárquicos, mas sim ao prestígio e importância do cantor para o cenários musical nordestino; **D:** incorreta, o baião e o samba são gêneros musicais muito presentes e ativos na cultura popular brasileira, por isso não é possível referir-se a eles como tradições antigas que precisam ser resgatadas; **E:** incorreta, os sambas-enredo são originalmente uma categoria de samba que exige muita criatividade dos compositores, mas não é novidade que se faça homenagem a uma pessoa nesse contexto.

26. Gabarito: E

A: incorreta, quando o texto afirma que o país está "ficando para trás" demonstra-se que há uma desvantagem em relação aos outros países; **B:** incorreta, o texto não deixa um posicionamento claro se o aumento de denúncias se dá pela maior conscientização dos idosos ou se pelo aumento de abuso por parte das famílias cuidadoras; **C:** incorreta, as regras não buscam alterar a qualidade de vida, mas oferecer o que for necessário para a manutenção da qualidade de vida destas pessoas; **D:** incorreta, o país já faz o mínimo necessário, mas é preciso ampliar as propostas do estatuto tendo em vista o envelhecimento da população; **E:** correta, o texto I demonstra que as iniciativas apresentadas pelo texto II são o mínimo necessário, mas diante do envelhecimento da população ainda há muito o que se fazer, principalmente em relação à assistência médica e social das famílias cuidadoras.

27. Gabarito: C

A: incorreta, a adesão a programas de lazer é apenas um dos elementos que constituem os hábitos saudáveis da educação para a saúde; **B:** incorreta, a opção por dietas balanceadas isoladamente não configura uma educação para saúde, uma vez que esta é composta por diferentes práticas; **C:** correta, de acordo com o texto a educação para a saúde pressupõe a adoção de hábitos saudáveis relacionados a "hábitos alimentares, estado de estresse, opções de lazer, atividade física, agressões climáticas etc."; **D:** incorreta, não se trata de sair de ambientes que provocam o stress, mas, entre outros elementos, reduzir os fatores que provocam o stress, pois a educação para saúde envolve vários elementos; **E:** incorreta, somente a realização de atividades físicas regulares sem a combinação com outros fatores não configura a educação para saúde explicada no texto de referência da questão.

28. Gabarito: B

A: incorreta, o que o autor descreve não é um bairro excêntrico, mas tipicamente periférico; **B:** correta, ao exagerar os fatos sobre a criação e antiguidade de seu bairro o autor traça características caricatas da paisagem deteriorada de seu bairro e sua cidade; **C:** incorreta, os fatos descritos pelo autor não são verossímeis, mas servem ao efeito de conferir traços caricatos ao bairro por ele narrado; **D:** incorreta, ao descrever os hábitos das pessoas daquele bairro o autor generaliza usando a expressão "o homem" para se referir a todos os habitantes; **E:** incorreta, a dilatação do tempo que o autor provoca não dá a sensação de urgência mas de certa inércia de que as coisas sempre foram e sempre serão daquela maneira.

29. Gabarito: C

A função social das novas tecnologias

A: incorreta, a otimização do tempo é uma consequência da circulação de saberes no contexto de novas tecnologias, pois o acesso se dá em questão de segundos com as diversas ferramentas de buscas de conteúdo e de informações intratextuais; **B:** incorreta, a confiabilidade dos sites depende da avaliação dos usuários; **C:** correta, de acordo com o texto o esforço individual de produzir conteúdo confiável e de qualidade depende da contribuição dos usuários com a rede de informações; **D:** incorreta, a quantidade de informação não quer dizer qualidade e nem confiabilidade, além disso para que os saberes da rede circulem é preciso que os usuários interajam com ela; **E:** incorreta, o texto não fala somente de usuários intelectuais, mas da sociedade como um todo para o funcionamento da rede.

30. Gabarito: C

A: incorreta, a avaliação pode ser interpretada a depender da língua que se apresenta ao meio e ao contexto histórico em que isso acontece. No exemplo dado no texto II a presença da língua árabe era considerado um sinal de rudeza e dessemelhança com o latim; **B:** incorreta, o texto I afirma que sempre algo se perde da memória das transformações de uma língua, o que impede a precisão na identificação dos estudiosos; **C:** correta, o português deriva principalmente do latim vulgar, mas decorre da influência de outras línguas como o árabe, por exemplo; **D:** incorreta, o latim já fez parte dos currículos escolares brasileiros, mas não atualmente e o árabe não entra na formação oficial dos currículos escolares brasileiros; **E:** incorreta, as influências das línguas entre si raramente ocorre de maneira uniforme mas varia muito de acordo com os contextos socioculturais que se relacionam as línguas em contato.

31. Gabarito: D

A: incorreta, a reciclagem da matéria-prima nem sempre a transforma em objeto de arte, uma vez que é possível reaproveitar determinado material e manter a sua mesma função primária; **B:** incorreta, a combinação das formas é visualmente simples, uma vez que a associação entre o título da obra e a imagem que ela representa é bastante clara; **C:** incorreta, a perenidade dos elementos que constituem a escultura independente destes serem utilizados para a composição de uma obra de arte; **D:** correta, ao integrar objetos de uso cotidiano para criar um escultura de valor artístico tem-se uma obra pictórica e não mais funcional; **E:** incorreta, pois a imagem final não é fragmentada, mas representa uma unidade claramente identificável.

32. Gabarito: E

A: incorreta, o ponto principal do texto está no debate de soluções instantâneas para o emagrecimento; **B:** incorreta, com o novo hormônio que foi isolado em laboratório é possível realizar a transformação dessa gordura branca em gordura marrom, o que teria o emagrecimento como consequência, no entanto o texto afirma que há outros benefícios que decorrem somente dos exercícios físicos, e estes portanto continuam sendo indispensáveis para a saúde; **C:** incorreta, a irisina é naturalmente produzida com exercícios físicos, mas as pesquisas recentes foram capazes de isolá-la em laboratório; **D:** incorreta, apesar de destacar a forma da silhueta o texto também apresenta outros benefícios dos exercícios físicos como a pressão cardíaca, controle de diabetes e tônus muscular; **E:** correta, apesar da busca por uma solução imediata para mudança de silhueta ser estimulada pelo anúncio de remédios, o texto destaca que o hábito de fazer exercícios físicos regularmente traz outros benefícios para a saúde que não podem ser obtidos por intermédio de medicamentos.

33. Gabarito: E

A: incorreta, os vocábulos utilizados por Pompeia trazem o sentido bem claro de expressar as experiências pela quais o eu-lírico passa durante o inverno; **B:** incorreta, o elemento expressivo da linguagem impressionista não se dá pela dramaticidade, mas pela escolha das palavras que vinculam sentido e expressão; **C:** incorreta, a subjetividade está presente, mas a verossimilhança não entra em discussão uma vez que as imagens poéticas são formadas para construção de metáforas, portanto, não há um compromisso do gênero com a verossimilhança; **D:** incorreta, o efeito a se provocar pela prosa poética impressionista não é a persuasão, mas as experiências sensoriais e emocionais do eu-lírico; **E:** correta, a plasticidade verbal vinculada à cadência melódica provoca efeitos de sentido tanto pelo conteúdo quanto pela forma das palavras que expressam para o leitor as sensações vividas pelo eu-lírico.

34. Gabarito: A

A: correta, os meses do ano utilizados pela sociedade romana se parecem muito com os do português moderno por esta ser uma língua derivada do latim; **B:** incorreta, a influência do Egito no calendário romano se dá principalmente pelo auxílio dos matemáticos egípcios que prestaram serviço a Júlio César; **C:** incorreta, Cleópatra tem importância para o estabelecimento de nosso calendário, pois devido as suas estreitas relações com o imperador Júlio César foi possível ceder alguns estudiosos egípcios para repensar o calendário romano; **D:** incorreta, o português não segue a reformulação da língua por se tratar de uma variação muito distante do latim vulgar, podemos dizer que tem sua origem na língua latina, mas não a este ponto de proximidade; **E:** incorreta, o calendário utilizado antes da fundação de Roma possuía apenas 10 meses, foi a padronização imposta por Julio César que deu origem ao nome de muitos meses que utilizamos em nosso calendário moderno.

35. Gabarito: A

A: correta, a anorexia e a bulimia são transtornos de imagem associados, respectivamente, à privação de alimentação e vômitos forçados e geralmente vêm associadas; **B:** incorreta, estes transtornos não estão associados ao peso, mas à forma de vigor físico e se relacionam, respectivamente, à obsessão por alimentação saudável e tônus muscular; **C:** incorreta, estes transtornos mentais podem ou não ser associados a transtornos de imagem, mas sempre de forma indireta; **D:** incorreta, o sobrepeso é uma condição física de peso desproporcional ao que é considerado esperado para determinada altura, mas não necessariamente está condicionada a distúrbio de imagem, já a fobia social pode ser uma consequência indireta dos distúrbios de imagem, mas não é uma relação estrita; **E:** incorreta, o sedentarismo é a forma como se classifica um estilo de vida não ativo, isto é, que não contempla a prática regular de exercícios, enquanto a obesidade é uma condição de saúde relacionada aos índices de IMC.

36. Gabarito: A

A: correta, o artista da referência utilizava tinta e gestos aleatórios do pincel para a sua criação, enquanto a paródia utilizou-se da abstração material e técnica para reproduzir o efeito artístico da referência; **B:** incorreta, a releitura se refere às técnicas de criação e não ao modo de circulação da arte; **C:** incorreta, ainda que o material utilizado não permita a reprodução de muitos detalhes, o fato de se identificar claramente a obra de referência demonstra que não há simplificação de traços; **D:** incorreta, pois ambas as obras são linguagens que envolvem fotografia e representações pictóricas de arte; **E:** incorreta, as técnicas e materiais utilizados na obra de VIck mostram uma relação de intertextualidade e não de crítica em relação as artes abstratas.

37. Gabarito: D

A: incorreta, o texto não apresenta alguma relação entre a internet e os outros meios de comunicação; **B:** incorreta, o fato das reivindicações terem sido organizadas na internet e culminarem em um boicote real que chegou a ser divulgado em outras mídias demonstra que elas têm sim impacto fora da internet; **C:** incorreta, como afirma o próprio texto o ambiente virtual proporcionou aos alunos o espaço de organizarem "um movimento pacífico de não comprar lanches por um dia."; **D:** correta, o texto demonstra como um grupo de adolescente se agregou por meio do twitter para se empoderarem de uma questão prática em relação ao ambiente escolar; **E:** incorreta, o fato dos adolescentes terem se organizado por meio das redes sociais para se articularem sobre os preços da cantina da escola demonstram que "varrem o mundo através dos teclados dos celulares, *iPads* e se organizam para fazer um movimento pacífico de não comprar lanches por um dia."

38. Gabarito: D

A: incorreta, as personagens produzidas pelas máquinas não foram aprovadas pelo júri, apenas a estrutura da narrativa; **B:** incorreta, o texto não fala de reformulação dessa base, mas da necessidade de ampliá-la em proporções ainda maiores para desenvolver na inteligência artificial, algo parecido com a criatividade humana; **C:** incorreta, os programas computacionais ainda precisam de um banco de dados de palavras e um roteiro com diretrizes pré-estabelecidas, portanto, não se pode falar que eles tem autonomia de criação; **D:** correta, apesar do programa conseguir realizar um texto com estrutura narrativa perfeita, isto ainda não foi suficiente para dispensar a criatividade humana na elaboração do roteiro a ser escrito; **E:** incorreta, os textos têm uma qualidade artística mínima para não serem confundidos com textos criados por humanos, no entanto, não foi o suficiente para passarem pela avaliação dos juízes.

39. Gabarito: B

A: incorreta, a relação de dever entre as memórias e os sujeitos se distancia da ideia de apagamento proposta na alternativa; **B:** correta, a ironia reside na expressão "isto te devo" que demonstra um distanciamento dos sentimentos negativos provocados pelo interlocutor a quem o eu-lírico se dirige neste poema; **C:** incorreta, o elenco de estados passados pelo eu-lírico passam pelo campo do desapego e da ironia, mas não se refletem explicitamente em momentos de alegria; **D:** incorreta, os tempos verbais empregados no poema nos fazem entender que se trata de um elenco de estados que foram experienciados no passado e agora ganham uma nova interpretação mais madura do eu-lírico; **E:** incorreta, o sujeito do poema não demonstra arrependimento, mas um sentimento de maturidade ao ter ressignificado as mágoas sofridas pelo seu interlocutor.

40. Gabarito: B

A: incorreta, como afirma a cláusula quatro deste manifesto, o futurismo tem a velocidade como referencial estético; **B:** correta, a inovação e a tecnologia, sobretudo ao que diz respeito a velocidade e ao mundo automobilístico traçam os ideais estéticos do movimento futurista; **C:** incorreta, o futurismo não busca a suspensão do tempo, mas o seu correr veloz e frenético em meio aos avanços tecnológicos que afetam diretamente a vida urbana; **D:** incorreta, o movimento futurista, como seu próprio nome indica, não busca se relacionar com movimentos artísticos e literários passado; **E:** incorreta, como se entende na terceira cláusula do manifesto, o futurismo busca romper com a poesia estática e contemplativa que vinha sendo construída tradicionalmente até aquele momento.

41. Gabarito: C
A: incorreta, o que a personagem principal do conto busca é justamente superar sua forma de vida atual, mesmo que as outras a tentem dissuadir; **B:** incorreta, nesta alegoria não há estado de felicidade pregressa para a personagem que busca algo além de sua realidade; **C:** correta, a personagem busca materializar uma realidade que não lhe pertence, inclusive encarando as possibilidades de morte que implicam a realidade desejada; **D:** incorreta, a alegoria não mostra um sujeito que rivaliza, mas que almeja a condição de indivíduos que considera em posição privilegiada; **E:** incorreta, a personagem central desta alegoria busca mudar seu presente por não se sentir satisfeita com sua condição atual de vida.

42. Gabarito: D
A: incorreta, a relação do "sentido-aranha" é um recurso para chamar a atenção do leitor leigo para um fato científico, visto que o artigo é publicado em uma revista de divulgação científica; **B:** incorreta, a marcação de afeto em relação ao super-herói é uma estratégia de aproximação com o público por meio do apelo a uma figura popularmente conhecida; **C:** incorreta, a comparação entre os poderes do herói e as características das aranhas é o fio-condutor utilizado para atingir o objetivo de divulgação científica do texto; **D:** correta, a pergunta retórica é um recurso linguístico que cria a falsa sensação de interlocutor por se dirigir diretamente ao leitor como se houvesse a possibilidade de uma resposta; **E:** incorreta, a comparação numérica serve a título de exemplo para se explicar a função de algumas características biológicas das aranhas.

43. Gabarito: C
A: incorreta, a carta de jogo não é exatamente uma área do conhecimento, mas um gênero lúdico de apresentação; **B:** incorreta, o formato de carta facilita a compreensão do público sobre a formação acadêmica que se destaca no perfil do pesquisador; **C:** correta, ao relacionar o universo lúdico das cartas de jogos com o perfil científico de informações biográficas o texto subverte tanto o gênero lúdico quanto seu conteúdo biográfico; **D:** incorreta, a carta de jogo informa outros elementos; **E:** incorreta, o destaque ao nome e a imagem do pesquisador se dá pelo formato típico de cartas de jogo que se apresenta subvertido pelo conteúdo do texto.

44. Gabarito: E
A: incorreta, não se trata de um ambiente estático, uma vez que a personagem se movimenta por cenários diferentes em uma rotina exaustiva de trabalho; **B:** incorreta, o texto não descreve a personagem fisicamente, apenas as suas ações; **C:** incorreta, as formas verbais e os pronomes não são responsáveis pelas informações modificadoras, estas são exercidas pelos advérbios; **D:** incorreta, as formas verbais de fato tem a função de alternar os tempos da narrativa e dão progressão ao texto, mas não é esta a única função dos verbos e pronomes nesse texto; **E:** correta, o uso padrão das formas verbais e dos pronomes colaboram com o projeto poético e dão movimento ao personagem e auxiliam os referentes, respectivamente.

45. Gabarito: B
A: incorreta, o uso recorrente dos pronomes é um recurso poético que pode ser utilizado para variados efeitos e não somente o de ambientação linguística; **B: correta**, a acentuação em algumas palavras como cantadô, amô, querê e a variação alembrá, marcam a variação linguística ambientada no nordeste do país; **C:** incorreta, a presença da fauna nordestina faz a ambientação física, mas não linguística do poema; **D:** incorreta, a flauta e a viola são apresentadas como parte do contexto nordestino criado na canção; **E:** incorreta, apenas algumas palavras são marcadas pelo regionalismo, mas ainad há predominância da norma culta no texto em questão.

46. Gabarito: B
O texto considera a existência de uma nova época geológica (denominada Antropoceno) concebida a partir da capacidade de influência humana nos processos exógenos, por ser o homem um agente que atua na transformação da superfície da Terra.

47. Gabarito: A
A figura ilustra a geração de imagens de satélite, que é um dos produtos do sensoriamento remoto. Sensoriamento remoto é a coleta de imagens e dados da superfície terrestre, feita a partir do registro da radiação eletromagnética (REM) refletida ou emitida pelo alvo na superfície terrestre em diferentes comprimentos de onda do espectro eletromagnético, sem que haja contato físico entre o sensor e a superfície estudada. A geração de imagens por meio de um sensor remoto passivo (ex.: satélites) depende de uma fonte externa de radiação eletromagnética (como a radiação do Sol) e da variação do albedo ou coeficiente de reflexão dos corpos físicos, que é a razão entre a radiação refletida pela superfície e a radiação incidente sobre ela.

48. Gabarito: C
Alexander von Humboldt (1769–1859) foi um geógrafo, naturalista e explorador nascido na Prússia, que se especializou em diversas áreas e lançou as bases de ciências como a Geografia, a Geologia, a Climatologia e a Oceanografia. A relação entre ser humano e natureza ressaltada no texto refletia uma lógica de dominação, fundada numa concepção instrumental da natureza,

que reflete a permanência do racionalismo cartesiano, corrente filosófica proposta por René Descartes que valorizava a razão e o raciocínio. Ao reduzir o ser à certeza, Descartes converteu a natureza num ser objetivo, susceptível de ser instrumentalizado.

49. Gabarito: C
O controle biológico é a técnica de controle das pragas agrícolas e dos insetos transmissores de doenças a partir do uso de seus inimigos naturais, que podem ser outros insetos benéficos, predadores, parasitoides e microrganismos, como fungos, vírus e bactérias. O controle biológico acarreta evidentes vantagens em relação ao uso de agentes químicos, uma vez que não polui o ambiente e não causa desequilíbrios ecológicos, como a morte de outras espécies. Assim, para solucionar o problema apresentado sem afetar a produtividade agrícola, deve-se utilizar a técnica de controle biológico.

50. Gabarito: C
O filósofo Jacques Derrida propõe um conceito de hospitalidade pura e incondicional, que se define pelo acolhimento sem reservas do outro que chega, independentemente de sua origem e condição (estrangeiro ou não). Para Derrida, essa hospitalidade incondicional possui duas características principais: a) o não questionamento e b) a não condicionalidade (incondicionalidade). Nesse sentido, o conceito de hospitalidade proposto impõe a necessidade de incorporação da alteridade, ou seja, o acolhimento do outro com respeito às diferenças.

51. Gabarito: B
Para o filósofo italiano Nicola Abbagnano, o Direito é a técnica voltada a tornar possível a coexistência dos homens por meio da regulação do convívio social.

52. Gabarito: A
A exploração das colônias americanas foi baseada na utilização de escravos africanos, que eram a força de trabalho utilizada nas monoculturas e na exploração de minérios destinados para as metrópoles europeias, transformando o Oceano Atlântico numa rota comercial com três vértices: África, Europa e Américas. As relações comerciais estabelecidas entre esses três continentes durante os séculos XVI a XIX ficou conhecida como comércio triangular. A chegada da farinha de mandioca aos mercados africanos exemplifica a difusão de hábitos alimentares gerada pela consolidação do comércio atlântico.

53. Gabarito: B
A característica comum que justifica o pleito dos representantes do G4 (Brasil, Alemanha, Índia e Japão) é o protagonismo em escala regional.

54. Gabarito: B
O processo de cercamento (*enclosure*) das terras comunais – isto é, de uso coletivo dos camponeses – na Inglaterra teve início no século XVI e se prolongou até o início do século XIX. A transformação das terras comunais em propriedades privadas privou os camponeses da possibilidade de produzirem seus meios de subsistência, obrigando-os a vender sua força de trabalho nas cidades, como Bristol, Birmingham, Manchester, Liverpool, Londres e Glasgow, que contavam com inúmeras fábricas. Dessa forma, os camponeses passaram a ser assalariados nas cidades (a relação de produção predominante no capitalismo), contribuindo para a formação da classe operária na Grã-Bretanha. Assim, a revolta descrita no texto foi uma reação ao processo de expropriação das terras comunais.

55. Gabarito: A
Maria Quitéria de Jesus precisou se vestir de homem e adotar um pseudônimo masculino para poder se alistar nos batalhões de voluntários que lutaram nas guerras de independência. A proibição de mulheres nos batalhões evidencia o patriarcalismo e a rigidez hierárquica da estrutura social durante o período colonial.

56. Gabarito: D
A reestruturação global da indústria nos últimos 30 anos foi caracterizada pelo intenso deslocamento da atividade industrial em direção aos países em desenvolvimento. Ao mesmo tempo, verificou-se um movimento acentuado de concentração nas principais cadeias industriais mundiais, com a consolidação de grandes corporações comandando um processo de reorganização de suas atividades para alavancar sua competitividade em âmbito global. As economias em desenvolvimento se inseriram nesse processo de formas diferentes, a partir de diferentes estratégias nacionais, o que se refletiu em diferentes padrões de desenvolvimento industrial. Os países em desenvolvimento do Leste Asiático tiveram um desempenho muito superior aos países da América Latina, conseguindo manter taxas bastante elevadas de crescimento das exportações e da produção de manufaturados.

57. Gabarito: C
O mapa ilustra a distribuição geográfica das áreas semiáridas e áridas (desertos) nos continentes. A grande maioria dos desertos está situada entre o trópico e o paralelo 30º norte e sul, como o Atacama, no Chile e Peru; o Arábico, na Ásia; o Kalahari e o Saara, no sul e norte da África, respectivamente; e as regiões desérticas no centro-oeste da Austrália e no oeste da América do Norte. A não ocorrência de áreas desérticas no Brasil deve-se à evapotranspiração do bioma amazônico e ao deslocamento dessa umidade em direção às regiões Centro-Oeste, Sudeste e Sul do Brasil, além de outras

localidades, como a bacia do Rio da Prata. A expressão "rios voadores da Amazônia" foi criada para designar a enorme quantidade de água liberada pela Floresta Amazônica em forma de vapor d'água para a atmosfera, sendo transportada pelas correntes de ar.

58. Gabarito: B
Para o teólogo e filósofo Santo Agostinho, não se deve atribuir a Deus a presença do mal. O homem foi criado dispondo de livre-arbítrio, com direito a fazer uso de sua liberdade. O mal surge quando a criatura humana usa o livre-arbítrio para se afastar de Deus, ao invés de se aproximar dele. Consequentemente, o pecado decorre exclusivamente do livre-arbítrio do homem, e a punição divina teria como fundamento a insuficiência da autonomia moral do homem.

59. Gabarito: C
O mapa mostra o supercontinente Pangeia com a divisão política contemporânea. Trata-se de um mapa político moderno com as características geológicas de 300 milhões de anos atrás. Isso seria possível caso não houvesse o movimento das placas tectônicas que provocou a fragmentação desse supercontinente, isto é, se o planeta fosse marcado pela estabilidade da estrutura geológica.

60. Gabarito: E
De acordo com o texto, a cidade medieval constitui um lugar de produção e de trocas, de circulação monetária e de desenvolvimento de novos valores e novas formas de vida. É também um espaço fechado com muralhas, protegido por grandes portas e torres que garantem a segurança da população e conferem identidade à cidade medieval. Assim, a cidade medieval se caracteriza pela associação entre a ampliação das atividades urbanas e a permanência dos elementos arquitetônicos de proteção.

61. Gabarito: E
No texto I, a natureza é descrita de forma poética e exaltada como um objeto contemplativo (idealização); no texto II, a natureza é descrita como mercadoria a ser usada para o desenvolvimento do turismo (mercantilização).

62. Gabarito: E
As manifestações discriminatórias contra as religiões de matrizes africanas são incompatíveis com uma sociedade laica e democrática porque restringem a liberdade de credo.

63. Gabarito: B
O texto I descreve o mercantilismo, política econômica praticada pelas nações europeias entre os séculos XV e XVIII, caracterizada pelo metalismo, balança comercial favorável, colonialismo, protecionismo alfandegário, incentivo ao desenvolvimento manufatureiro e defesa dos monopólios régios. O texto II apresenta características do liberalismo econômico, sistema econômico proposto por Adam Smith no século XVIII, caracterizado pela não intervenção do Estado na economia, lei da oferta e da procura, livre-iniciativa e apoio à livre concorrência.

64. Gabarito: C
O método científico moderno é caracterizado pela formulação de uma hipótese e sua consequente constatação através de uma experimentação. Hipótese significa uma suposição que se diz respeito ao comportamento e ao aspecto do universo e que precisa de uma constatação empírica para explicar sua incerteza ou impossibilidade. Ao observar um fenômeno natural, Newton propôs uma hipótese: a existência de uma força subjacente que causa a queda das coisas em direção à Terra.

65. Gabarito: A
O filósofo, historiador e diplomata Nicolau Maquiavel é reconhecido como fundador da ciência política moderna pelo fato de ter escrito sobre o Estado e o governo como realmente são, e não como deveriam ser. Maquiavel subverte a abordagem idealista da teoria política feita pelos gregos e medievais ao propor uma política realista, que procura a verdade efetiva, ou seja, "como o homem age de fato". Assim, seu pensamento é crítico ao idealismo do pensamento político que vigorava na teoria clássica, abordando a moral do príncipe sob uma perspectiva pragmática e efetiva.

66. Gabarito: C
A criação do Sistema Único de Saúde (SUS) proporcionou acesso integral, universal e gratuito ao sistema público de saúde para toda a população do país. O SUS possui três princípios básicos: universalismo (garantir o acesso às ações e serviços de saúde a todas as pessoas, sem discriminação), equidade (diminuir as desigualdades investindo mais onde a carência for maior) e integralidade (considerar as pessoas como um todo, atendendo a todas as suas necessidades).

67. Gabarito: A
O filósofo e matemático francês René Descartes prova, a partir do pensamento dedutivo, a existência do homem e de Deus, tido como o único ser perfeito e criador da ideia de perfeição no homem. Já filósofo estadunidense James Rachels questiona a existência de Deus a partir do pensamento racional. Assim, os textos abordam um questionamento da construção da modernidade centrada na razão humana.

68. Gabarito: C
Os grupos de remanescentes de quilombo adotam estratégias de autossustento a partir da sua produção tradicional como forma de garantir sua inserção econômica regional.

69. Gabarito: E
O texto descreve a dinâmica de ocupação territorial decorrente da expansão de frentes pioneiras na região Norte. Diante da passividade governamental, movimentos de camponeses, madeireiros, pecuaristas e grileiros demarcam e invadem terras na área rural, expandindo a fronteira agropecuária e promovendo o desmatamento da floresta amazônica.

70. Gabarito: E
A sociedade contemporânea, por meio da mídia, apresenta o corpo magro como corpo ideal, saudável, objeto de desejo e símbolo da própria felicidade. O texto contesta os estereótipos consolidados acerca da relação entre saúde e corpo magro, afirmando que é perfeitamente possível ser gordo e saudável.

71. Gabarito: D
Segundo o geógrafo britânico David Harvey, as crises periódicas têm o efeito de expandir a capacidade produtiva e de mudar o processo de acumulação para um nível novo e superior. Nesse novo nível, a produtividade do trabalhador aumentará muito pela utilização de máquinas e equipamentos mais sofisticados. Assim, a qualificação profissional é condição fundamental para a inclusão dos trabalhadores no novo processo produtivo.

72. Gabarito: B
O sistema eleitoral instituído pela Constituição de 1824 era organizado de forma indireta, pois os cidadãos eleitores (eleitores de paróquia) elegiam os representantes (eleitores de província), que, por seu turno, escolheriam os deputados e senadores. Além disso, foi instituído o voto censitário, segundo o qual o cidadão só poderia votar caso comprovasse uma renda mínima anual proveniente de emprego, comércio, indústria ou propriedade de terras. Assim, o sistema eleitoral instituído no início do Império é marcado pelo voto indireto e perfil censitário.

73. Gabarito: C
As origens da festa junina estão relacionadas às festividades pagãs realizadas na Europa durante a passagem da primavera para o verão (solstício de verão do hemisfério norte), cuja finalidade era afastar os maus espíritos e qualquer praga que pudesse atingir as colheitas. Para facilitar a conversão dos diferentes povos pagãos, a Igreja Católica se apropriou de festividades pagãs, incorporando-as ao calendário católico e acrescentando nelas elementos cristãos.

74. Gabarito: C
Para o filósofo e teórico social francês Michel Foucault, o sujeito é imanente às relações sociais das quais faz parte. Ele recusa a ideia de sujeito transcendental e universal, preferindo a ideia de um sujeito construído, somatório de processos de subjetivação, que se constitui tanto através das formas de assujeitamento como por meio de escolhas éticas e políticas. Assim, a subjetivação se efetiva numa dimensão contingencial, processada em interações sociais.

75. Gabarito: A
No texto I, o filósofo e cientista inglês Francis Bacon exalta o método empírico para a interpretação da natureza. Considerado o fundador da ciência moderna e do empirismo, Bacon sustenta que o conhecimento científico tem por finalidade servir o homem e lhe dar poder sobre a natureza. No texto II, Mauro Guimarães aponta que o ser humano se afastou da natureza, causando grandes desequilíbrios ambientais. Portanto, os textos indicam uma relação da sociedade diante da natureza caracterizada pela objetificação do espaço físico.

76. Gabarito: D
No livro *Origens do Totalitarismo*, a filósofa política alemã Hannah Arendt examina as origens históricas e as características do antissemitismo, do imperialismo e do totalitarismo do século XX, como o nazismo e o stalinismo. Segundo a autora, eleger a vida como fundamento da política é atribuir ao poder a mesma estrutura mecânica e repetitiva do processo biológico; e foi dessa forma que se passou a justificar a equação da política com a violência. Em nome da vida, o homem foi submetido a um processo de seleção segundo o julgamento do que é indesejável e imprestável aos olhos do soberano. No texto, evidencia-se uma crítica à naturalização da segregação humana, que fundamenta os projetos biopolíticos – termo cunhado pelo filósofo Michel Foucault.

77. Gabarito: B
A Arte de Rua ou *Street Art* se refere a manifestações artísticas desenvolvidas no espaço público (como o grafite, os poemas, as estátuas vivas, as apresentações), distinguindo-se das manifestações de caráter institucional ou empresarial, bem como do mero vandalismo. Essas manifestações artísticas integram um movimento contemporâneo de apropriação dos espaços públicos.

78. Gabarito: E
Para o filósofo prussiano Immanuel Kant, "o céu estrelado" é o universo físico, que é percebido através da interação com os fenômenos; e "a lei moral" é a norma interna, subjetiva, que é feita pela racionalidade humana.

A poetisa Orides Fontela inverte as ideias centrais do pensamento kantiano acerca da interioridade da norma ("a dura lei cobrindo-me") e da fenomenologia do mundo ("o céu estrelado dentro de mim").

79. Gabarito: A
Nas cidades-estado da Antiguidade Clássica, a participação política era direta, exercida por um corpo de cidadãos – menos amplo nas aristocracias e oligarquias e mais amplo nas democracias – que representava a si mesmo, por meio do voto individual. Nas cidades-estado de regime aristocrático e oligárquico, o controle da terra era um importante critério para a participação política.

80. Gabarito: D
A Revolta da Vacina (1904) foi uma rebelião popular causada pelo descontentamento da população com as ações sanitárias e de saúde pública implementadas na cidade do Rio de Janeiro pelo médico Oswaldo Cruz, então Diretor Geral de Saúde Pública na administração do prefeito Pereira Passos. O estopim dessa revolta urbana foi a imposição da vacinação obrigatória contra a varíola, processo conduzido com truculência e sem o esclarecimento prévio da população, pelo uso de procedimentos como a invasão de domicílios por agentes públicos da saúde, pagamento de multas para quem resistisse à vacinação, entre outros. Tais medidas foram consideradas arbitrárias e despóticas, sendo apontadas como violação dos direitos civis, além de ferir a honra dos chefes de família pela violação de seus lares e corpos de suas mulheres. Assim, a Revolta da Vacina ocorreu em função do arbítrio do governo do Rio de Janeiro.

81. Gabarito: B
No final do século XVII e início do século XVIII, a descoberta de jazidas de metais preciosos na região de Minas Gerais e, posteriormente, em Mato Grosso e em Goiás, deslocou o eixo econômico colonial do Nordeste para o Sudeste, dando início ao ciclo da mineração ou ciclo do ouro. Como a economia açucareira (ciclo do açúcar) havia entrado em crise no século XVIII, as atenções da Metrópole se voltaram para a exploração de ouro, diamantes e esmeraldas, o que acarretou a mudança da capital brasileira de Salvador para o Rio de Janeiro, que se tornou o principal porto da região mineradora. Com isso, a região Sudeste teve um expressivo desenvolvimento comercial e urbano, o que aumentou significativamente a demanda por escravos e intensificou o tráfico negreiro para o Rio de Janeiro. Assim, o deslocamento do tráfico de escravos da Bahia para o Rio de Janeiro foi consequência da extração de metais preciosos na região de Minas Gerais.

82. Gabarito: A
A ideia de transferir a capital do Brasil para o interior remonta a projetos desde o período colonial e foi prevista na Constituição de 1891. Em 1892, o presidente Floriano Peixoto determinou a formação de uma comissão de cientistas para explorar o Planalto Central e demarcar a área que seria destinada ao Distrito Federal. Assim, a Comissão Exploradora do Planalto Central, chefiada pelo astrônomo e geógrafo belga Louis Ferdinand Cruls, demarcou uma área considerada adequada para a futura capital, que ficou conhecida como "Quadrilátero Cruls". No dia 21 de abril de 1960, no governo do presidente Juscelino Kubitschek, foi inaugurada Brasília. No texto, a narrativa sobre a construção de Brasília articula o **apelo simbólico**, representado pela exaltação de um "novo Tempo", aliado à **migração inter-regional**, retratada na chegada de trabalhadores de "todos os cantos da imensa pátria".

83. Gabarito: D
No 2º Encontro Mundial dos Movimentos Populares, o Papa Francisco defendeu mudanças estruturais profundas na sociedade e propôs uma nova globalização – a globalização da esperança – em substituição ao atual modelo marcado pela exclusão e pela disparidade econômica.

84. Gabarito: B
Elaborada após a Segunda Guerra Mundial, a Declaração Universal dos Direitos Humanos trouxa um rol de direitos básicos inerentes a todo ser humano, independentemente da nacionalidade, raça, religião, gênero etc. Essa declaração foi elaborada para definir o significado das expressões "liberdades fundamentais" e "direitos humanos", constantes na Carta das Nações Unidas, de 1945. Como decorrência desse enfoque humanista, a declaração introduziu uma nova concepção nas relações internacionais ao possibilitar a defesa dos grupos vulneráveis, tais como grupos minoritários religiosos, étnicos, culturais ou de outra natureza.

85. Gabarito: B
A imagem demonstra a resistência cultural dos índios Mapuche, povo originário do sul do Chile e do sudoeste da Argentina, e denuncia a incapacidade ou limitação dos museus de serem espaços representativos da diversidade cultural e de diferentes narrativas identitárias. A falta de representatividade da cultura indígena nos museus decorre dos critérios elitistas e etnocêntricos na criação dos acervos museológicos.

86. Gabarito: B
A Inglaterra – assim como a França e Holanda – iniciou sua expansão marítima tardiamente, muito tempo depois

de Portugal e Espanha, que haviam assinado o Tratado de Tordesilhas, em junho de 1494, e exploravam as colônias na América. No reinado de Elizabeth I, a navegação inglesa ganhou força e a pirataria se tornou uma atividade semioficial da política externa do seu governo. O roubo de navios espanhóis que transportavam ouro, prata e outras riquezas era extremamente lucrativo, e as riquezas obtidas com essa atividade foram parte essencial do crescimento econômico e industrial da Inglaterra. Assim, a pirataria foi o meio encontrado pela Inglaterra para conquistar as riquezas dos territórios americanos, tendo como grande destaque o marinheiro Francis Drake.

87. Gabarito: A

De acordo com o texto, a estratégia usada para reduzir o problema do trabalho em condições análogas às de escravo é a articulação de diversos órgãos públicos, como o Ministério do Trabalho e Emprego, o Ministério da Defesa, o Exército Brasileiro, o Ibama e o ICMBio.

88. Gabarito: C

O bônus ou janela demográfica é o momento em que se observa o maior percentual de população economicamente ativa (PEA), isto é, um maior número de população adulta jovem em relação a outras faixas etárias, como crianças e idosos. Esse bônus demográfico implica um maior número de pessoas geradoras de força de trabalho que podem produzir e pagar impostos, gerando riquezas e elevando a economia do país. A ação estatal que contribui para o aproveitamento do bônus demográfico é o estímulo à qualificação da mão de obra.

89. Gabarito: D

A ausência de luz solar nessa cidade do Alasca se deve à sua localização em altas latitudes, o que provoca menor insolação do sol no inverno devido ao eixo de inclinação da terra.

90. Gabarito: B

Com a Revolução Verde, houve o aumento em larga escala da capacidade mundial de produção de alimentos, de modo que a quantidade de alimentos produzida ultrapassou as necessidades de consumo da humanidade. Ao mesmo tempo, houve o aumento da fome no mundo. Assim, a fome não se deve à falta de alimentos (problema técnico), mas sim ao modo como os alimentos são produzidos e ao padrão de distribuição de renda (dimensão política).

ENEM 2019 • DIA 2

CIÊNCIAS DA NATUREZA
E SUAS TECNOLOGIAS
QUESTÕES DE 91 A 135

91. **(ENEM – 2019)** Uma casa tem um cabo elétrico mal dimensionado, de resistência igual a 10 Ω, que a conecta à rede elétrica de 120 V. Nessa casa, cinco lâmpadas, de resistência igual a 200 Ω, estão conectadas ao mesmo circuito que uma televisão de resistência igual a 50 Ω, conforme ilustrado no esquema. A televisão funciona apenas com tensão entre 90 V e 130 V.

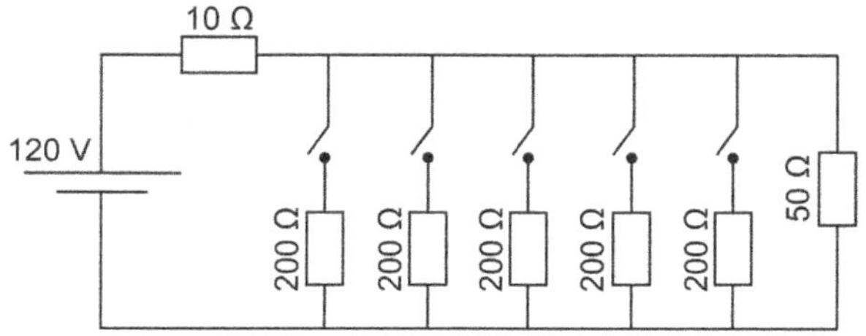

O número máximo de lâmpadas que podem ser ligadas sem que a televisão pare de funcionar é:

(A) 1.

(B) 2.

(C) 3.

(D) 4.

(E) 5.

92. **(ENEM – 2019)**

O 2,4-dinitrofenol (DNP) é conhecido como desacoplador da cadeia de elétrons na mitocôndria e apresenta um efeito emagrecedor. Contudo, por ser perigoso e pela ocorrência de casos letais, seu uso como medicamento é proibido em diversos países, inclusive no Brasil. Na mitocôndria, essa substância captura, no espaço intermembranas, prótons (H^+) provenientes da atividade das proteínas da cadeia respiratória, retornando-os à matriz mitocondrial. Assim, esses prótons não passam pelo transporte enzimático na membrana interna.

GRUNDLINGH, J. et al. 2,4-Dinitrophenol (DNP): a Weight Loss Agent with Significant Acute Toxicity and Risk of Death. **Journal of Medical Toxicology**, v. 7, 2011 (adaptado).

O efeito emagrecedor desse composto está relacionado ao(à)

(A) obstrução da cadeia respiratória, resultando em maior consumo celular de ácidos graxos.

(B) bloqueio das reações do ciclo de Krebs, resultando em maior gasto celular de energia.

(C) diminuição da produção de acetil CoA, resultando em maior gasto celular de piruvato.

(D) inibição da glicólise, resultando em maior absorção celular da glicose sanguínea.

(E) redução da produção de ATP, resultando em maior gasto celular de nutrientes.

93. **(ENEM – 2019)**

Em 1808, Dalton publicou o seu famoso livro intitulado Um novo sistema de filosofia química (do original A New System of Chemical Philosophy), no qual continha os cinco postulados que serviam como alicerce da primeira teoria atômica da matéria fundamentada no método científico. Esses postulados são numerados a seguir:

1. A matéria é constituída de átomos indivisíveis.
2. Todos os átomos de um dado elemento químico são idênticos em massa e em todas as outras propriedades.
3. Diferentes elementos químicos têm diferentes tipos de átomos; em particular, seus átomos têm diferentes massas.

4. Os átomos são indestrutíveis e nas reações químicas mantêm suas identidades.

Átomos de elementos combinam com átomos de outros elementos em proporções de números inteiros pequenos para formar compostos.

Após o modelo de Dalton, outros modelos baseados em outros dados experimentais evidenciaram, entre outras coisas, a natureza elétrica da matéria, a composição e organização do átomo e a quantização da energia no modelo atômico.

OXTOBY, D. W.; GILLIS, H. P.; BUTLER, L. J. **Principles of Modern Chemistry**. Boston: Cengage Learning, 2012 (adaptado).

Com base no modelo atual que descreve o átomo, qual dos postulados de Dalton ainda é considerado correto?

(A) 1
(B) 2
(C) 3
(D) 4
(E) 5

94. **(ENEM – 2019)**

Para realizar o desentupimento de tubulações de esgotos residenciais, é utilizada uma mistura sólida comercial que contém hidróxido de sódio (NaOH) e outra espécie química pulverizada. Quando é adicionada água a essa mistura, ocorre uma reação que libera gás hidrogênio e energia na forma de calor, aumentando a eficiência do processo de desentupimento. Considere os potenciais padrão de redução (*E*) da água e de outras espécies em meio básico, expressos no quadro.

Semirreação de redução	$E°$ (V)
$2\,H_2O + 2\,e^- \longrightarrow H_2 + 2\,OH^-$	−0,83
$Co(OH)_2 + 2\,e^- \longrightarrow Co + 2\,OH^-$	−0,73
$Cu(OH)_2 + 2\,e^- \longrightarrow Cu + 2\,OH^-$	−0,22
$PbO + H_2O + 2\,e^- \longrightarrow Pb + 2\,OH^-$	−0,58
$Al(OH)_4^- + 3\,e^- \longrightarrow Al + 4\,OH^-$	−2,33
$Fe(OH)_2 + 2\,e^- \longrightarrow Fe + 2\,OH^-$	−0,88

Qual é a outra espécie que está presente na composição da mistura sólida comercial para aumentar sua eficiência?

(A) Al
(B) Co
(C) $Cu(OH)_2$
(D) $Fe(OH)_2$
(E) Pb

95. **(ENEM – 2019)** As redes de alta tensão para transmissão de energia elétrica geram campo magnético variável o suficiente para induzir corrente elétrica no arame das cercas. Tanto os animais quanto os funcionários das propriedades rurais ou das concessionárias de energia devem ter muito cuidado ao se aproximarem de uma cerca quando esta estiver próxima a uma rede de alta tensão, pois, se tocarem no arame da cerca, poderão sofrer choque elétrico.

Para minimizar este tipo de problema, deve-se:

(A) Fazer o aterramento dos arames da cerca.
(B) Acrescentar fusível de segurança na cerca.
(C) Realizar o aterramento da rede de alta tensão.
(D) Instalar fusível de segurança na rede de alta tensão.
(E) Utilizar fios encapados com isolante na rede de alta tensão.

96. **(ENEM – 2019)**

A esquistossomose (barriga-d'água) caracteriza-se pela inflamação do fígado e do baço causada pelo verme *Schistosoma mansoni* (esquistossomo). O contágio ocorre depois que larvas do verme são liberadas na água pelo caramujo do gênero *Biomphalaria*, seu hospedeiro intermediário, e penetram na pele humana. Após o diagnóstico, o tratamento tradicional utiliza medicamentos por via oral para matar o parasita dentro do corpo. Uma nova estratégia terapêutica baseia-se na utilização de uma vacina, feita a partir de uma proteína extraída do verme, que induz o organismo humano a produzir anticorpos para combater e prevenir a doença.

Instituto Oswaldo Cruz/Fundação Oswaldo Cruz (IOC/Fiocruz). **Fiocruz anuncia nova fase de vacina para esquistossomose**. Disponível em: http://agencia.fiocruz.br. Acesso em: 3 maio 2019 (adaptado).

Uma vantagem da vacina em relação ao tratamento tradicional é que ela poderá

(A) impedir a penetração do parasita pela pele.
(B) eliminar o caramujo para que não haja contágio.
(C) impedir o acesso do esquistossomo especificamente para o fígado.
(D) eliminar o esquistossomo antes que ocorra contato com o organismo.
(E) eliminar o esquistossomo dentro do organismo antes da manifestação de sintomas.

97. (ENEM – 2019) Numa feira de ciências, um estudante utilizará o disco de Maxwell (ioiô) para demonstrar o princípio da conservação da energia. A apresentação consistirá em duas etapas:

Etapa 1 – a explicação de que, à medida que o disco desce, parte de sua energia potencial gravitacional é transformada em energia cinética de translação e energia cinética de rotação;

Etapa 2 – o cálculo da energia cinética de rotação do disco no ponto mais baixo de sua trajetória, supondo o sistema conservativo.

Ao preparar a segunda etapa, ele considera a aceleração da gravidade igual a 10 m s^{-2} e a velocidade linear do centro de massa do disco desprezível em comparação com a velocidade angular. Em seguida, mede a altura do topo do disco em relação ao chão no ponto mais baixo de sua trajetória, obtendo 1/3 da altura da haste do brinquedo.

As especificações de tamanho do brinquedo, isto é, de comprimento (C), largura (L) e altura (A), assim como da massa de seu disco de metal, foram encontradas pelo estudante no recorte de manual ilustrado a seguir.

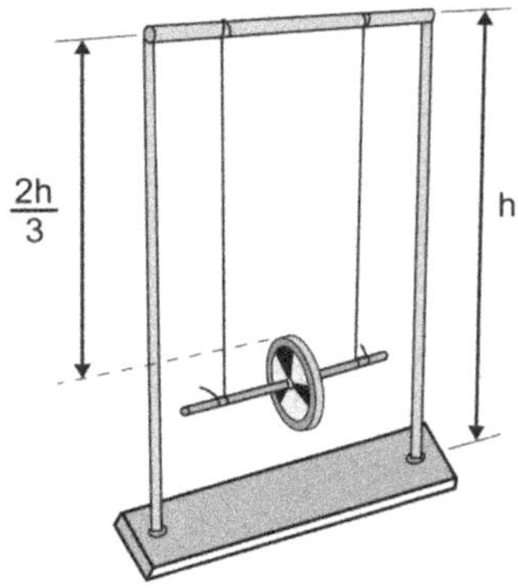

Conteúdo: base de metal, hastes metálicas, barra superior, disco de metal. **Tamanho (C × L × A):** 300 mm × 100 mm × 410 mm

O resultado do cálculo da etapa 2, em joule, é:

(A) $4{,}10 \times 10^{-2}$

(B) $8{,}20 \times 10^{-2}$

(C) $1{,}23 \times 10^{-1}$

(D) $8{,}20 \times 10^{4}$

(E) $1{,}23 \times 10^{5}$

98. (ENEM – 2019) O odor que permanece nas mãos após o contato com alho pode ser eliminado pela utilização de um "sabonete de aço inoxidável", constituído de aço inox (74%), cromo e níquel. A principal vantagem desse "sabonete" é que ele não se desgasta com o uso. Considere que a principal substância responsável pelo odor de alho é a alicina (estrutura I) e que, para que o odor seja eliminado, ela seja transformada na estrutura II.

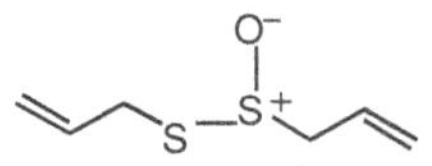

Estrutura I

$$CH_2{=}CH{-}CH_2{-}S{-}S{-}CH_2{-}CH{=}CH_2$$

Estrutura II

Na conversão de I em II, o "sabonete" atuará como um

(A) ácido.

(B) redutor.

(C) eletrólito.

(D) tensoativo.

(E) catalisador.

99. (ENEM – 2019)

A poluição radioativa compreende mais de 200 nuclídeos, sendo que, do ponto de vista de impacto ambiental, destacam-se o césio-137 e o estrôncio-90. A maior contribuição de radionuclídeos antropogênicos no meio marinho ocorreu durante as décadas de 1950 e 1960, como resultado dos testes nucleares realizados na atmosfera. O estrôncio-90 pode se acumular nos organismos vivos e em cadeias alimentares e, em razão de sua semelhança química, pode participar no equilíbrio com carbonato e substituir o cálcio em diversos processos biológicos.

FIGUEIRA, R. C. L.; CUNHA, I. I. L. A contaminação dos oceanos por radionuclídeos antropogênicos. **Química Nova**, n. 21, 1998 (adaptado).

Ao entrar numa cadeia alimentar da qual o homem faz parte, em qual tecido do organismo humano o estrôncio-90 será acumulado predominantemente?

(A) Cartilaginoso.

(B) Sanguíneo.

(C) Muscular.

(D) Nervoso.

(E) Ósseo.

100. (ENEM – 2019) Dois amigos se encontram em um posto de gasolina para calibrar os pneus de suas bicicletas. Uma das bicicletas é de corrida (bicicleta **A**) e a outra, de passeio (bicicleta **B**). Os pneus de ambas as bicicletas têm as mesmas características, exceto que a largura dos pneus de **A** é menor que a largura dos pneus de **B**. Ao calibrarem os pneus das bicicletas **A** e **B**, respectivamente com pressões de calibração p_A e p_B, os amigos observam que o pneu da bicicleta **A** deforma, sob mesmos esforços, muito menos que o pneu da bicicleta **B**. Pode-se considerar que as massas de ar comprimido no pneu da bicicleta **A**, m_A, e no pneu da bicicleta **B**, m_B, são diretamente proporcionais aos seus volumes.

Comparando as pressões e massas de ar comprimido nos pneus das bicicletas, temos:

(A) $p_A < p_B$ e $m_A < m_B$

(B) $p_A > p_B$ e $m_A < m_B$

(C) $p_A > p_B$ e $m_A = m_B$

(D) $p_A < p_B$ e $m_A = m_B$

(E) $p_A > p_B$ e $m_A > m_B$

101. **(ENEM – 2019)**

A utilização de corantes na indústria de alimentos é bastante difundida e a escolha por corantes naturais vem sendo mais explorada por diversas razões. A seguir são mostradas três estruturas de corantes naturais.

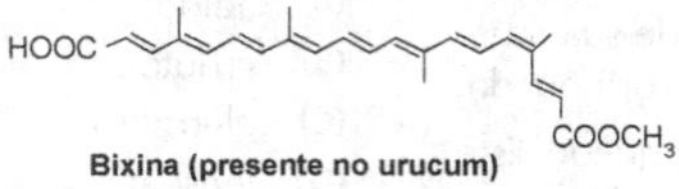

Bixina (presente no urucum)

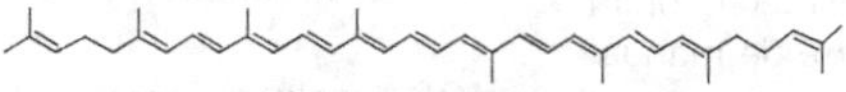

Licopeno (presente no tomate)

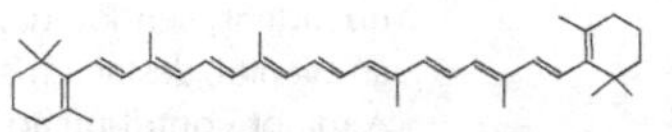

β-caroteno (presente na cenoura e na laranja)

HAMERSKI, L.; REZENDE, M. J. C.; SILVA, B. V. Usando as cores da natureza para atender aos desejos do consumidor: substâncias naturais como corantes na indústria alimentícia. **Revista Virtual de Química**, n. 3, 2013.

A propriedade comum às estruturas que confere cor a esses compostos é a presença de

(A) cadeia conjugada.

(B) cadeia ramificada.

(C) átomos de carbonos terciários.

(D) ligações duplas de configuração cis.

(E) átomos de carbonos de hibridação sp^3.

102. **(ENEM – 2019)**

As cutias, pequenos roedores das zonas tropicais, transportam pela boca as sementes que caem das árvores, mas, em vez de comê-las, enterram-nas em outro lugar. Esse procedimento lhes permite salvar a maioria de suas sementes enterradas para as épocas mais secas, quando não há frutos maduros disponíveis. Cientistas descobriram que as cutias roubam as sementes enterradas por outras, e esse comportamento de "ladroagem" faz com que uma mesma semente possa ser enterrada dezenas de vezes.

Disponível em: http://chc.cienciahoje.uol.com.br. Acesso em: 30 jul. 2012.

Essa "ladroagem" está associada à relação de

(A) sinfilia.

(B) predatismo.

(C) parasitismo.

(D) competição.

(E) comensalismo.

103. **(ENEM – 2019)** Os olhos humanos normalmente têm três tipos de cones responsáveis pela percepção das cores: um tipo para tons vermelhos, um para tons azuis e outro para tons verdes. As diversas cores que enxergamos são o resultado da percepção das cores básicas, como indica a figura.

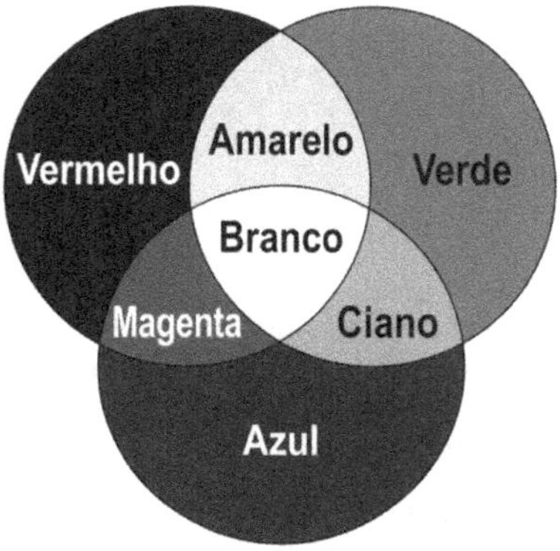

A protanopia é um tipo de daltonismo em que há diminuição ou ausência de receptores da cor vermelha. Considere um teste com dois voluntários: uma pessoa com visão normal e outra com caso severo de protanopia. Nesse teste, eles devem escrever a cor dos cartões que lhes são mostrados. São utilizadas as cores indicadas na figura.

Para qual cartão os dois voluntários identificarão a mesma cor?

(A) Vermelho.
(B) Magenta.
(C) Amarelo.
(D) Branco.
(E) Azul.

104. **(ENEM – 2019)**

A cada safra, a quantidade de café beneficiado é igual à quantidade de resíduos gerados pelo seu beneficiamento. O resíduo pode ser utilizado como fertilizante, pois contém cerca de 6,5% de pectina (um polissacarídeo), aproximadamente 25% de açúcares fermentáveis (frutose, sacarose e galactose), bem como resíduos de alcaloides (compostos aminados) que não foram extraídos no processo.

LIMA, L. K. S. et al. Utilização de resíduo oriundo da torrefação do café na agricultura em substituição à adubação convencional. **ACSA — Agropecuária Científica no Semi-Árido**, v. 10, n. 1, jan.-mar., 2014 (adaptado).

Esse resíduo contribui para a fertilidade do solo, pois

(A) possibilita a reciclagem de carbono e nitrogênio.
(B) promove o deslocamento do alumínio, que é tóxico.
(C) melhora a compactação do solo por causa da presença de pectina.
(D) eleva o pH do solo em função da degradação dos componentes do resíduo.
(E) apresenta efeitos inibidores de crescimento para a maioria das espécies vegetais pela cafeína.

105. **(ENEM – 2019)** Um alimento orgânico deve apresentar em sua embalagem o selo de uma instituição certificadora, garantindo ao consumidor que, além de ser um alimento isento de agrotóxicos, também é produzido com técnicas planejadas e controladas. A técnica de produção desses alimentos causa menor impacto aos recursos naturais, contribuindo para melhorar a qualidade de vida das pessoas.

Nesse sistema de produção de alimentos vegetais, o controle de insetos é manejado por meio do(a)

(A) prática de adubação verde.
(B) emprego da compostagem.
(C) controle da irrigação do solo.
(D) utilização de predadores naturais.
(E) uso de sementes inoculadas com *Rhizobium*.

106. **(ENEM – 2019)**

Com base nos experimentos de plantas de Mendel, foram estabelecidos três princípios básicos, que são conhecidos como leis da uniformidade, segregação e distribuição independente. A lei da distribuição independente refere-se ao fato de que os membros de pares diferentes de genes segregam-se independentemente, uns dos outros, para a prole.

TURNPENNY, P. D. **Genética médica**. Rio de Janeiro: Elsevier, 2009 (adaptado).

Hoje, sabe-se que isso nem sempre é verdade. Por quê?

(A) A distribuição depende do caráter de dominância ou recessividade do gene.
(B) Os organismos nem sempre herdam cada um dos genes de cada um dos genitores.
(C) As alterações cromossômicas podem levar a falhas na segregação durante a meiose.
(D) Os genes localizados fisicamente próximos no mesmo cromossomo tendem a ser herdados juntos.
(E) O cromossomo que contém dois determinados genes pode não sofrer a disjunção na primeira fase da meiose.

107. **(ENEM – 2019)** Em qualquer obra de construção civil é fundamental a utilização de equipamentos de proteção individual, tal como capacetes. Por exemplo, a queda livre de um tijolo de massa 2,5 kg de uma altura de 5 m, cujo impacto contra um capacete pode durar até 0,5 s, resulta em uma força impulsiva média maior do que o peso do tijolo. Suponha que a aceleração gravitacional seja 10 m s^{-2} e que o efeito de resistência do ar seja desprezível.

A força impulsiva média gerada por esse impacto equivale ao peso de quantos tijolos iguais?

(A) 2
(B) 5
(C) 10
(D) 20
(E) 50

108. **(ENEM – 2019)**

Os hidrocarbonetos são moléculas orgânicas com uma série de aplicações industriais. Por exemplo, eles estão presentes em grande quantidade nas diversas frações do petróleo e normalmente são separados por destilação fracionada, com base em suas temperaturas de ebulição. O quadro apresenta as principais frações obtidas na destilação do petróleo em diferentes faixas de temperaturas.

Fração	Faixa de temperatura (°C)	Exemplos de produto(s)	Número de átomos de carbono (hidrocarboneto de fórmula geral C_nH_{2n+2})
1	Até 20	Gás natural e gás de cozinha (GLP)	C_1 a C_4
2	30 a 180	Gasolina	C_6 a C_{12}
3	170 a 290	Querosene	C_{11} a C_{16}
4	260 a 350	Óleo diesel	C_{14} a C_{18}

SANTA MARIA, L. C. et al. Petróleo: um tema para o ensino de química. **Química Nova na Escola**, n. 15, maio 2002 (adaptado).

Na fração 4, a separação dos compostos ocorre em temperaturas mais elevadas porque

(A) suas densidades são maiores.
(B) o número de ramificações é maior.
(C) sua solubilidade no petróleo é maior.
(D) as forças intermoleculares são mais intensas.
(E) a cadeia carbônica é mais difícil de ser quebrada.

109. **(ENEM – 2019)** O espectrômetro de massa de tempo de voo é um dispositivo utilizado para medir a massa de íons. Nele, um íon de carga elétrica *q* é lançado em uma região de campo magnético constante *B*, descrevendo uma trajetória helicoidal, conforme a figura. Essa trajetória é formada pela composição de um movimento circular uniforme no plano yz e uma translação ao longo do eixo x. A vantagem desse dispositivo é que a velocidade angular do movimento helicoidal do íon é independente de sua velocidade inicial. O dispositivo então mede o tempo *t* de voo para *N* voltas do íon. Logo, com base nos valores *q, B, N* e *t*, pode-se determinar a massa do íon.

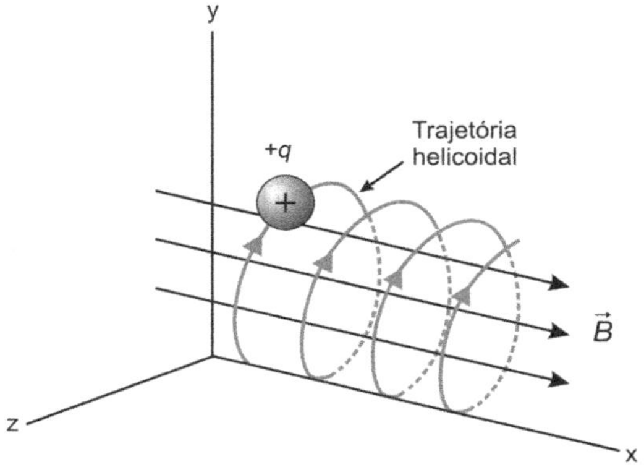

A massa do íon medida por esse dispositivo será

(A) $\dfrac{qBt}{2\pi N}$

(B) $\dfrac{qBt}{\pi N}$

(C) $\dfrac{2qBt}{\pi N}$

(D) $\dfrac{qBt}{N}$

(E) $\dfrac{2qBt}{N}$

110. **(ENEM – 2019)** Na família Retroviridae encontram-se diversos vírus que infectam aves e mamíferos, sendo caracterizada pela produção de DNA a partir de uma molécula de RNA. Alguns retrovírus infectam exclusivamente humanos, não necessitando de outros hospedeiros, reservatórios ou vetores biológicos. As infecções ocasionadas por esses vírus vêm causando mortes e grandes prejuízos ao desenvolvimento social e econômico. Nesse contexto, pesquisadores têm produzido medicamentos que contribuem para o tratamento dessas doenças.

Que avanços tecnológicos têm contribuído para o tratamento dessas infecções virais?

(A) Melhoria dos métodos de controle dos vetores desses vírus.
(B) Fabricação de soros mutagênicos para combate desses vírus.
(C) Investimento da indústria em equipamentos de proteção individual.
(D) Produção de vacinas que evitam a infecção das células hospedeiras.
(E) Desenvolvimento de antirretrovirais que dificultam a reprodução desses vírus.

O concreto utilizado na construção civil é um material formado por cimento misturado a areia, a brita e a água. A areia é normalmente extraída de leitos de rios e a brita, oriunda da fragmentação de rochas. Impactos ambientais gerados no uso do concreto estão associados à extração de recursos minerais e ao descarte indiscriminado desse material. Na tentativa de reverter esse quadro, foi proposta a utilização de concreto reciclado moído em substituição ao particulado rochoso graúdo na fabricação de novo concreto, obtendo um material com as mesmas propriedades que o anterior.

111. (ENEM – 2019) O benefício ambiental gerado nessa proposta é a redução do(a)

(A) extração da brita.
(B) extração de areia.
(C) consumo de água.
(D) consumo de concreto.
(E) fabricação de cimento.

112. **(ENEM – 2019)** A fluidez da membrana celular é caracterizada pela capacidade de movimento das moléculas componentes dessa estrutura. Os seres vivos mantêm essa propriedade de duas formas: controlando a temperatura e/ou alterando a composição lipídica da membrana. Neste último aspecto, o tamanho e o grau de insaturação das caudas hidrocarbônicas dos fosfolipídios, conforme representados na figura, influenciam significativamente a fluidez. Isso porque quanto maior for a magnitude das interações entre os fosfolipídios, menor será a fluidez da membrana.

Representação simplificada da estrutura de um fosfolipídio

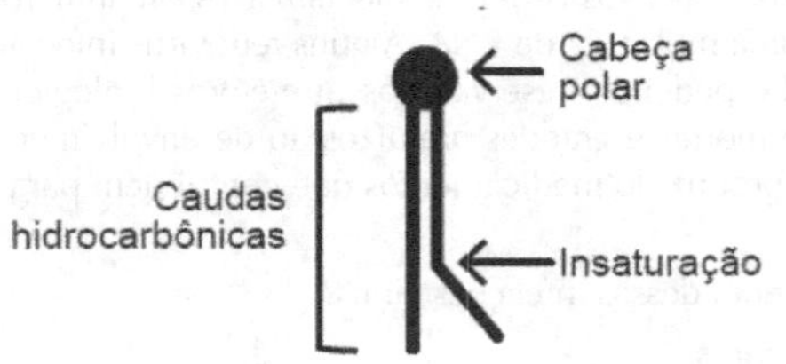

Assim, existem bicamadas lipídicas com diferentes composições de fosfolipídios, como as mostradas de I a V.

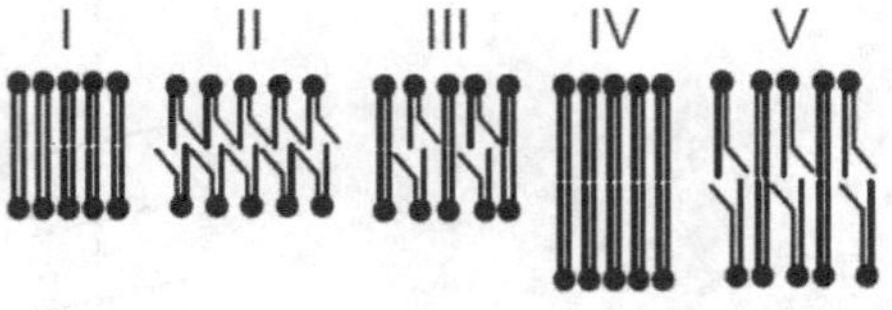

Qual das bicamadas lipídicas apresentadas possui maior fluidez?

(A) I
(B) II
(C) III
(D) IV
(E) V

113. **(ENEM – 2019)** Em uma aula experimental de calorimetria, uma professora queimou 2,5 g de castanha-de-caju crua para aquecer 350 g de água, em um recipiente apropriado para diminuir as perdas de calor. Com base na leitura da tabela nutricional a seguir e da medida da temperatura da água, após a queima total do combustível, ela concluiu que 50% da energia disponível foi aproveitada. O calor específico da água é 1 cal g–1 °C–1, e sua temperatura inicial era de 20 °C.

Quantidade por porção de 10 g (2 castanhas)	
Valor energético	70 kcal
Carboidratos	0,8 g
Proteínas	3,5 g
Gorduras totais	3,5 g

Qual foi a temperatura da água, em grau Celsius, medida ao final do experimento?

(A) 25
(B) 27
(C) 45
(D) 50
(E) 70

Grupos de pesquisa em todo o mundo vêm buscando soluções inovadoras, visando a produção de dispositivos para a geração de energia elétrica. Dentre eles, pode-se destacar as baterias de zinco-ar, que combinam o oxigênio atmosférico e o metal zinco em um eletrólito aquoso de caráter alcalino. O esquema de funcionamento da bateria zinco-ar está apresentado na figura.

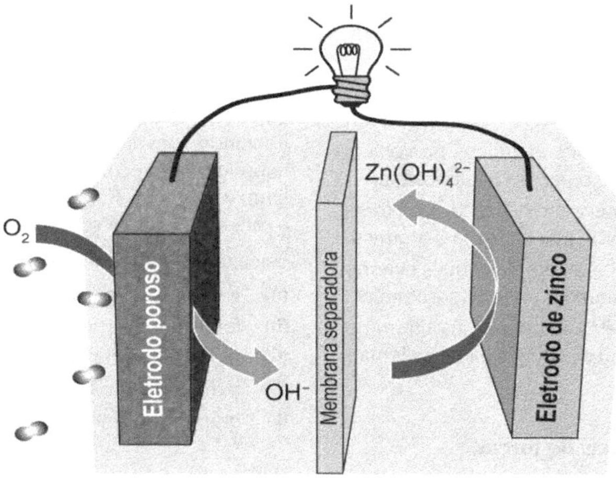

LI, Y.; DAI, H. Recent Advances in Zinc–Air Batteries. **Chemical Society Reviews**, v. 43, n. 15, 2014 (adaptado).

114. **(ENEM – 2019)** No funcionamento da bateria, a espécie química formada no ânodo é

(A) H_2 (g).
(B) O_2 (g).
(C) H_2O (l).
(D) OH^- (aq).
(E) $Zn(OH)_4{}^{2-}$ (aq).

115. **(ENEM – 2019)**

Algumas toneladas de medicamentos para uso humano e veterinário são produzidas por ano. Os fármacos são desenvolvidos para serem estáveis, mantendo suas propriedades químicas de forma a atender a um propósito terapêutico. Após o consumo de fármacos, parte de sua dosagem é excretada de forma inalterada, persistindo no meio ambiente. Em todo o mundo, antibióticos, hormônios, anestésicos, anti-inflamatórios, entre outros, são detectados em concentrações preocupantes no esgoto doméstico, em águas superficiais e de subsolo. Dessa forma, a ocorrência de fármacos residuais no meio ambiente pode apresentar efeitos adversos em organismos aquáticos e terrestres.

BILA, D. M.; DEZOTTI, M. Fármacos no meio ambiente.

Química Nova, v. 26, n. 4, ago. 2003 (adaptado).

Qual ação minimiza a permanência desses contaminantes nos recursos hídricos?

(A) Utilização de esterco como fertilizante na agricultura.
(B) Ampliação das redes de coleta de esgoto na zona urbana.
(C) Descarte dos medicamentos fora do prazo de validade em lixões.
(D) Desenvolvimento de novos processos nas estações de tratamento de efluentes.
(E) Reúso dos lodos provenientes das estações de tratamento de esgoto na agricultura.

116. **(ENEM – 2019)** Um teste de laboratório permite identificar alguns cátions metálicos ao introduzir uma pequena quantidade do material de interesse em uma chama de bico de Bunsen para, em seguida, observar a cor da luz emitida.

A cor observada é proveniente da emissão de radiação eletromagnética ao ocorrer a

(A) mudança da fase sólida para a fase líquida do elemento metálico.

(B) combustão dos cátions metálicos provocada pelas moléculas de oxigênio da atmosfera.

(C) diminuição da energia cinética dos elétrons em uma mesma órbita na eletrosfera atômica.

(D) transição eletrônica de um nível mais externo para outro mais interno na eletrosfera atômica.

(E) promoção dos elétrons que se encontram no estado fundamental de energia para níveis mais energéticos.

Diagramas de forças

Slackline é um esporte no qual o atleta deve se equilibrar e executar manobras estando sobre uma fita esticada. Para a prática do esporte, as duas extremidades da fita são fixadas de forma que ela fique a alguns centímetros do solo. Quando uma atleta de massa igual a 80 kg está exatamente no meio da fita, essa se desloca verticalmente, formando um ângulo de 10° com a horizontal, como esquematizado na figura. Scabe-se que a aceleração da gravidade é igual a 10 m s^{-2}, cos(10°) = 0,98 e sen(10°) = 0,17.

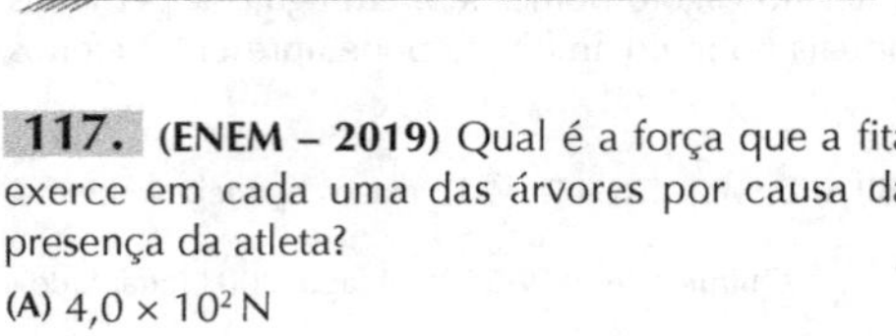

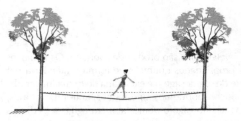

117. **(ENEM – 2019)** Qual é a força que a fita exerce em cada uma das árvores por causa da presença da atleta?

(A) $4{,}0 \times 10^2$ N

(B) $4{,}1 \times 10^2$ N

(C) $8{,}0 \times 10^2$ N

(D) $2{,}4 \times 10^3$ N

(E) $4{,}7 \times 10^3$ N

118. **(ENEM – 2019)** Na piscicultura, costumam-se usar larvas de *Artemia* (crustáceo) para alimentar larvas de peixes. Ovos de *Artemia* são colocados em garrafas com água salgada e, sob condições ótimas de temperatura, luz e oxigênio, eles eclodem, liberando suas larvas, também conhecidas como náuplios. Para recolher os náuplios, coloca-se uma lâmpada branca fluorescente na boca da garrafa e estes começam a subir em direção ao gargalo.

Esse comportamento das artêmias é chamado de

(A) geotropismo positivo.

(B) fototropismo positivo.

(C) hidrotropismo negativo.

(D) termotropismo negativo.

(E) quimiotropismo negativo.

119. **(ENEM – 2019)** Por terem camada de valência completa, alta energia de ionização e afinidade eletrônica praticamente nula, considerou-se por muito tempo que os gases nobres não formariam compostos químicos. Porém, em 1962, foi realizada com sucesso a reação entre o xenônio (camada de valência $5s^25p^6$) e o hexafluoreto de platina e, desde então, mais compostos novos de gases nobres vêm sendo sintetizados. Tais compostos demonstram que não se pode aceitar acriticamente a regra do octeto, na qual se considera que, numa ligação química, os átomos tendem a adquirir estabilidade assumindo a configuração eletrônica de gás nobre. Dentre os compostos conhecidos, um dos mais estáveis é o difluoreto de xenônio, no qual dois átomos do halogênio flúor (camada de valência $2s^22p^5$) se ligam covalentemente ao átomo de gás nobre para ficarem com oito elétrons de valência.

Ao se escrever a fórmula de Lewis do composto de xenônio citado, quantos elétrons na camada de valência haverá no átomo do gás nobre?

(A) 6

(B) 8

(C) 10

(D) 12

(E) 14

120. **(ENEM – 2019)** Na madrugada de 11 de março de 1978, partes de um foguete soviético reentraram na atmosfera acima da cidade do Rio de Janeiro e caíram no Oceano Atlântico. Foi um belo espetáculo, os inúmeros fragmentos entrando em ignição devido ao atrito com a atmosfera brilharam intensamente, enquanto "cortavam o céu". Mas se a reentrada tivesse acontecido alguns minutos depois, teríamos uma tragédia, pois a queda seria na área urbana do Rio de Janeiro e não no oceano.

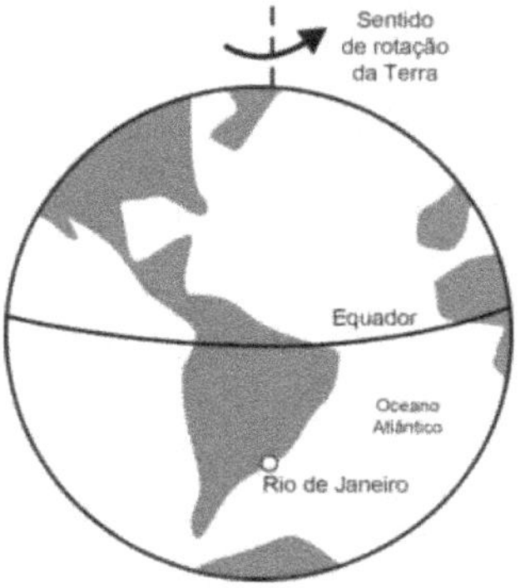

LAS CASAS, R. **Lixo espacial**. Observatório Astronômico Frei Rosário, **ICEx, UFMG. Disponível em: www.observatorio.ufmg.br.** Acesso em: 27 set. 2011 (adaptado).

De acordo com os fatos relatados, a velocidade angular do foguete em relação à Terra no ponto de reentrada era

(A) igual à da Terra e no mesmo sentido.

(B) superior à da Terra e no mesmo sentido.

(C) inferior à da Terra e no sentido oposto.

(D) igual à da Terra e no sentido oposto.

(E) E superior à da Terra e no sentido oposto.

121. **(ENEM – 2019)**

A eritropoetina (EPO) é um hormônio endógeno secretado pelos rins que influencia a maturação dos eritrócitos. Suas formas recombinantes, sintetizadas em laboratório, têm sido usadas por alguns atletas em esportes de resistência na busca por melhores resultados. No entanto, a administração da EPO recombinante no esporte foi proibida pelo Comitê Olímpico Internacional e seu uso considerado *doping*.

MARTELLI, A. Eritropoetina: síntese e liberação fisiológica e o uso de sua forma recombinante no esporte. **Perspectivas Online**: biológicas & saúde, v. 10, n. 3, 2013 (adaptado).

Uma influência que esse *doping* poderá exercer na melhoria da capacidade física desses atletas está relacionada ao transporte de

(A) lipídios, para aumento do gasto calórico.
(B) ATP, para aumento da síntese hormonal.
(C) oxigênio, para aumento da produção de ATP.
(D) proteínas, para aumento da massa muscular.
(E) vitamina C, para aumento da integridade dos vasos sanguíneos.

122. **(ENEM – 2019)** O objetivo de recipientes isolantes térmicos é minimizar as trocas de calor com o ambiente externo. Essa troca de calor é proporcional à condutividade térmica k e à área interna das faces do recipiente, bem como à diferença de temperatura entre o ambiente externo e o interior do recipiente, além de ser inversamente proporcional à espessura das faces.

A fim de avaliar a qualidade de dois recipientes **A** (40 cm × 40 cm × 40 cm) e **B** (60 cm × 40 cm × 40 cm), de faces de mesma espessura, uma estudante compara suas condutividades térmicas k_A e k_B. Para isso suspende, dentro de cada recipiente, blocos idênticos de gelo a 0 °C, de modo que suas superfícies estejam em contato apenas com o ar. Após um intervalo de tempo, ela abre os recipientes enquanto ambos ainda contêm um pouco de gelo e verifica que a massa de gelo que se fundiu no recipiente **B** foi o dobro da que se fundiu no recipiente **A**.

A razão $\frac{k_A}{k_B}$ é mais próxima de

(A) 0,50.
(B) 0,67.
(C) 0,75.
(D) 1,33.
(E) 2,00.

123. **(ENEM – 2019)**

Estudos mostram o desenvolvimento de biochips utilizados para auxiliar o diagnóstico de diabetes melito, doença evidenciada pelo excesso de glicose no organismo. O teste é simples e consiste em duas reações sequenciais na superfície do biochip, entre a amostra de soro sanguíneo do paciente, enzimas específicas e reagente (iodeto de potássio, KI), conforme mostrado na imagem.

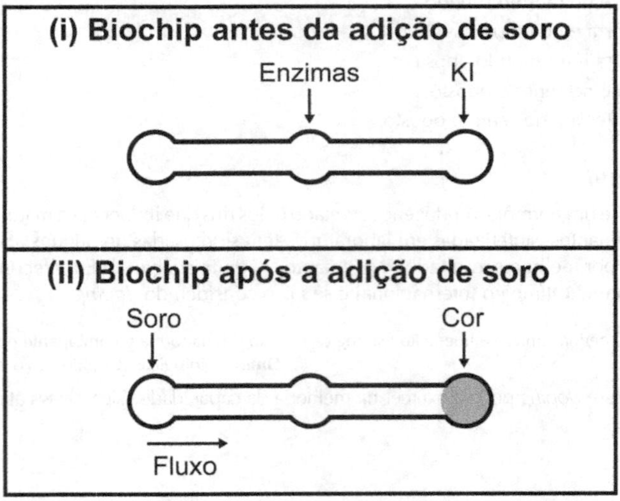

Após a adição de soro sanguíneo, o fluxo desloca-se espontaneamente da esquerda para a direita (ii) promovendo reações sequenciais, conforme as equações 1 e 2. Na primeira, há conversão de glicose do sangue em ácido glucônico, gerando peróxido de hidrogênio:

Equação 1

$$C_6H_{12}O_6\,(aq) + O_2\,(g) + H_2O\,(l) \xrightarrow{\text{Enzimas}} C_6H_{12}O_7\,(aq) + H_2O_2\,(aq)$$

Na segunda, o peróxido de hidrogênio reage com íons iodeto gerando o íon tri-iodeto, água e oxigênio.

Equação 2

$$2\,H_2O_2\,(aq) + 3\,I^-\,(aq) \longrightarrow I_3^-\,(aq) + 2\,H_2O\,(l) + O_2\,(g)$$

GARCIA, P. T. et al. A Handheld Stamping Process to Fabricate Microfluidic Paper-Based Analytical Devices with Chemically Modified Surface for Clinical Assays. **RSC Advances**, v. 4, 13 ago. 2014 (adaptado).

O tipo de reação que ocorre na superfície do biochip, nas duas reações do processo, é

(A) análise.
(B) síntese.
(C) oxirredução.
(D) complexação.
(E) ácido-base.

Em 1962, um *jingle* (vinheta musical) criado por Heitor Carillo fez tanto sucesso que extrapolou as fronteiras do rádio e chegou à televisão ilustrado por um desenho animado. Nele, uma pessoa respondia ao fantasma que batia em sua porta, personificando o "frio", que não o deixaria entrar, pois não abriria a porta e compraria lãs e cobertores para aquecer sua casa. Apesar de memorável, tal comercial televisivo continha incorreções a respeito de conceitos físicos relativos à calorimetria.

DUARTE, M. **Jingle é a alma do negócio: livro revela os bastidores das músicas de propagandas**.Disponível em: https://guiadoscuriosos.uol.com.br. Acesso em: 24 abr. 2019 (adaptado).

124. **(ENEM – 2019)** Para solucionar essas incorreções, deve-se associar à porta e aos cobertores, respectivamente, as funções de:

(A) Aquecer a casa e os corpos.
(B) Evitar a entrada do frio na casa e nos corpos.
(C) Minimizar a perda de calor pela casa e pelos corpos.
(D) Diminuir a entrada do frio na casa e aquecer os corpos.
(E) Aquecer a casa e reduzir a perda de calor pelos corpos.

125. **(ENEM – 2019)** Glicólise é um processo que ocorre nas células, convertendo glicose em piruvato. Durante a prática de exercícios físicos que demandam grande quantidade de esforço, a glicose é completamente oxidada na presença de O_2. Entretanto, em alguns casos, as células musculares podem sofrer um déficit de O_2 e a glicose ser convertida em duas moléculas de ácido lático. As equações termoquímicas para a combustão da glicose e do ácido lático são, respectivamente, mostradas a seguir:

$$C_6H_{12}O_6\,(s) + 6\,O_2\,(g) \longrightarrow 6\,CO_2\,(g) + 6\,H_2O\,(l) \qquad \Delta_cH = -2\,800\text{ kJ}$$

$$CH_3CH(OH)COOH\,(s) + 3\,O_2\,(g) \longrightarrow 3\,CO_2\,(g) + 3\,H_2O\,(l) \qquad \Delta_cH = -1\,344\text{ kJ}$$

O processo anaeróbico é menos vantajoso energeticamente porque

(A) libera 112 kJ por mol de glicose.
(B) libera 467 kJ por mol de glicose.
(C) libera 2 688 kJ por mol de glicose.
(D) absorve 1 344 kJ por mol de glicose.
(E) absorve 2 800 kJ por mol de glicose.

126. **(ENEM – 2019)**

No quadro estão apresentadas informações sobre duas estratégias de sobrevivência que podem ser adotadas por algumas espécies de seres vivos.

	Estratégia 1	Estratégia 2
Hábitat	Mais instável e imprevisível	Mais estável e previsível
Potencial biótico	Muito elevado	Baixo
Duração da vida	Curta e com reprodução precoce	Longa e com reprodução tardia
Descendentes	Muitos e com tamanho corporal pequeno	Poucos e com tamanho corporal maior
Tamanho populacional	Variável	Constante

Na recuperação de uma área desmatada deveriam ser reintroduzidas primeiramente as espécies que adotam qual estratégia?

(A) Estratégia 1, pois essas espécies produzem descendentes pequenos, o que diminui a competição com outras espécies.

(B) Estratégia 2, pois essas espécies têm uma longa duração da vida, o que favorece a produção de muitos descendentes.

(C) Estratégia 1, pois essas espécies apresentam um elevado potencial biótico, o que facilita a rápida recolonização da área desmatada.

(D) Estratégia 2, pois essas espécies estão adaptadas a hábitats mais estáveis, o que corresponde ao ambiente de uma área desmatada.

(E) Estratégia 2, pois essas espécies apresentam um tamanho populacional constante, o que propicia uma recolonização mais estável da área desmatada.

127. **(ENEM – 2019)** Uma das técnicas de reciclagem química do polímero PET [poli(tereftalato de etileno)] gera o tereftalato de metila e o etanodiol, conforme o esquema de reação, e ocorre por meio de uma reação de transesterificação.

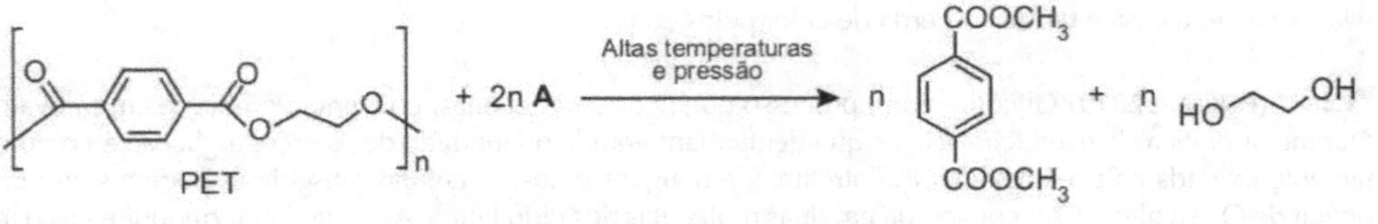

O composto A, representado no esquema de reação, é o

(A) metano.

(B) metanol.

(C) éter metílico.

(D) ácido etanoico.

(E) anidrido etanoico.

128. **(ENEM – 2019)**

Durante sua evolução, as plantas apresentaram grande diversidade de características, as quais permitiram sua sobrevivência em diferentes ambientes. Na imagem, cinco dessas características estão indicadas por números.

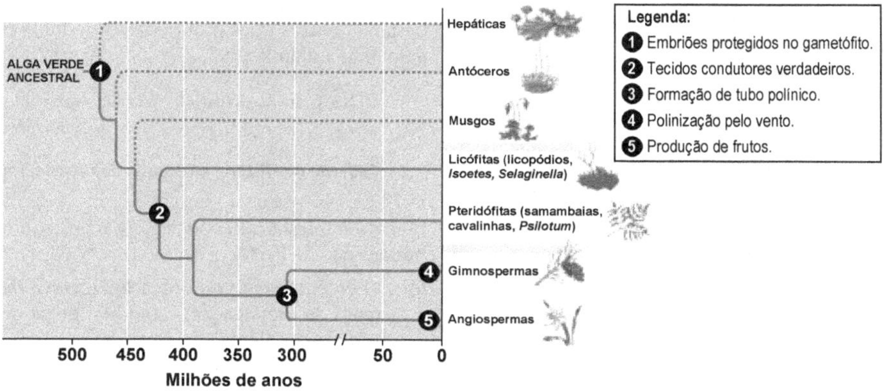

CAMPBELL, N. et al. **Biologia**. São Paulo: Artmed, 2010 (adaptado).

A aquisição evolutiva que permitiu a conquista definitiva do ambiente terrestre pelas plantas está indicada pelo número

(A) 1.

(B) 2.

(C) 3.

(D) 4.

(E) 5.

129. **(ENEM – 2019)**

A maioria das pessoas fica com a visão embaçada ao abrir os olhos debaixo d'água. Mas há uma exceção: o povo moken, que habita a costa da Tailândia. Essa característica se deve principalmente à adaptabilidade do olho e à plasticidade do cérebro, o que significa que você também, com algum treinamento, poderia enxergar relativamente bem debaixo d'água. Estudos mostraram que as pupilas de olhos de indivíduos moken sofrem redução significativa debaixo d'água, o que faz com que os raios luminosos incidam quase paralelamente ao eixo óptico da pupila.

GISLÉN, A. et al. Visual Training Improves Underwater Vision in Children.

Vision Research, n. 46, 2006 (adaptado).

A acuidade visual associada à redução das pupilas é fisicamente explicada pela diminuição

(A) da intensidade luminosa incidente na retina.

(B) da difração dos feixes luminosos que atravessam a pupila.

(C) da intensidade dos feixes luminosos em uma direção por polarização.

(D) do desvio dos feixes luminosos refratados no interior do olho.

(E) das reflexões dos feixes luminosos no interior do olho.

130. **(ENEM – 2019)**

O "The Kidney Project" é um projeto realizado por cientistas que pretendem desenvolver um rim biônico que executará a maioria das funções biológicas do órgão. O rim biônico possuirá duas partes que incorporam recentes avanços de nanotecnologia, filtração de membrana e biologia celular. Esse projeto significará uma grande melhoria na qualidade de vida para aquelas pessoas que dependem da hemodiálise para sobrevivência.

Disponível em: https://pharm.ucsf.edu. Acesso em: 26 abr. 2019 (adaptado).

O dispositivo criado promoverá diretamente a

(A) remoção de ureia.
(B) excreção de lipídios.
(C) síntese de vasopressina.
(D) transformação de amônia.
(E) fabricação de aldosterona.

131. **(ENEM – 2019)** Um experimento simples, que pode ser realizado com materiais encontrados em casa, é realizado da seguinte forma: adiciona-se um volume de etanol em um copo de vidro e, em seguida, uma folha de papel. Com o passar do tempo, observa-se um comportamento peculiar: o etanol se desloca sobre a superfície do papel, superando a gravidade que o atrai no sentido oposto, como mostra a imagem. Para parte dos estudantes, isso ocorre por causa da absorção do líquido pelo papel.

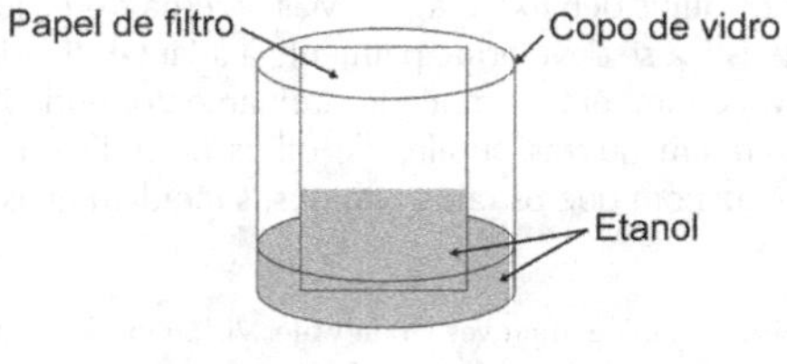

Do ponto de vista científico, o que explica o movimento do líquido é a

(A) evaporação do líquido.
(B) diferença de densidades.
(C) reação química com o papel.
(D) capilaridade nos poros do papel.
(E) resistência ao escoamento do líquido.

132. **(ENEM – 2019)**

Quando se considera a extrema velocidade com que a luz se espalha por todos os lados e que, quando vêm de diferentes lugares, mesmo totalmente opostos, [os raios luminosos] se atravessam uns aos outros sem se atrapalharem, compreende-se que, quando vemos um objeto luminoso, isso não poderia ocorrer pelo transporte de uma matéria que venha do objeto até nós, como uma flecha ou bala atravessa o ar; pois certamente isso repugna bastante a essas duas propriedades da luz, principalmente a última.

HUYGENS, C. In: MARTINS, R. A. Tratado sobre a luz, de Cristian Huygens.

Caderno de História e Filosofia da Ciência, supl. 4, 1986.

O texto contesta que concepção acerca do comportamento da luz?

(A) O entendimento de que a luz precisa de um meio de propagação, difundido pelos defensores da existência do éter.
(B) O modelo ondulatório para a luz, o qual considera a possibilidade de interferência entre feixes luminosos.
(C) O modelo corpuscular defendido por Newton, que descreve a luz como um feixe de partículas.
(D) A crença na velocidade infinita da luz, defendida pela maioria dos filósofos gregos.
(E) A ideia defendida pelos gregos de que a luz era produzida pelos olhos.

133. **(ENEM – 2019)**

Um dos parâmetros de controle de qualidade de polpas de frutas destinadas ao consumo como bebida é a acidez total expressa em ácido cítrico, que corresponde à massa dessa substância em 100 gramas de polpa de fruta. O ácido cítrico é uma molécula orgânica que apresenta três hidrogênios ionizáveis (ácido triprótico) e massa molar 192 g mol^{-1}. O quadro indica o valor mínimo desse parâmetro de qualidade para polpas comerciais de algumas frutas.

Polpa de fruta	Valor mínimo da acidez total expressa em ácido cítrico (g/100 g)
Acerola	0,8
Caju	0,3
Cupuaçu	1,5
Graviola	0,6
Maracujá	2,5

A acidez total expressa em ácido cítrico de uma amostra comercial de polpa de fruta foi determinada. No procedimento, adicionou-se água destilada a 2,2 g da amostra e, após a solubilização do ácido cítrico, o sólido remanescente foi filtrado. A solução obtida foi titulada com solução de hidróxido de sódio 0,01 mol L^{-1}, em que se consumiram 24 mL da solução básica (titulante).

BRASIL. Ministério da Agricultura e do Abastecimento. **Instrução normativa n. 1, de 7 de janeiro de 2000**. Disponível em: www.agricultura.gov.br. Acesso em: 9 maio 2019 (adaptado).

Entre as listadas, a amostra analisada pode ser de qual polpa de fruta?

(A) Apenas caju.
(B) Apenas maracujá.
(C) Caju ou graviola.
(D) Acerola ou cupuaçu.
(E) Cupuaçu ou graviola.

134. **(ENEM – 2019)** Uma cozinheira colocou sal a mais no feijão que estava cozinhando. Para solucionar o problema, ela acrescentou batatas cruas e sem tempero dentro da panela. Quando terminou de cozinhá-lo, as batatas estavam salgadas, porque absorveram parte do caldo com excesso de sal. Finalmente, ela adicionou água para completar o caldo do feijão.

O sal foi absorvido pelas batatas por

(A) osmose, por envolver apenas o transporte do solvente.
(B) fagocitose, porque o sal transportado é uma substância sólida.
(C) exocitose, uma vez que o sal foi transportado da água para a batata.
(D) pinocitose, porque o sal estava diluído na água quando foi transportado.
(E) difusão, porque o transporte ocorreu a favor do gradiente de concentração.

135. **(ENEM – 2019)**

A agricultura de precisão reúne técnicas agrícolas que consideram particularidades locais do solo ou lavoura a fim de otimizar o uso de recursos. Uma das formas de adquirir informações sobre essas particularidades é a fotografia aérea de baixa altitude realizada por um veículo aéreo não tripulado (vant). Na fase de aquisição é importante determinar o nível de sobreposição entre as fotografias. A figura ilustra como uma sequência de imagens é coletada por um vant e como são formadas as sobreposições frontais.

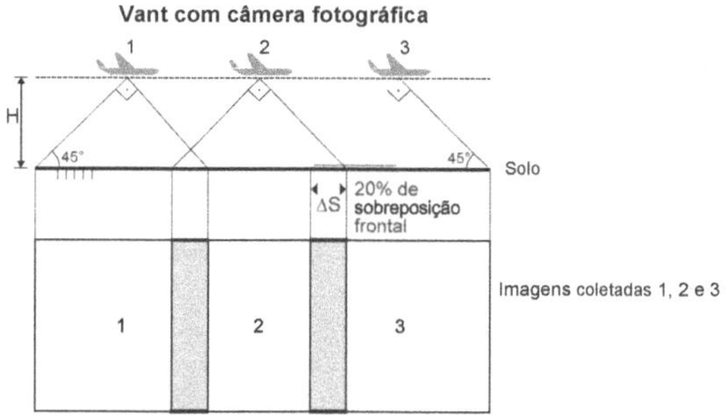

O operador do vant recebe uma encomenda na qual as imagens devem ter uma sobreposição frontal de 20% em um terreno plano. Para realizar a aquisição das imagens, seleciona uma altitude H fixa de voo de 1 000 m, a uma velocidade constante de 50 m s^{-1}. A abertura da câmera fotográfica do vant é de 90°. Considere tg(45°) = 1.

Natural Resources Canada. **Concepts of Aerial Photography**. Disponível em: www.nrcan.gc.ca. Acesso em: 26 abr. 2019 (adaptado).

Com que intervalo de tempo o operador deve adquirir duas imagens consecutivas?

(A) 40 segundos.
(B) 32 segundos.
(C) 28 segundos.
(D) 16 segundos.
(E) 8 segundos.

MATEMÁTICA E SUAS TECNOLOGIAS
QUESTÕES DE 136 A 180

136. **(ENEM – 2019)** A bula de um antibiótico infantil, fabricado na forma de xarope, recomenda que sejam ministrados, diariamente, no máximo 500 mg desse medicamento para cada quilograma de massa do paciente. Um pediatra prescreveu a dosagem máxima desse antibiótico para ser ministrada diariamente a uma criança de 20 kg pelo período de 5 dias. Esse medicamento pode ser comprado em frascos de 10 mL, 50 mL, 100 mL, 250 mL e 500 mL. Os pais dessa criança decidiram comprar a quantidade exata de medicamento que precisará ser ministrada no tratamento, evitando a sobra de medicamento. Considere que 1 g desse medicamento ocupe um volume de 1 cm3.

A capacidade do frasco, em mililitro, que esses pais deverão comprar é

(A) 10.
(B) 50.
(C) 100.
(D) 250.
(E) 500.

137. **(ENEM – 2019)** Uma empresa confecciona e comercializa um brinquedo formado por uma locomotiva, pintada na cor preta, mais 12 vagões de iguais formato e tamanho, numerados de 1 a 12. Dos 12 vagões, 4 são pintados na cor vermelha, 3 na cor azul, 3 na cor verde e 2 na cor amarela. O trem é montado utilizando-se uma locomotiva e 12 vagões, ordenados crescentemente segundo suas numerações, conforme ilustrado na figura.

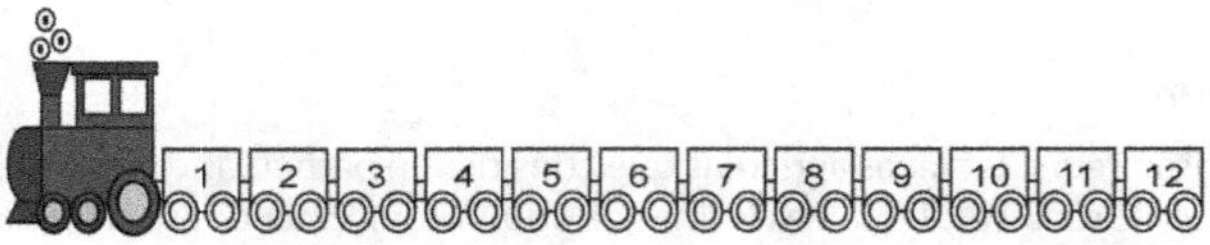

De acordo com as possíveis variações nas colorações dos vagões, a quantidade de trens que podem ser montados, expressa por meio de combinações, é dada por

(A) $C_{12}^{4} \times C_{12}^{3} \times C_{12}^{3} \times C_{12}^{2}$

(B) $C_{12}^{4} + C_{8}^{3} + C_{5}^{3} + C_{2}^{2}$

(C) $C_{12}^{4} \times 2 \times C_{8}^{3} \times C_{5}^{2}$

(D) $C_{12}^{4} + 2 \times C_{12}^{3} + C_{12}^{2}$

(E) $C_{12}^{4} \times C_{8}^{3} \times C_{5}^{3} \times C_{2}^{2}$

138. **(ENEM – 2019)** O gráfico a seguir mostra a evolução mensal das vendas de certo produto de julho a novembro de 2011.

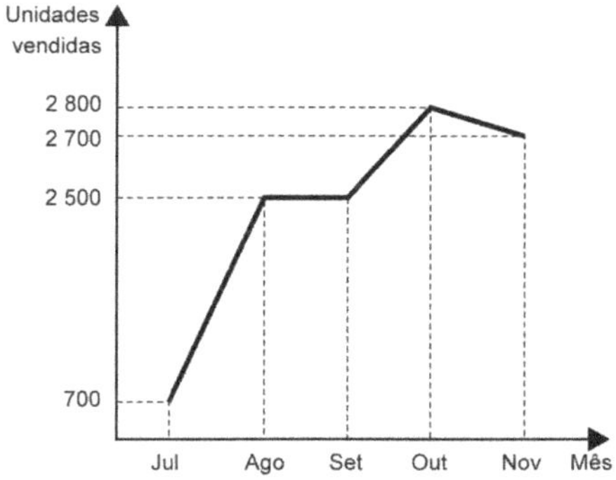

Sabe-se que o mês de julho foi o pior momento da empresa em 2011 e que o número de unidades vendidas desse produto em dezembro de 2011 foi igual à média aritmética do número de unidades vendidas nos meses de julho a novembro do mesmo ano.

O gerente de vendas disse, em uma reunião da diretoria, que, se essa redução no número de unidades vendidas de novembro para dezembro de 2011 se mantivesse constante nos meses subsequentes, as vendas só voltariam a ficar piores que julho de 2011 apenas no final de 2012.

O diretor financeiro rebateu imediatamente esse argumento mostrando que, mantida a tendência, isso aconteceria já em

(A) janeiro.
(B) fevereiro.
(C) março.
(D) abril.
(E) maio.

139. **(ENEM – 2019)** Um grupo de países criou uma instituição responsável por organizar o Programa Internacional de Nivelamento de Estudos (PINE) com o objetivo de melhorar os índices mundiais de educação. Em sua sede foi construída uma escultura suspensa, com a logomarca oficial do programa, em três dimensões, que é formada por suas iniciais, conforme mostrada na figura.

Essa escultura está suspensa por cabos de aço, de maneira que o espaçamento entre letras adjacentes é o mesmo, todas têm igual espessura e ficam dispostas em posição ortogonal ao solo, como ilustrado a seguir.

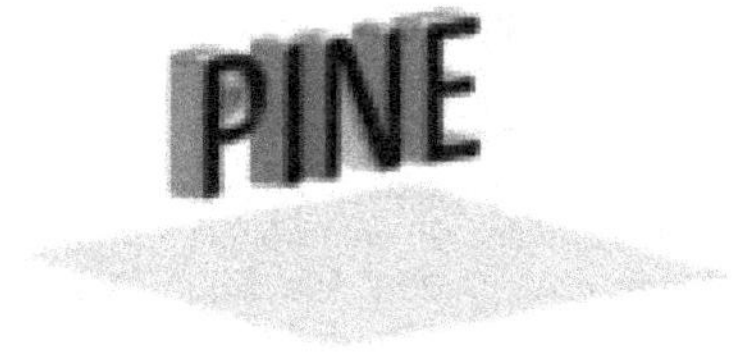

Ao meio-dia, com o sol a pino, as letras que formam essa escultura projetam ortogonalmente suas sombras sobre o solo.

A sombra projetada no solo é

(A)

(B)

(C)

(D)

(E)

140. **(ENEM – 2019)** A *Hydrangea macrophylla* é uma planta com flor azul ou cor-de-rosa, dependendo do pH do solo no qual está plantada. Em solo ácido (ou seja, com pH < 7) a flor é azul, enquanto que em solo alcalino (ou seja, com pH > 7) a flor é rosa. Considere que a *Hydrangea* cor-de-rosa mais valorizada comercialmente numa determinada região seja aquela produzida em solo com pH inferior a 8. Sabe-se

que $pH = -\log_{10}x$, em que x é a concentração de íon hidrogênio (H^+).

Para produzir a *Hydrangea* cor-de-rosa de maior valor comercial, deve-se preparar o solo de modo que x assuma

(A) qualquer valor acima de 10^{-8}.
(B) qualquer valor positivo inferior a 10^{-7}.
(C) valores maiores que 7 e menores que 8.

(D) valores maiores que 70 e menores que 80.

(E) valores maiores que 10^{-8} e menores que 10^{-7}.

141. **(ENEM – 2019)** Uma pessoa, que perdeu um objeto pessoal quando visitou uma cidade, pretende divulgar nos meios de comunicação informações a respeito da perda desse objeto e de seu contato para eventual devolução. No entanto, ela lembra que, de acordo com o Art. 1 234 do Código Civil, poderá ter que pagar pelas despesas do transporte desse objeto até sua cidade e poderá ter que recompensar a pessoa que lhe restituir o objeto em, pelo menos, 5% do valor do objeto.

Ela sabe que o custo com transporte será de um quinto do valor atual do objeto e, como ela tem muito interesse em reavê-lo, pretende ofertar o maior percentual possível de recompensa, desde que o gasto total com as despesas não ultrapasse o valor atual do objeto.

Nessas condições, o percentual sobre o valor do objeto, dado como recompensa, que ela deverá ofertar é igual a

(A) 20%

(B) 25%

(C) 40%

(D) 60%

(E) 80%

142. **(ENEM – 2019)** Nos seis cômodos de uma casa há sensores de presença posicionados de forma que a luz de cada cômodo acende assim que uma pessoa nele adentra, e apaga assim que a pessoa se retira desse cômodo. Suponha que o acendimento e o desligamento sejam instantâneos.

O morador dessa casa visitou alguns desses cômodos, ficando exatamente um minuto em cada um deles. O gráfico descreve o consumo acumulado de energia, em watt × minuto, em função do tempo *t*, em minuto, das lâmpadas de LED dessa casa, enquanto a figura apresenta a planta baixa da casa, na qual os cômodos estão numerados de 1 a 6, com as potências das respectivas lâmpadas indicadas.

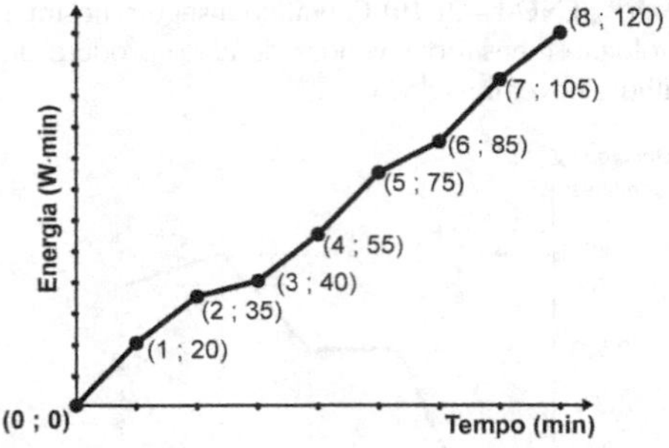

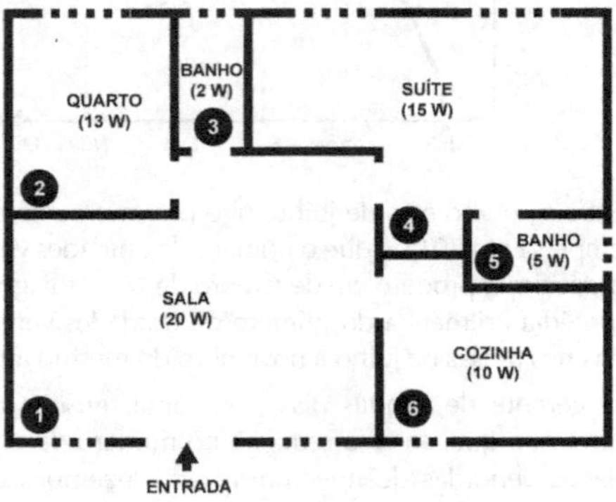

A sequência de deslocamentos pelos cômodos, conforme o consumo de energia apresentado no gráfico, é

(A) 1 → 4 → 5 → 4 → 1 → 6 → 1 → 4

(B) 1 → 2 → 3 → 1 → 4 → 1 → 4 → 4

(C) 1 → 4 → 5 → 4 → 1 → 6 → 1 → 2 → 3

(D) 1 → 2 → 3 → 5 → 4 → 1 → 6 → 1 → 4

(E) 1 → 4 → 2 → 3 → 5 → 1 → 6 → 1 → 4

143. **(ENEM – 2019)** Um casal planejou uma viagem e definiu como teto para o gasto diário um valor de até R$ 1 000,00. Antes de decidir o destino da viagem, fizeram uma pesquisa sobre a taxa de câmbio vigente para as moedas de cinco países que desejavam visitar e também sobre as estimativas de gasto diário em cada um, com o objetivo de escolher o destino que apresentasse o menor custo diário em real.

O quadro mostra os resultados obtidos com a pesquisa realizada.

País de destino	Moeda local	Taxa de câmbio	Gasto diário
França	Euro (€)	R$ 3,14	315,00 €
EUA	Dólar (US$)	R$ 2,78	US$ 390,00
Austrália	Dólar australiano (A$)	R$ 2,14	A$ 400,00
Canadá	Dólar canadense (C$)	R$ 2,10	C$ 410,00
Reino Unido	Libra esterlina (£)	R$ 4,24	£ 290,00

Nessas condições, qual será o destino escolhido para a viagem?

(A) Austrália.

(B) Canadá.

(C) EUA.

(D) França.

(E) Reino Unido.

144. (ENEM – 2019) A gripe é uma infecção respiratória aguda de curta duração causada pelo vírus *influenza*. Ao entrar no nosso organismo pelo nariz, esse vírus multiplica-se, disseminando-se para a garganta e demais partes das vias respiratórias, incluindo os pulmões.

O vírus *influenza* é uma partícula esférica que tem um diâmetro interno de 0,00011 mm.

Disponível em: www.gripenet.pt. Acesso em: 2 nov. 2013 (adaptado).

Em notação científica, o diâmetro interno do vírus *influenza*, em mm, é

(A) $1,1 \times 10^{-1}$

(B) $1,1 \times 10^{-2}$

(C) $1,1 \times 10^{-3}$

(D) $1,1 \times 10^{-4}$

(E) $1,1 \times 10^{-5}$

145. (ENEM – 2019) Em um jogo on-line, cada jogador procura subir de nível e aumentar sua experiência, que são dois parâmetros importantes no jogo, dos quais dependem as forças de defesa e de ataque do participante. A força de defesa de cada jogador é diretamente proporcional ao seu nível e ao quadrado de sua experiência, enquanto sua força de ataque é diretamente proporcional à sua experiência e ao quadrado do seu nível. Nenhum jogador sabe o nível ou a experiência dos demais. Os jogadores iniciam o jogo no nível 1 com experiência 1 e possuem força de ataque 2 e de defesa 1. Nesse jogo, cada participante se movimenta em uma cidade em busca de tesouros para aumentar sua experiência. Quando dois deles se encontram, um deles pode desafiar o outro para um confronto, sendo o desafiante considerado o atacante. Compara-se então a força de ataque do desafiante com a força de defesa do desafiado e vence o confronto aquele cuja força for maior. O vencedor do desafio aumenta seu nível em uma unidade. Caso haja empate no confronto, ambos os jogadores aumentam seus níveis em uma unidade.

Durante um jogo, o jogador J_1, de nível 4 e experiência 5, irá atacar o jogador J_2, de nível 2 e experiência 6.

O jogador J_1 venceu esse confronto porque a diferença entre sua força de ataque e a força de defesa de seu oponente era

(A) 112.

(B) 88.

(C) 60.

(D) 28.

(E) 24.

146. (ENEM – 2019) Em um condomínio, uma área pavimentada, que tem a forma de um círculo com diâmetro medindo 6 m, é cercada por grama. A administração do condomínio deseja ampliar essa área, mantendo seu formato circular, e aumentando, em 8 m, o diâmetro dessa região, mantendo o revestimento da parte já existente. O condomínio dispõe, em estoque, de material suficiente para pavimentar mais 100 m² de área. O síndico do condomínio irá avaliar se esse material disponível será suficiente para pavimentar a região a ser ampliada.

Utilize 3 como aproximação para π.

A conclusão correta a que o síndico deverá chegar, considerando a nova área a ser pavimentada, é a de que o material disponível em estoque

(A) será suficiente, pois a área da nova região a ser pavimentada mede 21 m^2.

(B) será suficiente, pois a área da nova região a ser pavimentada mede 24 m^2.

(C) será suficiente, pois a área da nova região a ser pavimentada mede 48 m^2.

(D) não será suficiente, pois a área da nova região a ser pavimentada mede 108 m^2.

(E) não será suficiente, pois a área da nova região a ser pavimentada mede 120 m^2.

147. **(ENEM – 2019)**

Os exercícios físicos são recomendados para o bom funcionamento do organismo, pois aceleram o metabolismo e, em consequência, elevam o consumo de calorias. No gráfico, estão registrados os valores calóricos, em kcal, gastos em cinco diferentes atividades físicas, em função do tempo dedicado às atividades, contado em minuto.

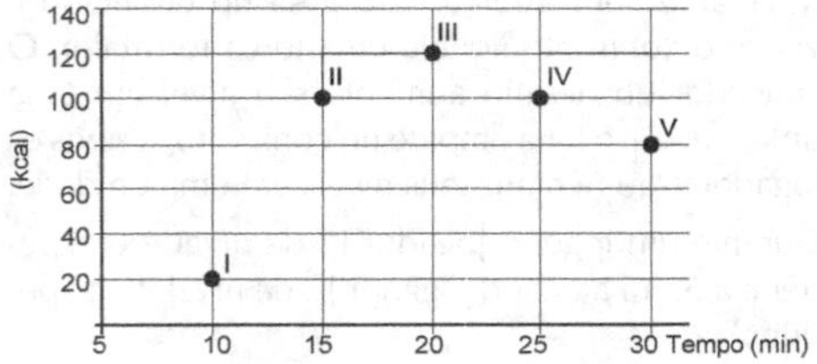

Qual dessas atividades físicas proporciona o maior consumo de quilocalorias por minuto?

(A) I

(B) II

(C) III

(D) IV

(E) V

148. **(ENEM – 2019)** Um professor aplica, durante os cinco dias úteis de uma semana, testes com quatro questões de múltipla escolha a cinco alunos. Os resultados foram representados na matriz.

$$\begin{bmatrix} 3 & 2 & 0 & 1 & 2 \\ 3 & 2 & 4 & 1 & 2 \\ 2 & 2 & 2 & 3 & 2 \\ 3 & 2 & 4 & 1 & 0 \\ 0 & 2 & 0 & 4 & 4 \end{bmatrix}$$

Nessa matriz os elementos das linhas de 1 a 5 representam as quantidades de questões acertadas pelos alunos Ana, Bruno, Carlos, Denis e Érica, respectivamente, enquanto que as colunas de 1 a 5 indicam os dias da semana, de segunda-feira a sexta-feira, respectivamente, em que os testes foram aplicados.

O teste que apresentou maior quantidade de acertos foi o aplicado na

(A) segunda-feira.

(B) terça-feira.

(C) quarta-feira.

(D) quinta-feira.

(E) sexta-feira.

149. **(ENEM – 2019)** Um ciclista quer montar um sistema de marchas usando dois discos dentados na parte traseira de sua bicicleta, chamados catracas. A coroa é o disco dentado que é movimentado pelos pedais da bicicleta, sendo que a corrente transmite esse movimento às catracas, que ficam posicionadas na roda traseira da bicicleta. As diferentes marchas ficam definidas pelos diferentes diâmetros das catracas, que são medidos conforme indicação na figura.

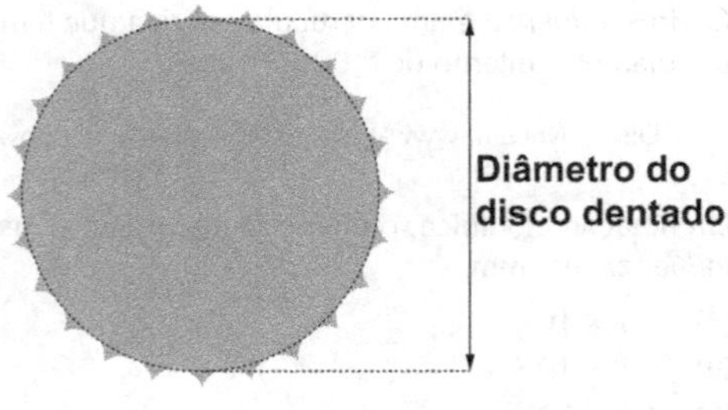

O ciclista já dispõe de uma catraca com 7 cm de diâmetro e pretende incluir uma segunda catraca, de modo que, à medida em que a corrente passe por ela, a bicicleta avance 50% a mais do que avançaria se a corrente passasse pela primeira catraca, a cada volta completa dos pedais.

O valor mais próximo da medida do diâmetro da segunda catraca, em centímetro e com uma casa decimal, é

(A) 2,3.

(B) 3,5.

(C) 4,7.

(D) 5,3.

(E) 10,5.

150. **(ENEM – 2019)** O serviço de meteorologia de uma cidade emite relatórios diários com a previsão do tempo. De posse dessas informações, a prefeitura emite três tipos de alertas para a população:

- Alerta cinza: deverá ser emitido sempre que a previsão do tempo estimar que a temperatura será inferior a 10 °C, e a umidade relativa do ar for inferior a 40%;
- Alerta laranja: deverá ser emitido sempre que a previsão do tempo estimar que a temperatura deve variar entre 35 °C e 40 °C, e a umidade relativa do ar deve ficar abaixo de 30%;
- Alerta vermelho: deverá ser emitido sempre que a previsão do tempo estimar que a temperatura será superior a 40 °C, e a umidade relativa do ar for inferior a 25%.

Um resumo da previsão do tempo nessa cidade, para um período de 15 dias, foi apresentado no gráfico.

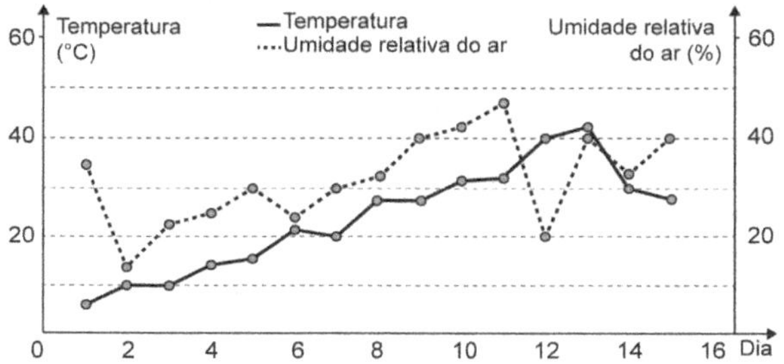

Decorridos os 15 dias de validade desse relatório, um funcionário percebeu que, no período a que se refere o gráfico, foram emitidos os seguintes alertas:

- Dia 1: alerta cinza;
- Dia 12: alerta laranja;
- Dia 13: alerta vermelho.

Em qual(is) desses dias o(s) aviso(s) foi(ram) emitido(s) corretamente?

(A) 1

(B) 12

(C) 1 e 12

(D) 1 e 13

(E) 1, 12 e 13

151. **(ENEM – 2019)** Uma administração municipal encomendou a pintura de dez placas de sinalização para colocar em seu pátio de estacionamento.

O profissional contratado para o serviço inicial pintará o fundo de dez placas e cobrará um valor de acordo com a área total dessas placas. O formato de cada placa é um círculo de diâmetro $d = 40$ cm, que tangencia lados de um retângulo, sendo que o comprimento total da placa é $h = 60$ cm, conforme ilustrado na figura. Use 3,14 como aproximação para π.

Qual é a soma das medidas das áreas, em centímetros quadrados, das dez placas?

(A) 16 628
(B) 22 280
(C) 28 560
(D) 41 120
(E) 66 240

152. **(ENEM – 2019)** O rótulo da embalagem de um cosmético informa que a dissolução de seu conteúdo, de acordo com suas especificações, rende 2,7 litros desse produto pronto para o uso. Uma pessoa será submetida a um tratamento estético em que deverá tomar um banho de imersão com esse produto numa banheira com capacidade de 0,3 m3. Para evitar o transbordamento, essa banheira será preenchida em 80% de sua capacidade.

Para esse banho, o número mínimo de embalagens desse cosmético é

(A) 9.
(B) 12.
(C) 89.
(D) 112.
(E) 134.

153. **(ENEM – 2019)** O *slogan* "Se beber não dirija", muito utilizado em campanhas publicitárias no Brasil, chama a atenção para o grave problema da ingestão de bebida alcoólica por motoristas e suas consequências para o trânsito. A gravidade desse problema pode ser percebida observando como o assunto é tratado pelo Código de Trânsito Brasileiro. Em 2013, a quantidade máxima de álcool permitida no sangue do condutor de um veículo, que já era pequena, foi reduzida, e o valor da multa para motoristas alcoolizados foi aumentado. Em consequência dessas mudanças, observou-se queda no número de acidentes registrados em uma suposta rodovia nos anos que se seguiram às mudanças implantadas em 2013, conforme dados no quadro.

Ano	2013	2014	2015
Número total de acidentes	1 050	900	850

Suponha que a tendência de redução no número de acidentes nessa rodovia para os anos subsequentes seja igual à redução absoluta observada de 2014 para 2015.

Com base na situação apresentada, o número de acidentes esperados nessa rodovia em 2018 foi de

(A) 150.
(B) 450.
(C) 550.
(D) 700.
(E) 800.

154. **(ENEM – 2019)** Uma pessoa se interessou em adquirir um produto anunciado em uma loja. Negociou com o gerente e conseguiu comprá-lo a uma taxa de juros compostos de 1% ao mês. O primeiro pagamento será um mês após a aquisição do produto, e no valor de R$ 202,00. O segundo pagamento será efetuado um mês após o primeiro, e terá o valor de R$ 204,02. Para concretizar a compra, o gerente emitirá uma nota fiscal com o valor do produto à vista negociado com o cliente, correspondendo ao financiamento aprovado.

O valor à vista, em real, que deverá constar na nota fiscal é de

(A) 398,02.
(B) 400,00.
(C) 401,94.
(D) 404,00.
(E) 406,02.

155. **(ENEM – 2019)** Três sócios resolveram fundar uma fábrica. O investimento inicial foi de R$ 1 000 000,00. E, independentemente do valor que cada um investiu nesse primeiro momento, resolveram considerar que cada um deles contribuiu com um terço do investimento inicial.

Algum tempo depois, um quarto sócio entrou para a sociedade, e os quatro, juntos, investiram mais R$ 800 000,00 na fábrica. Cada um deles contribuiu com um quarto desse valor. Quando venderam a fábrica, nenhum outro investimento havia sido feito. Os sócios decidiram então dividir o montante de R$ 1 800 000,00 obtido com a venda, de modo proporcional à quantia total investida por cada sócio.

Quais os valores mais próximos, em porcentagens, correspondentes às parcelas financeiras que cada um dos três sócios iniciais e o quarto sócio, respectivamente, receberam?

(A) 29,60 e 11,11.
(B) 28,70 e 13,89.
(C) 25,00 e 25,00.
(D) 18,52 e 11,11.
(E) 12,96 e 13,89.

156. (ENEM – 2019) Para contratar três máquinas que farão o reparo de vias rurais de um município, a prefeitura elaborou um edital que, entre outras cláusulas, previa:

- Cada empresa interessada só pode cadastrar uma única máquina para concorrer ao edital;
- O total de recursos destinados para contratar o conjunto das três máquinas é de R$ 31 000,00;
- O valor a ser pago a cada empresa será inversamente proporcional à idade de uso da máquina cadastrada pela empresa para o presente edital.

As três empresas vencedoras do edital cadastraram máquinas com 2, 3 e 5 anos de idade de uso.

Quanto receberá a empresa que cadastrou a máquina com maior idade de uso?

(A) R$ 3 100,00
(B) R$ 6 000,00
(C) R$ 6 200,00
(D) R$ 15 000,00
(E) R$ 15 500,00

157. (ENEM – 2019)

Segundo o Instituto Brasileiro de Geografia e Estatística (IBGE), o rendimento médio mensal dos trabalhadores brasileiros, no ano 2000, era de R$ 1 250,00. Já o Censo 2010 mostrou que, em 2010, esse valor teve um aumento de 7,2% em relação a 2000. Esse mesmo instituto projeta que, em 2020, o rendimento médio mensal dos trabalhadores brasileiros poderá ser 10% maior do que foi em 2010.

IBGE. **Censo 2010**. Disponível em: www.ibge.gov.br. Acesso em: 13 ago. 2012 (adaptado).

Supondo que as projeções do IBGE se realizem, o rendimento médio mensal dos brasileiros em 2020 será de

(A) R$ 1 340,00.
(B) R$ 1 349,00.
(C) R$ 1 375,00.
(D) R$ 1 465,00.
(E) R$ 1 474,00.

Charles Richter e Beno Gutenberg desenvolveram a escala Richter, que mede a magnitude de um terremoto. Essa escala pode variar de 0 a 10, com possibilidades de valores maiores. O quadro mostra a escala de magnitude local (Ms) de um terremoto que é utilizada para descrevê-lo.

Descrição	Magnitude local (M_S) (μm · Hz)
Pequeno	$0 \le M_S \le 3{,}9$
Ligeiro	$4{,}0 \le M_S \le 4{,}9$
Moderado	$5{,}0 \le M_S \le 5{,}9$
Grande	$6{,}0 \le M_S \le 9{,}9$
Extremo	$M_S \ge 10{,}0$

Para se calcular a magnitude local, usa-se a fórmula $M_s = 3{,}30 + \log(A \cdot f)$, em que A representa a amplitude máxima da onda registrada por um sismógrafo em micrômetro (μm) e f representa a frequência da onda, em hertz (Hz). Ocorreu um terremoto com amplitude máxima de 2 000 μm e frequência de 0,2 Hz.

Disponível em: http://cejarj.cecierj.edu.br. Acesso em: 1 fev. 2015 (adaptado).

Utilize 0,3 como aproximação para log 2.

158. (ENEM – 2019) De acordo com os dados fornecidos, o terremoto ocorrido pode ser descrito como

(A) Pequeno.
(B) Ligeiro.
(C) Moderado.
(D) Grande.
(E) Extremo.

159. (ENEM – 2019) Após o Fórum Nacional Contra a Pirataria (FNCP) incluir a linha de autopeças em campanha veiculada contra a falsificação, as agências fiscalizadoras divulgaram que os cinco principais produtos de autopeças falsificados são: rolamento, pastilha de freio, caixa de direção, catalisador e amortecedor.

Disponível em: www.oficinabrasil.com.br. Acesso em: 25 ago. 2014 (adaptado).

Após uma grande apreensão, as peças falsas foram cadastradas utilizando-se a codificação:

1: rolamento, 2: pastilha de freio, 3: caixa de direção, 4: catalisador e 5: amortecedor.

Ao final obteve-se a sequência: 5, 4, 3, 2, 1, 2, 3, 4, 5, 4, 3, 2, 1, 2, 3, 4, 5, 4, 3, 2, 1, 2, 3, 4, ... que apresenta um padrão de formação que consiste na repetição de um bloco de números. Essa sequência descreve a ordem em que os produtos apreendidos foram cadastrados.

O 2015º item cadastrado foi um(a)

(A) rolamento.
(B) catalisador.
(C) amortecedor.
(D) pastilha de freio.
(E) caixa de direção.

160. **(ENEM – 2019)** Durante suas férias, oito amigos, dos quais dois são canhotos, decidem realizar um torneio de vôlei de praia. Eles precisam formar quatro duplas para a realização do torneio. Nenhuma dupla pode ser formada por dois jogadores canhotos.

De quantas maneiras diferentes podem ser formadas essas quatro duplas?

(A) 69
(B) 70
(C) 90
(D) 104
(E) 105

161. **(ENEM – 2019)** As luminárias para um laboratório de matemática serão fabricadas em forma de sólidos geométricos. Uma delas terá a forma de um tetraedro truncado. Esse sólido é gerado a partir de secções paralelas a cada uma das faces de um tetraedro regular. Para essa luminária, as secções serão feitas de maneira que, em cada corte, um terço das arestas seccionadas serão removidas. Uma dessas secções está indicada na figura.

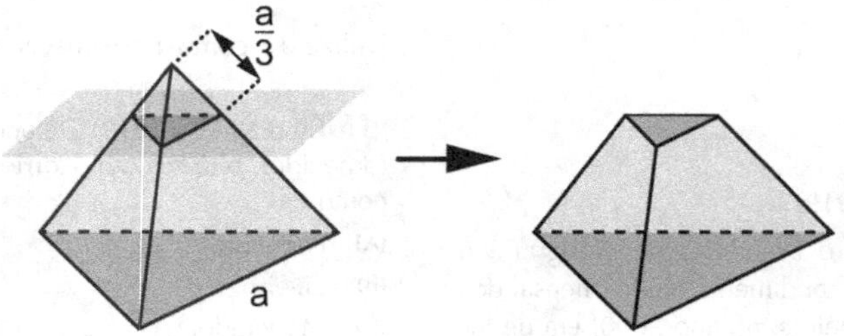

Essa luminária terá por faces

(A) 4 hexágonos regulares e 4 triângulos equiláteros.
(B) 2 hexágonos regulares e 4 triângulos equiláteros.
(C) 4 quadriláteros e 4 triângulos isósceles.
(D) 3 quadriláteros e 4 triângulos isósceles.
(E) 3 hexágonos regulares e 4 triângulos equiláteros.

162. **(ENEM – 2019)** Comum em lançamentos de empreendimentos imobiliários, as maquetes de condomínios funcionam como uma ótima ferramenta de *marketing* para as construtoras, pois, além de encantar clientes, auxiliam de maneira significativa os corretores na negociação e venda de imóveis.

Um condomínio está sendo lançado em um novo bairro de uma cidade. Na maquete projetada pela construtora, em escala de 1 : 200, existe um reservatório de água com capacidade de 45 cm^3.

Quando todas as famílias estiverem residindo no condomínio, a estimativa é que, por dia, sejam consumidos 30 000 litros de água.

Em uma eventual falta de água, o reservatório cheio será suficiente para abastecer o condomínio por quantos dias?

(A) 30
(B) 15
(C) 12
(D) 6
(E) 3

163. **(ENEM – 2019)** Uma empresa presta serviço de abastecimento de água em uma cidade. O valor mensal a pagar por esse serviço é determinado pela aplicação de tarifas, por faixas de consumo de água, sendo obtido pela adição dos valores correspondentes a cada faixa.

- Faixa 1: para consumo de até 6 m^3, valor fixo de R$ 12,00;
- Faixa 2: para consumo superior a 6 m^3 e até 10 m^3, tarifa de R$ 3,00 por metro cúbico ao que exceder a 6 m^3;
- Faixa 3: para consumo superior a 10 m^3, tarifa de R$ 6,00 por metro cúbico ao que exceder a 10 m^3.

Sabe-se que nessa cidade o consumo máximo de água por residência é de 15 m^3 por mês.

O gráfico que melhor descreve o valor *P*, em real, a ser pago por mês, em função do volume *V* de água consumido, em metro cúbico, é

(A)
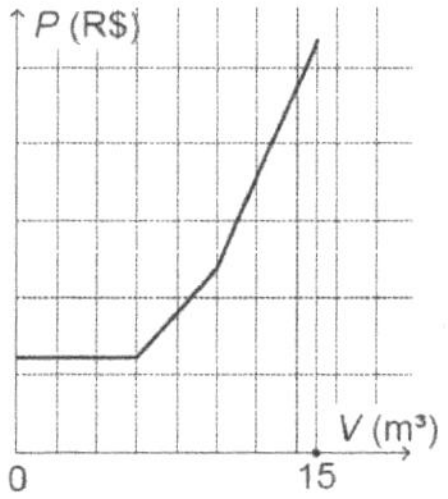

(B)
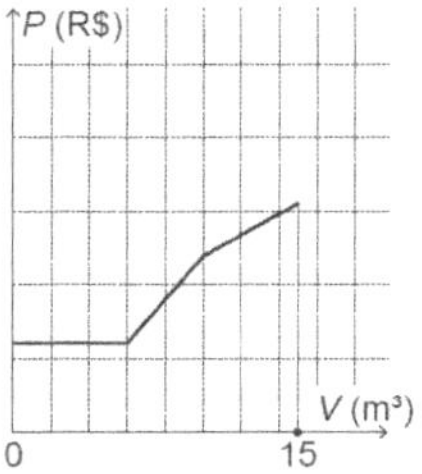

(C)
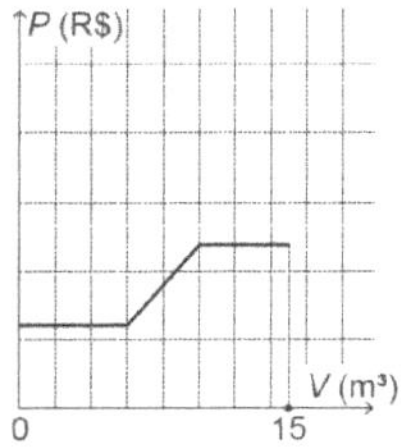

(D)
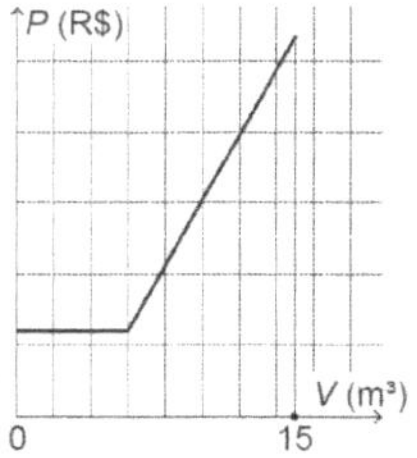

(E)
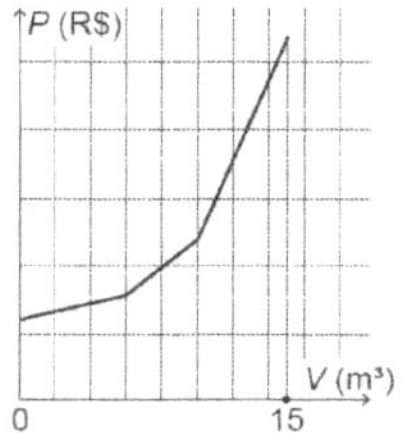

164. **(ENEM – 2019)** O dono de um restaurante situado às margens de uma rodovia percebeu que, ao colocar uma placa de propaganda de seu restaurante ao longo da rodovia, as vendas aumentaram. Pesquisou junto aos seus clientes e concluiu que a probabilidade de um motorista perceber uma placa de anúncio é 1/2. Com isso, após autorização do órgão competente, decidiu instalar novas placas com anúncios de seu restaurante ao longo dessa rodovia, de maneira que a probabilidade de um motorista perceber pelo menos uma das placas instaladas fosse superior a 99/100

A quantidade mínima de novas placas de propaganda a serem instaladas é

(A) 99.
(B) 51.
(C) 50.
(D) 6.
(E) 1.

165. **(ENEM – 2019)** O preparador físico de um time de basquete dispõe de um plantel de 20 jogadores, com média de altura igual a 1,80 m. No último treino antes da estreia em um campeonato, um dos jogadores desfalcou o time em razão de uma séria contusão, forçando o técnico a contratar outro jogador para recompor o grupo.

Se o novo jogador é 0,20 m mais baixo que o anterior, qual é a média de altura, em metro, do novo grupo?

(A) 1,60
(B) 1,78

(C) 1,79
(D) 1,81
(E) 1,82

166. **(ENEM – 2019)** Em uma fábrica de refrigerantes, é necessário que se faça periodicamente o controle no processo de engarrafamento para evitar que sejam envasadas garrafas fora da especificação do volume escrito no rótulo.

Diariamente, durante 60 dias, foram anotadas as quantidades de garrafas fora dessas especificações. O resultado está apresentado no quadro.

Quantidade de garrafas fora das especificações por dia	Quantidade de dias
0	52
1	5
2	2
3	1

A média diária de garrafas fora das especificações no período considerado é

(A) 0,1.
(B) 0,2.
(C) 1,5.
(D) 2,0.
(E) 3,0.

167. **(ENEM – 2019)** O Sistema Métrico Decimal é o mais utilizado atualmente para medir comprimentos e distâncias. Em algumas atividades, porém, é possível observar a utilização de diferentes unidades de medida. Um exemplo disso pode ser observado no quadro.

Unidade	Equivalência
Polegada	2,54 centímetros
Jarda	3 pés
Jarda	0,9144 metro

Assim, um pé, em polegada, equivale a

(A) 0,1200.
(B) 0,3048.
(C) 1,0800.
(D) 12,0000.
(E) 36,0000.

168. **(ENEM – 2019)** O Índice de Desenvolvimento Humano (IDH) é uma medida usada para classificar os países pelo seu grau de desenvolvimento. Para seu cálculo, são levados em consideração a expectativa de vida ao nascer, tempo de escolaridade e renda per capita, entre outros. O menor valor deste índice é zero e o maior é um. Cinco países foram avaliados e obtiveram os seguintes índices de desenvolvimento humano: o primeiro país recebeu um valor X, o segundo $\sqrt{X}$, o terceiro $X^{1/3}$, o quarto X^2 e o último X^3. Nenhum desses países zerou ou atingiu o índice máximo.

Qual desses países obteve o maior IDH?

(A) O primeiro.
(B) O segundo.
(C) O terceiro.
(D) O quarto.
(E) O quinto.

169. **(ENEM – 2019)** Um mestre de obras deseja fazer uma laje com espessura de 5 cm utilizando concreto usinado, conforme as dimensões do projeto dadas na figura. O concreto para fazer a laje será fornecido por uma usina que utiliza caminhões com capacidades máximas de 2 m3, 5 m3 e 10 m3 de concreto.

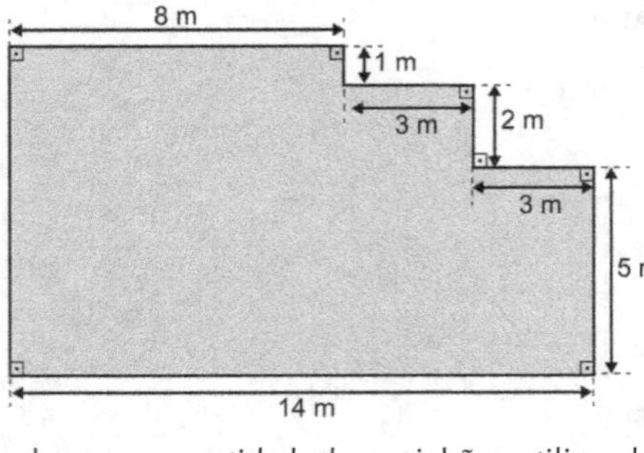

Qual a menor quantidade de caminhões, utilizando suas capacidades máximas, que o mestre de obras deverá pedir à usina de concreto para fazer a laje?

(A) Dez caminhões com capacidade máxima de 10 m^3.
(B) Cinco caminhões com capacidade máxima de 10 m^3.
(C) Um caminhão com capacidade máxima de 5 m^3.
(D) Dez caminhões com capacidade máxima de 2 m^3.
(E) Um caminhão com capacidade máxima de 2 m^3.

170. **(ENEM – 2019)** O álcool é um depressor do sistema nervoso central e age diretamente em diversos órgãos. A concentração de álcool no sangue pode ser entendida como a razão entre a quantidade *q* de álcool ingerido, medida em grama, e o volume de sangue, em litro, presente no organismo do indivíduo. Em geral, considera-se que esse volume corresponda ao valor numérico dado por 8% da massa corporal *m* desse indivíduo, medida em quilograma.

De acordo com a Associação Médica Americana, uma concentração alcoólica superior a 0,4 grama por litro de sangue é capaz de trazer prejuízos à saúde do indivíduo.

Disponível em: http://cisa.org.br. Acesso em: 1 dez. 2018 (adaptado).

A expressão relacionando *q* e *m* que representa a concentração alcoólica prejudicial à saúde do indivíduo, de acordo com a Associação Médica Americana, é

(A) $\frac{q}{0,8M} > 0,4$

(B) $\frac{0,4m}{Q} > 0,8$

(C) $\frac{q}{0,4M} > 0,8$

(D) $\frac{0,08m}{Q} > 0,4$

(E) $\frac{q}{0,08M} > 0,4$

171. **(ENEM – 2019)** Construir figuras de diversos tipos, apenas dobrando e cortando papel, sem cola e sem tesoura, é a arte do *origami* (*ori* = dobrar; *kami* = papel), que tem um significado altamente simbólico no Japão. A base do *origami* é o conhecimento do mundo por base do tato. Uma jovem resolveu construir um cisne usando a técnica do *origami*, utilizando uma folha de papel de 18 cm por 12 cm. Assim, começou por dobrar a folha conforme a figura.

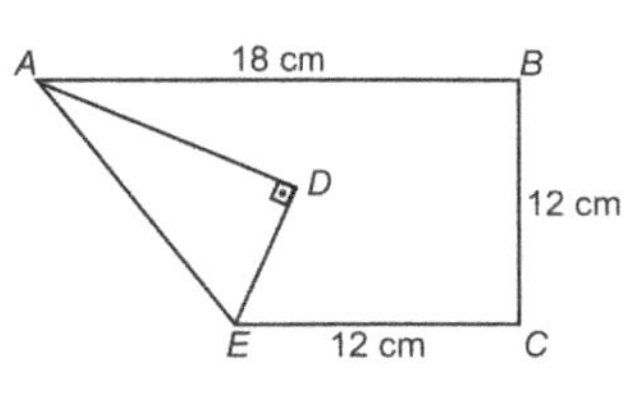

Após essa primeira dobradura, a medida do segmento *AE* é

(A) $2\sqrt{22}$ cm.

(B) $6\sqrt{3}$ cm.

(C) 12 cm.

(D) $6\sqrt{5}$ cm.

(E) $12\sqrt{2}$ cm.

172. **(ENEM – 2019)** Os alunos de uma turma escolar foram divididos em dois grupos. Um grupo jogaria basquete, enquanto o outro jogaria futebol. Sabe-se que o grupo de basquete é formado pelos alunos mais altos da classe e tem uma pessoa a mais do que o grupo de futebol. A tabela seguinte apresenta informações sobre as alturas dos alunos da turma.

Média	Mediana	Moda
1,65	1,67	1,70

Os alunos P, J, F e M medem, respectivamente, 1,65 m, 1,66 m, 1,67 m e 1,68 m, e as suas alturas não são iguais a de nenhum outro colega da sala.

Segundo essas informações, argumenta-se que os alunos P, J, F e M jogaram, respectivamente,

(A) basquete, basquete, basquete, basquete.

(B) futebol, basquete, basquete, basquete.

(C) futebol, futebol, basquete, basquete.

(D) futebol, futebol, futebol, basquete.

(E) futebol, futebol, futebol, futebol.

173. **(ENEM – 2019)** Uma empresa tem diversos funcionários. Um deles é o gerente, que recebe R$ 1 000,00 por semana. Os outros funcionários são diaristas. Cada um deles trabalha 2 dias por semana, recebendo R$ 80,00 por dia trabalhado.

Chamando de X a quantidade total de funcionários da empresa, a quantia Y, em reais, que esta empresa gasta semanalmente para pagar seus funcionários é expressa por

(A) Y = 80X + 920.

(B) Y = 80X + 1 000.

(C) Y = 80X + 1 080.

(D) Y = 160X + 840.

(E) Y = 160X + 1 000.

174. **(ENEM – 2019)** Um aplicativo de relacionamentos funciona da seguinte forma: o usuário cria um perfil com foto e informações pessoais, indica as características dos usuários com quem deseja estabelecer contato e determina um raio de abrangência a partir da sua localização. O aplicativo identifica as pessoas que se encaixam no perfil desejado e que estão a uma distância do usuário menor ou igual ao raio de abrangência. Caso dois usuários tenham perfis compatíveis e estejam numa região de abrangência comum a ambos, o aplicativo promove o contato entre os usuários, o que é chamado de *match*.

O usuário P define um raio de abrangência com medida de 3 km e busca ampliar a possibilidade de obter um *match* se deslocando para a região central da cidade, que concentra um maior número de usuários. O gráfico ilustra alguns bares que o usuário P costuma frequentar para ativar o aplicativo, indicados por I, II, III, IV e V. Sabe-se que os usuários Q, R e S, cujas posições estão descritas pelo gráfico, são compatíveis com o usuário P, e que estes definiram raios de abrangência respectivamente iguais a 3 km, 2 km e 5 km.

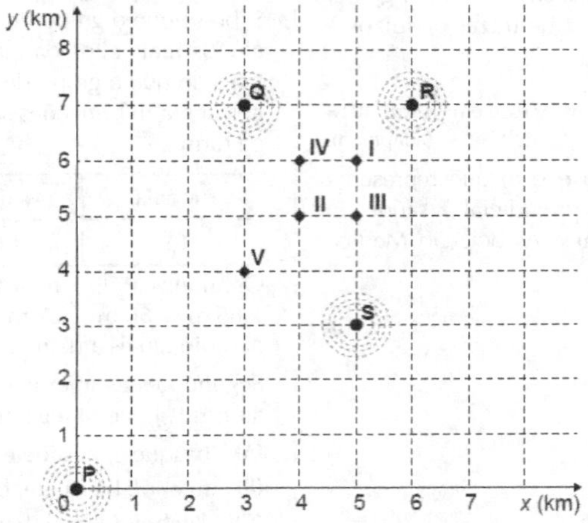

Com base no gráfico e nas afirmações anteriores, em qual bar o usuário P teria a possibilidade de um *match* com os usuários Q, R e S, simultaneamente?

(A) I

(B) II

(C) III

(D) IV

(E) V

175. **(ENEM – 2019)** Um comerciante, que vende somente pastel, refrigerante em lata e caldo de cana em copos, fez um levantamento das vendas realizadas durante a semana. O resultado desse levantamento está apresentado no gráfico.

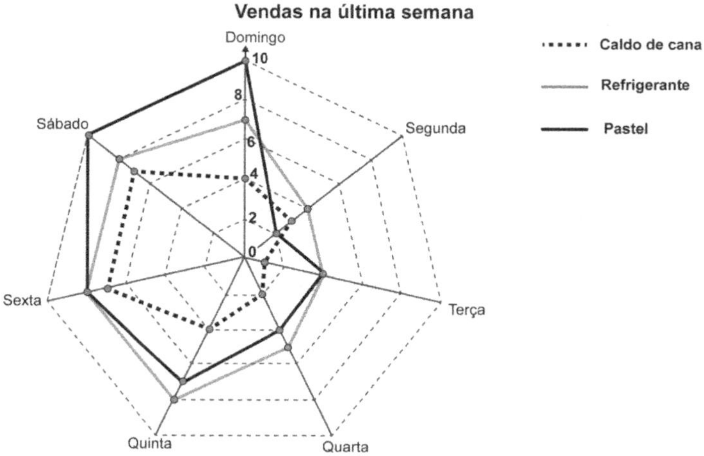

Ele estima que venderá, em cada dia da próxima semana, uma quantidade de refrigerante em lata igual à soma das quantidades de refrigerante em lata e caldo de cana em copos vendidas no respectivo dia da última semana. Quanto aos pastéis, estima vender, a cada dia da próxima semana, uma quantidade igual à quantidade de refrigerante em lata que prevê vender em tal dia. Já para o número de caldo de cana em copos, estima que as vendas diárias serão iguais às da última semana.

Segundo essas estimativas, a quantidade a mais de pastéis que esse comerciante deve vender na próxima semana é

(A) 20.

(B) 27.

(C) 44.

(D) 55.

(E) 71.

176. **(ENEM – 2019)** Em um determinado ano, os computadores da receita federal de um país identificaram como inconsistentes 20% das declarações de imposto de renda que lhe foram encaminhadas. Uma declaração é classificada como inconsistente quando apresenta algum tipo de erro ou conflito nas informações prestadas. Essas declarações consideradas inconsistentes foram analisadas pelos auditores, que constataram que 25% delas eram fraudulentas. Constatou-se ainda que, dentre as declarações que não apresentaram inconsistências, 6,25% eram fraudulentas.

Qual é a probabilidade de, nesse ano, a declaração de um contribuinte ser considerada inconsistente, dado que ela era fraudulenta?

(A) 0,0500

(B) 0,1000

(C) 0,1125

(D) 0,3125

(E) 0,5000

177. **(ENEM – 2019)** A taxa de urbanização de um município é dada pela razão entre a população urbana e a população total do município (isto é, a soma das populações rural e urbana). Os gráficos apresentam, respectivamente, a população urbana e a população rural de cinco municípios (I, II, III, IV, V) de uma mesma região estadual. Em reunião entre o governo do estado e os prefeitos desses municípios, ficou acordado que o município com maior taxa de urbanização receberá um investimento extra em infraestrutura.

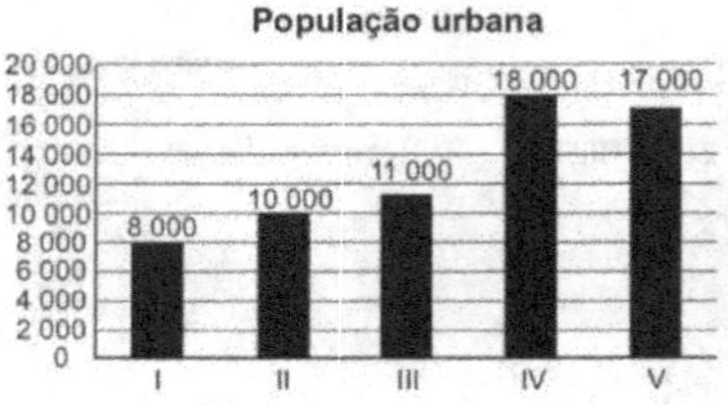

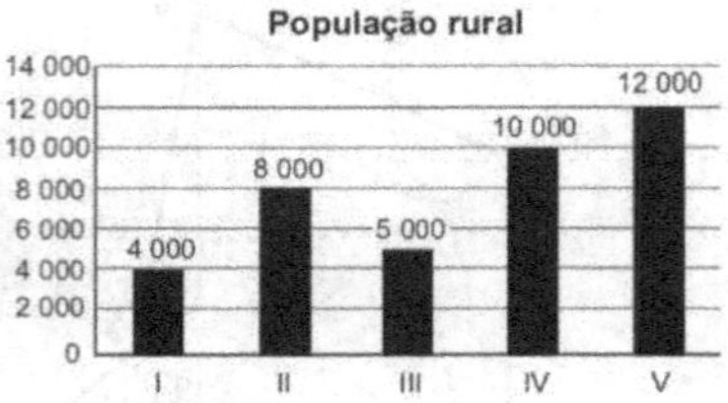

Segundo o acordo, qual município receberá o investimento extra?

(A) I

(B) II

(C) III

(D) IV

(E) V

178. **(ENEM – 2019)** Uma construtora pretende conectar um reservatório central (Rc) em formato de um cilindro, com raio interno igual a 2 m e altura interna igual a 3,30 m, a quatro reservatórios cilíndricos auxiliares (R1, R2, R3 e R4), os quais possuem raios internos e alturas internas medindo 1,5 m.

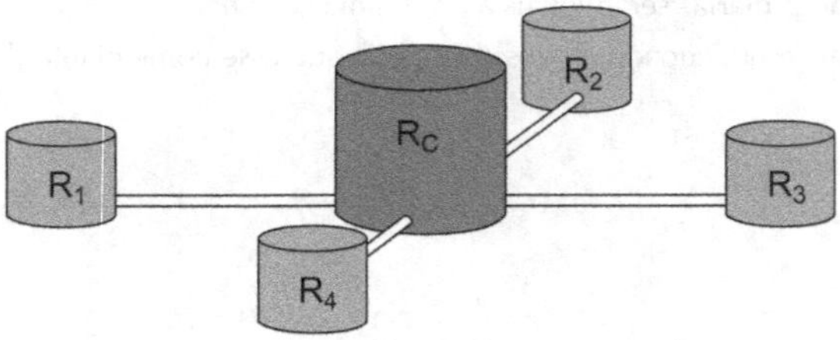

As ligações entre o reservatório central e os auxiliares são feitas por canos cilíndricos com 0,10 m de diâmetro interno e 20 m de comprimento, conectados próximos às bases de cada reservatório. Na conexão de cada um desses canos com o reservatório central há registros que liberam ou interrompem o fluxo de água.

No momento em que o reservatório central está cheio e os auxiliares estão vazios, abrem-se os quatro registros e, após algum tempo, as alturas das colunas de água nos reservatórios se igualam, assim que cessa o fluxo de água entre eles, pelo princípio dos vasos comunicantes.

A medida, em metro, das alturas das colunas de água nos reservatórios auxiliares, após cessar o fluxo de água entre eles, é

(A) 1,44.

(B) 1,16.

(C) 1,10.

(D) 1,00.

(E) 0,95.

179. **(ENEM – 2019)** Para construir uma piscina, cuja área total da superfície interna é igual a 40 m2, uma construtora apresentou o seguinte orçamento:

- R$ 10 000,00 pela elaboração do projeto;

- R$ 40 000,00 pelos custos fixos;
- R$ 2 500,00 por metro quadrado para construção da área interna da piscina.

Após a apresentação do orçamento, essa empresa decidiu reduzir o valor de elaboração do projeto em 50%, mas recalculou o valor do metro quadrado para a construção da área interna da piscina, concluindo haver a necessidade de aumentá-lo em 25%. Além disso, a construtora pretende dar um desconto nos custos fixos, de maneira que o novo valor do orçamento seja reduzido em 10% em relação ao total inicial.

O percentual de desconto que a construtora deverá conceder nos custos fixos é de

(A) 23,3%
(B) 25,0%
(C) 50,0%
(D) 87,5%
(E) 100,0%

Um grupo de engenheiros está projetando um motor cujo esquema de deslocamento vertical do pistão dentro da câmara de combustão está representado na figura.

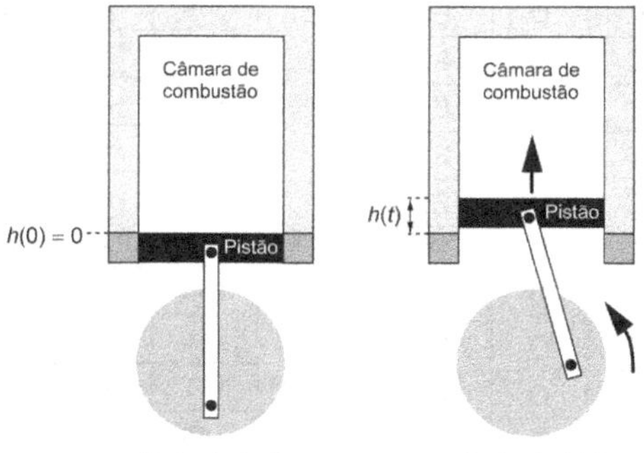

A função $h(t) = 4+4sen\left(\frac{\beta t}{2} - \frac{\pi}{2}\right)$ definida para $t \geq 0$ descreve como varia a altura h, medida em centímetro, da parte superior do pistão dentro da câmara de combustão, em função do tempo t, medido em segundo. Nas figuras estão indicadas as alturas do pistão em dois instantes distintos.

O valor do parâmetro β, que é dado por um número inteiro positivo, está relacionado com a velocidade de deslocamento do pistão. Para que o motor tenha uma boa potência, é necessário e suficiente que, em menos de 4 segundos após o início do funcionamento (instante $t = 0$), a altura da base do pistão alcance por três vezes o valor de 6 cm. Para os cálculos, utilize 3 como aproximação para π.

180. (ENEM – 2019) O menor valor inteiro a ser atribuído ao parâmetro β, de forma que o motor a ser construído tenha boa potência, é

(A) 1.
(B) 2.
(C) 4.
(D) 5.
(E) 8.

Folha de Respostas

91	A	B	C	D	E
92	A	B	C	D	E
93	A	B	C	D	E
94	A	B	C	D	E
95	A	B	C	D	E
96	A	B	C	D	E
97	A	B	C	D	E
98	A	B	C	D	E
99	A	B	C	D	E
100	A	B	C	D	E
101	A	B	C	D	E
102	A	B	C	D	E
103	A	B	C	D	E
104	A	B	C	D	E
105	A	B	C	D	E
106	A	B	C	D	E
107	A	B	C	D	E
108	A	B	C	D	E
109	A	B	C	D	E
110	A	B	C	D	E
111	A	B	C	D	E
112	A	B	C	D	E
113	A	B	C	D	E
114	A	B	C	D	E
115	A	B	C	D	E
116	A	B	C	D	E
117	A	B	C	D	E
118	A	B	C	D	E
119	A	B	C	D	E
120	A	B	C	D	E
121	A	B	C	D	E
122	A	B	C	D	E
123	A	B	C	D	E
124	A	B	C	D	E
125	A	B	C	D	E
126	A	B	C	D	E
127	A	B	C	D	E
128	A	B	C	D	E

129	A	B	C	D	E
130	A	B	C	D	E
131	A	B	C	D	E
132	A	B	C	D	E
133	A	B	C	D	E
134	A	B	C	D	E
135	A	B	C	D	E
136	A	B	C	D	E
137	A	B	C	D	E
138	A	B	C	D	E
139	A	B	C	D	E
140	A	B	C	D	E
141	A	B	C	D	E
142	A	B	C	D	E
143	A	B	C	D	E
144	A	B	C	D	E
145	A	B	C	D	E
146	A	B	C	D	E
147	A	B	C	D	E
148	A	B	C	D	E
149	A	B	C	D	E
150	A	B	C	D	E
151	A	B	C	D	E
152	A	B	C	D	E
153	A	B	C	D	E
154	A	B	C	D	E
155	A	B	C	D	E
156	A	B	C	D	E
157	A	B	C	D	E
158	A	B	C	D	E
159	A	B	C	D	E
160	A	B	C	D	E
161	A	B	C	D	E
162	A	B	C	D	E
163	A	B	C	D	E
164	A	B	C	D	E
165	A	B	C	D	E
166	A	B	C	D	E

167	A	B	C	D	E
168	A	B	C	D	E
169	A	B	C	D	E
170	A	B	C	D	E
171	A	B	C	D	E
172	A	B	C	D	E
173	A	B	C	D	E

174	A	B	C	D	E
175	A	B	C	D	E
176	A	B	C	D	E
177	A	B	C	D	E
178	A	B	C	D	E
179	A	B	C	D	E
180	A	B	C	D	E

GABARITO COMENTADO

91. Gabarito: B

Como a TV funciona com no mínimo 90V, teremos uma corrente mínima de:

$U_{tv} = R_{tv}.i$ 90 = 50.i e i = 90/5 = 1,8 A. 1,8 A é a corrente mínima para que a TV funcione.

Como o resistor de 10 ohms está em série com a TV e as lâmpadas e chega 90V na TV, restam 30V (120-90 V) para o referido resistor de 10 ohms.

Então a corrente que passa por ele será a corrente total do circuito e pode ser calculada por: U = R.i 30 = 10.i i = 30/10 = 3 A, que é a corrente total do circuito. Como 1,8 A dessa corrente total de 3 A serão necessários para o funcionamento da TV, sobrarão para as lâmpadas: 3,0 A - 1, 8A = 1,2 A.

Em seguida vamos calcular a corrente consumida por cada lâmpada na tensão de 90 V (que chega para a TV e lâmpadas, já que estão ligadas em paralelo).

$U_{lamp} = R_{lamp}.i$ 90 = 200.i, portanto i = 9/200 = 0,45 A, ou seja, cada lâmpada consome 0,45 A. Como temos disponível 1,2 A para lâmpadas, poderemos ligar: 1,2A/0,45A = 2,67 lâmpadas, ou seja, no máximo 2 lâmpadas, mantendo-se a televisão ligada.

92. Gabarito: E

Ao capturar prótons provenientes da atividade das proteínas da cadeia respiratória e retorná-los à matriz mitocondrial, desfazem o gradiente de prótons e diminuem a sua passagem pela enzima ATPsintase. Consequentemente, há redução da produção de ATP por molécula de glicose consumida. O organismo tentará produzir mais ATP, o que gera um consumo maior de moléculas orgânicas.

93. Gabarito: E

As alternativas 1 e 4 estão incorretas, pois os átomos não são nem indivisíveis nem indestrutíveis

A alternativa 2 está incorreta, pois existem átomos isótopos que apresentam o mesmo número atômico e diferentes números de massa.

A alternativa 3 está incorreta, pois existem diferentes átomos isóbaros que apresentam o mesmo número de massa e diferentes números atômicos.

Portanto o único postulado correto é o de número 5, pois realmente os átomos de um elemento combinam com os átomos de outros elementos, formando outros compostos.

94. Gabarito: A

Deveremos utilizar uma substância que se oxide mais facilmente. Consultando a tabela acima, vemos que é o íon alumínio que apresenta maior potencial de redução (E^0= 2,33 V)

Teremos as seguintes semirreações:

$Al + 4OH^-$ ----> $Al(OH)_4^-$ + $3e^-$ + 2,33V

$2H_2O + 2e^-$ ----> $H_2 + 2OH^-$ − 0,83V

$2Al + 2OH^- + 6H_2O$ ----> $2Al(OH)_4^- + 3H_2$

$\Delta E^0 = + 1{,}50V$

95. Gabarito: A

Fazer o aterramento dos arames da cerca. Com o aterramento da cerca, qualquer energização residual de indução irá ser zerada e enviada para a terra.

96. Gabarito: E

Ao receber a vacina, o corpo humano é estimulado a produzir anticorpos que combatem o esquistossomo. No caso de uma eventual contaminação pelo parasita, o organismo humano já terá o nível de anticorpos necessário para eliminar o esquistossomo antes da manifestação de sintomas.

97. Gabarito: B

Pelo princípio da conservação da energia mecânica:

$E_{final} = E_{inicial}$

Considerando que a velocidade linear é desprezível em comparação com a velocidade angular, a energia final é igual à energia cinética de rotação:

A energia potencial inicial ($E_{Inicial}$) é igual a m.g.H, onde m(massa) = 30 g = 30.10^{-3} kg, g (aceleração da gravidade) = 10 $m.s^{-2}$ e H (altura de deslocamento do ioiô) = (2/3)(h) = (2/3)(410 mm) = (2/3)(0,410 m). Portanto: ($E_{Inicial}$) = (30.10^{-3})(10)(2x0,410/3) = 8,2. 10^{-2} J.

Como $E_{Final} = E_{Cin.rotação} = E_{Inicial}$, $E_{Final} = E_{Cin.rotação} = 8{,}2.10^{-2}$ J.

98. Gabarito: E

Como foi dito que o "sabonete" não se desgasta com o uso, ele é na realidade o catalisador da reação.

99. Gabarito: E

O esqueleto é o local onde mais se acumula cálcio no organismo humano. Como o estrôncio é quimicamente semelhante ao cálcio, pode ser absorvido pelos ossos.

100. Gabarito: B

Bicicleta	Característica	Largura pneus	Deformação pneus	Pressão pneus	Volume de ar pneus	Massa de ar pneus
A	Corrida	L_A	D_A	P_A	V_A	M_A
B	Passeio	L_B	D_B	P_B	V_B	M_B
Relações	-	$L_A < L_B$	$D_{A<} D_B$	$P_A > P_B$	$V_A < V_B$	$M_A < M_B$

Considerado que $M_A/M_B = V_A/V_B$.

Conclusões:
- Comparando as pressões, conforme informado no texto, temos que "o pneu da bicicleta A deforma, sob os mesmos esforços, muito menos que o pneu da bicicleta B", por isso, a pressão P_A deve ser maior que a pressão P_B, logo: $P_A > P_B$. Então as respostas poderiam ser (b), (c) ou (e).
- Se $V_A < V_B$, então $M_A < M_B$, e a resposta correta será (b).

101. Gabarito: A
A propriedade comum que confere cor a esses compostos são as cadeias conjugadas que têm duplas ligações duplas alternadas.

102. Gabarito: D
A "ladroagem" evidencia que não há recursos suficientes para que as cotias se alimentem independentemente sem retirar recursos de outras cotias. Dessa forma, ela está associada à relação de competição.

103. Gabarito: E
Os dois voluntários deverão identificar a mesma cor em cartões que contêm cores as quais a percepção não é impactada pela percepção da cor vermelha. De acordo com o diagrama, as cores que são percebidas sem influência da percepção da cor vermelha são as cores verde, ciano e azul. Portanto, dentre as opções de resposta apresentadas, a resposta correta é a cor Azul.

104. Gabarito: A
Os resíduos citados na questão são resíduos orgânicos. A matéria orgânica contém os elementos carbono e hidrogênio, e pode conter outros elementos importantes, como o nitrogênio e oxigênio, entre outros. Carbono e nitrogênio contribuem para a fertilidade do solo. Dessa forma, esse resíduo contribui para a fertilidade do solo pois possibilita a reciclagem de carbono e nitrogênio.

105. Gabarito: D
Na produção tradicional (não orgânica), de alimentos vegetais, normalmente são utilizados produtos químicos para controle de insetos. Na produção de alimentos orgânicos, um dos objetivos é evitar o uso desses produtos químicos e substituir esse uso por recursos naturais. O controle de insetos tem se mostrado efetivo com o uso de predadores naturais, que não contaminam os alimentos e naturalmente reduzem o número de insetos na plantação.

106. Gabarito: D
Hoje sabe-se que a segregação de genes presentes no mesmo cromossomo não é independente, de forma que os genes localizados fisicamente próximos tendem a ser herdados juntos.

107. Gabarito: A
Inicialmente, vamos calcular a velocidade que o tijolo chega até o capacete, utilizando a equação de Torricelli: $V^2 = V_0^2 + 2.a.\Delta S$, onde $V_0 = 0$, a é igual a g = 10 m.s^{-2} e $\Delta S = 5$ m. $V^2 = 2x10x5$ m^2/s^2 = 100 e V = 10 m/s.
No choque do tijolo com o capacete, temos uma quantidade de movimento igual a: Q = m.V, onde m = 2,5 kg. Q = 2,5.10 = 25 kg.m/s
A força impulsiva média gerada pelo impacto será de: Q = F. Δt, ou F = Q/ Δt. Como Δt = 0,5 s, F = 25/0,5 = 50 N. Como o peso do tijolo P = mg = 2,5x10 = 25 N, a força impulsiva será equivalente a 50/25 tijolos, ou seja, será equivalente ao peso de dois tijolos.

108. Gabarito: D
Com cadeias carbônicas maiores, teremos maior intensidade das forças intermoleculares a serem quebradas exigindo, portanto, maiores temperaturas de ebulição.

109. Gabarito: A
No movimento circular uniforme efetuado no plano yz, a força magnética (F_{mag}) é igual à força centrípeta (F_{cp}). Como F_{mag} = q.v.B, onde q é o módulo da carga elétrica, v é a velocidade linear do corpo e B é o campo magnético.

F_{cp} = m.v^2/R, onde m é a massa do íon e R é o raio do círculo de percurso do íon.

Então $qvB = mv^2 / R$ e $R = mv/qB$

Também sabemos que o intervalo de tempo (T) para uma volta do íon será dado por: $v = 2\pi R/T$.
Portanto, $T = 2\pi m / qB$.
Como o tempo t para N voltas é: $t = NT$, $t = N2\pi m / qB$ ou $m = qBt / 2\pi N$.

110. Gabarito: E
Como alguns retrovírus infectam exclusivamente humanos, o tratamento dessas infecções deve focar humanos (e não vetores ou hospedeiros). Dessa forma, os avanços tecnológicos que permitem o desenvolvimento de antirretrovirais que dificultam a reprodução desse vírus contribuem para o tratamento dessas infecções.

111. Gabarito: A
A nova proposta apresentada é substituir a brita natural oriunda da fragmentação das rochas pelo o concreto reciclado moído.
Assim o benefício ambiental obtido será a redução da extração da brita.

112. Gabarito: B
A fluidez da membrana depende da quantidade de insaturações da membrana. Isso porque quanto mais insaturações, menor as interações entre os fosfolipídios. Além disso, quanto menores as cadeiras, mais fluidas elas são.

113. Gabarito: C
O calor da queima da castanha de caju foi utilizado para aquecer uma quantidade de água (350 g).
O calor sensível absorvido pela água foi igual a (Q_1) = $m_1.c.\Delta t$, onde m_1 é massa de água, 350 g, c é o calor específico da água, igual $1cal.g^{-1}{}^oC^{-1}$ e Δt é a diferença de temperatura da água, igual a $t_f - t_i$. Como t_i é igual a 20ºC, $Q_1 = (350.1)(t_f - 20)$ cal = $(350)(t_f - 20)$cal.
O calor de queima da castanha é $Q_2 = m_2.\Delta H$, onde m_2 = 2,5 g e ΔH é o calor de combustão da castanha que é igual a 70 kcal/10 g, ou 7.000cal/g.
Como somente 50% da energia foi aproveitada, Q_2 = (0,5)(2,5)(7.000) = 8.750 cal.
Desprezando as perdas de calor para o ambiente, temos que Q1 = Q_2 e $(350)(t_f - 20) = 8.750$.
Calculando t_f: Como t_f -20 = 8.750/350 = 25ºC, t_f será igual a 25 + 20 = 45ºC.

114. Gabarito: E
O Zinco é um metal que possui a tendência de perder elétrons, formando um cátion.

Reações:

Ânodo: $Zn \rightarrow Zn^{2+} + 2e^-$ (oxidação)
Cátodo: $1/2O_2 + H_2O + 2e^- \rightarrow 2OH^-$ (redução)
Os ions OH^- atravessam a membrana separadora, ocorrendo a seguinte reação:

$Zn^{2+}(aq) + 4OH^-(aq) \rightarrow Zn(OH)4^{2-}(aq)$.

115. Gabarito: D
Para minimizar a permanência desses contaminantes nos recursos hídricos, é necessário o tratamento adequado dos resíduos antes de sua eliminação nos efluentes, portanto há necessidade de desenvolvimento de novos processos nas estações de tratamentos de efluentes.

116. Gabarito: D
A explicação para o fenômeno é feita com base no modelo de átomo de Bohr, que descreve o átomo como um núcleo pequeno e carregado positivamente cercado por elétrons em órbita circular.
De acordo com esse modelo, quando o átomo recebe energia, os elétrons passam para níveis mais externos e quando os elétrons retornam para níveis mais internos, ocorre emissão de radiação eletromagnética (luz).

117. Gabarito:D

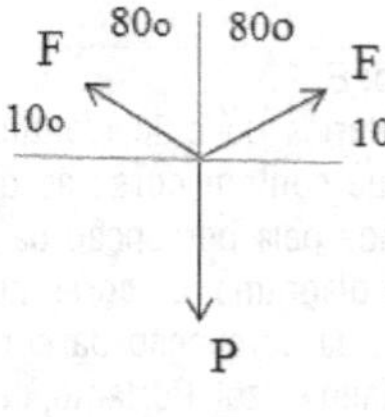

Temos o equilíbrio de forças conforme acima, onde P é o peso do atleta e F's são as duas forças iguais exercidas sobre as árvores.
Para equilíbrio da pessoa, temos : P = 2F.cos 80º = 2F.sen 10º

Como P = m.g, m = 80 kg e g = 10 $m.s^{-1}$ P = 800 N
Como sen 10º = 0,17 e F = (P)/(2x0,17) = 2.353 N ~ $2,4.10^3$N.

118. Gabarito: B
O movimento de organismos como resposta ao estímulo da luz é chamado fototropismo. O movimento em direção à luz é chamado fototropismo positivo, enquanto o movimento em direção oposta à luz é chamado de fototropismo negativo. Portanto, o comportamento das

artêmias de se movimentar em direção à luz é chamado fototropismo positivo.

119. Gabarito: C
Na notação de Lewis o Xenônio tem 8 elétrons na camada de valência e o flúor tem 7 elétrons.
No fluoreto de xenônio XeF_2, cada átomo de flúor fica com 8 elétrons na camada de valência e o xenônio fica com 10 elétrons.

120. Gabarito: B
Como os fragmentos do foguete reentraram na atmosfera terrestre acima da cidade do Rio de Janeiro e foram cair no Oceano Atlântico, concluímos que a velocidade angular dos fragmentos está no mesmo sentido da rotação da Terra. Concluímos também que a velocidade angular dos fragmentos era superior à da rotação da Terra.

121. Gabarito: C
A maturação dos eritrócitos envolve, entre outros processos, a síntese de hemoglobina. Esse processo resulta na produção de glóbulo vermelho com reservas energéticas, que favorece o transporte de oxigênio para os tecidos e, consequentemente, a produção de ATP.

122. Gabarito: B
A perda de calor Q está relacionada com: $Q = f.k.\Delta T/e$, onde f é um fator de proporcionalidade, k é a condutividade térmica, A é a área interna, das paredes, dos recipientes, ΔT é diferença de temperatura interna e externa e "e" é a espessura do isolamento térmico.
Portanto, $Q_A = f.k_A.A_A.\Delta T/e_A$ e $Q_B = f.k_B.A_B.\Delta T/e_B$. Como f, ΔT's e "e_A"e "e_B" são os mesmos para os dois casos e dividindo Q_A por Q_B teremos:
$Q_A/Q_B = (K_A.A_A)/ (k_B.A_B)$. Considerando que a relação das massas de gelo derretidas foi $M_A/M_B = 1/2$, e que essa proporção é igual à proporção dos calores perdidos, teremos: $Q_A/Q_B = 1/2$. Portanto, $K_A/k_B = A_B/(2A_A)$.
Calculando as áreas A_A e A_B:

$A_A = 6x(40x40) = 9.600\ cm^2$ (o cubo tem 6 faces de 40x40)

$A_B = 2x(40x40) + 4x(40x60) = 12.800\ cm^2$

Portanto, $K_A/k_B = (12.800)/(2x9.600) \sim 0,67$.

123. Gabarito: C
Ambas reações são de oxirredução.

$C_6H_{12}O_6(aq) + O_2(g) + H_2O(l) \rightarrow C_6H_{12}O_7(aq) + H_2O_2(aq)$

$C_6H_{12}O_6$ (Nox de C= 0) → $C_6H_{12}O_7$ (Nox de C= +1/3) (Oxidação)

O_2 (Nox de O= 0) → H_2O_2 (Nox de O= -1) (Redução)

$2\ H_2O_2(aq) + 3\ I^-(aq) \rightarrow I_3^-(aq) + 2\ H_2O(l) + O_2(g)$

$3\ I^-$ (Nox de I =-1) → I_3^- (Nox de I = -1/3) (Oxidação)

H_2O_2 (Nox de O =-1) → H_2O Nox de O = -2 (Redução)

124. Gabarito: C
As portas e os cobertores funcionam como isolantes térmicos, diminuindo as perdas de calor, respectivamente, pela casa e pelos corpos.

Não ocorre a entrada de frio e sim a perda de calor, ou seja, o cobertor não aquece e sim protege para que haja menos perda de calor do corpo. O mesmo ocorre com a porta.

125. Gabarito: A
A equação que representa a degradação anaeróbica da glicose é a seguinte:

C6H12O6(s) → 2CH3CH(OH)COOH(s)
(cujo ΔH queremos determinar).

Aplicando a Lei de Hess, vamos manter a primeira equação e inverter e multiplicar por dois a segunda equação:

1ª) C6H12O6(s) + 6 O2(g) → 6 CO2(g) + 6 H2O(l) ΔCH = – 2800 kJ

Em seguida invertemos e multiplicamos a 2ª reação por 2, ficando com uma 3ª reação:

3ª) 2{3 CO2(g) + 3 H2O(l)} → 2{CH3CH(OH)COOH(s) + 3 O2(g)} 2. {ΔCH }= + 2x1344 kJ ou 2688 kJ
Somando a 1ª e a 2ª equação, teremos:
C6H12O6(s) + 6 O2(g) + 2{3 CO2(g) + 3 H2O(l)} → 6 CO2(g) + 6 H2O(l) + 2{CH3CH(OH)COOH(s) + 3 O2(g)}
- 2800 + 2688 = - 112 kJ
Eliminando 6 O2(g), 2{3 CO2(g) e 3 H2O(l)} , que aparece nos dois lados da reação, teremos:
C6H12O6(s) → 2{CH3CH(OH)COOH(s)} - 112 kJ
C6H12O6(s) → 2 CH3CH(OH)COOH(s) ΔH = – 112 kJ/mol
Ou, seja, o processo anaeróbico libera apenas 112 kJ/mol.

126. Gabarito: C
Um dos objetivos de reintrodução de espécies em áreas desmatadas é a recolonização desta área. Espécies que apresentam reprodução precoce e muitos descendentes apresentam maior potencial de recolonização inicial dessas áreas. Portanto, deveriam ser reintroduzidas espécies da estratégia 1 primeiramente para recuperação da área desmatada.

127. Gabarito: B
Na reação de transesterificação acima, um poliéster reage com o metanol, formando um éster monomérico e o etanodiol.

128. Gabarito: C
As plantas, embora tivessem conquistado o ambiente terrestre, dependiam da água para a reprodução (transporte e disseminação de gametas e esporos). Uma importante adaptação que permitiu que as plantas se reproduzissem independentemente da água foi o desenvolvimento do tubo polínico (crescimento celular do grão de pólen em direção ao óvulo).

129. Gabarito: D
A velocidade da luz diminui quando atravessa meios capazes de refratar a luz, como por exemplo a água. Além disso, a direção de propagação da luz pode sofrer mudanças de acordo com o ângulo de incidência. Como as pupilas dos olhos do povo moken sofrem redução significativa debaixo d´água, fazendo com que os raios luminosos incidam quase paralelamente ao eixo óptico da pupila, os raios de luz que penetram no sistema de lentes do olho sofrem menor desvio dos feixes luminosos refratados no interior do olho.

130. Gabarito: A
Uma das principais funções do rim é filtrar o sangue e eliminar substâncias como ureia, ácido úrico e amônia. Portanto o dispositivo criado, que incorporará entre outros avanços, a filtração de membrana, permitirá diretamente a remoção de ureia.

131. Gabarito: D
Isso ocorre porque os poros do papel possuem capilaridade. Esta propriedade corresponde à subida (ou descida) de um líquido através de um tubo fino, que recebe o nome de capilar. No caso da folha de papel, os poros existentes funcionam como tubos finos capilares, que vão acumulando o líquido. À medida que se acumula o líquido, ele atrai ainda mais líquido que vai embebendo a folha de papel.

132. Gabarito: C
O texto de Huygens defende o modelo ondulatório da luz e contesta o modelo corpuscular defendido por Newton.

Para Newton, a luz seria como um feixe de partículas extremamente pequenas que colidem de forma elástica com uma superfície, de forma que o ângulo de incidência seria igual ao ângulo de refração.

133. Gabarito: C
1) Cálculo da quantidade de hidróxido de sódio gasto na titulação (em mols):
Consumidos 24 mL de solução de hidróxido de sódio 0,01 mol.L–1:
1.000 mL têm 0,01 mol.L–1
24 mL têm X Portanto, X = (24)(0,01)/(1000) = 24.10-**5** mols de NaOH.

2) Cálculo da quantidade de ácido cítrico em mols que reagiu com o hidróxido de sódio:

Como o ácido cítrico tem 3 grupamentos ácidos, utilizaremos de 3 mols de NaOH para a reação.

Reação: 3 NaOH + Ácido Cítrico --------> Sal + 3H2O

3 mol ------ 1mol

24x10-**5**------- Y Portanto, Y = 8x10-**5** mols

3) Cálculo da quantidade de ácido cítrico em g que reagiu com o hidróxido de sódio:

1 mol ----------------------192g (de acordo com texto)

8x10-**5**----------------------Z Z= 1536x10-**5**g de Ác. Cítrico = 0,01536 g de Ácido Cítrico.

4) Cálculo da quantidade de ácido cítrico encontrado em 100 g de polpa:

Em 2,2 g de polpa foi determinado 0,01536 g de Ácido Cítrico
Em 100 g de polpa seriam t g de Ácido Cítrico
t = 0,698 g ~ 0,7 g

As polpas só podem ser de caju ou de graviola. Não podem ser das demais polpas que têm valores mínimos de acidez maiores que 0,7 g/ 100g.

134. Gabarito: E
O transporte do sal de um meio com maior concentração (caldo do feijão) para um meio de menor concentração (células das batatas) se deu passivamente a favor do gradiente de concentração (do meio de maior concentração para o meio de menor concentração). O nome deste processo é chamado difusão.

135. Gabarito:B

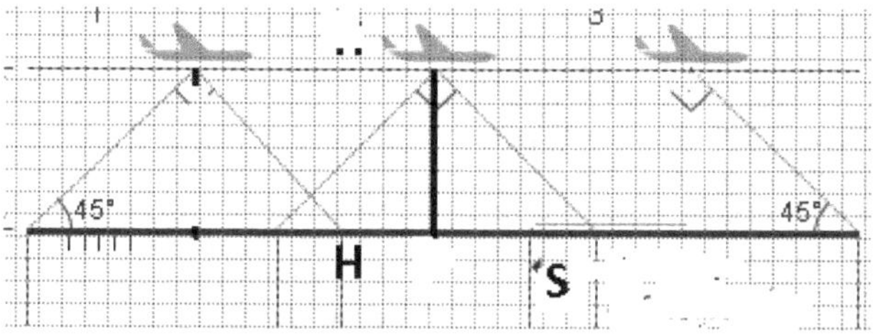

No triangulo retângulo do meio, temos:
H é igual a altura do avião, igual a 1.000 m.
A distância percorrida pelo avião entre duas fotos consecutivas é:
D = 2.H – S, onde S é a sobreposição = 20% de (2xH) = 400 m
Então D = 2x1.000 – 400 m = 1.600 m

Como o avião tem um movimento uniforme, com velocidade V = 50 m/s, temos:
V = D/T. Como D é igual a 1.600 m e T = D/V = 1600/50 = 32 s.

136. Gabarito: B
Dose máxima diária da criança: 500 mg/kg x 20 kg = 10g => Volume 10 cm^3 = 10 mL, por dia. Como o remédio deve ser ministrado por 5 dias, o frasco de 50 mL deve ser comprado.

137. Gabarito: E
Dos 12 vagões, 4 são pintados da cor vermelha: C_{12}^{4}. Independentemente da combinação dos 4 de cor vermelha, sobram 8, que são utilizados para calcular as combinações de posição dos 3 de cor azul: C_{8}^{3}. As 5 posições de vagões restantes são utilizadas para calcular as possíveis combinações dos 3 vagões na cor verde: C_{5}^{3}. Por fim, restam 2 posições para os dois vagões de cor amarela: C_{2}^{2}. Assim, a quantidade de trens que podem ser montados é dada pela seguinte expressão de combinações: $C_{12}^{4} \times C_{8}^{3} \times C_{5}^{3} \times C_{2}^{2}$.

138. Gabarito: D
Em dezembro a venda foi igual à média dos meses de julho a novembro de 2011, portanto: (2800 + 2700 + 2500 + 2500 + 700)/5 = 2240. Portanto, a redução de novembro para dezembro foi de 2700 – 2240 = 460 unidades. Mantendo essa redução nos próximos meses, tem-se para janeiro de 2012 um total de 2240 – 460 = 1780 unidades vendidas; em fevereiro de 2012 um total de 1780 – 460 = 1320 unidades; em março de 2012 um total de 1320 – 460 = 860 unidades vendidas; e por fim em abril um total de 860 - 460 = 400 unidades, que é o primeiro mês com uma venda inferior a julho de 2011.

139. Gabarito: E
A sombra com o sol a pino sobre as letras P, N, e E terão mais ou menos as mesmas dimensões, visto que todas essas letras possuem larguras semelhantes. Somente a letra I que possui largura menor, portanto essa terá uma dimensão significativamente menor. Como a letra I é a segunda letra, a opção é aquela que possua a segunda sombra relativamente menor que as demais, e, as demais com dimensões semelhantes, e, todas igualmente espaçadas. Observe que a imagem PINE no enunciado mostra que o espaçamento entre cada uma das letras em igual, independentemente da largura do caractere. Portanto, a alternativa E é a correta.

140. Gabarito: E
Portanto tem-se que a flor deve ter 7 < pH < 8. Assim, temos que $7 < -\log_{10}X < 8$, ou seja, $-7 > \log_{10}X > -8$ => $10^{-8} < \log_{10}X < 10^{[illegible]}$.

141. Gabarito: E
Como o custo de transporte é de 1/5, ele é de 20% do valor do objeto. Ou seja, para que não ultrapasse o valor de 100% do objeto, ela poderá recompensar em até 100% - 20% = 80% do valor do objeto.

142. Gabarito: A
Primeiramente, de acordo com o ponto (1;20), o morador passou por um local que consumiu 20W/min. A partir da planta, é possível verificar que a única opção com 20W é o cômodo 1 (sala). Depois, de acordo com o ponto (2;35), ocorreu um acréscimo de 35 – 20 = 15W. Como o único cômodo com esse consumo por minuto é a Suíte, o morador esteve então no cômodo 4. Em seguida, o gráfico mostra no ponto (3;40) que ocorreu

um acréscimo no consumo acumulado de 40 – 35 = 5W, o que corresponde à uma visita de 1 minuto no cômodo 5 (banho). Em seguida, pelo gráfico, houve um acréscimo de 55 – 40 = 15W no acumulado, que corresponde a uma nova visita de 1 minuto na suíte (cômodo 4). Logo em seguida, há um novo acréscimo de 75 – 55 = 20W, que corresponde a uma nova visita de 1 minuto na sala (cômodo 1). A única alternativa com a sequência inicial 1, 4, 5, 4, 1 é a alternativa A, que é a resposta correta. No entanto, pode-se continuar o raciocínio para chegar aos cômodos restantes na sequência: 6, 1 e 4.

143. Gabarito: A

Deve-se fazer a conversão de cada caso, multiplicando-se o valor da taxa de câmbio pelo valor do gasto diário estimado, ambos presentes na tabela, para avaliar cada uma das alternativas, para verificar qual oferece o menor custo diário em real. Assim, iniciando-se pela alternativa A, ou seja, Austrália, o valor estimado convertido para Reais é de 2,14 x 400,00 = R$ 828,00. A alternativa B, Canadá, possui um valor estimado convertido de 2,10 x 410,00 = R$ 861,00. A alternativa C, EUA, resulta em 2,78 x 390,00 = R$ 1084,20. A alternativa D, França, resulta em um custo estimado diário de 3,14 x 315,00 = R$ 989,10. Por fim, a alternativa E, Reino Unido, resulta em 4,24 x 290 = R$ 1229,60. Portanto, o menor valor encontrado foi para a alternativa A (Austrália).

144. Gabarito: D

Uma forma simples de resolver a questão é contar o número de casas em que a virgula foi deslocada para a direita e utilizar esse número como o expoente negativo da potência. Assim, tem-se que de 0,00011 para 00001,1 foram deslocadas 4 casas para a direita. Portanto, a alternativa que apresenta o expoente 4 negativo é a alternativa correta.

145. Gabarito: B

Pelo enunciado, podemos estimar a força de defesa por: Defesa (D) = Constante de Defesa (Cd) x Nível (N) x Experiência^2 (E^2) => D = Cd x N x E^2. Já a força de ataque por: Ataque (A) = Ca x N^2 x E, onde Ca é a constante de Ataque.

No início: 1 = Cd x 1 x 1^2 => Cd = 1; 2 = Ca x 1 x 1 => Ca = 2.

$A_{J1} = 2 \times 4^2 \times 5 = 160$

$D_{J2} = 1 \times 2 \times 6^2 = 72$

Portanto $A_{J1} . D_{J2} = 160 - 72 = 88$

146. Gabarito: B

A área adicional a ser pavimentada pode ser calcula pela área da circunferência de diâmetro 6 + 8 = 14 m (raio 7 m) menos a área da circunferência existente de diâmetro 6 m (raio 3 m). Como $A = \pi r^2$, temos $\pi 7^2 - \pi 3^2 = \pi(7^2 - 3^2)$ = 3(49 – 9) = 120 m^2.

147. Gabarito: B

Deve-se dividir cada valor de Kcal pelo tempo, para cada um dos pontos, para se obter o maior consumo de quilocalorias por minuto.

20/10 = 2 kcal/min

100/15 = 6,7 kcal/min

120/20 = 6 kcal/min

100/25 = 4 kcal/min

80/30 = 2,7 kcal/min

Portanto, a atividade II proporciona o maior consumo de quilocalorias por minuto.

148. Gabarito: A

Deve-se somar as colunas para se obter o total de acertos por dia, e escolher o dia de maior valor total.

Coluna 1 (segunda):	Total = 3 + 3 + 2 + 3 + 0 = 11
Coluna 2 (terça):	Total = 2 + 2 + 2 + 2 + 2 = 10
Coluna 3 (quarta):	Total = 0 + 4 + 2 + 4 + 0 = 10
Coluna 4 (quinta):	Total = 1 + 1 + 3 + 1 + 4 = 10
Coluna 5 (sexta):	Total = 2 + 2 + 2 + 0 + 4 = 10

A maior quantidade de acertos ocorreu na segunda-feira.

149. Gabarito: C

O comprimento da circunferência de 7 cm de diâmetro (d_1) é dada por ϖd, ou seja, 7ϖ. Ou seja, uma volta completa da catraca exige que esse comprimento de corrente passe por ela. Para que bicicleta avance 50% a mais, a nova catraca de diâmetro d_2 deve percorrer 1 volta e meia para o mesmo comprimento de corrente 7ϖ passando por ela. Portanto, 1,5ϖd_1 = 7ϖ => d_1 = 4,7 cm.

150. Gabarito: A

Dia 1, temperatura está menor que 10ºC pelo gráfico, e a umidade relativa do ar está menor que 40%, portanto, o alerta cinza foi emitido corretamente. Dia 12, temperatura ficou em 40ºC (e não entre 35º e 40º C, ou seja, 35º< t <40º) pelo gráfico, e a umidade relativa do ar ficou em 20%, portanto, o alerta laranja foi emitido incorretamente. No dia 13, a temperatura foi maior que 40ºC e a humidade foi maior que 40%, no entanto, para emitir o alerta vermelho a umidade deveria ficar abaixo de 25%, portanto, o alerta foi emitido incorretamente.

151. Gabarito: B

Como o retângulo tangencia a circunferência, temos que metade da circunferência está inscrita no retângulo e a outra metade está fora, portanto, a área de uma placa (Ap) será dada pela soma da área do retângulo com a área do semicírculo externo ao retângulo. Área do retângulo

(Ar) é dada por d x (h-d/2) = 40 x (60-20) = 1600 e a área da semicircunferência (As) é dada por $(\pi/2)(d/2)^2$ = 200π = 628. Portanto, Ap = Ar + As = 1600 + 628 = 2228 m^2 por placa. Considerando todas as 10 placas, a área total é 22280 m^2.

152. Gabarito: C
Como 1 m^3 = 1000 litros, tem-se que 0,3 m^3 = 0,3 x 1000 litros = 300 litros.
80% de 300 litros = 240 litros. Como cada embalagem possui 2,7 litros, serão necessárias 240/2,7 = 88,9 = 89 embalagens.

153. Gabarito: D
Redução de 900 – 850 = 50 acidentes. Mantendo a redução anual, em 2018, ou seja, em 3 anos após 2015, espera-se uma redução de 3 x 50 = 150. Portanto, espera-se 850 – 150 = 700 acidentes em 2018.

154. Gabarito: B
Considerando V o valor da nota fiscal (à vista). A Primeira prestação é dada por (V/2) x 1,01 = 202,00 => V = 404/1,01 = R$ 400,00.

155. Gabarito: A
Inicialmente cada um investiu pelo acordo entre sócio com 1/3 do capital social. Portanto cada sócio investiu R$ 333.333,33.
Com o novo aporte, o capital social aumentou para R$ 1.800.000,00, sendo que cada sócio original aportou mais R$ 200.000,00 e o novo sócio aportou o mesmo valor. Assim, o total aportado por cada um dos três sócios originais é dado por 533.333,00, o que corresponde ao percentual de 533.333,00/1.800.000,00 = 29,6%. O que já permite identificar a alternativa A como a correta. Já o quarto sócio possui um percentual de 200.000,00/1.800.000,00 = 11,11%.

156. Gabarito: B
Temos (V/2) + (V/3) + (V/5) = 31000
(15V + 10V + 6V)/30 = 31000
31V = 31000 x 30
V = 30000
Valor pago pela máquina com maior idade de uso: V/5 = R$ 6000.

157. Gabarito: E
Em 2010, o rendimento foi 7,2% maior que R$ 1250,00: 1,072 x 1250. Em 2020, projeta-se que o rendimento seja 10% maior que (1,072 x 1250), portanto: 1,10 x 1,072 x 1250 = R$ 1474,00.

158. Gabarito: C
Ms = 3,30 + log (2000 x 0,2) = 3,30 + 2,60 = 5,90 => Moderado.

159. Gabarito: E
O padrão consiste na repetição do bloco "5, 4, 3, 2, 1, 2, 3, 4" sucessivas vezes. Como esse bloco tem 8 números, o 2015º cadastrado consiste na repetição desse bloco 2015/8 = 251,875 vezes, ou seja, 251 vezes o bloco é repetido inteiro, e sobram 0,875 x 8 = 7 números. Assim, o 2015º item corresponde ao 7º elemento da sequência "5, 4, 3, 2, 1, 2, 3, 4", ou seja, o código "3", que corresponde à caixa de direção.

160. Gabarito: C
O primeiro jogador a escolher um colega para fazer dupla possui 7 opções. Já o segundo a escolher, possui apenas 5 opções, já que a primeira dupla foi formada. O terceiro a fazer escolha, possui somente 3 opções, visto que duas duplas já foram formadas. Por fim, o quarto e último fica com apenas 1 jogado restante. Assim, o número de opções total é dado por: 7 x 5 x 3 x 1 = 105. No entanto, dois canhotos não podem ficar juntos, então, temos que calcular quantas opções de duplas dos demais jogadores não canhotos resultam nos dois jogadores canhotos ficando juntos, e descontar das 105 opções. Para isso, considerando que os jogadores canhotos estão juntos, as opções de combinações dos 6 demais jogares, seguindo o mesmo raciocínio de opções de escolha por jogador são 5 x 3 x 1 = 15. Assim, as quatro duplas podem ser formadas de 105 -15 = 90 formas diferentes sem que os jogadores canhotos caiam na mesma dupla.

161. Gabarito: A
Cada um dos 4 vértices do tetraedro regular sofrerá o corte mostrado na figura do enunciado, e, como em todos os vértices, o corte é de mesmo tamanho e o sólido original é regular, cada um dos vértices dará lugar à uma nova face que corresponde à um triângulo equilátero. Assim, as alternativas C e D podem ser eliminadas. Por outro lado, cada uma das faces do sólido original passará a ter 6 arestas ao invés das 3 arestas originais, pois cada um de seus vértices ao sofrer o corte se transformará em uma nova aresta e dois novos vértices. Assim, cada uma das 4 faces do sólido original passarão a ser 4 hexágonos.

162. Gabarito: C
A escala indica que 1 cm da maquete equivale a 200 cm da dimensão real. Por outro lado, 1 cm^3 equivale a $(200\ cm)^3 = 200^3\ cm^3$ da dimensão real. Portanto, o volume

45 cm^3 equivale a 200^3 x 45 cm^3 = 8000000 x 45 cm^3 = 360000000 cm^3. Como 1L = 1000 cm^3, temos que o volume do reservatório em litros é de 360000 litros. Com o consumo de 30000 litros por dia, o número de dias que o reservatório consegue suprir é de 360000/30000 = 12.

163. Gabarito: A

O comportamento do gráfico deve ser tal que existam 3 segmentos distintos, de inclinações diferentes, de forma que o primeiro seja paralelo ao eixo horizontal, demonstrando a faixa 1 de tarifa constante. O trecho seguinte deve ter uma inclinação menor que o terceiro trecho, pois cada metro cúbico de consumo aumenta R$ 3,00 no valor, e, no terceiro trecho esse aumento é o dobro (R$6,00), para cada acréscimo de metro cúbico consumido. A alternativa A apresenta a única curva com essa configuração, sendo, portanto, a resposta correta.

164. Gabarito: D

A probabilidade de um cliente perceber pelo menos 1 placa é dada por $1-(1/2)^n$, onde n é o número de placas, pois cada placa tem a probabilidade de ½ de ser percebida, e, portanto, a probabilidade de ½ de não ser percebida. Assim, pela expressão percebe-se que quanto maior o número de placas, maior a probabilidade de um motorista perceber pelo menos 1 placa. Para que seja superior a 99/100, temos que:

$1 - (1/2)^n > 99/100$

$- (1/2)^n > 99/100 - 1$

$- (1/2)^n > - 1/100$

$(1/2)^n < 1/100$

Deve-se testar diferentes valores de n para satisfazer à inequação

n = 1 => $(1/2)^n$ = (1/2);

n = 2 => $(1/2)^n$ = (1/4);

n = 3 => $(1/2)^n$ = (1/8);

n = 4 => $(1/2)^n$ = (1/16);

n = 5 => $(1/2)^n$ = (1/32);

n = 6 => $(1/2)^n$ = (1/64);

n = 7 => $(1/2)^n$ = (1/128);

Portanto, o número de placas é 7, considerando que uma placa já foi colocada, são necessárias 6 novas placas pelo menos para ter uma probabilidade superior a 99/100.

165. Gabarito: C

20 jogadores com média de altura de 1,80 m fazem com que o somatório das alturas seja 20 x 1,80 = 36 m. Se um jogador for substituído por um jogador 0,20 m menor, temos que o somatório será agora 36 – 0,20 = 35,8 m. Portanto a nova média será dada por 35,8/20 = 1,79 m.

166. Gabarito: B

Média é dada por: (52 x 0 + 5 x 1 + 2 x 2 + 3 x 1)/(52 + 5 + 2 + 1) = 12/60 = 1/5 = 0,2.

167. Gabarito: D

Pela tabela, 1 pé = (1/3) de Jarda. Como 1 jarda é 0,9144 metro, temos que 1 pé = (0,9144/3) metro. Como 1 metro corresponde a 100 cm, temos que 1 pé = (91,44/3) cm. Considerando que 2,54 centímetros equivale a 1 polegada, temos que 1 pé = (91,44/3)/2,54 polegadas = 12,0 polegadas.

168. Gabarito: C

Como se trata de um valor entre 0 e 1, temos que elevá-lo a potência, reduzirá o número. Por exemplo, $0,5^2 = (1/2)^2$ = (1/8). Por outro lado, uma operação de raiz aumenta o valor do número, por exemplo $\sqrt{0.5}$ = 0.701 e $\sqrt[3]{0.5}$ = 0.794. Assim, o maior número será o terceiro.

169. Gabarito: C

Volume necessário de concreto pode ser calculado pela área da figura multiplicada pela espessura. Há diversas formas de calcular a área da figura, pois é possível dividi-la em 3 retângulos, calcular a área de cada um e somá-las. Assim temos Atotal = 8 x 8 + 3 x 7 + 3 x 5 = 64 + 21 + 15 = 100 m^2. O volume é dado por Vtotal = 100 x 0,05 = 5 m^3. Assim, apenas 1 caminhão que tenha a capacidade de 5 m^3 será suficiente.

170. Gabarito: E

8% da massa corporal do indivíduo corresponde à 0,08m. Portanto, a concentração C é dada por (q/0,08m). Como a concentração deve ser > 0,4 g/L para ser prejudicial, temos que C > 0,4 => (q/0,08m) > 0,4.

171. Gabarito: D

A medida AD corresponde a 12 cm, por ser uma lateral do retângulo. Já a medida DE corresponde à 18 – 12 = 6cm. Assim, pode-se aplicar o teorema de Pitágoras para calcular o valor da hipotenusa (segmento AE):

$$12^2 + 6^2 = AE^2$$

$$AE^2 = 180$$

AE = √(36.5) = 6√5 cm.

172. Gabarito: C

Pelo enunciado, entende-se que há um número ímpar de jogadores, pois há um jogador de basquete a mais do que os jogadores de futebol. Como os mais baixos jogam futebol, e os mais altos jogam basquete, temos que a mediana será a medida de um jogador de basquete. Ou seja, a altura de 1,67 m divide o grupo ao meio, de forma que alturas menores que 1,67 serão de jogadores de futebol e alturas maiores ou igual a esse valor será de jogadores de basquete. Assim, tem-se que os jogadores de altura 1,65; 1,66; 1,67 e 1,68; jogam respectivamente futebol, futebol, basquete e basquete.

173. Gabarito: D

A empresa gasta R$ 1000,00 por semana com o gerente. A empresa gasta por semana 2 x R$ 80,00 = R$ 160,00 por funcionário que não seja gerente. Como X é o número total de funcionários e inclui o gerente, temos que a empresa gasta por semana 160X, no entanto, por semana o gerente recebe um valor adicional de R$ 840 para totalizar os R$ 1000,00 que recebe. Portanto, a expressão que fornece o gasto semanal da empresa com seus funcionários (Y) é: Y = 160X + 840.

174. Gabarito: A

O único bar onde há possibilidade de *match* com R é o bar I por ser o único que fica dentro de seu raio de 3 km. Isso já resolve a questão, resultando na alternativa A como a correta. O usuário S possui um raio de 5 km, que inclui, portanto, todos os bares. Já o usuário Q possui um raio de 3k, que inclui também todos os bares. A figura a seguir ilustra os raios, onde é possível observar que a interseção entre as áreas coincide no bar I.

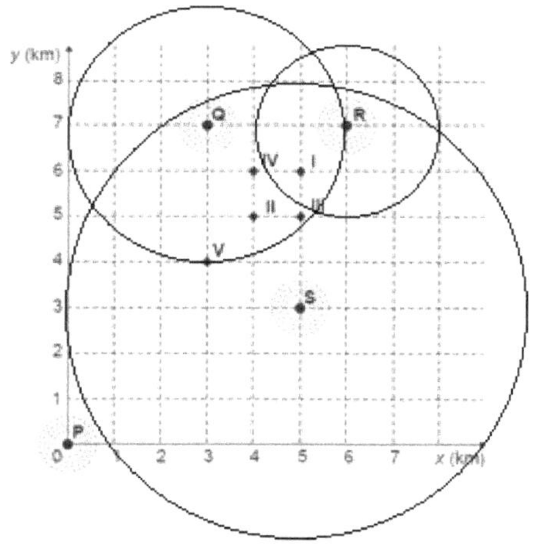

175. Gabarito: B

Na próxima semana a quantidade de pastéis será igual à quantidade de refrigerantes da mesma semana. No entanto, a quantidade de refrigerantes será igual à soma do número de latas na última semana com o total de copos de caldo de cana vendidos. Assim, utilizando as informações do gráfico temos que a quantidade de refrigerantes na próxima semana será dada por: (7 + 4 + 4 + 5 + 8 + 8 + 8) + (4 + 3 + 1 + 2 + 4 + 7 + 7) = 72. A quantidade de pastéis vendidas, de acordo com as informações do gráfico é: 10 + 2 + 4 + 4 + 7 + 8 + 10 = 45. Portanto, a quantidade a mais de pastéis que esse comerciante deve vender na próxima semana é 72 – 45 = 27.

176. Gabarito: E

25% de 20% das declarações consideradas inconsistentes são fraudulentas, ou seja, 5% do total das declarações é considerada fraudulenta. De 80% das declarações que foram consideradas consistentes, 6,25% eram fraudulentas, ou seja, 0,0625 x 0,80 = 5% do total de declarações eram fraudulentas, mas não foram consideradas como inconsistentes. Assim, a probabilidade de a declaração fraudulenta de um contribuinte ser considerada inconsistente é 50%.

177. Gabarito: C

A taxa de urbanização para cada município é dada por:
I: 8000/(8000 + 4000) = 2/3 = 0,67
II: 10000/(10000 + 8000) = 5/9 = 0,55
III: 11000/(11000 + 5000) = 11/16 = 0,69
IV: 18000/(10000 + 18000) = 9/14 = 0,65
V: 17000/(17000 + 12000) = 17/29 = 0,59
Como a maior taxa de urbanização é do município III, ele receberá o investimento extra.

178. Gabarito: D

Pelo princípio dos vasos comunicantes o fluxo cessará assim que todos atingirem a mesma altura (h) de água. Temos que calcular o volume de cada reservatório (Vrc, Vr1, Vr2, Vr3 e Vr4) e o volume dos canos (Vc). Assim temos:
$Vrc = \text{altura} \times \pi . r^2 = 3{,}3 \times 4\pi = 13{,}2\pi m^3$
$Vc = 4 \times 2 \times 0{,}05^2 = 0{,}2\varpi m^3$
Para calcular a altura h, temos que igualar o volume de todos os reservatórios ao atingirem a altura h, e igualar com o volume inicial do reservatório central calculado (Vrc), descontando-se o volume que ficará nos canos (Vc):
Assim, temos: $4 \times (1{,}5)^2 \pi \times h + 4\pi \times h = 13{,}2\pi - 0{,}2\pi$
$4h \times 2{,}25\pi + 4\varpi \times h = 13\pi \Rightarrow 13h = 13 \Rightarrow h = 1$ m.

179. Gabarito: D

Total inicial era de: 50000,00 + 40 x 2500 = 150000.
10% de desconto corresponderia a um novo total de 150000 – 15000 = 135000.
Com a redução de 50% no valor do projeto, o mesmo cai para R$ 5000,00. Um aumento de 25% de a construção da área interna equivale a um novo valor de 125000. O desconto no custo fixo (d) para que o total fique em 135000 pode ser calculado por:
125000 + 5000 + (1-d) x 40000 = 135000
(1-d) x 40000 = 5000
-40000d = -40000 + 5000
d = 35/40 = 0,875 =87,5%.

180. Gabarito: D

Para simplificar, consideremos a expressão h(t) = 4 + 4 sen(x). Para que h atinja 6 cm, temos que sen(x) = ½. Como o valor 6cm é atingido por 3 vezes, isso acontece para x igual à $\pi/6$ e $5\pi/6$ e $2\pi + \pi/6$. Ou seja, para os ângulos 30°, 150° e depois de uma volta no círculo trigonométrico, o ângulo de 30° novamente. Temos que x = $[(\beta t/2)-(\pi/2)]$, então o menor inteiro a ser atribuído para β para garantir que que h(t) atinja 6 cm pelo menos 3 vezes em um tempo menor que 4 segundos pode ser calculado pela expressão abaixo, pois antes de 4 segundos o ângulo precisa ser maior que $(2\pi + \pi/6) = 13\pi/6$.

$[(\beta t/2)-(\pi/2)]>2\pi + \pi/6$

$\beta t-\pi > (13\pi/3)$

$\beta t > 16\pi/3$

Para t = 4, temos

$\beta > 16\pi/12$

$\beta > 4\pi/3$

$\beta > 4.19$

Portanto, o menor valor inteiro de β deve ser 5.

ENEM 2020 • DIA 1

LINGUAGENS, CÓDIGOS E SUAS TECNOLOGIAS
QUESTÕES DE 01 A 45
QUESTÕES DE 01 A 05 (OPÇÃO INGLÊS)

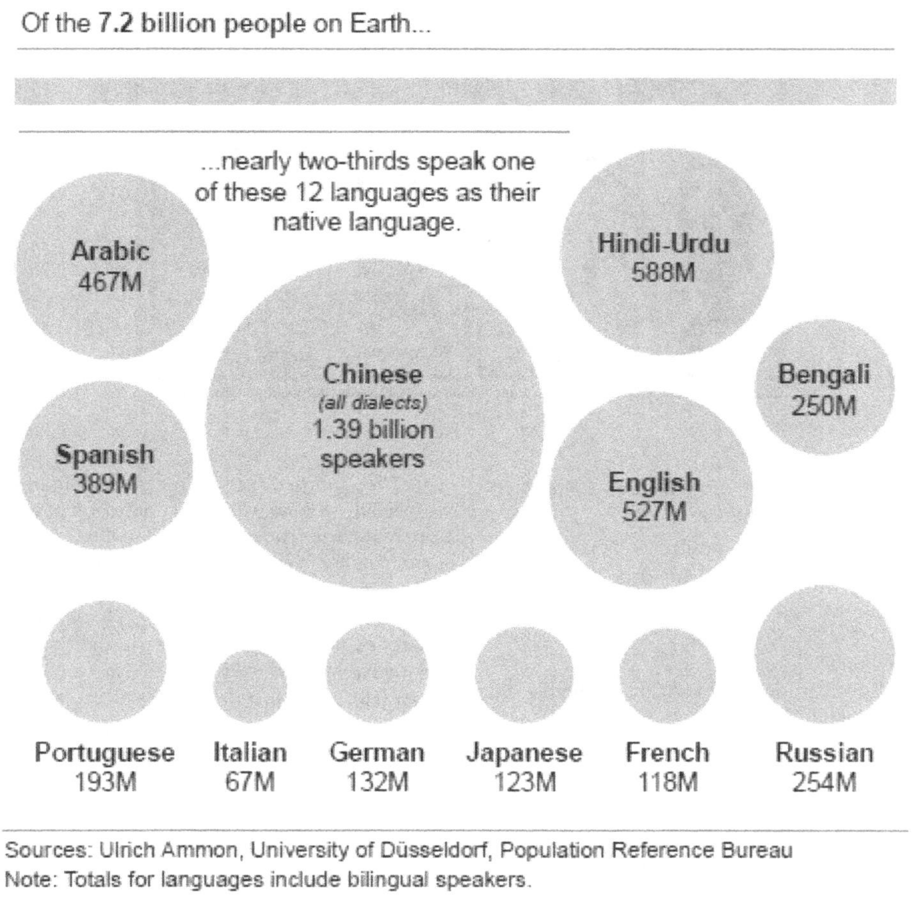

Of the 7.2 Billion People on Earth, 2015. Disponível em: www.washingtonpost.com. Acesso em: 18 ago. 2017.

1. Considerando a relação entre o número de habitantes e de línguas faladas no mundo, os dados trazidos pelo infográfico revelam uma

(A) hierarquização das línguas pela localização dos países.
(B) ampliação da quantidade de falantes bilíngues no mundo.
(C) preferência pelo estudo de línguas mais conhecidas.
(D) expansão do ensino de mandarim como segunda língua.
(E) concentração de falantes em um conjunto limitado de línguas.

2. Considerando-se o uso difundido do inglês na atualidade, o cartum remete à

(A) necessidade de uniformização linguística.
(B) tendência de simplificação de enunciados longos.
(C) preservação do emprego de estruturas formais da língua.
(D) valorização de um modo de expressão em detrimento de outro.
(E) variação na forma de falar para atingir um propósito comunicativo.

Study: Literary Criticism Is Still Overwhelmingly Male

By Zach Schonfeld

Women writers are all over the best-seller lists, but literary criticism is still predominantly a male field.

That's according to the latest numbers from the volunteer organization VIDA: Women in the Literary Arts, which works for gender and racial parity in the literary world. This year's report covers prestigious publications like *The New York Review of Books*, which published 227 male reviewers last year but only 54 female reviewers, and *The London Review of Books*, which published 146 male critics and 44 women during the same period. *The Paris Review* "made great strides toward gender parity" in 2013, the report notes, but then slid and published substantially fewer women than men in 2014.

As *The Guardian* points out, those figures are especially striking when you consider that women are more avid readers than men in the U.K., where some of the biggest offenders are based.

The figures are not all disheartening. Major magazines like *The New Yorker*, *The Atlantic* and *Harper's* all showed increases in the number of women published in 2014.

That data are valuable (without VIDA, the figures would likely go untallied), and the broader awareness even more so. Top editors likely know gender disparity is an issue, but they're more likely to pay attention to it when an organization like VIDA is paying attention to them.

SCHONFELD, Z. Disponível em: www.newsweek.com. Acesso em: 15 abr. 2015 (adaptado).

3. No texto, o autor lança mão de palavras como *"literary"*, *"male"* e *"female"* para apresentar uma matéria jornalística cujo tema está relacionado ao(à)

(A) quantidade de produções literárias de homens e mulheres.
(B) predominância de produções masculinas na crítica literária.
(C) papel das associações na produção literária das mulheres.
(D) resultado da produção literária de homens e mulheres em 2014.
(E) prestígio das mulheres no desenvolvimento da produção literária.

Most people know of the Karen people from television documentaries, magazines and encyclopedias as the "long-neck" or "giraffe" tribe. But the women who wear these brass rings on their neck belong to a sub-group of the Karen known as the *Padaung*. Whatever the origin of the custom one of the more common reasons it continues today, particularly in Thailand, is tourism. Although the *Padaung* have migrated to Thailand in only the last ten years, they have become the most popular "attraction" for hill-tribe trekking tourists. Some have written of this as exploitation of the *Padaung*; many westerners liken the experience of visiting one of these villages to visiting a human zoo. Some tour operators in Thailand now refuse to take tourists into such villages, while some tourists boycott those operators that do.

Disponível em: www.peoplesoftheworld.org. Acesso em: 8 dez. 2017.

4. O texto que versa sobre a prática do uso de argolas no pescoço por mulheres de uma tribo que migrou para a Tailândia tem por finalidade

(A) apoiar o boicote dos turistas à visitação a essas comunidades.

(B) evitar a exploração dessas mulheres em suas comunidades.

(C) enaltecer essa tradição presente até os dias atuais.

(D) divulgar atrações populares para o público ocidental.

(E) retratar a situação desse costume na atualidade.

In contemporary black popular culture, rap music has become one of the spaces where black vernacular speech is used in a manner that invites dominant mainstream culture to listen — to hear — and, to some extent, be transformed. However, one of the risks of this attempt at cultural translation is that it will trivialize black vernacular speech. When young white kids imitate this speech in ways that suggest it is the speech of those who are stupid or who are only interested in entertaining or being funny, then the subversive power of this speech is undermined.

HOOKS, B. **Teaching to Transgress**. New York: Routledge, 1994.

5. De acordo com Bell Hooks, intelectual negra estadunidense, o poder subversivo do rap consiste na possibilidade de

(A) transformação da cultura americana dominante.

(B) confronto com os valores da população branca americana.

(C) mudança da norma-padrão da língua inglesa.

(D) imitação do inglês negro por crianças brancas.

(E) entretenimento promovido por esse estilo musical.

QUESTÕES DE 01 A 05 (OPÇÃO ESPANHOL)

Cúentame, madre...

Madre, cuéntame todo lo que sabes por tus viejos dolores. Cuéntame cómo nace y cómo viene su cuerpecillo, entrabado con mis vísceras.

Dime si buscará solo mi pecho o si se lo debo ofrecer, incitándolo.

Dame tu ciencia de amor, ahora, madre. Enséñame las nuevas caricias, delicadas, más delicadas que las del esposo.

¿Cómo limpiaré su cabecita, en los días sucesivos?

¿Y cómo lo haré para no dañarlo? Enséñame, madre, la canción de cuna con que me meciste. Esa lo hará dormir mejor que otras canciones.

MISTRAL, G. Cuéntame madre. In: **Desolación**. Madrid: Espasa-Calpe, 1969.

1. Na prosa poética de Gabriela Mistral, o eu lírico, com o uso reiterado do imperativo, demonstra

(A) caráter autoritário da filha frente à mãe.

(B) polidez ao se dirigir à mãe para pedir ajuda.

(C) meticulosidade ao realizar atribuições maternas.

(D) súplica diante das inquietações da maternidade.

(E) dependência da mãe em questões matrimoniais.

Los brotes de violencia contra el turismo son censurables. Ahora bien, las manifestaciones de turismofobia en Barcelona no van contra el turismo, sino contra los abusos del turismo, porque este, como cualquier actividad humana, tiene costes, y negarlos es negar la evidencia. Recordemos que en la última encuesta entre la población de Barcelona, el impacto del turismo se ha convertido en su principal causa de preocupación.

Es obvio que los turistas gastan dinero y crean empleos, pero nuestro modelo no sabe convertir ese dinero en prosperidad y esos empleos en niveles de empleo digno. En conclusión, las manifestaciones de turismofobia deben movilizar a nuestras autoridades en dos direcciones, ambas necesarias. La primera es represiva, y debe dirigirse contra la turismofobia. La segunda es replantear el modelo turístico para que cree prosperidad y para distribuirla de manera decente. Hoy por hoy, el turismo sólo beneficia a los propietarios de inmuebles, y todo el mundo debería entender que eso no es ni aceptable ni sostenible.

PUIG, M. **Las razones de la turismofobia.** Disponível em: www.lavanguardia.com. Acesso em: 11 dez. 2017 (adaptado).

2. De acordo com o texto, as manifestações relacionadas ao turismo em Barcelona visam

(A) censurar a violência sofrida pelos turistas.

(B) reivindicar gastos mais altos por parte de cada turista.

(C) exigir a criação de mais empregos no setor de turismo.

(D) protestar contra o custo de manutenção de locais turísticos.

(E) mostrar preocupação com o modelo de turismo predominante

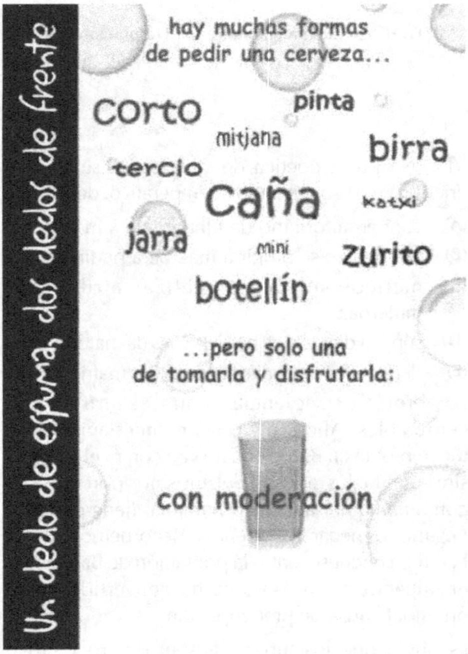

3. Considerando-se os elementos verbais e não verbais dessa campanha publicitária, a expressão *"dos dedos de frente"* remete ao(a)

(A) consumo responsável de cerveja.

(B) quantidade ideal de espuma na cerveja.

(C) aumento registrado no consumo de cerveja.

(D) diversidade de palavras para se referir à cerveja.

(E) qualidade da visão dos consumidores de cerveja.

AGOSTO 9

Día de Los Pueblos Indígenas

Rigoberta Menchú nació en Guatemala, cuatro siglos y medio después de la conquista de Pedro de Alvarado y cinco años después de la conquista de Dwight Eisenhower.

En 1982, cuando el ejército arrasó las montañas mayas, casi toda la familia de Rigoberta fue exterminada, y fue borrada del mapa la aldea donde su ombligo había sido enterrado para que echara raíz.

Diez años después, ella recibió el Premio Nobel de la Paz. Y declaró:

— Recibo este premio como un homenaje al pueblo maya, aunque llegue con quinientos años de demora.

Los mayas son gente de paciencia. Han sobrevivido a cinco siglos de carnicerías.

Ellos saben que el tiempo, como la araña, teje despacio.

GALEANO, E. Los hijos de los días. Buenos Aires: Siglo Veintiuno, 2012.

4. A trajetória pessoal de Rigoberta Menchú se confunde com a da própria civilização maia. No texto, ressalta-se como característica desse povo o(a)

(A) trabalho minucioso e incansável para manter sua cultura viva ao longo da história.

(B) tradição de enterrar o umbigo dos recém-nascidos para vinculá-los à terra.

(C) conformismo ao lidar com os eventos traumáticos pelos quais passou.

(D) resistência aos processos de dominação aos quais foi submetido.

(E) busca por reconhecimento após uma história de dificuldades.

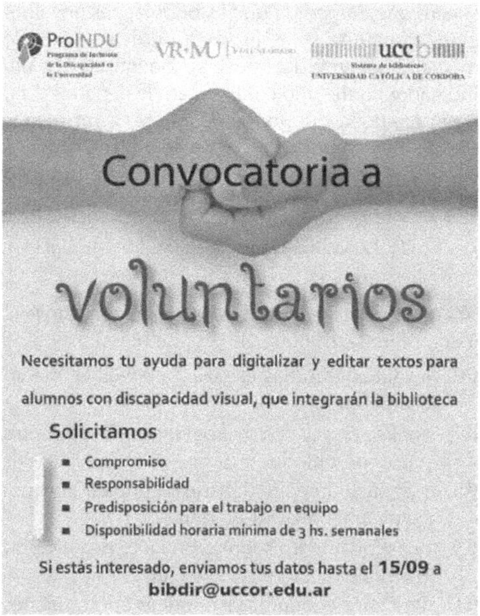

Disponível em: www.ucc.edu.ar. Acesso em: 4 dez. 2017.

5. Considerando os elementos verbais e não verbais expressos no cartaz, o objetivo do anúncio é

(A) promover o encontro literário entre pessoas com deficiência visual.

(B) divulgar o empréstimo de livros para alunos com dificuldades de acessibilidade.

(C) reivindicar a digitalização do acervo das bibliotecas públicas para leitores cegos.

(D) oferecer a oportunidade de apoio a um projeto para leitores com necessidades especiais.

(E) estimular a arrecadação de livros apropriados para os estudantes com dificuldade de leitura.

LINGUAGENS, CÓDIGOS E SUAS TECNOLOGIAS

Questões de 06 a 45

De acordo com alguns estudos, uma inovação do português brasileiro é o *R* caipira, às vezes tão intenso que parece valer por dois ou três, como em *porrrta* ou *carrrne*.

Associar o *R* caipira apenas ao interior paulista é uma imprecisão geográfica e histórica, embora o *R* tenha sido uma das marcas do estilo matuto do ator Mazzaropi em 32 filmes. Seguindo as rotas dos bandeirantes paulistas em busca de ouro, os linguistas encontraram o *R* supostamente típico de São Paulo em cidades de Minas Gerais, Mato Grosso, Mato Grosso do Sul, Paraná e oeste de Santa Catarina e do Rio Grande do Sul, formando um modo de falar similar ao português do século XVIII.

Quem tiver paciência e ouvido apurado poderá encontrar também na região central do Brasil o *S* chiado, uma característica típica do falar carioca que veio com os portugueses em 1808 e era um sinal de prestígio por representar o falar da Corte.

A história da língua portuguesa no Brasil está revelando as características preservadas do português, como a troca do *L* pelo *R*, resultando em *pranta* em vez de *planta*. Camões registrou essa troca em *Os Lusíadas* — lá está um *frautas* no lugar de *flautas* —, e o cantor e compositor paulista Adoniran Barbosa a deixou registrada em frases como "frechada do teu olhar", do samba *Tiro ao Álvaro*.

FIORAVANTI, C. Disponível em: http://revistapesquisa.fapesp.br. Acesso em: 11 dez. 2017.

6. Com base na afirmação de que "associar o *R* caipira apenas ao interior paulista é uma imprecisão geográfica e histórica", o texto propõe uma discussão sobre a(s)

(A) relevância da fala de prestígio na época da Corte portuguesa.

(B) inovação do português brasileiro sem equivalente em Portugal.

(C) razões históricas do preconceito sobre a fala regional no Brasil.

(D) importância do estudo, da preservação e do respeito à língua falada no Brasil.

(E) variedade de uso da língua, característica da literatura e da música brasileiras.

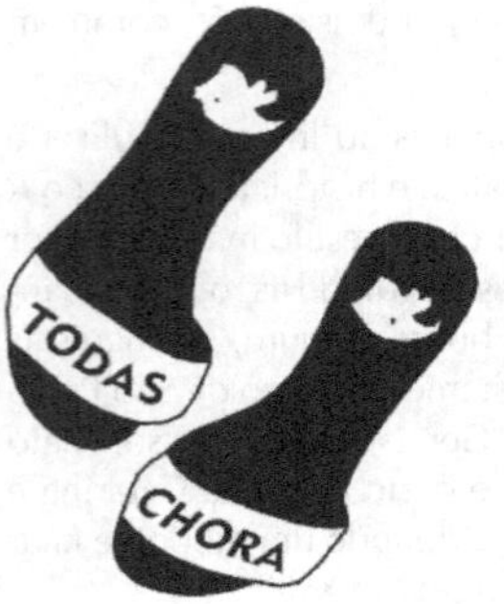

O erro de concordância impresso na sandália ao lado é proposital, viu?

Uma estilista pegou carona no Twitter e, por extensão, nos bordões "todas comemora" e "todas chora", muito usados na rede. Em versão rasteirinha, custa R$ 49.

O Globo, 12 fev. 2012 (adaptado).

7. Considerando-se os contextos de uso de "Todas chora", essa expressão é um exemplo de variante linguística

(A) típica de pessoas despreocupadas em seguir as regras de escrita.

(B) usada como recurso para atrair a atenção de interlocutores e consumidores.

(C) transposta de situações de interação típicas de ambientes rurais do interior do Brasil.

(D) incompatível com ambientes frequentados por usuários da norma-padrão da língua.

(E) condenável em produtos voltados para uma clientela exigente e interessada em novidades.

A verdade sobre o envelhecimento das populações

Tem se tornado popular produzir grandes projeções de redução de prosperidade baseada no envelhecimento demográfico. Mas será que isso é realmente um problema?

A média de idade nos Estados Unidos é atualmente de 36 anos. Na Etiópia, a média é de 18 anos. O país com maior número de idosos é a Alemanha, onde a média de idade é de 45 anos. Países em que a população mais jovem domina são mais pobres, e aqueles com a população dominante mais idosa são mais ricos. Então por que temer o envelhecimento da população?

Existem pelo menos duas razões. A primeira é psicológica: em analogia ao envelhecimento das pessoas, sugere que, à medida que as populações envelhecem, tornam-se mais fracas e perdem acuidade mental. A segunda decorre dos economistas e de um indicador conhecido como razão de dependência, que pressupõe que todos os adultos com menos de 65 anos contribuem para a sociedade, e todos com mais de 65 anos são um peso. E a proporção de pessoas com mais de 65 anos tende a aumentar.

LUTZ, W. **Azul Magazine**, ago. 2017 (adaptado).

8. A articulação entre as informações do texto leva à compreensão de que ele propõe um(a)

(A) levantamento das causas do envelhecimento das populações.

(B) análise dos dados demográficos de diferentes países do mundo.

(C) comparação entre a idade da população economicamente ativa no mundo.

(D) questionamento sobre o impacto negativo do envelhecimento da população.

(E) alerta aos economistas sobre as contribuições da população abaixo dos 65 anos.

Razão de ser

Escrevo. E pronto.
Escrevo porque preciso,
preciso porque estou tonto.
Ninguém tem nada com isso.
Escrevo porque amanhece,
E as estrelas lá no céu
Lembram letras no papel,
Quando o poema me anoitece.
A aranha tece teias.
O peixe beija e morde o que vê.
Eu escrevo apenas.
Tem que ter por quê?

LEMINSKI, P. Melhores poemas de Paulo Leminski. São Paulo: Global, 2013.

9. Ao abordar o próprio processo de criação, o poeta recorre a exemplificações com o propósito de representar a escrita como uma atividade que

(A) requer a criatividade do artista.

(B) dispensa explicações racionais.

(C) independe da curiosidade do leitor.

(D) pressupõe a observação da natureza.

(E) decorre da livre associação de imagens.

Autobiografia de José Saramago

Nasci numa família de camponeses sem terra, em Azinhaga, uma pequena povoação situada na província do Ribatejo, na margem direita do Rio Almonda, a uns cem quilômetros a nordeste de Lisboa. Meus pais chamavam-se José de Sousa e Maria da Piedade. José de Sousa teria sido também o meu nome se o funcionário do Registro Civil, por sua própria iniciativa, não lhe tivesse acrescentado a alcunha por que a família de meu pai era conhecida na aldeia: Saramago. (Cabe esclarecer que *saramago* é uma planta herbácea espontânea, cujas folhas, naqueles tempos, em épocas de carência, serviam como alimento na cozinha dos pobres.) Só aos sete anos, quando tive de apresentar na escola primária um documento de identificação, é que se veio a saber que o meu nome completo era José de Sousa Saramago... Não foi este, porém, o único problema de identidade com que fui fadado no berço. Embora tivesse vindo ao mundo no dia 16 de novembro de 1922, os meus documentos oficiais referem que nasci dois dias depois, a 18: foi graças a esta pequena fraude que a família escapou ao pagamento da multa por falta de declaração do nascimento no prazo legal.

Disponível em: www.josesaramago.org. Acesso em: 7 dez. 2017 (adaptado).

10. No texto, o autor discute o poder que os documentos oficiais exercem sobre a vida das pessoas. Qual fato torna isso evidente?

(A) A sua entrada na escola aos sete anos de idade.
(B) A alusão a uma planta no nome da família.
(C) O problema de identidade originado desde o berço.
(D) A isenção da multa por falta de declaração do nascimento.
(E) O seu nascimento em uma aldeia de camponeses.

Brasil tem quase 3 mil lixões ou aterros irregulares, diz levantamento

Apesar da lei que acabou com lixões, vazadouros funcionam normalmente.

O Brasil ainda despeja 30 milhões de toneladas de lixo por ano, de forma inadequada, expondo os cidadãos ao risco de doenças. E isso, apesar da lei que determinou o fim dos lixões. Corta, descasca, abre a embalagem, joga fora os restos, espreme, corta mais, descasca mais, abre outra embalagem. Quantas vezes essas cenas se repetem por dia em milhões de lares brasileiros?

Disponível em: http://g1.globo.com. Acesso em: 11 dez. 2017.

11. O recurso linguístico que interrompe o fluxo argumentativo para incluir o leitor na problemática do texto é a

(A) apresentação de dados estatísticos imprecisos sobre os lixões.
(B) descrição de ambientes destruídos pelos descartes incorretos.
(C) enumeração de atividades ilustrativas de ações cotidianas.
(D) discussão das leis sobre a redução dos lixões nas cidades.
(E) explicitação dos riscos de doenças via contaminação.

Como ocorrem os eclipses solares?

Quando a Lua passa exatamente entre a Terra e o Sol, o astro que ilumina nosso planeta some por alguns minutos. O espetáculo só ocorre durante a lua nova e apenas nas ocasiões em que a sombra projetada pelo satélite atinge algum ponto da superfície do planeta. Aliás, é o tamanho dessa sombra que vai determinar se o desaparecimento do astro será total, parcial ou anular. Geralmente, ocorrem ao menos dois eclipses solares por ano. Um eclipse solar é uma excelente oportunidade para estudar melhor o Sol.

Disponível em: https://mundoestranho.abril.com.br. Acesso em: 21 ago. 2017 (adaptado).

12. Nesse texto, a palavra "aliás" cumpre a função de

(A) promover uma conclusão de ideias valendo-se das informações da frase anterior.
(B) indicar uma mudança de assunto e de foco no tema desenvolvido.
(C) conectar a informação da frase anterior com a da posterior.
(D) conferir um caráter mais coloquial à reportagem.
(E) salientar a negação expressa na frase posterior.

A África possui os próprios estilos de reggae e centenas de bandas. Clubes de reggae são encontrados na Europa, na Austrália e nos Estados Unidos. Todos, de Erick Clapton a Caetano Veloso, já realizaram suas incursões ao reggae. A fonte desse som é a Jamaica, a terceira maior ilha do Caribe.

No fim dos anos 1960, o reggae também começava a conquistar certo espaço em várias regiões do Brasil e logo o som caiu nas graças dos maranhenses. Na cidade de São Luís, o grande investimento midiático, o crescente mercado de discos e o desenvolvimento do circuito das radiolas fizeram o movimento reggae alcançar a solidez em meados da década de 1980.

FARIAS, J.; PINTO, T. **Da Jamaica ao Brasil**: por uma história social do reggae. Disponível em: www.eumed.net. Acesso em: 18 nov. 2011 (adaptado).

13. Considerada por alguns "capital brasileira do reggae", a cidade de São Luís também é reconhecida pelos festejos juninos que incluem Bumba meu boi, Tambor de crioula, Cacuriá e as tradicionais quadrilhas. O conjunto dessas características demonstra a

(A) apropriação de gêneros e estilos estrangeiros na criação da música tradicional maranhense.
(B) inexpressividade das manifestações nordestinas em relação às novas referências estéticas.
(C) coexistência de referenciais culturais díspares na construção da musicalidade brasileira.
(D) diluição de modelos estéticos internacionais na criação de novos referenciais musicais.
(E) sobreposição de ideias musicais caribenhas na música autenticamente nacional.

Estória de um gibi da Turma da Mônica, intitulada *Brincadeira de menino*

Mônica, conhecida personagem de Maurício de Sousa, passa na casa da sua melhor amiga, Magali, para convidá-la para brincar. A mãe da Magali diz que a menina está com gripe e precisa de repouso, e por isso não vai poder sair de casa. Mônica sai triste e pensativa, quando cruza com o Cebolinha e convida-o para brincar com ela de "casinha". Ele se recusa e diz: "— Homem não *blinca* de casinha", e Mônica retruca: "— Ah, Cebolinha! Que preconceito!". Cebolinha responde: "— *Pleconceito* uma ova! Casinha é coisa de menina! Vou te *mostlar* o que é *blincadeila* de menino!". Enquanto ele sai de cena, Mônica fica debaixo de uma árvore brincando sozinha e Cebolinha faz várias aparições com brinquedos e brincadeiras supostamente só de meninos: aparece "voando" num skate, mas cai na frente dela. Depois aparece numa bicicleta, mas bate numa pedra e cai. Aparece de patins, tropeça e cai. Reaparece chutando uma bola, mas a bola bate na árvore e volta acertando sua cabeça. Desanimado e desistindo das "suas" brincadeiras, Cebolinha aparece no último quadro, ao lado da Mônica, brincando de "casinha".

OLIVEIRA, A. B.; PERIM, G. L. (Org.). **Fundamentos pedagógicos para o programa Segundo Tempo**. Brasília: Ministério do Esporte, 2008 (adaptado).

14. Refletindo sobre as relações de gênero nas brincadeiras infantis, a estória mostra que

(A) meninos podem se envolver com os mesmos brinquedos e brincadeiras que meninas.
(B) meninas são mais frágeis e por isso devem se envolver em brincadeiras mais passivas.
(C) meninos são mais habilidosos do que meninas e por isso se envolvem em atividades diferentes.
(D) meninas tendem a reproduzir mais os estereótipos de gênero em suas práticas corporais do que os meninos.
(E) meninos e meninas devem se envolver em atividades distintas, como, respectivamente, o futebol e a "casinha".

MORAIS, G. Disponível em: www.gusmorais.com. Acesso em: 1 ago. 2013

15. Os quadrinhos apresentam a sequência de certos dispositivos eletrônicos criados no decorrer da história, destacando

(A) a alienação provocada pelo uso excessivo da tecnologia nas sociedades urbanas contemporâneas.
(B) o estágio mais recente da evolução tecnológica para o armazenamento de dados digitais.
(C) os diferentes tipos de dispositivos usados atualmente para a gravação de dados digitais.
(D) o desperdício de matéria-prima proveniente da indústria tecnológica.
(E) a comparação entre evolução humana e tecnológica.

O Brasil (descrição física e política)

O Brasil é um país maior do que os menores e menor do que os maiores. É um país grande, porque, medida sua extensão, verifica-se que não é pequeno. Divide-se em três zonas climatéricas absolutamente distintas: a primeira, a segunda e a terceira. Sendo que a segunda fica entre a primeira e a terceira. Há muitas diferenças entre as várias regiões geográficas do país, mas a mais importante é a principal. Na agricultura faz-se exclusivamente o cultivo de produtos vegetais, enquanto a pecuária especializa-se na criação de gado. A população é toda baseada no elemento humano, sendo que as pessoas não nascidas no país são, sem exceção, estrangeiras. Tão privilegiada é hoje, enfim, a situação do país que os cientistas procuram apenas descobrir o que não está descoberto, deixando para a indústria tudo o que já foi aprovado como industrializável e para o comércio tudo o que é vendável. É, enfim, o país do futuro, e este se aproxima a cada dia que passa.

FERNANDES, M. In: ANTUNES, I. **Língua, texto e ensino**: outra escola possível. São Paulo: Parábola, 2009 (adaptado).

16. Em relação ao propósito comunicativo anunciado no título do texto, esse gênero promove uma quebra de expectativa ao

(A) abordar aspectos físicos e políticos do país de maneira impessoal.

(B) apresentar argumentos plausíveis sobre a estrutura geopolítica do Brasil.

(C) tratar aspectos físicos e políticos do país por meio de abordagem cômica.

(D) trazer informações relevantes sobre os aspectos físicos e políticos do Brasil.

(E) propor uma descrição sucinta sobre a organização física e política do Brasil.

Os smartphones estão sugando a sua produtividade. Você abriria mão deles?

Telefones inteligentes drenam nossa atenção mesmo quando desligados. E isso não é nada bom para a sua carreira. Pesquisadores e empresas tentam achar uma solução para o problema.

Funcionários estão distraídos com seus *smartphones*, *browsers web*, aplicativos de mensagem, sites de compras e muitas redes sociais.

Os trabalhadores distraídos são improdutivos. Uma pesquisa da CareerBuilder descobriu que os gerentes de contratação acreditam que os funcionários são extremamente improdutivos e mais da metade desses gerentes acreditam que os *smartphones* são culpados.

Alguns empregadores disseram que os *smartphones* degradam a qualidade do trabalho, diminuem a moral, interferem no relacionamento entre chefe e empregado e fazem com que os funcionários percam os prazos. (Os funcionários entrevistados discordaram e apenas 10% disseram que os telefones prejudicam a produtividade durante o horário de trabalho.)

A única solução é uma combinação entre treinamento, educação e melhor gerenciamento.

Os departamentos de RH devem procurar um problema maior: a distração extrema do *smartphone* pode significar que os funcionários estão completamente desativados do trabalho. Os motivos para isso devem ser identificados e abordados.

A pior "solução" é a negação.

ELGAN, M. Disponível em: http://idgnow.com.br. Acesso em: 24 ago. 2017 (adaptado).

17. Ao expor um problema contemporâneo do mercado de trabalho e apontar uma solução, o texto evidencia a

(A) relação entre as carreiras e as tecnologias de informação e comunicação.

(B) discordância entre empregadores e funcionários no que diz respeito à produção.

(C) negatividade do impacto das tecnologias de informação e comunicação no mercado de trabalho.

(D) desvinculação entre o desenvolvimento das tecnologias de informação e comunicação e a produtividade no trabalho.

(E) necessidade de uma compreensão ampla e cuidadosa do impacto das tecnologias de informação e comunicação no mercado de trabalho.

Ronda Jean Rousey definitivamente é uma daquelas mulheres que ficará marcada na história. Ela foi capaz de fazer o que pouquíssimos conseguem: atrair o público normal, que não está acostumado a acompanhar o MMA regularmente.

RESENDE, I. Disponível em: http://espn.uol.com.br. Acesso em: 31 ago. 2017.

18. Ronda Rousey é uma atleta de MMA (*Mixed Martial Arts* – Artes Marciais Mistas), campeã nessa modalidade. Por seu desempenho na área das lutas, ela se contrapõe ao modelo de feminilidade normativo. No contexto da sociedade contemporânea, no qual mulheres têm conquistado diferentes espaços, Ronda

(A) masculiniza-se em função das características necessárias a essa prática esportiva.

(B) aproveita-se do padrão estético para conquistar patrocínios e manter-se no esporte.

(C) submete-se aos elementos da identidade masculina para se manter no esporte.

(D) cruza uma fronteira de gênero ao se inserir numa área de reserva masculina.

(E) mantém sua feminilidade em detrimento de um alto desempenho esportivo.

Mais de um terço da comida produzida no mundo perde-se no caminho entre o produtor e o mercado, ou em casa. Empresas e governos podem mudar essa situação, com melhorias nos sistemas de distribuição e oferta dos alimentos. Em casa, o consumidor pode ajudar planejando as refeições, comprando só o necessário e armazenando tudo corretamente. Ao evitar o desperdício, você ainda economiza dinheiro.

Revista Quatro Rodas, maio 2013.

19. O texto aborda a necessidade de se promoverem, coletivamente, mudanças de hábitos relacionados ao consumo de alimentos. Uma estratégia para estimular a adesão a essa ideia consiste em

(A) fazer referência a ações governamentais, em andamento, de combate ao desperdício de alimentos.

(B) quantificar o desperdício ocorrido no campo como superior a um terço da produção mundial de alimentos.

(C) utilizar a expressão figurada "perde-se no caminho" como referência ao desperdício de alimentos.

(D) apontar uma vantagem financeira para o consumidor engajar-se em práticas de combate ao desperdício de alimentos.

(E) recomendar medidas de distribuição mais eficazes com vistas à diminuição do desperdício de alimentos.

Roberto Segre. Arquiteto do mundo.

Nascido em Milão, em 1934, o arquiteto Roberto Segre emigrou para a Argentina aos cinco anos, fugindo do fascismo italiano. Ainda jovem, aos 29 anos, mudou-se para Cuba, onde permaneceu dando aulas de história da arquitetura e urbanismo na Universidade de Havana até 1994. Segre se mudaria definitivamente para o Brasil, em 1994, a convite da UFRJ. Em 2007, recebeu o título de doutor *honoris causa* pelo Instituto Superior Politécnico de Havana. Roberto Segre morreu, na manhã de anteontem, aos 78 anos, atropelado por um motociclista, quando caminhava na Praia de Icaraí, em Niterói, onde morava. Ele chegou a ser hospitalizado, mas não resistiu aos ferimentos. O corpo será velado amanhã, das 9 h às 17 h, no Palácio Universitário da UFRJ, Avenida Pasteur, 250, na Praia Vermelha, Urca.

Disponível em: www.iabrj.org.br. Acesso em: 9 dez. 2017 (adaptado).

20. Na organização desse texto, observam-se traços comumente característicos de biografias, entretanto, trata-se de um(a)

(A) aviso, pois sua função é advertir o leitor sobre o perigo de se caminhar nas orlas.

(B) relato, pois descreve o acidente envolvendo um motociclista e seus desdobramentos.

(C) obituário, pois tem o propósito de levar ao leitor informações sobre o velório do professor.

(D) anúncio, pois divulga o recebimento do título de doutor *honoris causa* pelo professor morto.

(E) notícia, pois seu objetivo é informar o leitor sobre o acidente, seguido da morte do professor.

Entre as tentativas de encontrar o melhor ângulo para retirar o terneiro, meu irmão, o guri e seu pai tentavam convencer Jaqueline de que a morte da vaca não seria uma grande perda: "não é a mesma coisa que perder um pai, um avô, que a gente lembra para o resto da vida, fica lá no cemitério", "bicho é bicho". Jefferson, o guri, repetia tudo que o pai dizia, mas já afastado, pois havia sido corrido pela mãe.

Jaqueline repete: "pra mim não tem diferença! Os bichos estão tudo na volta. Eles sabem quando eu chego, me conhecem, sabem o meu cheiro. Sou eu que dou comida. Não tem diferença nenhuma!". O pai tenta concordar sem afrontar os caras, dizendo que as pessoas desenvolvem valor de estima pelos animais.

KOSBY, M. F. **Mugido** (ou diário de uma doula). Rio de Janeiro: Garupa, 2017.

21. No fragmento, as reações à perda de um animal refletem concepções fortalecidas pela

(A) sensibilidade adquirida com a lida no campo.
(B) banalização da morte em função de sua recorrência.
(C) expectativa do sofrimento na visão do destino humano.
(D) certeza da efemeridade da vida como fator de pessimismo.
(E) empatia gerada pela interseção entre o homem e seu ambiente.

Epitáfio

Devia ter amado mais
Ter chorado mais
Ter visto o sol nascer
Devia ter arriscado mais
E até errado mais
Ter feito o que eu queria fazer
Queria ter aceitado
As pessoas como elas são Cada um sabe a alegria
E a dor que traz no coração
[...]
Devia ter complicado menos
Trabalhado menos
Ter visto o sol se pôr
Devia ter me importado menos
Com problemas pequenos
Ter morrido de amor

BRITTO, S. **A melhor banda de todos os tempos da última semana**. Rio de Janeiro: Abril Music, 2001 (fragmento).

22. O gênero epitáfio, palavra que significa uma inscrição colocada sobre lápides, tem a função social de homenagear os mortos. Nesse texto, a apropriação desse gênero no título da letra da canção cria o efeito de

(A) destacar a importância de uma pessoa falecida.
(B) expressar desejo de reversão de atitudes.
(C) registrar as características pessoais.
(D) homenagear as pessoas sepultadas.
(E) sugerir notações para lápides.

A expansão urbana altera a configuração de muitos espaços, a ponto de prejudicar atividades neles desenvolvidas, seja pela especulação imobiliária, ou pelo projeto urbanístico da administração pública. Essa pressão é sentida em algumas escolas, principalmente para a prática de esportes, que demanda uma área ampla e diferenciada. O problema leva gestores e docentes a procurarem alternativas para se adaptar a essa realidade urbana. Para o urbanista Fernando Pinho, "se a cidade é de todos e para todos, por que não se apropriar dela? A escola deve ser mais porosa à cidade, à vida do lado de fora [...]. Temos que trazer a cidade para a sala de aula e tornar a cidade uma sala de aula".

PERET, E. A cidade como sala de aula. **Retratos**: a revista do IBGE, n. 4, 2017 (adaptado).

23. As mudanças urbanísticas têm impactado o espaço escolar. Nesse contexto, a prática de esporte

(A) pressupõe projetos urbanísticos que sejam adequados.
(B) exige quadras e ginásios que se localizem fora da escola.
(C) demanda locais específicos que viabilizem sua realização.
(D) pede criação de regras que atendam à reconfiguração urbana.
(E) requer modalidades não convencionais que explorem o espaço urbano.

Disponível em: www.facebook.com/cnj.oficial. Acesso em: 20 jun. 2018.

24. Essa campanha contra a sexualização infantil utiliza-se da articulação entre texto escrito e imagem para representar um(a)

(A) casal de crianças do sexo oposto.

(B) relação inocente entre duas crianças.

(C) horário do dia inapropriado para crianças.

(D) proximidade inadequada entre as crianças.

(E) espaço perigoso para crianças dessa idade.

Álvaro, me adiciona

"Nunca conheci quem tivesse levado porrada. Todos os meus conhecidos têm sido campeões em tudo." Espanta que Álvaro de Campos tenha dito isso antes do advento das redes sociais. O heterônimo parece estar falando da minha *timeline*: "Arre, estou farto de semideuses! Onde é que há gente no mundo?".

Humblebrag é uma palavra que faz falta em português. Composta pela junção das palavras *humble* (humilde) e *brag* (gabar-se), seria algo como a gabação modesta. Em vez de simplesmente gabar-se: "Ganhei um prêmio de melhor ator no Festival de Gramado", você diz: "O Festival de Gramado está muito decadente. Para vocês terem uma ideia, me deram um prêmio de melhor ator."

Atenção: se todo post é vaidoso, toda coluna também. Percebam o uso de palavras em inglês, a citação a Fernando Pessoa. Tudo o que eu mais quero é que vocês me achem o máximo. "Então sou só eu que sou vil e errôneo nessa terra?". Não, Álvaro. Me adiciona.

DUVIVIER, G. **Caviar é uma ova**. São Paulo: Cia. das Letras, 2016 (adaptado).

25. O texto traz uma crítica ao uso que as pessoas fazem da linguagem nas redes sociais. Qual passagem exemplifica linguisticamente essa crítica?

(A) "'Nunca conheci quem tivesse levado porrada. Todos os meus conhecidos têm sido campeões em tudo'."

(B) "O heterônimo parece estar falando da minha timeline: 'Arre, estou farto de semideuses! Onde é que há gente no mundo?'".

(C) "Humblebrag é uma palavra que faz falta em português. Composta pela junção das palavras humble (humilde) e brag (gabar-se), seria algo como a gabação modesta."

(D) "'O Festival de Gramado está muito decadente. Para vocês terem uma ideia, me deram um prêmio de melhor ator'."

(E) "Tudo o que eu mais quero é que vocês me achem o máximo. 'Então sou só eu que sou vil e errôneo nessa terra?'. Não, Álvaro. Me adiciona."

Um dos aspectos essenciais da mídia virtual é a centralidade da escrita, pois a tecnologia digital depende totalmente da escrita. Assim, nesta era eletrônica não se pode mais postular como propriedade típica da escrita a relação assíncrona, caracterizada pela defasagem temporal entre produção e recepção, pois os *bate-papos virtuais* são síncronos, ou seja, realizados em tempo real e essencialmente escritos. Assim, se com o *telefonema* tornou-se um dia impossível continuar postulando a copresença física dos interlocutores como característica exclusiva da oralidade, já que era possível interagir oralmente estando em espaços diversos, hoje se retira dela também a concomitância temporal.

MARCUSCHI, L. A. Disponível em: http://www.progesp.ufba.br. Acesso em: 9 jul. 2012.

26. O trecho discute algumas mudanças que surgiram com os avanços das tecnologias de comunicação e informação, fazendo uma comparação entre o telefonema e os bate-papos virtuais. Ao comparar esses dois meios de comunicação, constata-se que

(A) tanto a escrita quanto a oralidade, atualmente, são modalidades realizadas sempre em tempo real.

(B) tanto o telefonema quanto o bate-papo virtual são considerados gêneros com características exclusivas da oralidade.

(C) enquanto o telefonema exige a presença física dos interlocutores, o bate-papo virtual não apresenta essa característica.

(D) tanto o telefonema quanto o bate-papo virtual mudaram algumas concepções sobre a oralidade e a escrita: essa quanto ao tempo e aquela quanto ao espaço.

(E) enquanto a conversação não mais exige que os interlocutores estejam no mesmo local graças ao advento do telefone, os bate-papos virtuais não têm mais a escrita como essencial.

A carta da Terra

PREÂMBULO

Estamos diante de um momento crítico na história da Terra, numa época em que a humanidade deve escolher o seu futuro. Para seguir adiante, devemos reconhecer que, no meio de uma magnífica diversidade de culturas e formas de vida, somos uma família humana e uma comunidade terrestre com um destino comum. Para chegar a este propósito, é imperativo que nós, os povos da Terra, declaremos nossa responsabilidade uns com os outros, com a grande comunidade da vida e com as futuras gerações.

PRINCÍPIOS

I. Respeitar e cuidar da comunidade da vida.
II. Proteger e restaurar a integridade ecológica.
III. Promover a justiça social e econômica.
IV. Fortalecer a democracia, a não violência e a paz.

O CAMINHO ADIANTE

Que o nosso tempo seja lembrado pelo despertar de uma nova reverência face à vida e pelo compromisso firme de alcançar a sustentabilidade, a intensificação da luta pela justiça e pela paz e a alegre celebração da vida.

Disponível em: www.mma.gov.br. Acesso em: 3 dez. 2017 (adaptado).

27. Analisando a estrutura composicional do texto, percebe-se que ele se insere na esfera

(A) institucional, pois propõe regras de conduta para alcançar a sustentabilidade da vida na Terra.

(B) pessoal, pois manifesta subjetividade diante da injustiça social e econômica dos povos da Terra.

(C) publicitária, porque conclama a sociedade para participar de ações relacionadas à preservação ambiental.

(D) científica, pois relata fatos concretos sobre a real situação do meio ambiente em diferentes pontos do planeta.

(E) jornalística, pois apresenta títulos e subtítulos para organizar as informações sobre a relação do homem com o planeta.

Vaca Estrela e Boi Fubá

Seu doutô, me dê licença
Pra minha história contar
Hoje eu tô em terra estranha
É bem triste o meu penar
Eu já fui muito feliz
Vivendo no meu lugar
Eu tinha cavalo bão Gostava de campear
Todo dia eu aboiava
Na porteira do currá
[...]
Eu sou fio do Nordeste
Não nego meu naturá
Mas uma seca medonha
Me tangeu de lá pra cá

PATATIVA DO ASSARÉ. Intérpretes: PENA BRANCA; XAVANTINHO; TEIXEIRA, R. **Ao vivo em Tatuí**. Rio de Janeiro: Kuarup Discos, 1992 (fragmento).

28. Considerando-se o registro linguístico apresentado, a letra dessa canção

(A) exalta uma forma específica de dizer.

(B) utiliza elementos pouco usuais na língua.

(C) influencia a maneira de falar do povo brasileiro.

(D) discute a diversidade lexical de um dado grupo social.

(E) integra o patrimônio linguístico do português brasileiro.

Com o fim da versão impressa do *Diário Oficial da União*, o presidente da República assinou um decreto que traz novas normas a serem seguidas nas publicações oficiais, que agora estarão disponíveis apenas na versão on-line.

Os atos a serem divulgados devem ser encaminhados ao órgão exclusivamente por meio eletrônico.

O jornal será publicado de segunda a sexta, uma vez por dia, exceto nos feriados nacionais e nos pontos facultativos da administração pública federal.

O decreto reforça que o *Diário Oficial* trará os atos com conteúdo normativo, exceto os atos de aplicação exclusivamente interna que não afetem interesses de terceiros, e os atos oficiais da administração pública federal direta, autárquica e fundacional.

Disponível em: www.brasil.gov.br. Acesso em: 6 dez. 2017 (adaptado).

29. O decreto incide sobre a prática de leitura do *Diário Oficial* em todo o Brasil e pressupõe que

(A) o país dispõe de uma cultura digital consolidada.

(B) a publicação on-line dificulta o acesso ao texto oficial.

(C) a decisão torna obrigatória a leitura de textos oficiais.

(D) as repartições públicas dispensam a leitura de texto impresso.

(E) a mudança traz novos modelos para a administração pública.

BANDEIRA, G. Disponível em: www.facebook.com/objetosinanimadoscartoon. Acesso em: 24 ago. 2017.

30. No texto, o trecho "Cê tá muito louco, véio" caracteriza um uso social da linguagem mais comum a

(A) jovens em situação de conversa informal.

(B) pessoas conversando num cinema.

(C) homens com problemas de visão.

(D) idosos numa roda de bate-papo.

(E) crianças brincando de viajar.

Hoje, críticas e frustrações dos clientes encontram um canal imediato nas redes, que funcionam como amplificadoras de rápido alcance. O monitoramento constante de tudo que é publicado sobre determinada marca é vital para reagir rapidamente em situações que podem ser prejudiciais à imagem corporativa.

Uma possibilidade é recorrer a agências que oferecem serviços especializados de estratégias de comunicação. Como esses serviços custam caro, é comum as pequenas e médias empresas apostarem em times internos para realizar o monitoramento. Os especialistas alertam: não transforme as redes sociais em um serviço de atendimento ao consumidor. Sempre que possível, tire a conversa do espaço público. Se uma reclamação surgir em sua página, responda rapidamente, lamentando o ocorrido. Em seguida, peça e-mail e telefone de contato e resolva a questão diretamente com o consumidor. Esse tipo de atividade faz com que essa mesma pessoa volte à internet, mas agora para falar bem da empresa.

DATT, F.; RIBEIRO, M. Como manter uma boa reputação on-line? **Pequenas Empresas Grandes Negócios**, n. 280, maio 2012.

31. As novas tecnologias têm alterado a dinâmica entre empresas e consumidores. Essa nova ordem do mercado tem efeitos benéficos para a sociedade, como a

(A) construção de relações sociais mais responsáveis.

(B) garantia das informações propiciadas pelas redes sociais.

(C) promoção de relações mercadológicas pautadas em interesses pessoais.

(D) propagação de relações interpessoais mediadas por interesses de mercado.

(E) divulgação de informações para atingir a reputação de empresas.

Isaac Newton nasceu em 4 de janeiro de 1643, no condado de Lincolnshire, Inglaterra. Filho de fazendeiros, o cientista, físico e matemático nunca conheceu seu pai, morto três meses antes de o filho nascer.

Estudou na escola King's School, onde era um aluno mediano. Entretanto, depois de uma briga com um colega de classe, começou a se esforçar mais nos estudos. Passou então a ser um dos melhores alunos da escola. O sucesso nos estudos levou Newton a entrar na Faculdade Trinity, em Cambridge, onde auxiliava outros alunos em troca de uma bolsa de estudos paga pela faculdade.

Newton se interessava pelos pioneiros da ciência, como o filósofo Descartes e os astrônomos Copérnico, Galileu e Kepler. Depois de formado, fez estudos em matemática e foi eleito professor da matéria em 1669. Em 1670, começou a dar aulas de ótica. Nessa época, demonstrou como, através de um prisma, é possível separar a luz branca nas cores do arco-íris.

Em 1679, o cientista inglês voltou-se para mecânica e os efeitos da gravitação sobre as órbitas dos planetas. Em 1687, publicou o livro *Principia mathematica*, em que demonstrou as três leis universais do movimento. Com esse livro, Newton ganhou reconhecimento mundial.

Disponível em: www.invivo.fiocruz.br. Acesso em: 1 dez. 2017 (adaptado).

32. A análise dos elementos constitutivos desse texto, como forma de composição, tema e estilo de linguagem, permite identificá-lo como

(A) didático, já que explica a importância das contribuições de Isaac Newton.

(B) jornalístico, pois dá a conhecer fatos relacionados a Isaac Newton.

(C) científico, pois investiga informações sobre Isaac Newton.

(D) ensaístico, já que discute fatos da vida de Isaac Newton.

(E) biográfico, pois narra a trajetória de vida de Isaac Newton.

O resgate de um barco com 25 imigrantes africanos na costa do Maranhão reacendeu a discussão sobre o quanto o Brasil estaria, cada vez mais, atraindo pessoas de outros países em busca de refúgio ou de melhores condições de vida.

O país recebeu 33 866 pedidos de refúgio de imigrantes no ano de 2017, segundo um relatório recente do Comitê Nacional para os Refugiados (Conare), do Ministério da Justiça.

A definição clássica de refugiado é "o imigrante que sofre de fundado temor de perseguição por motivos de raça, religião, nacionalidade, grupo social ou opiniões políticas".

No entanto, a Acnur, agência da ONU para refugiados, já tem um entendimento ampliado do que pode configurar um refugiado, incorporando também as características de uma crise humanitária: fome generalizada, ausência de acesso a medicamentos e serviços básicos e perda de renda.

Disponível em: www.bbc.com. Acesso em: 22 maio 2018 (adaptado).

33. Nesse texto, a função metalinguística tem papel fundamental, pois revela que o direito de o imigrante ser tratado como refugiado no Brasil depende do(a)

(A) número de pedidos de refúgio já registrados no relatório do Conare.

(B) compreensão que o Ministério da Justiça tem da palavra "refugiado".

(C) crise humanitária que se abate sobre os países mais pobres do mundo.

(D) profundidade da crise econômica pela qual passam determinados países.

(E) autorização da Acnur, que gerencia a distribuição de refugiados pelos países.

NOVAES, C. **O menino sem imaginação**. São Paulo: Ática, 1993.

34. O gênero capa de livro tem, entre outras, a função de antecipar uma possível leitura a ser feita da obra em questão. Pela leitura dessa capa, infere-se que seu criador teve como propósito

(A) criticar a alienação das crianças promovida pela forte presença das mídias de massa em seu cotidiano.

(B) alertar os pais sobre a má influência das tecnologias para o desenvolvimento infantil.

(C) satirizar o nível de criatividade de meninos isolados do convívio com seu grupo.
(D) condenar o uso recorrente de aparatos eletrônicos pelos jovens na atualidade.
(E) censurar o comportamento dos pais em relação à educação dada aos filhos.

AMARAL, T. **O mamoeiro**, 1925, óleo sobre tela.

35. As vanguardas europeias trouxeram novas perspectivas para as artes plásticas brasileiras. Na obra *O mamoeiro*, a pintora Tarsila do Amaral valoriza

(A) a representação de trabalhadores do campo.
(B) as retas em detrimento dos círculos.
(C) os padrões tradicionais nacionalistas.
(D) a representação por formas geométricas.
(E) os padrões e objetos mecânicos.

CAPTCHA, herói ou vilão?

Todas as pessoas que já utilizaram a *web* para realização de tarefas como criar um perfil em uma rede social, fazer um cadastro em um sistema de comércio eletrônico ou em um portal de notícias, entre tantas outras, já se depararam com o CAPTCHA. Esse teste apresenta-se como um conjunto de caracteres que aparecem em imagens distorcidas (conforme Figura 1) e que as pessoas precisam decifrar e digitar num campo de formulário. Elas precisam realizar essa tarefa para provar que são seres humanos, e não robôs. O uso do CAPTCHA com esse objetivo presume, portanto, que qualquer ser humano, mas nenhum robô, seria capaz de executar a tarefa proposta.

Figura 1

Para as empresas que utilizam o CAPTCHA, ele é o "herói" que tem a missão de diferenciar pessoas de robôs. Para as pessoas que precisam passar pelo teste do CAPTCHA para executarem suas tarefas, certamente ele é um vilão. Em muitos casos, quando tentam passar pelos testes, veem-se obrigados a repetir diversas vezes até conseguirem acertar. Além de problemas com a falta de segurança e da experiência ruim para a maioria das pessoas, outro fator negativo para o CAPTCHA são as suas barreiras de acessibilidade. Isso representa um grande problema, principalmente para as pessoas que são cegas, têm baixa visão ou dificuldades de aprendizagem, como a dislexia, as quais podem ficar impedidas de realizar importantes tarefas na *web*.

Disponível em: http://acessodigital.net. Acesso em: 30 out. 2015 (adaptado).

36. Os efeitos causados pelo surgimento de novas tecnologias podem contribuir positiva ou negativamente para a sociedade. De acordo com o texto, a ferramenta CAPTCHA causa impacto social porque

(A) dificulta o acesso dos usuários a ambientes virtuais.
(B) busca a distinção de pessoas e máquinas para garantia de proteção.
(C) interfere na utilização de diversos sistemas por pessoas competentes.
(D) auxilia no preenchimento de informações em um formulário.
(E) resolve problemas de invasão de sistemas por programas automatizados.

Como a solidão pode comprometer a sua saúde

Segundo estudo, solitários têm risco 39% maior de apresentar sintomas mais intensos de um resfriado. Ter muitos amigos nas redes sociais não diminui o risco.

Você se sente sozinho? Uma nova pesquisa, publicada na revista Health Psychology, sugere que seu nível de solidão pode impactar diretamente na gravidade e na resposta do organismo a uma doença.

Para o atual estudo, os pesquisadores avaliaram níveis de solidão de 159 pessoas, entre 18 e 55 anos, além da quantidade de amigos que elas tinham nas redes sociais. Depois, os voluntários receberam, por via nasal, doses iguais de vírus de resfriado comum. Eles, então, ficaram isolados por cinco dias em um hotel para que os sintomas manifestados fossem avaliados pelos especialistas.

Todas as pessoas que participaram do estudo tiveram a mesma chance de ficar doentes, mas aquelas que relataram sentir-se mais solitárias manifestaram sintomas de resfriado, como dor de garganta, espirro e coriza, mais graves do que as que não se sentiam sozinhas. Segundo os resultados, os participantes solitários apresentaram uma probabilidade 39% maior para os sintomas mais agudos.

Disponível em: http://veja.abril.com.br. Acesso em: 1 dez. 2017 (adaptado).

37. Nessa reportagem, a referência à pesquisa é acionada como uma estratégia argumentativa para

(A) promover o estudo sobre as consequências da solidão.

(B) questionar o número de participantes envolvidos no estudo.

(C) demonstrar a opinião de cientistas sobre as reações ao vírus.

(D) comparar os impactos da solidão entre solitários e não solitários.

(E) embasar o debate sobre os riscos da solidão para a saúde humana.

Ação coloca baleia encalhada às margens do Rio Sena

As pessoas em Paris acordaram com uma notícia inusitada: uma baleia encalhada foi encontrada nas margens do Sena, perto de Notre Dame. Para deixar tudo ainda mais surreal, cientistas forenses foram vistos estudando o fenômeno. O público ficou impressionado com as cenas e bombou as redes sociais de comentários e fotos. Horas mais tarde, a verdade por trás do espetáculo bizarro foi revelada. Embora parecesse muito com um animal real, tudo não passava de uma instalação artística criada pelo coletivo belga Capitão Boomer. A escultura gigante media 17 metros e simulava o cheiro de uma baleia morta, com todos os seus detalhes, incluindo o sangue. O projeto foi desenvolvido para aumentar a conscientização sobre o impacto provocado pelos seres humanos no meio ambiente, em todas as espécies, incluindo as baleias.

Disponível em: http://exame.abril.com.br. Acesso em: 16 ago. 2017 (adaptado).

38. Essa notícia tem sua relevância informativa estabelecida ao apresentar um fato inesperado relativo ao(à)

(A) excesso de comentários nas redes sociais sobre valores ecológicos e meio ambiente.

(B) presença de um animal marinho encalhado e em decomposição no centro de Paris.

(C) uso de uma instalação artística realista como instrumento de denúncia social.

(D) falta de ações de preservação do meio ambiente no continente europeu.

(E) opção por uma análise sensacionalista de um evento inusitado.

TEXTO I

Participação feminina em projetos submetidos à Fapesp*

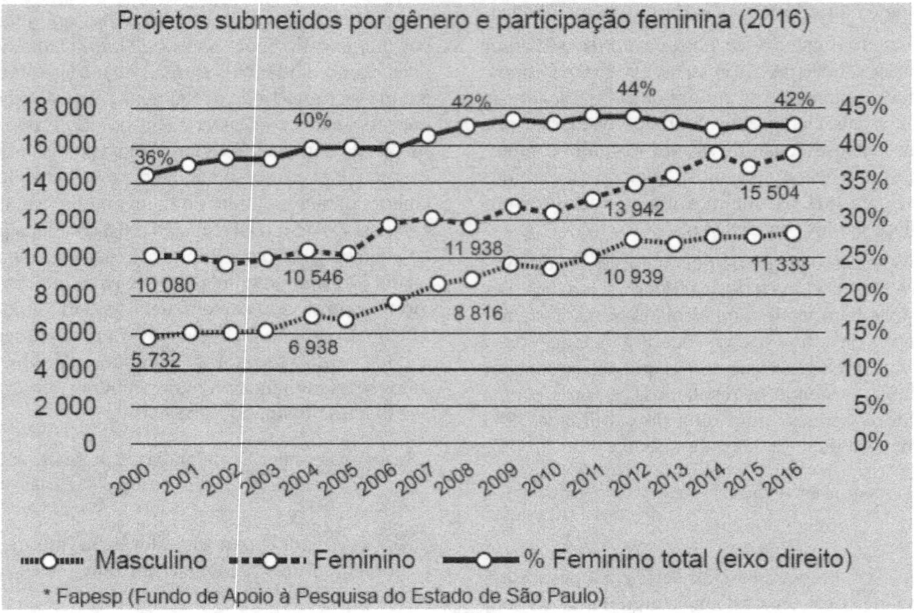

Mulheres na ciência. **Pesquisa Fapesp**, n. 259, set. 2017.

TEXTO II

As ações "Meninas Internacionais no Dia das TIC" são comemoradas todos os anos no mundo todo. O evento tem como objetivo criar um ambiente global que capacita e incentiva mulheres jovens a considerar a área crescente de TIC (Tecnologias de Informação e Comunicação), permitindo que tanto as profissionais quanto as empresas de tecnologia colham os benefícios de uma maior participação feminina nesse setor.

Segundo a União Internacional de Telecomunicações (UIT), atualmente existem cerca de 260 milhões de usuárias de internet a menos na comparação com os homens conectados. E, para reverter esse cenário, o evento busca proporcionar atividades de capacitação, além de discutir assuntos factuais sobre o mercado de trabalho.

Disponível em: www.em.com.br. Acesso em: 21 maio 2018.

39. Em ambos os textos, constata-se que a participação das mulheres nas diferentes áreas de conhecimento

(A) apresenta taxas de crescimento significativas em relação à dos homens.

(B) superou a produção masculina na construção de projetos ao longo dos anos.

(C) vem sendo estimulada por meio de ações educativas em diferentes setores.

(D) tem se transformado, seja pela iniciativa feminina, seja pelo incentivo de organizações.

(E) dobrou em relação à atuação de pesquisadores do outro gênero, no intervalo de 16 anos.

As cartas de amor
deveriam ser fechadas
com a língua.
Beijadas antes de enviadas.
Sopradas. Respiradas.
O esforço do pulmão
capturado pelo envelope,
a letra tremendo
como uma pálpebra.
Não a cola isenta, neutra,
mas a espuma, a gentileza,
a gripe, o contágio.
Porque a saliva
acalma um machucado.
As cartas de amor
deveriam ser abertas
com os dentes.

CARPINEJAR, F. **Como no céu**. Rio de Janeiro: Bertrand Russel, 2005.

40. No texto predomina a função poética da linguagem, pois ele registra uma visão imaginária e singularizada de mundo, construída por meio do trabalho estético da linguagem. A função conativa também contribui para esse trabalho na medida em que o enunciador procura

(A) influenciar o leitor em relação aos sentimentos provocados por uma carta de amor, por meio de opiniões pessoais.
(B) definir com objetividade o sentimento amoroso e a importância das cartas de amor.
(C) alertar para consequências perigosas advindas de mensagens amorosas.
(D) esclarecer como devem ser escritas as mensagens sentimentais nas cartas de amor.
(E) produzir uma visão ficcional do sentimento amoroso presente em cartas de amor.

Leito de folhas verdes

Brilha a lua no céu, brilham estrelas,
Correm perfumes no correr da brisa,
A cujo influxo mágico respira-se
Um quebranto de amor, melhor que a vida!
A flor que desabrocha ao romper d'alva
Um só giro do sol, não mais, vegeta:
Eu sou aquela flor que espero ainda Doce raio do sol que me dê vida.

DIAS, G. **Antologia poética**. Rio de Janeiro: Agir, 1979 (fragmento).

41. Na perspectiva do Romantismo, a representação feminina espelha concepções expressas no poema pela

(A) reprodução de estereótipos sociais e de gênero.
(B) presença de traços marcadores de nacionalidade.
(C) sublimação do desejo por meio da espiritualização.
(D) correlação feita entre estados emocionais e natureza.
(E) mudança de paradigmas relacionados à sensibilidade.

A Associação Internacional das Federações de Atletismo (IAAF) aprovou o aumento da suspensão de dois para quatro anos em casos de atletas flagrados por *doping*. Em sincronia com o próximo Código Mundial Anti*doping*, da Agência Mundial de Doping (WADA), a nova punição entrará em vigor no dia 1° de janeiro de 2015. Até lá, a penalidade continua sendo de dois anos.

Disponível em: http://globoesporte.com. Acesso em: 15 ago. 2013.

42. Com base na decisão da Associação Internacional das Federações de Atletismo, considera-se que as penalidades previstas para esse esporte indicam um(a)

(A) incentivo a novas formas de *doping* por parte dos atletas.
(B) descaso com a performance esportiva das várias modalidades do atletismo.
(C) uso favorável dos produtos da indústria farmacêutica nos torneios oficiais de atletismo.
(D) procedimento prejudicial para a credibilidade da modalidade e do *fair play* nos esportes.
(E) aumento na utilização do *doping* para a melhora na performance dos atletas.

TEXTO I

A dupla Claudinho e Buchecha foi formada por dois amigos de infância que eram vizinhos na comunidade do Salgueiro. Os cantores iniciaram sua carreira artística no início dos anos 1990, cantando em bailes funk de São Gonçalo (RJ), e fizeram muito sucesso com a música *Fico assim sem você*, em 2002. Buchecha trabalhou por um bom tempo como *office boy* e Claudinho atuou como peão de obras e vendedor ambulante.

Disponível em: http://dicionariompb.com.br. Acesso em: 19 abr. 2018 (adaptado).

TEXTO II

Ouvi a canção *Fico assim sem você* no rádio e me apaixonei instantaneamente. Quando isso acontece comigo, não posso fazer nada a não ser trazer a música pra perto de mim e então começar a cantar e tocar sem parar, até que ela se torne minha. A canção caiu como uma luva no repertório do disco e eu contava as horas pra poder gravá-la.

CALCANHOTTO, A. **Fico assim sem você**. Disponível em: www.adrianapartimpim.com.br. Acesso em: 19 abr. 2018 (adaptado).

43. A letra da canção *Fico assim sem você*, que circulava em meios populares, veiculada pela grande mídia, começou a integrar o repertório de crianças cujas famílias tinham o hábito de ouvir o que é conhecido como MPB. O novo público que passou a conhecer e apreciar essa música revela a

(A) legitimação de certas músicas quando interpretadas por artistas de uma parcela específica da sociedade.

(B) admiração pelas composições musicais realizadas por sujeitos com pouca formação acadêmica.

(C) necessidade que músicos consagrados têm de buscar novos repertórios nas periferias.

(D) importância dos meios de comunicação de massa na formação da música brasileira.

(E) função que a indústria fonográfica ocupa em resgatar músicas da periferia.

TEXTO I

Disponível em: http://iasdcentralcampinas.org.br. Acesso em: 5 jun. 2018.

TEXTO II

Disponível em: http://listaloficial.com.br. Acesso em: 5 jun. 2018.

TEXTO III

Analisemos o conceito de saúde formulado na histórica VIII Conferência Nacional de Saúde, no ano de 1986. Também conhecido como "conceito ampliado" de saúde, foi fruto de intensa mobilização, que se estabeleceu em diversos países da América Latina, como resposta à crise dos sistemas públicos de saúde. Recordemos seu enunciado: em sentido amplo, a saúde é resultante das condições de alimentação, habitação, educação, renda, meio ambiente, trabalho, transporte, emprego, lazer, liberdade, acesso e posse da terra e acesso aos serviços de saúde. Sendo assim, é principalmente resultado das formas de organização social, de produção, as quais podem gerar grandes desigualdades nos níveis de vida.

BATISTELLA, C. **Abordagens contemporâneas do conceito de saúde.**

Disponível em: www.epsjv.fiocruz.br. Acesso em: 5 jun. 2018 (adaptado).

44. Com base no conceito ampliado de saúde, podemos interpretar que as imagens dos textos I e II

(A) convidam a pensar sobre o conceito ampliado de saúde.

(B) criticam a relação entre a prática de exercícios e a saúde.

(C) coadunam-se com o conceito de saúde construído na Conferência.

(D) exemplificam a conquista do estado de saúde em um sentido amplo.

(E) reproduzem a relação de causalidade entre fazer exercício e ter saúde.

Seu nome define seu destino. Será?

"O nome próprio da pessoa marca a sua identidade e a sua experiência social e, por isso, é um dado essencial na sua vida", diz Francisco Martins, professor do Instituto de Psicologia da Universidade de Brasília e autor do livro *Nome próprio* (Editora UnB). "Mas não dá para dizer que ele conduz a um destino específico. É você quem constrói a sua identidade. Existe um processo de elaboração, em que você toma posse do nome que lhe foi dado. Então, ele pesa, mas não é decisivo". De acordo com Martins, essa apropriação do nome se dá em várias fases: na infância, quando se desenvolve a identidade sexual; na adolescência, quando a pessoa começa a assinar o nome; no casamento, quando ela adiciona (ou não) o sobrenome do marido ao seu. "O importante é a pessoa tomar posse do nome, e não ficar brigando com ele".

CHAMARY, J. V.; GIL, M. A. **Knowledge**, jul. 2010.

45. Pronomes funcionam nos textos como elementos de coesão referencial, auxiliando a manutenção do tema abordado. No trecho da reportagem, o vocábulo "nome" é retomado pelo pronome destacado em

(A) "**Seu** nome define seu destino".
(B) "É você quem constrói a **sua** identidade".
(C) "Existe um processo de elaboração, em **que** você toma posse do nome [...]".
(D) "[...] você toma posse do nome que **lhe** foi dado".
(E) "[...] não ficar brigando com **ele**".

Tu é um termo que não figura muito bem nos desenvolvimentos modernos e contemporâneos da ética e da política. Com efeito, muitos movimentos revolucionários (que variam do comunismo tradicional ao feminismo da irmandade) parecem compartilhar de um código linguístico curioso baseado na moral intrínseca dos pronomes. O *nós* é sempre positivo, o *vós* é um aliado possível, o *eles* tem o rosto de um antagonista, o *eu* é impróprio, e o *tu* é, obviamente, supérfluo.

CAVARERO, A. Relating Narratives *apud* BUTLER, J. **Relatar a si mesmo**. Belo Horizonte: Autêntica, 2015 (adaptado).

46. Um dos principais problemas morais da contemporaneidade, conforme mencionado no texto, reside na dificuldade em

(A) construir o diálogo coletivo.
(B) demarcar a presença do ego.
(C) viabilizar a afetividade pessoal.
(D) reconhecer a alteridade singular.
(E) ultrapassar a experiência intersubjetiva.

A soja é a cultura agrícola brasileira que mais cresceu nas últimas três décadas e corresponde a 49% da área plantada em grãos do país. O aumento da produtividade está associado aos avanços tecnológicos, ao manejo e à eficiência dos produtores. O grão é componente essencial na fabricação de rações animais e, com uso crescente na alimentação humana, encontra-se em franco crescimento.

Disponível em: www.agricultura.gov.br. Acesso em: 2 ago. 2012.

47. Uma causa para o crescimento, no Brasil, da produção agrícola especificada no texto é o(a)

(A) ampliação da qualidade de vida no campo.
(B) priorização do crédito ao pequeno produtor.
(C) aumento do emprego de mão de obra informal.
(D) aplicação de leis que viabilizam a distribuição de terras.
(E) desenvolvimento de métodos que incrementam o cultivo

As canções dos escravos tornaram-se espetáculos em eventos sociais e religiosos organizados pelos senhores e chegaram a ser cantadas e representadas, ao longo do século XIX, de forma estereotipada e depreciativa, pelos *blackfaces* dos Estados Unidos e Cuba, e pelos teatros de revista do Brasil. As canções escravas, sob a forma de *cakewalks* ou lundus, despontavam frequentemente no promissor mercado de partituras musicais, nos salões, nos teatros e até mesmo na nascente indústria fonográfica — mas não necessariamente seus protagonistas negros. O mundo do entretenimento e dos empresários musicais atlânticos produziu atraentes diversões dançantes com base em gêneros e ritmos identificados com a população negra das Américas.

ABREU, M. O legado das canções escravas nos Estados Unidos e no Brasil: diálogos musicais no pós-abolição. **Revista Brasileira de História**, n. 69, jan.-jun. 2015.

48. A absorção de elementos da vivência escrava pela nascente indústria do lazer, como demonstrada no texto, caracteriza-se como

(A) ação afirmativa.
(B) missão civilizatória.
(C) desobediência civil.
(D) apropriação cultural.
(E) comportamento xenofóbico.

Grileiro de terra

O jagunço falou com o caboclo
Conversando na sua varanda
Meu patrão vai tomar suas terras
Tá cercado por todas as bandas
Acho bom sair quanto antes
Pegue a sua família e se manda
Porque saibas que um mal acordo
É melhor do que boa demanda

TAVIANO & TAVARES. Disponível em: www.kboing.com.br.Acesso em: 16 abr. 2015 (fragmento).

49. A situação de conflito descrita é característica de espaços rurais onde ocorre o processo de

(A) formação de sistema de parceria.
(B) homologação de reservas extrativistas.
(C) falsificação de títulos de propriedades.
(D) terceirização de mão de obra empregada.
(E) desagregação de organizações cooperativistas.

Sem dúvida, os sons da voz (*phone*) exprimem a dor e o prazer; também a encontramos nos animais em geral; sua natureza lhes permite somente sentir a dor e o prazer e manifestar-lhes entre si. Mas o *lógos* é feito para exprimir o justo e o injusto. Este é o caráter distintivo do homem face a todos os outros animais: só ele percebe o bem e o mal, o justo e o injusto, e os outros valores; é a posse comum desses valores que faz a família e a cidade.

ARISTÓTELES. **A política**. São Paulo: Nova Cultural, 1987 (adaptado).

50. Para o autor, a característica que define o ser humano é o *lógos*, que consiste na

(A) evolução espiritual da alma.
(B) apreensão gradual da verdade.
(C) segurança material do indivíduo.
(D) capacidade racional de discernir.
(E) possibilidade eventual de transcender.

Por força da industrialização da cultura, desde o começo do filme já se sabe como ele termina, quem é recompensado e, ao escutar a música, o ouvido treinado é perfeitamente capaz, desde os primeiros compassos, de adivinhar o desenvolvimento do tema e sente-se feliz quando ele tem lugar como previsto.

ADORNO, T. W.; HORKHEIMER, M. **Dialética do esclarecimento**: fragmentos filosóficos. Rio de Janeiro: Jorge Zahar, 2009.

51. A crítica ao tipo de criação mencionada no texto teve como alvo, no campo da arte, a

(A) burocratização do processo de difusão.
(B) valorização da representação abstrata.
(C) padronização das técnicas de composição.
(D) sofisticação dos equipamentos disponíveis.
(E) ampliação dos campos de experimentação.

Se os filósofos não forem reis nas cidades ou se os que hoje são chamados reis e soberanos não forem filósofos genuínos e capazes e se, numa mesma pessoa, não coincidirem poder político e filosofia e não for barrada agora, sob coerção, a caminhada das diversas naturezas que, em separado buscam uma dessas duas metas, não é possível, caro Glaucon, que haja para as cidades uma trégua de males e, penso, nem para o gênero humano.

PLATÃO. **A República**. São Paulo: Martins Fontes, 2014

52. A tese apresentada pressupõe a necessidade do conhecimento verdadeiro para a

(A) superação de entraves dialógicos.
(B) organização de uma sociedade justa.
(C) formação de um saber enciclopédico.
(D) promoção da igualdade dos cidadãos.
(E) consolidação de uma democracia direta.

Esse processo concentra a população de renda mais elevada e maior poder político em áreas mais centrais e privilegiadas em termos de empregos, infraestrutura básica e serviços sociais. Ao mesmo tempo, redistribui a população menos favorecida quanto a esses aspectos, constituindo uma ocupação periférica que se estende até os municípios limítrofes. Neles, as condições de acesso às áreas mais centrais são agravadas pelas grandes distâncias e pelas dificuldades relacionadas à eficiência do sistema de transporte.

CAIADO, M. C. S. Deslocamentos intraurbanos e estruturação socioespacial na metrópole brasiliense. **São Paulo em Perspectiva**, n. 4, out.-dez. 2005.

53. O texto caracteriza um estágio do processo de urbanização marcado pela

(A) segregação socioespacial.
(B) emancipação territorial.
(C) conurbação planejada.
(D) metropolização tardia.
(E) expansão vertical.

Aquilo que é quente necessita de umidade para viver, e o que é morto seca, e todos os germes são úmidos, e todo alimento é cheio de suco; ora, é natural que cada coisa se nutra daquilo de que provém.

SIMPLÍCIO. In: BORNHEIM, G. A. **Os filósofos pré-socráticos**. São Paulo: Cultrix, 1993.

54. O fragmento atribuído ao filósofo Tales de Mileto é característico do pensamento pré-socrático ao apresentar uma

(A) abordagem epistemológica sobre o *lógos* e a fundamentação da metafísica.
(B) teoria crítica sobre a essência e o método do conhecimento científico.
(C) justificação religiosa sobre a existência e as contradições humanas.
(D) elaboração poética sobre os mitos e as narrativas cosmogônicas.
(E) explicação racional sobre a origem e a transformação da *physis*.

Posturas e concepções presentes nos movimentos religiosos, como a ideia de que existem povos escolhidos e abençoados por Deus, passariam a povoar o imaginário coletivo da nação que se acreditava eleita para um destino glorioso. A fé nas instituições livres e democráticas também se intensificava. A partir disso, desenvolveu-se a ideia de "destino manifesto": seria uma missão espalhar a concepção de sociedade norte-americana para as regiões vistas como carentes e necessitadas de ajuda.

KARNAL, L. *et al.* **História dos Estados Unidos**: das origens ao século XXI. São Paulo: Contexto, 2013.

55. O projeto de posicionamento geopolítico exposto no texto fundamentava-se na articulação entre

(A) fomento à expansão territorial e avanço da acumulação capitalista.
(B) apelo a lideranças carismáticas e adoção de diplomacia isolacionista.
(C) privatização da instrução pública e ampliação do ensino confessional.
(D) construção do monolitismo partidário e abandono do legislativo bicameral.
(E) contenção da indústria de defesa e promoção do internacionalismo pacifista.

A produtividade ecológica articula-se com uma produtividade tecnológica, porque não se deve renunciar a todas as possibilidades da ciência e da técnica, e sim reencaminhar muitas delas para a construção desse novo paradigma produtivo. Essa construção social, porém, não pode ser guiada por um planejamento centralizado da tecnologia normatizada pela ecologia. A alma dessa nova economia humana são os valores culturais. Cada cultura dá significado a seus conhecimentos, a sua natureza, recriando-a e abrindo o fluxo de possibilidades de coevolução, articulando o pensamento humano com o potencial da natureza.

LEFF, E. **Discursos sustentáveis**. São Paulo: Cortez, 2010 (adaptado).

56. O paradigma produtivo apresentado no texto tem como base a harmonização entre tecnologia e ecologia e propõe uma sustentabilidade pautada no(a)

(A) ideia de natureza intocada.
(B) lógica de mercado internacional.
(C) respeito ao saber local comunitário.
(D) desenvolvimento de cultivos orgânicos.
(E) retorno às práticas agrícolas arcaicas.

Na primeira meditação, eu exponho as razões pelas quais nós podemos duvidar de todas as coisas e, particularmente das coisas materiais, pelo menos enquanto não tivermos outros fundamentos nas ciências além dos que tivemos até o presente. Na segunda meditação, o espírito reconhece entretanto que é absolutamente impossível que ele mesmo, o espírito, não exista.

DESCARTES, R. **Meditações metafísicas**. São Paulo: Abril Cultural, 1973 (adaptado).

57. O instrumento intelectual empregado por Descartes para analisar os seus próprios pensamentos tem como objetivo

(A) identificar um ponto de partida para a consolidação de um conhecimento seguro.
(B) observar os eventos particulares para a formação de um entendimento universal.
(C) analisar as necessidades humanas para a construção de um saber empírico.

(D) estabelecer uma base cognitiva para assegurar a valorização da memória.

(E) investigar totalidades estruturadas para dotá-las de significação.

Ordena-se pela autoridade do Parlamento, que ninguém leve, ou faça levar, para fora deste reino ou Gales, ou qualquer parte do mesmo, qualquer forma de dinheiro da moeda desse reino, ou de dinheiro e moedas de outros reinos, terras ou senhorias, nem bandejas, vasilhas, barras ou joias de ouro guarnecidas ou não, ou de prata, sem a licença do rei.

HUBERMAN, L. **História da riqueza do homem**. Rio de Janeiro: Zahar, 1978.

58. A temática exposta no texto, referente à Inglaterra dos séculos XVI e XVII, caracteriza uma associação entre

(A) determinação de regras protecionistas e fortalecimento das instituições monárquicas.

(B) racionalização da empresa colonial e reconhecimento dos particularismos regionais.

(C) demarcação de fronteiras comerciais e descentralização dos poderes políticos.

(D) expansão das atividades extrativas e questionamento da investidura divina.

(E) difusão de práticas artesanais e aumento do controle do legislativo.

Mapa da Alemanha em 1945

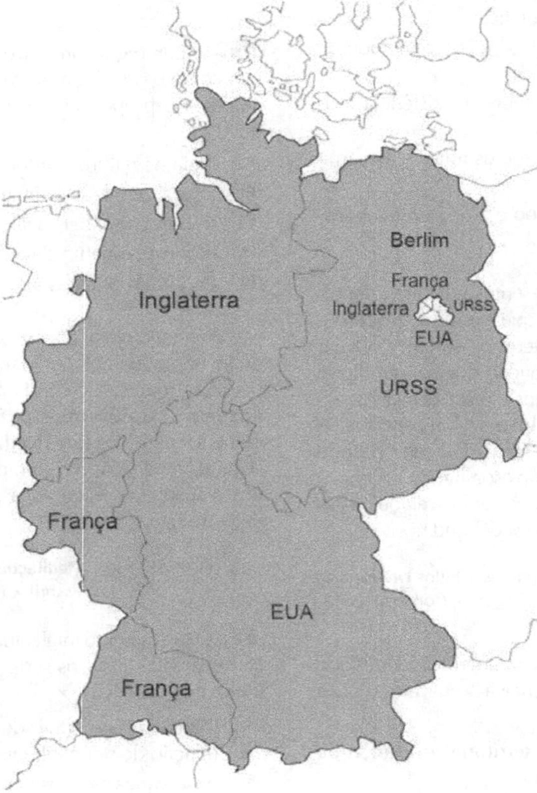

RODRIGUES, R. C. A.; SANTANA, F. T. M.; ERTHAL, L. **Aprendendo com filmes**. Rio de Janeiro: Faperj; Lamparina, 2012 (adaptado).

59. A divisão representada do território alemão refletia um contexto geoestratégico de busca por

(A) espólio de guerra.
(B) áreas de influência.
(C) rotas de navegação.
(D) controle do petróleo.
(E) monopólio do comércio.

Uma sombra pairava sobre as tão esperadas descobertas auríferas: a multidão de aventureiros que se espalhara por serras e grotões mostrava-se criminosa e desobediente aos ditames da Coroa ou da Igreja. Carregavam consigo tantos escravos que o preço da mão de obra começara a aumentar na Bahia, Pernambuco e Rio de Janeiro. Ao fim de dez anos, a tensão entre paulistas e forasteiros, entre autoridades e mineradores, só fazia aumentar.

DEL PRIORE, M.; VENÂNCIO, R. **Uma breve história do Brasil**. São Paulo: Planeta, 2010.

60. No contexto abordado, do início do século XVIII, a medida tomada pela Coroa lusitana visando garantir a ordem na região foi a

(A) regulamentação da exploração do trabalho.
(B) proibição da fixação de comerciantes.
(C) fundação de núcleos de povoamento.
(D) revogação da concessão de lavras.
(E) criação das intendências das minas.

A originalidade do Absolutismo português talvez esteja no fato de ter sido o regime político europeu que melhor sintetizou a ideia do patrimonialismo estatal: os recursos materiais da nação se confundindo com os bens pessoais do monarca.

LOPES, M. A. **O Absolutismo**: política e sociedade na Europa moderna. São Paulo: Brasiliense, 1996 (adaptado).

61. Na colonização do Brasil, o patrimonialismo da Coroa portuguesa ficou evidente

(A) nas capitanias hereditárias.
(B) na catequização indígena.
(C) no sistema de *plantation*.
(D) nas reduções jesuítas.
(E) no tráfico de escravos.

Gifford Pinchot, engenheiro florestal treinado na Alemanha, criou o movimento de conservação dos recursos, apregoando o seu uso racional. Na verdade, Pinchot agia dentro de um contexto de transformação da natureza em mercadoria. Na sua concepção, a natureza é frequentemente lenta e os processos de manejo podem torná-la eficiente; acreditava que a conservação deveria basear-se em três princípios: o uso dos recursos naturais pela geração presente, a prevenção de desperdício e o uso dos recursos naturais para benefício da maioria dos cidadãos.

DIEGUES, A. C. S. **O mito moderno da natureza intocada**. São Paulo: Hucitec; Edusp, 2000.

62. A atual concepção de desenvolvimento sustentável diferencia-se da proposta de Gifford Pinchot, do fim do século XIX, pelo foco na

(A) precificação das riquezas naturais.
(B) desconstrução dos saberes tradicionais.
(C) valorização das necessidades futuras.
(D) contenção do crescimento econômico.
(E) oposição dos ideais preservacionistas.

A agenda escolar 2008 convida os alunos das escolas municipais do Recife à leitura mensal de trechos de poemas dos 12 artistas agraciados com estátuas desde 2005. Dessa maneira, esses alunos tiveram acesso, em cada mês do ano, a informações sobre as personalidades retratadas no papel e no espaço público, lendo e discutindo seus versos e visitando as esculturas instaladas estrategicamente no centro da cidade. Trata-se, em suma, de uma pedagogia do espaço público que repousa no reconhecimento de personalidades e lugares simbólicos para a cidade. De acordo com a prefeitura, o itinerário poético seria uma maneira de fazer reconhecer talentos que embelezam os postais recifenses, além de estreitar laços do cidadão com a cultura.

MACIEL, C. A. A.; BARBOSA, D. T. Democracia, espaços públicos e imagens simbólicas da cidade do Recife. In: CASTRO, I. E.; RODRIGUES, J. N.; RIBEIRO, R. W. (Org.). **Espaços da democracia**. Rio de Janeiro: Bertrand Brasil, 2013 (adaptado).

63. No texto, está descrita uma ação do poder público que coloca a paisagem como um fator capaz de contribuir para a

(A) inclusão das minorias reprimidas.
(B) consolidação dos direitos políticos.
(C) redução de desigualdades de renda.

(D) construção do sentimento de pertencimento.
(E) promoção do crescimento da economia.

Na América Latina, cerca de 40 milhões de pessoas, ou seja, 7% da população, não possuem água segura para o consumo humano, enquanto mais de 6% da população da região ainda praticam a defecação ao ar livre, com graves consequências sociais e ambientais. Essa problemática é mais frequente e mais complexa, como seria de se esperar, nas áreas semiáridas e desérticas, mas também se faz presente em regiões mais favorecidas em termos hidrológicos: a relação entre a disponibilidade natural de água e a satisfação das necessidades vitais da população não é de maneira alguma mecânica ou direta.

CASTRO, J. E.; HELLER, L.; MORAIS, M. P. **O direito à água como política pública na América Latina**: uma exploração teórica e empírica. Brasília: Ipea, 2015 (adaptado).

64. A política pública capaz de solucionar o problema apresentado é:

(A) Subsidiar a saúde privada.
(B) Tratar os efluentes industriais.
(C) Proteger os mananciais de rios.
(D) Promover a oferta de empregos.
(E) Democratizar o saneamento básico.

A sociedade burguesa moderna, que brotou das ruínas da sociedade feudal, não aboliu os antagonismos de classes. Não fez senão substituir velhas classes, velhas condições de opressão, velhas formas de luta por outras novas. Entretanto, a nossa época, a época da burguesia, caracteriza-se por ter simplificado os antagonismos de classes.

MARX, K.; ENGELS, F. **O manifesto comunista**. São Paulo: Paz e Terra, 1998.

65. Na perspectiva dos autores, os antagonismos entre as classes sociais no capitalismo decorrem da separação entre aqueles que detêm os meios de produção e aqueles que

(A) vendem a força de trabalho.
(B) exercem a atividade comercial.
(C) possuem os títulos de nobreza.
(D) controlam a propriedade da terra.
(E) monopolizam o mercado financeiro.

A erosão laminar tem origem na desagregação e movimentação de pequenas partículas do solo causadas pela ação da água. Para evitá-la, deve-se eliminar o desprendimento causado pelas gotas das chuvas que golpeiam o terreno.

ROCHA, J. S. M. Educação ambiental técnica para os ensinos fundamental, médio e superior. Santa Maria: Imprensa Universitária, 1999 (adaptado).

66. O processo erosivo descrito no texto é minimizado pela

(A) inserção de pecuária extensiva.
(B) manutenção da cobertura vegetal.
(C) alteração da declividade do relevo.
(D) construção de barreiras de contenção.
(E) instalação de medidores pluviométricos.

Há outras razões fortes para promover a participação da população em eleições. Grande parte dela, particularmente os mais pobres, esteve sempre alijada do processo eleitoral no Brasil, não somente nos períodos ditatoriais, mas também nos democráticos. Na eleição de 1933, por exemplo, apenas 3,3% da população do país votaram. Em 1945, com a volta da democracia, foram parcos 13,4%. Em 1962, só 20% dos brasileiros foram às urnas.

KERCHE, F.; FERES JR., J. Um nobre dever. Revista de História da Biblioteca Nacional, n. 109, out. 2014.

67. O baixo índice de participação popular em eleições nos períodos mencionados ocorria em função da

(A) adoção do voto facultativo.
(B) exclusão do sufrágio feminino.
(C) interdição das pessoas analfabetas.
(D) exigência da comprovação de renda.
(E) influência dos interesses das oligarquias.

Nas cidades, os agentes sociais que se rebelavam contra o arbítrio do governo também eram proprietários de escravos. Levavam seu protesto às autoridades policiais pelo recrutamento sem permissão. Conseguimos levantar, em ocorrências policiais de 1867, na Província do Rio de Janeiro, 140 casos de escravos aprisionados e remetidos à Corte para serem enviados aos campos de batalha.

SOUSA, J. P. Escravidão ou morte: os escravos brasileiros na Guerra do Paraguai. Rio de Janeiro: Mauad; Adesa, 1996.

68. Desconstruindo o mito dos "voluntários da pátria", o texto destaca o descontentamento com a mobilização para a Guerra do Paraguai expresso pelo grupo dos

(A) pais, pela separação forçada dos filhos.
(B) cativos, pelo envio compulsório ao conflito.
(C) religiosos, pela diminuição da frequência aos cultos.
(D) oficiais, pelo despreparo militar dos novos recrutas.
(E) senhores, pela perda do investimento em mão de obra.

O horário brasileiro de verão consiste em adiantar em uma hora a hora legal (oficial) de determinados estados. Ele é adotado por iniciativa do Poder Executivo com vistas a limitar a máxima carga a que o sistema fica sujeito no período do ano de maior consumo, aumentando, assim, sua confiabilidade, constituída pelas linhas de transmissão e pelas usinas que atendem as regiões Sul, Sudeste, Centro-Oeste e parte da Região Norte.

Disponível em: www12.senado.gov.br. Acesso em: 29 jun. 2015 (adaptado).

69. A ação governamental descrita é possibilitada por meio da seguinte estratégia:

(A) Redução do valor das contas de luz.
(B) Estímulo à geração de energia limpa.
(C) Diminuição de produção da matriz hidrelétrica.
(D) Distribuição da eletricidade de modo equitativo.
(E) Aproveitamento do fotoperíodo de forma estendida.

Ao longo de uma evolução iniciada nos meados do século XIV, o tráfico lusitano se desenvolve na periferia da economia metropolitana e das trocas africanas. Em seguida, o negócio se apresenta como uma fonte de receita para a Coroa e responde à demanda escravista de outras regiões europeias. Por fim, os africanos são usados para consolidar a produção ultramarina.

ALENCASTRO, L. F. **O trato dos viventes**. São Paulo: Cia. das Letras, 2000 (adaptado).

70. A atividade econômica destacada no texto é um dos elementos do processo que levou o reino português a

(A) utilizar o clero jesuíta para garantir a manutenção da emancipação indígena.
(B) dinamizar o setor fabril para absorver os lucros dos investimentos senhoriais.
(C) aceitar a tutela papal para reivindicar a exclusividade das rotas transoceânicas.
(D) fortalecer os estabelecimentos bancários para financiar a expansão da exploração mineradora.
(E) implementar a agromanufatura açucareira para viabilizar a continuidade da empreitada colonial.

No Brasil, após a eclosão da Bossa Nova, no fim dos anos 1950 — quando efetivamente a canção popular começou a ser objeto de debate e análise por parte das elites culturais — desenvolveram-se duas principais vertentes interpretativas da nossa música: a vertente da tradição e a vertente da modernidade, dualismo que não surgiu nesta época e nem se restringe ao tema da produção musical. Desde pelo menos 1922, a tensão entre "tradicional" e "moderno" ocupa o centro do debate político-cultural no país, refletindo o dilema de uma elite em busca da identidade brasileira.

ARAÚJO, P. C. **Eu não sou cachorro, não**. Rio de Janeiro: Record, 2013.

71. A manifestação cultural que, a partir da década de 1960, pretendeu sintetizar o dualismo apresentado no texto foi:

(A) Jovem Guarda, releitura do rock anglófono com letras em português.
(B) Samba-canção, combinação de ritmos africanos com tons de boleros.
(C) Tropicália, junção da música pop internacional com ritmos nacionais.
(D) Brega, amostra do dia a dia dos setores populares com temas românticos.
(E) Cancioneiro caipira, retrato do cotidiano do homem do campo com melodias tristes.

Na Mesopotâmia, os frutos da civilização foram partilhados entre diversas cidades-estados e, no interior delas, entre vários grupos sociais, se bem que desigualmente. No Egito dos faraós, os frutos em questão concentraram-se quase somente na Corte real e, secundariamente, nos centros regionais de poder. Se na Mesopotâmia o comércio cedo começou a servir também à acumulação de riquezas privadas, no Egito as trocas importantes permaneceram por mais tempo sob controle do Estado.

CARDOSO, C. F. **Sociedades do antigo Oriente Próximo**. São Paulo: Ática, 1986 (adaptado).

72. Um fator sociopolítico que caracterizava a organização estatal egípcia no contexto mencionado está indicado no(a)

(A) atrofiamento da casta militar.
(B) instituição de assembleias locais.
(C) eleição dos conselhos provinciais.
(D) fortalecimento do aparato burocrático.
(E) esgotamento do fundamento teocrático.

A humanidade, a humanidade do homem, ainda é um conceito completamente novo para o filósofo que não cochila em pé. A velha questão do próprio homem continua por ser inteiramente reelaborada, não apenas em relação às ciências do vivo, não apenas em relação ao que se nomeia com essa palavra geral, homogênea e confusa, o animal, mas em relação a todos os traços que a metafísica reservou ao homem e que nenhum deles resiste à análise.

DERRIDA, J. **Papel-máquina**. São Paulo: Estação Liberdade, 2004.

73. No trecho, caracteriza-se o seguinte tema fundamental do pensamento filosófico contemporâneo:

(A) Crise do sujeito.
(B) Relativismo ético.
(C) Virada linguística.
(D) Teoria da referência.
(E) Crítica à tecnociência.

No início do século XVI, as relíquias continuavam protegendo edifícios e cidades, promovendo curas milagrosas, sendo levadas em solenes procissões pelas ruas, sacralizando altares de igrejas por toda a Europa, em uma notável continuidade em relação ao papel que haviam desempenhado havia mais de mil anos no continente. Mas, em meados daquele século, essa situação tinha se transformado. O culto às relíquias foi fortemente repudiado pelos reformadores protestantes, que pregavam uma igreja invisível.

CYMBALISTA, R. Relíquias sagradas e a construção do território cristão na Idade Moderna. **Anais do Museu Paulista**, n. 2, jul.-dez. 2006.

74. A nova abordagem sobre a prática indicada no texto fundamentava-se no(a)

(A) abandono de objetos mediadores.
(B) instituição do ascetismo monástico.
(C) desprezo do proselitismo religioso.
(D) revalorização dos ritos sacramentais.
(E) consagração de preceitos populares.

SOUSA, M. Disponível em: www.turmadamonica.com.br. Acesso em: 16 abr. 2015.

75. A ironia expressa na tirinha representa uma crítica à seguinte relação entre sociedade e natureza:

(A) Perseguição étnica indígena.
(B) Crescimento econômico predatório.
(C) Modificação de práticas colonizadoras.
(D) Comprometimento de jazidas minerais.
(E) Desenvolvimento de reservas extrativistas.

Doze mil quilômetros separam Acra, a capital de Gana, do Vale do Silício, Califórnia, Estados Unidos, centro da revolução tecnológica do século XXI. Há, no entanto, outra distância maior do que a geográfica. Acra e o Vale do Silício estão no extremo de um ciclo de vida. Computadores, tablets e celulares nascem da cabeça de nerds sob o sol californiano e morrem e são descompostos no distrito de Agbogbloshie, periferia africana.

LOPES, K. **O lixão pontocom da África**. Disponível em: www.cartacapital.com.br. Acesso em: 10 abr. 2015.

76. A situação descrita é um exemplo de um modelo de desenvolvimento tecnológico que revela um processo de

(A) diminuição de empregos formais na área de reciclagem.
(B) redução do consumo consciente entre as nações envolvidas.
(C) negligenciamento da logística reversa por esse setor industrial.
(D) desmantelamento das propostas de tratamento dos resíduos sólidos.
(E) desestruturação dos serviços de assistência técnica em países emergentes.

A pirâmide de formato triangular da década de 1970 foi dando lugar a uma pirâmide mais retangular de base mais estreita e topo mais largo. Em 1991, a população de 0 a 14 anos correspondia a 34,7% da população brasileira, tendo passado para 24,1% em 2010. A população em idade ativa, entre 15 e 59 anos, por sua vez, passou de 58,0% a 65,1% no mesmo período.

IBGE. **Brasil em números**. Rio de Janeiro: IBGE, 2014.

77. As alterações no perfil demográfico brasileiro, descritas no texto, trouxeram como consequência socioeconômica o(a)

(A) aumento da mortalidade infantil.
(B) crescimento das desigualdades regionais.
(C) redução dos gastos na educação superior.
(D) restrição no atendimento público hospitalar.
(E) expansão na demanda por ocupações laborais.

No fim da década de 1950, a agricultura intensiva começou a ser disseminada nos países em desenvolvimento. Esse fato marcou o início da Revolução Verde — um período de 30 anos de grandes colheitas que permitiram a muitos países pobres tornarem-se autossuficientes em alimentos. Com esse incrível aumento na produção, observado especialmente nos países da América Latina, veio uma crescente dependência dos produtos químicos agrícolas — e também problemas ecológicos em escala global. No Brasil, os resultados dessa revolução são visíveis e colocaram o país entre os mais importantes da agropecuária mundial.

BURNIE, D. **Fique por dentro da ecologia**. São Paulo: Cosac & Naify, 2001 (adaptado).

78. A expansão da capacidade produtiva brasileira, no contexto indicado, também resultou em

(A) queda nos níveis de contaminação do solo.
(B) retomada das técnicas tradicionais de plantio.
(C) desvalorização financeira das propriedades rurais.
(D) inibição do fluxo migratório campo-cidade.
(E) crescimento da demanda por trabalhadores qualificados.

TEXTO I

A intervenção da Rússia na crise no Leste da Ucrânia reacendeu a tensão entre os aliados da Otan e Moscou. Os EUA informaram que pretendem instalar armamento pesado no Leste da Europa, plano criticado pelo governo russo. Em resposta, a Rússia anunciou o reforço de seu arsenal nuclear, novos mísseis balísticos intercontinentais, descritos como "capazes de superar sistemas de defesa mais avançados".

STEWART, P. Disponível em: http://noticias.uol.com.br. Acesso em: 26 jun. 2015 (adaptado).

TEXTO II

Os Estados Unidos e seus aliados não vão deixar a Rússia "nos arrastar de volta ao passado", disse o secretário de Defesa dos Estados Unidos em um discurso em Berlim, dia 22 de junho de 2015, quando acusou o governo russo de tentar recriar uma esfera de influência da era soviética.

Disponível em: http://oglobo.globo.com. Acesso em: 26 jun. 2015 (adaptado).

79. Que tema da geopolítica da segunda metade do século XX é o fundamento histórico da referência feita ao passado?

(A) Livre comércio.
(B) Luta antiditatorial.

(C) Corrida armamentista.
(D) Conservação ambiental.
(E) Terrorismo internacional.

Em Goiás e Mato Grosso, as modificações dependeram fundamentalmente de novos manejos aplicados às terras. Acima de tudo, porém, o desenvolvimento regional deveu-se a uma articulada transformação dos meios urbanos e rurais, a serviço da produção tanto de alimentos básicos, como o arroz, por exemplo, quanto de grãos para consumo interno e exportação, como a soja.

AB'SABER, A. N. **Os domínios de natureza no Brasil**: potencialidades paisagísticas. São Paulo: Ateliê, 2003.

80. A realidade descrita no texto se estabelece sobre qual domínio morfoclimático?

(A) Pradaria.
(B) Cerrado.
(C) Caatinga.
(D) Araucária.
(E) Atlântico.

Uma civilização é a entidade cultural mais ampla. As aldeias, as regiões, as etnias, as nacionalidades, os segmentos religiosos, todos têm culturas distintas em diferentes níveis de heterogeneidade cultural. A cultura de um vilarejo no sul da Itália pode ser diferente da de um vilarejo no norte da Itália, mas ambos compartilharam uma cultura italiana comum que os distingue de vilarejos alemães. As comunidades europeias, por sua vez, compartilharão aspectos culturais que as distinguem das comunidades chinesas ou hindus.

HUNTINGTON, S. P. **O choque de civilizações**. Rio de Janeiro: Objetiva,1997.

81. De acordo com esse entendimento, a civilização é uma construção cultural que se baseia na

(A) atemporalidade dos valores universais.
(B) globalização do mundo contemporâneo.
(C) fragmentação das ações políticas.
(D) centralização do poder estatal.
(E) identidade dos grupos sociais.

É certo que também o animal produz. Constrói para si um ninho, casas, como as abelhas, os castores, as formigas etc. Mas produz unicamente o que necessita imediatamente para si ou sua prole; produz unicamente por força de uma necessidade física imediata, enquanto o homem produz inclusive livre da necessidade física e só produz realmente liberado dela; o animal produz somente a si mesmo, enquanto o homem reproduz para natureza inteira.

QUINTANEIRO, T.; BARBOSA, M. L. O.; OLIVEIRA, M. G. **Um toque de clássicos:** Durkheim, Marx e Weber. Belo Horizonte: UFMG, 2002 (adaptado).

82. Na perspectiva do texto, o trabalho humano se diferencia da produção de outros animais em razão da

(A) presença de atividade criativa.
(B) realização de práticas imitativas.
(C) busca de sobrevivência individual.
(D) modificação de paisagens naturais.
(E) existência de organização coletiva.

Tal fenômeno não pode ser reduzido a alguns núcleos urbanos no topo da hierarquia. É um processo que conecta serviços avançados, centros produtores e mercados em rede com intensidade diferente e em diferente escala, dependendo da relativa importância das atividades localizadas em cada área face à rede mundial.

CASTELLS, M. **A sociedade em rede**. São Paulo: Paz e Terra, 2000 (adaptado).

83. A estrutura descrita depende da ocorrência da seguinte característica espacial:

(A) Extensão da malha ferroviária.
(B) Presença de centros de pesquisa.
(C) Geração de energias renováveis.
(D) Automação das unidades produtivas.
(E) Qualidade do sistema de telecomunicações.

Cientistas do país estudam interação entre a Antártica e a Amazônia

É difícil imaginar que a Antártica possa interferir no clima de um país tropical como o Brasil, mas a verdade é que o continente gelado influencia e é influenciado especialmente pelo que acontece na América do Sul, inclusive na Amazônia, causando secas na região e recebendo a poluição gerada ali.

Disponível em: http://g1.globo.com. Acesso em: 8 dez. 2017 (adaptado).

84. As interações citadas são efeito de um processo atmosférico marcado por

(A) equidade entre índices de refletividade superficial.
(B) bloqueios de elevadas barreiras orográficas.
(C) preponderância de correntes marinhas frias.
(D) fluxos entre faixas de latitudes distintas.
(E) alternância da pressão do ar equatorial.

A Inglaterra não só os produzia em condições técnicas mais avançadas do que o resto dos países, como os transportava e distribuía. Tinha, pois, necessidades de mercados, e foi por isso que se esforçou, naquela etapa de sua história, para criá-los e desenvolvê-los. O Tratado de Methuen em 1703 estabelecia a compra dos tecidos ingleses por parte de Portugal, enquanto a Inglaterra se comprometia a adquirir a produção vinícola dos lusitanos.

SODRÉ, N. W. **As razões da independência**. Rio de Janeiro: Civilização Brasileira, 1969 (adaptado).

85. No contexto político-econômico da época, esse tratado teve como consequência para os britânicos a

(A) aplicação de práticas liberais.
(B) estagnação de superávit mercantil.
(C) obtenção de privilégios comerciais.
(D) promoção de equidade alfandegária.
(E) equiparação de reservas monetárias.

Com a retração do binômio taylorismo/fordismo, vem ocorrendo uma redução do proletariado industrial, fabril, tradicional, manual, estável e especializado, herdeiro da era da indústria verticalizada do tipo taylorista e fordista. Esse proletariado vem diminuindo com a reestruturação produtiva do capital, dando lugar a formas mais desregulamentadas de trabalho, reduzindo fortemente o conjunto de trabalhadores estáveis por meio de empregos formais.

ANTUNES, R. **O caracol e sua concha**: ensaio sobre a nova morfologia do trabalho. São Paulo: Boitempo, 2005.

86. Uma nova característica dos trabalhadores requerida pelas mudanças apresentadas no texto é o(a)

(A) formação em nível superior.
(B) registro em organização sindical.
(C) experiência profissional comprovada.
(D) flexibilidade no exercício da ocupação.
(E) obediência às normas de segurança laboral.

Em escala, o negro é o negro retinto, o mulato já é o pardo e como tal meio branco, e se a pele é um pouco mais clara, já passa a incorporar a comunidade branca. A forma desse racismo no Brasil decorre de uma situação em que a mestiçagem não é punida, mas louvada. Com efeito, as uniões inter-raciais, aqui, nunca foram tidas como crime ou pecado. Nós surgimos, efetivamente, do cruzamento de uns poucos brancos com multidões de mulheres índias e negras.

RIBEIRO, D. **O povo brasileiro**: formação e sentido do Brasil. São Paulo: Cia. das Letras, 2004 (adaptado).

87. Considerando o argumento apresentado, a discriminação racial no Brasil tem como origem

(A) identidades regionais.
(B) segregação oficial.
(C) vínculos matrimoniais.
(D) traços fenotípicos.
(E) *status* ocupacional.

A ampliação das áreas urbanizadas, devido à construção de áreas impermeabilizadas, repercute na capacidade de infiltração das águas no solo, favorecendo o escoamento superficial, a concentração das enxurradas e a ocorrência de ondas de cheia. A urbanização afeta o funcionamento do ciclo hidrológico, pois interfere no rearranjo dos armazenamentos e na trajetória das águas.

CHRISTOFOLETTI, A. Aplicabilidade do conhecimento geomorfológico nos projetos de planejamento. In: GUERRA, A. J. T.; CUNHA, S. B. (Org.). **Geomorfologia**: uma atualização de bases e conceitos. Rio de Janeiro: Bertrand Brasil, 2008

88. Considerando esse contexto, que fator contribui para a diminuição das enchentes em áreas urbanas?

(A) Pavimentação das vias.
(B) Criação de espaços verdes.
(C) Verticalização das moradias.
(D) Adensamento das construções.
(E) Assoreamento dos canais de drenagem.

Antes que a arte polisse nossas maneiras e ensinasse nossas paixões a falarem a linguagem apurada, nossos costumes eram rústicos. Não era melhor, mas os homens encontravam sua segurança na facilidade para se reconhecerem reciprocamente, e essa vantagem, de cujo valor não temos mais a noção, poupava-lhes muitos vícios.

ROUSSEAU, J.-J. **Discurso sobre as ciências e as artes**. São Paulo: Abril Cultural, 1983 (adaptado).

89. No presente excerto, o filósofo Jean-Jacques Rousseau (1712-1778) exalta uma condição que teria sido vivenciada pelo homem em qual situação?

(A) No sistema monástico, pela valorização da religião.

(B) Na existência em comunidade, pela comunhão de valores.

(C) No modelo de autogestão, pela emancipação do sujeito.

(D) No estado de natureza, pelo exercício da liberdade.

(E) Na vida em sociedade, pela abundância de bens.

Sendo função social antes que direito, o voto era concedido àqueles a quem a sociedade julgava poder confiar sua preservação. No Império, como na República, foram excluídos os pobres (seja pela renda, seja pela exigência de alfabetização), os mendigos, as mulheres, os menores de idade, os praças de pré, os membros de ordens religiosas.

CARVALHO, J. M. **Os bestializados**: o Rio de Janeiro e a República que não foi. São Paulo: Cia. das Letras, 1996.

90. A restrição à participação eleitoral mencionada no texto visava assegurar o poder político aos(às)

(A) assalariados urbanos.

(B) oligarquias regionais.

(C) empresários industriais.

(D) profissionais liberais.

(E) círculos militares.

Folha de Respostas

1	A	B	C	D	E
2	A	B	C	D	E
3	A	B	C	D	E
4	A	B	C	D	E
5	A	B	C	D	E
6	A	B	C	D	E
7	A	B	C	D	E
8	A	B	C	D	E
9	A	B	C	D	E
10	A	B	C	D	E
11	A	B	C	D	E
12	A	B	C	D	E
13	A	B	C	D	E
14	A	B	C	D	E
15	A	B	C	D	E
16	A	B	C	D	E
17	A	B	C	D	E
18	A	B	C	D	E
19	A	B	C	D	E
20	A	B	C	D	E
21	A	B	C	D	E
22	A	B	C	D	E
23	A	B	C	D	E
24	A	B	C	D	E
25	A	B	C	D	E
26	A	B	C	D	E
27	A	B	C	D	E
28	A	B	C	D	E
29	A	B	C	D	E
30	A	B	C	D	E
31	A	B	C	D	E
32	A	B	C	D	E
33	A	B	C	D	E
34	A	B	C	D	E
35	A	B	C	D	E
36	A	B	C	D	E
37	A	B	C	D	E

38	A	B	C	D	E
39	A	B	C	D	E
40	A	B	C	D	E
41	A	B	C	D	E
42	A	B	C	D	E
43	A	B	C	D	E
44	A	B	C	D	E
45	A	B	C	D	E
46	A	B	C	D	E
47	A	B	C	D	E
48	A	B	C	D	E
49	A	B	C	D	E
50	A	B	C	D	E
51	A	B	C	D	E
52	A	B	C	D	E
53	A	B	C	D	E
54	A	B	C	D	E
55	A	B	C	D	E
56	A	B	C	D	E
57	A	B	C	D	E
58	A	B	C	D	E
59	A	B	C	D	E
60	A	B	C	D	E
61	A	B	C	D	E
62	A	B	C	D	E
63	A	B	C	D	E
64	A	B	C	D	E
65	A	B	C	D	E
66	A	B	C	D	E
67	A	B	C	D	E
68	A	B	C	D	E
69	A	B	C	D	E
70	A	B	C	D	E
71	A	B	C	D	E
72	A	B	C	D	E
73	A	B	C	D	E
74	A	B	C	D	E

75	A	B	C	D	E
76	A	B	C	D	E
77	A	B	C	D	E
78	A	B	C	D	E
79	A	B	C	D	E
80	A	B	C	D	E
81	A	B	C	D	E
82	A	B	C	D	E

83	A	B	C	D	E
84	A	B	C	D	E
85	A	B	C	D	E
86	A	B	C	D	E
87	A	B	C	D	E
88	A	B	C	D	E
89	A	B	C	D	E
90	A	B	C	D	E

Gabarito Comentado

1. Gabarito: E

Comentários: O infográfico mostra que, dos 7,2 bilhões de pessoas na Terra, aproximadamente 2/3 falam uma das 12 línguas citadas como línguas nativas, o que revela uma concentração de falantes em um conjunto limitado de línguas.

2. Gabarito: E

Comentários: *Globish* (junção de "global" e "english") é um inglês simplificado, que utiliza cerca de 1500 palavras e tem gramática simples, criado para facilitar a comunicação dos falantes não nativos no contexto dos negócios internacionais. No primeiro quadro, o personagem usa o inglês formal para perguntar onde fica o banheiro de modo extremamente educado; no segundo quadro, ele usa o globish para perguntar o mesmo de modo simples. Logo, o cartum remete à variação na forma de falar para atingir um propósito comunicativo.

3. Gabarito: B

Comentários: Segundo o texto, mulheres escritoras estão em todas as listas de best-sellers, mas a crítica literária ainda é um campo predominantemente masculino. Portanto, o tema da matéria jornalística está relacionado à predominância de produções masculinas na crítica literária.

4. Gabarito: E

Comentários: De acordo com o texto, uma das razões mais comuns pela qual esse costume continua hoje, particularmente na Tailândia, é o turismo, e isso tem gerado críticas sobre a exploração da tribo Padaung. Assim, o texto tem por finalidade retratar a situação desse costume na atualidade.

5. Gabarito: A

Comentários: De acordo com Bell Hooks, a música rap tornou-se um dos espaços onde o discurso vernacular negro é usado de uma maneira que convida a cultura dominante a ouvir e, até certo ponto, ser transformada. Assim, o poder subversivo do rap consiste na possibilidade de transformação da cultura americana dominante.

1. Gabarito: D

Comentários: Na prosa poética de Gabriela Mistral, o eu lírico, com o uso reiterado do imperativo (*cuéntame, dime, dame, enséñame*), demonstra súplica diante das inquietações da maternidade.

2. Gabarito: E

Comentários: De acordo com o texto, as manifestações de turismofobia em Barcelona não são contra o turismo, mas contra os abusos do turismo. Essas manifestações devem mobilizar as autoridades na direção de repensar o modelo de turismo para que crie prosperidade e a distribua decentemente. Assim, as manifestações relacionadas ao turismo em Barcelona visam mostrar preocupação com o modelo de turismo predominante.

3. Gabarito: A

Comentários: "*Un dedo de espuma, dos dedos de frente*" (um dedo de espuma, dois dedos de testa) é uma iniciativa promovida por Cervejeiros da Espanha para promover padrões de consumo moderado e responsável de cerveja entre os jovens adultos. A expressão "*no tener dos dedos de frente*" equivale a *não ter um pingo de juízo ou inteligência* em português.

4. Gabarito: D

Comentários: O texto afirma que os maias são pessoas de paciência, que sobreviveram a cinco séculos de matança. Assim, ressalta-se como característica desse povo a resistência aos processos de dominação aos quais foi submetido.

5. Gabarito: D

Comentários: O anúncio convoca voluntários para ajudar a digitalizar e editar textos para alunos com deficiência visual. Assim, o objetivo é oferecer a oportunidade de apoio a um projeto para leitores com necessidades especiais.

6. Gabarito: D

Comentário: **A:** incorreta, o texto explica que o S chiado, também conhecido como fricativo, pode ser encontrado na região central do Brasil apesar de ser característico do Rio de Janeiro por conta da influência histórica da Corte Portuguesa; **B:** incorreta, o R caipira, também conhecido como retroflexo, de fato é uma inovação do português brasileiro, contudo o texto ressalta características equivalentes em Portugal como o S chiado (fricativo) e a troca do L pelo R que pode ser encontrada inclusive na obra de Camões; **C:** incorreta, apesar do preconceito conhecido contra os falantes da variante caipira do português o texto se foca principalmente nas fundamentações históricas para as inovações encontradas no português brasileiro; **D:** correta, o texto propõe uma discussão sobre a importância de estudar a preservar as variantes regionais da língua que muitas vezes são limitadas a características estereotipadas de determinadas regiões; **E:** incorreta, o texto apresenta exemplos da literatura e da música que trazem as variedades da língua, mas este não é o objetivo principal da discussão.

7. Gabarito: B
Comentário: **A:** incorreta, o uso da incorreção gramatical é proposital e serve para caracterizar a expressão como um meme, fenômeno muito comum em redes sociais como o Twitter; **B:** correta, o estilista soube identificar que seu público consome e produz conteúdo em determinada rede social e transferiu a mídia para o seu produto não só através do meme como também pelo logo da plataforma em seu calçado; **C:** incorreta, o texto informa que o bordão foi retirado de um ambiente virtual das redes sociais; **D:** incorreta, o ambiente virtual das redes sociais é frequentado por usuários que dominam a norma-padrão da língua a ponto de subvertê-la para efeitos de ironia; **E:** incorreta, nem o texto e nem a imagem apresentadas na questão indicam qualquer juízo de valor sobre o produto ou sua clientela.

8. Gabarito: D
Comentário: **A:** incorreta, embora o texto afirme que os países mais ricos têm a população dominante mais jovem, não são apresentadas as causas para esta correlação; **B:** incorreta, o texto apresenta alguns exemplos demográficos de diferentes países a fim de embasar sua argumentação sobre a relação entre a riqueza do país e a idade média de sua população; **C:** incorreta, o texto apresenta um conceito da teoria econômica que separa determinados grupos demográficos de acordo com sua capacidade de produção como um dos argumentos para a preocupação com avanço da idade de média nos países ricos; **D:** correta, de acordo com o título e com a pergunta retórica presente no primeiro parágrafo "Mas será que isso é realmente um problema?" o texto deixa claro que sua proposta é discutir o impacto negativo do envelhecimento da população; **E:** incorreta, ao contrário do que afirma a alternativa E, o texto parte da teoria elaborada pelos economistas para afirmar que a população abaixo de 65 contribui produtivamente com a sociedade.

9. Gabarito: B
Comentário: **A:** incorreta, a escrita de poemas é um ato criativo, mas não é o ponto de atenção do poeta nesta obra; **B:** correta, os exemplos são de animais que agem por instinto natural e por isso o poeta dispensa a necessidade de explicações racionais para o seu ofício; **C:** incorreta, o poeta usa de uma pergunta retórica ao final da obra para questionar a necessidade de explicações e não para interagir com o seu leitor; **D:** incorreta, o autor utiliza exemplos naturais como argumento para dispensar a explicação racional; **E:** incorreta, a associação das imagens do peixe, da aranha e das estrelas tem uma intencionalidade objetiva.

10. Gabarito: C
Comentário: **A:** incorreta, a sua entrada na escola aos sete anos de idade foi fato que o fez descobrir o registro de seu nome completo com a alcunha "Saramago" que não era nome de família; **B:** incorreta, a alusão a uma planta se trata de um apelido pelo qual a família era conhecida, mas não o sobrenome; **C:** correta, por conta de percalços burocráticos José Saramago teve seu nome e data de nascimento alterados; **D:** incorreta, a multa por declaração de nascimento fora do prazo legal foi a causa para a alteração em sua data de nascimento; **E:** incorreta, no texto o autor discute problemas de identidade originados pela burocracia dos documentos oficiais que não estão explicitamente relacionados a sua origem camponesa.

11. Gabarito: C
Comentário: **A:** incorreta, o texto apresenta dados precisos como "3 mil lixões ou aterros irregulares" e também "30 milhões de toneladas de lixo por ano" que mantém o fluxo argumentativo; **B:** incorreta, o texto não apresenta descrição de ambientes; **C:** correta, com o seguinte trecho "Corta, descasca, abre a embalagem, joga fora os restos, espreme, corta mais, descasca mais, abre outra embalagem." o texto tem uma quebra do gênero argumentativo para o elenco de ações que incluem o cotidiano do leitor na problemática discutida; **D:** incorreta, a referência a lei que determina o fim dos lixões ainda faz parte dos recursos argumentativos e por isso não interrompe o fluxo desse gênero; **E:** incorreta, a explicação do risco de doenças é um dos pontos de argumentação do texto e não interrompe o fluxo de construção do gênero argumentativo.

12. Gabarito: C
Comentário: **A:** incorreta, o advérbio amplia um conceito "a sombra projetada pelo satélite" da oração anterior; **B:** incorreta, o advérbio explica melhor um conceito apresentado anteriormente no texto, dando continuidade ao tema desenvolvido; **C:** correta, o advérbio "aliás" tem a função de retificação, ou seja, ele conecta informações da frase anterior com a posterior; **D:** incorreta, o uso da palavra destacada na questão pode ser encontrado tanto no registro formal, quanto informal; **E:** incorreta, a frase anterior não apresenta sentido de negação.

13. Gabarito: C
Comentário: **A:** incorreta, o texto discorre especificamente sobre o ritmo do reggae que se difundiu no estado do Maranhão, mas os ritmos tradicionais de São Luís não sofreram influência direta e explícita desse ritmo

jamaicano; **B:** incorreta, ao contrário do que afirma a alternativa, é justamente a força das manifestações nordestinas que proporcionam um contexto favorável para a recepção de novas referências estéticas; **C:** correta, pois a mesma cidade que é conhecida por suas grandes festas de tradição folclórica também é considerada a capital brasileira de um ritmo moderno; **D:** incorreta, pelo conteúdo do texto podemos entender que as referências culturais do reggae, embora fortemente presentes na cultura de São Luís, não interagem direta e explicitamente com as tradições folclóricas da cidade; **E:** incorreta, os estilos musicais internacionais e nacionais coexistem na cultura musical brasileira.

14. Gabarito: A

Comentário: A: correta, a brincadeira tem importância na formação da criança por ser o espaço do desenvolvimento de habilidades psicomotoras e também pela representação lúdica das responsabilidades e papéis sociais que irão exercer no futuro, e por isso as crianças podem se envolver com todo tipo de brincadeira e brinquedos; B: incorreta, sobretudo no período da infância não há uma diferença fisiológica que determina o potencial de força ou fragilidade entre meninos; C: incorreta, habilidades são características passíveis de desenvolvimento e por isso podem ser encontradas em igual potência em meninos e meninas; D: incorreta, as crianças devem se envolver com as atividades que mais lhe interessarem independentemente de seu gênero. **E:** incorreta

15. Gabarito: B

Comentário: **A:** incorreto, os elementos dos quadrinhos representam dispositivos de armazenamento de informação em analogia às representações da evolução da espécie humana; **B:** correto, a sequência de quadrinhos que vai das anotações em papel, passando pelo disquete, o CD e o pendrive nos fazem entender que se trata da evolução dos dispositivos de armazenamento e o último quadrinho enfim mostra o armazenamento em nuvem que dispensa um meio físico; **C:** incorreta, os primeiros quadrinhos mostram dispositivos de gravação de dados considerados obsoletos; **D:** incorreta, os quadrinhos mostram apenas uma unidade de cada elemento com o objetivo de mostrar a evolução da tecnologia; **E:** incorreta, a representação da evolução humana ao dotar os dispositivos com pernas é uma analogia utilizada para representar a evolução dos dispositivos de armazenamento de dados.

16. Gabarito: C

Comentário: **A:** incorreta, a abordagem de maneira pessoal é algo que se espera a partir do título que sugere um texto descritivo informativo; **B:** incorreta, pois a apresentação de argumentos e fatos plausíveis são informações esperadas a partir do título; **C:** correto, o texto apresenta a estrutura semântica de um gênero descritivo, mas suas informações são sempre genéricas e evasivas e por isso quebram a expectativa e provocam o efeito de humor; **D:** incorreta, o texto não traz informações relevantes que possam descrever de fato os aspectos físicos e políticos do Brasil; **E:** incorreta, a descrição das características do país são vazias de conteúdo.

17. Gabarito: E

Comentário: **A:** incorreta, a solução apresentada pelo texto não se relaciona diretamente com as tecnologias, mas com o dever dos departamentos de RH em realizar o diagnóstico de engajamento de suas empresas; **B:** incorreta, a discordância no ponto de vista entre funcionários e empregados é apenas um dos pontos de argumentação para apresentação do problema; **C:** incorreta, a indicação das tecnologias como fator de impacto negativo no mercado de trabalho é uma percepção comum apenas entre os líderes das empresas; **D:** incorreta, o texto não ignora a relação entre as tecnologias de informação e a produtividade no trabalho, mas aponta que este é um sintoma e não a causa principal para o desengajamento dos funcionários; **E:** correta, o texto evidencia que encontrar um único "culpado" para a baixa produtividade dos funcionários seria adotar um caminho de negação de outros fatores que podem causar um impacto mais profundo do que o simples uso das tecnologias.

18. Gabarito: D

Comentário: **A:** incorreta, para a essa prática esportiva são necessárias características atléticas encontradas tanto em corpos masculinos quanto femininos; **B:** incorreta, o principal fator para chamar a atenção de patrocinadores esportivos é o desempenho e entrega de resultado dos atletas; **C:** incorreta, por ser campeã em uma modalidade de esporte majoritariamente masculina a atleta abre importantes espaços de representatividade no esporte sem se submeter aos padrões de gênero; **D:** correta, a atleta se destaca em uma modalidade esportiva majoritariamente masculina e assim abre mais espaço para que outras mulheres possam ingressar no MMA; **E:** incorreta, não há relação entre feminilidade e desempenho esportivo, uma vez que uma característica não interfere ou impede o desenvolvimento da outra.

19. Gabarito: D

Comentário: **A:** incorreta, pois as ações governamentais não necessariamente irão depender da adesão do público consumidor para ser eficaz, uma vez que ela pode agir em todos os momentos da cadeia produtiva e distributiva; **B:** incorreta, a informação da quantidade de desperdício pode causar um impacto em consumidores com mais consciência ambiental e social, mas não é a estratégia mais eficaz para provocar engajamento; **C:** incorreta, a expressão ajuda a ilustrar os desperdícios encontrados ao longo da cadeia produtiva e distributiva dos alimentos, mas se mantém apenas como estratégia comunicativa sem levar o consumidor a uma ação; **D:** correta, ao apontar uma vantagem financeira o texto leva o consumidor a perceber um impacto imediato e pessoal; **E:** incorreta, as medidas de distribuição fazem parte do processo interno na cadeia de produção dos alimentos.

20. Gabarito: C

Comentário: **A:** incorreta, pois a passagem sobre o atropelamento na orla tem a função de informar a causa da morte do professor; **B:** incorreta, pois o texto não se detém apenas nos desdobramentos do atropelamento; **C:** correta, pois o texto informa a morte recente "na manhã de anteontem" assim como todos os detalhes para o velório do professor; **D:** incorreta, a divulgação do título ocorre em um período distante do momento da notícia; **E:** incorreta, pois o texto vai além da notícia ao informar dados do velório como local e data precisas.

21. Gabarito: E

Comentário: **A:** incorreta, com exceções dos animais ditos "de estimação", em geral, a lida no campo em geral dessensibiliza as reações à perda animal, por ser parte do quotidiano; **B:** incorreta, o fragmento apresenta uma distinção entre a morte dos animais que é banalizada e a morte de familiares que é estimada; **C:** incorreta, se trata do sofrimento diante da perda de um animal; **D:** incorreta, as concepções divergem em torno da morte e não em uma relação de otimismo/pessimismo; **E:** correta, a personagem Jacqueline afirma que sua estima pelos animais é a mesma que pelas pessoas já que eles convivem quotidianamente.

22. Gabarito: B

Comentário: **A:** incorreto, pois o texto fala de ações e momentos comuns compartilhados quotidianamente por todas as pessoas; **B:** correto, ao se associar com a ideia de morte a canção cria o efeito de reversão de atitudes que foram banalizadas ao longo da vida, mas que só se percebe a importância quando esta acaba; **C:** incorreta, o texto fala mais sobre ações do que características; **D:** incorreta, o texto da canção não menciona pessoas sepultadas; **E:** incorreta, o título epitáfio faz referência às lápides como indicação de uma reflexão póstuma sobre as decisões que tomamos ao longo da vida.

23. Gabarito: E

Comentário: **A:** incorreta, de acordo com o texto a escola deve se adaptar ao desenvolvimento das cidades que muitas vezes ocorre de forma alheia ao projeto urbanístico; **B:** incorreta, quando o autor afirma que "A escola deve ser mais porosa à cidade" a ideia é que as atividades esportivas se adaptem aos espaços urbanos ainda que estes sejam não sejam desportivos; **C:** incorreta, a demanda por espaços adequados para as práticas esportivas é apenas uma das facetas dos conflitos urbanos apresentados pelo texto; **D:** incorreto, pois de acordo com o texto deve haver um movimento de reciprocidade orgânica entre os espaços urbanos, escolares e esportivos; **E:** correta, o autor propõe que os ambientes interajam de maneira não convencional.

24. Gabarito: B

Comentário: **A:** incorreta, pois a ideia de casal já pressupõe a sexualização ou no mínimo uma relação de comprometimento afetivo que não é adequada para crianças; **B:** correta, a cena das crianças observando as estrelas pode comumente cair no lugar comum do ambiente romântico caso se tratassem de dois personagens adultos no mesmo contexto; **C:** incorreta, o cenário noturno e sob as estrelas tem o objetivo de reproduzir uma condição propícia a interpretação de ambiente romântico que seria válida apenas para adultos; **D:** incorreta, pois a proximidade entre as crianças demonstrada na imagem é natural e inocente; **E:** incorreta, o ambiente se refere sobretudo a um contexto propício a romantização inadequada da relação de amizade entre crianças.

25. Gabarito: B

Comentário: **A:** incorreta, a passagem faz alusão a elementos esportivos como "levar porrada" e "ser campeão"; **B:** correta, o uso do termo "timeline" exemplifica a crítica por se tratar de um conceito presente somente nas redes sociais; **C:** incorreta, o autor faz um empréstimo de uma palavra em inglês que pode ser utilizada mesmo fora do contexto de redes sociais; **D:** incorreta, o autor faz referência a um evento cultural que ocorre fora e de forma independente das redes sociais; **E:** incorreta, termo "me adiciona" nesse contexto indica convergência de ideias, ou seja, o autor se coloca em posição semelhante a de Álvaro de Campos.

26. Gabarito: D

Comentário: **A:** incorreta, pois a oralidade pode ser realizada de forma assíncrona através de mensagens gravadas; **B:** incorreta, pois o bate-papo virtual apresenta características da escrita; **C:** incorreta, o telefonema na verdade dispensa a copresença física dos interlocutores; **D:** correta, enquanto o telefonema mudou a concepção de interação realizada exclusivamente com o contexto de presença física, o bate-papo virtual mudou o paradigma de contemporaneidade do texto escrito; **E:** incorreta, embora atualmente o bate-papo permita outros meios como o áudio e envio multimídia, no ano em que o texto foi escrito ele se restringia apenas ao envio de textos escritos.

27. Gabarito: A
Comentário: **A:** correta, pois o próprio texto afirma se tratar de uma declaração de responsabilidades e em seguida elenca cinco princípios norteadores de conduta; **B:** incorreta, pois o texto abrange regras de conduta que se aplicam a todos de forma objetiva; **C:** incorreta, a linguagem e organização do texto convergem para um texto mais institucional do que publicitário; **D:** incorreta, pois o texto não apresenta fatos ou dados científicos, apenas constata uma realidade de degradação da natural e social compartilhada. **E:** incorreta

28. Gabarito: E
Comentário: **A:** incorreta, a forma específica do falar não é o conteúdo da canção, mas o modo de expressão do personagem narrador; **B:** incorreta, os elementos presentes no texto da canção são comuns em determinado contexto regional e social; **C:** incorreta, o registro linguístico apresentado na canção caracteriza uma especificidade do falar daquele personagem que representa um arquétipo brasileiro; **D:** incorreta, a diversidade lexical de um dado grupo social não é o tema da canção, a variação lexical é apenas a forma utilizada pelo autor para dar expressão ao conteúdo; **E:** correta, o registro da canção tanto pela forma lexical de expressão quando pela história narrada integram o patrimônio linguístico do português brasileiro.

29. Gabarito: A
Comentário: **A:** correta, visto que o Diário Oficial da União é um importante documento de divulgação nacional, a sua veiculação exclusiva pelo meio online pressupõe que todo cidadão a quem se dirige o conteúdo da publicação dispõe de acesso à dispositivos eletrônicos e conexão com a internet de modo privado ou se utilizando de recursos públicos como bibliotecas e wifi-livre; **B:** incorreta, por ser o meio oficial de divulgação das medidas e decisões do governo as decisões a acerca de sua publicação on-line devem sempre facilitar o acesso da população ao seu conteúdo; **C:** incorreta, a decisão discorre apenas sobre a veiculação do Diário Oficial da União e sem mencionar a obrigatoriedade ou não de sua leitura; **D:** incorreta, o texto publicado não discorre sobre o público leitor do periódico, mas sim sobre o seu formato de veiculação; **E:** incorreta, o Diário Oficial da União pode informar sobre novos modelos de administração pública, porém o texto em análise discorre apenas sobre o formato digital de publicação do periódico.

30. Gabarito: A
Comentário: **A:** correta, a gíria "véio" utilizada para se dirigir ao interlocutor é um traço característico da fala entre jovens em situação de conversa informal podendo variar conforme a região para "cara" ou "mano" entre outros; **B:** incorreta, a representação dos óculos para visão em 3D que geralmente é utilizado nos cinemas tem o único objetivo de provocar o humor da charge, mas não se relaciona direta e explicitamente com a forma de expressão destacada na questão; **C:** incorreta, o texto apresentado na questão é uma charge que tem como objetivo provocar humor em sua interpretação, por isso criou-se a cena surreal de um óculos de grau com a visão perfeita e um óculos de visão 3D que alinhado ao título e aos demais elementos textuais provocam o efeito desejado; **D:** incorreta, a expressão "véio" utilizada no trecho é um tratamento informal que, ao contrário do significado denotativo da palavra, geralmente é presente no discurso de falantes mais jovens; **E:** incorreta, nem a linguagem e nem as referências visuais da charge se referem ao modo de falar infantil ou lúdico.

31. Gabarito: A
Comentário: **A:** correta, pois agora as vozes individuais dos consumidores podem ser amplificadas por meio das redes sociais e dessa forma qualquer conflito ou constrangimento causado pelas empresas ganha notoriedade pública rapidamente tomando proporções muitas vezes imprevisíveis; **B:** incorreta, apesar de alguns avanços para verificação da origem e legitimidade do que se é publicado online, ainda não é possível garantir a veracidade da informação ou de quem a publicou; **C:** incorreta, as relações mercadológicas se complexificaram com o desenvolvimento das relações entre empresas e consumidores mediadas pelo ambiente digital e não se restringem apenas ao interesses pessoais; **D:** incorreta, os interesses do mercado atravessam as relações interpessoais de muitas formas, mas não podem afirmar que seja um fator determinante para a propagação ou não de relações interpessoais; **E:** incorreta, a divulgação de informações para atingir a reputação de empresas é uma das causas para o real benefício que as novas tecnologias trouxeram, isto é, uma relação social entre consumidor e empresa mais responsável e transparente.

32. Gabarito: E
Comentário: **A:** incorreta, as contribuições de Isaac Newton são mencionadas no texto, mas não há definição de conceito e nem exemplos explicativos para que seu conteúdo possa ser definido como texto didático; **B:** incorreta, o texto jornalístico é geralmente caracterizado por trazer fatos que de certa forma se relacionem com a realidade atual, enquanto o texto sob análise discorre apenas sobre fatos importantes da trajetória do cientista que viveu no século passado; **C:** incorreta, o texto não apresenta elementos da liturgia científica como por exemplo objetivo, discussão teórica, metodologia, discussão de resultados, entre outros, como seria característico do trabalho científico; **D:** incorreta, o texto apenas

apresenta fatos importantes da vida de Isaac Newton sem discorrer ou emitir opinião sobre eles como seria característico de um texto ensaístico; **E:** correta, pois o texto se concentra em informar dados como locais, datas e descrever um percurso da carreira do cientista.

33. Gabarito: B
Comentário: **A:** incorreta, o texto não informa se há a quantidade limite de refugiados que podem ser recebidos no país; **B:** correta, de acordo com o texto a definição de refugiado pode abrir espaço para interpretação de alguém que "sofre de fundado temor" para alguém que perdeu seu acesso à serviços básicos, por exemplo; **C:** incorreta, a crise humanitária é um dos fatores que provocam a onda de migração de refugiados, mas esta não depende de como o governo do Brasil irá tratar as pessoas que lhe pedem auxílio; **D:** incorreta, a profundidade da crise econômica pela qual passa determinado país está diretamente relacionada a quantidade de pessoas que buscam migrar para realidades mais prósperas e pacíficas, mas não é o critério referido no texto para o entendimento do governo sobre o tema; **E:** incorreta, a autorização da agência depende justamente da questão metalinguística, ou seja, em como o conceito de refugiado será interpretado.

34. Gabarito: A
Comentário: **A:** correta, o título do livro associado à ilustração presente na capa mostra o corpo de um menino que foi substituído por um aparelho de televisão que na época em que o livro foi lançado era o meio de transmissão de mídias de massa mais popular nas casas brasileiras, dessa forma entende-se que o criador desta capa critica a imaginação das crianças que foi substituída pelo consumo passivo da programação televisiva; **B:** incorreta, nem o título e nem a ilustração da capa fazem alguma alusão direta e explícita aos pais das crianças, embora a capa de fato faça uma crítica à alienação das crianças promovida pelas novas tecnologias de mídia em massa; **C:** incorreta, embora a ilustração possa levar o leitor a pensar no isolamento das crianças, o título deixa transparente a intenção de criticar a alienação do pensamento e imaginação das crianças e não faz uma referência direta e explícita à socialização das crianças; **D:** incorreta, o título da capa do livro indica que o personagem é um "menino", diante disso podemos entender que a crítica se dirige ao público de primeira infância; **E:** incorreta, pois tanto o título quando a ilustração presentes no livro não apontam para uma interlocução direta e explícita com os pais ou responsáveis pelas crianças.

35. Gabarito: D
Comentário: **A:** incorreta, pois as figuras humanas presentes no quadro representam uma família e uma mulher e nenhum destes personagens tem indícios explícitos de sua ocupação como trabalhadores do campo; **B:** incorreta, como é característico dos quadros da pintora, as representações gráficas se valem de formas geométricas de todos os tipos, tanto retas quanto circulares; **C:** incorreta, embora a artista se utilize de temas de representação nacional e também cores que frequentemente remetem à bandeira, não é possível afirmar que esta seja uma característica das vanguardas europeias que foram incorporadas às artes plásticas brasileiras; **D:** correta, as vanguardas europeias exploravam composições de formas geométricas e cores que quebravam com elementos de estética tradicional e isso pode ser observado tanto neste quadro como em muitas outras obras da pintora; **E:** incorreta, apesar dos traços fortes que definem as linhas geométricas, é possível observar a organicidade dos elementos representados que não se caracterizam, portanto, como padrões e objetos mecânicos.

36. Gabarito: A
Comentário: **A:** correta, de acordo com o texto a ferramenta CAPTCHA apresenta problemas de acessibilidade para "as pessoas que são cegas, têm baixa visão ou dificuldades de aprendizagem"; **B:** incorreta, pois esta é apenas a função objetiva da ferramenta CAPTCHA e não descreve o impacto social apresentado no texto; **C:** incorreta, pois este recurso está presente em diversos sistema e interfere na utilização de qualquer usuário, principalmente aqueles que apresentam alguma dificuldade de visão e leitura; **D:** incorreta, de acordo com o texto a ferramenta CAPTCHA muitas vezes chega até a impedir que o usuário acesse formulários durante a navegação na internet; **E:** incorreta, apesar de a ferramenta CAPTCHA de fato impedir a invasão de sistemas, seu verdadeiro impacto social é aquele de impedir também o acesso de pessoas com deficiência.

37. Gabarito: E
Comentário: **A:** incorreta, a pesquisa é divulgada apenas como estratégia argumentativa, caso o objetivo da reportagem fosse a divulgação do estudo em si, nós saberíamos mais detalhes sobre os pesquisadores envolvidos e os próximos passos da pesquisa, por exemplo; **B:** incorreta, o texto apresenta o número de pessoas para informar alguns dados essenciais da pesquisa para dar mais credibilidade ao argumento; **C:** incorreta, o estudo científico trabalha com conclusões baseadas em fatos e metodologia científica e por isso não abrem espaço para uma fundamentação subjetiva como a opinião dos cientistas; **D:** incorreta, o texto pretende comparar o impacto da solidão em relação a aspectos da saúde e como a pesquisa exige um grupo de controle a população estudada foi dividida entre solitários e não solitários; **E:** correta, o texto apresenta desde o título o debate sobre

os riscos da solidão para a saúde e para dar embasamento ao argumento de que a solidão provoca um efeito negativo sobre a saúde foi apresentado o resultado de um estudo científico sobre o tema.

38. Gabarito: C
Comentário: **A:** incorreta, a notícia relata que a situação da baleia encalhada em Paris foi amplamente divulgada nas redes sociais, porém o que torna o fato relevante é que se tratava de uma instalação artística que tinha como o objetivo provocar essa comoção social sobre o tema da ecologia e do meio ambiente; **B:** incorreta, ao final da notícia sabe-se que se trata de uma instalação artística e não de um animal verdadeiro em decomposição; **C:** correta, a notícia se torna relevante ao sermos informados de que a comoção foi provocada por uma instalação artística realizada justamente com o objetivo de conscientizar a população "sobre o impacto provocado pelos seres humanos no meio ambiente [...]"; **D:** incorreta, a notícia não relata os parâmetros de ações de preservação para o meio ambiente, mas se concentra em uma instalação específica que envolve arte e crítica social; **E:** incorreta, não há características de uma reportagem sensacionalista como adjetivos e superlativos ou manipulação dos fatos para dar maior ênfase no ponto trágico da notícia, ao contrário, após poucas linhas somos informados de que a baleia era falsa e fazia parte de um coletivo belga chamado Capitão Boomer, assim como os objetivos da instalação.

39. Gabarito: D
Comentário: **A:** incorreta, em ambos os textos nota-se uma diferença entre a presença masculina e a feminina nestas áreas do conhecimento que podem ser exemplificadas com o trecho do segundo texto: "atualmente existem cerca de 260 milhões de usuárias de internet a menos na comparação com os homens conectados"; **B:** incorreta, o texto fala justamente da proporção muito inferior da presença de mulheres nas áreas do conhecimento em relação aos homens e da importância de ações afirmativas como o "Meninas Internacionais no Dia das TIC" para mitigar essas diferenças em busca da igualdade de gêneros; **C:** incorreta, o estímulo por meio de ações educativas é relatado explicitamente apenas no segundo texto, o primeiro se trata de um gráfico que traz a informação da diferença da presença feminina nestes contextos; **D:** correta, a iniciativa feminina de conquistas espaços toma forma muitas vezes em projetos de incentivo de organizações como o "Meninas Internacionais no Dia das TIC" entre outras; **E:** incorreta, pelo que se pode observar do gráfico, não seria correto afirmar que a participação das mulheres dobrou neste período de tempo.

40. Gabarito: A
Comentário: **A:** correta, a poesia é o gênero literário onde a subjetividade do escritor e do leitor se conectam por meio do trabalho estético da linguagem; **B:** incorreta, neste texto a função da poesia não é a objetividade, o que é pode ser percebido pelo modo subjuntivo do verbo dever nos versos "As cartas de amor deveriam" e no caso de objetividade seria utilizado o modo indicativo "As cartas de amor devem..."; **C:** incorreta, é preciso identificar e separar os contextos, pois sabemos que após 2019 palavras como "gripe" e "contágio" são carregadas de sentido de perigo, mas no ano de 2005 quando a poesia foi escrita, essas palavras não traziam sinais de alerta graves; **D:** incorreta, o autor descreve os sentimentos evocados por uma carta de amor, mas o poema não é prescritivo como seria um texto de manual, por exemplo; **E:** incorreta, a poesia pode se relacionar com fatos reais, mas neste caso se trata mais de uma interpretação de fatos que uma descrição ficcional.

41. Gabarito: D
Comentário: **A:** incorreta, o poema constrói imagens a partir de elementos da natureza que não se relacionam explicitamente com estereótipos sociais e de gênero; **B:** incorreta, as imagens construídas no texto não se referem explicitamente a nenhum símbolo nacional; **C:** incorreta, embora a sublimação do desejo seja uma característica desse momento da literatura, o poema em análise não faz relações diretas entre desejo e a espiritualização; **D:** correta, no último verso "Eu sou aquela flor que espero ainda [...]" o autor se coloca diretamente como um elemento da natureza que o conecta com seu estado emocional; **E:** incorreta, o conteúdo e a forma do poema sob análise mantém os principais paradigmas deste período literário.

42. Gabarito: E
Comentário: **A:** incorreta, a suspensão é uma forma de punição para evitar que os atletas se utilizem desse tipo de prática; **B:** incorreta, as medidas antidoping são uma demonstração de atenção com a performance justa e honesta para todas as modalidades esportivas; **C:** incorreta, o uso de substância farmacêuticas que alterem a performance dos atletas é a definição de *doping*, que é uma prática condenável para qualquer modalidade esportiva; **D:** incorreta, as modalidades de punição para caso de doping são um procedimento que favorecem uma postura de *fair play* dentro dos esportes; **E:** correta, o aumento na utilização de *doping* pode ser considerada um fator determinante para que a Associação Internacional das Federações de Atletismo (IAAF) aumentasse a penalidade prevista como modo de inibir a prática entre atletas.

43. Gabarito: A

Comentário: **A:** correta, uma parcela específica da sociedade que se considera de elite intelectual acredita que o consumo de produtos culturais só é válido quando produzido por determinadas fontes e na maioria das vezes não se dão conta de que a manifestação artística é plural e livre; **B:** incorreta, apesar de muitos artistas que hoje são considerados de alto nível artístico não terem muita formação acadêmica, o fator que pode ser considerado determinante para a consagração de um artista é que seu estilo seja agradável à essa parcela elitizada da população; **C:** incorreta, grandes músicos buscam novos repertórios em todo tipo de contexto tanto no que é considerado periférico, quanto aquilo que é considerado canônico; **D:** incorreta, os meios de comunicação em massa são responsáveis por divulgar trabalho dos artistas periféricos e consagrados, e ao mesmo tempo aquilo que se populariza pode também ser considerado de baixa qualidade por esta parcela específica da população de que trata a questão; **E:** incorreta, muitas vezes a indústria fonográfica é responsável por marginalizar as músicas da periferia quando estas não possuem o considerado apelo musical.

44. Gabarito: E

Comentário: **A:** incorreta, as imagens não trazem explicitamente um caráter reflexivo que explore a complexidade do conceito ampliado de saúde mencionado no texto que englobam fatores como "condições de alimentação, habitação, educação, renda, meio ambiente, trabalho, transporte, emprego, lazer, liberdade, acesso e posse da terra e acesso aos serviços de saúde. Sendo assim, é principalmente resultado das formas de organização social, de produção, as quais podem gerar grandes desigualdades nos níveis de vida"; **B:** incorreta, as imagens parecem incentivar a relação entre a prática de exercícios e a saúde; **C:** incorreta, as imagens apresentadas incorporam apenas um dos elementos que compõe o conceito ampliado de saúde, mas não se relaciona com os demais mencionados no texto; **D:** incorreta, as imagens não focam no resultado de uma saúde satisfatória no sentido amplo, pois se concentram apenas no aspecto dos exercícios físicos; **E:** correta, o desenho de um coração fazendo exercícios para se fortalecer e da imagem que relaciona diretamente o conceito de esporte e saúde reproduzem a relação entre exercícios físicos e ter saúde.

45. Gabarito: E

Comentário: **A:** incorreta, o pronome "seu" se refere à pessoa que possui o nome, neste caso o interlocutor do texto; **B:** incorreta, o pronome possessivo "seu" se refere ao sujeito que possui a identidade e não ao vocábulo "nome"; **C:** incorreta, o pronome "que" neste caso substitui todo o conceito da sentença, ou seja, o processo de elaboração da posse do nome; **D:** incorreta, o pronome indireto "lhe" substitui a ideia de dado "à você"; **E:** correta, podemos substituir a frase não ficar brigando com "o nome" sem alteração de sentido da frase original.

46. Gabarito: D

Comentário: Alteridade significa ser outro, colocar-se ou constituir-se como outro, compreender o outro como uma pessoa singular e subjetiva. Conforme mencionado no texto, "o *nós* é sempre positivo, o *vós* é um aliado possível, o *eles* tem o rosto de um antagonista, o *eu* é impróprio, e o *tu* é, obviamente, supérfluo". Logo, um dos principais problemas morais da contemporaneidade reside na dificuldade em reconhecer a alteridade singular, isto é, perceber o outro como uma pessoa singular e subjetiva.

47. Gabarito: E

Comentário: Uma causa para o crescimento da produção agrícola da soja no Brasil é o desenvolvimento de métodos que incrementam o cultivo, como manejo do solo, fertilização do solo, desenvolvimento de sementes de alta qualidade e emprego de maquinários de alta tecnologia no plantio e na colheita.

48. Gabarito: D

Comentário: A absorção de elementos da vivência escrava pela nascente indústria do lazer caracteriza-se como apropriação cultural, haja vista que o mundo do entretenimento e dos empresários musicais produz espetáculos dançantes com base em gêneros e ritmos da população negra, mas exclui seus protagonistas negros.

49. Gabarito: C

Comentário: A situação de conflito descrita é característica de espaços rurais onde ocorre o processo de falsificação de títulos de propriedades, isto é, de grilagem de terras.

50. Gabarito: D

Comentário: Para o filósofo grego Aristóteles, a característica que define o ser humano é o *lógos*, que consiste na capacidade racional de discernir o bem e o mal, o justo e o injusto e outros valores.

51. Gabarito: C

Comentário: Para os filósofos Theodor Adorno e Max Horkheimer, a industrialização da cultura é um processo de transformação da arte e da cultura em mercadoria. Para Adorno, a indústria cultural não apenas adapta seus produtos ao consumo das massas, mas também determina o próprio consumo. A indústria cultural impede a formação de indivíduos autônomos, independentes, capazes de julgar e de decidir conscientemente. A crítica ao tipo de criação mencionada no texto teve como alvo, no campo da arte, a padronização das técnicas de composição.

52. Gabarito: B
Comentário: Na obra *A República*, Platão defende um sistema político denominado sofocracia, ou governo dos sábios, segundo o qual só os filósofos, detentores do saber seriam capazes de governar. A tese apresentada pressupõe a necessidade do conhecimento verdadeiro para a organização de uma sociedade justa.

53. Gabarito: A
Comentário: O texto caracteriza um estágio do processo de urbanização marcado pela segregação socioespacial, isto é, um processo que fragmenta as classes sociais em espaços distintos da cidade.

54. Gabarito: E
Comentário: O filósofo grego Tales de Mileto considerava a água como sendo a origem de todas as coisas. Seu esforço investigativo para descobrir uma unidade, que seria a causa de todas as coisas, representa uma mudança de comportamento do homem perante o cosmos, pois abandona as explicações religiosas até então vigentes e busca, através da razão e da observação dos fenômenos da natureza, um novo sentido para o universo. Assim, o fragmento atribuído ao filósofo Tales de Mileto é característico do pensamento pré-socrático ao apresentar uma explicação racional sobre a origem e a transformação da *physis* (natureza).

55. Gabarito: A
Comentário: Destino Manifesto foi uma expressão criada pelo jornalista John Louis O'Sullivan, em 1845, para retratar a crença de que os norte-americanos deveriam cumprir a vontade divina e expandir seu domínio territorial, cultural e religioso pela América do Norte ao longo do século XIX. O projeto de posicionamento geopolítico exposto no texto fundamentava-se na articulação entre fomento à expansão territorial e avanço da acumulação capitalista.

56. Gabarito: C
Comentário: O paradigma produtivo apresentado no texto tem como base a harmonização entre tecnologia e ecologia e propõe uma sustentabilidade pautada no respeito ao saber local comunitário, tendo em vista que a alma dessa nova economia humana são os valores culturais.

57. Gabarito: A
Comentário: O filósofo René Descartes foi um dos precursores do movimento racional-científico e defendeu a tese de que a dúvida era o primeiro passo para se chegar ao conhecimento verdadeiro. Descartes convenceu-se de que a única verdade possível era sua capacidade de duvidar, reflexo de sua capacidade de pensar. Assim, a verdade absoluta estaria sintetizada na fórmula "eu penso", a partir da qual concluiu sua própria existência ("Penso, logo existo"). Logo, o instrumento intelectual empregado por Descartes para analisar os seus próprios pensamentos tem como objetivo identificar um ponto de partida para a consolidação de um conhecimento seguro.

58. Gabarito: A
Comentário: De acordo com o texto, a retirada de dinheiro e outras riquezas da Inglaterra dependia da autorização do rei. Essa temática caracteriza uma associação entre determinação de regras protecionistas e fortalecimento das instituições monárquicas.

59. Gabarito: B
Comentário: Com o fim da 2ª Guerra Mundial, as quatro potências vencedoras – Estados Unidos, Reino Unido, França e União Soviética – assumiram o poder e dividiram o território alemão em quatro zonas de ocupação. Berlim, encravada no território que viraria Alemanha Oriental, também foi dividida em quatro zonas. A divisão representada do território alemão refletia um contexto geoestratégico de busca por áreas de influência.

60. Gabarito: E
Comentário: Com a descoberta do ouro no Brasil, surgiu a necessidade de controle sobre a exploração das jazidas. Em 1702, a metrópole oficializou a criação da Intendência das Minas, órgão responsável pela administração das regiões auríferas, pela fiscalização e repartição das jazidas e pela cobrança de impostos. Assim, a medida tomada pela Coroa lusitana visando garantir a ordem na região foi a criação das intendências das minas.

61. Gabarito: A
Comentário: As capitanias hereditárias foram a primeira tentativa da Coroa portuguesa de organizar a ocupação e a colonização do Brasil. Esse sistema foi implantado em 1533 pelo rei João III e consistia em dividir o Brasil em quinze grandes faixas de terra, que foram entregues à responsabilidade dos capitães-donatários. Na colonização do Brasil, o patrimonialismo da Coroa portuguesa ficou evidente nas capitanias hereditárias.

62. Gabarito: C
Comentário: Segundo a Comissão Mundial sobre Meio Ambiente e Desenvolvimento, criada pelas Nações Unidas, desenvolvimento sustentável é o desenvolvimento capaz de suprir as necessidades da geração atual, sem comprometer a capacidade de atender as necessidades

das futuras gerações; é o desenvolvimento que não esgota os recursos para o futuro. Assim, a atual concepção de desenvolvimento sustentável diferencia-se da proposta de Gifford Pinchot pelo foco na valorização das necessidades futuras.

63. Gabarito: D
Comentário: O itinerário poético descrito no texto tem como objetivo fazer reconhecer talentos que embelezam os postais recifenses, além de estreitar laços do cidadão com a cultura. Essa ação do poder público coloca a paisagem como um fator capaz de contribuir para a construção do sentimento de pertencimento.

64. Gabarito: E
Comentário: A política pública capaz de solucionar o problema apresentado é democratizar o saneamento básico.

65. Gabarito: A
Comentário: Para Karl Marx e Friedrich Engels, os antagonismos entre as classes sociais no capitalismo decorrem da separação entre aqueles que detêm os meios de produção (burguesia) e aqueles que vendem a força de trabalho (proletariado).

66. Gabarito: B
Comentário: O processo erosivo descrito no texto é minimizado pela manutenção da cobertura vegetal, pois esta protege o solo evitando o desprendimento das partículas causado pelas gotas das chuvas.

67. Gabarito: C
Comentário: Em 1932, o Código Eleitoral passou a assegurar o voto feminino, sendo este previsto expressamente na Constituição Federal de 1934. Somente em 1985, a Emenda Constitucional nº 25 conferiu aos analfabetos o direito de votar, sendo que a Constituição Federal de 1988 assegurou, definitivamente, às pessoas analfabetas o direito ao voto, em caráter facultativo. Portanto, o baixo índice de participação popular em eleições nos períodos mencionados ocorria em função da interdição das pessoas analfabetas.

68. Gabarito: E
Comentário: Durante a Guerra do Paraguai (1864-1870), o Imperador D. Pedro II criou corpos militares para o serviço de guerra com a denominação de "Voluntários da Pátria". O governo assegurava vantagens aos voluntários, como prêmio em dinheiro, lotes de terra, preferência nos empregos públicos, patentes de oficiais honorários, liberdade a escravos, assistência a órfãos, viúvas e mutilados de guerra. A promessa de alforria para os que se apresentassem para a guerra fez com que escravos fugissem das fazendas e se apresentassem aos recrutadores com nomes falsos, para despistar seus senhores. O texto destaca o descontentamento com a mobilização para a Guerra do Paraguai expresso pelo grupo dos senhores, pela perda do investimento em mão de obra.

69. Gabarito: E
Comentário: A ação governamental descrita (horário de verão) é possibilitada por meio do aproveitamento do fotoperíodo de forma estendida, motivado pelo adiantamento do horário brasileiro em 1 hora.

70. Gabarito: E
Comentário: O historiador Luiz Felipe de Alencastro mostra que a colonização portuguesa, baseada no escravismo, deu lugar a um espaço econômico e social bipolar, englobando uma zona de produção escravista situada no litoral da América do Sul e uma zona de reprodução de escravos centrada em Angola. O tráfico de escravos é um dos elementos do processo que levou o reino português a implementar a agromanufatura açucareira (*plantation*) para viabilizar a continuidade da empreitada colonial.

71. Gabarito: C
Comentário: A Semana de Arte Moderna (Semana de 1922) representou uma tentativa de renovação da linguagem artística e cultural, na busca de experimentação, na liberdade criadora e na ruptura com o passado. A manifestação cultural que, a partir da década de 1960, pretendeu sintetizar o dualismo apresentado no texto foi Tropicália, junção da música pop internacional com ritmos nacionais.

72. Gabarito: D
Comentário: No Egito Antigo, o Estado tinha um papel destacado na sociedade: exercia o controle do comércio e era dono da maioria das terras. O sistema político adotado era a monarquia teocrática no qual as ações políticas, jurídicas e sociais eram submetidas à religião. O faraó detinha todos os poderes em suas mãos e assumia várias funções, sendo considerado a encarnação de deus na terra. Um fator sociopolítico que caracterizava a organização estatal egípcia no contexto mencionado está indicado no fortalecimento do aparato burocrático.

73. Gabarito: A
Comentário: De acordo com o filósofo franco-argelino Jacques Derrida, a questão do próprio homem continua a ser inteiramente reelaborada pela filosofia. Logo, o tema fundamental do pensamento filosófico caracterizado no texto é a crise do sujeito.

74. Gabarito: A
Comentário: A Reforma Protestante foi um movimento de questionamento à Igreja Católica ocorrido na Europa no século XVI. Embora tenha havido movimentos de reforma anteriores, a Reforma é geralmente considerada como tendo começado com a publicação das *Noventa e Cinco Teses* de Martinho Lutero, em 1517. Um dos seus maiores questionamentos era sobre a venda de indulgências (oferta de dinheiro em troca do perdão pelos pecados), a venda de cargos eclesiásticos e a venda de relíquias sagradas, ambas conhecidas como simonia. Ao repudiarem o culto às relíquias, os reformadores fundamentavam-se no abandono de objetos mediadores.

75. Gabarito: B
Comentário: A ironia expressa na tirinha representa uma crítica ao crescimento econômico predatório.

76. Gabarito: C
Comentário: O acúmulo de lixo eletrônico na África é um exemplo de um modelo de desenvolvimento tecnológico que revela um processo de negligenciamento da logística reversa por esse setor industrial.

77. Gabarito: E
Comentário: O texto descreve um processo de amadurecimento da população brasileira em que uma pirâmide jovem (formato triangular) deu lugar a uma pirâmide adulta (formato mais retangular). Esta pirâmide adulta apresenta base com tendência à diminuição, em razão da redução da taxa de natalidade; corpo alargado, devido ao crescimento da população economicamente ativa; e topo com tendência ao aumento, constatando o aumento da expectativa de vida. As alterações no perfil demográfico brasileiro trouxeram como consequência socioeconômica a expansão na demanda por ocupações laborais.

78. Gabarito: E
Comentário: A expansão da capacidade produtiva brasileira, no contexto da Revolução Verde, também resultou em crescimento da demanda por trabalhadores qualificados.

79. Gabarito: C
Comentário: Os textos tratam da tensão entre os aliados da OTAN e Moscou causada pela intervenção da Rússia na Ucrânia, na região da Crimeia. O fundamento histórico da referência feita ao passado no texto II é a corrida armamentista que ocorreu no contexto da Guerra Fria, isto é, o período de tensão geopolítica entre a União Soviética e os Estados Unidos e seus respectivos aliados após a Segunda Guerra Mundial.

80. Gabarito: B
Comentário: O domínio morfoclimático dominante na região central do Brasil, como Goiás e Mato Grosso, é o cerrado. A soja representa 90% da agricultura do cerrado.

81. Gabarito: E
Comentário: De acordo com o cientista político Samuel P. Huntington, a civilização é uma construção cultural que se baseia na identidade dos grupos sociais.

82. Gabarito: A
Comentário: De acordo com o texto, o animal produz unicamente por força de uma necessidade física imediata, ou seja, age guiado pelo instinto; já o homem produz livre da necessidade física, ou seja, age guiado pela razão. Assim, o trabalho humano se diferencia da produção de outros animais em razão da presença de atividade criativa.

83. Gabarito: E
Comentário: O sociólogo Manuel Castells aborda como as novas tecnologias da informação e comunicação (TICs) moldaram uma nova forma de sociedade. O autor propõe o conceito de capitalismo informacional, em que as TICs têm grande influência nas relações de trabalho e na produção. Assim, a sociedade em rede depende da ocorrência da qualidade do sistema de telecomunicações.

84. Gabarito: D
Comentário: As interações citadas são efeito de um processo atmosférico marcado por fluxos entre faixas de latitudes distintas, já que a Amazônia está situada em baixa latitude; e a Antártica, em alta latitude.

85. Gabarito: C
Comentário: O Tratado de Methuen foi um acordo comercial e militar firmado entre Inglaterra e Portugal em 1703. Ficou conhecido como Tratado dos Panos e Vinhos em referência às mercadorias trocadas entre as duas nações. O tratado foi mais vantajoso para a Inglaterra porque seus produtos têxteis entravam em maior quantidade em Portugal do que os vinhos portugueses na Inglaterra. Assim, o Tratado de Methuen teve como consequência para os britânicos a obtenção de privilégios comerciais.

86. Gabarito: D
Comentário: Tendo em vista a substituição dos empregos formais e estáveis por formas mais desregulamentadas de trabalho, é necessário que os trabalhadores tenham flexibilidade no exercício da ocupação.

87. Gabarito: D

Comentário: Segundo o antropólogo e sociólogo Darcy Ribeiro, a discriminação racial no Brasil tem como origem a cor da pele, ou seja, traços fenotípicos.

88. Gabarito: B

Comentário: A urbanização aumenta a impermeabilização do solo, dificultando a infiltração da água e, consequentemente, aumentando as enchentes. Logo, o fator que contribui para a diminuição das enchentes em áreas urbanas é a criação de espaços verdes.

89. Gabarito: D

Comentário: O filósofo Jean-Jacques Rousseau foi um importante teórico contratualista que se baseia no pressuposto de que o estado de natureza humana (estado hipotético sem intervenção moral, política ou social) seria bom e a formação do contrato social o corromperia. No presente excerto, Rousseau exalta uma condição que teria sido vivenciada pelo homem no estado de natureza, pelo exercício da liberdade.

90. Gabarito: B

Comentário: Com a proclamação da República, em 1889, o poder político passou a ser controlado pelas oligarquias rurais, principalmente a oligarquia cafeeira paulista. A restrição à participação eleitoral mencionada no texto visava assegurar o poder político às oligarquias regionais.

ENEM 2020 • DIA 2

CIÊNCIAS DA NATUREZA E SUAS TECNOLOGIAS

QUESTÕES DE 91 A 135

Gralha-do-cerrado (*Cyanocorax cristatellus*) é uma espécie de ave que tem um característico topete frontal alongado, plumagem azul-escura, parte posterior do pescoço e garganta pretos, barriga e ponta da cauda brancas. Alcança até 35 centímetros de comprimento. A espécie é onívora e sua ampla dieta inclui frutos, insetos, sementes, pequenos répteis e ovos de outras espécies de aves.

SICK, H. **Ornitologia brasileira**. Rio de Janeiro: Nova Fronteira, 1997 (adaptado).

91. Além das características morfológicas do animal, a descrição da gralha-do-cerrado diz respeito a seu

(A) hábitat.

(B) ecótopo.

(C) nível trófico.

(D) nicho ecológico.

(E) ecossistema.

Em um grupo de roedores, a presença de um gene dominante (A) determina indivíduos com pelagem na cor amarela. Entretanto, em homozigose é letal, ou seja, provoca a morte dos indivíduos no útero. Já o alelo recessivo (a) não é letal e determina a presença de pelos pretos. Com base nessas informações, considere o heredograma:

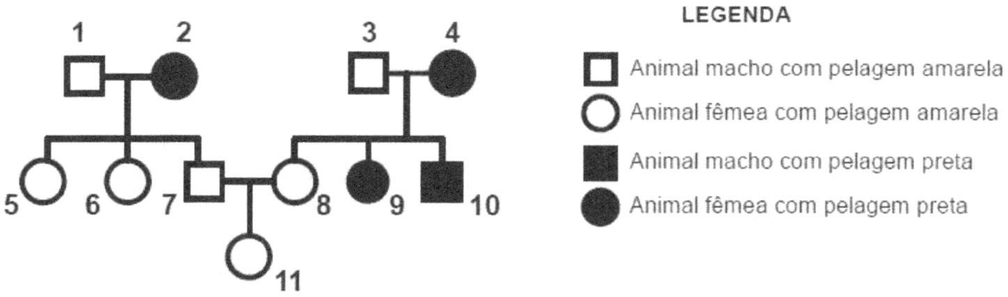

92. Qual é a probabilidade de, na próxima ninhada do casal de roedores que está representado na figura pelos números 7 e 8, nascer uma fêmea de pelagem amarela (representada pelo número 11)?

(A) 1/4 (25%)

(B) 1/3 (33%)

(C) 1/2 (50%)

(D) 2/3 (66%)

(E) 3/4 (75%)

A água sofre transições de fase sem que ocorra variação da pressão externa. A figura representa a ocorrência dessas transições em um laboratório.

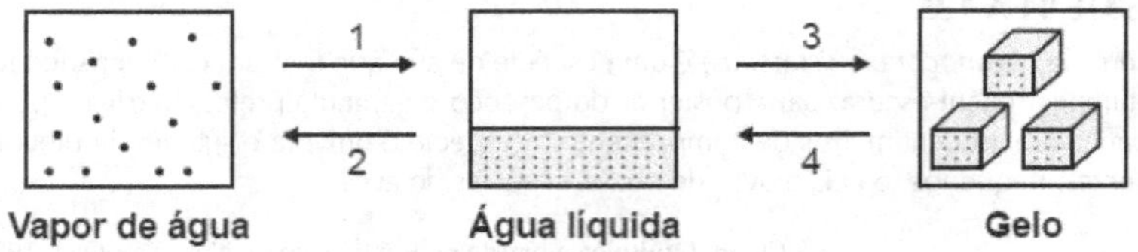

93. Tendo como base as transições de fase representadas (1 a 4), a quantidade de energia absorvida na etapa 2 é igual à quantidade de energia

(A) liberada na etapa 4.
(B) absorvida na etapa 3.
(C) liberada na etapa 3.
(D) absorvida na etapa 1.
(E) liberada na etapa 1.

Há algumas décadas, surgiu no mercado um medicamento que provocava perda de peso por inibir a ação da lipase, enzima que atua no intestino na digestão de gorduras. Um pesquisador, com o objetivo de avaliar a eficácia do medicamento, decidiu medir nos pacientes a quantidade de gordura nas fezes e de triglicerídeos (um dos produtos da digestão das gorduras) no sangue. Mantendo sempre a mesma dieta nos pacientes, fez as medidas antes e depois da administração do medicamento. A figura apresenta cinco resultados possíveis.

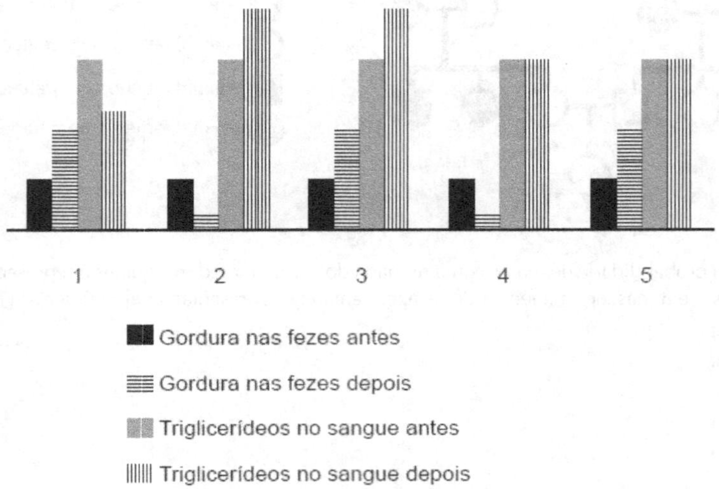

94. O efeito esperado do medicamento está representado no resultado

(A) 1.
(B) 2.
(C) 3.
(D) 4.
(E) 5.

Alguns modelos mais modernos de fones de ouvido têm um recurso, denominado "cancelador de ruídos ativo", constituído de um circuito eletrônico que gera um sinal sonoro semelhante ao sinal externo (ruído), exceto pela sua fase oposta.

95. Qual fenômeno físico é responsável pela diminuição do ruído nesses fones de ouvido?

(A) Difração.
(B) Reflexão.
(C) Refração.
(D) Interferência.
(E) Efeito Doppler.

Nos chuveiros elétricos, a água entra em contato com uma resistência aquecida por efeito Joule. A potência dissipada pelo aparelho varia em função da tensão à qual está ligado e do valor da resistência elétrica escolhida com a chave seletora. No quadro estão indicados valores de tensão e as possíveis resistências para cinco modelos de chuveiro. Nesse quadro, o valor das resistências é medido a partir da extremidade esquerda.

Chuveiro	Tensão	Posição de seleção da resistência elétrica
A	127 V	5,0 Ω
B	127 V	3,2 Ω; 6,2 Ω
C	220 V	8,0 Ω; 17,3 Ω
D	220 V	10,0 Ω; 12,1 Ω; 23,0 Ω
E	220 V	10,5 Ω; 24,2 Ω

96. Qual chuveiro apresenta a maior potência elétrica?

(A) A
(B) B
(C) C
(D) D
(E) E

Nas estradas brasileiras existem vários aparelhos com a finalidade de medir a velocidade dos veículos. Em uma rodovia, cuja velocidade máxima permitida é de 80 km h–1, um carro percorre a distância de 50 cm entre os dois sensores no tempo de 20 ms. De acordo com a Resolução n. 396, do Conselho Nacional de Trânsito, para vias com velocidade de até 100 km h–1, a velocidade medida pelo aparelho tem a tolerância de +7 km h–1 além da velocidade máxima permitida na via. Considere que a velocidade final registrada do carro é o valor medido descontado o valor da tolerância do aparelho.

97. Nesse caso, qual foi a velocidade final registrada pelo aparelho?

(A) 38 km h^{-1}
(B) 65 km h^{-1}
(C) 83 km h^{-1}
(D) 90 km h^{-1}
(E) 97 km h^{-1}

Um caminhão de massa 5 toneladas, carregado com carga de 3 toneladas, tem eixos articulados que permitem fazer o uso de 4 a 12 pneus (aos pares) simultaneamente. O número de pneus em contato com o solo é determinado a fim de que a pressão exercida por cada pneu contra o solo não supere o dobro da pressão atmosférica. A área de contato entre cada pneu e o asfalto equivale à área de um retângulo de lados 20 cm e 30 cm. Considere a aceleração da gravidade local igual a 10 m s^{-2} e a pressão atmosférica de 10^5 Pa.

98. O menor número de pneus em contato com o solo que o caminhão deverá usar é

(A) 4.
(B) 6.
(C) 8.
(D) 10.
(E) 12.

As leis brasileiras de regulamentação das atividades pesqueiras destacam a importância da preservação de vegetais hidróbios pertencentes ao fitoplâncton. Esses organismos raramente são citados quando o assunto é a preservação da biodiversidade, mas desempenham papel ecológico fundamental.

ICMBIO. Disponível em: www.icmbio.gov.br. Acesso em: 19 out. 2015 (adaptado).

99. Esses organismos devem ser preservados porque

(A) transferem O2 do ar para a água.
(B) mantêm a temperatura da água estável.

(C) competem com algas que são tóxicas para os peixes.
(D) aceleram a decomposição de matéria orgânica na água.
(E) estabelecem a base da cadeia alimentar de ambientes aquáticos.

O Protocolo de Montreal é um tratado internacional que diz respeito à defesa do meio ambiente. Uma de suas recomendações é a redução da utilização de substâncias propelentes, como os CFCs (Cloro-Flúor--Carbono), em aerossóis e aparelhos de refrigeração.

100. Essa recomendação visa
(A) evitar a chuva ácida.
(B) prevenir a inversão térmica.
(C) preservar a camada de ozônio.
(D) controlar o aquecimento global.
(E) impedir a formação de ilhas de calor.

Os esgotos domésticos são, em geral, fontes do íon tripolifosfato (P3O10^{5-} ,de massa molar igual a 253 g mol–1), um possível constituinte dos detergentes. Esse íon reage com a água, como mostra a equação a seguir, e produz o íon fosfato (PO4^{3-} , de massa molar igual a 95 g mol^{-1}), um contaminante que pode causar a morte de um corpo hídrico. Em um lago de 8 000 m^3, todo o fósforo presente é proveniente da liberação de esgoto que contém 0,085 mg L^{-1} de íon tripolifosfato, numa taxa de 16 m^3 por dia. De acordo com a legislação brasileira, a concentração máxima de fosfato permitido para água de consumo humano é de 0,030 mg L^{-1}.

$$P_3O_{10}{}^{-5}(aq) + 2H_2O\ (l) \text{ -> } 3PO^{3-}{}_4(aq) + 4H^+(aq)$$

101. O número de dias necessário para que o lago alcance a concentração máxima de fósforo (na forma de íon fosfato) permitida para o consumo humano está mais próximo de
(A) 158.
(B) 177.
(C) 444.
(D) 1 258.
(E) 1 596.

Devido à sua ampla incidência e aos seus efeitos debilitantes, a malária é a doença que mais contribui para o sofrimento da população humana da Região Amazônica. Além de reduzir os esforços das pessoas para desenvolverem seus recursos econômicos, capacidade produtiva e melhorarem suas condições de vida, prejudica a saúde da população e o desenvolvimento socioeconômico da região.

RENAULT, C. S. *et al*. Epidemiologia da malária no município de Belém – Pará. **Revista Paraense de Medicina**, n. 3, jul.-set. 2007 (adaptado).

102. Essa doença constitui um sério problema socioeconômico para a região citada porque provoca
(A) alterações neurológicas, que causam crises epilépticas, tornando o doente incapacitado para o trabalho.
(B) diarreias agudas e explosivas, que fazem com que o doente fique vários dias impossibilitado de trabalhar.
(C) febres constantes e intermitentes associadas à fadiga e dores de cabeça, que afastam o doente de suas atividades.
(D) imunossupressão, que impossibilita o doente de entrar em contato com outras pessoas sem o uso de máscaras e luvas.
(E) infecção viral contagiosa, que faz com que o doente precise de isolamento para evitar transmissão para outras pessoas.

Em um manual de instruções de uma geladeira, constam as seguintes recomendações:

- Mantenha a porta de seu refrigerador aberta apenas o tempo necessário;
- É importante não obstruir a circulação do ar com a má distribuição dos alimentos nas prateleiras;
- Deixe um espaço de, no mínimo, 5 cm entre a parte traseira do produto (dissipador serpentinado) e a parede.

103. Com base nos princípios da termodinâmica, as justificativas para essas recomendações são, respectivamente:
(A) Reduzir a saída de frio do refrigerador para o ambiente, garantir a transmissão do frio entre os alimentos na prateleira e permitir a troca de calor entre o dissipador de calor e o ambiente.
(B) Reduzir a saída de frio do refrigerador para o ambiente, garantir a convecção do ar interno, garantir o isolamento térmico entre a parte interna e a externa.
(C) Reduzir o fluxo de calor do ambiente para a parte interna do refrigerador, garantir a convecção do ar interno e permitir a troca de calor entre o dissipador e o ambiente.

(D) Reduzir o fluxo de calor do ambiente para a parte interna do refrigerador, garantir a transmissão do frio entre os alimentos na prateleira e permitir a troca de calor entre o dissipador e o ambiente.

(E) Reduzir o fluxo de calor do ambiente para a parte interna do refrigerador, garantir a convecção do ar interno e garantir o isolamento térmico entre as partes interna e externa.

Os impactos ambientais das usinas hidrelétricas são motivo de polêmica nas discussões sobre desenvolvimento sustentável. Embora usualmente relacionadas ao conceito de "energia limpa" ou associadas à ideia de "sustentabilidade", essas usinas podem causar vários problemas ambientais. Destaca-se a proliferação de determinadas espécies aquáticas em relação a outras, ocasionando a perda de diversidade das comunidades de peixes (ictiofauna) do local.

Disponível em: http://ciencia.hsw.com.br. Acesso em: 25 mar. 2013 (adaptado).

104. Em um primeiro momento, as mudanças na composição dessas comunidades devem-se

(A) às alterações nos hábitats causadas pela construção das barragens.

(B) à poluição das águas por substâncias liberadas no funcionamento da usina.

(C) ao aumento da concentração de CO2 na água produzido pelo represamento do rio.

(D) às emissões de gases de efeito estufa pela decomposição da matéria orgânica submersa.

(E) aos impactos nas margens da barragem em função da pressão exercida pela água represada.

Os acidentes de trânsito são causados geralmente por excesso de velocidade. Em zonas urbanas no Brasil, o limite de velocidade normalmente adotado é de 60 km h^{-1}. Uma alternativa para diminuir o número de acidentes seria reduzir esse limite de velocidade. Considere uma pista seca em bom estado, onde um carro é capaz de frear com uma desaceleração constante de 5 m s^{-2} e que o limite de velocidade reduza de 60 km h^{-1} para 50 km h^{-1}.

105. Nessas condições, a distância necessária para a frenagem desde a velocidade limite até a parada completa do veículo será reduzida em um valor mais próximo de

(A) 1 m.

(B) 9 m.

(C) 15 m.

(D) 19 m.

(E) 38 m.

O termo "atenuação natural" é usado para descrever a remediação passiva do solo e envolve a ocorrência de diversos processos de origem natural. Alguns desses processos destroem fisicamente os contaminantes, outros transferem os contaminantes de um local para outro ou os retêm. Considere cinco propostas em estudo para descontaminar um solo, todas caracterizadas como "atenuação natural".

Proposta	Processo
I	Diluição
II	Adsorção
III	Dispersão
IV	Volatilização
V	Biodegradação

106. Qual dessas propostas apresenta a vantagem de destruir os contaminantes de interesse?

(A) I.

(B) II.

(C) III.

(D) IV.

(E) V.

Uma atividade que vem crescendo e tem se tornado uma fonte de renda para muitas pessoas é o recolhimento das embalagens feitas com alumínio. No Brasil, atualmente, mais de 95% dessas embalagens são recicladas para fabricação de outras novas.

Disponível em: http://abal.org.br. Acesso em: 11 mar. 2013.

107. O interesse das fábricas de embalagens no uso desse material reciclável ocorre porque o(a)

(A) reciclagem resolve o problema de desemprego da população local.

(B) produção de embalagens a partir de outras já usadas é mais fácil e rápida.

(C) alumínio das embalagens feitas de material reciclado é de melhor qualidade.

(D) compra de matéria-prima para confecção de embalagens de alumínio não será mais necessária.

(E) custo com a compra de matéria-prima para a produção de embalagens de alumínio é reduzido.

O descarte inadequado do lixo é um problema que necessita ser solucionado urgentemente. Segundo o Ministério do Meio Ambiente, apenas 25% dos municípios brasileiros dispõem adequadamente seus resíduos. Para regulamentar essa questão, o Projeto de Lei 4 162/2019, que institui o marco regulatório do saneamento básico, estabeleceu um prazo até agosto de 2024 para que todos os lixões existentes no Brasil sejam transformados em aterros sanitários, entre outras providências.

Disponível em: www.gov.br/casacivil. Acesso em: 5 out. 2020 (adaptado).

108. A medida apontada no texto é necessária porque

(A) a poluição causada pelos aterros sanitários é reduzida pela impermeabilização do solo e tratamento do chorume.
(B) a criação dos aterros sanitários viabilizará o reaproveitamento da matéria orgânica descartada no lixo.
(C) a construção dos lixões envolve um custo mais elevado do que a manutenção dos aterros sanitários.
(D) nos lixões não há a possibilidade de separação de material para reaproveitamento e reciclagem.
(E) as áreas dos lixões desativados poderão ser imediatamente usadas para plantação.

A presença de substâncias ricas em enxofre, como a pirita (FeS_2), em áreas de mineração, provoca um dos mais preocupantes impactos causados pela exploração dos recursos naturais da crosta terrestre. Em contato com o oxigênio atmosférico, o sulfeto sofre oxidação em diversas etapas até formar uma solução aquosa conhecida como drenagem ácida de minas, de acordo com a equação química descrita.

$$4\ FeS_2\ (s) + 15\ O_2\ (g) + 2\ H_2O\ (l) \rightarrow 2\ Fe_2(SO_4)_3\ (aq) + 2\ H_2SO_4\ (aq)$$

Um dos processos de intervenção nesse problema envolve a reação do resíduo ácido com uma substância básica, de baixa solubilidade em meio aquoso, e sem a geração de subprodutos danosos ao meio ambiente.

FIGUEIREDO, B. R. **Minérios e ambientes**. Campinas: Unicamp, 2000.

109. Esse processo de intervenção é representado pela equação química:

(A) $Ca\ (s) + 2\ H_2O\ (l) \rightarrow Ca(OH)_2\ (aq) + H_2\ (g)$.
(B) $CaO\ (s) + H_2SO_4\ (aq) \rightarrow CaSO_4\ (aq) + H_2O\ (l)$.
(C) $CaCO3\ (s) + H_2SO_4\ (aq) \rightarrow CaSO_4\ (aq) + H_2O\ (l) + CO_2\ (g)$.
(D) $CaSO4\ (s) + H_2SO_4\ (aq) \rightarrow Ca^{2+}\ (aq) + 2\ H^+\ (aq) + 2\ SO_4^{2-}\ (aq)$.
(E) $Ca(HCO3)_2\ (s) + 2\ H_2O\ (l) \rightarrow Ca(OH)_2\ (aq) + 2\ H_2O\ (l) + 2\ CO_2\ (g)$.

O carvão é um combustível que tem várias substâncias em sua composição. Em razão disso, quando é representada sua queima com o oxigênio (massa molar 16 g mol^{-1}), simplifica-se elaborando apenas a combustão completa do carbono (massa molar 12 g mol^{-1}). De acordo com o conteúdo médio de carbono fixo, o carvão é classificado em vários tipos, com destaque para o antracito, que apresenta, em média, 90% de carbono. Esse elevado conteúdo favorece energeticamente a combustão, no entanto, libera maior quantidade de gás que provoca efeito estufa.

110. Supondo a queima completa de 100 g de carvão antracito, a massa de gás liberada na atmosfera é, em grama, mais próxima de

(A) 90,0.
(B) 210,0.
(C) 233,3.
(D) 330,0.
(E) 366,7.

Em 20 de julho de 1969, Neil Armstrong tornou-se o primeiro homem a pisar na superfície da Lua. Ele foi seguido por Edwin Aldrin, ambos da missão Apollo 11. Eles, e os astronautas que os seguiram, experimentaram a ausência de atmosfera e estavam sujeitos às diferenças gravitacionais. A aceleração da gravidade na Lua tem 1/6 do valor na Terra.

111. Em relação às condições na Terra, um salto oblíquo na superfície da Lua teria alcance

(A) menor, pois a força normal com o solo é menor.
(B) menor, pois a altura do salto seria maior.
(C) igual, pois o impulso aplicado pelo astronauta é o mesmo.
(D) maior, pois a aceleração da gravidade é seis vezes menor.
(E) maior, pois na ausência de atmosfera não há resistência do ar.

O uso de equipamentos elétricos custa dinheiro e libera carbono na atmosfera. Entretanto, diferentes usinas de energia apresentam custos econômicos e ambientais distintos. O gráfico mostra o custo, em centavo de real, e a quantidade de carbono liberado, dependendo da fonte utilizada para converter energia. Considera-se apenas o custo da energia produzida depois de instalada a infraestrutura necessária para sua produção.

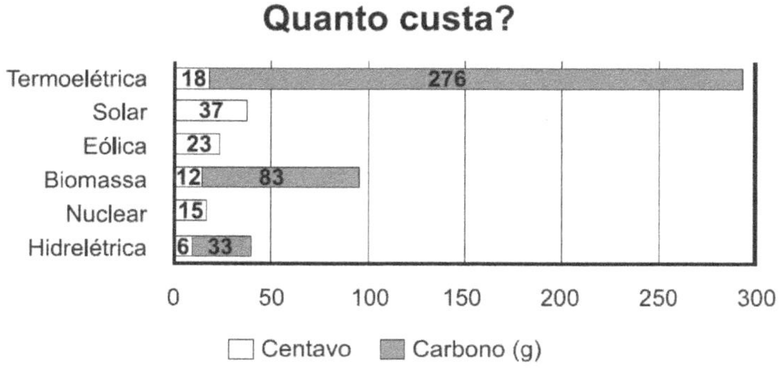

CAVALCANTE, R. O vilão virou herói. **Superinteressante**, jul. 2007.

112. Em relação aos custos associados às fontes energéticas apresentadas, a energia obtida a partir do vento é

(A) mais cara que a energia nuclear e emite maior quantidade de carbono.

(B) a segunda fonte mais cara e é livre de emissões de carbono.

(C) mais cara que a energia solar e ambas são livres de emissões de carbono.

(D) mais barata que as demais e emite grandes quantidades de carbono.

(E) a fonte que gera energia mais barata e livre de emissões de carbono.

Tanto a conservação de materiais biológicos como o resfriamento de certos fotodetectores exigem baixas temperaturas que não são facilmente atingidas por refrigeradores. Uma prática comum para atingi-las é o uso de nitrogênio líquido, obtido pela expansão adiabática do gás N_2, contido em um recipiente acoplado a um êmbolo, que resulta no resfriamento em temperaturas que chegam até seu ponto de liquefação em −196 °C. A figura exibe o esboço de curvas de pressão em função do volume ocupado por uma quantidade de gás para os processos isotérmico e adiabático. As diferenças entre esses processos podem ser identificadas com base na primeira lei da termodinâmica, que associa a variação de energia interna à diferença entre o calor trocado com o meio exterior e o trabalho realizado no processo.

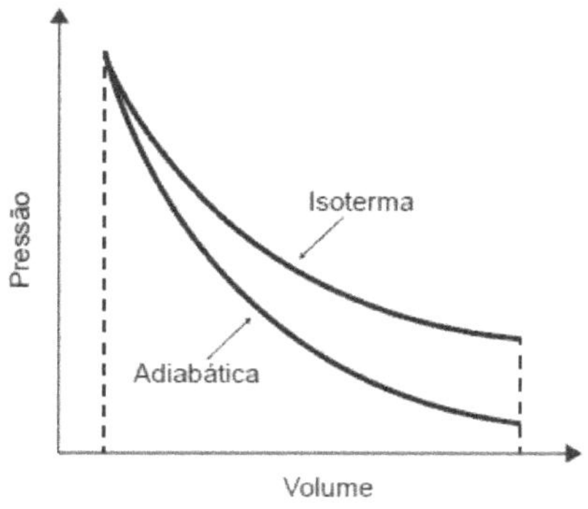

113. A expansão adiabática viabiliza o resfriamento do N_2 porque

(A) a entrada de calor que ocorre na expansão por causa do trabalho contribui para a diminuição da temperatura.

(B) a saída de calor que ocorre na expansão por causa do trabalho contribui para a diminuição da temperatura.

(C) a variação da energia interna é nula e o trabalho é associado diretamente ao fluxo de calor, que diminui a temperatura do sistema.

(D) a variação da energia interna é nula e o trabalho é associado diretamente à entrada de frio, que diminui a temperatura do sistema.

(E) o trabalho é associado diretamente à variação de energia interna e não há troca de calor entre o gás e o ambiente.

O peróxido de hidrogênio é um produto secundário do metabolismo celular e apresenta algumas funções úteis, mas, quando em excesso, é prejudicial, gerando radicais que são tóxicos para as células. Para se defender, o organismo vivo utiliza a enzima catalase, que decompõe H_20_2 em H_2O e O_2. A energia de reação de decomposição, quando na presença e ausência da catalase, está mostrada no gráfico.

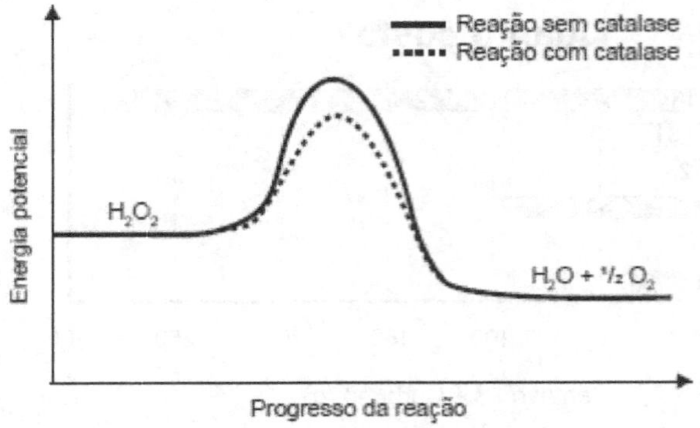

Disponível em: www.pontociencia.org.br. Acesso em: 14 ago. 2013 (adaptado).

114. Na situação descrita, o organismo utiliza a catalase porque ela

(A) diminui a energia de ativação.
(B) permite maior rendimento da reação.
(C) diminui o valor da entalpia da reação.
(D) consome rapidamente o oxigênio do reagente.
(E) reage rapidamente com o peróxido de hidrogênio.

As plantas, em sua fase de crescimento, necessitam de grande quantidade de carbono, sequestrado pela fotossíntese, para a produção de biomassa.

115. O sequestro de carbono pelas plantas é aumentado

(A) reciclando papel.
(B) mantendo intactas as florestas nativas.
(C) fazendo o replantio das áreas degradadas.
(D) evitando a queima de madeira e de áreas de floresta.
(E) substituindo a madeira de bens duráveis por materiais alternativos.

A irradiação e o sucesso evolutivo das angiospermas estão associados à ação de animais que atuam na polinização de suas flores, principalmente os insetos. Nessa relação, os insetos foram e ainda são beneficiados com alimento.

116. Para as angiospermas, essa coevolução foi vantajosa por

(A) reduzir a ação dos herbívoros.
(B) reduzir a competição interespecífica.
(C) aumentar sua variabilidade genética.
(D) aumentar a produção de grãos de pólen.
(E) aumentar a independência da água para reprodução.

Algumas espécies de tubarões, como o tubarão-branco e o tubarão-martelo, são superpredadores da cadeia alimentar subaquática. Seus órgãos dos sentidos são especialmente adaptados para a localização de presas até mesmo a quilômetros de distância. Pesquisadores americanos, trabalhando com tubarões do gênero *Squalus*, verificaram que a capacidade de detecção e captura de presas por esses indivíduos é diminuída quando eles se encontram expostos a campos magnéticos gerados artificialmente na água.

STONER, A. W.; KAIMMER, S. M. **Fisheries Research**, n. 92, 2008.

117. Considerando-se os órgãos dos sentidos típicos desses animais, que tipo de receptor foi afetado no experimento?

(A) Fotorreceptor.
(B) Mecanorreceptor.
(C) Eletrorreceptor.
(D) Termorreceptor.
(E) Quimiorreceptor.

Um cidadão que se mudou de Brasília para Recife, após algum tempo, percebeu que partes de seu carro estavam enferrujando muito rapidamente. Perguntou para seu filho, estudante do ensino médio, a explicação para o fenômeno. O filho pesquisou na internet e descobriu que, por causa da maresia, gotículas de água do mar atingem os objetos de aço (liga de ferro e carbono) e intensificam sua corrosão. Com base nessa informação, o estudante explicou corretamente ao pai o efeito do cloreto de sódio na corrosão.

118. A explicação correta de a maresia acelerar a corrosão do aço é porque

(A) reduz o ferro.
(B) oxida o carbono.
(C) dissolve a pintura do carro.
(D) torna a água mais condutora.
(E) diminui a dissolução do oxigênio na água.

A fritura de alimentos é um processo térmico que ocorre a temperaturas altas, aproximadamente a 170 °C. Nessa condição, alimentos ricos em carboidratos e proteínas sofrem uma rápida desidratação em sua superfície, tornando-a crocante. Uma pessoa quer fritar todas as unidades de frango empanado congelado de uma caixa. Para tanto, ela adiciona todo o conteúdo de uma vez em uma panela com óleo vegetal a 170 °C, cujo volume é suficiente para cobrir todas as unidades. Mas, para sua frustração, ao final do processo elas se mostram encharcadas de óleo e sem crocância.

119. As unidades ficaram fora da aparência desejada em razão da

(A) evaporação parcial do óleo.
(B) diminuição da temperatura do óleo.
(C) desidratação excessiva das unidades.
(D) barreira térmica causada pelo empanamento.
(E) ausência de proteínas e carboidratos nas unidades.

Alguns cinemas apresentam uma tecnologia em que as imagens dos filmes parecem tridimensionais, baseada na utilização de óculos 3D. Após atravessar cada lente dos óculos, as ondas luminosas, que compõem as imagens do filme, emergem vibrando apenas na direção vertical ou apenas na direção horizontal.

120. Com base nessas informações, o funcionamento dos óculos 3D ocorre por meio do fenômeno ondulatório de

(A) difração.
(B) dispersão.
(C) reflexão.
(D) refração.
(E) polarização.

As tintas anti-incrustantes impedem que qualquer forma de vida se incruste às superfícies submersas de embarcações no mar. Essas tintas, a partir da década de 1960, apresentavam em sua formulação o composto tributilestanho (TBT), uma das substâncias mais tóxicas produzidas pelo homem, que se acumula na cadeia alimentar, afetando principalmente os moluscos. No quadro estão apresentadas cinco cadeias alimentares contendo moluscos. Considere que a concentração de TBT no início da cadeia é a mesma.

	Cadeia alimentar
1	alga → mexilhão → estrela-do-mar → lagosta → peixe menor → peixe maior
2	alga → microcrustáceo → anêmona-do-mar → caracol marinho → caranguejo → ave aquática
3	alga → hidromedusa → ostra → estrela-do-mar → peixe → tubarão
4	cianobactéria → larva de equinodermo → camarão → lagosta → lula → homem
5	cianobactéria → protozoário → esponja → estrela-do-mar → peixe → polvo

KUGLER, H. No silêncio dos mares: substância altamente tóxica é usada de forma ilegal na costa brasileira.

Ciência Hoje, n. 311, 2014 (adaptado).

121. Espera-se encontrar maior concentração de TBT no molusco da cadeia

(A) 1.
(B) 2.
(C) 3.
(D) 4.
(E) 5.

O propranolol é um fármaco pouco solúvel em água utilizado no tratamento de algumas doenças cardiovasculares. Quando essa substância é tratada com uma quantidade estequiométrica de um ácido de Brönsted-Lowry, o grupamento de maior basicidade reage com o próton levando à formação de um derivado solúvel em água.

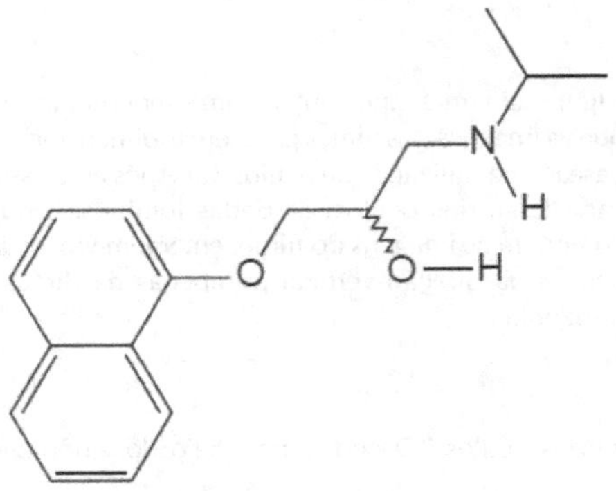

Propranolol

GONSALVES, A. A. *et al*. Contextualizando reações ácido-base de acordo com a teoria protônica de Brönsted-Lowry usando comprimidos de propranolol e nimesulida. **Química Nova**, n. 8, 2013 (adaptado).

122. O ácido de Brönsted-Lowry reage com

(A) a hidroxila alcoólica.
(B) os anéis aromáticos.
(C) as metilas terminais.
(D) o grupamento amina.
(E) o oxigênio do grupamento éter.

Na tentativa de explicar o processo evolutivo dos seres humanos, em 1981, Lynn Margulis propôs a teoria endossimbiótica, após ter observado que duas organelas celulares se assemelhavam a bactérias em tamanho, forma, genética e bioquímica. Acredita-se que tais organelas são descendentes de organismos procariontes que foram capturados por alguma célula, vivendo em simbiose. Tais organelas são as mitocôndrias e os cloroplastos, que podem se multiplicar dentro da célula.

123. A multiplicação dessas organelas deve-se ao fato de apresentarem

(A) DNA próprio.
(B) ribossomos próprios.
(C) membrana duplicada.
(D) código genético diferenciado.
(E) maquinaria de reparo do DNA.

Quando as pilhas, que contêm metais pesados, são descartadas no lixo comum, pode ocorrer o rompimento de sua blindagem e a liberação de seu conteúdo para o meio ambiente. Ao atingir o solo, um metal pesado pode ficar retido nas camadas superiores por três processos: reação com moléculas orgânicas que possuam oxigênio ou nitrogênio em sua estrutura, adsorção em argilas e minerais e reação com grupamento hidroxila, sulfeto ou metil, formando precipitado insolúvel.

124. Com bases nas informações apresentadas, são suscetíveis de serem formados no solo os compostos:

(A) CdS e $Zn(OH)_2$
(B) $Pb(OH)_2$ e Na_2S
(C) $Ni(OH)_2$ e $Cr(C_2H_5)_2$
(D) CdSO4 e $Pb(CH3CO2)_2$
(E) $Hg(CH3)_2$ e $Ca(CH_3CO_2)_2$

Algumas espécies de bactérias do gênero *Pseudomonas* desenvolvem-se em ambientes contaminados com hidrocarbonetos, pois utilizam essas moléculas como substratos para transformação em energia metabólica. Esses microrganismos são capazes de transformar o octano em moléculas menos tóxicas, tornando o ambiente mais propício para desenvolvimento de fauna e flora.

125. Essas bactérias poderiam ser utilizadas para recuperar áreas contaminadas com

(A) petróleo.
(B) pesticidas.
(C) lixo nuclear.
(D) gases tóxicos.
(E) metais pesados.

Um princípio importante na dissolução de solutos é que semelhante dissolve semelhante. Isso explica, por exemplo, o açúcar se dissolver em grandes quantidades na água, ao passo que o óleo não se dissolve.

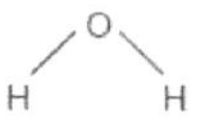

Água

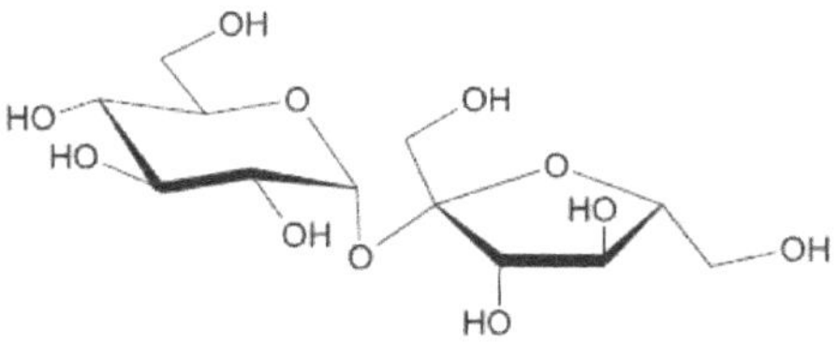

Açúcar

126. A dissolução na água, do soluto apresentado, ocorre predominantemente por meio da formação de

(A) ligações iônicas.
(B) ligações covalentes.
(C) interações íon-dipolo.
(D) ligações de hidrogênio.
(E) interações hidrofóbicas.

Uma lagarta ao comer as folhas do milho, induz no vegetal a produção de óleos voláteis cujas estruturas estão mostradas a seguir:

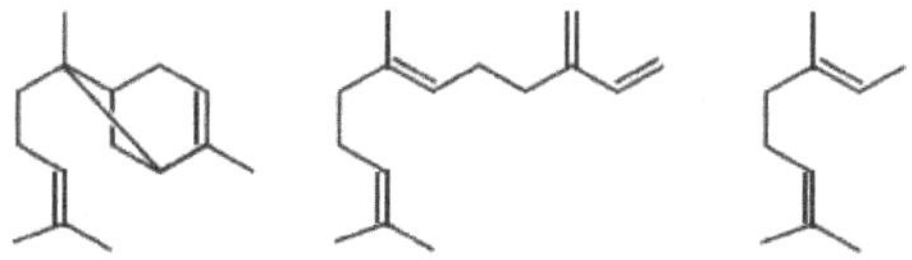

127. A volatilidade desses óleos é decorrência do(a)

(A) elevado caráter covalente.
(B) alta miscibilidade em água.
(C) baixa estabilidade química.
(D) grande superfície de contato.
(E) fraca interação intermolecular.

A agricultura de frutas cítricas requer que o valor do pH do solo esteja na faixa ideal entre 5,8 e 6,0. Em uma fazenda, o valor do pH do solo é 4,6. O agricultor resolveu testar três produtos de correção de pH em diferentes áreas da fazenda. O primeiro produto possui íons sulfato e amônio, o segundo produto possui íons carbonato e cálcio e o terceiro produto possui íons sulfato e sódio.

128. O íon que vai produzir o efeito desejado de correção no valor do pH é o

(A) cálcio, porque sua hidrólise produz H+, que aumenta a acidez.
(B) amônio, porque sua hidrólise produz H+, que aumenta a acidez.
(C) sódio, porque sua hidrólise produz OH−, que aumenta a alcalinidade.
(D) sulfato, porque sua hidrólise produz OH−, que aumenta a alcalinidade.
(E) carbonato, porque sua hidrólise produz OH−, que aumenta a alcalinidade.

Um anatomista vegetal, examinando os tecidos de uma espécie de angiosperma, evidenciou a presença de:

I. epiderme com cutícula fina;
II. aerênquima bem desenvolvido;
III. feixes vasculares pouco desenvolvidos;
IV. estômatos na face superior das folhas.

129. Em que local pode ser encontrado esse vegetal?

(A) Em uma restinga, ambiente com solo arenoso e alta luminosidade.
(B) Em um ambiente aquático, onde há grande disponibilidade hídrica.
(C) No cerrado, ambiente com solo pobre em nutrientes e sujeito a queimadas.
(D) Em uma floresta, ambiente com boa disponibilidade hídrica e rica diversidade.
(E) Em um afloramento rochoso, ambiente com pouco solo e muita luminosidade.

Com a descoberta de emissões de energia do rádio-226, por Marie Curie e Pierre Curie, o fenômeno foi denominado radiação α (alfa) ou emissão α. Posteriormente, verificou-se que a emissão α na verdade são partículas correspondentes a núcleos de hélio formados por dois prótons e dois nêutrons. Assim, no decaimento α, um núcleo instável emite partículas α, tornando-se um núcleo mais estável (núcleo filho).

130. Se um núcleo de rádio-226 emitir duas partículas α, o número de massa do núcleo filho será

(A) 226.

(B) 224.
(C) 222.
(D) 220.
(E) 218.

Um agricultor deseja utilizar um motor para bombear água ($\rho_{água}$ = 1 kg L^{-1}) de um rio até um reservatório onde existe um desnível de 30 m de altura entre o rio e o reservatório, como representado na figura. Ele necessita de uma vazão constante de 3 600 litros de água por hora. 131. Considere a aceleração da gravidade igual a 10 m s^{-2}.

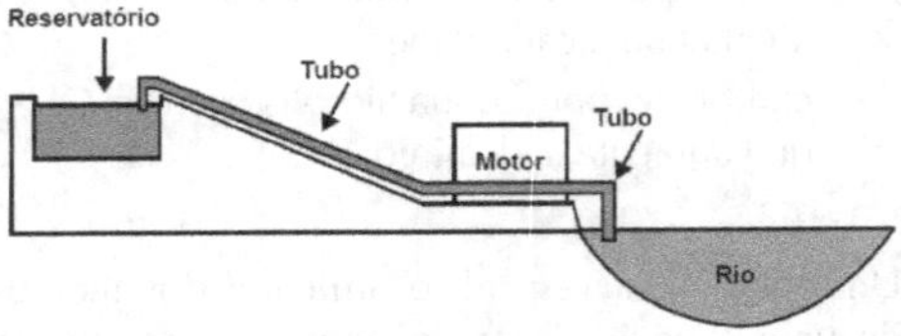

131. Considerando a situação apresentada e desprezando efeitos de perdas mecânicas e elétricas, qual deve ser a potência mínima do motor para realizar a operação?

(A) 1,0 × 101 W
(B) 5,0 × 101 W
(C) 3,0 × 102 W
(D) 3,6 × 104 W
(E) 1,1 × 106 W

A pentano-5-lactama é uma amida cíclica que tem aplicações na síntese de fármacos e pode ser obtida pela desidratação intramolecular, entre os grupos funcionais de ácido carboxílico e amina primária, provenientes de um composto de cadeia alifática, saturada, normal e homogênea.

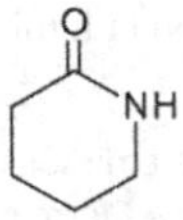

Pentano-5-lactama

132. O composto que, em condições apropriadas, dá origem a essa amida cíclica é

(A) $CH_3NHCH_2CH_2CH_2CO_2H$.
(B) $HOCH{=}CHCH_2CH_2CONH_2$.
(C) $CH_2(NH_2)CH_2CH{=}CHCO_2H$.
(D) $CH_2(NH_2)CH_2CH_2CH_2CO_2H$.
(E) $CH_2(NH_2)CH(CH_3)CH_2CO_2H$.

Os tanques de armazenamento de gasolina podem, com o tempo, sofrer processos oxidativos, resultando na contaminação do combustível e do solo à sua volta. Uma forma de evitar tais problemas econômicos e ambientais é utilizar preferencialmente metais de sacrifício, protegendo os tanques de armazenamento.

Suponha que seja necessário usar um metal de sacrifício em um tanque de aço (liga de ferro-carbono). Considere as semirreações de redução e seus respectivos potenciais padrão.

Semirreação	E° (V)
$Fe^{2+} + 2\,e^- \rightarrow Fe$	−0,44
$Zn^{2+} + 2\,e^- \rightarrow Zn$	−0,76
$Cu^{2+} + 2\,e^- \rightarrow Cu$	+0,34
$Ni^{2+} + 2\,e^- \rightarrow Ni$	−0,25
$Cd^{2+} + 2\,e^- \rightarrow Cd$	−0,40
$Hg^{2+} + 2\,e^- \rightarrow Hg$	+0,86

133. Dos metais citados, o que garantirá proteção ao tanque de aço é o

(A) zinco.
(B) cobre.
(C) níquel.
(D) cádmio.
(E) mercúrio.

Um cordão de 200 pequenas lâmpadas é utilizado em árvores de Natal. Uma pessoa verifica que, ao retirar somente uma lâmpada de qualquer posição, outras nove não acendem mais, porém as demais 190 lâmpadas permanecem em pleno funcionamento. Com base nessa informação, ela tenta identificar a estrutura do circuito e a relação entre os valores das quantidades físicas envolvidas, entre as quais a razão entre as intensidades da corrente elétrica em uma das lâmpadas e da corrente elétrica total no cordão com as 200 lâmpadas ligadas.

134. O valor dessa razão é igual a

(A) 1/200.
(B) 1/100.
(C) 1/20.
(D) 1/10.
(E) 1.

Usando pressões extremamente altas, equivalentes às encontradas nas profundezas da Terra ou em um planeta gigante, cientistas criaram um novo cristal capaz de armazenar quantidades enormes de energia. Utilizando-se um aparato chamado bigorna de diamante, um cristal de difluoreto de xenônio (XeF2) foi pressionado, gerando um novo cristal com estrutura supercompacta e enorme quantidade de energia acumulada.

Inovação tecnológica. Disponível em: www.inovacaotecnologica.com.br. Acesso em: 7 jul. 2010 (adaptado).

135. Embora as condições citadas sejam diferentes do cotidiano, o processo de acumulação de energia descrito é análogo ao da energia

(A) armazenada em um carrinho de montanha-russa durante o trajeto.
(B) armazenada na água do reservatório de uma usina hidrelétrica.
(C) liberada na queima de um palito de fósforo.
(D) gerada nos reatores das usinas nucleares.
(E) acumulada em uma mola comprimida.

MATEMÁTICA E SUAS TECNOLOGIAS
QUESTÕES DE 136 A 180

Um curso é oferecido aos fins de semana em três cidades de um mesmo estado. Alunos matriculados nesse curso são moradores de cidades diferentes. Eles se deslocam para uma das três cidades onde o curso é oferecido ao sábado pela manhã, pernoitam nessa cidade para participar das atividades no domingo e retornam às suas casas no domingo à noite. As despesas com alimentação e hospedagem são custeadas pela coordenação do curso. A tabela mostra essas despesas, por fim de semana, registradas no ano passado.

Cidade	Alimentação (R$)	Hospedagem (R$)
A	1 400	1 800
B	800	2 000
C	1 500	3 500

Para planejar as despesas para o próximo ano, a coordenação precisa levar em conta um aumento de:

- 15% com hospedagem na cidade A;
- 20% com alimentação na cidade B;
- 5% com alimentação na cidade C.

136. O aumento no orçamento das despesas com alimentação e hospedagem por fim de semana do curso para este ano, em porcentagem, em relação às do ano anterior, é melhor aproximado por

(A) 4,6.
(B) 13,3.
(C) 21,8.
(D) 23,9.
(E) 38,6.

Pretende-se comprar uma mesa capaz de acomodar 6 pessoas, de modo que, assentadas em torno da mesa, cada pessoa disponha de, pelo menos, 60 cm de espaço livre na borda do tampo da mesa, que deverá ter a menor área possível. Na loja visitada há mesas com tampos nas formas e dimensões especificadas:

- Mesa I: hexágono regular, com lados medindo 60 cm;
- Mesa II: retângulo, com lados medindo 130 cm e 60 cm;
- Mesa III: retângulo, com lados medindo 120 cm e 60 cm;
- Mesa IV: quadrado, com lados medindo 60 cm;
- Mesa V: triângulo equilátero, com lados medindo 120 cm.

137. A mesa que atende aos critérios especificados é a

(A) I.
(B) II.
(C) III.
(D) IV.
(E) V.

Uma partida de futebol tem dois tempos de 45 minutos cada. A duração do intervalo entre cada tempo é de 15 minutos. Eventualmente, por ocasião de paralisações ocorridas durante um dos tempos (como comemorações de gols, atendimento a jogadores que necessitem de maca), ocorre acréscimo ao tempo de jogo.

No Brasil, o segundo tempo é iniciado zerando-se o cronômetro, mas em campeonatos europeus, começa com o cronômetro posicionado em 45 minutos. Em uma partida de um campeonato europeu, um time marcou um gol aos 17 minutos e 45 segundos. A outra equipe empatou o jogo aos 54 minutos e 32 segundos. O tempo do intervalo foi respeitado e houve um acréscimo de 2 minutos ao primeiro tempo do jogo.

138. O tempo transcorrido entre os dois gols foi de

(A) 54 minutos e 47 segundos.
(B) 53 minutos e 47 segundos.
(C) 51 minutos e 47 segundos.
(D) 38 minutos e 47 segundos.
(E) 36 minutos e 47 segundos.

Um laboratório realizou um teste para calcular a velocidade de reprodução de um tipo de bactéria. Para tanto, realizou um experimento para observar a reprodução de uma quantidade x dessas bactérias por um período de duas horas. Após esse período, constava no habitáculo do experimento uma população de 189 440 da citada bactéria. Constatou-se, assim, que a população de bactérias dobrava a cada 0,25 hora.

139. A quantidade inicial de bactérias era de

(A) 370.
(B) 740.
(C) 1 480.
(D) 11 840.
(E) 23 680.

O valor cobrado por uma corrida de táxi é calculado somando-se a bandeirada, um valor fixo que é cobrado em qualquer corrida, a um valor variável que depende da distância percorrida.

Uma empresa de táxi cobra pela bandeirada o valor de R$ 4,50. Para corridas de até 200 metros, é cobrada somente a bandeirada, e para corridas superiores a 200 metros é cobrado o valor de R$ 0,02 para cada metro adicional percorrido.

Para analisar o valor cobrado, em real, em função da distância percorrida, em metro, a empresa elaborou um gráfico, com uma simulação para uma distância de 600 metros.

140. O gráfico que representa o valor da corrida, em real, em função da distância percorrida, em metro, é

(A)

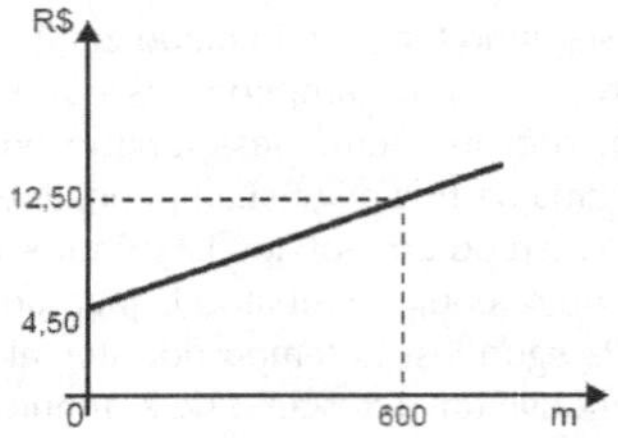

(B)

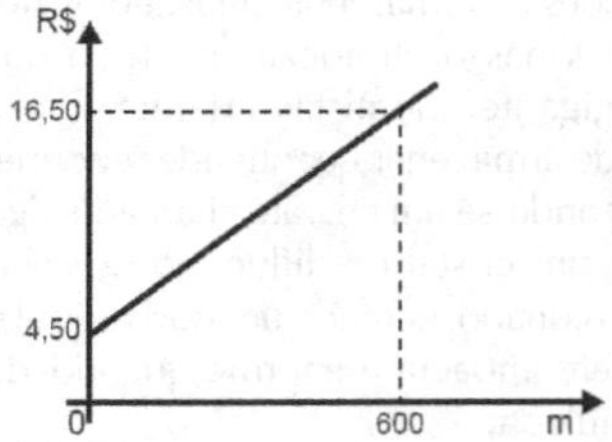

(C)

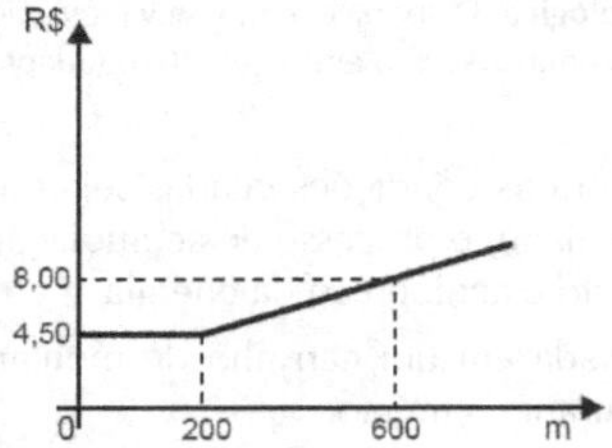

(D)

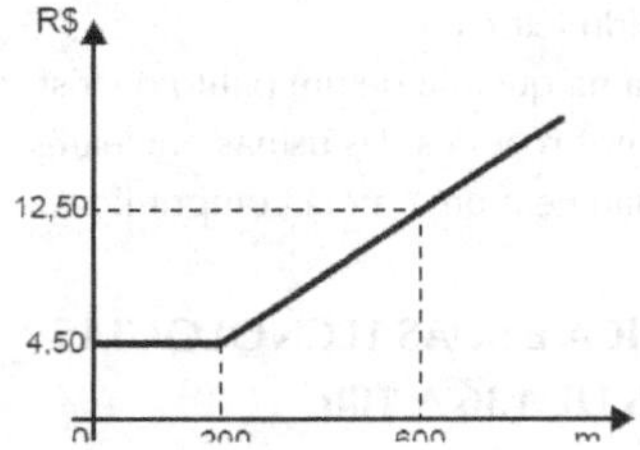

(E)

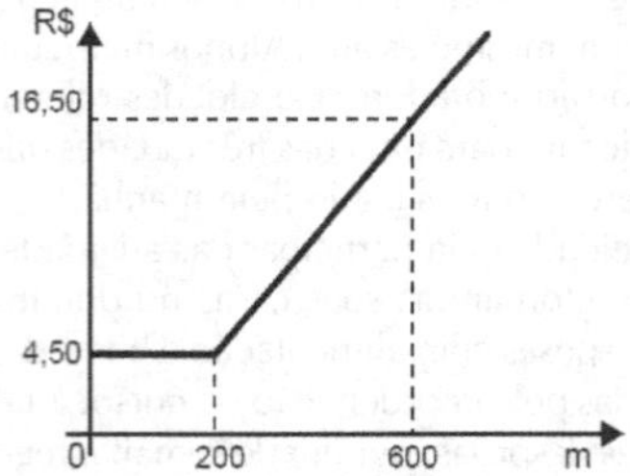

Uma dona de casa vai ao supermercado para comprar dois fardos de refrigerantes, contendo cada um deles seis unidades de 0,6 litro. Lá chegando, verificou não existirem fardos nem no formato e nem na capacidade desejados. Decidiu, então, comprar os refrigerantes em unidades avulsas, de mesma capacidade, de forma a obter, no mínimo, a mesma quantidade de líquido desejada inicialmente, gastando o mínimo de dinheiro. As opções de embalagens e respectivos preços existentes no supermercado são dados no quadro.

Embalagem (L)	3	2,5	2	1,5	1
Custo (R$)	4,39	3,69	2,89	2,19	1,99

141. Qual é a opção de embalagem, em litro, que proporcionará maior economia para essa dona de casa?

(A) 1,0
(B) 1,5
(C) 2,0
(D) 2,5
(E) 3,0

Após o término das inscrições de um concurso, cujo número de vagas é fixo, foi divulgado que a razão entre o número de candidatos e o número de vagas, nesta ordem, era igual a 300. Entretanto, as inscrições foram prorrogadas, inscrevendo-se mais 4 000 candidatos, fazendo com que a razão anteriormente referida passasse a ser igual a 400. Todos os candidatos inscritos fizeram a prova, e o total de candidatos aprovados foi igual à quantidade de vagas. Os demais candidatos foram reprovados.

142. Nessas condições, quantos foram os candidatos reprovados?

(A) 11 960
(B) 11 970
(C) 15 960
(D) 15 970
(E) 19 960

Usando um computador construído com peças avulsas, o japonês Shigeru Kondo calculou o valor da constante matemática π com precisão de 5 trilhões de dígitos. Com isso, foi quebrado o recorde anterior, de dois trilhões de dígitos, estabelecido pelo francês Fabrice Bellard.

Disponível em: www.estadao.com.br. Acesso em: 14 dez. 2012.

143. A quantidade de zeros que segue o algarismo 5 na representação do número de dígitos de π calculado pelo japonês é

(A) 3.
(B) 6.
(C) 9.
(D) 12.
(E) 15.

O gerente de uma concessionária apresentou a seguinte tabela em uma reunião de dirigentes. Sabe-se que ao final da reunião, a fim de elaborar metas e planos para o próximo ano, o administrador avaliará as vendas, com base na mediana do número de automóveis vendidos no período de janeiro a dezembro.

Mês	Número de automóveis vendidos
Janeiro	25
Fevereiro	20
Março	30
Abril	35
Maio	40
Junho	50
Julho	45
Agosto	35
Setembro	60
Outubro	55
Novembro	70
Dezembro	65

144. Qual foi a mediana dos dados apresentados?

(A) 40,0
(B) 42,5
(C) 45,0
(D) 47,5
(E) 50,0

No desenho técnico, é comum representar um sólido por meio de três vistas (frontal, perfil e superior), resultado da projeção do sólido em três planos, perpendiculares dois a dois.

A figura representa as vistas de uma torre.

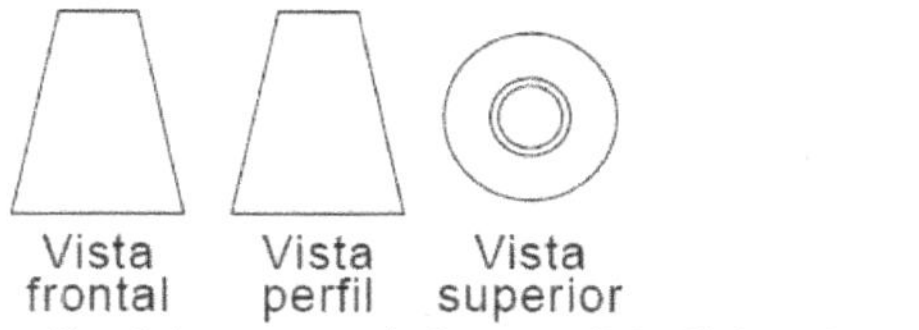

Disponível em: www.uems.br. Acesso em: 11 dez. 2012 (adaptado).

145. Com base nas vistas fornecidas, qual figura melhor representa essa torre?

(A)

(B)

(C)
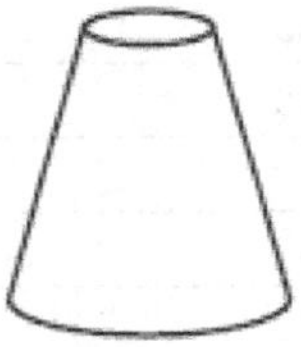

(D)

(E)
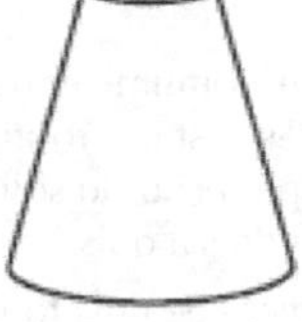

O governador de um estado propõe a ampliação de investimentos em segurança no transporte realizado por meio de trens. Um estudo para um projeto de lei prevê que se tenha a presença de três agentes mulheres, distribuídas entre os 6 vagões de uma composição, de forma que duas dessas agentes não estejam em vagões adjacentes, garantindo assim maior segurança aos usuários.

Disponível em: www.sisgraph.com.br. Acesso em: 29 jan. 2015 (adaptado).

146. A expressão que representa a quantidade de maneiras distintas das três agentes serem distribuídas nos vagões é

(A) $C^3_4 + 3!$

(B) C^3_6

(C) $C^3_4 \times 3!$

(D) A^3_6

(E) $A^3_4 \times 3!$

Em uma campanha promocional de uma loja, um cliente gira uma roleta, conforme a apresentada no esquema, almejando obter um desconto sobre o valor total de sua compra. O resultado é o que está marcado na região apontada pela seta, sendo que todas as regiões são congruentes. Além disso, um dispositivo impede que a seta venha a apontar exatamente para a linha de fronteira entre duas regiões adjacentes. Um cliente realiza uma compra e gira a roleta, torcendo para obter o desconto máximo.

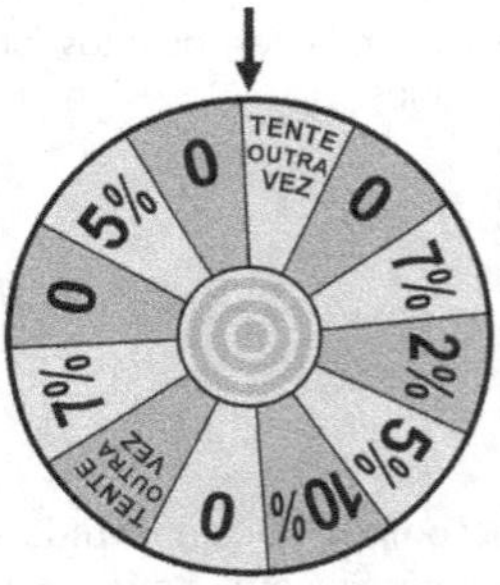

147. A probabilidade, em porcentagem, de esse cliente ganhar o desconto máximo com um único giro da roleta é melhor aproximada por

(A) 8,3.

(B) 10,0.

(C) 12,5.

(D) 16,6.

(E) 50,0

Um dos conceitos mais utilizados nos estudos sobre a dinâmica de populações é o de densidade demográfica. Esta grandeza, para um local, é a razão entre o seu número de habitantes e a medida da área do seu território. Quanto maior essa razão, expressa em habitante por quilometro quadrado, se diz que mais densamente povoado é o local.

Querendo fazer uma visita de estudos ao local mais densamente povoado, entre um grupo de cinco escolhidos, um geógrafo coletou as informações sobre população e área territorial dos locais de seu interesse, obtendo os dados apresentados no quadro, referentes ao ano de 2014.

	População (Nº habitantes)	**Área (km2)**
Malta	**400 000**	**300**
Brasil	**200 000 000**	**9 000 000**
México	**120 000 000**	**2 000 000**
Namíbia	**2 000 000**	**820 000**
Ilha Norfolk	**1 841**	**35**

Disponível em: www.indexmundi.com. Acesso em: 13 nov. 2015 (adaptado).

148. Para cumprir seu objetivo de visita, qual dos locais apresentados deverá ser o escolhido pelo geógrafo?

(A) Malta.
(B) Brasil.
(C) México.
(D) Namíbia.
(E) Ilha Norfolk.

Para identificar visualmente uma loja de *pet shop*, um empresário criou uma logomarca que se assemelha a uma marca deixada pela pegada de um gato, como na figura. O maior círculo tem medida de raio igual a 6 cm.

O empresário pretende reproduzir o desenho em uma das paredes retangulares da loja. Para isso, fará a ampliação da logomarca utilizando a escala de 1 : 25.

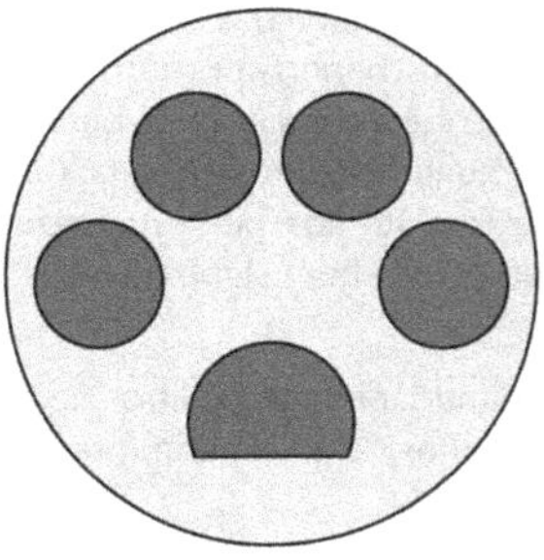

149. A área mínima, em metro quadrado, que a parede deverá ter para que a logomarca seja aplicada é

(A) 2,25.
(B) 6,00.
(C) 7,06.
(D) 9,00.
(E) 36,00.

Os pesquisadores de uma empresa especializada em grãos selecionaram cinco diferentes tipos de semente de feijão e concluíram que, quando armazenadas por até seis meses, o poder germinativo de cada um desses tipos expressa, em porcentagem, quantas sementes são capazes de germinar, transcorrido o tempo de armazenamento correspondente. Considere que o tempo zero corresponde ao plantio direto da semente sem armazenamento, conforme descrito no quadro.

Semente de feijão	**Tempo de armazenamento (em mês)**		
	0	**3**	**6**
	Poder germinativo (em porcentagem)		
Tipo 1	84	84	79
Tipo 2	85	82	79
Tipo 3	86	80	77
Tipo 4	82	82	80
Tipo 5	85	85	76

Um agricultor irá plantar três áreas distintas utilizando sementes de um mesmo tipo. A primeira área será plantada quando da aquisição das sementes, a segunda, três meses após a primeira e a terceira, três meses após a segunda, respeitando assim o tempo de armazenamento utilizado pelos pesquisadores. Esse agricultor irá optar pela compra do tipo de semente que apresentar a maior média dos três percentuais de poder germinativo.

Disponível em: http://sistemasdeproducao.cnptia.embrapa.br. Acesso em: 22 out. 2015 (adaptado).

150. Segundo essas informações, qual será o tipo de semente a ser adquirida por ele?

(A) 1
(B) 2
(C) 3
(D) 4
(E) 5

O quadro mostra o número de gols feitos pela equipe A em campeonatos estaduais de futebol, no período de 2007 a 2012.

Ano	Número de gols
2007	64
2008	59
2009	61
2010	45
2011	61
2012	58

Faltando ainda alguns jogos para o término do campeonato estadual de 2013, o número de gols marcados pela equipe B era 52. O técnico dessa equipe fez um levantamento para saber quantos gols sua equipe deveria marcar nos próximos jogos de modo que, ao final do campeonato, o número total de gols marcados pela equipe B ultrapasse a média de gols marcados pela equipe A nos campeonatos de 2007 a 2012.

151. Quantos gols, no mínimo, a equipe B ainda precisaria marcar?

(A) 2
(B) 6
(C) 7
(D) 9
(E) 10

Provedores de conteúdos postam anúncios de empresas em seus *websites*. O provedor A cobra R$ 0,10 por clique feito no anúncio, além do pagamento de uma taxa de contratação de R$ 50,00. O provedor B cobra uma taxa de contratação por anúncio mais atrativa, no valor de R$ 20,00, mais um valor por clique feito no anúncio. Para um anúncio que receberá 100 cliques, o provedor B fixará uma proposta com um valor a ser cobrado por clique, de modo que venha a receber, pelo menos, o mesmo total que receberia o provedor A.

O gerente do provedor B deve avaliar os valores por clique a serem fixados.

152. O valor mínimo que o gerente do provedor B deverá escolher é

(A) R$ 0,11
(B) R$ 0,14
(C) R$ 0,30
(D) R$ 0,40
(E) R$ 0,41

O índice pluviométrico é uma medida, em milímetro, que fornece a quantidade de precipitação de chuva num determinado local e num intervalo de tempo (hora, dia, mês e/ou ano). Os valores mensais do índice pluviométrico de uma cidade brasileira, no primeiro semestre, são mostrados no gráfico.

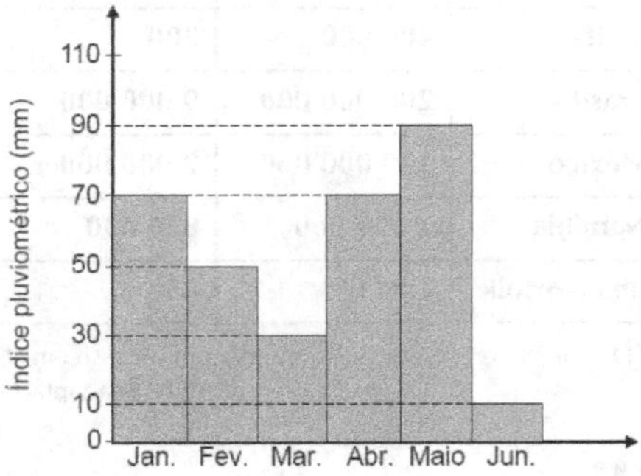

153. De acordo com a previsão meteorológica, o índice pluviométrico no mês de julho será igual ao índice do mês de junho somado à variação correspondente ao maior acréscimo, em milímetro, do índice pluviométrico entre dois meses consecutivos do semestre apresentado.

O índice pluviométrico, em milímetro, previsto para o mês de julho, na cidade considerada, será igual a

(A) 30.
(B) 50.
(C) 70.
(D) 80.
(E) 90.

Um banho propicia ao indivíduo um momento de conforto e reenergização. Porém, o desperdício de água gera prejuízo para todos.

Considere que cada uma das cinco pessoas de uma família toma dois banhos por dia, de 15 minutos cada. Sabe-se que a cada hora de banho são gastos aproximadamente 540 litros de água. Considerando que um mês tem 30 dias, podemos perceber que o consumo de água é bem significativo.

154. A quantidade total de litros de água consumida, nos banhos dessa família, durante um mês, é mais próxima de

(A) 1 350.
(B) 2 700.
(C) 20 250.
(D) 20 520.
(E) 40 500.

Uma pessoa chega ao hotel no qual fez uma pré-reserva com diária no valor de R$ 210,00. Como a confirmação da reserva não foi feita, quando chegou ao hotel não havia quarto disponível. Dessa forma, o recepcionista apresentou-lhe algumas opções de hotéis com diárias mais baratas, mas localizados a certa distância desse hotel, conforme apresentado.

- H1: diária de R$ 180,00 e distância de 7 km;
- H2: diária de R$ 200,00 e distância de 1,6 km;
- H3: diária de R$ 199,00 e distância de 4,5 km;
- H4: diária de R$ 190,00 e distância de 1,5 km;
- H5: diária de R$ 205,00 e distância de 1,2 km.

Para se locomover até um outro hotel, essa pessoa utiliza um táxi que cobra R$ 2,50 por quilômetro rodado mais taxa fixa de R$ 6,00.

Sua escolha será em função do menor custo, composto pelo valor da diária mais a locomoção de táxi.

155. O hotel escolhido foi o

(A) H1.
(B) H2.
(C) H3.
(D) H4.
(E) H5.

Um fazendeiro precisava de 1 L de certo produto fabricado por três indústrias distintas.

- A indústria I comercializa o produto em embalagens de 250 mL por R$ 23,00 cada.
- A indústria II comercializa o produto em embalagens de 8 fl oz (onça fluida) por R$ 18,50 cada.
- A indústria III comercializa o produto em embalagens de 1 L por R$ 93,00 cada.

O fazendeiro conseguiu adquirir a quantidade necessária do produto de que precisava, de uma única indústria, gastando o menor valor possível nessa compra. Considere que 1 L seja equivalente a 33,81 fl oz.

156. Nessas condições, a quantidade de embalagens e a respectiva indústria onde a compra foi realizada foram

(A) quatro da indústria I.
(B) cinco da indústria I.
(C) quatro da indústria II.
(D) cinco da indústria II.
(E) uma da indústria III.

Para aumentar a arrecadação de seu restaurante que cobra por quilograma, o proprietário contratou um cantor e passou a cobrar dos clientes um valor fixo de *couvert* artístico, além do valor da comida. Depois, analisando as planilhas do restaurante, verificou-se em um dia que 30 clientes consumiram um total de 10 kg de comida em um período de 1 hora, sendo que dois desses clientes pagaram R$ 50,00 e R$ 34,00 e consumiram 500 g e 300 g, respectivamente.

157. Qual foi a arrecadação obtida pelo restaurante nesse período de 1 hora, em real?

(A) 800,00.
(B) 810,00.
(C) 820,00.
(D) 1 100,00.
(E) 2 700,00

Querendo reduzir custos na limpeza da área de estacionamento de um prédio, o síndico resolveu comprar uma lavadora de alta pressão. Sabe-se que, na utilização desse equipamento, o consumo de água é menor, entretanto, existe o gasto com energia elétrica. O síndico coletou os dados de cinco modelos de lavadora com mesmo preço, e cujos consumos de água e de energia são os fornecidos no quadro.

Modelo de lavadora	Gasto médio de água (litro/hora)	Consumo de energia em uma hora (kWh)
I	350	1,3
II	264	2,0
III	320	1,5
IV	300	1,7
V	276	1,8

As tarifas de água e de energia elétrica são, respectivamente, R$ 0,0025 por litro de água e R$ 0,30 por quilowatt-hora.

158. O modelo de lavadora que o síndico deve adquirir para gastar menos com a limpeza do estacionamento é

(A) I.
(B) II.
(C) III.
(D) IV.
(E) V.

Embora a civilização maia já estivesse em declínio na época da chegada dos espanhóis à América, seu desenvolvimento em vários campos da ciência, em especial, na matemática e na astronomia, era notável. Eles possuíam um sistema numérico avançado e diferente do sistema decimal utilizado pelas sociedades modernas. A imagem representa o sistema de numeração maia, que consistia em 20 símbolos representando os números de 0 a 19.

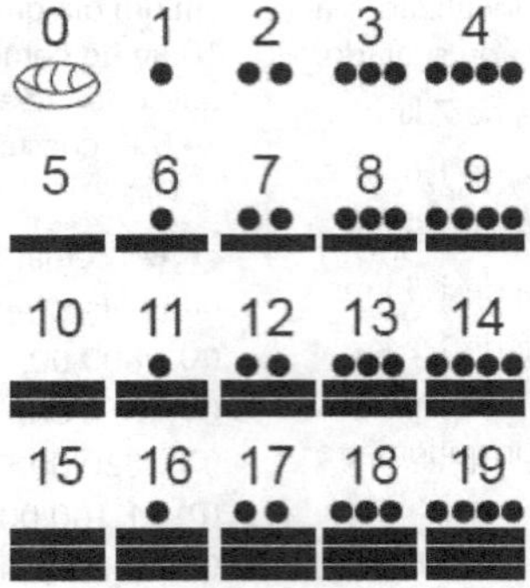

IMENES, L. M. P. **Os números na história da civilização.** São Paulo: Editora Scipione, 2003.

O zero era representado por uma espécie de tigela e todo número inteiro entre 19 e 360 era escrito em uma coluna

vertical com duas figuras, na qual a superior representava a quantidade de grupos de 20 unidades e a inferior, a quantidade de unidades. O número era lido de cima para baixo e obtido somando-se as quantidades representadas. Por exemplo:

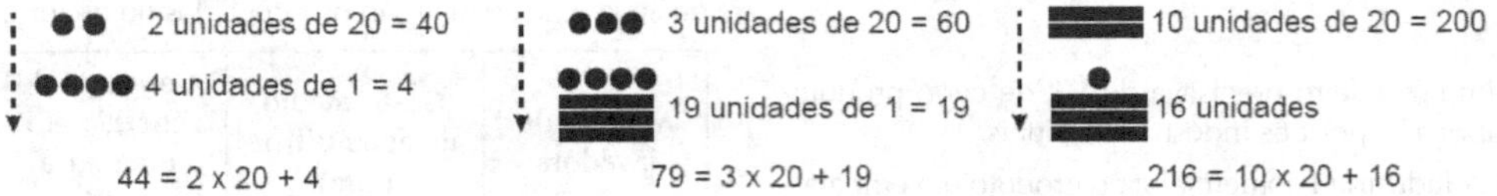

159. O número 359 é representado, no sistema de numeração maia, como

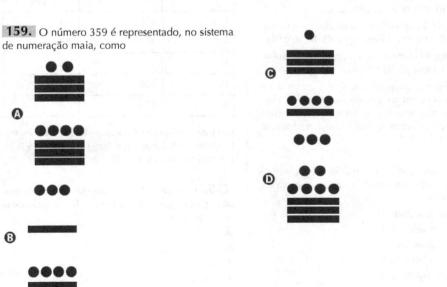

Ⓐ

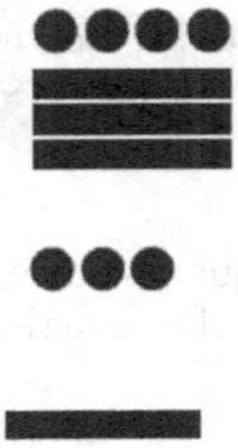

Ⓑ

Ⓒ

Ⓓ

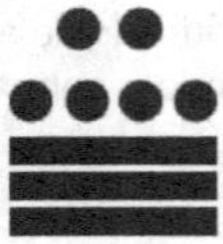

E 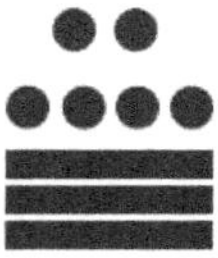

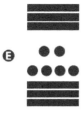

Um piscicultor cria uma espécie de peixe em um tanque cilíndrico. Devido às características dessa espécie, o tanque deve ter, exatamente,

$\pi 2$ metros de profundidade e ser dimensionado de forma a comportar 5 peixes para cada metro cúbico de água. Atualmente, o tanque comporta um total de 750 peixes. O piscicultor deseja aumentar a capacidade do tanque para que ele comporte 900 peixes, mas sem alterar a sua profundidade. Considere 3 como aproximação para .

160. O aumento da medida do raio do tanque, em metro, deve ser de

(A) $\sqrt{30} - 5$

(B) $\frac{\sqrt{30} - 5}{2}$

(C) $\sqrt{5}$

(D) $\frac{5}{2}$

(E) $\frac{15}{2}$

Um imposto é dito cumulativo se incide em duas ou mais etapas da circulação de mercadorias, sem que na etapa posterior possa ser abatido o montante pago na etapa anterior. PIS e Cofins são exemplos de impostos cumulativos e correspondem a um percentual total de 3,65%, que incide em cada etapa da comercialização de um produto.

Considere um produto com preço inicial C. Suponha que ele é revendido para uma loja pelo preço inicial acrescido dos impostos descritos. Em seguida, o produto é revendido por essa loja ao consumidor pelo valor pago acrescido novamente dos mesmos impostos.

Disponível em: www.centraltributaria.com.br. Acesso em: 15 jul. 2015 (adaptado).

161. Qual a expressão algébrica que corresponde ao valor pago em impostos pelo consumidor?

(A) $C \times 0{,}0365$

(B) $2C \times 0{,}0365$

(C) $C \times 1{,}0365^2$

(D) $C \times (1+2\times 0{,}0365)$

(E) $2C \times 0{,}0365 + C \times 0{,}0365^2$

Um determinado campeonato de futebol, composto por 20 times, é disputado no sistema de pontos corridos. Nesse sistema, cada time joga contra todos os demais times em dois turnos, isto é, cada time joga duas partidas com cada um dos outros times, sendo que cada jogo pode terminar empatado ou haver um vencedor.

162. Sabendo-se que, nesse campeonato, ocorreram 126 empates, o número de jogos em que houve ganhador é igual a

(A) 64.

(B) 74.

(C) 254.

(D) 274.

(E) 634.

Os alunos do curso de matemática de uma universidade desejam fazer uma placa de formatura, no formato de um triângulo equilátero, em que os seus nomes aparecerão dentro de uma região quadrada, inscrita na placa, conforme a figura.

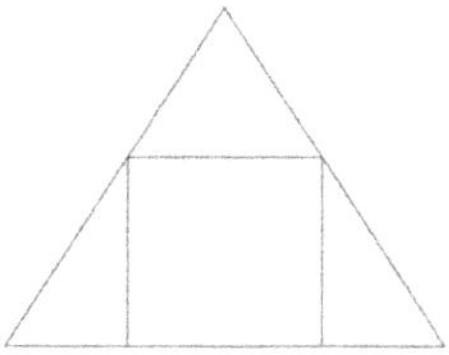

163. Considerando que a área do quadrado, em que aparecerão os nomes dos formandos, mede 1 m2, qual é aproximadamente a medida, em metro, de cada lado do triângulo que representa a placa? (Utilize 1,7 como valor aproximado para $\sqrt{3}$).

(A) 1,6

(B) 2,1

(C) 2,4

(D) 3,7

(E) V6,4

Um motorista fez uma viagem de 100 km partindo da cidade A até a cidade B. Nos primeiros 30 km, a velocidade média na qual esse motorista viajou foi de 90 km/h. No segundo trecho, de 40 km, a velocidade média foi de 80 km/h. Suponha que a viagem foi realizada em 1 h 30 min.

164. A velocidade média do motorista, em quilômetro por hora, no último trecho da viagem foi de

(A) 45.
(B) 67.
(C) 77.
(D) 85.
(E) 113.

A taxa de mortalidade infantil vem decaindo a cada ano no Brasil. O gráfico, gerado a partir de dados do IBGE, apresenta a evolução da taxa de mortalidade infantil (número de óbitos para cada 1 000 nascidos vivos) de crianças com até 5 anos, no Brasil, no período de 2000 a 2011.

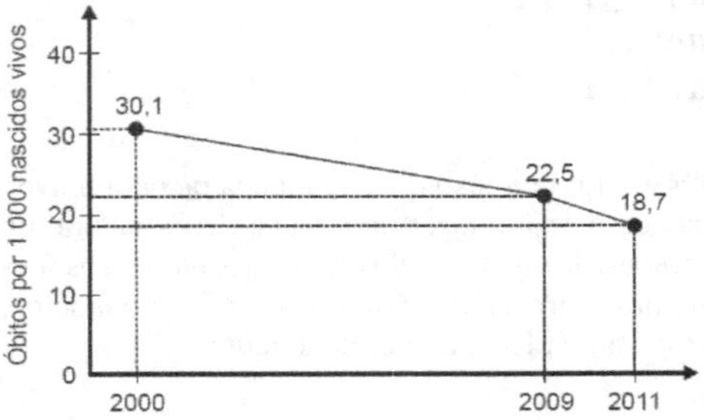

Considere que, para os próximos anos, o decréscimo anual médio do número de óbitos para cada 1 000 nascidos vivos registrado, no período de 2009 a 2011, será mantido.

165. A partir das informações fornecidas, a taxa de mortalidade infantil de crianças com até 5 anos tornar-se-á inferior a 10 no período de

(A) 2011 a 2012.
(B) 2012 a 2013.
(C) 2013 a 2014.
(D) 2015 a 2016.
(E) 2017 a 2018.

Um estudante, morador da cidade de Contagem, ouviu dizer que nessa cidade existem ruas que formam um hexágono regular. Ao pesquisar em um sítio de mapas, verificou que o fato é verídico, como mostra a figura.

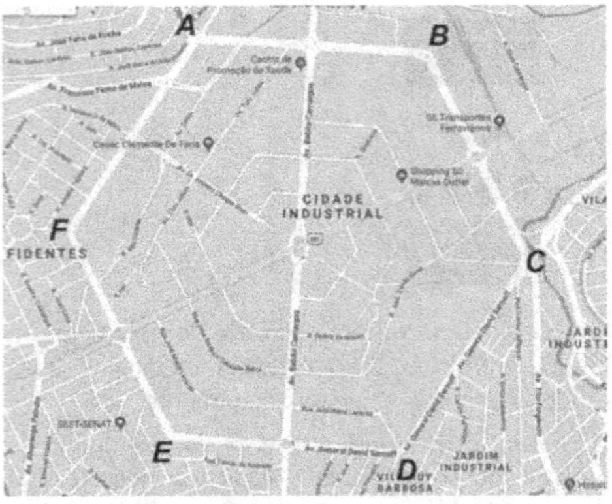

Disponível em: www.google.com. Acesso em: 7 dez. 2017 (adaptado).

Ele observou que o mapa apresentado na tela do computador estava na escala 1 : 20 000. Nesse instante, mediu o comprimento de um dos segmentos que formam os lados desse hexágono, encontrando 5 cm.

166. Se esse estudante resolver dar uma volta completa pelas ruas que formam esse hexágono, ele percorrerá, em quilômetro,

(A) 1.
(B) 4.
(C) 6.
(D) 20.
(E) 24.

A prefeitura de uma cidade está renovando os canteiros de flores de suas praças. Entre as possíveis variedades que poderiam ser plantadas, foram escolhidas cinco: amor-perfeito, cravina, petúnia, margarida e lírio. Em cada um dos canteiros, todos com composições diferentes, serão utilizadas somente três variedades distintas, não importando como elas serão dispostas.

Um funcionário deve determinar os trios de variedades de flores que irão compor cada canteiro.

167. De acordo com o disposto, a quantidade de trios possíveis é dada por

(A) 5
(B) 5.3
(C) $\frac{5!}{(5-3)!}$
(D) $\frac{5!}{(5-3)!2!}$
(E) $\frac{5!}{(5-3)!3!}$

Uma formiga move-se sobre um castiçal de vidro transparente, do ponto *A* para *B* em linha reta, percorre o arco circular *BCD*, sendo *C* localizado na parte da frente do castiçal, e desce o arco *DE*, como representado na figura.

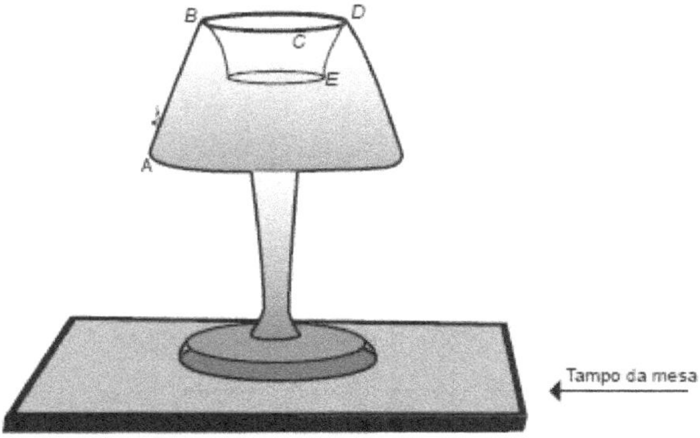

Os pontos *A*, *B*, *D* e *E* estão sobre um mesmo plano perpendicular à mesa sobre a qual se encontra o castiçal.

168. A projeção ortogonal, sobre o plano da mesa, do trajeto percorrido pela formiga, do ponto *A* até o ponto *E*, é melhor representada por

A
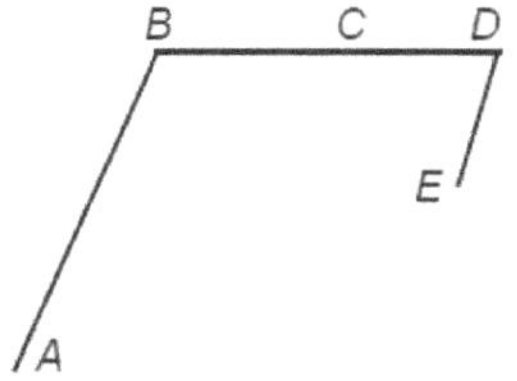

B
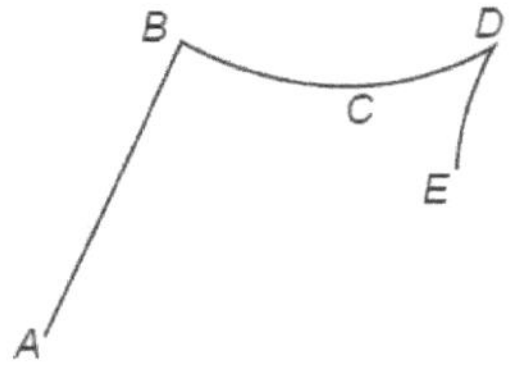

C
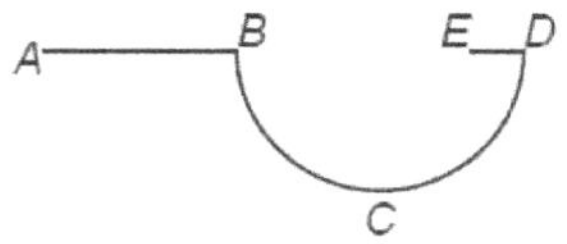

D
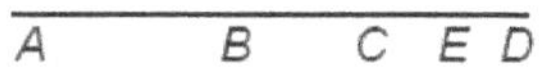

E
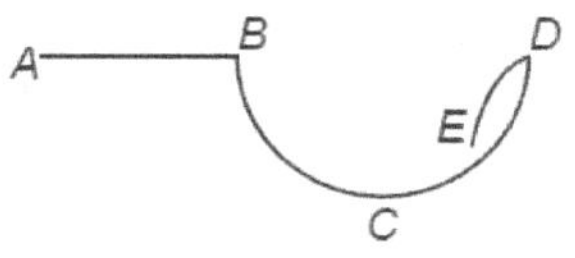

Um reservatório de água é abastecido por uma torneira ao mesmo tempo que, por um ralo, escoa água de seu interior. Os gráficos representam as vazões *Q*, em litro por minuto, da torneira e do ralo, em função do tempo *t*, em minuto.

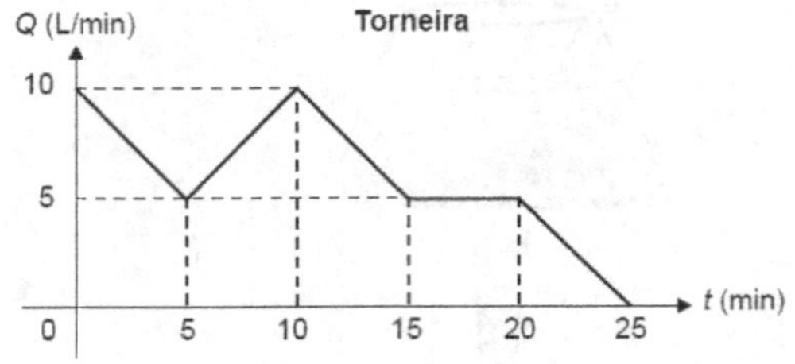

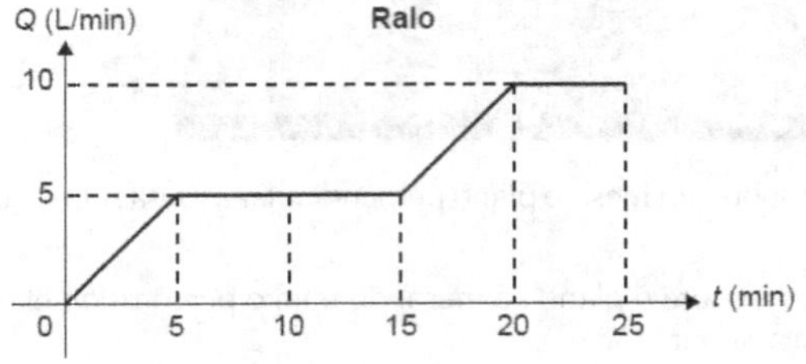

169. Nos primeiros 25 minutos, o(s) intervalo(s) de tempo em que o volume de água nesse reservatório decresce é(são)

(A) entre 15 e 20 minutos.

(B) entre 15 e 25 minutos.

(C) entre 0 e 5 minutos e entre 15 e 20 minutos.

(D) entre 5 e 15 minutos e entre 20 e 25 minutos.

(E) entre 0 e 5 minutos, entre 10 e 15 minutos e entre 20 e 25 minutos.

Dois atletas partem de pontos, respectivamente P_1 e P_2, em duas pistas planas distintas, conforme a figura, deslocando-se no sentido anti-horário até a linha de chegada, percorrendo, desta forma, a mesma distância (*L*). Os trechos retos dos finais das curvas até a linha de chegada desse percurso têm o mesmo comprimento (*l*) nas duas pistas e são tangentes aos trechos curvos, que
são semicírculos de centro *C*. O raio do semicírculo maior é R_1 e o raio do semicírculo menor é R_2.

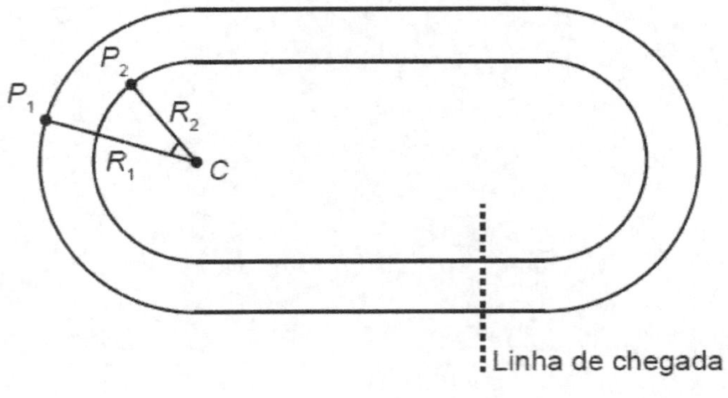

Sabe-se que o comprimento de um arco circular é dado pelo produto do seu raio pelo ângulo, medido em radiano, subentendido pelo arco.

170. Nas condições apresentadas, a razão da medida do ângulo $P_2 \hat{C} P_1$ pela diferença $L - l$ é dada por

(A) $R_2 - R_1$

(B) $\frac{1}{R_1} - \frac{1}{R_2}$

(C) $\frac{1}{R_2} - \frac{1}{R_1}$

(D) $\frac{1}{R_2 - R_1}$

(E) $\frac{1}{R_1} + \frac{1}{R_2}$

Foi feita uma pesquisa sobre a escolaridade dos funcionários de uma empresa. Verificou-se que 1/4 dos homens que ali trabalham têm o ensino médio completo, enquanto 2/3 das mulheres que trabalham na empresa têm o ensino médio completo. Constatou-se, também, que entre todos os que têm o ensino médio completo, metade são homens.

171. A fração que representa o número de funcionários homens em relação ao total de funcionários dessa empresa é

(A) 1/8

(B) 3/11

(C) 11/24

(D) 2/3

(E) 8/11

Para um docente estrangeiro trabalhar no Brasil, ele necessita validar o seu diploma junto ao Ministério da Educação. Num determinado ano, somente para estrangeiros que trabalharão em universidades dos estados de São Paulo e Rio de Janeiro, foram validados os diplomas de 402 docentes estrangeiros. Na tabela, está representada a distribuição desses docentes estrangeiros, por países de origem, para cada um dos dois estados.

	Argentina	Espanha	Cuba	Portugal	Venezuela	Total de docentes
São Paulo	112	60	28	9	30	239
Rio de Janeiro	29	40	46	36	12	163
Total	141	100	74	45	42	402

172. A probabilidade de se escolher, aleatoriamente, um docente espanhol, sabendo-se que ele trabalha em uma universidade do estado de São Paulo é

(A) 60/402

(B) 60/239

(C) 60/100

(D) 100/239

(E) 279/402

173. Um vidraceiro precisa construir tampos de vidro com formatos diferentes, porém com medidas de áreas iguais. Para isso, pede a um amigo que o ajude a determinar uma fórmula para o cálculo do raio *R* de um tampo de vidro circular com área equivalente à de um tampo de vidro quadrado de lado *L*.

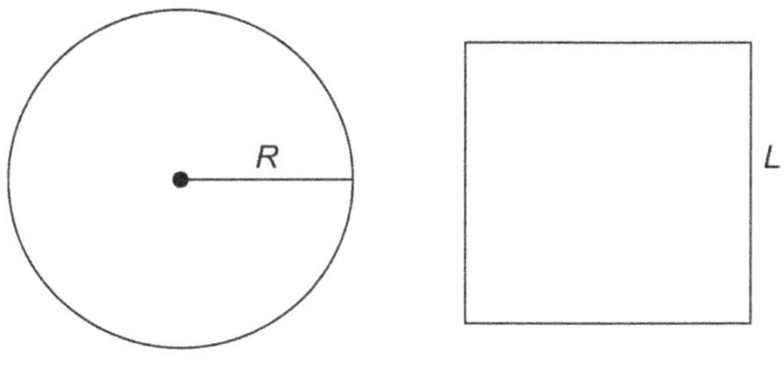

A fórmula correta é

(A) $R = \dfrac{L}{\sqrt{\pi}}$

(B) $R = \dfrac{L}{\sqrt{2\pi}}$

(C) $R = \dfrac{L^2}{2\pi}$

(D) $R = \sqrt{\dfrac{2L}{\pi}}$

(E) $R = 2\sqrt{\dfrac{L}{\pi}}$

Um professor pediu aos seus alunos que esboçassem um gráfico representando a relação entre metro cúbico e litro, utilizando um software. Pediu ainda que representassem graficamente os pontos correspondentes às transformações de 0 m³, 2 m³ e 4 m³ em litro.

O professor recebeu de cinco alunos os seguintes gráficos:

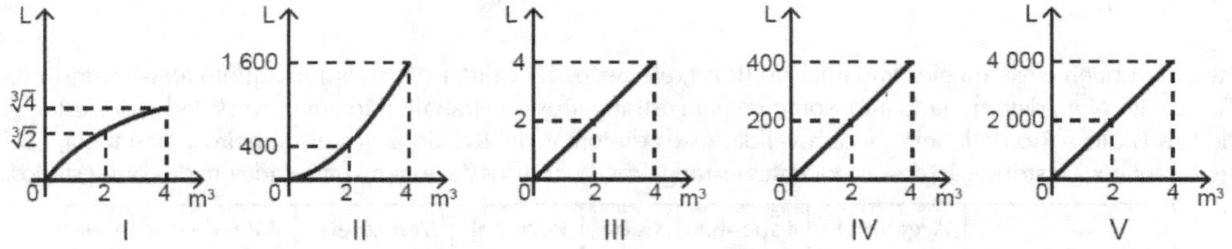

174. O gráfico que melhor representa o esboço da transformação de metro cúbico para litro é o do aluno

(A) I.
(B) II.
(C) III.
(D) IV.
(E) V.

O nanofio é um feixe de metais semicondutores usualmente utilizado na fabricação de fibra óptica. A imagem ilustra, sem escala, as representações das medidas dos diâmetros de um nanofio e de um fio de cabelo, possibilitando comparar suas espessuras e constatar o avanço das novas tecnologias.

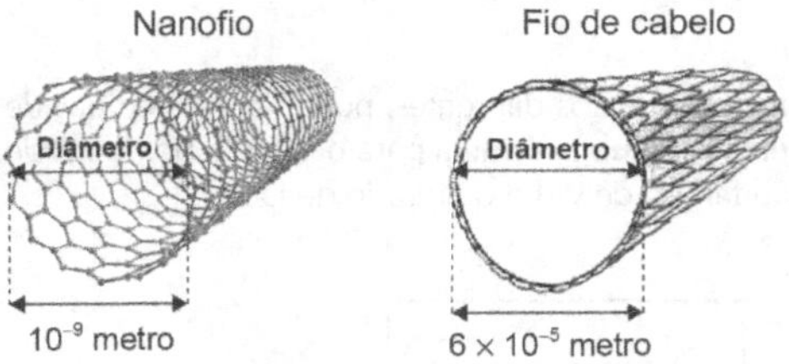

175. O número que expressa a razão existente entre o comprimento do diâmetro de um fio de cabelo e o de um nanofio é

(A) 6×10^{-14}
(B) $6 \times 10^{-5/9}$
(C) $6 \times 10^{5/9}$
(D) 6×10^{4}
(E) 6×10^{45}

Projetado pelo arquiteto Oscar Niemeyer, o Museu de Arte Contemporânea (MAC) tornou-se um dos cartões-postais da cidade de Niterói (Figura 1).

Figura 1

Considere que a forma da cúpula do MAC seja a de um tronco de cone circular reto (Figura 2), cujo diâmetro da base maior mede 50 m e 12 m é a distância entre as duas bases. A administração do museu deseja fazer uma reforma revitalizando o piso de seu pátio e, para isso, precisa estimar a sua área. (Utilize 1,7 como valor aproximado para $\sqrt{3}$ e 3 para π).

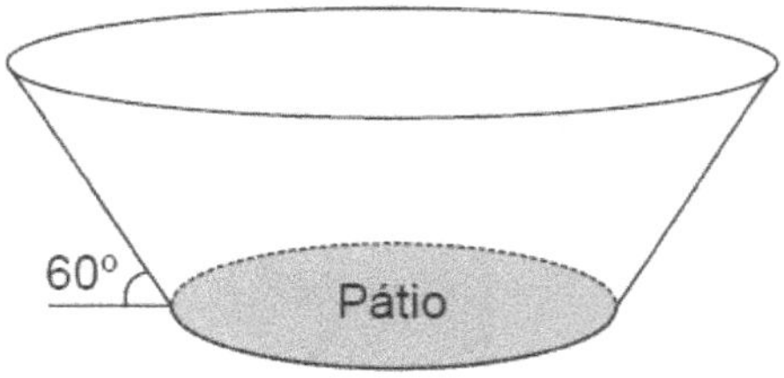

Figura 2

176. A medida da área do pátio do museu a ser revitalizada, em metro quadrado, está no intervalo

(A) [100, 200]

(B) [300, 400]

(C) [600, 700]

(D) [900, 1 000]

(E) [1 000, 1 100]

Se a tartaruga, a lesma e o caramujo apostassem uma corrida, a lesma chegaria em último lugar, o penúltimo colocado seria o caramujo e a primeira seria a tartaruga. Segundo o biólogo americano Branley Allan Branson, a velocidade "recorde" já registrada em pesquisas, por uma lesma, é de 16,5 centímetros por minuto.

Disponível em: http://mundoestranho.abril.com.br. Acesso em: 6 jul. 2015.

Para uma reportagem, dispondo das velocidades recordes da tartaruga e do caramujo em metro por segundo, se faz necessário saber o fator de conversão da velocidade recorde da lesma para metro por segundo para divulgar uma comparação.

177. Com base nas informações, o fator de conversão da velocidade recorde da lesma para metro por segundo é

(A) $10^{-2} \times 60^{-2}$

(B) $10^{-2} \times 60^{-1}$

(C) $10^{-2} \times 60$

(D) $10^{-3} \times 60^{-1}$

(E) $10^{-3} \times 60$

Um síndico precisa pintar os muros, portões e calçamento de um edifício. Os pintores solicitaram três galões de tinta T1 para os muros, um galão de tinta T2 para os portões e dois galões de tinta T3 para o calçamento. Ele pesquisou o preço das tintas em cinco lojas diferentes, obtendo os seguintes valores, em real.

Loja	T1	T2	T3
1	82,00	134,00	202,00
2	80,00	122,00	214,00
3	85,00	115,00	209,00
4	88,00	132,00	199,00
5	90,00	116,00	202,00

O síndico irá comprar as tintas numa única loja, escolhendo aquela em que o valor total da compra resulte no menor preço médio por galão.

178. Com base nessas informações, a loja escolhida será

(A) 1.

(B) 2.

(C) 3.

(D) 4.

(E) 5.

A fim de reforçar o orçamento familiar, uma dona de casa começou a produzir doces para revender. Cada receita é composta de 4/5 de quilograma de amendoim e 1/5 de quilograma de açúcar.

O quilograma de amendoim custa R$ 10,00 e o do açúcar, R$ 2,00. Porém, o açúcar teve um aumento e o quilograma passou a custar R$ 2,20. Para manter o mesmo custo com a produção de uma receita, essa dona de casa terá que negociar um desconto com o fornecedor de amendoim.

179. Nas condições estabelecidas, o novo valor do quilograma de amendoim deverá ser igual a

(A) R$ 9,20.
(B) R$ 9,75.
(C) R$ 9,80.
(D) R$ 9,84.
(E) R$ 9,95.

Uma pesquisa de mercado sobre produtos de higiene e limpeza apresentou o comparativo entre duas marcas, A e B. Esses produtos são concentrados e, para sua utilização, é necessária sua diluição em água.

O quadro apresenta a comparação em relação ao preço dos produtos de cada marca e ao rendimento de cada produto em litro.

Produtos	Preço Marca A	Preço Marca B	Rendimento Marca A	Rendimento Marca B
Sabão líquido concentrado (1 L)	R$ 6,00	R$ 5,10	3 L	2,5 L
Alvejante concentrado (1 L)	R$ 4,50	R$ 3,00	12 L	9 L
Amaciante concentrado (1 L)	R$ 4,50	R$ 5,00	7 L	6 L
Detergente concentrado (1 L)	R$ 1,60	R$ 2,20	3 L	4 L

Um consumidor pretende comprar um litro de cada produto e para isso escolherá a marca com o menor custo em relação ao rendimento.

180. Nessas condições, as marcas dos quatro produtos adquiridos pelo consumidor, na ordem apresentada na tabela, são

(A) A, A, A, B.
(B) A, B, A, A.
(C) B, B, B, A.
(D) B, B, B, B.
(E) B, B, A, A.

Folha de Respostas

91	A	B	C	D	E
92	A	B	C	D	E
93	A	B	C	D	E
94	A	B	C	D	E
95	A	B	C	D	E
96	A	B	C	D	E
97	A	B	C	D	E
98	A	B	C	D	E
99	A	B	C	D	E
100	A	B	C	D	E
101	A	B	C	D	E
102	A	B	C	D	E
103	A	B	C	D	E
104	A	B	C	D	E
105	A	B	C	D	E
106	A	B	C	D	E
107	A	B	C	D	E
108	A	B	C	D	E
109	A	B	C	D	E
110	A	B	C	D	E
111	A	B	C	D	E
112	A	B	C	D	E
113	A	B	C	D	E
114	A	B	C	D	E
115	A	B	C	D	E
116	A	B	C	D	E
117	A	B	C	D	E
118	A	B	C	D	E
119	A	B	C	D	E
120	A	B	C	D	E
121	A	B	C	D	E
122	A	B	C	D	E
123	A	B	C	D	E
124	A	B	C	D	E
125	A	B	C	D	E
126	A	B	C	D	E
127	A	B	C	D	E

128	A	B	C	D	E
129	A	B	C	D	E
130	A	B	C	D	E
131	A	B	C	D	E
132	A	B	C	D	E
133	A	B	C	D	E
134	A	B	C	D	E
135	A	B	C	D	E
136	A	B	C	D	E
137	A	B	C	D	E
138	A	B	C	D	E
139	A	B	C	D	E
140	A	B	C	D	E
141	A	B	C	D	E
142	A	B	C	D	E
143	A	B	C	D	E
144	A	B	C	D	E
145	A	B	C	D	E
146	A	B	C	D	E
147	A	B	C	D	E
148	A	B	C	D	E
149	A	B	C	D	E
150	A	B	C	D	E
151	A	B	C	D	E
152	A	B	C	D	E
153	A	B	C	D	E
154	A	B	C	D	E
155	A	B	C	D	E
156	A	B	C	D	E
157	A	B	C	D	E
158	A	B	C	D	E
159	A	B	C	D	E
160	A	B	C	D	E
161	A	B	C	D	E
162	A	B	C	D	E
163	A	B	C	D	E
164	A	B	C	D	E

165	A	B	C	D	E
166	A	B	C	D	E
167	A	B	C	D	E
168	A	B	C	D	E
169	A	B	C	D	E
170	A	B	C	D	E
171	A	B	C	D	E
172	A	B	C	D	E

173	A	B	C	D	E
174	A	B	C	D	E
175	A	B	C	D	E
176	A	B	C	D	E
177	A	B	C	D	E
178	A	B	C	D	E
179	A	B	C	D	E
180	A	B	C	D	E

Gabarito Comentado

91. Gabarito: D
Comentário: O enunciado indica características da anatomia da gralha, bem como sua dieta. O nicho ecológico pode ser considerado como o conjunto de atribuições que permite a sobrevivência de uma espécie no ambiente. Portanto, dentre as alternativas, a que melhor se relaciona com a descrição é o nicho ecológico.

92. Gabarito: B
Comentário: Dado que não existem roedores amarelos homozigotos, por conta do efeito letal da homozigose, os animais 7 e 8 são heterozigotos.
Supondo que os animais 1 e 3 sejam 'Aa', 2 e 4 sejam 'aa', temos que 5, 6, 7 e 8 são 'Aa', e, por fim, 9 e 10 são 'aa'. Daí conclui-se que o roedor 11 é 'Aa'.
A partir do cruzamento de 7 e 8, temos que a probabilidade de ter pelagem amarela é 2/3 (2 entre 3 possibilidades, porque AA morre). Dentre os 3 casos a probabilidade de ser fêmea é 1/3.

93. Gabarito: E
Comentário: A quantidade de energia, para a água passar de uma fase para outra, em módulo, é igual à quantidade de energia para ela retornar à fase anterior.
Na transição 2 o líquido absorve energia para se transformar em vapor e na transição 1 o vapor libera energia para se transformar em líquido.

94. Gabarito: A
Comentário: O objetivo do remédio é provocar a redução de peso, por meio da eliminação de gordura nas fezes, reduzindo, portanto, a quantidade de gordura no sangue. O efeito esperado, nesse cenário, é que a gordura nas fezes aumente e a gordura no sangue diminua. Assim, o gráfico que representa esse efeito é o de número 1.

95. Gabarito: D
Comentário: O fenômeno responsável pela diminuição do ruído nesses fones de ouvido é o da interferência.
Quando se emite um som com a mesma frequência, porém com fase oposta, podemos cancelar o som original. Os sons entram em interferência destrutiva.
Portanto, para que seja possível neutralizar os ruídos nos fones de ouvido é necessário que os aparelhos gerem uma onda de fase oposta para que, quando ocorra a interferência, ela seja destrutiva.
Assim, os ruídos são neutralizados, restando apenas o som que se deseja ouvir.

96. Gabarito: C
Comentário: A potência elétrica de um chuveiro P em W, pode ser calculada pela fórmula:
$P = U^2/R$, onde U é tensão em Volts e R é a resistência elétrica em ohm.
Quanto maior a tensão e menor a resistência, maior é a potência do chuveiro.
Vamos comparar o chuveiro C que tem a maior tensão (220V) e menor resistência (8 Ω), com o chuveiro B que tem a menor tensão (127V) e menor resistência (3,2 Ω).
$P_C = 220^2/8 = 6.050$ W e $P_B = 127^2/3{,}2 = 5.040$ W.
Portanto, o chuveiro com a maior potência é o C.

97. Gabarito: C
Comentário: Como o carro percorre a distância de 50 cm em 20ms, significa que o carro estava na seguinte velocidade: v = 50 cm/20ms, ou 0,50m/0,02s, ou 25 m/s, ou 25.3600/1000, ou km/h = 90 km/h.
A velocidade final registrada do carro é o valor medido menos o valor da tolerância do aparelho, ou seja, 90 km/h – 7 km/h = 83 km/h.

98. Gabarito: C
Comentário: A pressão é dada pela razão entre a força F que é aplicada sobre uma área A.
P=F/A.
Se a força F for o peso do caminhão, a área A e a área total que está em contato com o chão.
O peso do caminhão é dado pela sua massa total m de 8 toneladas, ou, 8.000 kg (caminhão mais carga), multiplicada pela aceleração g da gravidade.
F =mg = 8.000.10 = 80.000 N
A área é a soma de todas as áreas de cada um dos pneus de lados 0,2 m e 0,3 m. Para um número n de pneus:
A= (0,2x0,3)n = 0,06.n
Portanto, P = (80.000)/(0,06n)

Como a pressão P tem que ser menor que duas vezes a pressão atmosférica:
$P < 2.P_{atm} = P < 2.10^5$ Pascal e P = (80.000)/(0,06n), teremos:
$(80.000)/(0{,}06n) < 2.10^5$.
Colocando n em evidência: $n > [80.000]/[(0{,}06)(2.10^5)]$
ou n > (80.000)/(6x2000)
Simplificando: n > 20/3 > 6,67.
Como o número de pneus deve ser um inteiro, par e maior que 6,67, concluímos que serão necessários, pelo menos 8 pneus.

99. Gabarito: E

Comentário: Os fitoplânctons, dentro do ecossistema marinho, são a base da cadeia alimentar. Portanto, esses organismos não podem ser amplamente afetados já que acarretaria desequilíbrios para o sistema ambiental que podem ser irreversíveis.

100. Gabarito: C

Comentário: O CFC é um gás que foi amplamente utilizado como propelente. Esse gás, no entanto, quando atinge camadas mais altas da atmosfera – constituída amplamente pelo gás ozônio –, sofre uma reação química quando em contato com o gás ozônio mediante raios ultravioletas oriundo do sol. Nessa reação, ocorre a quebra da molécula de ozônio, tornando a camada mais rarefeita, quanto maior a quantidade de gás CFC presente na atmosfera.

101. Gabarito: A

Comentário: Considerando a taxa de liberação de esgoto, de 16 m^3/dia, para 8.000 m^3 serão necessários 8000/16 = 500 dias.

Determinando a quantidade de PO^{3-}_4 formado, na reação:

$$P_3O_{10}^{-5}(aq) + 2HO_2 (l) \rightarrow 3PO^{3-}_4(aq) + 4H^+(aq)$$

MM.: 253 g 3.95 g

Conc 0,085 mgL^{-1} x

x = (0,085)(3)(95)/(253) = 0,096 $mg.L^{-1}$

Estimativa do número de dias necessário para que o lago alcance a concentração máxima de fósforo (na forma de íon fosfato) permitida para o consumo humano:

0,096 $mg.L^{-1}$ 500 dias

0,030 $mg.L^{-1}$ x, dias

x = (0,030)(500)/(0,096) = 156 dias

d = 158 dias (valor mais próximo)

102. Gabarito: C

Comentário: Malária é uma doença causada por protozoário, transmitido, na maioria das vezes, pela picada de mosquitos do gênero Anopheles. Os sintomas incluem calafrios, febre alta, sudorese e dor de cabeça.

103. Gabarito: C

Comentário: É importante manter a porta de seu refrigerador aberta apenas o tempo necessário pois, dessa forma, reduzimos a entrada de calor do ambiente externo para a parte interna do refrigerador.

É importante não obstruir a circulação do ar com a má distribuição dos alimentos nas prateleiras, pois assim, facilitamos a convecção do ar interno no refrigerador.

Deverá ser deixado um espaço de, no mínimo, 5 cm entre a parte traseira do refrigerador (dissipador serpentinado) e a parede, para permitir a troca de calor entre o dissipador e o ambiente.

104. Gabarito: A

Comentário: Inicialmente o impacto ambiental está relacionado com a alteração do ambiente local em função da construção e represamento de rios, dado que é promovida a destruição de uma série de habitats, ocasionando a eliminação de muitos seres vivos. A longo prazo, o principal impacto ambiental está relacionado com emissões de gases de efeito estufa, como CO2, que são liberados a partir da composição da matéria orgânica submersa pelo lago represado.

105. Gabarito: B

Comentário: Inicialmente, vamos converter os limites de velocidades atual (V_a) e reduzida (V_r) para m/s:

V_a = 60 km/h = 60/3,6 m/s = 16,7 m/s

V_r =50 km/h = 50/3,6 m/s = 13,9 m/s

Utilizando a equação de Torricelli:

Situação com velocidade limite atual:

$V^2_{fa} = V^2_a + 2a\Delta s_a$ onde V_{fa} é a velocidade final até o carro parar, que é igual a zero, a é aceleração que é negativa (desaceleração) e igual a – 5m/s² e Δs_a , é a distância percorrida, em m, até o carro parar.

Situação com velocidade limite reduzida:

$V^2_{fr} = V^2_r + 2a\Delta s_r$ onde V_{fr} é a velocidade final até o carro parar, que é igual a zero, a é aceleração que é negativa (desaceleração) e igual a – 5m/s² e Δs_r , é a distância percorrida, em m, até o carro parar.

Teremos:

Situação com limite atual:

$0 = 16{,}7^2 - 2.5.\Delta s_a$ $\Delta s_a = 16{,}7^2/10 = 27{,}9$ m

Situação com limite reduzido:

$0 = 13{,}9^2 - 2.5.\ \Delta s_r$ $\Delta s_r = 13{,}9^2/10 = 19{,}3$ m

Portanto, a distância necessária para a frenagem na velocidade limite até a parada completa do veículo será reduzida em cerca de 9 m.

106. Gabarito: E

Comentário: O processo de biodegradação está relacionado com a quebra física das moléculas do contaminante. A diluição, dispersão e volatilização estão relacionadas com a redução da taxa de concentração do contaminante. A adsorção é o processo de penetração do contaminante no solo ou líquido.

107. Gabarito: E

Comentário: O processo de produção do alumínio envolve a extração do minério da bauxita e posterior transformação. Ambos os processos são muito custosos. A reciclagem, entretanto, é um processo mais barato quando comparado com o processo de fabricação convencional. Portanto, o interesse de reciclagem de embalagens está diretamente relacionado com a economia pela redução de compra de matéria-prima.

108. Gabarito: A

Comentário: A transformação de lixões em aterros sanitários está relacionada com a tentativa de redução de contaminação de solos e afluentes, tendo em vista que lixões não possuem impermeabilização do solo e tratamento do chorume – altamente tóxico.

109. Gabarito: B

Comentário: Avaliando as alternativas:

A e **E** estão incorretas, pois não têm a presença de ácido sulfúrico como reagente.

C está incorreta, pois há formação de subproduto CO2 danoso ao meio ambiente.

D está incorreta, pois $CaSO_4$ não é substância de caráter básico.

B está correta, pois há uma reação do ácido sulfúrico em solução, formado com uma substância básica, com baixa solubilidade em água e sem geração de subprodutos danosos ao meio ambiente.

110. Gabarito: D

Comentário: Como o antracito contém 90% de carbono, 100 g de antracito contem 90 g de carbono.

Reação de queima do carvão:

	C	+	02	→	CO2
MM:	12g		2x16g		44 g
m	90g				x

x = 90x44/12 g = 330 g

111. Gabarito: D

Comentário: O alcance (A) de um salto parabólico oblíquo pode ser determinado pela fórmula

$A = v_o \cdot \frac{sen2\theta}{g}$, onde v_o é velocidade inicial, θ é o ângulo de inclinação do pulo do astronauta e g é a aceleração da gravidade. Ver figura abaixo:

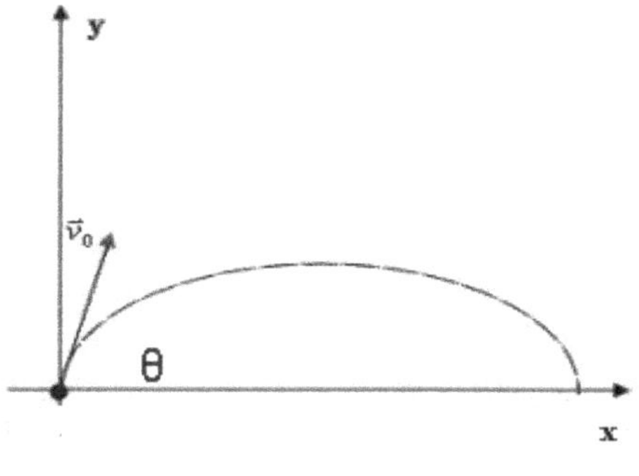

Foi informado que a aceleração da gravidade na Lua é igual a 1/6 da aceleração da gravidade na Terra. Se g_T é 1, $g_L = g_T/6$.

Levando em conta a fórmula acima, e que v_o e θ, podem ser considerados iguais, na Lua e na Terra:

$$A_L = v_o \cdot \frac{sen2\theta}{gL} \quad A_T = v_o \cdot, \frac{sen2\theta}{gT} \quad A_L/A_T = \frac{1/gL}{1/gT} = \frac{gT}{gL}$$

Portanto, um salto na Lua terá alcance seis vezes maior, do que na Terra, porque a aceleração da gravidade na Lua é 6 vezes menor.

112. Gabarito: B

Comentário: Dentre as fontes energéticas apresentadas, a energia eólica é a segunda mais cara, sendo mais barata apenas quando comparada com o custo de produção através de fontes solares. Além disso, a energia eólica é livre de emissões de carbono.

113. Gabarito: E

Comentário: A primeira lei da termodinâmica associa a variação da energia interna ΔU, à diferença entre o calor trocado com o meio exterior, Q e o trabalho W realizado no processo.

Ou seja, ΔU = Q – W.

No processo adiabático temos Q = 0.

Portanto, ΔU = – W, sendo que o trabalho está associado diretamente à variação da energia interna, sem que ocorra troca de calor com o ambiente.

114. Gabarito: A

Comentário: Na presença da catalase, a energia de ativação diminui e consequentemente a velocidade da reação de decomposição do peróxido de hidrogênio aumenta.

115. Gabarito: C

Comentário: O processo de fotossíntese é essencial para que as plantas obtenham energia necessária para sua sobrevivência, e consequentemente, crescimento, além do fato de realizar o sequestro de carbono da atmosfera. Logo, uma forma de aumentar o sequestro de carbono é aumentar a área de plantio, principalmente aquelas já previamente degradadas.

116. Gabarito: C

Comentário: O processo de coevolução causada pela polinização de flores a partir da atuação de insetos permitiu a ampliação da variabilidade genética das angiospermas, já que ocorre o espalhamento do material genético das plantas.

117. Gabarito: C

Comentário: Existe uma relação entre eletricidade e magnetismo. Sabe-se que a variação de fluxo magnético produz um campo elétrico. Portanto, a exposição a campos magnéticos artificiais afeta diretamente os eletroreceptores dos tubarões.

118. Gabarito: D
Comentário: As gotículas de água do mar têm cloreto de sódio, dissociado ionicamente (Na^+ e Cl^-), que são eletrólitos e conduzem bem a eletricidade.
Esses eletrólitos facilitam a passagem da corrente elétrica e aceleram a oxidação do ferro dos objetos de aço do carro.

119. Gabarito: B
Comentário: Os alimentos ricos em carboidratos e proteínas, quando submetidos ao óleo vegetal aquecido à cerca de 170° C, sofrem uma rápida desidratação em suas superfícies tornando-se crocantes.
Se for adicionado uma quantidade muito grande de alimentos congelados à panela de fritura, o óleo vai esfriar e os alimentos ficarão encharcados de óleo e sem crocância.

120. Gabarito: E
Comentário: Quando uma onda eletromagnética oscila apenas numa direção, dizemos que ela está polarizada.

No caso dos óculos 3D a luz está polarizada na vertical ou na horizontal.

121. Gabarito: E
Comentário: Espera-se encontrar maior concentração de TBT no molusco que ocupar o maior nível trófico de sua cadeia alimentar. Na cadeia 1, o mexilhão ocupa o nível 2. Na cadeia 3, o caracol marinho ocupa o nível 4. Na cadeia 3, a ostra ocupa o nível 3. Na cadeia 4, a lula ocupa o nível 5. Por fim, na cadeia 5, o polvo ocupa o nível 6. Logo, a maior concentração de TBT será encontrada no polvo.

122. Gabarito: D
Comentário:

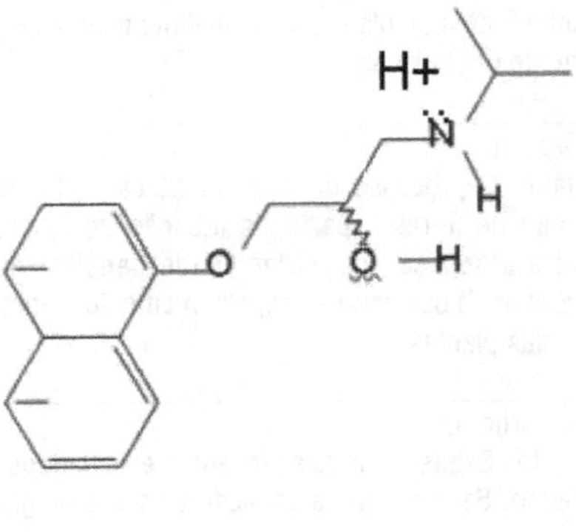

O ácido de Brönsted-Lowry (H^+ próton) reage com o grupamento amina
(...C-NH-C...), que apresenta caráter básico.

123. Gabarito: A
Comentário: A multiplicação de organelas deve-se ao fato, necessariamente, da presença de material genético próprio, o qual conduz as atividades desempenhadas por ela. Logo, a capacidade de replicação depende da existência de DNA próprio.

124. Gabarito: A
Comentário: A alternativa **A** está correta, pois os metais cádmio e zinco podem formar precipitados insolúveis, como sulfetos ou hidróxidos, por exemplo CdS e $Zn(OH)_2$.
A alternativa **B** está incorreta, pois o sódio do Na_2S não é metal pesado.
A alternativa **C** está incorreta, pois o grupamento $-C_2H_5$ não é metílico.
A alternativa **D** está incorreta, pois o grupamento SO_4^{2-} é sulfato e não hidroxila ou sulfeto.
A alternativa **E** está incorreta, pois o grupamento ($CH_3CO_2^-$) é o etanoato.

125. Gabarito: A
Comentário: As bactérias descritas no enunciado são capazes de fazer a quebra de moléculas de hidrocarbonetos. Elas poderiam ser utilizadas, portanto, na recuperação de áreas contaminadas por hidrocarbonetos. Dentre as alternativas apresentadas, a única que contém hidrocarbonetos é o petróleo.

126. Gabarito: D
Comentário:

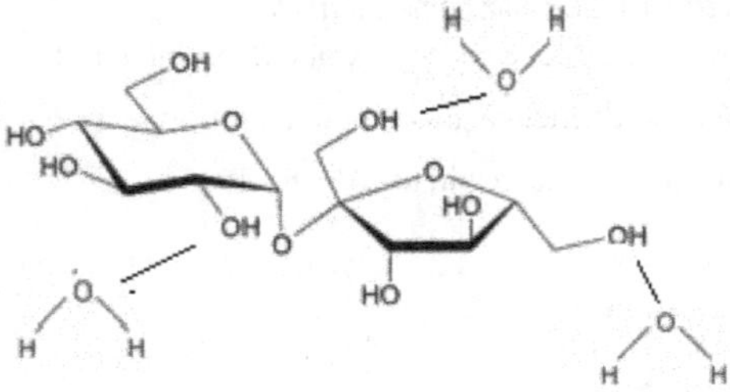

A dissolução do soluto na água ocorre predominantemente por meio da formação de ligações de hidrogênio.

127. Gabarito: E
Comentário: A volatilidade está ligada à facilidade de uma substância passar para o estado gasoso. Quanto mais fracas as forças intermoleculares, mais fácil será para a substância se volatilizar.

Portanto, a alternativa E está correta, pois a volatilidade desses óleos está relacionada às suas ligações apolares de fraca interação intermolecular.
A alternativa **A** está incorreta, pois as citadas moléculas têm carácteres covalentes, mas não é esse elevado caráter covalente que as fazem serem voláteis.
A alternativa **B** está incorreta, pois essas moléculas são imiscíveis em água.
A alternativa **C** está incorreta, pois as moléculas são relativamente estáveis e não se decompõem, mas se volatilizam.
A alternativa **D** está incorreta, pois a volatilidade não tem relação com a superfície de contato.

128. Gabarito: E
Comentário: O que se deseja é aumentar o pH de 4,6 para 5,8 – 6,0, portanto, queremos aumentar a alcalinidade.

O primeiro produto gera íons sulfato e amônio:
$SO_4^{2-} + 2NH_4^+ + 2H_2O$ <----> $2\,NH_3 + 2H_2O + 2\,H^+ + SO_4^{2-}$
$2NH_4^+$ <----> $2NH_3 + 2\,H^+$ (Meio ácido)

O segundo produto gera íons carbonato e cálcio:
$CO_3^{2-} + Ca^{2+} + H_2O$ <----> $Ca^{2+} + 2\,OH^- + H_2O + CO_2$
$CO_3^{2-} + H_2O$ <----> $2OH^- + CO_2$ (Meio básico)

O terceiro produto gera íons sulfato e sódio:
$SO_4^{2-} + 2\,Na^+ + 2\,H_2O$ <----> $2\,Na^+ + 2OH^- + 2H^+ + SO_4^{2-}$
2 H2O <---->$2OH^- + 2\,H^+$ (Meio neutro)

Conclusão: a hidrólise do íon carbonato CO_3^{2-} produz OH^- e aumenta a alcalinidade do meio.

129. Gabarito: B
Comentário: A epiderme com cutícula fina está relacionada a um ambiente com boa disponibilidade hídrica. A aerênquima bem desenvolvida está relacionada com a boa capacidade de flutuação. Feixes vasculares pouco desenvolvidos estão relacionados com pouca necessidade de fixação profunda. Por fim, estômatos na face superior, utilizados na respiração, indicam novamente que as folhas ficam flutuando na água. Dentre as alternativas, a correta é a que está aponta para um ambiente aquático.

130. Gabarito: E
Comentário: Cada emissão de partículas α implica na perda de 2 unidades do número atômico do átomo e 4 unidades do número de massa. Portanto, se um núcleo de rádio-226 emitir 2 partículas α, ele perderá 2 x 4 = 8 unidades de massa, resultando em 226 – 8 = 218.

131. Gabarito: C
Comentário: A Potência P em W pode ser calculada pela fórmula: $P = E_p/\Delta t$, onde E_p é a energia potencial e Δt é o período de tempo.

Como $E_p = m.g.h$, $P=m.g.h/\Delta t$, onde:
$m/\Delta t$: é a vazão em kg/s, g é a aceleração da gravidade, igual a 10 m/s^2 e h é o desnível, em m.

Como $m/\Delta t = 3.600$ L/h e d é a densidade, igual a 1kg/L.
$m/\Delta t = 3.600$ kg/h = (3.600/3,600) kg/s = 1 kg/s.
e P =1.10.30 = 300 W.

132. Gabarito: D
Comentário: Para se obter a pentano-5-lactama é feita uma desidratação do composto alifático saturado abaixo. Ao retirar a H_2O, ocorre uma ciclização da cadeia resultante no produto desejado.

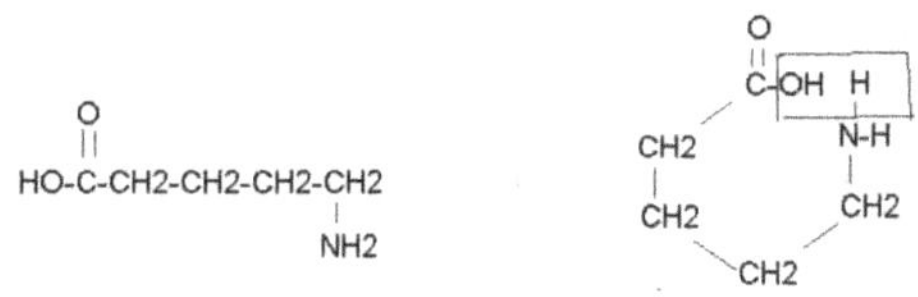

133. Gabarito: A
Comentário: Examinando a tabela apresentada, constatamos que o Ferro tem um potencial de redução de -0,44. O metal que utilizaremos, terá que ter potencial de redução menor que o ferro.
No caso seria o Zinco (-0,76). Ou seja, o Zinco tem maior potencial de oxidação que o ferro, de forma que ele será "sacrificado" para proteger o ferro.

134. Gabarito: C
Comentário: Se ao retirarmos uma lâmpada, apenas outras noves se apagam, é porque a corrente entre as 10 lâmpadas, foram interrompidas. Ou seja, as 10 lâmpadas estão em série.
Deduzimos que o cordão é composto de 20 sequências de lâmpadas em séries de 10 cada.
Em outras palavras, o cordão é um conjunto de 20 séries de lâmpadas em paralelo.

Uma vez que as lâmpadas e as séries são idênticas ente si, a corrente total i_t será:
$i_t = i_1 + i_2 + ... + i_{20}$.

Como $i_1 = i_2 ....= i_{19} = i_{20} = i$, $i_t = 20i$

E $i/i_t = 1/20$

135. Gabarito: ANULADA

136. Gabarito: A
Comentário: Deve-se inicialmente somar todos os valores da tabela para se encontrar o valor total antes do aumento:
Vantes = 1400 + 1800 + 800 + 2000 + 1500 + 3500 = 11000.
Então deve-se calcular o total dos reajustes:
Vreajuste = 0,15 x 1800 + 0,2 x 800 + 0,05 x 1500 = 270 + 160 + 75 = 505.
Para calcular a porcentagem de reajuste basta calcular a Vantes/Vreajuste = 505/11000 = 4,6%.

137. Gabarito: E
Comentário: Pode-se eliminar a mesa IV, pois é fácil observar que ela não atende aos critérios de espaço mínimo de 60cm para cada uma das 6 pessoas, sendo que todas as demais conseguem atender ao critério. Portanto, para a escolha, deve-se calcular a área de todas as mesas e escolher a que tem a menor área.
Mesa I: A1 = 6 x Área do triangulo equilátero de lado 60 cm

Área do triângulo equilátero = $\frac{l^2\sqrt{3}}{4}$ = 3600 x 1,7 / 4 = 900 x 1,7 = 1530 cm^2
A1 = 6 x 1530 = 9180 cm^2
Mesa II: A2 = 130 x 60 = 6120 cm^2
Mesa III: A3 = 120 x 60 = 6120 cm^2
Mesa V: A5 = Área de triângulo equilátero de lado l

= $\frac{l^2\sqrt{3}}{4}$ = 120^2 x 1,7 / 4 = 2^2 x 60^2 x 1,7 / 4 = 1,7 x 3600 = 6120 cm^2
Portanto a mesa V é a escolha.

138. Gabarito: B
Comentário:
- Tempo do 1º Gol: 17 min 45 s
- Tempo do 2º Gol: 54 min 32 s
- Intervalo: 15 min
- Acréscimos 1º tempo: 2 min

Tempo transcorrido = (T2ºGol – T1ºGol) + Intervalo + Acréscimos1ºT
Tempo transcorrido = 54'32" – 17'45" + 15'00" + 2'00" = 53'47"

139. Gabarito: B
Comentário:
- População final = 189.440.
- População dobra a cada 15 minutos (indica progressão geométrica).
- Em 2 horas tem-se 8 intervalos de 15 minutos.

PopFinal = PopInicial x 2^8.
PopInicial = PopFinal / 2^8 = 189.440 / 256 = 740.

140. Gabarito: D
Comentário: Sabe-se que até a distância de 200 metros é cobrada apenas o valor da bandeira de R$4,50. A partir de 200 metros cobra-se R$0,02 por metro. Portanto, o gráfico deve ser uma reta paralela ao eixo X, no intervalo 0 <= X <= 200, e para distâncias maiores que 200 metros, temos a adição de uma cobrança variável – aplica-se uma inclinação na reta (coeficiente angular) de 0,02.

Valor(600m) [variável] = (600 – 400)m x 0,02 reais/m = R$8,00
VTotal(600m) = VBandeira + VVariável = R$4,50 + R$8,00 = R$12,50

141. Gabarito: B
Comentário: Temos que a quantidade inicial em litros de refrigerante é dada por:
2 (litros) x 6 (unidades / fardo) x 0,6 (litros / unidade) = 7,2 litros

Para obter no mínimo 7,2 litros, observa-se que a embalagem que mínima o custo é a de 1.5L.

Número mínimo de garrafas para que volume seja maior que 7,2 litros é 5.
1,5 (litros) x 5 (embalagem / litros) = 7,5 litros > 7,2 litros.
Custo mínimo: R$2,19 x 5 = R$10,95

142. Gabarito: C
Comentário:
Sabemos que:
Ci / V = 300, e
(Ci + 4000) = V = 400

Logo Ci = 12.000 e V = 40
Portanto, número total de candidatos é 12.000 + 4.000 = 16.000.
Logo, número de candidatos reprovados é 16.000 – 40 = 15.960.

143. Gabarito: D
Comentário:
5 Trilhões
Representações numéricas:
000 milhar – (3 zeros)
000 000 milhão – (6 zeros)
000 000 000 bilhão – (9 zeros)
000 000 000 000 trilhão – (12 zeros)

144. Gabarito: B
Comentário:
Ordenando os valores, temos:

20 25 30 35 35 40 45 50 55 60 65 70

A mediana é calculada como a média dos valores centrais, para um número par de elementos. Para a questão, os valores centrais são 40 e 45. Portanto, Mediana = (40 + 45) / 2 = 42,5.

145. Gabarito: E
Comentário:
Dado que na vista frontal e de perfil temos trapézios, elimina-se as alternativas A e B. Considerando círculos concêntricos, na vista superior, elimina-se a alternativa D. Dado que existem 3 círculos concêntricos (1 Base e 2 Topo), elimina-se a alternativa C.

146. Gabarito: C
Comentário: Pode-se inferir que existem apenas 4 maneiras de agrupar 3 agentes seguindo a limitação de que 2 agentes não estejam em vagões adjacentes. Como a ordem da combinação entre vagões e agentes não importa, aplica-se a combinação C4,3. Além disso, como a ordem entre as 3 agentes não importa, multiplica-se a combinação pela permutação das 3 agentes que é 3!.

Portanto, número de combinações é C4,3 x 3!.

147. Gabarito: A
Comentário: Dado que a roleta é composta por 12 seções iguais, e que existe apenas uma seção com o valor de máximo desconto (10%), temos que a probabilidade de desconto máximo é de 1/12 = 8,33.

148. Gabarito: A
Comentário: Realizando a divisão entre a população pela área para os 5 locais da tabela, observa-se que o local de maior densidade é Malta.
Densidade Malta = 400.000 / 300 = 1.333,3.

149. Gabarito: D
Comentário: Para a escala de 1:25, 6cm tornam-se 1.5 metros.
Dado que o raio do círculo maior seria 1.5 metros, o diâmetro é de 3 metros. Logo, no mínimo, a parede retangular deve comportar um quadrado de lado 3, que, consequentemente, possui área de 9 metros quadrados.

150. Gabarito: A
Comentário: Considerando que as três áreas consomem a mesma quantidade de sementes, pode-se tomar a média dos 3 poderes germinativos de cada tipo de semente.
Infere-se que a maior média entre os tipos de semente é obtida nas sementes de Tipo 1, com o poder germinativo médio de 82,33%.

151. Gabarito: C
Comentário: A média de gols do período de 2007 a 2012 é de 58 gols. Para que a equipe B ultrapassasse a média de gols dos últimos 6 anos, considerando que já tenha feito 52 gols, devem ser feitos mais 7 gols.

152. Gabarito: D
Comentário: Para o provedor A, o custo de um anúncio com 100 cliques é o custo fixo – R$50,00 – mais o custo por clique – R$0,10 x 100 = R$10,00 – totalizando R$60,00. Para que o provedor B ganhe a mesma quantidade, tendo um custo fixo de R$20,00, deve se cobrar uma taxa por clique de (R$60,00 – R$20,00) / 100 = R$40,00 / 100 = R$0,40.

153. Gabarito: B
Comentário: O índice pluviométrico para o mês de julho é a soma do índice de junho com a maior variação corresponde ao maior acréscimo. O maior acréscimo observado no gráfico é 40mm (entre os meses de março a abril). Portanto O índice de julho é 50mm.

154. Gabarito: E
Comentário: Com 5 moradores tomando 2 banhos de 15 minutos por dia, temos um tempo diário de 150 minutos de banho. Isso implica que o consumo diário de banho de 150 (minutos) x 540 (litros/hora) / 60 (minutos/ hora) = 1350 litros por dia. Para um mês, o consumo é de 30 x 1350 = 40500 litros.

155. Gabarito: D
Comentário: Pode-se inferir dos valores do enunciado que a opção de hotel H4 apresenta um custo de R$190,00 [hotel] + R$6,00 [taxa fixa táxi] + (R$2,50 x 1,5) [taxa variável hotel] = R$199,75, sendo esse o valor mínimo entre as 5 opções.
H1: R$203,50
H2: R$210,00
H3: R$216,25
H5: R$214,00

156. Gabarito: A
Comentário:
Indústria 1: 1L custa R$92,00 – 4 embalagens de 250ml = R$92,00
Indústria 2: 1 onça fluída custa R$2,3125, portanto, 1L custa R$78,19 – 5 embalagens de 8 onças = R$92,50
Indústria 3: 1L custa R$93,00

Portanto, o fazendeiro comprou 4 embalagens da Indústria 1.

157. Gabarito: D

Comentário: Como o preço do restaurante pode ser descrito como um custo fixo (couvert) somado a um custo variável (peso de comida), com os dados do enunciado descobre-se que o valor do couvert é de R$10,00 e o valor do kg da comida é de R$80,00.

Portanto o valor de arrecadação foi de (R$10,00 x 30) [couvert] + (R$80,00 x 10) [comida] = R$1100,00.

158. Gabarito: E

Comentário:

Tabela de custo por hora de operação das lavadoras:

- Modelo I: (350 x R$0,0025) + (1,3 x R$0,30) = R$0,875 + R$0,39 = R$1,265
- Modelo II: (264 x R$0,0025) + (2,0 x R$0,30) = R$0,66 + R$0,6 = R$1,26
- Modelo III: (320 x R$0,0025) + (1,5 x R$0,30) = R$0,80 + R$0,45 = R$1,25
- Modelo IV: (300 x R$0,0025) + (1,7 x R$0,30) = R$0,75 + R$0,51 = R$1,26
- Modelo V: (276 x R$0,0025) + (1,8 x R$0,30) = R$0,69 + R$0,54 = R$1,23

Modelo que apresenta o menor custo de operação é o modelo V.

159. Gabarito: A

Comentário: Fazendo a divisão de 359 por 20, obtemos o quociente 17 e o resto 19. Portanto, deve-se identificar a alternativa com os diagramas que representa o valor 17 seguido pelo diagrama que representa o valor 19.

160. Gabarito: A

Comentário: Com um total de 750 peixes, seguindo a regra de 5 peixes a cada metro cúbico, temos que o tanque inicial possui 150 metros cúbicos. Logo, dada a fórmula do volume do cilindro que é (π x r^2) x altura, temos que o raio inicial é de 5 metros.

Para um tanque de 900 peixes, é necessário um volume de água de 180 metros cúbicos. Logo, o raio do segundo tanque é √30. Portanto, o aumento da medida de raio é √30 – 5.

161. Gabarito: E

Comentário:

- Valor da primeira revenda implica no valor C x (1+0,0365).
- Imposto da segunda revenda implica no valor [C x (1+0,0365)] x (0,0365).

Portanto, valor de imposto pago é (C x 0,0365) + (C x 0,0365) + (C x $0{,}0365^2$) = 2c x 0,0365 + c x $0{,}0365^2$.

162. Gabarito: C

Comentário: O campeonato é composto por 38 rodadas, em que cada rodada ocorre 10 jogos. Portanto, o campeonato é constituído de 380 partidas. Dado que ocorreram 126 empates, é possível concluir que houveram 254 vitórias e 254 derrotas.

163. Gabarito: B

Comentário: Como o triângulo é equilátero, os 3 ângulos internos do triângulo são 60°. Observando qualquer um dos lados, exceto a base) do triângulo são divididos em dois segmentos. Note que acima do quadrado é constituído um novo triângulo equilátero de lado 1. Além disso, sabe-se que o seno60° = √3/2, portanto, o segundo segmento que constituí o lado do triângulo mencionado anteriormente vale 2/√3. Por fim, o lado do triângulo vale 2/√3+1 = 2,18. Aproximando, o valor final é 2,1.

164. Gabarito: A

Comentário:

Dividindo os trechos da viagem pelos tempos:

- Trecho 1: 30 km a 90 km/h implica em 1/3 hora. Portanto, 20 minutos.
- Trecho 2: 40 km a 80 km/h implica em ½ hora. Portanto, 30 minutos.

Como a viagem foi feita em 1h30min, e sabe-se que o último trecho possui 30km, realizado em 40 minutos (2/3 hora), conclui-se que a velocidade média do último trecho é de 30 km / (2/3 hora) = 45km/h.

165. Gabarito: D

Comentário: Considerando que o decréscimo anual de óbitos para cada 1000 nascidos vivos, no período de 2009 a 2011, será mantido, obtém-se a taxa anual de decréscimo que vale (18,7 – 22,5) / 2 (anos = -1,9 (óbitos por 1000 nascidos vivos). Fazendo a projeção equacionado por 10 = 18,7 -1,9 x (X anos), conclui-se que são necessários mais 4,58 anos. Portanto, a taxa de mortalidade infantil se tornará inferior a 10 no período de 2015 a 2016.

166. Gabarito: C

Comentário: O hexágono é composto por 6 lados. Considerando que o hexágono da questão é regular, na escala do mapa o estudante deveria caminhar 6 x 5cm = 30cm. Na escala da cidade, 5cm equivalem a 5 x 20.000 = 100.000 cm = 1000 metros = 1km. Portanto, uma volta completa possui a distância de 6km.

167. Gabarito: E
Comentário: Dada a descrição da questão a seleção realizada pelo funcionário é uma combinação de 5 flores combinadas 3 a 3, tendo em vista que não importa a disposição entre as flores. Portanto, C5,3 pode ser escrita como 5! / ((5-3)! x 3!).

168. Gabarito: C
Comentário: Tendo em vista que os pontos A, B, D e E estão sobre o mesmo plano perpendicular ao plano da mesa, esses pontos devem estar alinhados. Além disso, como pontos BCD fazem parte de um arco circular, a resposta correta sobre a projeção ortogonal deve possuir um arco de circunferência. Dada essas duas condições, elimina-se as alternativas A, B, D e E.

169. Gabarito: B
Comentário: Separando os intervalos de tempo a cada 5 minutos, temos:
1. Intervalo 0 a 5 minutos - A vazão da torneira é maior que o ralo, portanto, o volume de água cresce.
2. Intervalo 5 a 10 minutos – A vazão da torneira ainda é superior, portanto, o volume de água cresce.
3. Intervalo 10 a 15 minutos – A vazão da torneira ainda é superior, portanto, o volume de água cresce.
4. Intervalo 15 a 20 minutos – A vazão da torneira é inferior ao ralo, portanto, o volume de água decresce.
5. Intervalo 20 a 25 minutos – A vazão da torneira é inferior ao ralo, portanto, o volume de água decresce.

Logo, o intervalo de interesse é entre 15 e 25 minutos.

170. Gabarito: C
Comentário: Os trechos curvos percorridos por ambos atletas é L – l. Adotemos como premissa que o ângulo, em radianos, percorrido pelo atleta 1 é A1. Uma segunda premissa é que o ângulo de interesse, que gera o arco circular P2CP1 vale A2. Dessa forma, podemos equacionar:
(L – l) = A1 x R1
(L – l) = (A1 + A2) x R2

Isolando A1 de (1) e substituindo em (2), obtém-se (L-l) = {[(L-l) / R1] + A2} x R2. Isolando A2 e realizando a divisão por (L-l), chega-se em 1/R2 – 1/R1.

171. Gabarito: E
Comentário:
Adotemos:
- Número de homens: X
- Número de mulheres: Y

¼ x X possui ensino médio completo, enquanto 2/3 x Y possui a mesma característica.

Da relação "Constatou-se, também, que entre todos os que têm o ensino médio completo, metade são homens", concluímos que (¼ x X + 2/3 x Y) / 2 = X / 4. Portanto, 2/3 x Y = ¼ x X. A fração que representa o número de funcionários homens em relação ao número de funcionárias mulheres é X / Y = 8/3.

Total de funcionários: X + Y
(X + Y) = X, é equivalente a 1 + Y/X = 1 + 3/8 = 11/8.
Portanto, o número de funcionários homens com relação ao total de funcionários é X / (X + Y) = 8 / 11.

172. Gabarito: B
Comentário: Do enunciado temos como premissa o conhecimento de que o docente trabalha em uma universidade do estado de São Paulo. Portanto, o espaço amostral é reduzido de 402 para 239. Logo a probabilidade da escolha de um espanhol é igual ao número de espanhóis em universidades de São Paulo dividido pelo novo espaço amostral. Portanto, probabilidade é 60 / 239.

173. Gabarito: A
Comentário:
A área de um quadrado de lado L é L^2. Já a área de um círculo é π x R^2. Portanto o raio do circulo que iguala as duas áreas é $L^2 = \pi$ x R^2. Logo, R = L / $\sqrt{\pi}$

$$R = \frac{L}{\sqrt{\pi}}$$

174. Gabarito: E
Comentário: Litro e metro cúbico são grandezas de volume. Como consequência, a relação entre as duas unidades é linear. Assim, exclui-se as alternativas A e B. Além disso, sabe-se que 1 metro cúbico equivale a 1000 litros. Portanto, $0m^3$ equivale 0 litros, $2m^3$ equivalem 2000 litros e $4m^3$ equivalem 4000 litros.

175. Gabarito: D
Comentário: Nessa questão basta fazer a divisão entre o comprimento do diâmetro do frio de cabelo sobre o do nanofio. Portanto, tem-se $6 \times 10^{-5} / 10^{-9} = 6 \times 10^4$.

176. Gabarito: D
Comentário: Dado que a altura do prédio é de 12 metros e que o ângulo que a parede lateral forma com o piso é de 60°, temos que:
- Cateto oposto = 12 metros
- Tangente de 60° = √3

Portanto, o comprimento da projeção do teto no piso vale 12 / √3 = 7,05 aproximadamente. Portanto, o diâmetro do círculo do pátio vale 50 – (2 x 7,05) = 35,9 metros.

Assim, o raio do pátio vale 17,95 metros. Por fim, a área do pátio vale aproximadamente, $3 \times 17{,}95^2 = 966{,}6075$, compreendido no intervalo [900, 1000].

177. Gabarito: B

Comentário: A conversão de centímetros por minutos para metros por segundo é composto por:

- 1 centímetro = 0,01 metros.
- 1 minutos = 60 segundos.

Portanto, 1 centímetro / minutos = $0{,}01 / 60 = 10^{-2} \times 60^{-1}$.

178. Gabarito: A

Comentário:

Fazendo a análise por lojas, temos:

- Loja 1: (3 x R$82) + (1 x R$134) + (2 x R$202) = 246 + 134 + 404 = R$784,00
- Loja 2: (3 x R$80) + (1 x R$122) + (2 x R$214) = 240 + 122 + 428 = R$790,00
- Loja 3: (3 x R$85) + (1 x R$115) + (2 x R$209) = 255 + 115 + 418 = R$788,00
- Loja 4: (3 x R$88) + (1 x R$132) + (2 x R$199) = 264 + 132 + 398 = R$794,00
- Loja 5: (3 x R$90) + (1 x R$116) + (2 x R$202) = 270 + 116 + 404 = R$790,00

Portanto, loja de menor custo é a de número 1.

179. Gabarito: E

Comentário:

O valor de 1 quilograma do doce é 4/5 x R$10,00 + 1/5 x R$2,00 = R$8,40

O equacionamento com os novos preços de amendoim e açúcar é:

4/5 x X + 1/5 x R$2,20 = R$8,40

4/5 x X = R$7,96

X = R$9,95.

180. Gabarito: B

Comentário:

Fazendo a análise por marca e rendimento, temos:

Marca A:

- Sabão: R$2,00 por litro rendido
- Alvejante: R$0,375 por litro rendido
- Amaciante: R$0,64 por litro rendido
- Detergente: R$0,53 por litro rendido

Marca B:

- Sabão: R$2,04 por litro rendido
- Alvejante: R$0,333 por litro rendido
- Amaciante: R$0,833 por litro rendido
- Detergente: R$0,55 por litro rendido

Escolha:

- Sabão: A
- Alvejante: B
- Amaciante: A
- Detergente: A

ENEM 2021 • DIA 1

LINGUAGENS, CÓDIGOS E SUAS TECNOLOGIAS
QUESTÕES DE 01 A 45
QUESTÕES DE 01 A 05 (OPÇÃO INGLÊS)

We are now a nation obsessed with the cult of celebrity. Celebrities have replaced the classic notion of the hero. But instead of being respected for talent, courage or intelligence, it is money, style and image the deciding factors in what commands respect. Image is everything. Their image is painstakingly constructed by a multitude of different image consultants to carve out the most profitable celebrity they can. Then society is right behind them, believing in everything that celebrity believes in. Companies know that people will buy a product if a celebrity has it too. It is as if the person buying the product feels that they now have some kind of connection with the celebrity and that some of their perceived happiness will now be passed onto the consumer. So to look at it one way, the cult of celebrity is really nothing more than a sophisticated marketing scheme. Celebrities though cannot be blamed for all negative aspects of society. In reality society is to blame. We are the people who seemed to have lost the ability to think for ourselves. I suppose it's easier to be told what to think, rather than challenging what we are told. The reason we are swamped by celebrity is because there is a demand for it.

Disponível em: www.pitlanemagazine.com. Acesso em: 7 dez. 2017 (adaptado).

1. O texto, que aborda questões referentes ao tema do culto à celebridade, tem o objetivo de

(A) destacar os méritos das celebridades.
(B) criticar o consumismo das celebridades.
(C) ressaltar a necessidade de reflexão dos fãs.
(D) culpar as celebridades pela obsessão dos fãs.
(E) valorizar o marketing pessoal das celebridades.

The British (serves 60 million)

Take some Picts, Celts and Silures
And let them settle,
Then overrun them with Roman conquerors.
Remove the Romans after approximately 400 years
Add lots of Norman French to some
Angles, Saxons, Jutes and Vikings, then stir vigorously.
[...]
Sprinkle some fresh Indians, Malaysians, Bosnians,
Iraqis and Bangladeshis together with some
Afghans, Spanish, Turkish, Kurdish, Japanese
And Palestinians
Then add to the melting pot.
Leave the ingredients to simmer.
As they mix and blend allow their languages to flourish
Binding them together with English.
Allow time to be cool.
Add some unity, understanding, and respect for the future,
Serve with justice
And enjoy.

Note: All the ingredients are equally important. Treating one ingredient better than another will leave a bitter unpleasant taste.

Warning: An unequal spread of justice will damage the people and cause pain. Give justice and equality to all.

Disponível em: www.benjaminzephaniah.com. Acesso em: 12 dez. 2018 (fragmento).

2. Ao descrever o processo de formação da Inglaterra, o autor do poema recorre a características de outro gênero textual para evidenciar

(A) a riqueza da mistura cultural.
(B) um legado de origem geográfica.
(C) um impacto de natureza histórica.
(D) um problema de estratificação social.
(E) a questão da intolerância linguística.

Becoming

Back in the ancestral homeland of Michelle Obama, black women were rarely granted the honorific Miss or Mrs., but were addressed by their first name, or simply as "gal" or "auntie" or worse. This so openly demeaned them that many black women, long after they had left the South, refused to answer if called by their first name. A mother and father in 1970s Texas named their newborn "Miss" so that white people would have no choice but to address their daughter by that title. Black women were meant for the field or the kitchen, or for use as they saw fit. They were, by definition, not ladies. The very idea of a black woman as first lady of the land, well, that would have been unthinkable.

Disponível em: www.nytimes.com. Acesso em: 28 dez. 2018 (adaptado).

3. A crítica do livro de memórias de Michelle Obama, ex-primeira-dama dos EUA, aborda a história das relações humanas na cidade natal da autora. Nesse contexto, o uso do vocábulo "unthinkable" ressalta que

(A) a ascensão social era improvável.
(B) a mudança de nome era impensável.
(C) a origem do indivíduo era irrelevante.
(D) o trabalho feminino era inimaginável.
(E) o comportamento parental era irresponsável.

"My desire to be well-informed is currently at odds with my desire to remain sane."

SIPRESS. Disponível em: www.newyorker.com. Acesso em: 12 jun. 2018.

4. A presença de "at odds with" na fala da personagem do cartum revela o(a)

(A) necessidade de acessar informações confiáveis.
(B) dificuldade de conciliar diferentes anseios.
(C) desejo de dominar novas tecnologias.
(D) desafio de permanecer imparcial.
(E) vontade de ler notícias positivas.

Exterior: Between The Museums — Day

CELINE

Americans always think Europe is perfect. But such beauty and history can be really oppressive. It reduces the individual to nothing. It just reminds you all the time you are just a little speck in a long history, where in America you feel like you could be making history. That's why I like Los Angeles because it is so.

JESSE

Ugly?

CELINE

No, I was going to say "neutral". It's like looking at a blank canvas. I think people go to places like Venice on their honeymoon to make sure they are not going to fight for the first two weeks of their marriage because they'll be too busy looking around at all the beautiful things. That's what people call a romantic place – somewhere where the prettiness will contain your primary violent instinct. A real good honeymoon spot would be like somewhere in New Jersey.

KRIZAN, K.; LINKLATER, R. Before Sunrise: screenplay. New York: Vintage Books, 2005.

5. Considerando-se o olhar dos personagens, esse trecho do roteiro de um filme permite reconhecer que a avaliação sobre um lugar depende do(a)

(A) beleza do próprio local.
(B) perspectiva do visitante.
(C) contexto histórico do local.
(D) tempo de permanência no local.
(E) finalidade da viagem do visitante.

QUESTÕES DE 01 A 05 (OPÇÃO ESPANHOL)

Se reunieron en un volumen todas las entrevistas dadas por el poeta y dramaturgo Federico García Lorca. Lorca concedió 133 entrevistas; leyéndolas se sabrá qué estaba por detrás de la poética del escritor andaluz. Sobre su obra declaró en una de ellas: "No he sido nunca poeta de minoría. He tratado de poner en mis poemas lo de todos los tiempos, lo permanente, lo humano. A mí me ataca lo humano, es el elemento fundamental en toda obra de arte". Y en otra dijo: "Hoy no interesa más que una problemática: lo social. La obra que no siga esa dirección está condenada al fracaso, aunque sea muy buena". En su última entrevista, de junio de 1936, Lorca se muestra profético: "Ni el poeta ni nadie tiene la clave y el secreto del mundo. Quiero ser bueno. Sé que la poesía eleva y creo firmemente que si hay un más allá tendré la agradable sorpresa de encontrarme con él. Pero el dolor del hombre y la injusticia constante que mana del mundo, y mi propio cuerpo y mi propio pensamiento, me evitan trasladar mi casa a las estrellas".

AYÉN, X. **Retrato del poeta como "muchachón gitanazo"**. Disponível em: www.clarin.com. Acesso em: 8 dez. 2017 (adaptado).

1. Esse trecho da resenha de um livro de entrevistas concedidas por Federico García Lorca tem por finalidade

(A) ressaltar a atração do entrevistado por questões místicas.

(B) divulgar a comoção das elites com as obras do entrevistado.

(C) salientar o compromisso do entrevistado com as questões sociais.

(D) mostrar a atualidade das obras poéticas e teatrais do entrevistado.

(E) criticar o interesse do entrevistado por particularidades da vida humana.

AMULETO

Lo único cierto es que llegué a México en 1965 y me planté en casa de León Felipe y en casa de Pedro Garfias y les dije aquí estoy para lo que gusten mandar. Y les debí de caer simpática, porque antipática no soy, aunque a veces soy pesada, pero antipática nunca. Y lo primero que hice fue coger una escoba y ponerme a barrer el suelo de sus casas y luego a limpiar las ventanas y cada vez que podía les pedía dinero y les hacía compra. Y ellos me decían con ese tono espanol tan peculiar, esa musiquilla distinta que no los abandonó nunca, como si encircularan las zetas y las ces y como si dejaran a las eses más huérfanas y libidinosas que nunca, Auxilio, me decían, deja ya de trasegar por el piso, Auxilio, deja esos papeles tranquilos, mujer, que el polvo siempre se ha avenido con la literatura.

BOLANO, R. A. **Tres novelas**. Barcelona: Círculo de Lectores, 2003.

2. No fragmento do romance, a uruguaia Auxilio narra a experiência que viveu no México ao trabalhar voluntariamente para dois escritores espanhóis. Com base na relação com os escritores, ela reflete sobre a(s)

(A) variação linguística do espanhol.

(B) sujeira dos livros de literatura.

(C) distintas maneiras de acolher do mexicano.

(D) orientações sobre a limpeza das casas dos espanhóis.

(E) dificuldades de comunicação entre patrão e empregada.

Hoy, en cuestión de segundos uno es capaz de conocer la vida de un individuo o las actividades que lleva a cabo sin necesidad de contacto personal; las RRSS tienen la poderosa virtud de convocar concentraciones de gentes con idearios comunes y generar movimientos como la Primavera Árabe, por ejemplo.

Bajo ese parámetro, cualquier incidente puede ser inmediatamente reportado por grabación o filmación, por lo que a los aparatos celulares, más allá de su utilidad en términos de conversación, habría que calificarlos como "la guillotina del siglo XXI".

Así es. Son éstos los que han pasado a convertirse en artefactos con cuyo uso se han develado conversaciones, acuerdos, negociados, chantajes y un sin fin de hechos que han dado curso a procesos de naturaleza legal e investigativa que han tumbado gobiernos, empresas, empresarios, políticos y que, incluso, ha servido en un caso reciente, para que un inocente recupere su libertad tras cuatro anos de injusto encierro.

Disponível em: https://elpotosi.net. Acesso em: 24. jun. 2021.

3. O texto trata da evolução inerente às funcionalidades de recursos tecnológicos. A expressão "la guillotina del siglo XXI" destaca que os celulares de hoje podem

(A) oferecer recursos com funções múltiplas.

(B) reunir usuários com ideias semelhantes.

(C) divulgar informação instantânea.

(D) organizar movimentos sociais.

(E) assumir utilidade jurídica.

En el suelo, apoyado en el mostrador, se acurrucaba, inmóvil como una cosa, un hombre muy viejo. Los muchos anos lo habían reducido y pulido como las aguas a una piedra o las generaciones de los hombres a una sentencia. Era oscuro, chico y reseco, y estaba como fuera del tiempo, en una eternidad.

BORGES, J. L. **Artificias**. Madri: Alianza Cien, 1995.

4. No âmbito literário, são mobilizados diferentes recursos que visam à expressividade. No texto, a analogia estabelecida pela expressão "como las aguas a una piedra" tem a função de

(A) enfatizar a ação do tempo sobre a personagem.

(B) descrever a objetificação do ambiente.

(C) expor a anacronia da personagem.

(D) caracterizar o espaço do conto.

(E) narrar a perenidade da velhice.

ERLICH. Disponível em: https://mansunides.org. Acesso em: 5 dez. 2018.

5. A charge evoca uma situação de assombro frente a uma realidade que assola as sociedades contemporâneas. Seu efeito humorístico reside na crítica diante do(a)

(A) constatação do ser humano como o responsável pela condição caótica do mundo.

(B) apelo à religiosidade diante das dificuldades enfrentadas pela humanidade.

(C) indignação dos trabalhadores em face das injustiças sociais.

(D) veiculação de informações trágicas pelos telejornais.

(E) manipulação das notícias difundidas pelas mídias.

LINGUAGENS, CÓDIGOS E SUAS TECNOLOGIAS

QUESTÕES DE 06 A 45

Um asteroide de cerca de um mil metros de diâmetro, viajando a 288 mil quilômetros por hora, passou a uma distância insignificante - em termos cósmicos - da Terra, pouco mais do dobro da distância que nos separa da Lua. Segundo os cálculos matemáticos, o asteroide cruzou a órbita da Terra e somente não colidiu porque ela não estava naquele ponto de interseção. Se ele tivesse sido capturado pelo campo gravitacional do nosso planeta e colidido, o impacto equivaleria a 40 bilhões de toneladas de TNT, ou o equivalente à explosão de 40 mil bombas de hidrogênio, conforme calcularam os computadores operados pelos astrônomos do programa de Exploração do Sistema Solar da Nasa; se caísse no continente, abriria uma cratera de cinco quilômetros, no mínimo, e destruiria tudo o que houvesse num raio de milhares de outros; se desabasse no oceano, provocaria maremotos que devastariam imensas regiões costeiras. Enfim, uma visão do Apocalipse.

Disponível em: http://bdjur.stj.jus.br. Acesso em: 23 abr. 2010.

6. Qual estratégia caracteriza o texto como uma notícia alarmante?

(A) A descrição da velocidade do asteroide.

(B) A recorrência de formulações hipotéticas.

(C) A referência à opinião dos astrônomos.

(D) A utilização da locução adverbial "no mínimo".

(E) A comparação com a distância da Lua à Terra.

A draga

A gente não sabia se aquela draga tinha nascido ali, no Porto, como um pé de árvore ou uma duna.
E que fosse uma casa de peixes?
Meia dúzia de loucos e bêbados moravam dentro dela, enraizados em suas ferragens.
Dos viventes da draga era um o meu amigo Mário-pega-sapo.
[...]
Quando Mário morreu, um literato oficial, em necrológio caprichado, chamou-o de Mário-Captura-Sapo! Ai que dor!
Ao literato cujo fazia-lhe nojo a forma coloquial.
Queria *captura* em vez de *pega* para não macular (sic) a língua nacional lá dele.
[...]
Da velha draga
Abrigo de vagabundos e de bêbados, restaram as expressões: *estar na draga, viver na draga* por *estar sem dinheiro, viver na miséria*
Que ora ofereço ao filólogo Aurélio Buarque de Hollanda
Para que as registre em seus léxicos
Pois que o povo já as registrou.

BARROS, M. **Gramática expositiva do chão**: poesia quase toda. Rio de Janeiro: Civilização Brasileira, 1990 (fragmento).

7. Ao criticar o preciosismo linguístico do literato e ao sugerir a dicionarização de expressões locais, o poeta expressa uma concepção de língua que

(A) contrapõe características da escrita e da fala.

(B) ironiza a comunicação fora da norma-padrão.

(C) substitui regionalismos por registros formais.

(D) valoriza o uso de variedades populares.

(E) defende novas regras gramaticais.

O documentário *O menino que fez um museu*, direção de Sérgio Utsch, produção independente de brasileiros e britânicos, gravado no Nordeste em 2016, mais precisamente no distrito Dom Quintino, zona rural do Crato, foi premiado em Londres, pela *Foreign Press Association* (FPA), a associação de correspondentes estrangeiros mais antiga do mundo, fundada em 1888.

De acordo com o diretor, *O menino que fez um museu* foi o único trabalho produzido por equipes fora do eixo Estados Unidos-Europa entre os finalistas. O documentário conta a história de um Brasil profundo, desconhecido até mesmo por muitos brasileiros. É apresentado com o carisma de Pedro Lucas Feitosa, 11 anos.

Quando tinha 10 anos, Pedro Lucas criou o Museu de Luiz Gonzaga, que fica no distrito de Dom Quintino. A ideia surgiu após uma visita que o garoto fez, em 2013, quando tinha 8 anos, ao Museu do Gonzagão, em Exu, Pernambuco. Pedro decidiu criar o próprio lugar de exposição para homenagear o rei e o local escolhido foi a casa da sua bisavó já falecida, que fica ao lado da casa dele, na rua Alto de Antena.

Disponível em: www.opovo.com.br. Acesso em: 18 abr. 2018.

8. No segundo parágrafo, uma citação afirma que o documentário "foi o único trabalho produzido por equipes fora do eixo Estados Unidos-Europa entre os finalistas". No texto, esse recurso expressa uma estratégia argumentativa que reforça a

(A) originalidade da iniciativa de homenagem à vida e à obra de Luiz Gonzaga.

(B) falta de concorrentes ao prêmio de uma das associações mais antigas do mundo.

(C) proeza da premiação de uma história ambientada no interior do Nordeste brasileiro.

(D) escassez de investimentos para a produção cinematográfica independente no país.

(E) importância da parceria entre brasileiros e britânicos para a realização das filmagens.

A volta do marido pródigo

- Bom dia, seu Marrinha! Como passou de ontem?

- Bem. Já sabe, não é? Só ganha meio dia. [.]

Lá além, Generoso cotuca Tercino:

- [.] Vai em festa, dorme que-horas, e, quando chega, ainda é todo enfeitado e salamistrão!.

- Que é que hei de fazer, seu Marrinha. Amanheci com uma nevralgia. Fiquei com cisma de apanhar friagem.

- **Hum.**

- Mas o senhor vai ver como eu toco o meu serviço e ainda faço este povo trabalhar.

[...]

Pintão suou para desprender um pedrouço, e teve de pular para trás, para que a laje lhe não esmagasse um pé. Pragueja:

- Quem não tem brio engorda!

- É. Esse sujeito só é isso, e mais isso. - opina Sidu.

- Também, tudo p'ra ele sai bom, e no fim dá certo. - diz Correia, suspirando e retomando o enxadão. - "P'ra uns, as vacas morrem ... p'ra outros até boi pega a parir.".

Seu Marra já concordou:

- Está bem, seu Laio, por hoje, como foi por doença, eu aponto o dia todo. Que é a última vez!. E agora, deixa de conversa fiada e vai pegando a ferramenta!

ROSA, J. G. Sagarana. Rio de Janeiro: José Olympio, 1967.

9. Esse texto tem importância singular como patrimônio linguístico para a preservação da cultura nacional devido

(A) à menção a enfermidades que indicam falta de cuidado pessoal.

(B) à referência a profissões já extintas que caracterizam a vida no campo.

(C) aos nomes de personagens que acentuam aspectos de sua personalidade.

(D) ao emprego de ditados populares que resgatam memórias e saberes coletivos.

(E) às descrições de costumes regionais que desmistificam crenças e superstições.

Intenso e original, *Son of Saul* retrata horror do holocausto

Centenas de filmes sobre o holocausto já foram produzidos em diversos países do mundo, mas nenhum é tão intenso como o húngaro *Son of Saul*, do estreante em longa-metragens László Nemes, vencedor do Grande Prêmio do Júri no último Festival de Cannes.

Ao contrário da grande maioria das produções do gênero, que costuma oferecer uma variedade de informações didáticas e não raro cruza diferentes pontos de vista sobre o horror do campo de concentração, o filme acompanha apenas um personagem.

Ele é Saul (Géza Rõhrig), um dos encarregados de conduzir as execuções de judeus como ele que, por um dia e meio, luta obsessivamente para que um menino já morto - que pode ou não ser seu filho - tenha um enterro digno e não seja simplesmente incinerado.

O acompanhamento da jornada desse prisioneiro é no sentido mais literal que o cinema pode proporcionar: a câmera está o tempo todo com o personagem, seja por sobre seus ombros, seja com um close em primeiro plano ou em sua visão subjetiva. O que se passa ao seu redor é secundário, muitas vezes desfocado.

Saul percorre diferentes divisões de Auschwitz à procura de um rabino que possa conduzir o enterro da criança, e por isso pouco se envolve nos planos de fuga que os companheiros tramam e, quando o faz, geralmente atrapalha. "Você abandonou os vivos para cuidar de um morto", acusa um deles.

Ver toda essa via *crucis* é por vezes duro e exige certa entrega do espectador, mas certamente é daquelas experiências cinematográficas que permanecem na cabeça por muito tempo.

O longa já está sendo apontado como o grande favorito ao Oscar de filme estrangeiro. Se levar a estatueta, certamente não faltará quem diga que a Academia tem uma preferência por quem aborda a 2ª Guerra. Por mais que exista uma dose de verdade na afirmação, premiar uma abordagem tão ousada e radical como *Son of Saul* não deixaria de ser um passo à frente dos votantes.

Carta Capital, n. 873, 22 out. 2015.

10. A resenha é, normalmente, um texto de base argumentativa. Na resenha do filme *Son of Saul*, o trecho da sequência argumentativa que se constitui como opinião implícita é

(A) "[.] do estreante em longa-metragens László Nemes, vencedor do Grande Prêmio do Júri no último Festival de Cannes".

(B) "Ele é Saul (Géza Rõhrig), um dos encarregados de conduzir as execuções de judeus [.]".

(C) " [.] a câmera está o tempo todo com o personagem, seja por sobre seus ombros, seja com um close [.]".

(D) "Saul percorre diferentes divisões de Auschwitz à procura de um rabino que possa conduzir o enterro da criança [.]".

(E) "[...] premiar uma abordagem tão ousada e radical como Son of Saul não deixaria de ser um passo à frente dos votantes".

Sinhá

Se a dona se banhou
Eu não estava lá
Por Deus Nosso Senhor
Eu não olhei Sinhá
Estava lá na roça
Sou de olhar ninguém
Não tenho mais cobiça
Nem enxergo bem
Para que me pôr no tronco
Para que me aleijar
Eu juro a vosmecê
Que nunca vi Sinhá
[...]
Por que talhar meu corpo
Eu não olhei Sinhá
Para que que vosmincê
Meus olhos vai furar
Eu choro em iorubá
Mas oro por Jesus
Para que que vassuncê
Me tira a luz.

CHICO BUARQUE; JOÃO BOSCO. **Chico**. Rio de Janeiro: Biscoito Fino, 2011 (fragmento).

11. No fragmento da letra da canção, o vocabulário empregado e a situação retratada são relevantes para o patrimônio linguístico e identitário do país, na medida em que

(A) remetem à violência física e simbólica contra os povos escravizados.

(B) valorizam as influências da cultura africana sobre a música nacional.

(C) relativizam o sincretismo constitutivo das práticas religiosas brasileiras.

(D) narram os infortúnios da relação amorosa entre membros de classes sociais diferentes.

(E) problematizam as diferentes visões de mundo na sociedade durante o período colonial.

Disponível em: www.deskgram.org. Acesso em: 12 dez. 2018 (adaptado)

12. A associação entre o texto verbal e as imagens da garrafa e do cão configura recurso expressivo que busca

(A) estimular denúncias de maus-tratos contra animais.
(B) desvincular o conceito de descarte da ideia de negligência.
(C) incentivar campanhas de adoção de animais em situação de rua.
(D) sensibilizar o público em relação ao abandono de animais domésticos.
(E) alertar a população sobre as sanções legais acerca de uma prática criminosa.

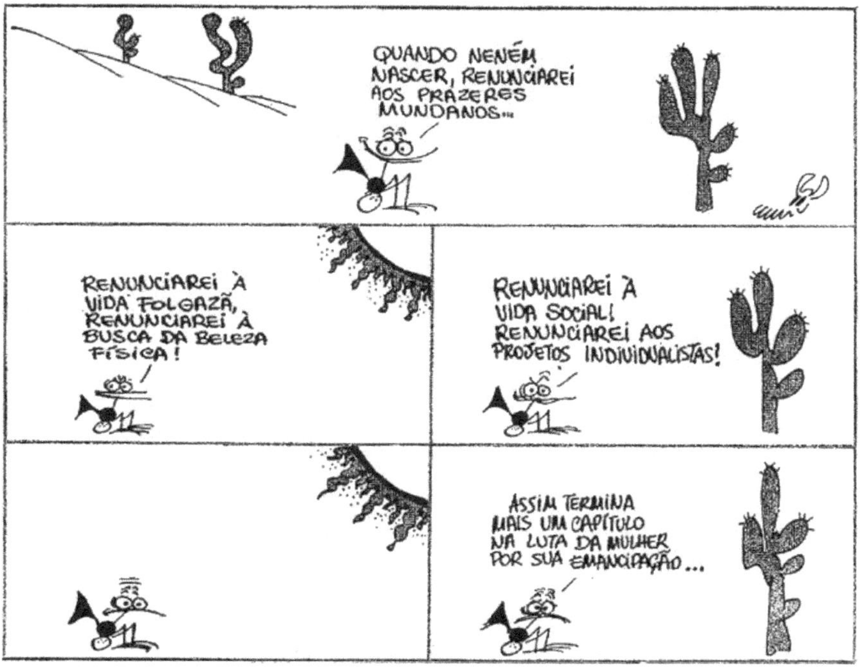

HENFIL. Disponível em: https://medium.com. Acesso em: 29 out. 2018 (adaptado).

13. Nessa tirinha, produzida na década de 1970, os recursos verbais e não verbais sinalizam a finalidade de

(A) reforçar a luta por direitos civis.
(B) explicitar a autonomia feminina.
(C) ironizar as condições de igualdade.
(D) estimular a abdicação da vida social.
(E) criticar as obrigações da maternidade.

A crise dos refugiados imortalizada para sempre no fundo do mar

TAYLOR, J. C. **A balsa de Lampedusa**. Instalação. Museu Atlântico, Lanzarote, Canárias, 2016 (detalhe).

A balsa de Lampedusa, nome da obra do artista britânico Jason de Caires Taylor, é uma das instalações criadas por ele para compor o acervo do primeiro museu submarino da Europa, o Museu Atlântico, localizado em Lanzarote, uma das ilhas do arquipélago das Canárias.

Lampedusa é o nome da ilha italiana onde a grande maioria dos refugiados que saem da África ou de países como Síria, Líbano e Iraque tenta chegar para conseguir asilo no continente europeu.

As esculturas do Museu Atlântico ficam a 14 metros de profundidade nas águas cristalinas de Lanzarote.

Na balsa, estão dez pessoas. Todas têm no rosto a expressão do abandono. Entre elas, há algumas crianças. Uma delas, uma menina debruçada sobre a beira do bote, olha sem esperança o horizonte. A imagem é tão forte que dispensa qualquer palavra. Exatamente o papel da arte.

Disponível em: http://conexaoplaneta.com.br. Acesso em: 22 jun. 2019 (adaptado).

14. Além de apresentar ao público a obra *A balsa de Lampedusa*, essa reportagem cumpre, paralelamente, a função de chamar a atenção para

(A) a ilha de Lanzarote, localizada no arquipélago das Canárias, com vocação para o turismo.

(B) as muitas vidas perdidas nas travessias marítimas em embarcações precárias ao longo dos séculos.

(C) a inovação relativa à construção de um museu no fundo do mar, que só pode ser visitado por mergulhadores.

(D) a construção do museu submarino como um memorial para as centenas de imigrantes mortos nas travessias pelo mar.

(E) a arte como perpetuadora de episódios marcantes da humanidade que têm de ser relembrados para que não tornem a acontecer.

TEXTO I

Correu à sala dos retratos, abriu o piano, sentou-se e espalmou as mãos no teclado. Começou a tocar alguma coisa própria, uma inspiração real e pronta, uma polca, uma polca buliçosa, como dizem os anúncios. Nenhuma repulsa da parte do compositor; os dedos iam arrancando as notas, ligando-as, meneando-as; dir-se-ia que a musa compunha e bailava a um tempo. [.] Compunha só, teclando ou escrevendo, sem os vãos esforços da véspera, sem exasperação, sem nada pedir ao céu, sem interrogar os olhos de Mozart. Nenhum tédio. Vida, graça, novidade, escorriam-lhe da alma como de uma fonte perene.

ASSIS, M. **Um homem célebre**. Disponível em: www.biblio.com.br. Acesso em: 2 jun. 2019

TEXTO II

Um homem célebre expõe o suplício do músico popular que busca atingir a sublimidade da obra-prima clássica, e com ela a galeria dos imortais, mas que é traído por uma disposição interior incontrolável que o empurra implacavelmente na direção oposta. Pestana, célebre nos saraus, salões, bailes e ruas do Rio de Janeiro por suas composições irresistivelmente dançantes, esconde-se dos rumores à sua volta num quarto povoado de ícones da grande música europeia, mergulha nas sonatas do classicismo vienense, prepara-se para o supremo salto criativo e, quando dá por si, é o autor de mais uma inelutável e saltitante polca.

WISNIK, J. M. Machado maxixe: o caso Pestana. **Teresa**: revista de literatura brasileira, 2004 (adaptado).

15. O conto de Machado de Assis faz uma referência velada ao maxixe, gênero musical inicialmente associado à escravidão e à mestiçagem. No Texto II, o conflito do personagem em compor obras do gênero é representativo da

(A) pouca complexidade musical das composições ajustadas ao gosto do grande público.

(B) prevalência de referências musicais africanas no imaginário da população brasileira.

(C) incipiente atribuição de prestígio social a músicas instrumentais feitas para a dança.

(D) tensa relação entre o erudito e o popular na constituição da música brasileira.

(E) importância atribuída à música clássica na sociedade brasileira do século XIX.

Devagar, devagarinho

Desacelerar é preciso. Acelerar não é preciso. Afobados e voltados para o próprio umbigo, operamos, automatizados, falas robóticas e silêncios glaciais. Ilustra bem esse estado de espírito a música *Sinal fechado* (1969), de Paulinho da Viola. Trata-se da história de dois sujeitos que se encontram inesperadamente em um sinal de trânsito. A conversa entre ambos, porém, se deu rápida e rasteira. Logo, os personagens se despedem, com a promessa de se verem em outra oportunidade. Percebe-se um registro de comunicação vazia e superficial, cuja tônica foi o contato ligeiro e superficial construído pelos interlocutores: "Olá, como vai? / Eu vou indo, e você, tudo bem? / Tudo bem, eu vou indo correndo, / pegar meu lugar no futuro. E você? / Tudo bem, eu vou indo em busca de um sono / tranquilo, quem sabe? / Quanto tempo... / Pois é, quanto tempo. / Me perdoe a pressa / é a alma dos nossos negócios. / Oh! Não tem de quê. / Eu também só ando a cem".

O culto à velocidade, no contexto apresentado, se coloca como fruto de um imediatismo processual que celebra o alcance dos fins sem dimensionar a qualidade dos meios necessários para atingir determinado propósito. Tal conjuntura favorece a lei do menor esforço - a comodidade - e prejudica a lei do maior esforço - a dignidade.

Como modelo alternativo à cultura *fast*, temos o movimento *slow life*, cujo propósito, resumidamente, é conscientizar as pessoas de que a pressa é inimiga da perfeição e do prazer, buscando assim reeducar seus sentidos para desfrutar melhor os sabores da vida.

SILVA, M. F. L. **Boletim UFMG**, n. 1 749, set. 2011 (adaptado).

16. Nesse artigo de opinião, a apresentação da letra da canção *Sinal fechado* é uma estratégia argumentativa que visa sensibilizar o leitor porque

(A) adverte sobre os riscos que o ritmo acelerado da vida oferece.

(B) exemplifica o fato criticado no texto com uma situação concreta.

(C) contrapõe situações de aceleração e de serenidade na vida das pessoas.

(D) questiona o clichê sobre a rapidez e a aceleração da vida moderna.

(E) apresenta soluções para a cultura da correria que as pessoas vivenciam hoje.

A história do futebol brasileiro contém, ao longo de um século, registros de episódios racistas. Eis o paradoxo: se, de um lado, a atividade futebolística era depreciada aos olhos da "boa sociedade" como profissão destinada aos pobres, negros e marginais, de outro, achava-se investida do poder de representar e projetar a nação em escala mundial. A Copa do Mundo no Brasil, em 1950, viria a se constituir, nesse sentido, em uma rara oportunidade. Contudo, na decisão contra o Uruguai sobreveio o inesperado revés. As crônicas esportivas elegiam o goleiro Barbosa e o defensor Bigode como bodes expiatórios, "descarregando nas costas" dos jogadores os "prejuízos" da derrota. Uma chibata moral, eis a sentença proferida no tribunal dos brancos. Nos anos 1970, por não atender às expectativas normativas suscitadas pelo estereótipo do "bom negro", Paulo César Lima foi classificado como "jogador-problema". Ele esboçava a revolta da chibata no futebol brasileiro. Enquanto Barbosa e Bigode, sem alternativa, suportaram o linchamento moral na derrota de 1950, Paulo César contra-atacava os que pretendiam condená-lo pelo insucesso de 1974. O jogador assumia as cores e as causas defendidas pela esquadra dos pretos em todas as esferas da vida social. "Sinto na pele esse racismo subjacente", revelou à imprensa francesa: "Isto é, ninguém ousa pronunciar a palavra 'racismo'. Mas posso garantir que ele existe, mesmo na Seleção Brasileira". Sua ousadia consistiu em pronunciar a palavra interdita no espaço simbólico do discurso oficial para reafirmar o mito da democracia racial.

Disponível em: https://observatorioracialfutebol.com.br. Acesso em: 22 jun. 2019 (adaptado).

17. O texto atribui o enfraquecimento do mito da democracia racial no futebol à

(A) responsabilização de jogadores negros pela derrota na final da Copa de 1950.

(B) projeção mundial da nação por um esporte antes destinado aos pobres.

(C) depreciação de um esporte associado à marginalidade.

(D) interdição da palavra "racismo" no contexto esportivo.

(E) atitude contestadora de um "jogador-problema".

MEIRELLES, V. **Moema**. Óleo sobre tela, 129 cm x 190 cm. Masp, São Paulo, 1866. Disponível em: www.masp.art.br. Acesso em: 13 ago. 2012 (adaptado).

18. Nessa obra, que retrata uma cena de *Caramuru*, célebre poema épico brasileiro, a filiação à estética romântica manifesta-se na

(A) exaltação do retrato fiel da beleza feminina.

(B) tematização da fragilidade humana diante da morte.

(C) ressignificação de obras do cânone literário nacional.

(D) representação dramática e idealizada do corpo da índia.

(E) oposição entre a condição humana e a natureza primitiva.

Coincidindo com o Dia Internacional dos Direitos da Infância, foram apresentados diversos trabalhos que mostram as mudanças que afetam a vida das crianças. Um desses estudos compara o que sonham e brincam as crianças hoje em relação às dos anos 1990. E o que se descobriu é que as crianças têm agora menos lazer e estão mais sobrecarregadas por deveres e atividades extracurriculares do que as de 25 anos atrás. As crianças de hoje não só dedicam menos tempo para brincar, como também, quando brincam, a maioria não o faz com outras crianças no parque, na rua ou na praça, mas em casa e muitas vezes sozinhas. E já não brincam tanto com brinquedos, mas com aparelhos eletrônicos, entre os quais predomina o jogo individual com a máquina.

OLIVA, M. P. O direito das crianças ao lazer. e a crescer sem carências. **El País**, 20 nov. 2015 (adaptado).

19. O texto indica que as transformações nas experiências lúdicas na infância

(A) fomentaram as relações sociais entre as crianças.

(B) tornaram o lazer uma prática difundida entre as crianças.

(C) incentivaram a criação de novos espaços para se divertir.

(D) promoveram uma vivência corporal menos ativa.

(E) contribuíram para o aumento do tempo dedicado para brincar.

Que tal transformar a internet em palco para a dança?

O coreógrafo e bailarino Didier Mulleras se destaca como um dos criadores que descobriram a dança de outro ponto de vista. *Mini@tures* é uma experiência emblemática entre movimento, computador, internet e vídeo. Com os recursos da computação gráfica, a dança das miniaturas pode caber na palma da mão. Pelo fato de usar a internet como palco, o processo de criação das miniaturas de dança levou em consideração os limites de tempo de download e o tamanho de arquivo, para que um número maior de "espectadores" pudesse assistir. A graça das miniaturas está justamente na contaminação entre mídias: corpo/dança/computação gráfica/internet. De fato, é a rede que faz a maior diferença nesse grupo. *Mini@tures* explora uma nova dimensão que descobre o espaço-tempo da web e conquista um novo território para a dança contemporânea. A qualquer hora, dança on-line.

SPANGHERO, M. **A dança dos encéfalos acesos**. São Paulo: Itaú Cultural, 2003 (adaptado).

20. Considerado o primeiro projeto de dança contemporânea concebido para a rede, esse trabalho é apresentado como inovador por

(A) adotar uma perspectiva conceitual como contraposição à tradição de grandes espetáculos.

(B) criar novas formas de financiamento ao utilizar a internet para divulgação das apresentações.

(C) privilegiar movimentos gerados por computação gráfica, com a substituição do palco pela tela.

(D) produzir uma arte multimodal, com o intuito de ampliar as possibilidades de expressão estética.

(E) redefinir a extensão e o propósito do espetáculo para adaptá-lo ao perfil de diferentes usuários.

TEXTO I

O mito da estiagem em São Paulo

Os estoques de água doce são inesgotáveis, na medida em que são alimentados principalmente pelos oceanos, infinitos via evaporação e precipitação, ou seja, pelo ciclo hidrológico, que depende de forças físicas as quais o homem nunca poderá interromper. Enquanto existirem, o ciclo funcionará e os estoques de água doce nos continentes serão repostos indefinidamente.

Obviamente que a água não se distribui equitativamente pelo planeta. Há regiões com muita água, normalmente na zona tropical, na qual a evaporação é maior, e regiões áridas, onde, por razões específicas da dinâmica climática, as taxas de evaporação são maiores do que a precipitação, gerando déficit de reposição de estoques de água doce.

Disponível em: www.cartanaescola.com.br. Acesso em: 17 jan. 2015 (adaptado).

TEXTO II

O processo de sedimentação no fundo do lago de um reservatório é um processo lento. Os sedimentos vão formando argila, que é uma rocha impermeável. Então, a água daquele lago não vai alimentar os aquíferos. Mesmo tendo muita quantidade de água superficial, ela não consegue penetrar no solo para alimentar os aquíferos. Se não for usada no consumo, ela vai simplesmente evaporar e vai cair em outro lugar, levada pelas correntes aéreas. Isso é outro motivo pelo qual os aquíferos não conseguem recuperar seu nível, porque não recebem água.

Disponível em: www.jornalopcao.com.br. Acesso em: 17 jan. 2015 (adaptado).

21. Os textos I e II abordam a situação dos reservatórios de água doce do planeta. Entretanto, a divergência entre eles está na ideia de que é possível

(A) manter os estoques de água doce.

(B) utilizar a água superficial para o consumo.

(C) repor os estoques de água doce em regiões áridas.

(D) reduzir as taxas de precipitação e evaporação da água.

(E) equalizar a distribuição de água doce nas diferentes regiões.

Os linguistas têm notado a expansão do tratamento informal. "Tenho 78 anos e devia ser tratado por *senhor*, mas meus alunos mais jovens me tratam por *você*", diz o professor Ataliba Castilho, aparentemente sem se incomodar com a informalidade, inconcebível em seus tempos de estudante. O *você*, porém, não reinará sozinho. O *tu* predomina em Porto Alegre e convive com o *você* no Rio de Janeiro e em Recife, enquanto *você* é o tratamento predominante em São Paulo, Curitiba, Belo Horizonte e Salvador. O *tu* já era mais próximo e menos formal que *você* nas quase 500 cartas do acervo on-line de uma instituição universitária, quase todas de poetas, políticos e outras personalidades do final do século XIX e início do XX.

Disponível em: http://revistapesquisa.fapesp.br. Acesso em: 21 abr. 2015 (adaptado).

22. No texto, constata-se que os usos de pronomes variaram ao longo do tempo e que atualmente têm empregos diversos pelas regiões do Brasil. Esse processo revela que

(A) a escolha de "você" ou de "tu" está condicionada à idade da pessoa que usa o pronome.

(B) a possibilidade de se usar tanto "tu" quanto "você" caracteriza a diversidade da língua.

(C) o pronome "tu" tem sido empregado em situações informais por todo o país.

(D) a ocorrência simultânea de "tu" e de "você" evidencia a inexistência da distinção entre níveis de formalidade.

(E) o emprego de "você" em documentos escritos demonstra que a língua tende a se manter inalterada.

O solo *A morte do cisne*, criado em 1905 pelo russo Mikhail Fokine a partir da música do compositor francês Camille Saint-Saens, retrata o último voo de um cisne antes de morrer. Na versão original, uma bailarina com figurino impecavelmente branco e na ponta dos pés interpreta toda a agonia da ave se debatendo até desfalecer.

Em 2012, John Lennon da Silva, de 20 anos, morador do bairro de São Mateus, na Zona Leste de São Paulo, elaborou um novo jeito de dançar a coreografia imortalizada pela bailarina Anna Pavlova. No lugar de um colã e das sapatilhas, vestiu calça jeans, camiseta e tênis. Em vez de balé, trouxe o estilo *popping* da *street dance*. Sua apresentação inovadora de *A morte do cisne*, que foi ao ar no programa *Se ela dança, eu danço*, virou hit no YouTube.

Disponível em: www.correiobraziliense.com.br. Acesso em: 18 jun. 2019 (adaptado).

23. A forma original de John Lennon da Silva reinterpretar a coreografia de *A morte do cisne* demonstra que

(A) a composição da coreografia foi influenciada pela escolha do figurino.

(B) a criação artística é beneficiada pelo encontro de modelos oriundos de diferentes realidades socioculturais.

(C) a variação entre os modos de dançar uma mesma música evidencia a hierarquia que marca manifestações artísticas.

(D) a formação erudita, à qual o dançarino não teve acesso, resulta em artistas que só conhecem a estética da arte popular.

(E) a interpretação, por homens, de coreografias originalmente concebidas para mulheres exige uma adaptação complexa.

Seus primeiros anos de detento foram difíceis; aos poucos entendeu como o sistema funciona. Apanhou dezenas de vezes, teve o crânio esmagado, o maxilar deslocado, braços e pernas quebrados; por fim, um dia ficou lesionado da perna quando foi jogado da laje de um pavilhão. Nem todas as vezes ele soube por que apanhou, muito menos da última, quando foi deixado para morrer, mas sobreviveu. Seu corpo, moído no inferno, aguarda o fim dos seus dias. Já não questiona mais. Obedece. Cumpre as ordens. Baixa a cabeça e se retira. Apanha, às vezes com motivo, às vezes sem. Por onde passou, derramaram seu sangue. Seu rastro pode ser seguido. Intriga ter sobrevivido durante tantos anos. Pouquíssimos chegaram à terceira idade encarcerados.

MAIA, A. P. **Assim na terra como embaixo da terra**. Rio de Janeiro: Record, 2017.

24. A narrativa concentra sua força expressiva no manejo de recursos formais e numa representação ficcional que

(A) buscam perpetuar visões do senso comum.

(B) trazem à tona atitudes de um estado de exceção.

(C) promovem a interlocução com grupos silenciados.

(D) inspiram o sentimento de justiça por meio da empatia.

(E) recorrem ao absurdo como forma de traduzir a realidade.

- O senhor pensa que só porque o deixaram morar neste país pode logo ir fazendo o que quer? Nunca ouviu falar num troço chamado autoridades constituídas? Não sabe que tem de conhecer as leis do país? Não sabe que existe uma coisa chamada Exército Brasileiro, que o senhor tem de respeitar? Que negócio é esse? [...] Eu ensino o senhor a cumprir a lei, ali no duro: "dura lex"! Seus filhos são uns moleques e outra vez que eu souber que andaram incomodando o General, vai tudo em cana. Morou? Sei como tratar gringos feito o senhor. [...] Foi então que a mulher do vizinho do General interveio:

- Era tudo que o senhor tinha a dizer a meu marido?

O delegado apenas olhou-a, espantado com o atrevimento.

- Pois então fique sabendo que eu também sei tratar tipos como o senhor. Meu marido não é gringo nem meus filhos são moleques. Se por acaso importunaram o General, ele que viesse falar comigo, pois o senhor também está nos importunando. E fique sabendo que sou brasileira, sou prima de um Major do Exército, sobrinha de um Coronel, e filha de um General! Morou? Estarrecido, o delegado só teve força para engolir em seco e balbuciar humildemente: - Da ativa, minha senhora?.

SABINO, F. A mulher do vizinho. In: **Os melhores contos**. Rio de Janeiro: Record, 1986.

25. A representação do discurso intimidador engendrada no fragmento é responsável por

(A) ironizar atitudes e ideias xenofóbicas.

(B) conferir à narrativa um tom anedótico.

(C) dissimular o ponto de vista do narrador.

(D) acentuar a hostilidade das personagens.

(E) exaltar relações de poder estereotipadas.

Os velhos papéis, quando não são consumidos pelo fogo, às vezes acordam de seu sono para contar notícias do passado.

É assim que se descobre algo novo de um nome antigo, sobre o qual já se julgava saber tudo, como Machado de Assis.

Por exemplo, você provavelmente não sabe que o autor carioca, morto em 1908, escreveu uma letra do hino nacional em 1867 - e não poderia saber mesmo, porque os versos seguiam inéditos. Até hoje.

Essa letra acaba de ser descoberta, em um jornal antigo de Florianópolis, pelo pesquisador independente Felipe Rissato.

"Das florestas em que habito/ Solto um canto varonil:/ Em honra e glória de Pedro/ O gigante do Brasil", diz o começo do hino, composto de sete estrofes em redondilhas maiores, ou seja, versos de sete sílabas poéticas. O trecho também é o refrão da música.

O Pedro mencionado é o imperador Dom Pedro II. O bruxo do Cosme Velho compôs a letra para o aniversário de 42 anos do monarca, em 2 de dezembro daquele ano - o hino seria apresentado naquele dia no teatro da cidade de Desterro, antigo nome de Florianópolis.

Disponível em: www.revistaprosaversoearte.com. Acesso em: 4 dez. 2018 (adaptado).

26. Considerando-se as operações de retomada de informações na estruturação do texto, há interdependência entre as expressões

(A) "Os velhos papéis" e "É assim".

(B) "algo novo" e "sobre o qual".
(C) "um nome antigo" e "Por exemplo".
(D) "O gigante do Brasil" e "O Pedro mencionado".
(E) "o imperador Dom Pedro II" e "O bruxo do Cosme Velho".

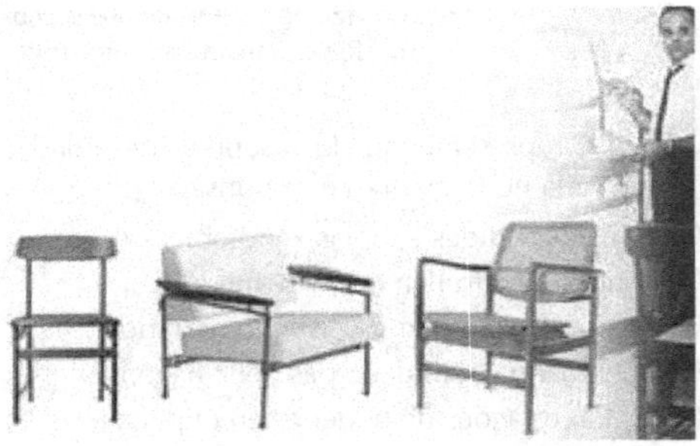

RODRIGUES, S. **Acervo pessoal**.

A revolução estética brasiliense empurrou os designers de móveis dos anos 1950 e início dos 1960 para o novo. Induzidos a abandonar o gosto rebuscado pelo colonial, a trocar Ouro Preto por Brasília, eles criaram um mobiliário contemporâneo que ainda hoje vemos nas lojas e nas salas de espera de consultórios e escritórios. Colada no uso de madeiras nobres, como o jacarandá e a peroba, e em materiais de revestimento como o couro e a palhinha, desenvolveu-se uma tendência feita de linhas retas e curvas suaves, nos moldes da capital no Cerrado.

CHAVES, D. Disponível em: www.veja.abril.com.br. Acesso em: 29 jul. 2010.

27. Na reportagem sobre os 50 anos de Brasília, de Débora Chaves, com a reprodução fotográfica de cadeiras e poltronas de Sérgio Rodrigues, verifica-se que os elementos da estética brasiliense

(A) aparecem definidos nas linhas retas dos objetos.
(B) expressam o desenho rebuscado por meio das linhas.
(C) mostram a expressão assimétrica das linhas curvas suaves.
(D) apontam a unidade de matéria-prima utilizada em sua fabricação.
(E) surgem na simplificação das informações visuais de cada composição.

Thumbs Up

Ponto positivo para o Facebook, que vai dar uma ajeitada na casa para, quem sabe, não ser mais conhecido como o espaço da treta. Durante a F8, sua conferência anual, a empresa anunciou a maior mudança de design do serviço em 5 anos. Agora, o polêmico feed de notícias deixa de ser o protagonista, e o queridinho da rede social se torna o segmento de Grupos (é o Orkut fazendo escola?). Segundo Mark Zuckerberg, mais de 1 bilhão de usuários mensais entram nessa aba do aplicativo, e 400 mil deles já estão integrados em grupos de "assuntos significativos". O objetivo agora é aumentar o tráfego, oferecendo mais sugestões e ferramentas especiais para quem gerencia essas comunidades. Além disso, o Marketplace, que já tem mais de 800 milhões de usuários, vai ganhar mais atenção e integração. Com isso, parece que há um novo padrão se montando na rede social: sai o feed, entra a segmentação, que pode ser uma boa porta para monetização nos próximos anos. No mesmo evento, Zuckerberg também disse que o futuro do Facebook é a privacidade, mas não deu muitos detalhes de como vai proteger seus clientes daqui para frente. Evitar que vazamentos de dados dos usuários aconteçam é um bom começo.

#FicaaDica

Disponível em: https://thebrief.us16.list-manage.com. Acesso em: 3 maio 2019 (adaptado).

28. O texto relata que uma rede social virtual realizará sua maior mudança de design dos últimos anos. Esse fato revela que as tecnologias de informação e comunicação

(A) buscam oferecer mais privacidade.
(B) assimilam os comportamentos dos usuários.
(C) promovem maior interação em ambientes virtuais.
(D) oferecem mais facilidades para obter cada vez mais lucro.
(E) evoluem para ficar mais parecidas umas com as outras.

Reaprender a ler notícias

Não dá mais para ler um jornal, revista ou assistir a um telejornal da mesma forma que fazíamos até o surgimento da rede mundial de computadores. O Observatório da Imprensa antecipou isso lá nos idos de 1996 quando cunhou o slogan "Você nunca mais vai ler jornal do mesmo jeito". De fato, hoje já não basta mais ler o que está escrito ou falado para estar bem informado. É preciso conhecer as entrelinhas e saber que não há objetividade e nem isenção absolutas, porque cada ser humano vê o mundo de uma forma diferente. Ter um pé atrás passou a ser a regra básica número um de quem passa os olhos por uma primeira página, capa de revista ou chamadas de um noticiário na TV.

Há uma diferença importante entre desconfiar de tudo e procurar ver o maior número possível de lados de um mesmo fato, dado ou evento. Apenas desconfiar não resolve porque se trata de uma atitude passiva. É claro, tudo começa com a dúvida, mas a partir dela é necessário ser proativo, ou seja, investigar, estudar, procurar os elementos ocultos que sempre existem numa notícia. No começo é um esforço solitário que pode se tornar coletivo à medida que mais pessoas descobrem sua vulnerabilidade informativa.

Disponível em: www.observatoriodaimprensa.com.br. Acesso em: 30 set. 2015 (adaptado).

29. No texto, os argumentos apresentados permitem inferir que o objetivo do autor é convencer os leitores a

(A) buscarem fontes de informação comprometidas com a verdade.
(B) privilegiarem notícias veiculadas em jornais de grande circulação.
(C) adotarem uma postura crítica em relação às informações recebidas.
(D) questionarem a prática jornalística anterior ao surgimento da internet.
(E) valorizarem reportagens redigidas com imparcialidade diante dos fatos.

Não que Pelino fosse químico, longe disso, mas era sábio, era gramático. Ninguém escrevia em Tubiacanga que não levasse bordoada do Capitão Pelino, e mesmo quando se falava em algum homem notável lá no Rio, ele não deixava de dizer: "Não há dúvida! O homem tem talento, mas escreve: 'um outro', 'de resto'..." E contraía os lábios como se tivesse engolido alguma cousa amarga.

Toda a vila de Tubiacanga acostumou-se a respeitar o solene Pelino, que corrigia e emendava as maiores glórias nacionais. Um sábio.

Ao entardecer, depois de ler um pouco o Sotero, o Candido de Figueiredo ou o Castro Lopes, e de ter passado mais uma vez a tintura nos cabelos, o velho mestre-escola saía vagarosamente de casa, muito abotoado no seu paletó de brim mineiro, e encaminhava-se para a botica do Bastos a dar dous dedos de prosa. Conversar é um modo de dizer, porque era Pelino avaro de palavras, limitando-se tão somente a ouvir. Quando, porém, dos lábios de alguém escapava a menor incorreção de linguagem, intervinha e emendava. "Eu asseguro, dizia o agente do Correio, que. "Por aí, o mestre-escola intervinha com mansuetude evangélica: "Não diga 'asseguro', Senhor Bernardes; em português é garanto".

E a conversa continuava depois da emenda, para ser de novo interrompida por uma outra. Por essas e outras, houve muitos palestradores que se afastaram, mas Pelino, indiferente, seguro dos seus deveres, continuava o seu apostolado de vernaculismo.

BARRETO, L. **A Nova Califórnia**. Disponível em: www.dominiopublico.gov.br. Acesso em: 24 jul. 2019.

30. Do ponto de vista linguístico, a defesa da norma-padrão pelo personagem caracteriza-se por

(A) contestar o ensino de regras em detrimento do conteúdo das informações.
(B) resgatar valores patrióticos relacionados às tradições da língua portuguesa.
(C) adotar uma perspectiva complacente em relação aos desvios gramaticais.
(D) invalidar os usos da língua pautados pelos preceitos da gramática normativa.
(E) desconsiderar diferentes níveis de formalidade nas situações de comunicação.

O skate apareceu como forma de vivência no lazer em períodos de baixa nas ondas e ficou conhecido como "surfinho". No início foram utilizados eixos e rodinhas de patins pregados numa madeira qualquer, para sua composição, sendo as rodas de borracha ou ferro. O grande marco na história do skate ocorreu em 1974, quando o engenheiro químico chamado Frank Nasworthy descobriu o uretano, material mais flexível, que oferecia mais aderência às rodas. A dependência dos skatistas em relação a esse novo material igualmente alavancou o surgimento de novas manobras e possibilitou a um maior número de pessoas inexperientes começar a prática dessa modalidade. O resultado foi a criação de campeonatos, marcas, fábricas e lojas especializadas.

ARMBRUST, I.; LAURO, F. A. A. O skate e suas possibilidades educacionais. **Motriz**, jul.-set. 2010 (adaptado).

31. De acordo com o texto, diversos fatores ao longo do tempo

(A) contribuíram para a democratização do skate.
(B) evidenciaram as demandas comerciais dos skatistas.
(C) definiram a carreira de skatista profissional.
(D) permitiram que a prática social do skate substituísse o surfe.
(E) indicaram a autonomia dos praticantes de skate.

Estojo escolar

Rio de Janeiro - Noite dessas, ciscando num desses canais a cabo, vi uns caras oferecendo maravilhas eletrônicas, bastava telefonar e eu receberia um notebook capaz de me ajudar a fabricar um navio, uma estação espacial.

[...] Como pretendo viajar esses dias, habilitei-me a comprar aquilo que os caras anunciavam como o top do top em matéria de computador portátil.

No sábado, recebi um embrulho complicado que necessitava de um manual de instruções para ser aberto.

[...] De repente, como vem acontecendo nos últimos tempos, houve um corte na memória e vi diante de mim o meu primeiro estojo escolar. Tinha 5 anos e ia para o jardim de infância.

Era uma caixinha comprida, envernizada, com uma tampa que corria nas bordas do corpo principal. Dentro, arrumados em divisões, havia lápis coloridos, um apontador, uma lapiseira cromada, uma régua de 20 cm e uma borracha para apagar meus erros.

[...] Da caixinha vinha um cheiro gostoso, cheiro que nunca esqueci e que me tonteava de prazer. [...]

O notebook que agora abro é negro e, em matéria de cheiro, é abominável. Cheira vilmente a telefone celular, a cabine de avião, a aparelho de ultrassonografia onde outro dia uma moça veio ver como sou por dentro. Acho que piorei de estojo e de vida.

CONY, C. H. **Crônicas para ler na escola**. São Paulo: Objetiva, 2009 (adaptado).

32. No texto, há marcas da função da linguagem que nele predomina. Essas marcas são responsáveis por colocar em foco o(a)

(A) mensagem, elevando-a à categoria de objeto estético do mundo das artes.

(B) código, transformando a linguagem utilizada no texto na própria temática abordada.

(C) contexto, fazendo das informações presentes no texto seu aspecto essencial.

(D) enunciador, buscando expressar sua atitude em relação ao conteúdo do enunciado.

(E) interlocutor, considerando-o responsável pelo direcionamento dado à narrativa pelo enunciador.

EMOS, A. **Artistas brasileiras**. Belo Horizonte: Miguilim, 2018.

33. O que assegura o reconhecimento desse texto em quadrinhos como prefácio é o(a)

(A) função de apresentação do livro.

(B) apelo emocional apoiado nas imagens.

(C) descrição do processo criativo da autora.

(D) referência à mescla dos trabalhos manual e digital.

(E) uso de elementos gráficos voltados para o público-alvo.

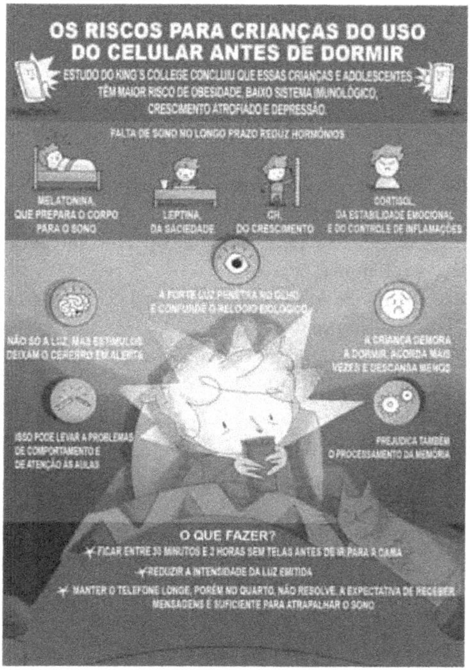

Disponível em: https://g1.globo.com.
Acesso em: 18 jun. 2019 (adaptado).

34. No texto, os recursos verbais e não verbais empregados têm por objetivo

(A) divulgar informações científicas sobre o uso indiscriminado de aparelhos celulares.

(B) influenciar o leitor a mudar atitudes e hábitos considerados prejudiciais às crianças.

(C) relacionar o uso da tecnologia aos efeitos decorrentes da falta de exercícios físicos.

(D) indicar medidas eficazes para desestimular a utilização de telefones pelo público infantil.

(E) sugerir aos pais e responsáveis a substituição de dispositivos móveis por atividades lúdicas.

Singular ocorrência

- Há ocorrências bem singulares. Está vendo aquela dama que vai entrando na igreja da Cruz? Parou agora no adro para dar uma esmola.

- De preto?

- Justamente; lá vai entrando; entrou.

- Não ponha mais na carta. Esse olhar está dizendo que a dama é uma recordação de outro tempo, e não há de ser muito tempo, a julgar pelo corpo: é moça de truz.

- Deve ter quarenta e seis anos.

- Ah! conservada. Vamos lá; deixe de olhar para o chão e conte-me tudo. Está viúva, naturalmente?

- Não.

- Bem; o marido ainda vive. É velho?

- Não é casada.

- Solteira?

- Assim, assim. Deve chamar-se hoje D. Maria de tal. Em 1860 florescia com o nome familiar de Marocas. Não era costureira, nem proprietária, nem mestra de meninas; vá excluindo as profissões e chegará lá. Morava na Rua do Sacramento. Já então era esbelta, e, seguramente, mais linda do que hoje; modos sérios, linguagem limpa.

ASSIS, M. Machado de Assis: seus 30 melhores contos.
Rio de Janeiro: Aguilar, 1961.

35. No diálogo, descortinam-se aspectos da condição da mulher em meados do século XIX. O ponto de vista dos personagens manifesta conceitos segundo os quais a mulher

(A) encontra um modo de dignificar-se na prática da caridade.

(B) preserva a aparência jovem conforme seu estilo de vida.

(C) condiciona seu bem-estar à estabilidade do casamento.

(D) tem sua identidade e seu lugar referendados pelo homem.

(E) renuncia à sua participação no mercado de trabalho.

TEXTO I

HAZOUMÉ, R. **Nanawax**. Plástico e tecido. Galerie Gagosian, 2009. Disponível em: www.actuart.org. Acesso em: 19 jun. 2019.

TEXTO II

As máscaras não foram feitas para serem usadas; elas se concentram apenas nas possibilidades antropomórficas dos recipientes plásticos descartados e, ao mesmo tempo, chamam a atenção para a quantidade de lixo que se acumula em quase todas as cidades ou aldeias africanas.

FARTHING, S. **Tudo sobre arte**. Rio de Janeiro: Sextante, 2011 (adaptado).

36. Romuald Hazoumé costuma dizer que sua obra apenas manda de volta ao oeste o refugo de uma sociedade de consumo cada vez mais invasiva. A obra desse artista africano que vive no Benin denota o(a)

(A) empobrecimento do valor artístico pela combinação de diferentes matérias-primas.
(B) reposicionamento estético de objetos por meio da mudança de função.
(C) convite aos espectadores para interagir e completar obras inacabadas.
(D) militância com temas da ecologia que marcam o continente africano.
(E) realidade precária de suas condições de produção artística.

Comportamento geral

Você deve estampar sempre um ar de alegria
E dizer: tudo tem melhorado
Você deve rezar pelo bem do patrão
E esquecer que está desempregado

Você merece
Você merece
Tudo vai bem, tudo legal
Cerveja, samba, e amanhã, seu Zé
Se acabarem com teu carnaval

Você deve aprender a baixar a cabeça
E dizer sempre: muito obrigado
São palavras que ainda te deixam dizer
Por ser homem bem disciplinado

Deve pois só fazer pelo bem da nação
Tudo aquilo que for ordenado
Pra ganhar um fuscão no juízo final
E diploma de bem-comportado

GONZAGUINHA. **Luiz Gonzaga Jr**. Rio de Janeiro: Odeon, 1973 (fragmento).

37. Pela análise do tema e dos procedimentos argumentativos utilizados na letra da canção composta por Gonzaguinha na década de 1970, infere-se o objetivo de

(A) ironizar a incorporação de ideias e atitudes conformistas.
(B) convencer o público sobre a importância dos deveres cívicos.
(C) relacionar o discurso religioso à resolução de problemas sociais.
(D) questionar o valor atribuído pela população às festas populares.
(E) defender uma postura coletiva indiferente aos valores dominantes.

Se for possível, manda-me dizer:
- É lua cheia. A casa está vazia –
Manda-me dizer, e o paraíso
Há de ficar mais perto, e mais recente
Me há de parecer teu rosto incerto.
Manda-me buscar se tens o dia
Tão longo como a noite. Se é verdade
Que sem mim só vês monotonia.
E se te lembras do brilho das marés
De alguns peixes rosados
Numas águas
E dos meus pés molhados, manda-me dizer:
- É lua nova -
E revestida de luz te volto a ver.

HILST, H. **Júbilo, memória, noviciado da paixão**. São Paulo: Cia. das Letras, 2018.

38. Falando ao outro, o eu lírico revela-se vocalizando um desejo que remete ao

(A) ceticismo quanto à possibilidade do reencontro.
(B) tédio provocado pela distância física do ser amado.
(C) sonho de autorrealização desenhado pela memória.
(D) julgamento implícito das atitudes de quem se afasta.
(E) questionamento sobre o significado do amor ausente.

Falso moralista

Você condena o que a moçada anda fazendo
e não aceita o teatro de revista
arte moderna pra você não vale nada
e até vedete você diz não ser artista

Você se julga um tanto bom e até perfeito
Por qualquer coisa deita logo falação
Mas eu conheço bem o seu defeito
e não vou fazer segredo não

Você é visto toda sexta no Joá
e não é só no Carnaval que vai pros bailes se acabar
Fim de semana você deixa a companheira
e no bar com os amigos bebe bem a noite inteira

Segunda-feira chega na repartição
pede dispensa para ir ao oculista
e vai curar sua ressaca simplesmente
Você não passa de um falso moralista

NELSON SARGENTO. **Sonho de um sambista**. São Paulo: Eldorado, 1979.

39. As letras de samba normalmente se caracterizam por apresentarem marcas informais do uso da língua. Nessa letra de Nelson Sargento, são exemplos dessas marcas

(A) "falação" e "pros bailes".
(B) "você" e "teatro de revista".
(C) "perfeito" e "Carnaval".
(D) "bebe bem" e "oculista".
(E) "curar" e "falso moralista".

Introdução a Alda

Dizem que ninguém mais a ama. Dizem que foi uma boa pessoa. Sua filha de doze anos não a visita nunca e talvez raramente se lembre dela. Puseram-na numa cidade triste de uniformes azuis e jalecos brancos, de onde não pôde mais sair. Lá, todos gritam-lhe irritados, mal se aproxima, ou lhe batem, como se faz com sacos de areia para treinar os músculos.

Sei que para todos ela já não é, e ninguém lhe daria uma maçã cheirosa, bem vermelha. Mas não é verdade que alguém não a possa mais amar. Eu amo-a. Amo-a quando a vejo por trás das grades de um palácio, onde se refugiou princesa, chegada pelos caminhos da dor. Quando fora do reino sente o mundo de mil lanças, e selvagem prepara-se, posta no olhar. Amo-a quando criança brinca na areia sem medo. Uns pés descalços, uma mulher sem intenções. Cercada de mundo, às vezes sofrendo-o ainda.

CANÇADO, M. L. **O sofredor do ver**. Belo Horizonte: Autêntica, 2015.

40. Ao descrever uma mulher internada em um hospital psiquiátrico, o narrador compõe um quadro que expressa sua percepção

(A) irônica quanto aos efeitos do abandono familiar.
(B) resignada em face dos métodos terapêuticos em vigor.
(C) alimentada pela imersão lírica no espaço da segregação.
(D) inspirada pelo universo pouco conhecido da mente humana.
(E) demarcada por uma linguagem alinhada à busca da lucidez.

O pavão vermelho

Ora, a alegria, este pavão vermelho,
está morando em meu quintal agora.
Vem pousar como um sol em meu joelho
quando é estridente em meu quintal a aurora.

Clarim de lacre, este pavão vermelho
sobrepuja os pavões que estão lá fora.
É uma festa de púrpura. E o assemelho
a uma chama do lábaro da aurora.

É o próprio doge a se mirar no espelho.
E a cor vermelha chega a ser sonora
neste pavão pomposo e de chavelho.

Pavões lilases possuí outrora.
Depois que amei este pavão vermelho,
os meus outros pavões foram-se embora.

COSTA, S. **Poesia completa**: Sosígenes Costa. Salvador: Conselho Estadual de Cultura, 2001.

41. Na construção do soneto, as cores representam um recurso poético que configura uma imagem com a qual o eu lírico

(A) revela a intenção de isolar-se em seu espaço.
(B) simboliza a beleza e o esplendor da natureza.
(C) experimenta a fusão de percepções sensoriais.
(D) metaforiza a conquista de sua plena realização.
(E) expressa uma visão de mundo mística e espiritualizada.

LICHTENSTEIN, R. **Garota com bola**. Óleo sobre tela, 153 cm x 91,9 cm. Museu de Arte Moderna de Nova York, 1961. Disponível em: www.moma.org. Acesso em: 4 dez. 2018.

42. A obra, da década de 1960, pertencente ao movimento artístico *Pop Art*, explora a beleza e a sensualidade do corpo feminino em uma situação de divertimento. Historicamente, a sociedade inventou e continua reinventando o corpo como objeto de intervenções sociais, buscando atender aos valores e costumes de cada época. Na reprodução desses preceitos, a erotização do corpo feminino tem sido constituída pela

(A) realização de exercícios físicos sistemáticos e excessivos.
(B) utilização de medicamentos e produtos estéticos.
(C) educação do gesto, da vontade e do comportamento.
(D) construção de espaços para vivência de práticas corporais.
(E) promoção de novas experiências de movimento humano no lazer.

D'SALETE, M. **Cumbe**. São Paulo: Veneta, 2018, p. 10-11 (adaptado).

43. A sequência dos quadrinhos conjuga lirismo e violência ao

(A) sugerir a impossibilidade de manutenção dos afetos.
(B) revelar os corpos marcados pela brutalidade colonial.
(C) representar o abatimento diante da desumanidade vivida.
(D) acentuar a resistência identitária dos povos escravizados.
(E) expor os sujeitos alijados de sua ancestralidade pelo exílio.

Naquele tempo, Itaguaí, que, como as demais vilas, arraiais e povoações da colônia, não dispunha de imprensa, tinha dois modos de divulgar uma notícia; ou por meio de cartazes manuscritos e pregados na porta da Câmara, e da matriz; — ou por meio de matraca.

Eis em que consistia este segundo uso. Contratava-se um homem, por um ou mais dias, para andar as ruas do povoado, com uma matraca na mão. De quando em quando tocava a matraca, reunia-se gente, e ele anunciava o que lhe incumbiam, — um remédio para sezões, umas terras lavradias, um soneto, um donativo eclesiástico, a melhor tesoura da vila, o mais belo discurso do ano, etc. O sistema tinha inconvenientes para a paz pública; mas era conservado pela grande energia de divulgação que possuía. Por exemplo, um dos vereadores desfrutava a reputação de perfeito educador de cobras e macacos, e aliás nunca domesticara um só desses bichos; mas tinha o cuidado de fazer trabalhar a matraca todos os meses. E dizem as crônicas que algumas pessoas afirmavam ter visto cascavéis dançando no peito do vereador; afirmação perfeitamente falsa, mas só devida à absoluta confiança no sistema. Verdade, verdade, nem todas as instituições do antigo *regímen* mereciam o desprezo do nosso século.

ASSIS, M. **O alienista**. Disponível em: www.dominiopubico.gov.br. Acesso em: 2 jun. 2019 (adaptado).

44. O fragmento faz uma referência irônica a formas de divulgação e circulação de informações em uma localidade sem imprensa. Ao destacar a confiança da população no sistema da matraca, o narrador associa esse recurso à disseminação de

(A) campanhas políticas.
(B) anúncios publicitários.
(C) notícias de apelo popular.
(D) informações não fidedignas.
(E) serviços de utilidade pública.

No ano em que o maior clarinetista que o Brasil conheceu, Abel Ferreira, faria 100 anos, o choro dá mostras de vivacidade. É quase um paradoxo que essa riquíssima manifestação da genuína alma brasileira seja forte o suficiente para driblar a falta de incentivos oficiais, a insensibilidade dos meios de comunicação e a amnésia generalizada. "Ele trazia a alma brasileira derramada em sua sonoridade ímpar. Artur da Távola, seguramente seu maior admirador, foi quem melhor o definiu, 'alma sertaneja, toque mozarteano'". O acervo do músico autodidata nascido na mineira Coromandel, autor de 50 músicas, entre as quais *Chorando baixinho* (1942), que o consagrou, amigo e parceiro de Pixinguinha, com quem gravou *Ingênuo* (1958), permanece com os herdeiros à espera de compilação adequada. O Museu da Imagem e do Som do Rio de Janeiro tem a guarda do sax e do clarinete, doados em 1995.

Na avaliação de Leonor Bianchi, editora da *Revista do Choro*, "a música instrumental fica apartada do que é popular porque não vai à sala de concerto. O público em geral tem interesse em samba, pagode e axé". Ela atribui essa situação à falta de conhecimento e à pouca divulgação do gênero nas escolas.

FERRAZ, A. Disponível em: www.cartacapital.com.br. Acesso em: 22 abr. 2015 (adaptado).

45. Considerando-se o contexto, o gênero e o público-alvo, os argumentos trazidos pela autora do texto buscam

(A) atribuir o desconhecimento da obra de Abel Ferreira ao ensino de música nas escolas.
(B) reivindicar mais investimentos estatais para a preservação do acervo musical nacional.
(C) destacar a relevância histórica e a riqueza estética do choro no cenário musical brasileiro.
(D) apresentar ao leitor dados biográficos pouco conhecidos sobre a trajetória de Abel Ferreira.
(E) constatar a impopularidade do choro diante da preferência do público por músicas populares.

CIÊNCIAS HUMANAS E SUAS TECNOLOGIAS
QUESTÕES DE 46 A 90

Seu turno de trabalho acabou, você já está em casa e é hora do jantar da família. Mas, em vez de relaxar, você começa a pensar na possibilidade de ter recebido alguma mensagem importante no e-mail profissional ou no grupo de *WhatsApp* da empresa. Imediatamente, você fica distante. Momentos depois, com alguns toques na tela do celular, você está de volta ao ambiente de trabalho. O jantar e a família ficaram em segundo plano.

A simples vontade de checar mensagens do trabalho pós-expediente prejudica sua saúde — e a de sua família. Disponível em: www.bbc.com. Acesso em: 4 dez. 2018.

46. O texto indica práticas nas relações cotidianas do trabalho que causam para o indivíduo a

(A) proteção da vida privada.
(B) ampliação de atividades extras.
(C) elevação de etapas burocráticas.
(D) diversificação do lazer recreativo.
(E) desobrigação de afazeres domésticos.

Quando a taxa de remuneração do capital excede substancialmente a taxa de crescimento da economia, pela lógica, a riqueza herdada aumenta mais rápido do que a renda e a produção. Então, basta aos herdeiros poupar uma parte limitada da renda de seu capital para que ele cresça mais rápido do que a economia como um todo. Sob essas condições, é quase inevitável que a riqueza herdada supere a riqueza constituída durante uma vida de trabalho, e que a concentração do capital atinja níveis muito altos.

PIKETTY, T. **O capital no século XXI**. Rio de Janeiro: Intrínseca, 2014 (adaptado).

47. Considerando os princípios que legitimam as democracias liberais, a lógica econômica descrita no texto enfraquece o(a)

(A) ideologia do mérito.
(B) direito de nascimento.
(C) eficácia da legislação.
(D) ganho das financeiras.
(E) eficiência dos mercados.

Atualmente, o Programa de Melhoramento "Uvas do Brasil" utiliza métodos clássicos de melhoramento, como seleção massal, seleção clonal e hibridações. Ações de ajuste de manejo de seleções avançadas vêm sendo desenvolvidas paralelamente ao Programa de Melhoramento, no sentido de viabilização desses materiais. Ao longo dos seus 40 anos, uma grande equipe técnica trabalhou para executar projetos de pesquisa para atender às necessidades e às demandas de diferentes atores da vitivinicultura nacional, incluindo produtores de uvas de mesa para exportação do semiárido nordestino, viticultores interessados em produzir sucos em regiões tropicais ou pequenos produtores familiares da região da Serra Gaúcha, interessados em melhorar a qualidade do vinho artesanal que produzem.

Programa de Melhoramento Genético "Uvas do Brasil". Disponível em: www.embrapa.br. Acesso em: 24 nov. 2018 (adaptado).

48. Para melhorar a produção agrícola nas regiões mencionadas, as técnicas referidas no texto buscaram adaptar o cultivo aos(às)

(A) espécies nativas ameaçadas.
(B) cadeias econômicas autônomas.
(C) estruturas fundiárias tradicionais.
(D) elementos ambientais singulares.
(E) mercados consumidores internos.

TEXTO I

Portadoras de mensagem espiritual do passado, as obras monumentais de cada povo perduram no presente como o testemunho vivo de suas tradições seculares. A humanidade, cada vez mais consciente da unidade dos valores humanos, as considera um bem comum e, perante as gerações futuras, se reconhece solidariamente responsável por preservá-las, impondo a si mesma o dever de transmiti-las na plenitude de sua autenticidade.

Carta de Veneza, 31 de maio de 1964. Disponível em: www.iphan.gov.br. Acesso em: 7 out. 2019.

TEXTO II

Os sistemas tradicionais de proteção se mostram cada vez menos eficientes diante do processo acelerado de urbanização e transformação de nossa sociedade. A legislação de proteção peca por considerar o monumento, até certo ponto, desvinculado da realidade socioeconômica. O tombamento, ao decretar a imutabilidade do monumento, provoca a redução de seu valor venal e o abandono, o que é uma causa, ainda que lenta, de destruição inevitável.

TELLES, L. S. **Manual do patrimônio histórico**. Porto Alegre; Caxias do Sul: Escola Superior de Teologia São Lourenço de Brindes, 1977 (adaptado).

49. Escritos em temporalidade histórica aproximada, os textos se distanciam ao apresentarem pontos de vista diferentes sobre a(s)

(A) ampliação do comércio de imagens sacras.
(B) substituição de materiais de valor artístico.
(C) políticas de conservação de bens culturais.
(D) defesa da privatização de sítios arqueológicos.
(E) medidas de salvaguarda de peças museológicas.

TEXTO I

Em 2016, foram gerados 44,7 milhões de toneladas de resíduos eletrônicos, um aumento de 8% na comparação com 2014. Especialistas previram um crescimento de mais 17%, para 52,2 milhões de toneladas, até 2021.

Disponível em: https://nacoesunidas.org. Acesso em: 12 out. 2019 (adaptado).

TEXTO II

Há ainda quem exporte deliberadamente lixo eletrônico para o Gana. É mais caro reciclar devidamente os resíduos no mundo industrializado, onde até existem os recursos e a tecnologia. Um negócio muito mais lucrativo é vender o lixo eletrônico a negociantes locais, que o importam alegando tratar-se de material usado. Os negociantes depois vendem o lixo aos jovens no mercado, ou noutro lado, que o desmantelam e extraem os fios de cobre. Estes são derretidos em lareiras ao ar livre, poluindo o ar e, muitas vezes, intoxicando diretamente os próprios jovens.

KALEDZI, I.; SOUZA, G. Disponível em: www.dw.com. Acesso em: 12 out. 2019 (adaptado).

50. No contexto das discussões ambientais, as práticas descritas nos textos refletem um padrão de relações derivado do(a):

(A) Exercício pleno da cidadania.
(B) Divisão internacional do trabalho.
(C) Gestão empresarial do toyotismo.
(D) Concepção sustentável da economia.
(E) Protecionismo alfandegário dos Estados.

Preços justos e autorizações de uso da água devem garantir de forma adequada que a retirada de água, bem como o retorno de efluentes, mantenham operações eficientes e ambientalmente sustentáveis, de maneira que sejam adaptáveis às peculiaridades e necessidades da indústria e da irrigação em larga escala, bem como às atividades da agricultura em pequena escala e de subsistência.

UNESCO. **Relatório Mundial das Nações Unidas sobre Desenvolvimento dos Recursos Hídricos**. Água para um mundo sustentável. Unesco, 2015.

51. Considerando o debate sobre segurança hídrica, a proposta apresentada no texto está pautada no(a)

(A) distribuição equitativa do abastecimento.
(B) monitoramento do fornecimento urbano.
(C) racionamento da capacidade fluvial.
(D) revitalização gradativa de solos.
(E) geração de produtos recicláveis.

Durante os anos de 1854-55, o governo brasileiro – por meio de sua representação diplomática em Londres — e os livre-cambistas ingleses — nas colunas do *Daily News* e na Câmara dos Comuns – aumentaram a pressão pela revogação da Lei Aberdeen. O governo britânico, entretanto, ainda receava que, sem um tratado anglo-brasileiro satisfatório para substituí-la, não haveria nada que impedisse os brasileiros de um dia voltarem aos seus velhos hábitos.

BETHELL, L. **A abolição do comércio brasileiro de escravos**. Brasília: Senado Federal, 2002 (adaptado).

52. As tensões diplomáticas expressas no texto indicam o interesse britânico em

(A) estabelecer jurisdição conciliadora.
(B) compartilhar negócios marítimos.
(C) fomentar políticas higienistas.
(D) manter a proibição comercial.
(E) promover o negócio familiar.

Famoso por ser o encantador de viúvas da cidade de Cabaceiras, na Paraíba, Zé de Sila é um contador de histórias parecido com o personagem Chicó, do *Auto da Compadecida*. Ele defende veementemente que a oração da avó sustentava mais a chuva. "Quando era pequeno e chovia por aqui, ajudava minha avó colocando os pratos emborcados no terreiro para diminuir o vento. Ela fazia isso e rezava para a chuva durar mais", diz Zé de Sila.

GALDINO, V.; BARBOSA, R. C. **Artistas por um dia?** João Pessoa: Editora Universitária, 2009.

53. Ao destacar expressões e vivências populares do cotidiano, o texto mobiliza os seguintes aspectos da diversidade regional:

(A) Alianças afetivas conectadas ao ritual matrimonial.
(B) Práticas místicas associadas ao patrimônio cultural.
(C) Manifestações teatrais atreladas ao imaginário político.
(D) Narrativas fílmicas relacionadas às intempéries climáticas.
(E) Argumentações literárias interligadas às catástrofes ambientais.

O uso de novas tecnologias envolve a assimilação de uma cultura empresarial na qual haja a integração entre as propostas de modernização tecnológica e a racionalização. Nem sempre o uso de novas tecnologias é apenas um processo técnico na medida em que pressupõe uma nova orientação no controle do capital, no processo produtivo e na qualificação da mão de obra. Dos diversos efeitos que derivaram dessa orientação, a terceirização, a precarização e a flexibilização aparecem com constância como características do paradigma flexível, em substituição ao modelo taylorista-fordista.

HERÉDIA, V. Novas tecnologias nos processos de trabalho: efeitos da reestruturação produtiva. **Scripta Nova**, n. 170, ago. 2004 (adaptado).

54. O uso de novas tecnologias relacionado ao controle empresarial é criticado no texto em razão da

(A) operacionalização da tarefa laboral.
(B) capacitação de profissionais liberais.
(C) fragilização das relações de trabalho.
(D) hierarquização dos cargos executivos.
(E) aplicação dos conhecimentos da ciência.

A categoria de refugiado carrega em si as noções de transitoriedade, provisoriedade e temporalidade. Os refugiados situam-se entre o país de origem e o país de destino. Ao transitarem entre os dois universos, ocupam posição marginal, tanto em termos identitários — assentada na falta de pertencimento pleno enquanto membros da comunidade receptora e nos vínculos introjetados por códigos partilhados com a comunidade de origem - quanto em termos jurídicos, ao deixarem de exercitar, ao menos em caráter temporário, o status de cidadãos no país de origem e portar o status de refugiados no país receptor.

MOREIRA, J. B. Refugiados no Brasil: reflexões acerca do processo de integração local. **REMHU**, n. 43, jul.-dez. 2014 (adaptado).

55. A condição de transitoriedade dos refugiados no Brasil, conforme abordada no texto, é provocada pela associação entre

(A) ascensão social e burocracia estatal.
(B) miscigenação étnica e limites fronteiriços.
(C) desqualificação profissional e ação policial.
(D) instabilidade financeira e crises econômicas.
(E) desenraizamento cultural e insegurança legal.

Mulheres naturalistas raramente figuraram na corrida por conhecer terras exóticas. No século XIX, mulheres como Lady Charlotte Canning eventualmente coletavam espécimes botânicos, mas quase sempre no papel de esposas coloniais, viajando para locais onde seus maridos as levavam e não em busca de seus próprios projetos científicos.

SOMBRIO, M. M. O. Em busca pelo campo - Mulheres em expedições científicas no Brasil em meados do século XX. **Cadernos Pagu**, n. 48, 2016.

56. No contexto do século XIX, a relação das mulheres com o campo científico, descrita no texto, é representativa da

(A) afirmação da igualdade de gênero.
(B) transformação dos espaços de lazer.
(C) superação do pensamento patriarcal.
(D) incorporação das estratificações sociais.
(E) substituição das atividades domésticas.

Nos setores mais altamente desenvolvidos da sociedade contemporânea, o transplante de necessidades sociais para individuais é de tal modo eficaz que a diferença entre elas parece puramente teórica. As criaturas se reconhecem em suas mercadorias; encontram sua alma em seu automóvel, casa em patamares, utensílios de cozinha.

MARCUSE, H. **A ideologia da sociedade industrial**: o homem unidimensional. Rio de Janeiro: Zahar, 1979.

57. O texto indica que, no capitalismo, a satisfação dos desejos pessoais é influenciada por

(A) políticas estatais de divulgação.
(B) incentivos controlados de consumo.
(C) prescrições coletivas de organização.
(D) mecanismos subjetivos de identificação.
(E) repressões racionalizadas do narcisismo.

A vida das pessoas se modifica com a mesma rapidez com que se reproduz a cidade. O lugar da festa, do encontro quase desaparecem; o número de brincadeiras infantis nas ruas diminui - as crianças quase não são vistas; os pedaços da cidade são vendidos, no mercado, como mercadorias; árvores são destruídas, praças transformadas em concreto. Por outro lado, os habitantes parecem perder na cidade suas próprias referências. A imagem de uma grande cidade hoje é tão mutante que se assemelha à de um grande guindaste, aliás, a presença maciça destes, das britadeiras, das betoneiras nos dão o limite do processo de transformação diária ao qual está submetida a cidade.

CARLOS, A. F. A. **A cidade**. São Paulo: Contexto, 2011 (adaptado).

58. No contexto das grandes cidades brasileiras, a situação apresentada no texto vem ocorrendo como consequência da

(A) manutenção dos modos de convívio social.
(B) preservação da essência do espaço público.
(C) ampliação das normas de controle ambiental.
(D) flexibilização das regras de participação política.
(E) alteração da organização da paisagem geográfica.

No semiárido brasileiro, o sertanejo desenvolveu uma acuidade detalhada para a observação dos fenômenos, ao longo dos tempos, presenciados na natureza, em especial para a previsão do tempo e do clima, utilizando como referência a posição dos astros, constelação e nuvens. Conforme os sertanejos, a estação vai ser chuvosa quando a primeira lua cheia de janeiro "sair vermelha, por detrás de uma barra de nuvens", mas "se surgir prateada, é sinal de seca".

MAIA, D.; MAIA, A. C. A utilização dos ditos populares e da observação do tempo para a climatologia escolar no ensino fundamental II. **GeoTextos**, n. 1, jul. 2010 (adaptado).

59. O texto expõe a produção de um conhecimento que se constitui pela

(A) técnica científica.
(B) experiência perceptiva.
(C) negação das tradições.
(D) padronização das culturas.
(E) uniformização das informações.

Vocês que fazem parte dessa massa
Que passa nos projetos do futuro
É duro tanto ter que caminhar
E dar muito mais do que receber
Ê, ô, ô, vida de gado
Povo marcado Ê, povo feliz!

ZÉ RAMALHO. **A peleja do diabo com o dono do céu**. Rio de Janeiro: Sony, 1979 (fragmento).

60. Qual comportamento coletivo é criticado no trecho da letra da canção lançada em 1979?

(A) Militância política.
(B) Passividade social.
(C) Altruísmo religioso.
(D) Autocontrole moral.
(E) Inconformismo eleitoral.

Desde 2009, a área portuária carioca vem sofrendo grandes transformações realizadas no escopo da operação urbana consorciada conhecida como Porto Maravilha. Parte importante na tentativa de tornar o Rio de Janeiro um polo de serviços internacional, a "revitalização" urbana deveria deixar para trás uma paisagem geográfica que ainda recordava a cidade do início do século passado para abrir espaço, em seu lugar, à instalação de modernas torres comerciais, espaços de consumo e lazer inéditos e cerca de cem mil novos moradores, uma nova configuração socioespacial capaz de alçar a área portuária do Rio de Janeiro ao patamar dos *waterfronts* de Baltimore, Barcelona e Buenos Aires.

LACERDA, L.; WERNECK, M.; RIBEIRO, B. Cortiços de hoje na cidade do amanhã. **E-metropolis**, n. 30, set. 2017.

61. As intervenções urbanas descritas derivam de um processo socioespacial que busca a

(A) intensificação da participação na competitividade global.
(B) contenção da especulação no mercado imobiliário.
(C) democratização da habitação popular.
(D) valorização das funções tradicionais.
(E) priorização da gestão participativa.

Constatou-se uma ínfima inserção da indústria brasileira nas novas tecnologias ancoradas na microeletrônica, capazes de acarretar elevação da produtividade nacional de forma sustentada. Os motores do crescimento nacional, há décadas, são os grupos relacionados a *commodities* agroindustriais e à indústria representativa do antigo padrão fordista de produção, esta última também limitada pela baixa potencialidade futura de desencadear inovações tecnológicas capazes de proporcionar elevação sustentada da produtividade.

AREND, M. **A industrialização do Brasil ante a nova divisão internacional do trabalho**. Disponível em: www.ipea.gov.br. Acesso em: 16 jul. 2015 (adaptado).

62. Um efeito desse cenário para a sociedade brasileira tem sido o(a)

(A) barateamento da cesta básica.
(B) retorno à estatização econômica.
(C) ampliação do poder de consumo.
(D) subordinação aos fluxos globais.
(E) incentivo à política de modernização.

As atividades mineradoras têm criado conflitos com extrativistas, quilombolas, pequenos agricultores, ribeirinhos, pescadores artesanais e povos indígenas. Em geral, estes sujeitos têm encontrado grande dificuldade de reproduzir suas dinâmicas territoriais depois da instalação da atividade mineradora, nem sempre com reconhecimento do impacto ao seu território pelo Estado e pela empresa, ficando sem qualquer tipo de compensação econômica. Em outros casos, nem a compensação econômica tem sido capaz de evitar o esgarçamento das relações sociais destes grupos que sofrem com a reconstrução abrupta das suas identidades e de suas dinâmicas territoriais.

PALHETA, J. M. et al. Conflitos pelo uso do território na Amazônia mineral. **Mercator**, n. 16, 2017.

63. O texto apresenta uma relação entre atividade econômica e organização social marcada pelo(a)

(A) escassez de incentivo cultural.
(B) rompimento de vínculos locais.
(C) carência de investimento financeiro.
(D) estabelecimento de práticas agroecológicas.
(E) enriquecimento das comunidades autóctones.

Por maioria, nós não entendemos uma quantidade relativa maior, mas a determinação de um estado ou de um padrão em relação ao qual tanto as quantidades maiores quanto as menores serão ditas minoritárias. Maioria supõe um estado de dominação. É nesse sentido que as mulheres, as crianças e também os animais são minoritários.

DELEUZE, G.; GUATTARI, F. **Mil platôs**. São Paulo: Editora 34, 2012 (adaptado).

64. No texto, a caracterização de uma minoria decorre da existência de

(A) ameaças de extinção social.
(B) políticas de incentivos estatais.
(C) relações de natureza arbitrária.
(D) valorações de conexões simétricas.
(E) hierarquizações de origem biológica.

Ao mesmo tempo, graças às amplas possibilidades que tive de observar a classe média, vossa adversária, rapidamente concluí que vós tendes razão, inteira razão, em não esperar dela qualquer ajuda. Seus interesses são diametralmente opostos aos vossos, mesmo que ela procure incessantemente afirmar o contrário e vos queira persuadir que sente a maior simpatia por vossa sorte. Mas seus atos desmentem suas palavras.

ENGELS, F. **A situação da classe trabalhadora na Inglaterra**. São Paulo: Boitempo, 2010.

65. No texto, o autor apresenta delineamentos éticos que correspondem ao(s)

(A) conceito de luta de classes.
(B) alicerce da ideia de mais-valia.
(C) fundamentos do método científico.
(D) paradigmas do processo indagativo.
(E) domínios do fetichismo da mercadoria.

Houve crescimento de 74% da população brasileira encarcerada entre 2005 e 2012. As análises possibilitaram identificar o perfil da população que está nas prisões do país: homens, jovens (abaixo de 29 anos), negros, com ensino fundamental incompleto, acusados de crimes patrimoniais e, no caso dos presos adultos, condenados e cumprindo regime fechado e, majoritariamente, com penas de quatro até oito anos.

BRASIL. **Mapa do encarceramento**: os jovens do Brasil. Brasília: Presidência da República, 2015.

66. Nesse contexto, as políticas públicas para minimizar a problemática descrita devem privilegiar a

(A) flexibilização do Código Civil.
(B) promoção da inclusão social.
(C) redução da maioridade penal.
(D) contenção da corrupção política.
(E) expansão do período de reclusão.

Nem guerras, nem revoltas. Os incêndios eram o mais frequente tormento da vida urbana no *Regnum Italicum*. Entre 880 e 1080, as cidades estiveram constantemente entregues ao apetite das chamas. A certa altura, a documentação parece vencer pela insistência do vocabulário, levando até o leitor mais crítico a cogitar que os medievais tinham razão ao tratar aqueles acontecimentos como castigos que antecediam o julgamento final. Como um quinto cavaleiro apocalíptico, o incêndio agia ao feitio da peste ou da fome: vagando mundo afora, retornava de tempos em tempos e expurgava justos e pecadores num tormento derradeiro, como insistiam os textos do século X. O impacto acarretado sobre as relações sociais era imediato e prolongava-se para além da destruição material. As medidas proclamadas pelas autoridades faziam mais do que reparar os danos e reconstruir a paisagem: elas convertiam a devastação em uma ocasião para alterar e expandir não só a topografia urbana, mas as práticas sociais até então vigentes.

RUST, L. D. Uma calamidade insaciável. **Rev. Bras. Hist.**, n. 72, maio-ago. 2016 (adaptado).

67. De acordo com o texto, a catástrofe descrita impactava as sociedades medievais por proporcionar a

(A) correção dos métodos preventivos e das regras sanitárias.
(B) revelação do descaso público e das degradações ambientais.
(C) transformação do imaginário popular e das crenças religiosas.

(D) remodelação dos sistemas políticos e das administrações locais.

(E) reconfiguração dos espaços ocupados e das dinâmicas comunitárias.

O protagonismo indígena vem optando por uma estratégia de "des-invisibilização", valendo-se da dinâmica das novas tecnologias. Em outubro de 2012, após receberem uma liminar lhes negando o direito a permanecer em suas terras, os Guarani de Pyelito Kue divulgaram uma carta na qual se dispunham a morrer, mas não a sair de suas terras. Esse fato foi amplamente divulgado, gerando uma grande mobilização na internet, que levou milhares de pessoas a escolherem seu lado, divulgando a *hashtag* "#somostodosGuarani-Kaiowá" ou acrescentando o sobrenome Guarani-Kaiowá a seus nomes nos perfis das principais redes sociais.

CAPIBERIBE, A.; BONILLA, O. A ocupação do Congresso: contra o que lutam os índios? **Estudos Avançados**, n. 83, 2015 (adaptado).

68. A estratégia comunicativa adotada pelos indígenas, no contexto em pauta, teve por efeito

(A) enfraquecer as formas de militância política.

(B) abalar a identidade de povos tradicionais.

(C) inserir as comunidades no mercado global.

(D) distanciar os grupos de culturas locais.

(E) angariar o apoio de segmentos étnicos externos.

O governo Vargas, principalmente durante o Estado Novo (1937-1945), pretendeu construir um Estado capaz de criar uma nova sociedade. Uma dimensão-chave desse projeto tinha no território seu foco principal. Não por acaso, foram criadas então instituições encarregadas de fornecer dados confiáveis para a ação do governo, como o Conselho Nacional de Geografia, o Conselho Nacional de Cartografia, o Conselho Nacional de Estatística e o Instituto Brasileiro de Geografia e Estatística (IBGE), este de 1938.

LIPPI, L. **A conquista do Oeste**. Disponível em: http://cpdoc.fgv.br. Acesso em: 7 nov. 2014 (adaptado).

69. A criação dessas instituições pelo governo Vargas representava uma estratégia política de

(A) levantar informações para a preservação da paisagem dos sertões.

(B) controlar o crescimento exponencial da população brasileira.

(C) obter conhecimento científico das diversidades regionais.

(D) conter o fluxo migratório do campo para a cidade.

(E) propor a criação de novas unidades da federação.

Foram esses cientistas Xavante que esclareceram os mistérios da germinação de cada uma das sementes. Eles tinham o conhecimento para quebrar a dormência. O fogo era fundamental para muitas; para outras, o caminho para despertar passava pelo sistema digestivo dos animais silvestres. "Essa planta nasce depois que fazemos a caçada com fogo, diziam eles, esta outra quando a anta caga a semente, aquela precisa ser comida pelo lobo". Aliando os conhecimentos dos cientistas da aldeia e da cidade, essa área do Cerrado foi recuperada totalmente.

PAPPIANI, A. **Tecnologias indígenas**: esplendor e captura. Disponível em: https://outraspalavras.net. Acesso em: 10 out. 2019 (adaptado).

70. No texto, a relação socioespacial dos indígenas evidencia a importância do(a)

(A) prática agrícola para a logística nacional.

(B) cultivo de hortaliças para o consumo urbano.

(C) saber tradicional para a conservação ambiental.

(D) criação de gado para o aprimoramento genético.

(E) reflorestamento comercial para a produção orgânica.

Desde os primórdios da formação da crosta terrestre até os dias de hoje, as rochas formadas vêm sendo continuamente destruídas. Os produtos resultantes da destruição das rochas são transportados pela água, vento e gelo a toda superfície terrestre, acionados pelo calor e pela gravidade. Cessada a energia transportadora, são depositados nas regiões mais baixas da crosta, podendo formar pacotes rochosos.

LEINZ, V. **Geologia geral**. São Paulo: Editora Nacional, 1989.

71. As transformações na superfície terrestre, conforme descritas no texto, compõem o seguinte processo geomorfológico:

(A) Ciclo sedimentar.

(B) Instabilidade sísmica.

(C) Intemperismo biológico.

(D) Derramamento basáltico.

(E) Compactação superficial.

A participação social no planejamento e na gestão urbanos ganhou impulso a partir do Estatuto da Cidade (Lei n. 10.257/2001), que estabeleceu condições para elaboração de planos diretores participativos, instrumentos esses indutores da expansão urbana e do ordenamento territorial que, a princípio, devem buscar representar os interesses dos diversos segmentos da sociedade. No entanto, é notório o limite à representação dos interesses das camadas sociais menos favorecidas nesse processo. Este rumo deve ser corrigido e deve-se continuar buscando mecanismos de inclusão dos interesses de toda a sociedade.

Caderno Objetivos de Desenvolvimento Sustentável - ODS n. 11: tornar as cidades e os assentamentos humanos inclusivos, seguros, resilientes e sustentáveis. Brasília: Ipea, 2019.

72. Qual medida promove a participação social descrita no texto?

(A) Redução dos impostos municipais.
(B) Privatização dos espaços públicos.
(C) Adensamento das áreas de comércio.
(D) Valorização dos condomínios fechados.
(E) Fortalecimento das associações de bairro.

Quando Getúlio Vargas se suicidou, em agosto de 1954, o país parecia à beira do caos. Acuado por uma grave crise política, o velho líder preferiu uma bala no peito à humilhação de aceitar uma nova deposição, como a que sofrera em outubro de 1945. Entretanto, ao contrário do que imaginavam os inimigos, ao ruído do estampido não se seguiu o silêncio que cerca a derrota.

REIS FILHO, D. A. O Estado à sombra de Vargas. **Revista Nossa História**, n. 7, maio 2004.

73. O evento analisado no texto teve como repercussão imediata na política nacional a

(A) reação popular.
(B) intervenção militar.
(C) abertura democrática.
(D) campanha anticomunista.
(E) radicalização oposicionista.

Eu, Dom João, pela graça de Deus, faço saber a V. Mercê que me aprouve banir para essa cidade vários ciganos - homens, mulheres e crianças - devido ao seu escandaloso procedimento neste reino. Tiveram ordem de seguir em diversos navios destinados a esse porto, e, tendo eu proibido, por lei recente, o uso da sua língua habitual, ordeno a V. Mercê que cumpra essa lei sob ameaça de penalidades, não permitindo que ensinem dita língua a seus filhos, de maneira que daqui por diante o seu uso desapareça.

TEIXEIRA, R. C. **História dos ciganos no Brasil**. Recife: Núcleo de Estudos Ciganos, 2008.

74. A ordem emanada da Coroa portuguesa para sua colônia americana, em 1718, apresentava um tratamento da identidade cultural pautado em

(A) converter grupos infiéis à religião oficial.
(B) suprimir formas divergentes de interação social.
(C) evitar envolvimento estrangeiro na economia local.
(D) reprimir indivíduos engajados em revoltas nativistas.
(E) controlar manifestações artísticas de comunidades autóctones.

De um lado, ancorados pela prática médica europeia, por outro, pela terapêutica indígena, com seu amplo uso da flora nativa, os jesuítas foram os reais iniciadores do exercício de uma medicina híbrida que se tornou marca do Brasil colonial. Alguns religiosos vinham de Portugal já versados nas artes de curar, mas a maioria aprendeu na prática diária as funções que deveriam ser atribuídas a um físico, cirurgião, barbeiro ou boticário.

GURGEL, C. **Doenças e curas**: o Brasil nos primeiros séculos. São Paulo: Contexto, 2010 (adaptado).

75. Conforme o texto, o que caracteriza a construção da prática medicinal descrita é a

(A) adoção de rituais místicos.
(B) rejeição dos dogmas cristãos.
(C) superação da tradição popular.
(D) imposição da farmacologia nativa.
(E) conjugação de saberes empíricos.

Desde o século XII que a cristandade ocidental era agitada pelo desafio lançado pela cultura profana - a dos romances de cavalaria, mas também a cultura folclórica dos camponeses e igualmente a dos citadinos, de caráter mais jurídico – à cultura eclesiástica, cujo veículo era o latim. Francisco de Assis veio alterar a situação, propondo aos seus ouvintes uma mensagem acessível a todos e, simultaneamente, enobrecendo a língua vulgar através do seu uso na religião.

VAUCHEZ, A. **A espiritualidade da Idade Média Ocidental, séc. VIII-XIII**. Lisboa: Estampa, 1995.

76. O comportamento desse religioso demonstra uma preocupação com as características assumidas pela Igreja e com as desigualdades sociais compartilhada no seu tempo pelos(as)

(A) senhores feudais.
(B) movimentos heréticos.
(C) integrantes das Cruzadas.
(D) corporações de ofícios.
(E) universidades medievais.

Por que o Brasil continuou um só enquanto a América espanhola se dividiu em vários países?

Para o historiador brasileiro José Murilo de Carvalho, no Brasil, parte da sociedade era muito mais coesa ideologicamente do que a espanhola. Carvalho argumenta que isso se deveu à tradição burocrática portuguesa. "Portugal nunca permitiu a criação de universidades em sua colônia". Por outro lado, na América espanhola, entre 1772 e 1872, 150 mil estudantes se formaram em universidades locais. Para o historiador mexicano Alfredo Ávila Rueda, as universidades na América espanhola eram, em sua maioria, reacionárias. Nesse sentido, o historiador mexicano diz acreditar que a livre circulação de impressos (jornais, livros e panfletos) na América espanhola, que não era permitida na América portuguesa (a proibição só foi revertida em 1808), teve função muito mais importante na construção de regionalismos do que propriamente as universidades.

BARRUCHO, L. Disponível em: www.bbc.com. Acesso em: 8 set. 2019 (adaptado).

77. Os pontos de vista dos historiadores referidos no texto são divergentes em relação ao

(A) papel desempenhado pelas instituições de ensino na criação das múltiplas identidades.
(B) controle exercido pelos grupos de imprensa na centralização das esferas administrativas.
(C) abandono sofrido pelas comunidades de docentes na concepção de coletividades políticas.
(D) lugar ocupado pelas associações de acadêmicos no fortalecimento das agremiações estudantis.
(E) protagonismo assumido pelos meios de comunicação no desenvolvimento das nações alfabetizadas.

TEXTO I

Macaulay enfatizou o glorioso acontecimento representado pela luta do Parlamento contra Carlos I em prol da liberdade política e religiosa do povo inglês; significou o primeiro confronto entre a liberdade e a tirania real, primeiro combate em favor do Iluminismo e do Liberalismo.

ARRUDA, J. J. A. Perspectivas da Revolução Inglesa. Rev. Bras. Hist., n. 7, 1984 (adaptado).

TEXTO II

A Revolução Inglesa, como todas as revoluções, foi causada pela ruptura da velha sociedade, e não pelos desejos da velha burguesia. Na década de 1640, camponeses se revoltaram contra os cercamentos, tecelões contra a miséria resultante da depressão e os crentes contra o Anticristo a fim de instalar o reino de Cristo na Terra.

HILL, C. Uma revolução burguesa? **Rev. Bras. Hist.**, n. 7, 1984 (adaptado).

78. A concepção da Revolução Inglesa apresentada no Texto II diferencia-se da do Texto I ao destacar a existência de

(A) pluralidade das demandas sociais.
(B) homogeneidade das lutas religiosas.
(C) unicidade das abordagens históricas.
(D) superficialidade dos interesses políticos.
(E) superioridade dos aspectos econômicos.

As grandes empresas seriam, certamente, representação de um exercício de poder, ante o grau de autonomia de ação de que dispõem. O que se pretende salientar é a ideia de enclave: plantas industriais que estabelecem relações escassas com o entorno, mas exercem grande influência na economia extralocal.

DAVIDOVICH, F. Estado do Rio de Janeiro: o urbano metropolitano. Hipóteses e questões. **GeoUERJ**, n. 21, 2010.

79. Que tipo de ação tomada por empresas reflete a forma de territorialização da produção industrial apresentada no texto?

(A) Criação de vilas operárias.
(B) Promoção de eventos comunitários.
(C) Recuperação de áreas degradadas.
(D) Incorporação de saberes tradicionais.
(E) Importação de mão de obra qualificada.

Numa sociedade em transição, a marcha da mudança, em diferentes graus, está impressa em todos os aspectos da ordem social, especialmente no jogo político, que nessas sociedades sempre apresenta padrões característicos de ambivalência, cujas raízes sociais se encontram na coexistência de dois padrões de estrutura social: o padrão tradicional, em declínio, e o novo, emergente, em expansão. Em tais situações, é possível encontrar, simultaneamente, apoio para uma orientação política ou para outra que seja exatamente o seu oposto. O padrão ambivalente do processo político, nas sociedades em desenvolvimento, é o que explica um dos seus traços mais salientes, e que consiste na tendência ao adiamento das grandes decisões. Resulta daí que a inércia política ou a convulsão política podem se suceder uma à outra em períodos surpreendentemente curtos.

PINTO, L. A. C. **Sociologia e desenvolvimento**. Rio de Janeiro: Civilização Brasileira, 1975 (adaptado).

80. De acordo com a perspectiva apresentada, central no pensamento social brasileiro dos anos 1950 e 1960, o desenvolvimento do país foi marcado por

(A) radicalidade nas agendas de reforma das elites dirigentes.
(B) anomalias na execução dos planos econômicos ortodoxos.
(C) descompassos na construção de quadros institucionais modernos.
(D) ilegitimidade na atuação dos movimentos de representação classista.
(E) vagarosidade na dinâmica de aperfeiçoamento dos programas partidários.

Manifesto dos Pioneiros da Educação Nova — 1932

A Educação Nova, alargando a sua finalidade para além dos limites das classes, assume, com uma feição mais humana, a sua verdadeira função social, preparando-se para formar "a hierarquia democrática" pela "hierarquia das capacidades", recrutadas em todos os grupos sociais, a que se abrem as mesmas oportunidades de educação. Ela tem, por objeto, organizar e desenvolver os meios de ação durável com o fim de "dirigir os desenvolvimentos natural e integral do ser humano em cada uma das etapas de seu crescimento", de acordo com uma certa concepção do mundo.

Disponível em: www.histedbr.fe.unicamp.br. Acesso em: 7 out. 2015.

81. Os autores do manifesto citado procuravam contrapor-se ao caráter oligárquico da sociedade brasileira. Nesse sentido, o trecho propõe uma relação necessária entre

(A) ensino técnico e mercado de trabalho.
(B) acesso à escola e valorização do mérito.
(C) ampliação de vagas e formação de gestores.
(D) disponibilidade de financiamento e pesquisa avançada.
(E) remuneração de professores e extinção do analfabetismo.

Sócrates: "Quem não sabe o que uma coisa é, como poderia saber de que tipo de coisa ela é? Ou te parece ser possível alguém que não conhece absolutamente quem é Mênon, esse alguém saber se ele é belo, se é rico e ainda se é nobre? Parece-te ser isso possível? Assim, Mênon, que coisa afirmas ser a virtude?".

PLATÃO. **Mênon**. Rio de Janeiro: PUC-Rio; São Paulo: Loyola, 2001 (adaptado).

82. A atitude apresentada na interlocução do filósofo com Mênon é um exemplo da utilização do(a)

(A) escrita epistolar.
(B) método dialético.
(C) linguagem trágica.
(D) explicação fisicalista.
(E) suspensão judicativa.

No seio de diversos povos africanos, nomeadamente no antigo Reino do Congo, existem testemunhos gráficos de que a escrita tomava várias formas. Exemplo disso são as tampas de panela esculpidas em baixo-relevo do povo Woyo (região de Cabinda), com cenas e provérbios do cotidiano, desenhos na terra ou areia, imagens gravadas ou inscritas nos bastões de chefe ou em pedras sagradas, mas, sobretudo, movimentos do corpo humano inscritos num gestual familiar. Entre os Woyo existia o costume de os pais oferecerem aos filhos testos ou tampas de panelas entalhados, transmitindo uma espécie de recado, com signos codificados que traduziam orientações para conseguir uma boa relação conjugal, ter sensatez na escolha do cônjuge e estar alerta para as dificuldades do casamento.

RODRIGUES, M. R. A. M.; TAVARES, A. C. P. Singularidades museológicas de uma tábua com esculturas em diálogo: do alambamento ao casamento em Cabinda (Angola). **Anais do Museu Paulista**, n. 2, maio-ago. 2017 (adaptado).

83. Para o povo Woyo, os artefatos culturais mencionados no texto cumprem a função de uma

(A) pedagogia dos costumes sociais.
(B) imposição das formas de comunicação.
(C) desvalorização dos comportamentos da juventude.
(D) destituição dos valores do matrimônio.
(E) etnografia das celebrações religiosas.

O torém dependia de organização familiar, sendo brincado por pessoas com vínculos de parentesco e afinidade que viviam no local. Era visto como uma brincadeira, um entretenimento feito para os próprios participantes e seus conhecidos. O tempo do caju era o pretexto para sua realização, sendo chamadas várias pessoas da região a fim de tomar mocororó, bebida fermentada do caju.

VALLE, C. G. O. Torém/Toré: tradições e invenção no quadro de multiplicidade étnica do Ceará contemporâneo. In: GRÜNEWALD, R. A. (Org.). **Toré**: regime encantado dos índios do Nordeste. Recife: Fundaj-Massangana, 2005.

84. O ritual mencionado no texto atribui à manifestação cultural de grupos indígenas do Nordeste brasileiro a função de

(A) celebrar a história oficial.
(B) estimular a coesão social.
(C) superar a atividade artesanal.
(D) manipular a memória individual.
(E) modernizar o comércio tradicional.

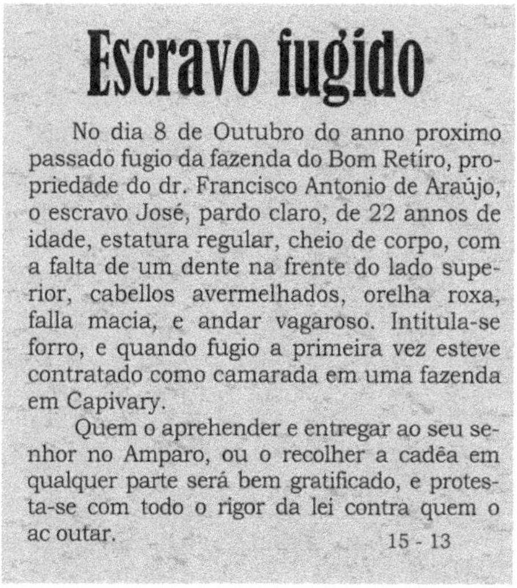

Escravo fugido

No dia 8 de Outubro do anno proximo passado fugio da fazenda do Bom Retiro, propriedade do dr. Francisco Antonio de Araújo, o escravo José, pardo claro, de 22 annos de idade, estatura regular, cheio de corpo, com a falta de um dente na frente do lado superior, cabellos avermelhados, orelha roxa, falla macia, e andar vagaroso. Intitula-se forro, e quando fugio a primeira vez esteve contratado como camarada em uma fazenda em Capivary.

Quem o aprehender e entregar ao seu senhor no Amparo, ou o recolher a cadêa em qualquer parte será bem gratificado, e protesta-se com todo o rigor da lei contra quem o ac outar.

15 - 13

Escravo fugido. **Jornal Correio Paulistano**, 13 de abril de 1879. Disponível em: http://bndigital.bn.gov.br. Acesso em: 2 ago. 2019 (adaptado).

85. No anúncio publicado na segunda metade do século XIX, qual a estratégia de resistência escrava apresentada?

(A) Criação de relações de trabalho.
(B) Fundação de territórios quilombolas.
(C) Suavização da aplicação de normas.
(D) Regularização das funções remuneradas.
(E) Constituição de economia de subsistência.

A filosofia é como uma árvore, cujas raízes são a metafísica; o tronco, a física, e os ramos que saem do tronco são todas as outras ciências, que se reduzem a três principais: a medicina, a mecânica e a moral, entendendo por moral a mais elevada e a mais perfeita porque pressupõe um saber integral das outras ciências, e é o último grau da sabedoria.

DESCARTES, R. **Princípias da filasafia**. Lisboa: Edições 70, 1997 (adaptado).

86. Essa construção alegórica de Descartes, acerca da condição epistemológica da filosofia, tem como objetivo

(A) sustentar a unidade essencial do conhecimento.
(B) refutar o elemento fundamental das crenças.
(C) impulsionar o pensamento especulativo.
(D) recepcionar o método experimental.
(E) incentivar a suspensão dos juízos.

Minha fórmula para o que há de grande no indivíduo é *amor fati*: nada desejar além daquilo que é, nem diante de si, nem atrás de si, nem nos séculos dos séculos. Não se contentar em suportar o inelutável, e ainda menos dissimulá-lo, mas amá-lo.

NIETZSCHE apud FERRY, L. **Aprender a viver**: filosofia para os novos tempos. Rio de Janeiro: Objetiva, 2010 (adaptado).

87. Essa fórmula indicada por Nietzsche consiste em uma crítica à tradição cristã que

(A) combate as práticas sociais de cunho afetivo.
(B) impede o avanço científico no contexto moderno.
(C) associa os cultos pagãos à sacralização da natureza.
(D) condena os modelos filosóficos da Antiguidade Clássica.
(E) consagra a realização humana ao campo transcendental.

É preciso usar de violência e rebater varonilmente os apetites dos sentidos sem atender ao que a carne quer ou não quer, mas trabalhando por sujeitá-la ao espírito, ainda que se revolte. Cumpre castigá-la e curvá-la à sujeição, a tal ponto que esteja disposta para tudo, sabendo contentar-se com pouco e deleitar-se com a simplicidade, sem resmungar por qualquer incômodo.

KEMPIS, T. **Imitação de Cristo**. Petrópolis: Vozes, 2015.

88. Qual característica do ascetismo medieval é destacada no texto?

(A) Exaltação do ritualismo litúrgico.
(B) Afirmação do pensamento racional.
(C) Desqualificação da atividade laboral.
(D) Condenação da alimentação impura.
(E) Desvalorização da materialidade corpórea.

Movimento de translação da Terra

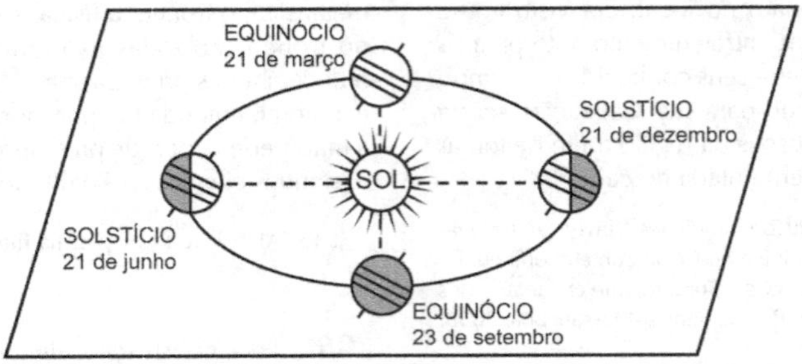

Disponível em: www.cdcc.usp.br. Acesso em: 27 jul. 2010 (adaptado).

89. Considerando as informações apresentadas, o prédio do Congresso Nacional, em Brasília, no dia 21 de junho, às 12 horas, projetará sua sombra para a direção

(A) norte.
(B) sul.
(C) leste.
(D) oeste.
(E) nordeste.

TEXTO I

EIGENHEER, E. M. **Lixo**: a limpeza urbana através dos tempos. Porto Alegre: Gráfica Palloti, 2009.

TEXTO II

A repugnante tarefa de carregar lixo e os dejetos da casa para as praças e praias era geralmente destinada ao único escravo da família ou ao de menor status ou valor. Todas as noites, depois das dez horas, os escravos conhecidos popularmente como "tigres" levavam tubos ou barris de excremento e lixo sobre a cabeça pelas ruas do Rio.

KARASCH, M. C. **A vida dos escravos no Rio de Janeiro, 1808-1850**. Rio de Janeiro: Cia. das Letras, 2000.

90. A ação representada na imagem e descrita no texto evidencia uma prática do cotidiano nas cidades no Brasil nos séculos XVIII e XIX caracterizada pela

(A) valorização do trabalho braçal.

(B) reiteração das hierarquias sociais.

(C) sacralização das atividades laborais.

(D) superação das exclusões econômicas.

(E) ressignificação das heranças religiosas.

Folha de Respostas

1	A	B	C	D	E
2	A	B	C	D	E
3	A	B	C	D	E
4	A	B	C	D	E
5	A	B	C	D	E
6	A	B	C	D	E
7	A	B	C	D	E
8	A	B	C	D	E
9	A	B	C	D	E
10	A	B	C	D	E
11	A	B	C	D	E
12	A	B	C	D	E
13	A	B	C	D	E
14	A	B	C	D	E
15	A	B	C	D	E
16	A	B	C	D	E
17	A	B	C	D	E
18	A	B	C	D	E
19	A	B	C	D	E
20	A	B	C	D	E
21	A	B	C	D	E
22	A	B	C	D	E
23	A	B	C	D	E
24	A	B	C	D	E
25	A	B	C	D	E
26	A	B	C	D	E
27	A	B	C	D	E
28	A	B	C	D	E
29	A	B	C	D	E
30	A	B	C	D	E
31	A	B	C	D	E
32	A	B	C	D	E
33	A	B	C	D	E
34	A	B	C	D	E
35	A	B	C	D	E
36	A	B	C	D	E
37	A	B	C	D	E

38	A	B	C	D	E
39	A	B	C	D	E
40	A	B	C	D	E
41	A	B	C	D	E
42	A	B	C	D	E
43	A	B	C	D	E
44	A	B	C	D	E
45	A	B	C	D	E
46	A	B	C	D	E
47	A	B	C	D	E
48	A	B	C	D	E
49	A	B	C	D	E
50	A	B	C	D	E
51	A	B	C	D	E
52	A	B	C	D	E
53	A	B	C	D	E
54	A	B	C	D	E
55	A	B	C	D	E
56	A	B	C	D	E
57	A	B	C	D	E
58	A	B	C	D	E
59	A	B	C	D	E
60	A	B	C	D	E
61	A	B	C	D	E
62	A	B	C	D	E
63	A	B	C	D	E
64	A	B	C	D	E
65	A	B	C	D	E
66	A	B	C	D	E
67	A	B	C	D	E
68	A	B	C	D	E
69	A	B	C	D	E
70	A	B	C	D	E
71	A	B	C	D	E
72	A	B	C	D	E
73	A	B	C	D	E
74	A	B	C	D	E

75	A	B	C	D	E
76	A	B	C	D	E
77	A	B	C	D	E
78	A	B	C	D	E
79	A	B	C	D	E
80	A	B	C	D	E
81	A	B	C	D	E
82	A	B	C	D	E

83	A	B	C	D	E
84	A	B	C	D	E
85	A	B	C	D	E
86	A	B	C	D	E
87	A	B	C	D	E
88	A	B	C	D	E
89	A	B	C	D	E
90	A	B	C	D	E

Gabarito Comentado:

1. Gabarito "C"
Comentário: O texto tem o objetivo de ressaltar a necessidade de reflexão dos fãs. Observe este trecho: "We are the people who seemed to have lost the ability to think for ourselves. I suppose it's easier to be told what to think, rather than challenging what we are told."

2. Gabarito "A"
Comentário: O autor do poema recorre a características de uma receita para evidenciar a riqueza da mistura cultural no processo de formação da Inglaterra.

3. Gabarito "A"
Comentário: No texto, o uso do vocábulo "unthinkable" (impensável, improvável) ressalta que a ascensão social era improvável. De acordo com o texto: "Black women were meant for the field or the kitchen, or for use as they saw fit. They were, by definition, not ladies."

4. Gabarito "B"
Comentário: A presença de "at odds with" (em desacordo com) na fala da personagem do cartum revela a dificuldade de conciliar diferentes anseios (bem informado X são/sã).

5. Gabarito "B"
Comentário: Esse trecho do roteiro de um filme permite reconhecer que a avaliação sobre um lugar depende da perspectiva do visitante. Repare neste trecho: "Americans always think Europe is perfect. But such beauty and history can be really oppressive. It reduces the individual to nothing".

1. Gabarito "C"
Comentário: Esse trecho tem por finalidade salientar o compromisso do entrevistado com as questões sociais. Observe este trecho: "Hoy no interesa más que una problemática: lo social. La obra que no siga esa dirección está condenada al fracaso, aunque sea muy buena".

2. Gabarito "A"
Comentário: Com base na relação com os escritores, ela reflete sobre a variação linguística do espanhol. Observe este trecho: "Y ellos me decían con ese tono espanol tan peculiar, esa musiquilla distinta que no los abandonó nunca, como si encircularan las zetas y las ces y como si dejaran a las eses más huérfanas y libidinosas que nunca...".

3. Gabarito "E"
Comentário: A expressão "la guillotina del siglo XXI" (a guilhotina do século XXI) destaca que os celulares de hoje podem assumir utilidade jurídica. De acordo com o texto, os celulares se tornaram artefatos cujo uso revelou conversas, acordos, negociações, chantagens e inúmeros acontecimentos que deram origem a processos de natureza legal e investigativa que derrubaram governos, empresas, empresários, políticos e que, inclusive, serviu em um caso recente, para que um inocente recuperasse sua liberdade após quatro anos de confinamento injusto.

4. Gabarito "A"
Comentário: No texto, a analogia estabelecida pela expressão "como las aguas a una piedra" tem a função de enfatizar a ação do tempo sobre a personagem, que é um homem muito velho. Observe este trecho: "Los muchos anos lo habían reducido y pulido como las aguas a una piedra".

5. Gabarito "A"
Comentário: O efeito humorístico da charge reside na crítica diante da constatação do ser humano (nosotros = nós) como o responsável pela condição caótica do mundo.

6. Gabarito "B"
Comentário: A estratégia da recorrência de formulações hipotéticas caracteriza o texto como uma notícia alarmante. Observe estes exemplos: "Se ele tivesse sido capturado pelo campo gravitacional do nosso planeta e colidido..."; "se caísse no continente..."; "se desabasse no oceano...".

7. Gabarito "D"
Comentário: Ao criticar o preciosismo linguístico do literato e ao sugerir a dicionarização de expressões locais, o poeta expressa uma concepção de língua que valoriza o uso de variedades populares. Observe este excerto: "Que ora ofereço ao filólogo Aurélio Buarque de Hollanda / Para que as registre em seus léxicos / Pois que o povo já as registrou".

8. Gabarito "C"
Comentário: A citação indireta do diretor expressa uma estratégia argumentativa que reforça a proeza da premiação de uma história ambientada no interior do Nordeste brasileiro.

9. Gabarito "D"
Comentário: Esse texto de Guimarães Rosa tem importância singular como patrimônio linguístico para a preservação da cultura nacional devido ao emprego de ditados populares que resgatam memórias e saberes coletivos. Observe este exemplo: "P'ra uns, as vacas morrem ... p'ra outros até boi pega a parir".

10. Gabarito "E"
Comentário: Na resenha do filme Son of Saul, o trecho da sequência argumentativa que se constitui como opinião implícita é "[...] premiar uma abordagem tão ousada e radical como Son of Saul não deixaria de ser um passo à frente dos votantes".

11. Gabarito "A"
Comentário: Na letra da canção, o vocabulário empregado e a situação retratada são relevantes para o patrimônio linguístico e identitário do país, na medida em que remetem à violência física e simbólica contra os povos escravizados.

12. Gabarito "D"
Comentário: A associação entre o texto verbal e as imagens da garrafa e do cão configura recurso expressivo que busca sensibilizar o público em relação ao abandono de animais domésticos, tendo em vista que um animal não deve ser tratado como um objeto descartável.

13. Gabarito "C"
Comentário: Nessa tirinha, os recursos verbais e não verbais sinalizam a finalidade de ironizar as condições de igualdade de gênero, uma vez que só a mulher tem de renunciar a seus projetos pessoais para cuidar do neném.

14. Gabarito "E"
Comentário: Essa reportagem cumpre, paralelamente, a função de chamar a atenção para a arte como perpetuadora de episódios marcantes da humanidade que têm de ser relembrados para que não tornem a acontecer, conforme evidencia este trecho: "A imagem é tão forte que dispensa qualquer palavra. Exatamente o papel da arte."

15. Gabarito "D"
Comentário: Ao analisar o conto *Um homem célebre*, de Machado de Assis, o Texto II descreve o suplício de um compositor de música popular (polca) que fracassa na sua ambição de atingir a música erudita (clássica). Assim, o conflito do personagem em compor obras do gênero é representativo da tensa relação entre o erudito e o popular na constituição da música brasileira.

16. Gabarito "B"
Comentário: Segundo o autor, a música *Sinal fechado*, de Paulinho da Viola, ilustra bem o estado de espírito de falas robóticas e silêncios glaciais através de um registro de comunicação vazia e superficial. Logo, a apresentação da letra da canção é uma estratégia argumentativa que visa sensibilizar o leitor porque exemplifica o fato criticado no texto com uma situação concreta.

17. Gabarito "E"
Comentário: O texto atribui o enfraquecimento do mito da democracia racial no futebol à atitude contestadora de um "jogador-problema".

18. Gabarito "D"
Comentário: Nessa pintura, a filiação à estética romântica manifesta-se na representação dramática e idealizada do corpo da índia.

19. Gabarito "D"
Comentário: O texto indica que as transformações nas experiências lúdicas na infância promoveram uma vivência corporal menos ativa, haja vista que as crianças de hoje não brincam tanto com brinquedos, mas com aparelhos eletrônicos, entre os quais predomina o jogo individual com a máquina.

20. Gabarito "D"
Mini@tures é um projeto de dança contemporânea que conjuga diferentes mídias: corpo/dança/computação gráfica/internet. Esse trabalho é apresentado como inovador por produzir uma arte multimodal, com o intuito de ampliar as possibilidades de expressão estética.

21. Gabarito "A"
Comentário: A divergência entre os textos I e II está na ideia de que é possível manter os estoques de água doce.

22. Gabarito "B"
Comentário: Esse processo revela que a possibilidade de se usar tanto "tu" quanto "você" caracteriza a diversidade da língua.

23. Gabarito "B"
Comentário: A forma original de reinterpretar a coreografia de *A morte do cisne* demonstra que a criação artística é beneficiada pelo encontro de modelos oriundos de diferentes realidades socioculturais.

24. Gabarito "B"
Comentário: A narrativa concentra sua força expressiva no manejo de recursos formais e numa representação

ficcional que recorrem ao absurdo como forma de traduzir a realidade, tal como demonstra estes trechos: teve o crânio esmagado; corpo moído no inferno; derramaram seu sangue; seu rastro pode ser seguido. Contudo, o gabarito oficial apontou como correta a alternativa B, com a qual não concordamos por não haver elementos no texto que evidenciem um estado de exceção.

25. Gabarito "B"
Comentário: O conto de Fernando Sabino retrata a tentativa de obter vantagem e tratamento diferenciado por meio do cargo que se ocupa ou da relação afetiva com autoridades. Trata-se da famosa expressão "você sabe com quem está falando", cunhada pelo antropólogo Roberto DaMatta ao descrever a sociedade brasileira. A representação do discurso intimidador engendrada no fragmento é responsável por conferir à narrativa um tom anedótico em razão da reviravolta no enredo causada pela "carteirada" da mulher.

26. Gabarito "D"
Comentário: **A:** incorreta, pois "É assim" retoma "acordam de seu sono para contar notícias do passado"; **B:** incorreta, pois "sobre o qual" retoma "nome antigo"; **C:** incorreta, pois "Por exemplo" ilustra a ideia apresentada no parágrafo; **D:** correta; pois "O gigante do Brasil" se refere ao imperador Dom Pedro II; **E:** incorreta, pois o "O bruxo do Cosme Velho" se refere a Machado de Assis.

27. Gabarito "E"
Comentário: A revolução estética brasiliense abandonou o gosto rebuscado pelo colonial, trocou Ouro Preto por Brasília e criou um mobiliário contemporâneo feito a partir de linhas retas e curvas suaves. Assim, verifica-se que os elementos da estética brasiliense surgem na simplificação das informações visuais de cada composição.

28. Gabarito "B"
Comentário: O texto relata que o Facebook realizará sua maior mudança de design dos últimos anos: o segmento de Grupos passará a ser o protagonista, em detrimento do feed de notícias. Esse fato revela que as tecnologias de informação e comunicação assimilam os comportamentos dos usuários.

29. Gabarito "C"
Comentário: No texto, os argumentos apresentados permitem inferir que o objetivo do autor é convencer os leitores a adotarem uma postura crítica em relação às informações recebidas, conforme demonstra este trecho: "De fato, hoje já não basta mais ler o que está escrito ou falado para estar bem informado. É preciso conhecer as entrelinhas e saber que não há objetividade e nem isenção absolutas, porque cada ser humano vê o mundo de uma forma diferente."

30. Gabarito "E"
Comentário: Do ponto de vista linguístico, a defesa da norma-padrão pelo personagem caracteriza-se por desconsiderar diferentes níveis de formalidade nas situações de comunicação. Os diferentes níveis de formalidade estão relacionados diretamente à ideia de que variantes linguísticas têm diferentes valores sociais, não provocando o mesmo efeito.

31. Gabarito "A"
Comentário: De acordo com o texto, diversos fatores ao longo do tempo contribuíram para a democratização do skate.

32. Gabarito "D"
Comentário: No processo comunicativo, estão presentes os elementos da comunicação que são seis: emissor ou locutor (quem elabora a mensagem); receptor ou interlocutor (a quem a mensagem é dirigida); mensagem (texto verbal ou não verbal propriamente dito); referente ou contexto (o assunto tratado no ato comunicativo); canal ou veículo (o meio pelo qual a mensagem é difundida, divulgada); código (a forma como a mensagem organiza-se). No texto, as marcas da função da linguagem são responsáveis por colocar em foco o enunciador (emissor), buscando expressar sua atitude em relação ao conteúdo do enunciado, conforme demonstram estes exemplos: "vi uns caras oferecendo maravilhas eletrônicas"; "como pretendo viajar esses dias"; "houve um corte na memória e vi diante de mim o meu primeiro estojo escolar"; "acho que piorei de estojo e de vida".

33. Gabarito "A"
Comentário: Prefácio designa o texto introdutório que apresenta ou introduz o conteúdo de uma obra literária, normalmente conciso e escrito pelo autor ou por outra pessoa. O que assegura o reconhecimento desse texto em quadrinhos como prefácio é a função de apresentação do livro.

34. Gabarito "B"
Comentário: No texto, os recursos verbais e não verbais empregados têm por objetivo influenciar o leitor a mudar atitudes e hábitos considerados prejudiciais às crianças. A alternativa A está incorreta porque o texto não trata do uso indiscriminado de aparelhos celulares, sendo restrito aos riscos para crianças antes de dormir.

35. Gabarito "D"
Comentário: No texto, os dois personagens dialogam sobre a mulher orientando-se pelo estado civil dela: se é casada, viúva ou solteira. Dessa forma, o ponto de vista dos personagens manifesta conceitos segundo os quais a mulher tem sua identidade e seu lugar referendados pelo homem.

36. Gabarito "B"
Comentário: O artista Romuald Hazoumé utiliza objetos descartados para criar as máscaras, chamando a atenção para a quantidade de lixo acumulado na África como refugo da sociedade de consumo ocidental. A obra desse artista africano denota o reposicionamento estético de objetos por meio da mudança de função.

37. Gabarito "A"
Comentário: Pela análise do tema e dos procedimentos argumentativos utilizados na letra da canção, infere-se o objetivo de ironizar a incorporação de ideias e atitudes conformistas.

38. Gabarito "C"
Comentário: No texto, o eu lírico deseja uma situação ideal com base nas suas lembranças de um lugar perfeito. Assim, o eu lírico revela-se vocalizando um desejo que remete ao sonho de autorrealização desenhado pela memória.

39. Gabarito "A"
Comentário: Nessa canção, são exemplos de marcas informais do uso da língua o substantivo "falação" (discurso, fala) e a contração "pros bailes" (para os bailes).

40. Gabarito "C"
Comentário: Ao descrever uma mulher internada em um hospital psiquiátrico, o narrador privilegia a subjetividade e as formas que deixam transparecer o estado de alma do autor (ex.: palácio, princesa, mil lanças, brinca na areia). Dessa forma, o narrador compõe um quadro que expressa sua percepção alimentada pela imersão lírica no espaço da segregação.

41. Gabarito "D"
Comentário: A poesia de Sosígenes Costa apresenta uma mistura de traços estilísticos parnasianos, simbolistas e barrocos. Na abertura do soneto, o eu lírico metaforiza a alegria como um pavão vermelho, descrevendo o seu esplendor nos versos seguintes; no último verso, ele lembra que já possuiu pavões lilases (representantes de outros sentimentos), mas que eles foram embora após a chegada do pavão vermelho. Assim, as cores representam um recurso poético que configura uma imagem com a qual o eu lírico metaforiza a conquista de sua plena realização.

42. Gabarito "C"
Comentário: O termo *Pop Art* designa um movimento surgido nos anos 50, na Inglaterra e nos Estados Unidos, como uma forma de reação ao expressionismo abstrato. A *Pop Art* foi caracterizada pelo uso de imagens da cultura popular nos anúncios publicitários, histórias em quadrinhos, desenhos de revista, fotografias, latas de refrigerante, embalagens de alimentos, além da repetição de uma mesma imagem com cores diferentes.
O corpo de mulheres e homens é fruto das diferenças de gênero construídas socialmente ao longo da história. A socialização das meninas é construída sobre um corpo frágil, passivo, desprovido de força, onde a beleza física é fundamental; a socialização dos meninos, por sua vez, é construída sobre um corpo forte, agressivo, viril. Nessa socialização, insere-se a modelagem dos corpos pelas normas, representações culturais e simbólicas próprias de cada sociedade. Assim, na reprodução dos valores e costumes de cada época, a erotização do corpo feminino tem sido constituída pela educação do gesto, da vontade e do comportamento.

43. Gabarito "D"
Lirismo é a qualidade do que é extremamente romântico, sentimental; é o caráter subjetivo ou romântico das artes em geral. A sequência dos quadrinhos conjuga lirismo e violência ao acentuar a resistência identitária dos povos escravizados, que lutam para ficar juntos na outra terra.

44. Gabarito "D"
Comentário: Ao destacar a confiança da população no sistema da matraca, o narrador associa esse recurso à disseminação de informações não fidedignas, o que pode ser identificado neste trecho: "E dizem as crônicas que algumas pessoas afirmavam ter visto cascavéis dançando no peito do vereador; afirmação perfeitamente falsa, mas só devida à absoluta confiança no sistema".

45. Gabarito "C"
Comentário: Os argumentos trazidos pela autora do texto buscam destacar a relevância histórica e a riqueza estética do choro no cenário musical brasileiro, considerado como uma riquíssima manifestação da genuína alma brasileira.

46. Gabarito "B"
Comentário: Em razão do avanço da tecnologia (e-mail, WhatsApp e outros mensageiros), fica cada vez mais difícil estabelecer limites entre a vida pessoal e a vida profissional, fazendo com que a jornada de trabalho seja

excedida. Assim, o texto indica práticas nas relações cotidianas do trabalho que causam para o indivíduo a ampliação de atividades extras.

47. Gabarito "A"
Comentário: A obra *O Capital no Século XXI*, do economista Thomas Piketty, mostra que, nos países desenvolvidos, a taxa de acumulação de renda é maior do que as taxas de crescimento econômico. Segundo o texto, "é quase inevitável que a riqueza herdada supere a riqueza constituída durante uma vida de trabalho, e que a concentração do capital atinja níveis muito altos". Logo, a lógica econômica descrita no texto enfraquece a ideologia do mérito.

48. Gabarito "D"
Comentário: O Programa de Melhoramento "Uvas do Brasil" desenvolveu projetos de pesquisa para atender às necessidades e às demandas de diferentes atores da vitivinicultura nacional, os quais estão situados em regiões com características ambientais distintas, particulares, como o semiárido nordestino, regiões tropicais e a região da Serra Gaúcha. Para melhorar a produção agrícola nas regiões mencionadas, as técnicas referidas no texto buscaram adaptar o cultivo da uva aos elementos ambientais singulares.

49. Gabarito "C"
Comentário: O texto I descreve a importância de proteção do patrimônio histórico e cultural, ao passo que o texto II critica o sistema tradicional de proteção por estar desvinculado da realidade socioeconômica. Assim, os textos se distanciam ao apresentarem pontos de vista diferentes sobre as políticas de conservação de bens culturais.

50. Gabarito "B"
Comentário: A Divisão Internacional do Trabalho – DIT é a especialização das atividades econômicas em caráter de produção, comercialização, exportação e importação entre os distintos países. Enquanto os países desenvolvidos produzem lixo eletrônico, os países subdesenvolvidos, sobretudo os países africanos, são usados para o descarte e armazenamento desse lixo. Assim, as práticas descritas nos textos refletem um padrão de relações derivado da divisão internacional do trabalho.

51. Gabarito "A"
Comentário: Segurança hídrica significa disponibilidade de água de qualidade e em quantidade suficiente para satisfazer as necessidades humanas, as atividades econômicas e a conservação de ecossistemas aquáticos. O texto propõe a utilização de preços justos e autorizações de uso da água para manter operações eficientes e ambientalmente sustentáveis, garantindo a distribuição equitativa do abastecimento.

52. Gabarito "D"
Comentário: Promulgada em 8 de agosto de 1845, a Lei Bill Aberdeen (*Slave Trade Supression Act* ou *Aberdeen Act*) autorizava a Marinha Real britânica de monitorar os mares à procura de embarcações que traficassem escravos africanos, podendo perseguir, interceptar e aprisionar esses navios negreiros. Os navios capturados pelos ingleses poderiam ser vendidos, e os escravos seriam libertados e reencaminhados ao continente africano. Essa lei de caráter supranacional gerou fortes reações no Brasil e acirrou os ânimos entre os dois países. Políticos brasileiros manifestaram forte oposição à ação dos ingleses e proferiram discursos carregados de teor nacionalista. As tensões diplomáticas expressas no texto indicam o interesse britânico em manter a proibição comercial.

53. Gabarito "B"
Comentário: Ao destacar expressões e vivências populares do cotidiano, o texto mobiliza as práticas místicas associadas ao patrimônio cultural. Observe este trecho: "Ele defende veementemente que a oração da avó sustentava mais a chuva".

54. Gabarito "C"
Comentário: O uso de novas tecnologias relacionado ao controle empresarial é criticado no texto em razão da fragilização das relações de trabalho decorrente da terceirização e da precarização.

55. Gabarito "E"
Comentário: A condição de transitoriedade dos refugiados no Brasil é provocada pela associação entre desenraizamento cultural (falta de pertencimento pleno à comunidade) e insegurança legal (deixar de exercitar o status de cidadão).

56. Gabarito "D"
Comentário: No contexto do século XIX, a relação das mulheres com o campo científico é representativa da incorporação das estratificações sociais, visto que elas não conseguiam viajar em busca de seus próprios projetos científicos.

57. Gabarito "D"
Comentário: O sociólogo e filósofo alemão Herbert Marcuse (1898-1979), pertencente à Escola de Frankfurt, argumenta que a sociedade industrial cria falsas necessidades que integram o indivíduo ao sistema de produção e de consumo. A identificação dos indivíduos com as mercadorias produz a satisfação dos desejos individuais numa sociedade de consumo. Logo, no capitalismo, a satisfação dos desejos pessoais é influenciada por mecanismos subjetivos de identificação.

58. Gabarito "E"
Comentário: No texto, a geógrafa Ana Fani Alessandri Carlos critica o fato de que as grandes cidades são vistas como um produto a ser negociado como mercadoria, gerando a extinção dos espaços públicos e do convívio social. Nesse contexto, as grandes cidades estão sendo alteradas com muita rapidez, definindo um "processo de transformação diária ao qual está submetida a cidade". Logo, a situação apresentada no texto vem ocorrendo como consequência da alteração da organização da paisagem geográfica.

59. Gabarito "B"
Comentário: Segundo o texto, o sertanejo desenvolveu, ao longo do tempo, uma acuidade detalhada para a observação dos fenômenos presenciados na natureza, em especial para a previsão do tempo e do clima, utilizando como referência a posição dos astros, constelação e nuvens. Logo, o texto expõe a produção de um conhecimento que se constitui pela experiência perceptiva.

60. Gabarito "B"
Comentário: O comportamento coletivo criticado no trecho da letra da canção é a passividade social ("vida de gado").

61. Gabarito "A"
Comentário: A operação urbana denominada Porto Maravilha é parte importante da tentativa de tornar o Rio de Janeiro um polo de serviços internacional e visa alçar a área portuária carioca ao patamar de outras zonas portuárias mundiais. Assim, as intervenções urbanas descritas derivam de um processo socioespacial que busca a intensificação da participação na competitividade global.

62. Gabarito "D"
Comentário: Segundo Marcelo Arend, nos anos 1990, o Brasil e muitos países latino-americanos viram-se atrasados tecnologicamente e compelidos a mudanças institucionais para a atração de investimentos estrangeiros. Os fluxos de capital estrangeiro ao Brasil foram predominantemente financeiros, e os produtivos acabaram por aprofundar a especialização produtiva nacional na direção de setores intensivos em recursos naturais, *commodities* industriais e tecnologias do paradigma já superado pelos países desenvolvidos. Logo, um efeito desse cenário de desindustrialização para a sociedade brasileira tem sido a subordinação aos fluxos globais.

63. Gabarito "B"
Comentário: Na Amazônia, as atividades mineradoras têm criado conflitos com as comunidades tradicionais, provocando grande dificuldade para esses grupos reproduzirem suas dinâmicas territoriais. Logo, o texto apresenta uma relação entre atividade econômica e organização social marcada pelo rompimento de vínculos locais.

64. Gabarito "C"
Comentário: Segundo os filósofos franceses Gilles Deleuze e Félix Guattari, maioria supõe um estado de dominação. Logo, a caracterização de uma minoria decorre da existência de relações de natureza arbitrária, como dominação e subordinação.

65. Gabarito "A"
Comentário: No texto, Friedrich Engels apresenta delineamentos éticos que correspondem ao conceito de luta de classes.

66. Gabarito "B"
Comentário: Considerando o perfil da população encarcerada (homens, jovens, negros, com ensino fundamental incompleto, acusados de crimes patrimoniais), as políticas públicas para minimizar essa problemática devem privilegiar a promoção da inclusão social.

67. Gabarito "E"
Comentário: As cidades medievais com ruas estreitas e casas de madeira muito próximas umas às outras sofriam com os frequentes incêndios. As medidas proclamadas pelas autoridades convertiam a devastação em uma ocasião para alterar e expandir não só a topografia urbana, mas também as práticas sociais até então vigentes. Assim, a catástrofe descrita impactava as sociedades medievais por proporcionar a reconfiguração dos espaços ocupados e das dinâmicas comunitárias.

68. Gabarito "E"
Comentário: A estratégia de des-invisibilização adotada pelos indígenas gerou grande mobilização na internet e nas redes sociais, ultrapassando a fronteira étnica. Assim, a estratégia comunicativa adotada pelos indígenas teve por efeito angariar o apoio de segmentos étnicos externos.

69. Gabarito "C"
Comentário: O Conselho Nacional de Geografia, o Conselho Nacional de Cartografia, o Conselho Nacional de Estatística e o Instituto Brasileiro de Geografia e Estatística (IBGE) foram criados para obter dados científicos que subsidiassem as políticas públicas. Logo, a criação dessas instituições pelo governo Vargas representava uma estratégia política de obter conhecimento científico das diversidades regionais.

70. Gabarito "C"
Comentário: No texto, a relação socioespacial dos indígenas evidencia a importância do saber tradicional para a conservação ambiental, visto que a recuperação de uma área do Cerrado foi possível graças ao conhecimento indígena sobre a germinação de sementes.

71. Gabarito "A"
Comentário: O texto descreve o processo de transformação de rochas pela formação, transporte e deposição de sedimentos. Logo, as transformações na superfície terrestre descritas compõem o processo geomorfológico denominado ciclo sedimentar.

72. Gabarito "E"
Comentário: O fortalecimento das associações de bairro é medida que promove a participação social descrita no texto.

73. Gabarito "A"
Comentário: Em 1950, Getúlio Vargas retornou à presidência da República de forma democrática. Sua política nacionalista e trabalhista, consubstanciada em ações como a criação da Petrobras com a campanha "O petróleo é nosso" e o aumento do salário mínimo em 100%, desagradou profundamente o setor empresarial e intensificou a oposição política, principalmente da União Democrática Nacional (UDN) e do jornalista Carlos Lacerda. No dia 5 de agosto de 1954, Carlos Lacerda sofreu um atentado na rua em que morava, evento que ficou conhecido como "Atentado da Rua Tonelero". Lacerda acusou Vargas como mandante do atentado. As investigações do caso apontaram como suspeito Gregório Fortunato, homem de confiança de Vargas conhecido como "Anjo Negro", o que aumentou a pressão contra o governo. Em 24 de agosto de 1954, Getúlio Vargas, após escrever uma carta explicando os motivos de seu ato, suicidou-se em seu gabinete com um tiro no peito que atingiu o coração. As rádios passaram a anunciar a morte de Vargas e a ler a "carta testamento" deixada por ele, insuflando um desejo de vingança na população, que saiu às ruas protestando e destruindo carros e sede de jornais oposicionistas. Assim, o suicídio de Getúlio Vargas teve como repercussão imediata a reação popular.

74. Gabarito "B"
Comentário: Ao proibir o uso e o ensino da língua habitual dos ciganos, a ordem emanada da Coroa portuguesa para sua colônia americana apresentava um tratamento da identidade cultural pautado em suprimir formas divergentes de interação social.

75. Gabarito "E"
Comentário: No Brasil colonial, os jesuítas iniciaram o exercício de uma medicina híbrida, que conjugava a prática médica europeia com a terapêutica indígena, com seu amplo uso da flora nativa. Logo, o que caracteriza a construção dessa prática medicinal é a conjugação de saberes empíricos.

76. Gabarito "B"
Comentário: A partir da Baixa Idade média, surgiram na Europa vários movimentos que questionavam o poder da Igreja ou que não concordavam com a doutrina estabelecida no catolicismo, como os cátaros ou albigenses, valdenses e beguinos. Esses movimentos foram considerados heresias e sofreram forte perseguição da Igreja, inclusive com a instituição do Tribunal da Santa Inquisição, em 1229. O crescimento das heresias, principalmente a partir do século XII, foi uma demonstração da insatisfação popular com o acúmulo de riqueza e de poder pela Igreja. Ao propor levar a mensagem de Deus utilizando a língua vulgar (popular), Francisco de Assis demonstra uma preocupação com as características assumidas pela Igreja e com as desigualdades sociais compartilhada no seu tempo pelos movimentos heréticos.

77. Gabarito "A"
Comentário: Para José Murilo de Carvalho, a coesão da América portuguesa se deve à ausência de universidades; para Alfredo Ávila Rueda, a fragmentação da América espanhola é fruto da livre circulação de impressos, que teve função muito mais importante na construção de regionalismos do que propriamente as universidades. Assim, os pontos de vista dos historiadores são divergentes em relação ao papel desempenhado pelas instituições de ensino na criação das múltiplas identidades.

78. Gabarito "A"
Comentário: A Revolução Inglesa (1640-1688) foi uma das primeiras revoluções burguesas que limitou o poder de um rei absolutista e deu início à formação de uma monarquia constitucional na Inglaterra. A Revolução Inglesa pode ser dividida em quatro fases principais: Revolução Puritana e a Guerra Civil; República de Oliver Cromwell; Restauração da dinastia dos Stuart; e Revolução Gloriosa. A Revolução Puritana ou Guerra Civil Inglesa (1640-1649) foi um conflito entre as tropas do rei Carlos I, formada pelos cavaleiros da nobreza, e o exército do Parlamento (*New Model Army*), formado por burgueses e camponeses e liderado por Oliver Cromwell. Ao final da Revolução Puritana, o rei foi derrotado e decapitado e formou-se a república, governada por Cromwell. A concepção da Revolução Inglesa apresentada no Texto

II diferencia-se da do Texto I ao destacar a existência de pluralidade das demandas sociais: camponeses contra os cercamentos; tecelões contra a miséria resultante da depressão; e crentes contra o Anticristo.

79. Gabarito "E"
Comentário: De acordo com o texto, as grandes empresas representam verdadeiros enclaves com relação aos municípios onde se localizam, realizando poucos investimentos no entorno e gerando poucos empregos para a mão de obra local. A ação tomada por empresas que reflete a forma de territorialização da produção industrial apresentada no texto é a importação de mão de obra qualificada.

80. Gabarito "C"
Comentário: De acordo com o texto, uma sociedade em transição, como a sociedade brasileira dos anos 1950-1960, é marcada pela coexistência de dois padrões de estrutura social: conservador (elites, militares), que deseja a preservação do *status quo*, e progressista ou liberal (operários, intelectuais, artistas), que almeja a mudança do *status quo*. Esse padrão ambivalente do processo político causa o adiamento das grandes decisões e resulta que a inércia política ou a convulsão política se sucedem uma à outra em períodos curtos. De acordo com a perspectiva apresentada, o desenvolvimento do país foi marcado por descompassos na construção de quadros institucionais modernos.

81. Gabarito "B"
Comentário: Para se contrapor-se ao caráter oligárquico da sociedade brasileira na República Velha, o manifesto propõe um novo modelo de educação que assuma a sua verdadeira função social para formar a "hierarquia democrática" pela "hierarquia das capacidades" (valorização do mérito), recrutadas em todos os grupos sociais, a que se abrem as mesmas oportunidades de educação (acesso à escola). Nesse sentido, o trecho propõe uma relação necessária entre acesso à escola e valorização do mérito.

82. Gabarito "B"
Comentário: O filósofo grego Sócrates filosofava mediante uma sequência dialógica de perguntas e respostas para gerar novas ideias e conhecimentos. Platão, discípulo de Sócrates, aperfeiçoou esse método, chamando-o de dialética. A dialética é um método de questionar e responder algo em busca da verdade. Assim, a atitude apresentada na interlocução do filósofo com Mênon é um exemplo da utilização do método dialético.

83. Gabarito "A"
Comentário: Para o povo Woyo, os artefatos culturais mencionados no texto servem como meio de transmissão da cultura, ou seja, cumprem a função de uma pedagogia dos costumes sociais.

84. Gabarito "B"
Comentário: O ritual mencionado no texto (torém/toré) atribui à manifestação cultural de grupos indígenas do Nordeste brasileiro a função de estimular a coesão social.

85. Gabarito "A"
Comentário: De acordo com o anúncio publicado na segunda metade do século XIX, o escravo, quando fugiu a primeira vez, "esteve contratado como camarada em uma fazenda em Capivary". Logo, a estratégia de resistência escrava apresentada era a criação de relações de trabalho.

86. Gabarito "A"
Comentário: O filósofo francês René Descartes é considerado um dos principais nomes da filosofia racionalista desenvolvida no século XVII. Para Descartes, o conhecimento humano é inato (teoria conhecida como inatismo) e advém única e exclusivamente da racionalidade e das ideias (teoria denominada racionalismo). Descartes utiliza a árvore formada por raízes, tronco e ramos como alegoria para sustentar a unidade essencial do conhecimento.

87. Gabarito "E"
Comentário: O filósofo alemão Friedrich Nietzsche foi um crítico da religião, da moral, da razão e da cultura contemporânea. Para Nietzsche, não há um plano transcendental, divindade ou conceito metafísico para salvar o ser humano. A fórmula indicada por Nietzsche consiste em uma crítica à tradição cristã que consagra a realização humana ao campo transcendental.

88. Gabarito "E"
Comentário: O ascetismo é um estilo de vida caracterizado pela abstinência de prazeres carnais, frequentemente com a finalidade de perseguir objetivos espirituais. Os praticantes desta filosofia abandonam os prazeres carnais e levam um estilo de vida abstinente, em busca de redenção, salvação ou espiritualidade. Muitos ascetas acreditam que a ação de purificar o corpo ajuda a purificar a alma e, assim, obter maior conexão com o divino ou encontrar a paz interior. A característica do ascetismo destacada no texto é a desvalorização da materialidade corpórea.

89. Gabarito "B"
Comentário: Solstício e equinócio marcam o início das estações do ano e estão relacionados à inclinação da

Terra em seu eixo e ao movimento de translação da Terra. Devido ao ângulo de inclinação da Terra e sua posição em relação ao Sol, a incidência dos raios solares sobre os hemisférios é diferente, conforme a época do ano. No dia 21 de junho, os raios solares incidem perpendicularmente sobre o Trópico de Câncer, tornando o Hemisfério Norte mais iluminado (verão), com o dia mais longo do ano: é o solstício de verão. No Hemisfério Sul, por outro lado, há menor incidência de raios solares, com a noite mais longa do ano: é o solstício de inverno. Nessa data, às 12 horas, em Brasília (Hemisfério Sul), o Sol estará acima do Congresso Nacional, porém inclinado ao Norte, projetando a sombra do prédio em direção ao sul.

90. Gabarito "B"

Comentário: O texto aponta que a tarefa de carregar lixo e dejetos era realizada pelos escravos de menor *status* ou valor, de modo que havia desigualdade até mesmo entre os escravos. Logo, a ação representada na imagem e descrita no texto evidencia uma prática do cotidiano caracterizada pela reiteração das hierarquias sociais.

ENEM 2021 • DIA 2

CIÊNCIAS DA NATUREZA E SUAS TECNOLOGIAS

QUESTÕES DE 91 A 135

A deficiência de lipase ácida lisossômica é uma doença hereditária associada a um gene do cromossomo 10. Os pais dos pacientes podem não saber que são portadores dos genes da doença até o nascimento do primeiro filho afetado. Quando ambos os progenitores são portadores, existe uma chance, em quatro, de que seu bebê possa nascer com essa doença.

ANDERSON, R. A. et. al. In: Situ Localization of the Genetic Locus Encoding the Lysosomal Acid Lipase/Cholesteryl Esterase (L PA) Deficient in Wolman Disease to Chromosome 10q23.2-q23.3. **Genomics**, n. 1, jan. 1993 (adaptado).

91. Essa é uma doença hereditária de caráter

(A) recessivo.
(B) dominante.
(C) codominante.
(D) poligênico.
(E) polialélico.

O quadro lista alguns dispositivos eletrônicos que estão presentes no dia a dia, bem como a faixa de força eletromotriz necessária ao seu funcionamento.

Dispositivo eletrônico		Faixa de força eletromotriz (V)
I	Relógio de parede	1,2 a 1,5
II	Celular	3,5 a 3,8
III	Câmera digital	7,5 a 7,8
IV	Carrinho de controle remoto	10,5 a 10,9
V	Notebook/Laptop	19,5 a 20,0

92. Considere que uma bateria é construída pela associação em série de três pilhas de lítio-iodo, nas condições-padrão, conforme as semiequações de redução apresentadas.

$$I_2 + 2\,e^- \rightarrow 2\,I^- \qquad E^\circ = +0{,}54\ V$$

$$Li^+ + e^- \rightarrow Li \qquad E^\circ = -3{,}05\ V$$

Essa bateria é adequada para o funcionamento de qual dispositivo eletrônico?

(A) I
(B) II
(C) III
(D) IV
(E) V

O alcoolômetro Gay Lussac é um instrumento destinado a medir o teor de álcool, em porcentagem de volume (v/v), de soluções de água e álcool na faixa de 0 °GL a 100 °GL, com divisões de 0,1 °GL. A concepção do alcoolômetro se baseia no princípio de flutuabilidade de Arquimedes, semelhante ao funcionamento de um densímetro. A escala do instrumento é aferida a 20 °C, sendo necessária a correção da medida, caso a temperatura da solução não esteja na temperatura de aferição. É apresentada parte da tabela de correção de um alcoolômetro, com a temperatura.

Tabela de correção do alcoolômetro com temperatura 20 °C

°GL	Leitura da temperatura (°C)					
	20	21	22	23	24	25
35	35,0	34,6	34,2	33,8	33,4	33,0
36	36,0	35,6	35,2	34,8	34,4	34,0

Manual alcoolômetro Gay Lussac. Disponível em: www.incoterm.com.br. Acesso em: 4 dez. 2018 (adaptado).

93. É necessária a correção da medida do instrumento, pois um aumento na temperatura promove o(a)

(A) aumento da dissociação da água.
(B) aumento da densidade da água e do álcool.
(C) mudança do volume dos materiais por dilatação.
(D) aumento da concentração de álcool durante a medida.
(E) alteração das propriedades químicas da mistura álcool e água.

O Prêmio Nobel de Química de 2000 deveu-se à descoberta e ao desenvolvimento de polímeros condutores. Esses materiais têm ampla aplicação em novos dispositivos eletroluminescentes (LEDs), células fotovoltaicas etc. Uma propriedade-chave de um polímero condutor é a presença de ligações duplas conjugadas ao longo da cadeia principal do polímero.

ROCHA FILHO, R. C. Polímeros condutores: descoberta e aplicações. **Química Nova na Escola**, n. 12, 2000 (adaptado).

94. Um exemplo desse polímero é representado pela estrutura

(A) 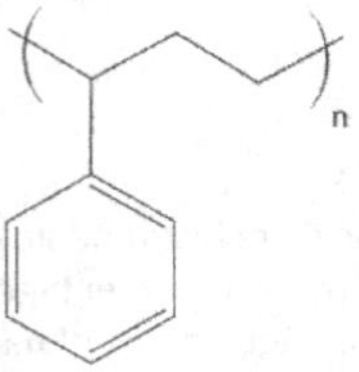

(B) 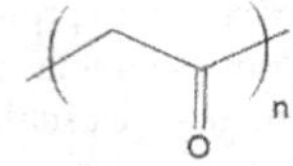

(C) 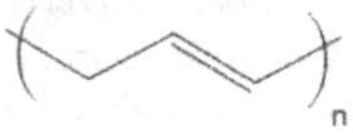

(D) 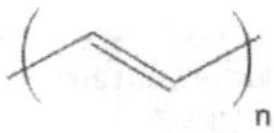

(E) 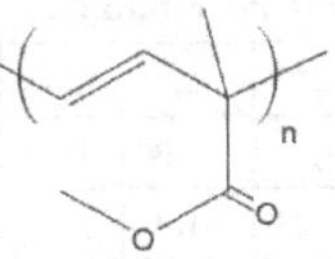

Estudo aponta que a extinção de preguiças-gigantes, cuja base da dieta eram frutos e sementes, provocou impactos consideráveis na vegetação do Pantanal brasileiro. A flora, embora não tenha desaparecido, tornou-se menos abundante que no passado, além de ocupar áreas mais restritas.

BICUDO, F. Jardineiros da pesada. Ecologia. **Pesquisa Fapesp**, ed. 231, maio 2015 (adaptado).

95. O evento descrito com a flora ocorreu em razão da redução

(A) da produção de flores.

(B) do tamanho das plantas.

(C) de fatores de disseminação das sementes.

(D) da quantidade de sementes por fruto.

(E) dos hábitats disponíveis para as plantas.

Carros elétricos estão cada vez mais baratos, no entanto, os órgãos governamentais e a indústria se preocupam com o tempo de recarga das baterias, que é muito mais lento quando comparado ao tempo gasto para encher o tanque de combustível. Portanto, os usuários de transporte individual precisam se conscientizar dos ganhos ambientais dessa mudança e planejar com antecedência seus percursos, pensando em pausas necessárias para recargas. Após realizar um percurso de 110 km, um motorista pretende recarregar as baterias de seu carro elétrico, que tem um desempenho médio de 5,0 km/kWh, usando um carregador ideal que opera a uma tensão de 220 V e é percorrido por uma corrente de 20 A.

96. Quantas horas são necessárias para recarregar a energia utilizada nesse percurso?

(A) 0,005

(B) 0,125

(C) 2,5

(D) 5,0

(E) 8,0

Nas angiospermas, além da fertilização da oosfera, existe uma segunda fertilização que resulta num tecido triploide.

97. Essa segunda fertilização foi importante evolutivamente, pois viabilizou a formação de um tecido de

(A) nutrição para o fruto.

(B) reserva para o embrião.

(C) revestimento para a semente.

(D) proteção para o megagametófito.

(E) vascularização para a planta jovem.

Com o objetivo de proporcionar aroma e sabor a diversos alimentos, a indústria alimentícia se utiliza de flavorizantes. Em geral, essas substâncias são ésteres, como as apresentadas no quadro.

Nome	Fórmula	Aroma
Benzoato de metila	$C_6H_5CO_2CH_3$	Kiwi
Acetato de isoamila	$CH_3CO_2(CH_2)_2CH(CH_3)_2$	Banana
Acetato de benzila	$CH_3CO_2CH_2C_6H_5$	Pêssego
Propanoato de isobutila	$CH_3CH_2CO_2CH_2CH(CH_3)_2$	Rum
Antranilato de metila	$C_6H_4NH_2CO_2CH_3$	Uva

98. O aroma do flavorizante derivado do ácido etanoico e que apresenta cadeia carbônica saturada é de

(A) kiwi.

(B) banana.

(C) pêssego.

(D) rum.

(E) uva.

O eletrocardiograma é um exame cardíaco que mede a intensidade dos sinais elétricos advindos do coração. A imagem apresenta o resultado típico obtido em um paciente saudável e a intensidade do sinal (*VEC*) em função do tempo.

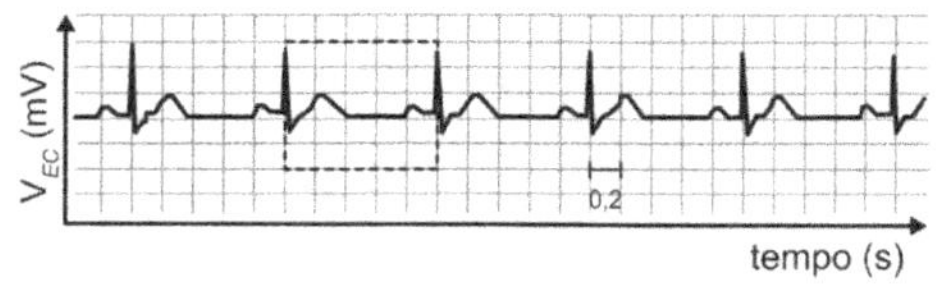

99. De acordo com o eletrocardiograma apresentado, qual foi o número de batimentos cardíacos por minuto desse paciente durante o exame?

(A) 30

(B) 60

(C) 100

(D) 120

(E) 180

Entre 2014 e 2016, as regiões central e oeste da África sofreram uma grave epidemia de febre hemorrágica causada pelo vírus ebola, que se manifesta em até 21 dias após a infecção e cuja taxa de letalidade (enfermos que vão a óbito) pode chegar a 90%. Em regiões de clima tropical e subtropical, um outro vírus também pode causar febre hemorrágica: o vírus da dengue, que, embora tenha período de incubação menor (até 10 dias), apresenta taxa de letalidade abaixo de 1%.

Disponível em: www.who.int. Acesso em: 1 fev. 2017 (adaptado).

100. Segundo as informações do texto e aplicando princípios de evolução biológica às relações do tipo patógeno-hospedeiro, qual dos dois vírus infecta seres humanos há mais tempo?

(A) Ebola, pois o maior período de incubação reflete duração mais longa do processo de coevolução patógeno-hospedeiro.

(B) Dengue, pois o menor período de incubação reflete duração mais longa do processo de coevolução patógeno-hospedeiro.

(C) Ebola, cuja alta letalidade indica maior eficiência do vírus em parasitar seus hospedeiros, estabelecida ao longo de sua evolução.

(D) Ebola, cujos surtos epidêmicos concentram-se no continente africano, reconhecido como berço da origem evolutiva dos seres humanos.

(E) Dengue, cuja baixa letalidade indica maior eficiência do vírus em parasitar seus hospedeiros, estabelecida ao longo da coevolução patógeno-hospedeiro.

A imagem apresenta as etapas do funcionamento de uma estação individual para tratamento do esgoto residencial.

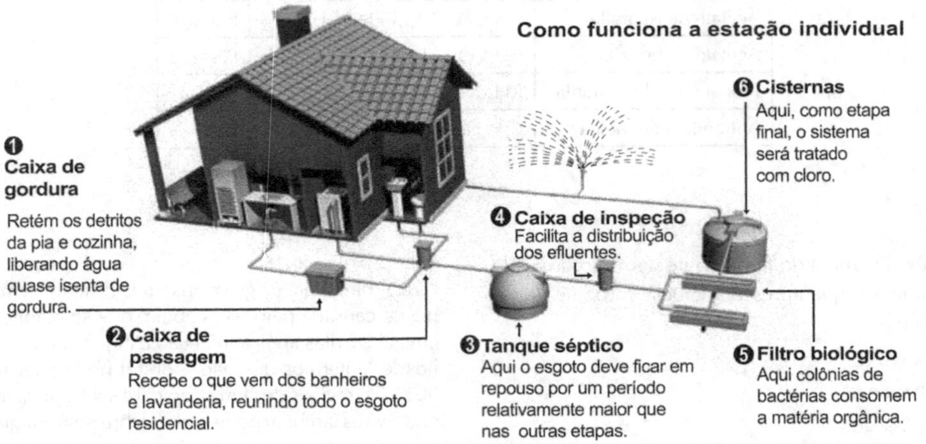

TAVARES, K. **Estações de tratamento de esgoto individuais permitem a reutilização da água.** Disponível em: https://extra.globo.com. Acesso em: 18 nov. 2014 (adaptado).

101. Em qual etapa decanta-se o lodo a ser separado do esgoto residencial?

(A) 1
(B) 2
(C) 3
(D) 5
(E) 6

O plantio por estaquia é um método de propagação de plantas no qual partes de um espécime são colocadas no solo para produzir novas gerações. Na floricultura, é comum utilizar o caule das roseiras para estaquia, pois a propagação da planta é positiva em razão da aplicação de auxinas na porção inferior do caule.

102. A utilização de auxinas no método de estaquia das roseiras contribui para

(A) floração da planta.
(B) produção de gemas laterais.
(C) formação de folhas maiores.
(D) formação de raízes adventícias.
(E) produção de compostos energéticos.

A icterícia, popularmente conhecida por amarelão, é uma patologia frequente em recém-nascidos. Um bebê com icterícia não consegue metabolizar e excretar de forma eficiente a bilirrubina. Com isso, o acúmulo dessa substância deixa-o com a pele amarelada. A fototerapia é um tratamento da icterícia neonatal, que consiste na irradiação de luz no bebê. Na presença de luz, a bilirrubina é convertida no seu isômero lumirrubina que, por ser mais solúvel em água, é excretada pela bile ou pela urina. A imagem ilustra o que ocorre nesse tratamento.

MOREIRA, M. et al. **O recém-nascido de alto risco**: teoria e prática do cuidar [on-line]. Rio de Janeiro: Fiocruz, 2004 (adaptado).

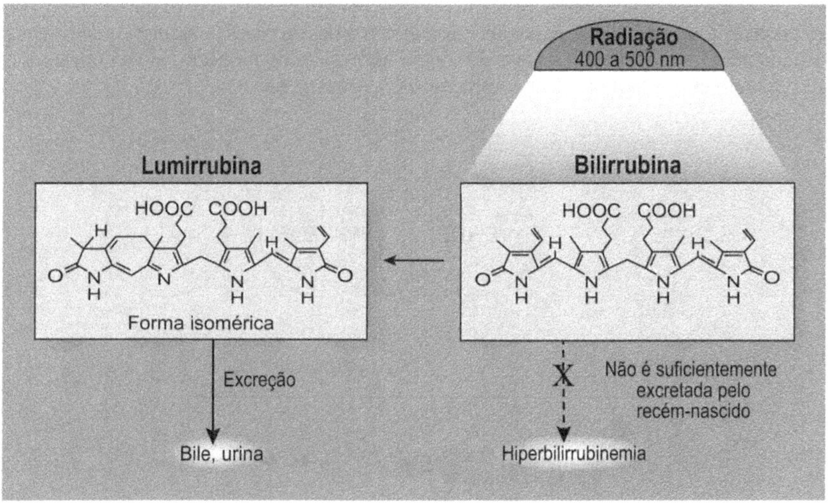

WANG, J. et. al. Challenges of phototherapy for neonatal hyperbilirubinemia (Review). **Experimental an(D) Therapeuti(C) Medicine**, n. 21, 2021 (adaptado).

103. Na fototerapia, a luz provoca a conversão da bilirrubina no seu isômero

(A) ótico.
(B) funcional.
(C) de cadeia.
(D) de posição.
(E) geométrico.

Analisando a ficha técnica de um automóvel popular, verificam-se algumas características em relação ao seu desempenho. Considerando o mesmo automóvel em duas versões, uma delas funcionando a álcool e outra, a gasolina, tem-se os dados apresentados no quadro, em relação ao desempenho de cada motor.

Parâmetro	Motor a gasolina	Motor a álcool
Aceleração	de 0 a 100 km/h em 13,4 s	de 0 a 100 km/h em 12,9 s
Velocidade máxima	165 km/h	163 km/h

104. Considerando desprezível a resistência do ar, qual versão apresenta a maior potência?

(A) Como a versão a gasolina consegue a maior aceleração, esta é a que desenvolve a maior potência.
(B) Como a versão a gasolina atinge o maior valor de energia cinética, esta é a que desenvolve a maior potência.
(C) Como a versão a álcool apresenta a maior taxa de variação de energia cinética, esta é a que desenvolve a maior potência.
(D) Como ambas as versões apresentam a mesma variação de velocidade no cálculo da aceleração, a potência desenvolvida é a mesma.
(E) Como a versão a gasolina fica com o motor trabalhando por mais tempo para atingir os 100 km/h, esta é a que desenvolve a maior potência.

Um garoto precisa montar um circuito que acenda três lâmpadas de cores diferentes, uma de cada vez. Ele dispõe das lâmpadas, de fios, uma bateria e dois interruptores, como ilustrado, junto com seu símbolo de três pontos. Quando esse interruptor fecha AB, abre B(C) e vice-versa.

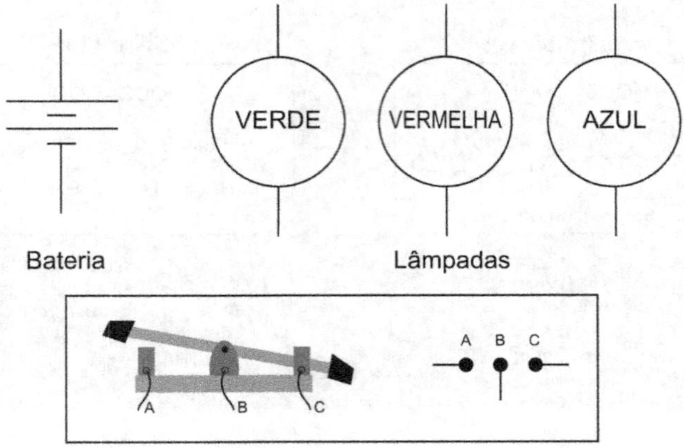

O garoto fez cinco circuitos elétricos usando os dois interruptores, mas apenas um satisfaz a sua necessidade.

105. Esse circuito é representado por

(A)

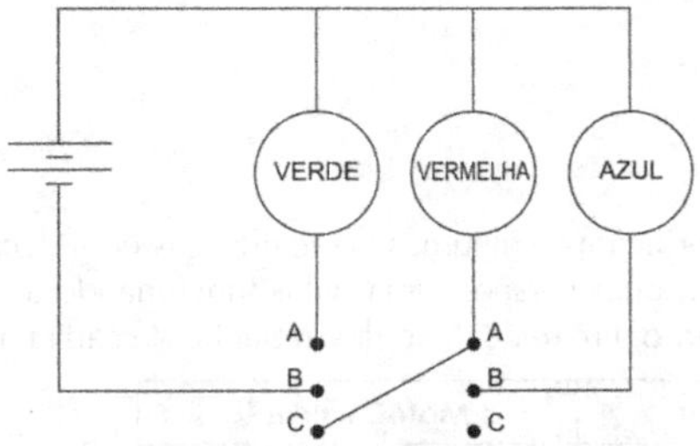

(B)

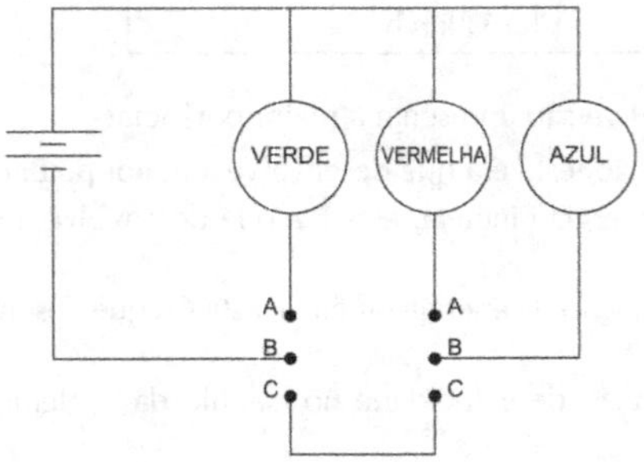

(C)

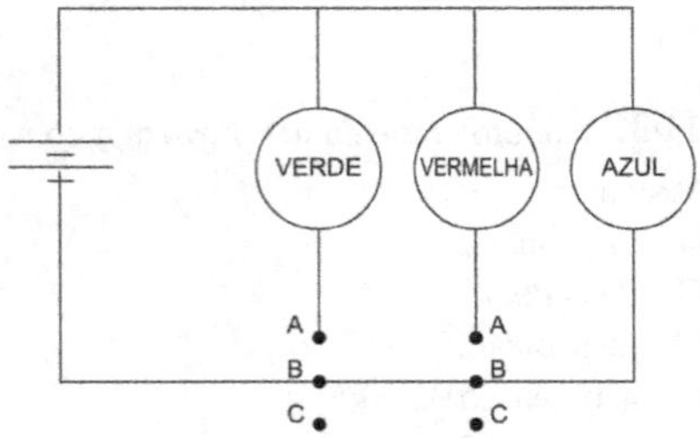

(D)

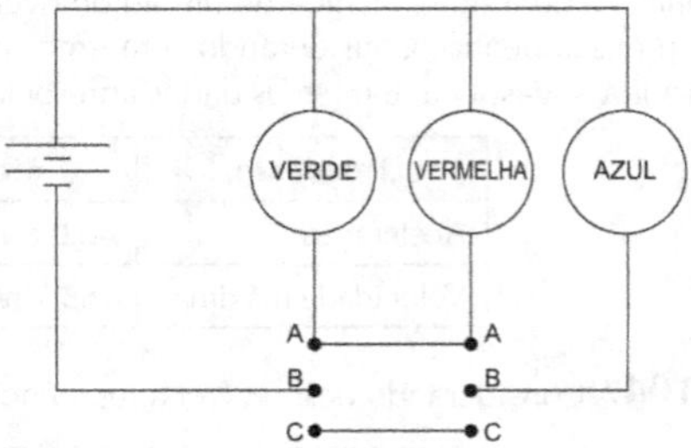

(E)

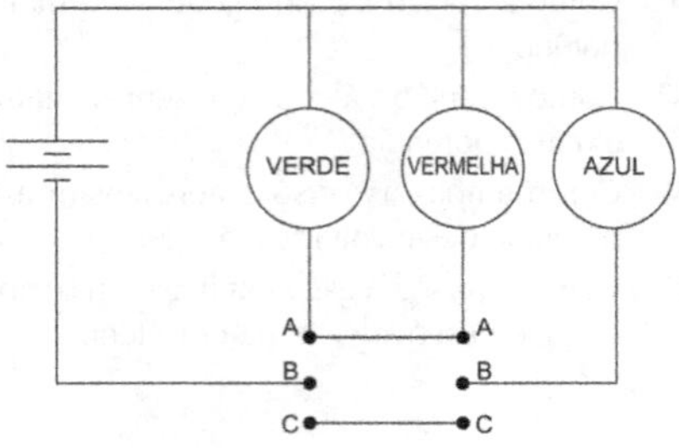

O emprego de células de combustível a hidrogênio pode ser uma tecnologia adequada ao transporte automotivo.

O quadro apresenta características de cinco tecnologias mais proeminentes de células de combustível.

Tipo de célula de combustível	Temperatura operacional (°C)	Eletrólito	Semirreações nos eletrodos
AFC	90 - 100	Hidróxido de potássio aquoso	$H_2 + 2\ OH^- \rightarrow 2\ H_2O + 2\ e^-$ $\frac{1}{2}\ O_2 + H_2O + 2\ e^- \rightarrow 2\ OH^-$
MSFC	600 - 1 000	Carbonatos de lítio, sódio e/ou potássio fundidos	$H_2 + CO_3^{2-} \rightarrow H_2O + CO_2 + 2\ e^-$ $\frac{1}{2}\ O_2 + CO_2 + 2\ e^- \rightarrow CO_3^{2-}$
PEM	60 - 100	Ácido poliperfluorossulfônico sólido	$H_2 \rightarrow 2\ H^+ + 2\ e^-$ $\frac{1}{2}\ O_2 + 2\ H^+ + 2\ e^- \rightarrow H_2O$
PAFC	175 - 200	Ácido fosfórico líquido	
SOFC	600 - 1 000	Óxido de zircônio(IV) sólido	

Testes operacionais com esses tipos de células têm indicado que as melhores alternativas para veículos são as que operam em baixos níveis de energia térmica, são formadas por membranas de eletrólitos poliméricos e ocorrem em meio ácido.

THOMAS, S; ZALBOW TZ, M. **Full cells**: green power. Los Alamos National Laboratory. Los Alamos, NM, 1999 (adaptado).

106. A tecnologia testada mais adequada para o emprego em veículos automotivos é a célula de combustível

(A) AFC.

(B) MSFC.

(C) PEM.

(D) PAFC.

(E) SOFC.

Considere a tirinha, na situação em que a temperatura do ambiente é inferior à temperatura corporal dos personagens.

WATTERSON, B. Disponível em: https://novaescola.org.br. Acesso em: 11 ago. 2014.

107. O incômodo mencionado pelo personagem da tirinha deve-se ao fato de que, em dias úmidos,

(A) a temperatura do vapor-d'água presente no ar é alta.
(B) o suor apresenta maior dificuldade para evaporar do corpo.
(C) a taxa de absorção de radiação pelo corpo torna-se maior.
(D) o ar torna-se mau condutor e dificulta o processo de liberação de calor.
(E) o vapor-d'água presente no ar condensa-se ao entrar em contato com a pele.

As águas subterrâneas têm sido contaminadas pelo uso de pesticidas na agricultura. Entre as várias substâncias usualmente encontradas, algumas são apresentadas na figura. A distinção dessas substâncias pode ser feita por meio de uma análise química qualitativa, ou seja, determinando sua presença mediante a adição de um reagente específico. O hidróxido de sódio é capaz de identificar a presença de um desses pesticidas pela reação ácido-base de Brõnsted-Lowry.

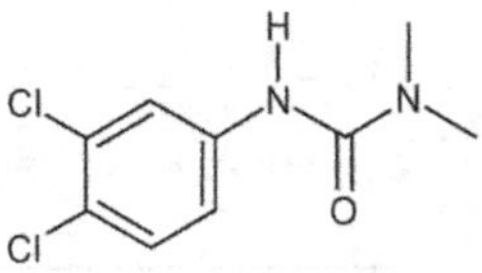
I

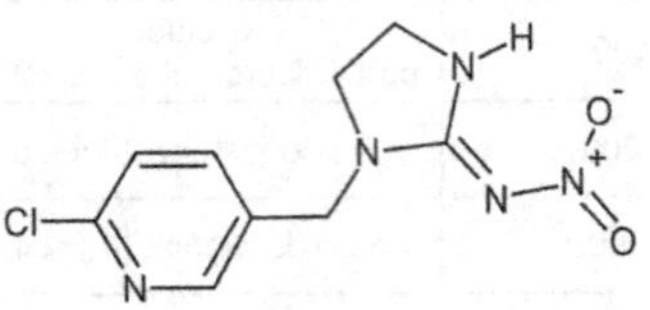
II

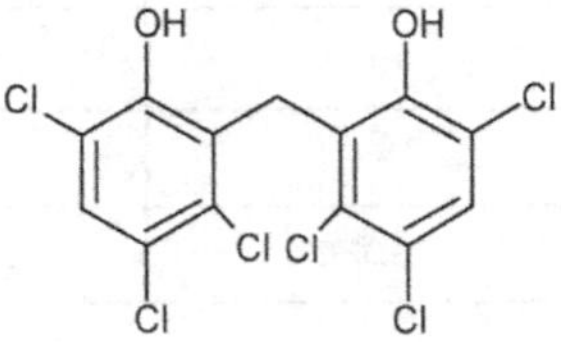
III

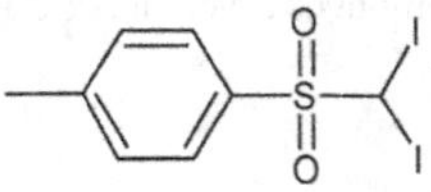
IV

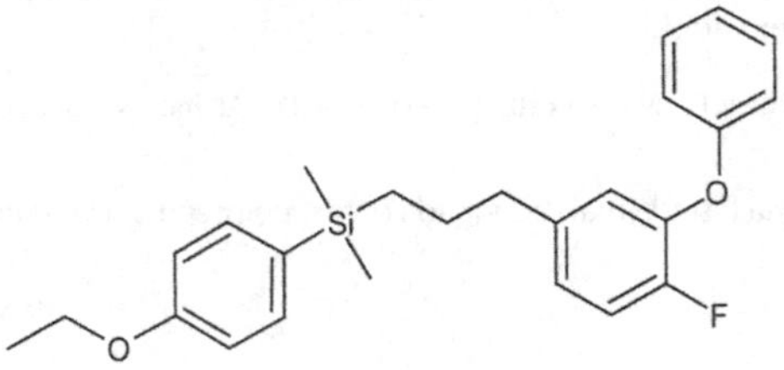
V

108. O teste positivo será observado com o pesticida

(A) I.
(B) II.
(C) III.
(D) IV.
(E) V.

Com o aumento da população de suínos no Brasil, torna-se necessária a adoção de métodos para reduzir o potencial poluidor dos resíduos dessa agroindústria, uma vez que, comparativamente ao esgoto doméstico, os dejetos suínos são 200 vezes mais poluentes. Sendo assim, a utilização desses resíduos como matéria-prima na obtenção de combustíveis é uma alternativa que permite diversificar a matriz energética nacional, ao mesmo tempo em que parte dos recursos hídricos do país são preservados.

BECK, A. M. Resíduos suínos como alternativa energética sustentável. XXV Encontro Nacional de Engenharia de Produção. **Anais ENEGEP**, Foz do Iguaçu, 2007 (adaptado).

109. O biocombustível a que se refere o texto é o

(A) etanol.
(B) biogás.
(C) butano.
(D) metanol.
(E) biodiesel.

A curcumina, uma das substâncias que confere a cor alaranjada ao açafrão, pode auxiliar no combate à dengue quando adicionada à água de criadouros do mosquito transmissor. Essa substância acumula-se no intestino do inseto após ser ingerida com a água do criadouro e, quando ativada pela luz, induz a produção de espécies reativas de oxigênio que danificam de forma fatal o tecido do tubo digestório.

TOLEDO, K. **Corante extraído do açafrão pode ser útil no combate à dengue**. Disponível em: http://agencia.fapesp.br. Acesso em: 25 abr. 2015 (adaptado).

110. A forma de combate relatada tem como atividade o(a)

(A) morte do indivíduo adulto.
(B) redução da eclosão dos ovos.
(C) comprometimento da metamorfose.
(D) impedimento do desenvolvimento da larva.
(E) repelência da forma transmissora da doença.

Na cidade de São Paulo, as ilhas de calor são responsáveis pela alteração da direção do fluxo da brisa marítima que deveria atingir a região de mananciais. Mas, ao cruzar a ilha de calor, a brisa marítima agora encontra um fluxo de ar vertical, que transfere para ela energia térmica absorvida das superfícies quentes da cidade, deslocando-a para altas altitudes. Dessa maneira, há condensação e chuvas fortes no centro da cidade, em vez de na região de mananciais. A imagem apresenta os três subsistemas que trocam energia nesse fenômeno.

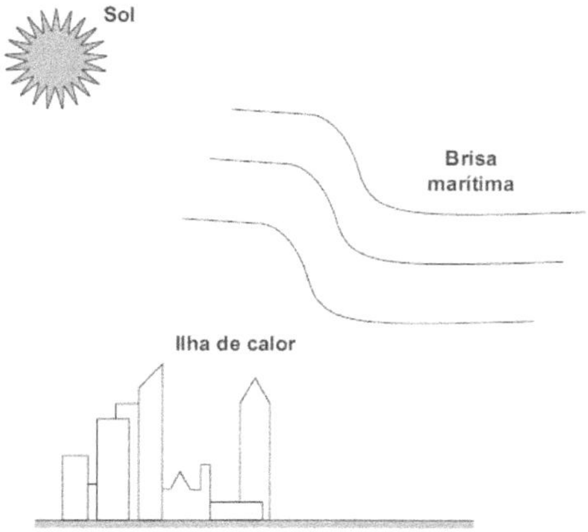

No processo de fortes chuvas no centro da cidade de São Paulo, há dois mecanismos dominantes de transferência de calor: entre o Sol e a ilha de calor, e entre a ilha de calor e a brisa marítima.

VIVEIROS, M. Ilhas de calor afastam chuvas de represas. Disponível em: www2.feis.unesp.br. Acesso em: 3 dez. 2019 (adaptado).

111. Esses mecanismos são, respectivamente,

(A) irradiação e convecção.
(B) irradiação e irradiação.
(C) condução e irradiação.
(D) convecção e irradiação.
(E) convecção e convecção.

No seu estudo sobre a queda dos corpos, Aristóteles afirmava que se abandonarmos corpos leves e pesados de uma mesma altura, o mais pesado chegaria mais rápido ao solo. Essa ideia está apoiada em algo que é difícil de refutar, a observação direta da realidade baseada no senso comum.

Após uma aula de física, dois colegas estavam discutindo sobre a queda dos corpos, e um tentava convencer o outro de que tinha razão:

Colega A: "O corpo mais pesado cai mais rápido que um menos pesado, quando largado de uma mesma altura. Eu provo, largando uma pedra e uma rolha. A pedra chega antes. Pronto! Tá provado!".

Colega B: "Eu não acho! Peguei uma folha de papel esticado e deixei cair. Quando amassei, ela caiu mais rápido. Como isso é possível? Se era a mesma folha de papel, deveria cair do mesmo jeito. Tem que ter outra explicação!".

HÜLSENDEGER, M. Uma análise das concepções dos alunos sobre a queda dos corpos. **Caderno Brasileiro de Ensino de Física**, n. 3, dez. 2004 (adaptado).

112. O aspecto físico comum que explica a diferença de comportamento dos corpos em queda nessa discussão é o(a)

(A) peso dos corpos.
(B) resistência do ar.
(C) massa dos corpos.
(D) densidade dos corpos.
(E) aceleração da gravidade.

A obtenção de etanol utilizando a cana-de-açúcar envolve a fermentação dos monossacarídeos formadores da sacarose contida no melaço. Um desses formadores é a glicose (C6H12O6), cuja fermentação produz cerca de 50 g de etanol a partir de 100 g de glicose, conforme a equação química descrita.

$$C_6H_{12}O_6 \xrightarrow{\text{Fermentação alcoólica}} 2\ CH_3CH_2OH + 2\ CO_2$$

Em uma condição específica de fermentação, obtém-se 80% de conversão em etanol que, após sua purificação, apresenta densidade igual a 0,80 g/mL. O melaço utilizado apresentou 50 kg de monossacarídeos na forma de glicose.

113. O volume de etanol, em litro, obtido nesse processo é mais próximo de

(A) 16.
(B) 20.
(C) 25.
(D) 64.
(E) 100.

Com o objetivo de identificar a melhor espécie produtora de madeira para construção (com resistência mecânica e à degradação), foram analisadas as estruturas anatômicas de cinco espécies, conforme o quadro.

	Tecido analisado			
Espécie	Periderme/Esclerênquima	Floema/Esclerênquima	Xilema	
			Alburno	Cerne
1	+ / +	+ / –	+	+++
2	+ / –	+ / –	+++	–
3	++ / –	+++ / +	+	–
4	+++ / +	+++ / –	+	–
5	+++ / +	+++ / +	++	+

Legenda: (–) ausente, (+) presente em pequena quantidade, (++) presente em média quantidade, (+++) presente em grande quantidade.

114. Qual espécie corresponde ao objetivo proposto?

(A) 1
(B) 2
(C) 3
(D) 4
(E) 5

No outono, as folhas das árvores mudam de cor, de verde para tons de amarelo, castanho, laranja e vermelho. A cor verde das folhas deve-se ao pigmento clorofila. Nas plantas de folhas caducas, a produção de clorofila diminui e o tom verde desvanece, permitindo assim que outros pigmentos, como o caroteno, de coloração amarelo-alaranjado, e a antocianina, de tons avermelhados, passem a dominar a tonalidade das folhas. A coloração observada se dá em função da interação desses pigmentos com a radiação solar.

Conforme apresentado no espectro de absorção, as moléculas de clorofila absorvem a radiação solar nas regiões do azul e do vermelho, assim a luz refletida pelas folhas tem falta desses dois tons e as vemos na cor verde. Já as antocianinas absorvem a luz desde o azul até o verde. Nesse caso, a luz refletida pelas folhas que contêm antocianinas aparece conforme as cores complementares, ou seja, vermelho-alaranjado.

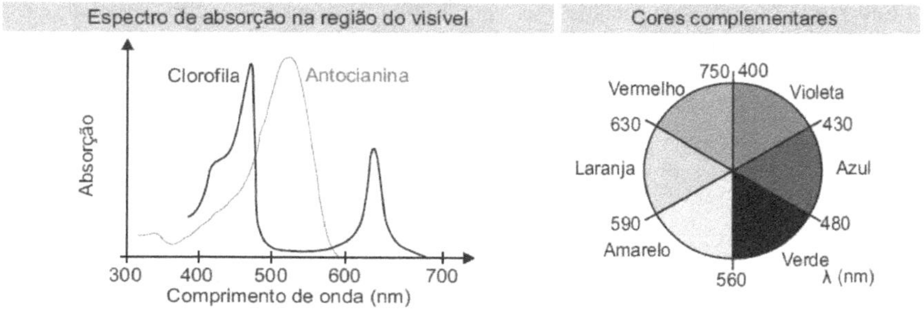

Disponível em: https://vidauniversoydemas.wordpress.com. Acesso em: 6 dez. 2017 (adaptado).

115. Em qual faixa do espectro visível os carotenos absorvem majoritariamente?

(A) Entre o violeta e o azul.

(B) Entre o azul e o verde.

(C) Entre o verde e o amarelo.

(D) Entre o amarelo e o laranja.

(E) Entre o laranja e o vermelho.

TEXTO I

No cordel intitulado *Senhor dos Anéis*, de autoria de Gonçalo Ferreira da Silva, lê-se a sextilha:

A distância em relação
Ao nosso planeta amado
Pouco menos que a do Sol
Ele está distanciado
E menos denso que a água
Quando no normal estado

MEDEIROS, A.; AGRA, J. T. M., A astronomia na literatura de cordel, **Física na Escola**, n. 1, abr. 2010 (fragmento).

TEXTO II

Distâncias médias dos planetas ao Sol e suas densidades médias

Planetas	Distância média ao Sol (u.a.)	Densidade relativa média
*Mercúrio	0,39	5,6
*Vênus	0,72	5,2
*Terra	1,0	5,5
*Marte	1,5	4,0
**Ceres	2,8	2,1
*Júpiter	5,2	1,3
*Saturno	9,6	0,7
*Urano	19	1,2
*Netuno	30	1,7
**Plutão	40	2,0
**Éris	68	2,5

u.a. = 149 600 000 km, é a unidade astronômica, *Planeta clássico, **Planeta-anão

Características dos planetas. Disponível em: www.astronoo.com. Acesso em: 8 nov. 2019 (adaptado).

116. Considerando os versos da sextilha e as informações da tabela, a qual planeta o cordel faz referência?

(A) Mercúrio.
(B) Júpiter.
(C) Urano.
(D) Saturno.
(E) Netuno.

Cientistas da Universidade de New South Wales, na Austrália, demonstraram em 2012 que a Lei de Ohm é válida mesmo para fios finíssimos, cuja área da seção reta compreende alguns poucos átomos. A tabela apresenta as áreas e comprimentos de alguns dos fios construídos (respectivamente com as mesmas unidades de medida). Considere que a resistividade mantém-se constante para todas as geometrias (uma aproximação confirmada pelo estudo).

	Área	Comprimento	Resistência elétrica
Fio 1	9	312	R1
Fio 2	4	47	R2
Fio 3	2	54	R3
Fio 4	1	106	R4

WEBER, S. B. et al. Ohm's Law Survives to the Atomi(C) Scale. **Science**, n. 335, jan. 2012 (adaptado).

117. As resistências elétricas dos fios, em ordem crescente, são

(A) R1 < R2 < R3 < R4.
(B) R2 < R1 < R3 < R4.
(C) R2 < R3 < R1 < R4.
(D) R4 < R1 < R3 < R2.
(E) R4 < R3 < R2 < R1.

Organismos autótrofos e heterótrofos realizam processos complementares que associam os ciclos do carbono e do oxigênio. O carbono fixado pela energia luminosa ou a partir de compostos inorgânicos é eventualmente degradado pelos organismos, resultando em fontes de carbono como metano ou gás carbônico. Ainda, outros compostos orgânicos são catabolizados pelos seres, com menor rendimento energético, produzindo compostos secundários (subprodutos) que podem funcionar como combustíveis ambientais.

118. O processo metabólico associado à expressão combustíveis ambientais é a

(A) fotossíntese.
(B) fermentação.
(C) quimiossíntese.
(D) respiração aeróbica.
(E) fosforilação oxidativa.

Um técnico analisou um lote de analgésicos que supostamente estava fora das especificações. A composição prevista era 100 mg de ácido acetilsalicílico por comprimido (princípio ativo, cuja estrutura está apresentada na figura), além do amido e da celulose (componentes inertes). O técnico realizou os seguintes testes:

1) obtenção da massa do comprimido;
2) medição da densidade do comprimido;
3) verificação do pH com papel indicador;
4) determinação da temperatura de fusão do comprimido;
5) titulação com solução aquosa de NaOH.

Após a realização dos testes, o lote do medicamento foi reprovado porque a quantidade de ácido acetilsalicílico por comprimido foi de apenas 40% da esperada.

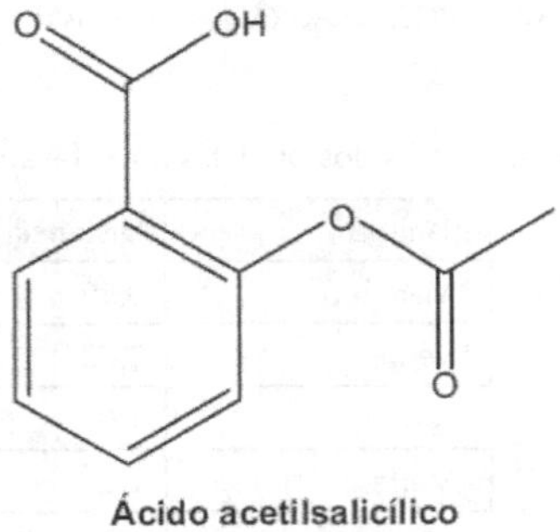

Ácido acetilsalicílico

119. O teste que permitiu reprovar o lote de analgésicos foi o de número

(A) 1.
(B) 2.
(C) 3.
(D) 4.
(E) 5.

O rompimento da barragem de rejeitos de mineração no município mineiro de Mariana e o derramamento de produtos tóxicos nas águas do Rio Doce, ocorridos em 2015, ainda têm consequências para os organismos que habitam o Parque Nacional Marinho de Abrolhos, localizado a mais de 1 000 quilômetros de distância. Esse desastre ambiental afetou o fitoplâncton, as esponjas, as algas macroscópicas, os peixes herbívoros e os golfinhos.

FRA NER, G.; S (C) L ANO, S.; TAVARES, D. C. Franciscana calls for help: [...]. **International Whaling Commission, Conference Paper**, jun. 2016 (adaptado).

120. Concentrações mais elevadas dos compostos citados são encontradas em

(A) esponjas.

(B) golfinhos.

(C) fitoplâncton.

(D) peixes herbívoros.

(E) algas macroscópicas.

Duas esferas carregadas com cargas iguais em módulo e sinais contrários estão ligadas por uma haste rígida isolante na forma de haltere. O sistema se movimenta sob ação da gravidade numa região que tem um campo magnético horizontal uniforme ($\vec{B}$), da esquerda para a direita. A imagem apresenta o sistema visto de cima para baixo, no mesmo sentido da aceleração da gravidade ($\vec{g}$) que atua na região.

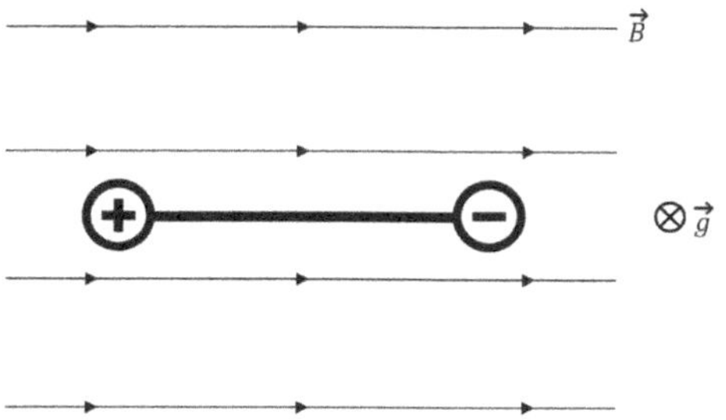

121. Visto de cima, o diagrama esquemático das forças magnéticas que atuam no sistema, no momento inicial em que as cargas penetram na região de campo magnético, está representado em

(A) 

(B) 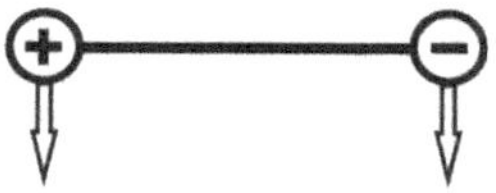

(C) 

(D) 

(E) 

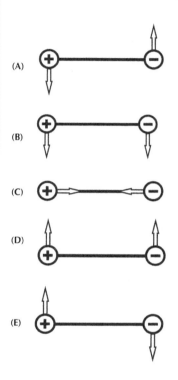

Uma escola iniciou o processo educativo para implantação da coleta seletiva e destino de materiais recicláveis. Para atingir seus objetivos, a instituição planejou:

1) sensibilizar a comunidade escolar, desenvolvendo atividades em sala e extraclasse de maneira contínua;

2) capacitar o pessoal responsável pela limpeza da escola quanto aos novos procedimentos adotados com a coleta seletiva; e

3) distribuir coletores de materiais recicláveis específicos nas salas, pátio e outros ambientes para acondicionamento dos resíduos.

122. Para completar a ação proposta no ambiente escolar, o que falta ser inserido no planejamento?

(A) Realizar campanhas educativas de sensibilização em bairros vizinhos para fortalecer a coleta seletiva.

(B) Firmar parceria com a prefeitura ou cooperativa de catadores para recolhimento dos materiais recicláveis e destinação apropriada.

(C) Organizar visitas ao lixão ou aterro local para identificar aspectos importantes sobre a disposição final do lixo.

(D) Divulgar na rádio local, no jornal impresso e nas redes sociais que a escola está realizando a coleta seletiva.

(E) Colocar recipientes coletores de lixo reciclável fora da escola para entrega voluntária pela população.

Os búfalos são animais considerados rústicos pelos criadores e, por isso, são deixados no campo sem controle reprodutivo. Por causa desse tipo de criação, a consanguinidade é favorecida, proporcionando o aparecimento de enfermidades, como o albinismo, defeitos cardíacos, entre outros. Separar os animais de forma adequada minimizaria a ocorrência desses problemas.

DAMÉ, M. C. F.; R ET-CORREA, F.; SCH LD, A. L. **Pesq. Vet. Bras.**, n. 7, 2013 (adaptado).

123. Qual procedimento biotecnológico prévio é recomendado nessa situação?

(A) Transgenia.

(B) Terapia gênica.

(C) Vacina de DNA.

(D) Clonagem terapêutica.

(E) Mapeamento genético.

O ciclo do cobre é um experimento didático em que o cobre metálico é utilizado como reagente de partida. Após uma sequência de reações (I, II, III, IV e V), o cobre retorna ao seu estado inicial ao final do ciclo.

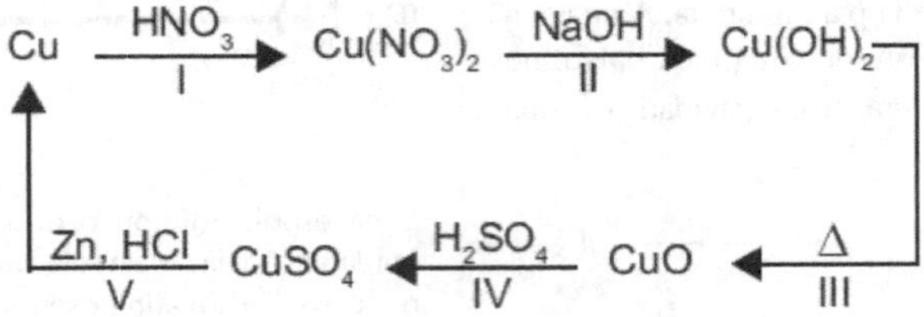

124. A reação de redução do cobre ocorre na etapa

(A) I.

(B) II.

(C) III.

(D) IV.

(E) V.

Um dos exames clínicos mais tradicionais para medir a capacidade reflexa dos indivíduos é o exame do reflexo patelar. Esse exame consiste na estimulação da patela, um pequeno osso localizado na parte anterior da articulação do joelho, com um pequeno martelo. A resposta reflexa ao estímulo é caracterizada pelo levantamento da perna em que o estímulo foi aplicado.

125. Qual região específica do sistema nervoso coordena essa resposta?

(A) Ponte.

(B) Medula.
(C) Cerebelo.
(D) Hipotálamo.
(E) Neuro-hipófise.

Na montagem de uma cozinha para um restaurante, a escolha do material correto para as panelas é importante, pois a panela que conduz mais calor é capaz de cozinhar os alimentos mais rapidamente e, com isso, há economia de gás. A taxa de condução do calor depende da condutividade *k* do material, de sua área *A*, da diferença dada pela relação ΔT e

da espessura *(D)* do material, sendo dada pela relação $\frac{\Delta Q}{\Delta t} = k\,A\,\frac{\Delta T}{d}$ Em Panelas com dois materiais, a taxa de condução é dada por $\frac{\Delta Q}{\Delta t} = A\,\frac{\Delta T}{\frac{d_1}{k_1} + \frac{d_2}{k_2}}$ em que d_1 e d_2 são as espessuras dos dois materiais, e k_1 e k_2 são as condutividades de cada material. Os materiais mais comuns no mercado para panelas são o alumínio (k = 20 W/m K), o ferro (k = 8 W/m K) e o aço (k = 5 W/m K) combinado com o cobre (k = 40 W/m K).

Compara-se uma panela de ferro, uma de alumínio e uma composta de ½ da espessura em cobre e ½ da espessura em aço, todas com a mesma espessura total e com a mesma área de fundo.

126. A ordem crescente da mais econômica para a menos econômica é

(A) cobre-aço, alumínio e ferro.
(B) alumínio, cobre-aço e ferro.
(C) cobre-aço, ferro e alumínio.
(D) alumínio, ferro e cobre-aço.
(E) ferro, alumínio e cobre-aço.

É possível ligar aparelhos elétricos de baixa corrente utilizando materiais comuns de laboratório no lugar das tradicionais pilhas. A ilustração apresenta uma montagem que faz funcionar um cronômetro digital.

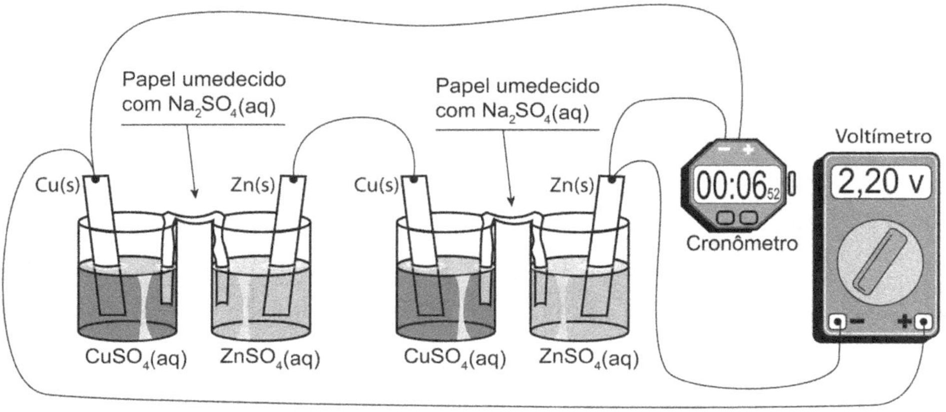

127. Utilizando a representação de projetos elétricos, o circuito equivalente a esse sistema é

(A)
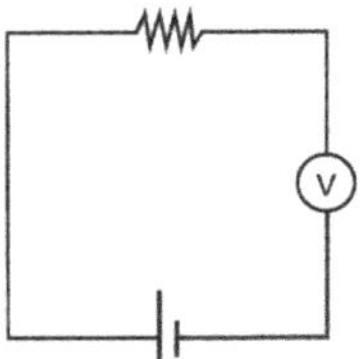

(B)
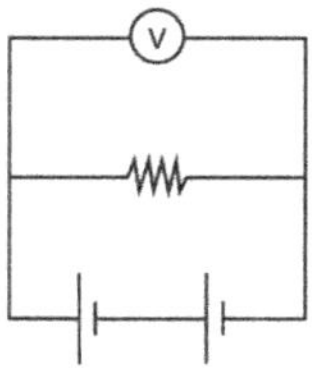

(C)

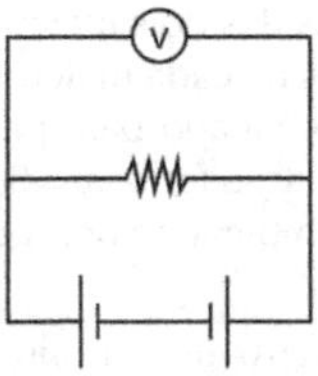

(D)

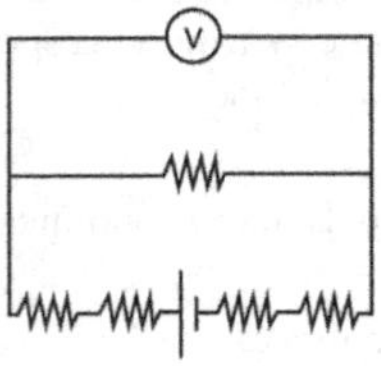

(E)

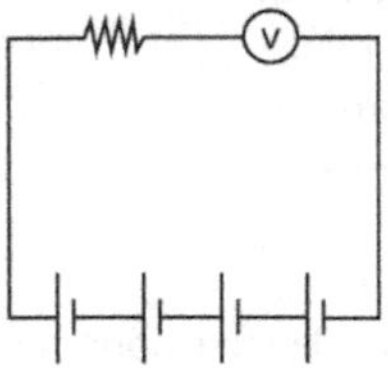

A figura foi extraída de um antigo jogo para computadores, chamado *Bang! Bang!*

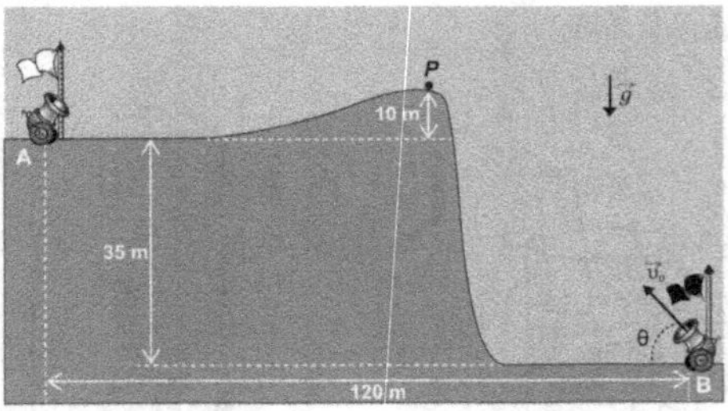

No jogo, dois competidores controlam os canhões **A** e **B**, disparando balas alternadamente com o objetivo de atingir o canhão do adversário; para isso, atribuem valores estimados para o módulo da velocidade inicial de disparo ($|\vec{v_0}|$) e para o ângulo de disparo (θ).

Em determinado momento de uma partida, o competidor **B** deve disparar; ele sabe que a bala disparada anteriormente, 0 = 53°, passou tangenciando o ponto ***P***.

No jogo, $|\vec{g}|$ é igual a 10 m/s2. Considere sen 53° = 0,8, cos 53° = 0,6 e desprezível a ação de forças dissipativas.

Disponível em: http://mebdownloads.butzke.net.br.
Acesso em: 18 abr. 2015 (adaptado).

128. Com base nas distâncias dadas e mantendo o último ângulo de disparo, qual deveria ser, aproximadamente, o menor valor de ($|\vec{v_0}|$) que permitiria ao disparo efetuado pelo canhão **B** atingir o canhão **A**?

(A) 30 m/s.
(B) 35 m/s.
(C) 40 m/s.
(D) 45 m/s.
(E) 50 m/s.

Os pesticidas organoclorados foram amplamente empregados na agricultura, contudo, em razão das suas elevadas toxicidades e persistências no meio ambiente, eles foram banidos. Considere a aplicação de 500 g de um pesticida organoclorado em uma cultura e que, em certas condições, o tempo de meia-vida do pesticida no solo seja de 5 anos.

129. A massa do pesticida no decorrer de 35 anos será mais próxima de

(A) 3,9 g.
(B) 31,2 g.
(C) 62,5 g.
(D) 125,0 g.
(E) 250,0 g.

A sequência de nucleotídeos do RNA mensageiro presentes em um gene de um fungo, constituída de sete códons, está escrita a seguir.

1	2	3	4	5	6	7
AUG	UUU	GUU	CAA	UGU	AGU	UAG

Pesquisadores submeteram a sequência a mutações independentes. Sabe-se que os códons **UAG** e **UAA** são terminais, ou seja, indicam a interrupção da tradução.

130. Qual mutação produzirá a menor proteína?

(A) Deleção de G no códon 3.
(B) Substituição de (C) por U no códon 4.
(C) Substituição de G por (C) no códon 6.
(D) Substituição de A por G no códon 7.
(E) Deleção dos dois primeiros nucleotídeos no códon 5.

A simples atitude de não jogar direto no lixo ou no ralo da pia o óleo de cozinha usado pode contribuir para a redução da poluição ambiental. Mas o que fazer com o óleo vegetal que não será mais usado? Não existe um modelo ideal de descarte, mas uma alternativa simples tem sido reaproveitá-lo para fazer sabão. Para isso, são necessários, além do próprio óleo, água e soda cáustica.

LOBO, I. **Sabão feito com óleo de cozinha**. Disponível em: http://pga.pgr.mpf.gov.br. Acesso em: 29 fev. 2012 (adaptado).

131. Com base no texto, a reação química que permite o reaproveitamento do óleo vegetal é denominada

(A) redução.

(B) epoxidação.

(C) substituição.

(D) esterificação.

(E) saponificação.

Durante o desenvolvimento embrionário humano ocorre uma comunicação entre os átrios direito e esquerdo através do forame oval (ou forame de Botal). Essa comunicação não causa prejuízos à circulação do bebê em formação, exceto se ela perdurar após o nascimento.

132. Os prejuízos no período embrionário são evitados porque a circulação fetal se assemelha à dos(as)

(A) aves, porque a pequena circulação e a grande circulação estão presentes.

(B) répteis, porque a mistura de sangue é minimizada por um metabolismo lento.

(C) crocodilianos, porque a separação dos ventrículos impede a mistura sanguínea.

(D) peixes, porque a circulação é simples, ocorrendo uma passagem única pelo coração.

(E) anfíbios, porque pressões diferenciais isolam temporalmente o sangue venoso do arterial.

No cultivo por hidroponia, são utilizadas soluções nutritivas contendo macronutrientes e micronutrientes essenciais. Além dos nutrientes, o pH é um parâmetro de extrema importância, uma vez que ele afeta a preparação da solução nutritiva e a absorção dos nutrientes pelas plantas. Para o cultivo de alface, valores de pH entre 5,5 e 6,5 são ideais para o seu desenvolvimento. As correções de pH são feitas pela adição de compostos ácidos ou básicos, mas não devem introduzir elementos nocivos às plantas. Na tabela, são apresentados alguns dados da composição da solução nutritiva de referência para esse cultivo. Também é apresentada a composição de uma solução preparada por um produtor de cultivo hidropônico.

Espécies químicas		**Concentração, mmol/L**	
		Composição de referência (5,5 < pH < 6,5)	**Solução nutritiva preparada (pH = 4,3)**
Macronutrientes	N (NH_4^+)	1,0	0,8
	P ($H_2PO_4^-$)	1,0	1,0
	K^+	6,0	3,5
	Ca_2^+	4,0	3,0
	SO_4^{2-}	2,0	1,0
Micronutrientes	Fe_2^+	90×10^{-3}	70×10^{-3}
	Cl^-	-	$4,5 \times 10^{-3}$

LENZI, E.; FAVERO, L. O. B.; LUCHESE, E. B. **Introdução à química da água**: ciência, vida e sobrevivência. Rio de Janeiro: LTC, 2012 (adaptado).

133. Para correção do pH da solução nutritiva preparada, esse produtor pode empregar uma solução de

(A) ácido fosfórico, H_3PO_4.

(B) sulfato de cálcio, $CaSO_4$.

(C) óxido de alumínio, Al_2O_3.

(D) cloreto de ferro(II), $FeCl_2$.

(E) hidróxido de potássio, KOH.

O sino dos ventos é composto por várias barras metálicas de mesmo material e espessura, mas de comprimentos diferentes, conforme a figura.

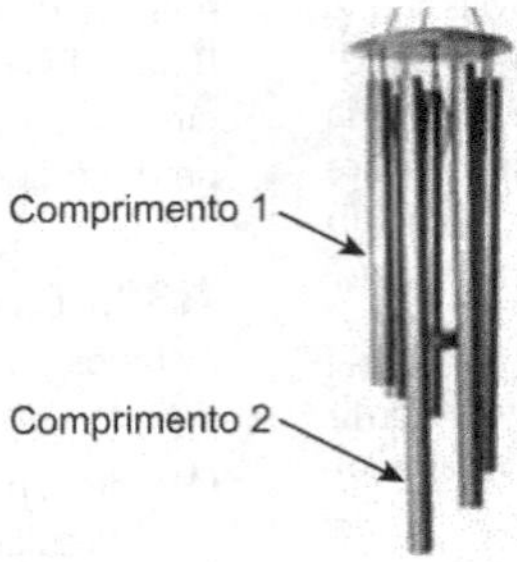

Considere f_1 e v_1, respectivamente, como a frequência fundamental e a velocidade de propagação do som emitido pela barra de menor comprimento, e f_2 e v_2 são essas mesmas grandezas para o som emitido pela barra de maior comprimento.

134. As relações entre as frequências fundamentais e entre as velocidades de propagação são, respectivamente,

(A) $f_1<f_2$ e $v_1<v_2$.
(B) $f_1<f_2$ e $v_1=v_2$.
(C) $f_1<f_2$ e $v_1>v_2$.
(D) $f_1>f_2$ e $v_1=v_2$.
(E) $f_1>f_2$ e $v_1>v_2$.

O polvo mimético apresenta padrões cromáticos e comportamentos muito curiosos. Frequentemente, muda a orientação de seus tentáculos, assemelhando-se a alguns animais. As imagens 1, 3 e 5 apresentam polvos mimetizando, respectivamente, um peixe-linguado (2), um peixe-leão (4) e uma serpente-marinha (6).

NORMAN, M. D.; F NN, J.; TREGENZA, T. Dynami(C) mimicry in an ndo-Malayan octopus. In: **Proceedings of the Royal Society B**: Biological Sciences, n. 268, out. 2001. Disponível em: www.researchgate.net. Acesso em: 15 mar. 2014 (adaptado).

135. Do ponto de vista evolutivo, a capacidade apresentada se estabeleceu porque os polvos

(A) originaram-se do mesmo ancestral que esses animais.

(B) passaram por mutações similares a esses organismos.

(C) observaram esses animais em seus nichos ecológicos.

(D) resultaram de convergência adaptativa com essas espécies.

(E) sobreviveram às pressões seletivas com esses comportamentos.

MATEMÁTICA E SUAS TECNOLOGIAS QUESTÕES DE 136 A 180

O sistema de numeração romano ainda é utilizado na indicação de capítulos e volumes de livros, na designação de séculos e, em ordem cronológica, de papas e reis de mesmo nome. São utilizadas sete letras do alfabeto:

Quatro fundamentais: I (vale 1); X (vale 10); (C) (vale 100) e M (vale 1 000).

Três secundárias: V (vale 5); L (vale 50) e (D) (vale 500).

As regras para escrever números romanos são:

1. Não existe símbolo correspondente ao zero;

2. Os símbolos fundamentais podem ser repetidos até três vezes e seus valores são adicionados. Exemplo: XXX = 30;

3. Uma letra posta à esquerda de outra de maior valor indica subtração dos respectivos valores. Exemplo: IX = 10 - 1 = 9;

4. Uma letra posta à direita de outra de maior valor indica adição dos respectivos valores. Exemplo: XI = 10 + 1 = 11.

Em uma cidade europeia há uma placa indicando o ano de sua fundação: MCDLXIX.

136. Quantos anos de fundação essa cidade comemorará em 2050?

(A) 379

(B) 381

(C) 579

(D) 581

(E) 601

Uma das bases mais utilizadas para representar um número é a base decimal. Entretanto, os computadores trabalham com números na base binária. Nessa base, qualquer número natural é representado usando apenas os algarismos 0 e 1. Por exemplo, as representações dos números 9 e 12, na base binária, são 1001 e 1100, respectivamente. A operação de adição, na base binária, segue um algoritmo similar ao utilizado na base decimal, como detalhado no quadro:

a	b	a + b
0	0	0
0	1	1
1	0	1
1	1	10

Por exemplo, na base binária, a soma dos números 10 e 10 é 100, como apresentado:

$$\begin{array}{r} 10 \\ +\underline{10} \\ 100 \end{array}$$

137. Considerando as informações do texto, o resultado da adição 9 + 12 será representado, na base binária, por

(A) 101.

(B) 1101.

(C) 1111.

(D) 10101.

(E) 11001.

Uma unidade de medida comum usada para expressar áreas de terrenos de grandes dimensões é o hectare, que equivale a 10 000 m2. Um fazendeiro decide fazer um loteamento utilizando 3 hectares de sua fazenda, dos quais 0,9 hectare será usado para a construção de ruas e calçadas e o restante será dividido em terrenos com área de 300 m2 cada um. Os 20 primeiros terrenos vendidos terão preços promocionais de R$ 20 000,00 cada, e os demais, R$ 30 000,00 cada.

138. Nas condições estabelecidas, o valor total, em real, obtido pelo fazendeiro com a venda de todos os terrenos será igual a

(A) 700 000.

(B) 1 600 000.

(C) 1 900 000.

(D) 2 200 000.

(E) 2 800 000.

Uma pessoa produzirá uma fantasia utilizando como materiais: 2 tipos de tecidos diferentes e 5 tipos distintos de pedras ornamentais. Essa pessoa tem à sua disposição 6 tecidos diferentes e 15 pedras ornamentais distintas.

139. A quantidade de fantasias com materiais diferentes que podem ser produzidas é representada pela expressão

(A) $\frac{6!}{4!2!} \cdot \frac{15!}{10!5!}$

(B) $\frac{6!}{4!2!} + \frac{15!}{10!5!}$

(C) $\frac{6!}{2!} + \frac{15!}{5!}$

(D) $\frac{6!}{2!} \cdot \frac{15!}{5!}$

(E) $\frac{21!}{7!\,14!}$

Os diretores de uma escola precisam construir um laboratório para uso dos alunos. Há duas possibilidades:

(i) um laboratório do tipo A, com capacidade para 100 usuários, a um custo de 180 mil reais e gastos de 60 mil reais por ano para manutenção;

(ii) um laboratório do tipo B, com capacidade para 80 usuários, a um custo de 120 mil reais e gastos com manutenção de 16 mil reais por ano.

Considera-se que, em qualquer caso, o laboratório implantado será utilizado na totalidade de sua capacidade.

140. A economia da escola, na utilização de um laboratório tipo B, em vez de um laboratório tipo A, num período de 4 anos, por usuário, será de

(A) 1,31 mil reais.

(B) 1,90 mil reais.

(C) 2,30 mil reais.

(D) 2,36 mil reais.

(E) 2,95 mil reais.

Um ciclista amador de 61 anos de idade utilizou um monitor cardíaco para medir suas frequências cardíacas em quatro diferentes tipos de trechos do percurso. Os resultados das frequências cardíacas máximas alcançadas nesses trechos foram:

Trechos do percurso	Frequências cardíacas máximas (bpm)
Leve no plano	90
Forte no plano	120
Subida moderada	130
Subida forte	140

Sabe-se que a faixa aeróbica ideal para o ganho de condicionamento físico é entre 65% e 85% da frequência cardíaca máxima (Fc máx.), que, por sua vez, é determinada pela fórmula:

$$\text{Fc máx.} = 220 - \text{idade},$$

em que a idade é dada em ano e Fc máx. é dada em bpm (batimento por minuto).

141. Os trechos do percurso nos quais esse ciclista se mantém dentro de sua faixa aeróbica ideal, para o ganho de condicionamento físico, são

(A) leve no plano, forte no plano, subida moderada e subida forte.

(B) leve no plano, forte no plano e subida moderada.

(C) forte no plano, subida moderada e subida forte.

(D) forte no plano e subida moderada.

(E) leve no plano e subida forte.

Um lava-rápido oferece dois tipos de lavagem de veículos: lavagem simples, ao preço de R$ 20,00, e lavagem completa, ao preço de R$ 35,00. Para cobrir as despesas com produtos e funcionários, e não ter prejuízos, o lava-rápido deve ter uma receita diária de, pelo menos, R$ 300,00.

142. Para não ter prejuízo, o menor número de lavagens diárias que o lava-rápido deve efetuar é

(A) 6.

(B) 8.

(C) 9.

(D) 15.

(E) 20.

Após consulta médica, um paciente deve seguir um tratamento composto por três medicamentos: X, Y e Z. O paciente, para adquirir os três medicamentos, faz um orçamento em três farmácias diferentes, conforme o quadro.

	X	Y	Z
Farmácia 1	R$ 45,00	R$ 40,00	R$ 50,00
Farmácia 2	R$ 50,00	R$ 50,00	R$ 40,00
Farmácia 3	R$ 65,00	R$ 45,00	R$ 35,00

Dessas farmácias, algumas oferecem descontos:

- na compra dos medicamentos X e Y na Farmácia 2, recebe-se um desconto de 20% em ambos os produtos, independentemente da compra do medicamento Z, e não há desconto para o medicamento Z;
- na compra dos 3 medicamentos na Farmácia 3, recebe-se 20% de desconto no valor total da compra.

O paciente deseja efetuar a compra de modo a minimizar sua despesa com os medicamentos.

143. De acordo com as informações fornecidas, o paciente deve comprar os medicamentos da seguinte forma:

(A) X, Y e Z na Farmácia 1.
(B) X e Y na Farmácia 1, e Z na Farmácia 3.
(C) X e Y na Farmácia 2, e Z na Farmácia 3.
(D) X na Farmácia 2, e Y e Z na Farmácia 3.
(E) X, Y e Z na Farmácia 3.

Muitos brinquedos que frequentemente são encontrados em praças e parques públicos apresentam formatos de figuras geométricas bidimensionais e tridimensionais. Uma empresa foi contratada para desenvolver uma nova forma de brinquedo. A proposta apresentada pela empresa foi de uma estrutura formada apenas por hastes metálicas, conectadas umas às outras, como apresentado na figura. As hastes de mesma tonalidade e espessura são congruentes.

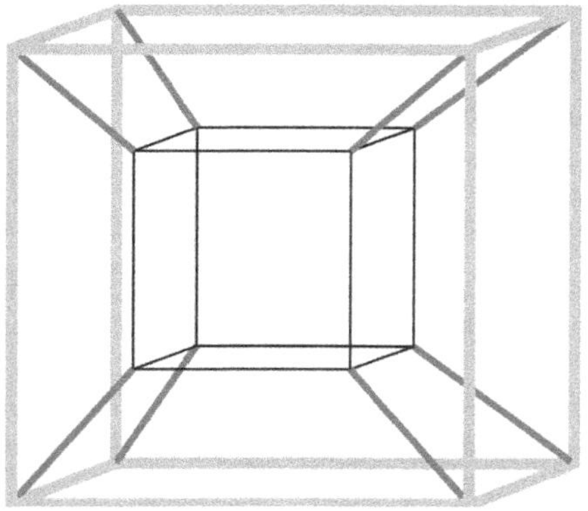

144. Com base na proposta apresentada, quantas figuras geométricas planas de cada tipo são formadas pela união das hastes?

(A) 12 trapézios isósceles e 12 quadrados.
(B) 24 trapézios isósceles e 12 quadrados.
(C) 12 paralelogramos e 12 quadrados.
(D) 8 trapézios isósceles e 12 quadrados.
(E) 12 trapézios escalenos e 12 retângulos.

Num octaedro regular, duas faces são consideradas opostas quando não têm nem arestas, nem vértices em comum. Na figura, observa-se um octaedro regular e uma de suas planificações, na qual há uma face colorida na cor cinza escuro e outras quatro faces numeradas.

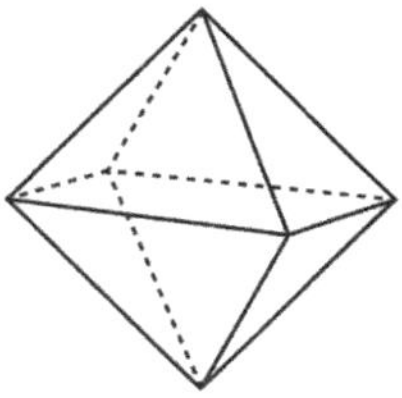

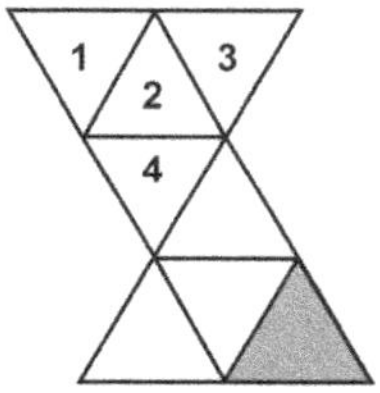

145. Qual(is) face(s) ficará(ão) oposta(s) à face de cor cinza escuro, quando o octaedro for reconstruído a partir da planificação dada?

(A) 1, 2, 3 e 4
(B) 1 e 3
(C) 1
(D) 2
(E) 4

O instrumento de percussão conhecido como triângulo é composto por uma barra fina de aço, dobrada em um formato que se assemelha a um triângulo, com uma abertura e uma haste, conforme ilustra a Figura 1.

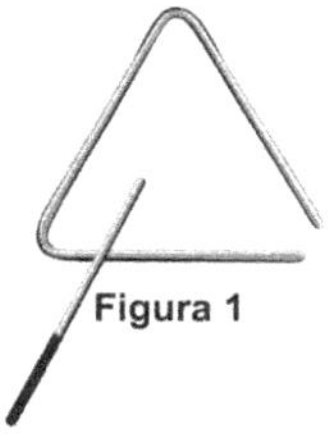

Figura 1

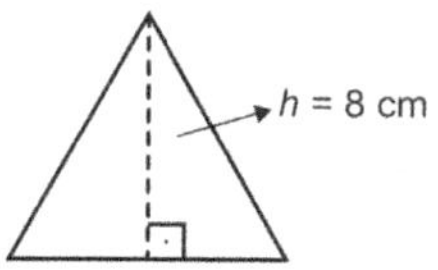

Figura 2

Uma empresa de brindes promocionais contrata uma fundição para a produção de miniaturas de instrumentos desse tipo. A fundição produz, inicialmente, peças com o formato de um triângulo equilátero de altura *h*, conforme ilustra a Figura 2. Após esse processo, cada peça é aquecida, deformando os cantos, e cortada em um dos vértices, dando origem à miniatura. Assuma que não ocorram perdas de material no processo de produção, de forma que o comprimento da barra utilizada seja igual ao perímetro do triângulo equilátero representado na Figura 2.

Considere 1,7 como valor aproximado para $\sqrt{3}$.

146. Nessas condições, o valor que mais se aproxima da medida do comprimento da barra, em centímetro, é

(A) 9,07.
(B) 13,60.
(C) 20,40.
(D) 27,18.
(E) 36,24.

Uma pessoa comprou uma caneca para tomar sopa, conforme ilustração.

Sabe-se que 1 cm3 = 1 mL e que o topo da caneca é uma circunferência de diâmetro (*D*) medindo 10 cm, e a base é um círculo de diâmetro (*d*) medindo 8 cm. Além disso, sabe-se que a altura (*h*) dessa caneca mede 12 cm (distância entre o centro das circunferências do topo e da base).

Utilize 3 como aproximação para π

147. Qual é a capacidade volumétrica, em mililitro, dessa caneca?

(A) 216
(B) 408
(C) 732
(D) 2 196
(E) 2 928

O dono de uma loja pretende usar cartões imantados para a divulgação de sua loja. A empresa que fornecerá o serviço lhe informa que o custo de fabricação do cartão é de R$ 0,01 por centímetro quadrado e que disponibiliza modelos tendo como faces úteis para impressão:

- um triângulo equilátero de lado 12 cm;
- um quadrado de lado 8 cm;
- um retângulo de lados 11 cm e 8 cm;
- um hexágono regular de lado 6 cm;
- um círculo de diâmetro 10 cm.

O dono da loja está disposto a pagar, no máximo, R$ 0,80 por cartão. Ele escolherá, dentro desse limite de preço, o modelo que tiver maior área de impressão.

Use 3 como aproximação para π e use 1,7 como aproximação para $\sqrt{3}$.

148. Nessas condições, o modelo que deverá ser escolhido tem como face útil para impressão um

(A) triângulo.
(B) quadrado.
(C) retângulo.
(D) hexágono.
(E) círculo.

A relação de Newton-Laplace estabelece que o módulo volumétrico de um fluido é diretamente proporcional ao quadrado da velocidade do som (em metro por segundo) no fluido e à sua densidade (em quilograma por metro cúbico), com uma constante de proporcionalidade adimensional.

149. Nessa relação, a unidade de medida adequada para o módulo volumétrico é

(A) $kg\ m^{-2}\ s^{-1}$
(B) $kg\ m^{-1}\ s^{-2}$
(C) $kg\ m^{-5}\ s^{2}$
(D) $kg^{-1}\ m^{1}\ s^{2}$
(E) $kg^{-1}\ m^{5}\ s^{-2}$

Uma pessoa pretende viajar por uma companhia aérea que despacha gratuitamente uma mala com até 10 kg.

Em duas viagens que realizou, essa pessoa utilizou a mesma mala e conseguiu 10 kg com as seguintes combinações de itens:

Viagem	Camisetas	Calças	Sapatos
I	12	4	3
II	18	3	2

Para ter certeza de que sua bagagem terá massa de 10 kg, ela decide levar essa mala com duas calças, um sapato e o máximo de camisetas, admitindo que itens do mesmo tipo têm a mesma massa.

150. Qual a quantidade máxima de camisetas que essa pessoa poderá levar?

(A) 22
(B) 24
(C) 26
(D) 33
(E) 39

Um automóvel apresenta um desempenho médio de 16 km/L. Um engenheiro desenvolveu um novo motor a combustão que economiza, em relação ao consumo do motor anterior, 0,1 L de combustível a cada 20 km percorridos.

151. O valor do desempenho médio do automóvel com o novo motor, em quilômetro por litro, expresso com uma casa decimal, é

(A) 15,9.
(B) 16,1.
(C) 16,4.
(D) 17,4.
(E) 18,0.

O projeto de um contêiner, em forma de paralelepípedo reto retangular, previa a pintura dos dois lados (interno e externo) de cada uma das quatro paredes com tinta acrílica e a pintura do piso interno com tinta epóxi. O construtor havia pedido, a cinco fornecedores diferentes, orçamentos das tintas necessárias, mas, antes de iniciar a obra, resolveu mudar o projeto original, alterando o comprimento e a largura para o dobro do originalmente previsto, mantendo inalterada a altura. Ao pedir novos orçamentos aos fornecedores, para as novas dimensões, cada um deu uma resposta diferente sobre as novas quantidades de tinta necessárias.

Em relação ao previsto para o projeto original, as novas quantidades de tinta necessárias informadas pelos fornecedores foram as seguintes:

- Fornecedor I: "O dobro, tanto para as paredes quanto para o piso."
- Fornecedor II: "O dobro para as paredes e quatro vezes para o piso."
- Fornecedor III: "Quatro vezes, tanto para as paredes quanto para o piso."
- Fornecedor IV: "Quatro vezes para as paredes e o dobro para o piso."
- Fornecedor V: "Oito vezes para as paredes e quatro vezes para o piso."

Analisando as informações dos fornecedores, o construtor providenciará a quantidade adequada de material. Considere a porta de acesso do contêiner como parte de uma das paredes.

152. Qual dos fornecedores prestou as informações adequadas, devendo ser o escolhido pelo construtor para a aquisição do material?

(A) I
(B) II
(C) III
(D) IV
(E) V

Um povoado com 100 habitantes está passando por uma situação de seca prolongada e os responsáveis pela administração pública local decidem contratar a construção de um reservatório. Ele deverá ter a forma de um cilindro circular reto, cuja base tenha 5 metros de diâmetro interno, e atender à demanda de água da população por um período de exatamente sete dias consecutivos. No oitavo dia, o reservatório vazio é completamente reabastecido por carros-pipa.

Considere que o consumo médio diário por habitante é de 120 litros de água. Use 3 como aproximação para π.

153. Nas condições apresentadas, o reservatório deverá ser construído com uma altura interna mínima, em metro, igual a

(A) 1,12.
(B) 3,10.
(C) 4,35.
(D) 4,48.
(E) 5,60.

O quadro representa a relação entre o preço de um produto (R) e seu respectivo imposto devido (I).

Preço do produto (R)	Imposto devido (I)
$R \leq 5\,000$	isento
$5\,000 < R \leq 10\,000$	10% de (R - 5 000)
$10\,000 < R \leq 15\,000$	500 + 30% de (R -10 000)

154. O gráfico que melhor representa essa relação é

(A)

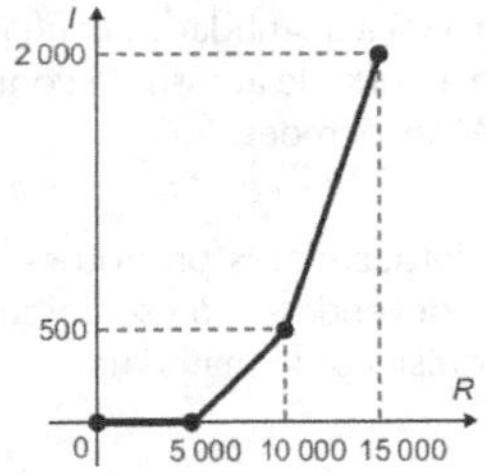

(B)

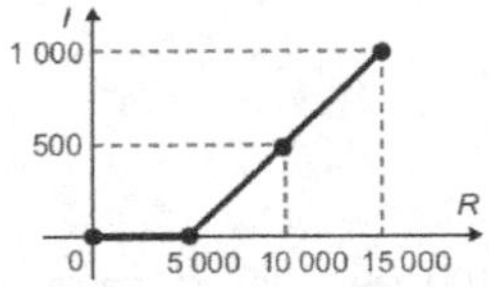

(C)

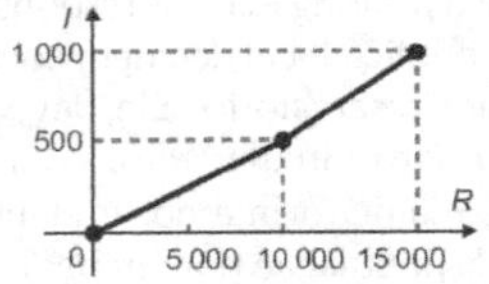

(D)

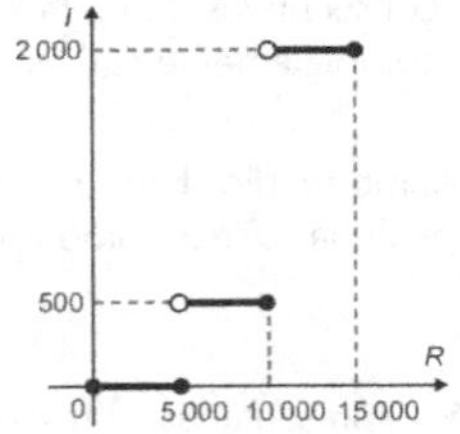

(E)

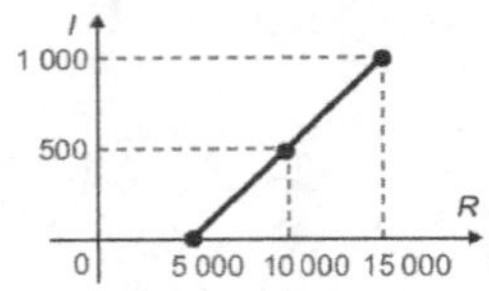

O administrador de um teatro percebeu que, com o ingresso do evento a R$ 20,00, um show conseguia atrair 200 pessoas e que, a cada R$ 1,00 de redução no preço do ingresso, o número de pessoas aumentava em 40. Ele sabe que os donos do teatro só admitem trabalhar com valores inteiros para os ingressos, pela dificuldade de disponibilizar troco, e pretende convencê-los a diminuir o preço do ingresso. Assim, apresentará um gráfico da arrecadação em função do valor do desconto no preço atual do ingresso.

155. O gráfico que mais se assemelha ao que deve ser elaborado pelo administrador é

(A)

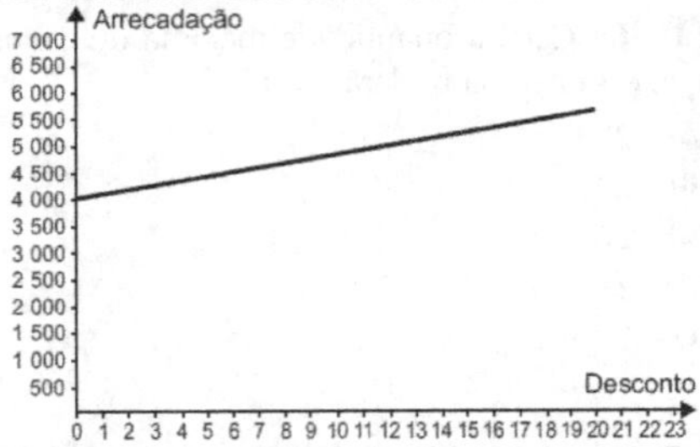

(B)

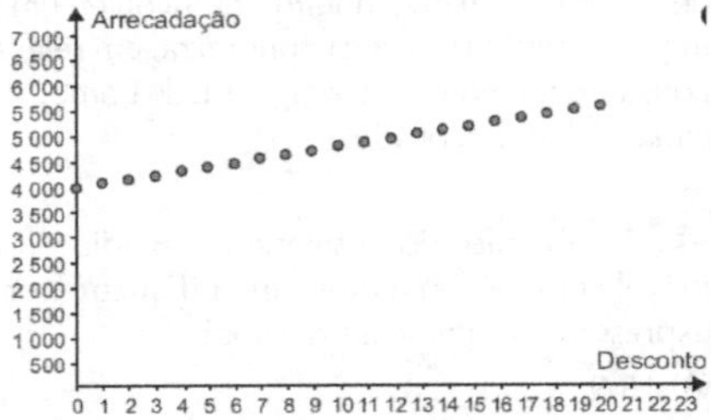

(C)

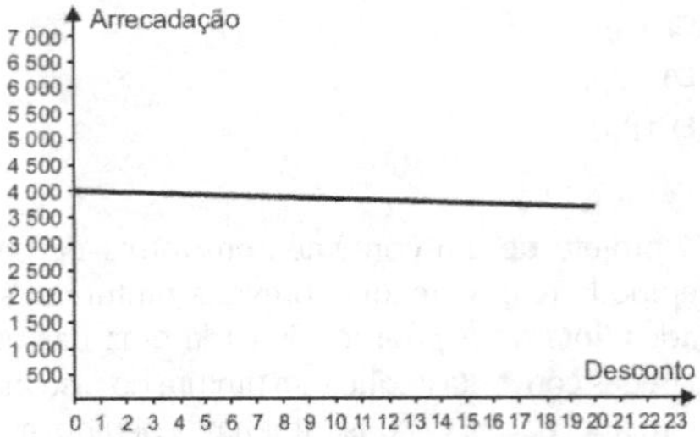

(D)

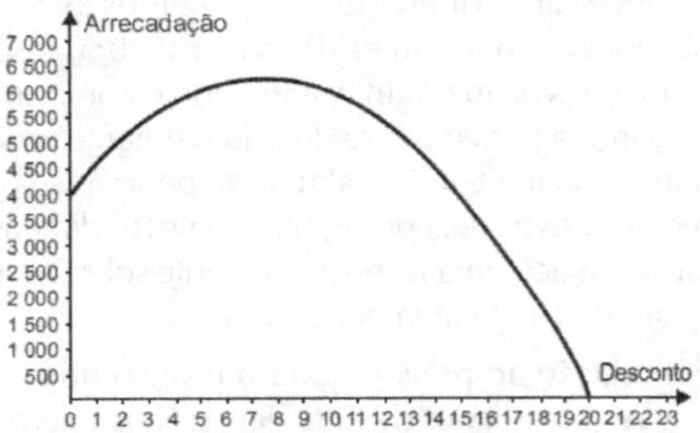

(E) 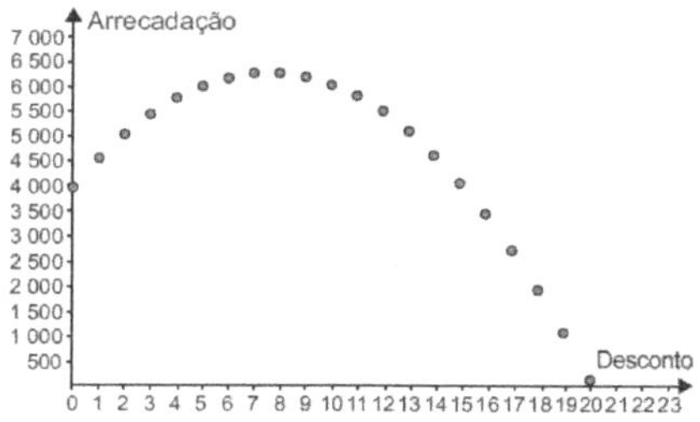

Uma construtora, pretendendo investir na construção de imóveis em uma metrópole com cinco grandes regiões, fez uma pesquisa sobre a quantidade de famílias que mudaram de uma região para outra, de modo a determinar qual região foi o destino do maior fluxo de famílias, sem levar em consideração o número de famílias que deixaram a região. Os valores da pesquisa estão dispostos em uma matriz $A = [aij]$, $i, j \in \{1, 2, 3, 4, 5\}$, em que o elemento aij corresponde ao total de famílias (em dezena) que se mudaram da região i para a região j durante um certo período, e o elemento aii é considerado nulo, uma vez que somente são consideradas mudanças entre regiões distintas. A seguir, está apresentada a matriz com os dados da pesquisa.

$$A = \begin{pmatrix} 0 & 4 & 2 & 2 & 5 \\ 0 & 0 & 6 & 2 & 3 \\ 2 & 2 & 0 & 3 & 0 \\ 1 & 0 & 2 & 0 & 4 \\ 1 & 2 & 0 & 4 & 0 \end{pmatrix}$$

156. Qual região foi selecionada para o investimento da construtora?

(A) 1
(B) 2
(C) 3
(D) 4
(E) 5

Para realizar um voo entre duas cidades que distam 2 000 km uma da outra, uma companhia aérea utilizava um modelo de aeronave A, capaz de transportar até 200 passageiros. Quando uma dessas aeronaves está lotada de passageiros, o consumo de combustível é de 0,02 litro por quilômetro e por passageiro. Essa companhia resolveu trocar o modelo de aeronave A pelo modelo de aeronave B, que é capaz de transportar 10% de passageiros a mais do que o modelo A, mas consumindo 10% menos combustível por quilômetro e por passageiro.

157. A quantidade de combustível consumida pelo modelo de aeronave B, em relação à do modelo de aeronave A, em um voo lotado entre as duas cidades, é

(A) 10% menor.
(B) 1% menor.
(C) igual.
(D) 1% maior.
(E) 11% maior.

Em uma corrida automobilística, os carros podem fazer paradas nos boxes para efetuar trocas de pneus. Nessas trocas, o trabalho é feito por um grupo de três pessoas em cada pneu. Considere que os grupos iniciam o trabalho no mesmo instante, trabalham à mesma velocidade e cada grupo trabalha em um único pneu. Com os quatro grupos completos, são necessários 4 segundos para que a troca seja efetuada. O tempo gasto por um grupo para trocar um pneu é inversamente proporcional ao número de pessoas trabalhando nele. Em uma dessas paradas, um dos trabalhadores passou mal, não pôde participar da troca e nem foi substituído, de forma que um dos quatro grupos de troca ficou reduzido.

158. Nessa parada específica, com um dos grupos reduzido, qual foi o tempo gasto, em segundo, para trocar os quatro pneus?

(A) 6,0
(B) 5,7
(C) 5,0
(D) 4,5
(E) 4,4

Um nutricionista verificou, na dieta diária do seu cliente, a falta de 800 mg do mineral A, de 1 000 mg do mineral B e de 1 200 mg do mineral C. Por isso, recomendou a compra de suplementos alimentares que forneçam os minerais faltantes e informou que não haveria problema se consumisse mais desses minerais do que o recomendado.

O cliente encontrou cinco suplementos, vendidos em sachês unitários, cujos preços e as quantidades dos minerais estão apresentados a seguir:

- Suplemento I: contém 50 mg do mineral A, 100 mg do mineral B e 200 mg do mineral C e custa R$ 2,00;
- Suplemento II: contém 800 mg do mineral A, 250 mg do mineral B e 200 mg do mineral C e custa R$ 3,00;

- Suplemento III: contém 250 mg do mineral A, 1 000 mg do mineral B e 300 mg do mineral C e custa R$ 5,00;
- Suplemento IV: contém 600 mg do mineral A, 500 mg do mineral B e 1 000 mg do mineral C e custa R$ 6,00;
- Suplemento V: contém 400 mg do mineral A, 800 mg do mineral B e 1 200 mg do mineral C e custa R$ 8,00.

O cliente decidiu comprar sachês de um único suplemento no qual gastasse menos dinheiro e ainda suprisse a falta de minerais indicada pelo nutricionista, mesmo que consumisse alguns deles além de sua necessidade.

159. Nessas condições, o cliente deverá comprar sachês do suplemento

(A) I.
(B) II.
(C) III.
(D) IV.
(E) V.

Um atleta produz sua própria refeição com custo fixo de R$ 10,00. Ela é composta por 400 g de frango, 600 g de batata-doce e uma hortaliça. Atualmente, os preços dos produtos para essa refeição são:

Refeição	Frango (kg)	Batata-doce (kg)	Hortaliças (unidade)
	R$ 12,50	R$ 5,00	R$ 2,00

Em relação a esses preços, haverá um aumento de 50% no preço do quilograma de batata-doce, e os outros preços não serão alterados. O atleta deseja manter o custo da refeição, a quantidade de batata-doce e a hortaliça. Portanto, terá que reduzir a quantidade de frango.

160. Qual deve ser a redução percentual da quantidade de frango para que o atleta alcance seu objetivo?

(A) 12,5
(B) 28,0
(C) 30,0
(D) 50,0
(E) 70,0

Uma mola é solta da posição distendida conforme a figura. A figura à direita representa o gráfico da posição *P* (em cm) da massa *m* em função do tempo *t* (em segundo) em um sistema de coordenadas cartesianas. Esse movimento periódico é descrito por uma expressão do tipo $P(t) = \pm A \cos(\rho o t)$ ou $P(t) = \pm A \text{ sen }(\rho o t)$, em que $A > 0$ é a amplitude de deslocamento máximo e **ρo** é a frequência, que se relaciona com o período *T* pela fórmula $\rho o = \frac{2\pi}{T}$

Considere a ausência de quaisquer forças dissipativas.

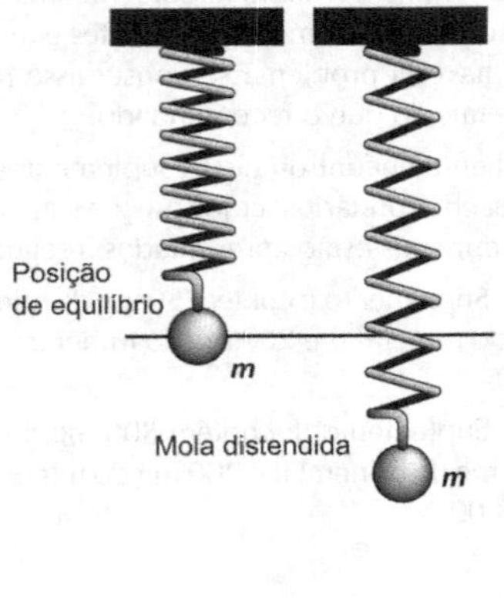

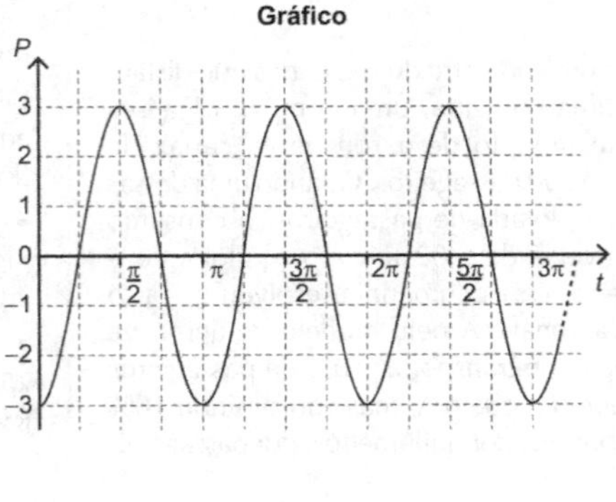

161. A expressão algébrica que representa as posições $P(t)$ da massa m, ao longo do tempo, no gráfico, é

(A) $3 \cos (2t)$
(B) $3 \text{ sen } (2t)$
(C) $3 \cos (2t)$
(D) $6 \cos (2t)$
(E) $6 \text{ sen } (2t)$

Para a comunicação entre dois navios é utilizado um sistema de codificação com base em valores numéricos. Para isso, são consideradas as operações triângulo Δ e estrela $*$, definidas sobre o conjunto dos números reais por $x \Delta y = x^2 + xy - y^2$ e $x * y = xy + x$.

O navio que deseja enviar uma mensagem deve fornecer um valor de entrada b, que irá gerar um valor de saída, a ser enviado ao navio receptor, dado pela soma das duas maiores soluções da equação $(a \Delta b) * (b \Delta a) = 0$. Cada valor possível de entrada e saída representa uma mensagem diferente já conhecida pelos dois navios.

Um navio deseja enviar ao outro a mensagem "ATENÇÃO!". Para isso, deve utilizar o valor de entrada $(B) = 1$.

162. Dessa forma, o valor recebido pelo navio receptor será

(A) $\sqrt{5}$
(B) $\sqrt{3}$
(C) $\sqrt{1}$
(D) $\frac{-1 + \sqrt{5}}{2}$
(E) $\frac{3+\sqrt{5}}{2}$

Um parque temático brasileiro construiu uma réplica em miniatura do castelo de Liechtenstein. O castelo original, representado na imagem, está situado na Alemanha e foi reconstruído entre os anos de 1840 e 1842, após duas destruições causadas por guerras.

O castelo possui uma ponte de 38,4 m de comprimento e 1,68 m de largura. O artesão que trabalhou para o parque produziu a réplica do castelo, em escala. Nessa obra, as medidas do comprimento e da largura da ponte eram, respectivamente, 160 cm e 7 cm.

163. A escala utilizada para fazer a réplica é

(A) 1 : 576
(B) 1 : 240
(C) 1 : 24
(D) 1 : 4,2
(E) 1 : 2,4

A demografia médica é o estudo da população de médicos no Brasil nos aspectos quantitativo e qualitativo, sendo um dos seus objetivos fazer projeções sobre a necessidade da formação de novos médicos. Um desses estudos gerou um conjunto de dados que aborda a evolução do número de médicos e da população brasileira por várias décadas. O quadro apresenta parte

Ano	Médicos	População brasileira (em milhar)
1990	219 000	147 000
2000	292 000	170 000
2010	365 000	191 000

Segundo uma projeção estatística, a variação do número de médicos e o da população brasileira de 2010 para 2020 será a média entre a variação de 1990 para 2000 e a de 2000 para 2010. Com o resultado dessa projeção, determina-se o número de médicos por mil habitantes no ano de 2020.

Disponível em: www.cremesp.org.br. Acesso em: 24 jun. 2015 (adaptado).

164. O número, com duas casas na parte decimal, mais próximo do número de médicos por mil habitantes no ano de 2020 seria de

(A) 0,17.

(B) 0,49.

(C) 1,71.

(D) 2,06.

(E) 3,32.

A receita *R* de uma empresa ao final de um mês é o dinheiro captado com a venda de mercadorias ou com a prestação de serviços nesse mês, e a despesa *(D)* é todo o dinheiro utilizado para pagamento de salários, contas de água e luz, impostos, entre outros. O lucro mensal obtido ao final do mês é a diferença entre a receita e a despesa registradas no mês. O gráfico apresenta as receitas e despesas, em milhão de real, de uma empresa ao final dos cinco primeiros meses de um dado ano.

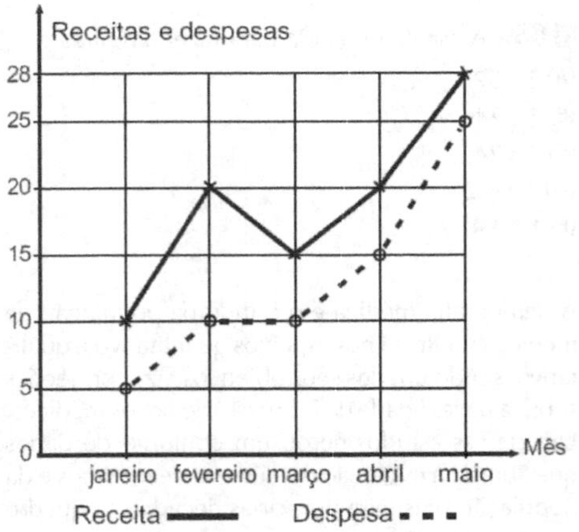

A previsão para os próximos meses é que o lucro mensal não seja inferior ao maior lucro obtido até o mês de maio.

165. Nessas condições, o lucro mensal para os próximos meses deve ser maior ou igual ao do mês de

(A) janeiro.

(B) fevereiro.

(C) março.

(D) abril.

(E) maio.

A depressão caracteriza-se por um desequilíbrio na química cerebral. Os neurônios de um deprimido não respondem bem aos estímulos dos neurotransmissores. Os remédios que combatem a depressão têm o objetivo de restabelecer a química cerebral. Com o aumento gradativo de casos de depressão, a venda desses medicamentos está em crescente evolução, conforme ilustra o gráfico.

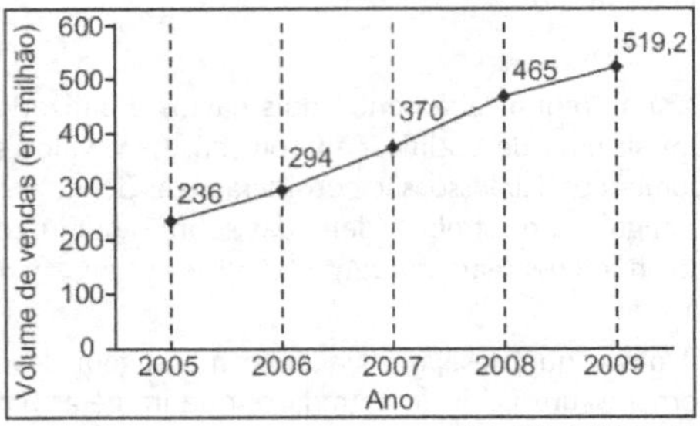

Veja, 10 fev. 2010 (adaptado).

166. No período de 2005 a 2009, o aumento percentual no volume de vendas foi de

(A) 45,4.

(B) 54,5.

(C) 120.

(D) 220.

(E) 283,2.

Um casal está planejando comprar um apartamento de dois quartos num bairro de uma cidade e consultou a página de uma corretora de imóveis, encontrando 105 apartamentos de dois quartos à venda no bairro desejado. Eles usaram um aplicativo da corretora para gerar a distribuição dos preços do conjunto de imóveis selecionados.

O gráfico ilustra a distribuição de frequências dos preços de venda dos apartamentos dessa lista (em mil reais), no qual as faixas de preço são dadas por]300, 400],]400, 500],]500, 600],]600, 700],]700, 800],]800, 900],]900, 1 000],]1 000, 1 100],]1 100, 1 200] e]1 200, 1 300].

A mesma corretora anuncia que cerca de 50% dos apartamentos de dois quartos nesse bairro, publicados em sua página, têm preço de venda inferior a 550 mil reais. No entanto, o casal achou que essa última informação não era compatível com o gráfico obtido.

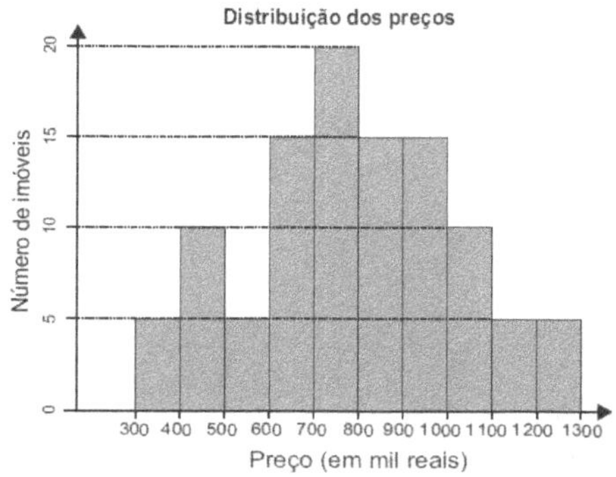

167. Com base no gráfico obtido, o menor preço, *p* (em mil reais), para o qual pelo menos 50% dos apartamentos apresenta preço inferior a *p* é

(A) 600.
(B) 700.
(C) 800.
(D) 900.
(E) 1 000.

A Cifra de César é um exemplo de um método de codificação de mensagens usado por Júlio César para se comunicar com seus generais.

No método, cada letra era trocada por uma letra que aparecia no alfabeto um número fixo de casas adiante (ou atrás) de forma cíclica. A seguir temos um exemplo em que cada letra é substituída pela que vem três posições à frente.

Original	A	B	C	D	E	F	G	H	I	J	K	L	M	N	O	P	Q	R	S	T	U	V	W	X	Y	Z
Codificado	D	E	F	G	H	I	J	K	L	M	N	O	P	Q	R	S	T	U	V	W	X	Y	Z	A	B	C

Para quebrar um código como esse, a análise de frequências das letras de um texto é uma ferramenta importante.

Uma análise do texto do romance *O guarani*, de José de Alencar, que é composto por 491 631 letras, gerou o seguinte gráfico de frequências:

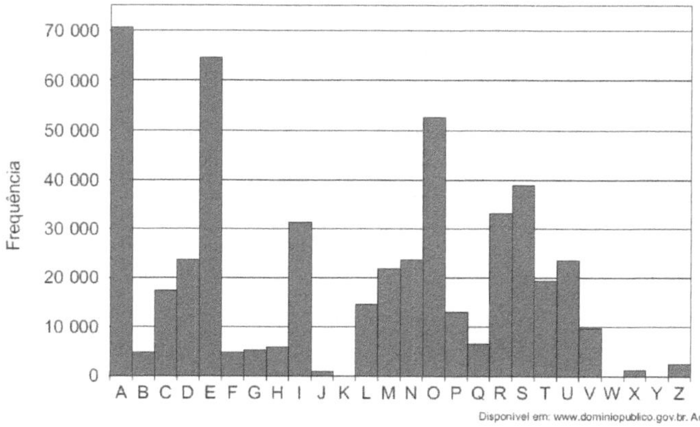

Disponível em: www.dominiopublico.gov.br. Acesso em: 7 fev. 2015.

Após codificar esse texto com a regra do exemplo fornecido, faz-se nova análise de frequência no texto codificado.

168. As quatro letras mais frequentes, em ordem decrescente de frequência, do texto codificado são

(A) A, E, O e S.

(B) D, E, F e G.

(C) D, H, R e V.

(D) R, L, (B) e X.

(E) X, B, L e P.

O quadro apresenta o número de terremotos de magnitude maior ou igual a 7, na escala Richter, ocorridos em nosso planeta nos anos de 2000 a 2011.

Ano	2000	2001	2002	2003	2004	2005	2006	2007	2008	2009	2010	2011
Terremotos	15	16	13	15	16	11	11	18	12	17	24	20

Disponível em: https://earthquake.usgs.gov/earthquakes/browse/m7-world.php. Acesso em: 13 ago. 2012 (adaptado).

Um pesquisador acredita que a mediana representa bem o número anual típico de terremotos em um período.

169. Segundo esse pesquisador, o número anual típico de terremotos de magnitude maior ou igual a 7 é

(A) 11.

(B) 15.

(C) 15,5.

(D) 15,7.

(E) 17,5.

O gráfico apresenta o nível de ocupação dos cinco reservatórios de água que abasteciam uma cidade em 2 de fevereiro de 2015.

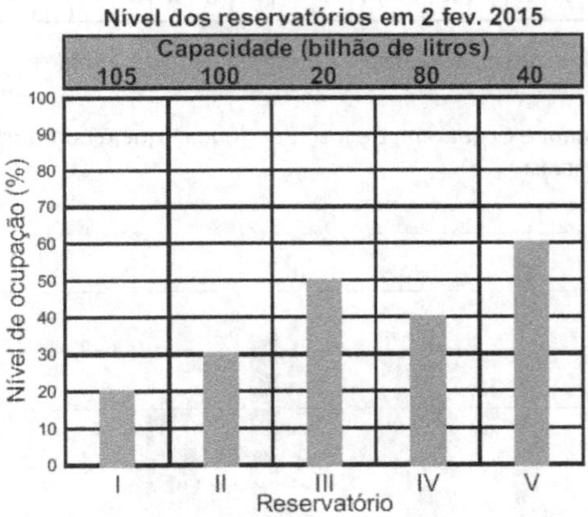

170. Nessa data, o reservatório com o maior volume de água era o

(A) I.
(B) II.
(C) III.
(D) IV.
(E) V.

Uma pessoa realizou uma pesquisa com alguns alunos de uma escola, coletando suas idades, e organizou esses dados no gráfico.

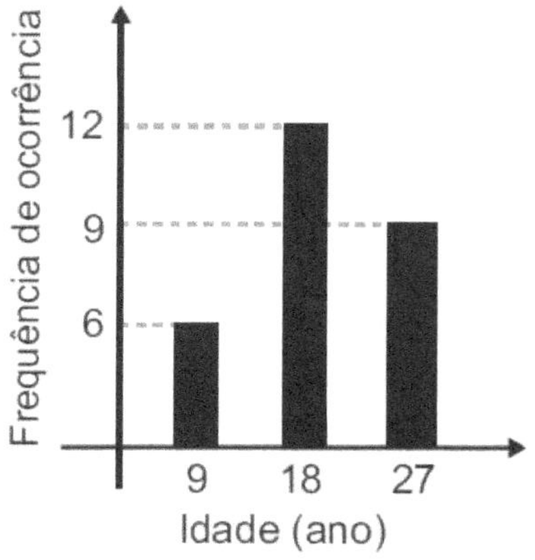

171. Qual é a média das idades, em ano, desses alunos?

(A) 9
(B) 12
(C) 18
(D) 19
(E) 27

Em um estudo realizado pelo IBGE em quatro estados e no Distrito Federal, com mais de 5 mil pessoas com 10 anos ou mais, observou-se que a leitura ocupa, em média, apenas seis minutos do dia de cada pessoa. Na faixa de idade de 10 a 24 anos, a média diária é de três minutos. No entanto, no grupo de idades entre

24 e 60 anos, o tempo médio diário dedicado à leitura é de 5 minutos. Entre os mais velhos, com 60 anos ou mais, a média é de 12 minutos.

A quantidade de pessoas entrevistadas de cada faixa de idade seguiu a distribuição percentual descrita no quadro.

Faixa etária	Percentual de entrevistados
De 10 a 24 anos	x
Entre 24 e 60 anos	y
A partir de 60 anos	x

Disponível em: www.oglobo.globo.com. Acesso em: 16 ago. 2013 (adaptado).

172. Os valores de x e y do quadro são, respectivamente, iguais a

(A) 10 e 80.
(B) 10 e 90.
(C) 20 e 60.
(D) 20 e 80.
(E) 25 e 50.

Um zootecnista pretende testar se uma nova ração para coelhos é mais eficiente do que a que ele vem utilizando atualmente. A ração atual proporciona uma massa média de 10 kg por coelho, com um desvio padrão de 1 kg, alimentado com essa ração durante um período de três meses.

O zootecnista selecionou uma amostra de coelhos e os alimentou com a nova ração pelo mesmo período de tempo. Ao final, anotou a massa de cada coelho, obtendo um desvio padrão de 1,5 kg para a distribuição das massas dos coelhos dessa amostra.

Para avaliar a eficiência dessa ração, ele utilizará o coeficiente de variação (CV) que é uma medida de dispersão definida por $CV = \frac{s}{\bar{x}}$, em que s representa o desvio padrão e $\overline{X}$, a média das massas dos coelhos que foram alimentados com uma determinada ração.

O zootecnista substituirá a ração que vinha utilizando pela nova, caso o coeficiente de variação da distribuição das massas dos coelhos que foram alimentados com a nova ração for menor do que o coeficiente de variação da distribuição das massas dos coelhos que foram alimentados com a ração atual.

173. A substituição da ração ocorrerá se a média da distribuição das massas dos coelhos da amostra, em quilograma, for superior a

(A) 5,0.
(B) 9,5.
(C) 10,0.
(D) 10,5.
(E) 15,0.

Uma rede de hamburgueria tem três franquias em cidades distintas. Visando incluir um novo tipo de lanche no cardápio, o gerente de marketing da rede sugeriu que fossem colocados à venda cinco novos tipos de lanche, em edições especiais. Os lanches foram oferecidos pelo mesmo período de tempo em todos os franqueados. O tipo que apresentasse a maior média por franquia seria incluído definitivamente no cardápio. Terminado o período de experiência, a gerência recebeu um relatório descrevendo as quantidades vendidas, em unidade, de cada um dos cinco tipos de lanche nas três franquias.

	Lanche I	Lanche II	Lanche III	Lanche IV	Lanche V
Franquia I	415	395	425	430	435
Franquia II	415	445	370	370	425
Franquia III	415	390	425	433	420

174. Com base nessas informações, a gerência decidiu incluir no cardápio o lanche de tipo

(A) I.

(B) II.

(C) III.

(D) IV.

(E) V.

Uma grande rede de supermercados adota um sistema de avaliação dos faturamentos de suas filiais, considerando a média de faturamento mensal em milhão. A matriz da rede paga uma comissão para os representantes dos supermercados que atingirem uma média de faturamento mensal (M), conforme apresentado no quadro.

Comissão	Média de faturamento mensal (M)
I	$1 \leq M < 2$
II	$2 \leq M < 4$
III	$4 \leq M < 5$
IV	$5 \leq M < 6$
V	$M \geq 6$

Um supermercado da rede obteve os faturamentos num dado ano, conforme apresentado no quadro.

Faturamento mensal (em milhão de real)	Quantidade de meses
3,5	3
2,5	2
5	2
3	4
7,5	1

175. Nas condições apresentadas, os representantes desse supermercado avaliam que receberão, no ano seguinte, a comissão de tipo

(A) I.

(B) II.

(C) III.

(D) IV.

(E) V.

Aplicativos que gerenciam serviços de hospedagem têm ganhado espaço no Brasil e no mundo por oferecer opções diferenciadas em termos de localização e valores de hospedagem. Em um desses aplicativos, o preço P a ser pago pela hospedagem é calculado considerando um preço por diária d, acrescido de uma taxa fixa de limpeza L e de uma taxa de serviço. Essa taxa de serviço é um valor percentual s calculado sobre o valor pago pelo total das diárias.

176. Nessa situação, o preço a ser pago ao aplicativo para uma hospedagem de n diárias pode ser obtido pela expressão

(A) $P = d\,n + L + d\,n\,s$

(B) $P = d\,n + L + d\,s$

(C) $P = (D) + L + s$

(D) $P = d\,n\,s + L$

(E) $P = d\,n + L + s$

O organizador de uma competição de lançamento de dardos pretende tornar o campeonato mais competitivo. Pelas regras atuais da competição, numa rodada, o jogador lança 3 dardos e pontua caso acerte pelo menos um deles no alvo. O organizador considera que, em média, os jogadores têm, em cada lançamento, ½ de probabilidade de acertar um dardo no alvo.

A fim de tornar o jogo mais atrativo, planeja modificar as regras de modo que a probabilidade de um jogador pontuar em uma rodada seja igual ou superior a 9/10. Para isso, decide aumentar a quantidade de dardos a serem lançados em cada rodada.

177. Com base nos valores considerados pelo organizador da competição, a quantidade mínima de dardos que devem ser disponibilizados em uma rodada para tornar o jogo mais atrativo é

(A) 2.
(B) 4.
(C) 6.
(D) 9.
(E) 10.

A Copa do Brasil teve, até a edição de 2018, 15 times diferentes como campeões da competição, conforme apresentado na imagem. Suponha que, como homenagem aos times campeões, a Confederação Brasileira de Futebol (CBF) pretenda colocar um painel na sua sede. Esse painel teria 6 linhas e, em cada uma delas, 5 placas, referentes a cada edição da competição, com o nome do time vencedor, o brasão e o ano do título. O painel deve ser fabricado de modo que a primeira linha só tenha clubes gaúchos (Internacional, Grêmio e Juventude); a segunda, apenas times cariocas (Flamengo, Vasco e Fluminense); a terceira, somente times mineiros (Cruzeiro e Atlético Mineiro); a quarta, exclusivamente clubes paulistas (Corinthians, Palmeiras, Santos, Paulista FC, Santo André), e as duas últimas sem nenhuma restrição.

Disponível em: http://campeoesdofutebol.com.br. Acesso em: 1 nov. 2018 (adaptado).

178. Qual expressão determina a quantidade de painéis diferentes que a CBF poderá montar?

(A) $\frac{7!}{5!} \cdot \frac{5!}{3!} \cdot \frac{7!}{6!} \cdot \frac{9!}{3!.3!} .10!$

(B) $7! \cdot 5! \cdot 7! \cdot 9! \cdot 10!$

(C) $30!$

(D) $\frac{7!}{5!.5!} \cdot \frac{7!}{5!.2!} \cdot \frac{9!}{5!.4!}$

(E) $\frac{9!}{3!} \cdot 5! \cdot \frac{7!}{2!} \cdot \frac{9!}{4!} \cdot 10!$

Um segmento de reta está dividido em duas partes na proporção áurea quando o todo está para uma das partes na mesma razão em que essa parte está para a outra. Essa constante de proporcionalidade é comumente representada pela letra grega φ, e seu valor é dado pela solução positiva da equação $\varphi^2 = \varphi + 1$.

Assim como a potência φ^2, as potências superiores de φ podem ser expressas da forma $a\varphi + b$, em que a e *(B)* são inteiros positivos, como apresentado no quadro.

φ^2	φ^3	φ^4	φ^5	φ^6	φ^7
$\varphi + 1$	$2\varphi + 1$	$3\varphi + 2$	$5\varphi + 3$	$8\varphi + 5$	...

179. A potência cp7, escrita na forma acp + *(B)* (*a* e *(B)* são inteiros positivos), é

(A) $5\varphi + 3$

(B) $7\varphi + 2$

(C) $9\varphi + 6$

(D) $11\varphi + 7$

(E) $13\varphi + 8$

O Atomium, representado na imagem, é um dos principais pontos turísticos de Bruxelas. Ele foi construído em 1958 para a primeira grande exposição mundial depois da Segunda Guerra Mundial, a Feira Mundial de Bruxelas.

Trata-se de uma estrutura metálica construída no formato de um cubo. Essa estrutura está apoiada por um dos vértices sobre uma base paralela ao plano do solo, e a diagonal do cubo, contendo esse vértice, é ortogonal ao plano da base. Centradas nos vértices desse cubo, foram construídas oito esferas metálicas, e uma outra esfera foi construída centrada no ponto de interseção das diagonais do cubo. As oito esferas sobre os vértices são interligadas segundo suas arestas, e a esfera central se conecta a elas pelas diagonais do cubo.

Todas essas interligações são feitas por tubos cilíndricos que possuem escadas em seu interior, permitindo o deslocamento de pessoas pela parte interna da estrutura. Na diagonal ortogonal à base, o deslocamento é feito por um elevador, que permite o deslocamento entre as esferas da base e a esfera do ponto mais alto, passando pela esfera central.

Considere um visitante que se deslocou pelo interior do Atomium sempre em linha reta e seguindo o menor trajeto entre dois vértices, passando por todas as arestas e todas as diagonais do cubo.

Disponível em: http://trupedatrip.com. Acesso em: 25 out. 2019.

180. A projeção ortogonal sobre o plano do solo do trajeto percorrido por esse visitante é representada por

(A)

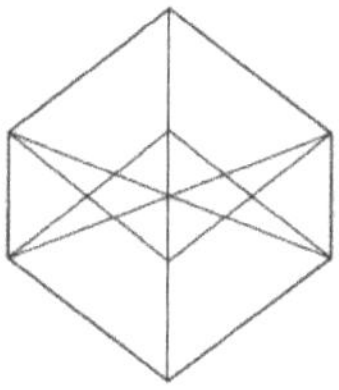

(B)

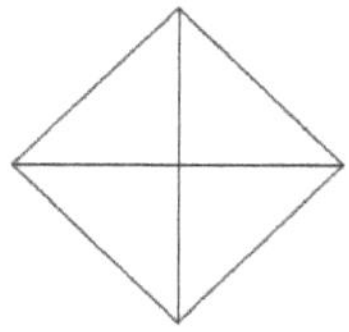

(C)

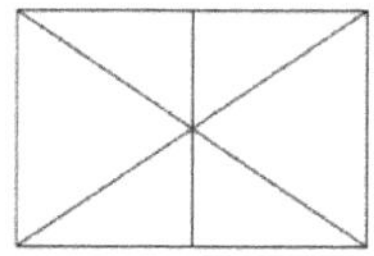

(D)

(E)

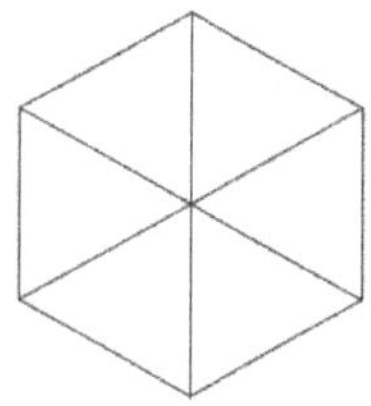

Folha de Respostas

91	A	B	C	D	E
92	A	B	C	D	E
93	A	B	C	D	E
94	A	B	C	D	E
95	A	B	C	D	E
96	A	B	C	D	E
97	A	B	C	D	E
98	A	B	C	D	E
99	A	B	C	D	E
100	A	B	C	D	E
101	A	B	C	D	E
102	A	B	C	D	E
103	A	B	C	D	E
104	A	B	C	D	E
105	A	B	C	D	E
106	A	B	C	D	E
107	A	B	C	D	E
108	A	B	C	D	E
109	A	B	C	D	E
110	A	B	C	D	E
111	A	B	C	D	E
112	A	B	C	D	E
113	A	B	C	D	E
114	A	B	C	D	E
115	A	B	C	D	E
116	A	B	C	D	E
117	A	B	C	D	E
118	A	B	C	D	E
119	A	B	C	D	E
120	A	B	C	D	E
121	A	B	C	D	E
122	A	B	C	D	E
123	A	B	C	D	E
124	A	B	C	D	E
125	A	B	C	D	E
126	A	B	C	D	E
127	A	B	C	D	E

128	A	B	C	D	E
129	A	B	C	D	E
130	A	B	C	D	E
131	A	B	C	D	E
132	A	B	C	D	E
133	A	B	C	D	E
134	A	B	C	D	E
135	A	B	C	D	E
136	A	B	C	D	E
137	A	B	C	D	E
138	A	B	C	D	E
139	A	B	C	D	E
140	A	B	C	D	E
141	A	B	C	D	E
142	A	B	C	D	E
143	A	B	C	D	E
144	A	B	C	D	E
145	A	B	C	D	E
146	A	B	C	D	E
147	A	B	C	D	E
148	A	B	C	D	E
149	A	B	C	D	E
150	A	B	C	D	E
151	A	B	C	D	E
152	A	B	C	D	E
153	A	B	C	D	E
154	A	B	C	D	E
155	A	B	C	D	E
156	A	B	C	D	E
157	A	B	C	D	E
158	A	B	C	D	E
159	A	B	C	D	E
160	A	B	C	D	E
161	A	B	C	D	E
162	A	B	C	D	E
163	A	B	C	D	E
164	A	B	C	D	E

165	A	B	C	D	E
166	A	B	C	D	E
167	A	B	C	D	E
168	A	B	C	D	E
169	A	B	C	D	E
170	A	B	C	D	E
171	A	B	C	D	E
172	A	B	C	D	E

173	A	B	C	D	E
174	A	B	C	D	E
175	A	B	C	D	E
176	A	B	C	D	E
177	A	B	C	D	E
178	A	B	C	D	E
179	A	B	C	D	E
180	A	B	C	D	E

Gabarito Comentado:

91. Gabarito: A

Comentário: A. Essa doença hereditária é de caráter recessivo pois os pais podem ser portadores da doença sem ter a expressão da doença (neste caso, eles apresentam um gene dominante e um gene recessivo associado à doença). Quando os dois progenitores são portadores, há 25% de chance de terem um bebê com os dois genes dominantes, 50% de chance de terem um bebê portador (um gene dominante e um recessivo), e 25% de chance de terem um bebê com a doença (dois genes recessivos).

92. Gabarito: D

Comentário: Temos como dado do problema duas semirreações de redução.

$I_2 + 2\,e^- \rightarrow 2\,I^-$ $E° = +0{,}54$ V

$Li + e^- \rightarrow Li$ $E° = -3{,}05$ V

Sendo assim, a ddp para essa pilha pode ser calculada por:

$ddp = E^o_{re(D)\ maior} - E°_{re(D)\ menor}$

Como quem tem o maior potencial de redução é o iodo, teremos:

dpp = + 0,54 – (- 3,05) portanto, ddp = + 3,59 V

Como nós temos uma bateria formada por três pilhas em série, a ddp gerada será 3 x 3,59 V = 10,77 V.

Portanto, ela será adequada para o carrinho de controle remoto que está na faixa de 10,5 até 10,9V.

93. Gabarito: C

Comentário: O aumento de temperatura provoca dilatação da solução e, portanto, aumento de seu volume. O aumento do volume provoca a diminuição da concentração (% em V/V) de álcool na solução, conforme mostrado na tabela fornecida.

94. Gabarito: D

Comentário: As ligações duplas conjugadas são caracterizadas por ligações duplas separadas por ligação simples. Tem-se uma intercalação de uma ligação dupla e uma ligação simples na estrutura molecular.

Das alternativas, somente a D, apresenta essa característica, conforme pode ser visto abaixo.

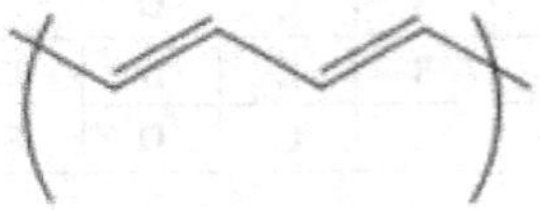

95. Gabarito: C

Comentário: As preguiças-gigantes, ao ingerirem os frutos e sementes e movimentarem-se pelo ambiente, contribuíam para a disseminação das sementes, ao defecar em locais afastados da vegetação original ou ao carregar sementes acidentalmente grudadas em seus corpos. Com a extinção das preguiças-gigantes, a disseminação das sementes ficou restrita à queda dos frutos nas proximidades da vegetação.

96. Gabarito: D

Comentário: Cálculo da energia elétrica (E) consumida no percurso

Pela regra de 3, da matemática, temos:

5 km 1 kWh

110 km E

Portanto, E = (110)(1)/5 = 22kWh

Cálculo da potência elétrica (P) para carregar as baterias:

P = U.i, onde U é a tensão em volt e i é a corrente em ampère.

Portanto, P= 220x20 = 4.400 W = 4,4 kW.

Cálculo do tempo (Δt) para carregar as baterias:

Pela fórmula da Potência, temos: P = E/ Δt, onde P é a potência em kW.

Portanto, Δt = E/P = 22/4,4 = 5 horas

97. Gabarito: B

Comentário: A dupla fecundação é um processo específico das angiospermas. O resultado desse processo é a formação do embrião e do endosperma. A causa desse processo foi o processo evolutivo que viabilizou a formação de um tecido de reserva para o embrião.

98. Gabarito: B

Comentário: A fórmula estrutural do ácido etanoico, mais conhecido como ácido acético, é:

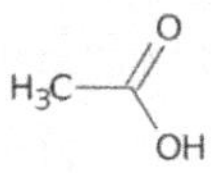

Na reação de esterificação, um ácido orgânico reage com um álcool orgânico, gerando um éster e água. No caso do ácido etanoico, teremos

Analisando as alternativas:

A: Incorreta, pois o primeiro grupamento é um fenil.

(B) e **C**, podem estar corretos, pois ambas têm como primeiro grupamento o ácido etanoico. Vamos concluir a análise no final da questão.

D: incorreta, pois o primeiro grupamento é o ácido propanoico.

E: Incorreta, pois o primeiro grupamento não é etanoico.

C: Correta, pois o primeiro grupamento é etanoico e o segundo grupamento tem a cadeira saturada.

99. Gabarito: B

Comentário: Observando a imagem do eletrocardiograma, constatamos que há um pico de tensão a cada 1 segundo, ou seja, temos um batimento do coração a cada 1 segundo.

Por uma regra de três teremos:

Batimentos	Segundos
1s	
x	60s

Portanto, x = 60x1/1 = 60 batimentos/ 60 segundos = 60 batimentos / minuto

100. Gabarito: E

Comentário: Existe uma relação de compromisso nas relações do tipo patógeno-hospedeiro, na qual a maior taxa de letalidade reduz a eficiência da transmissão devido a menor probabilidade de reprodução e contágio na população de hospedeiros. Assim, o vírus da dengue - menos letal - infecta os hospedeiros há mais tempo.

101. Gabarito: C

Comentário: A etapa de decantação de lodo é aquela em que o esgoto fica mais tempo em repouso – anterior à etapa de filtragem biológica. Portanto, dentre as opções apresentadas, a etapa do tanque séptico é a etapa de decantação.

102. Gabarito: D

Comentário: Auxinas viabilizam o crescimento de raízes, que facilitam o desenvolvimento do enraizamento das estacas caulinares da roseira.

103. Gabarito: C

Comentário: A alternativa correta é a C, pois a, a bilirrubina pela ação da luz, teve um fechamento da sua cadeia carbônica caracterizando uma isomeria de cadeia.

Quanto as demais alternativas:

A: Incorreta, pois para isomeria ótica, precisaria de ter pelo menos um carbono assimétrico, ou seja, com 4 ligantes diferentes.

D: Incorreta, pois para caracterizar uma isomeria de posição, teria de ocorrer mudança da localização de uma ramificação ou insaturação, o que não ocorre nas duas estruturas.

E: Incorreta, pois para ocorrência de isomeria geométrica teríamos a formação de moléculas cis ou trans.

A alternativa **B**, também poderia ser considerada correta, pois ocorreu uma mudança funcional, ou seja, de uma amida em imida.

Como não ocorre abordagem dessa função orgânica no ensino médio, a resposta aceitável é a C.

104. Gabarito: C

Comentário: A fórmula da potência (P) é: $P = W/\Delta t$, onde W é o trabalho desenvolvido e Δt é o tempo gasto.

O trabalho desenvolvido W, pode ser expresso pela fórmula: $W = \Delta E_c$, onde $\Delta E_{(C)}$ é a variação de energia cinética.

A energia cinética é calculada pela fórmula $E(C) = (m.v^2)/2$, onde m é a massa do carro e v é a velocidade.

Como o carro parte do zero, $\Delta E_{(C)} = E_{cf,}$ e considerando que os carros têm a mesma massa:

Portanto, $P_a = (E_{cfa}) = (mv^2)/(2\Delta t_a)$, onde P_a = potência carro a álcool, v= velocidade carro a álcool e Δ_{ta} = tempo do carro para atingir 100 km/h.

E $P_{(B)} = (E_{cfg}) = (mv^2)/(2\Delta t_g)$, onde P_g = potência carro a gasolina, v= velocidade carro a gasolina e Δt_g = tempo do carro a gasolina para atingir 100 km/h.

Como $\Delta t_a = 12{,}9$ s e $\Delta t_g = 13{,}4$ s, $P_a = (mv^2)/(2)(12{,}9)$ e $P_g = (mv^2)/(2)(13{,}4)$, teremos:

$P_a/P_g = (13{,}4)/(12{,}9) = 1{,}04$, portanto, a potência do carro a álcool é maior do que a do carro a gasolina.

105. Gabarito: D

Comentário: Questão a ser resolvida por tentativas. A alternativa (D) é a única que atende às necessidades, conforme pode ser visto a seguir.

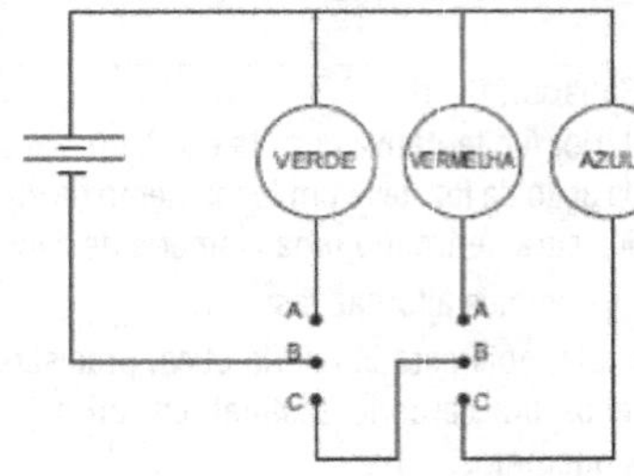

Se ligar A(B) e BC, acende luz verde

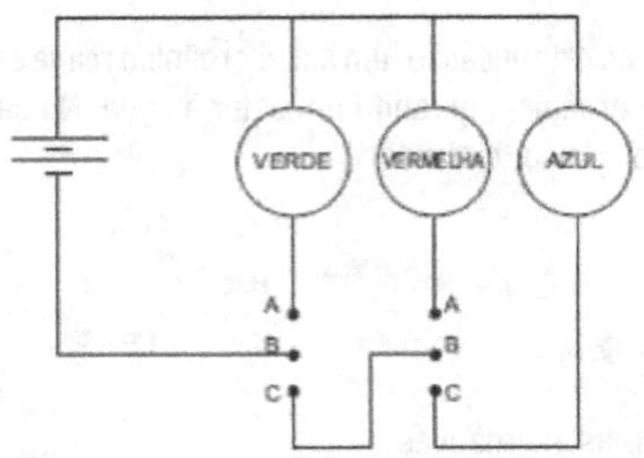

Se ligar A(B) e AB, acende luz verde

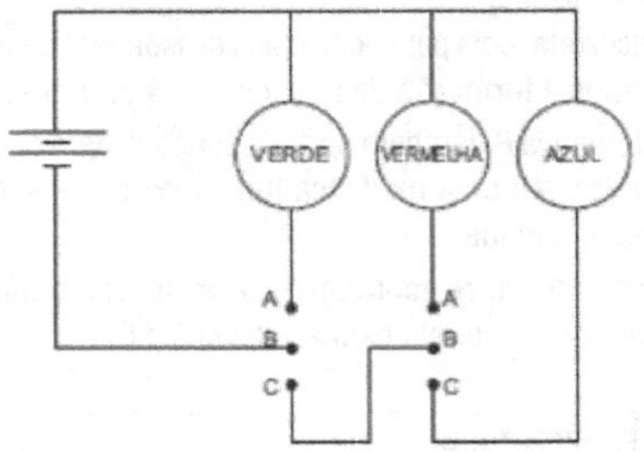

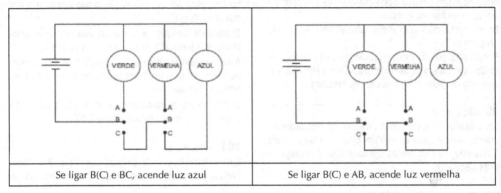

Se ligar B(C) e BC, acende luz azul

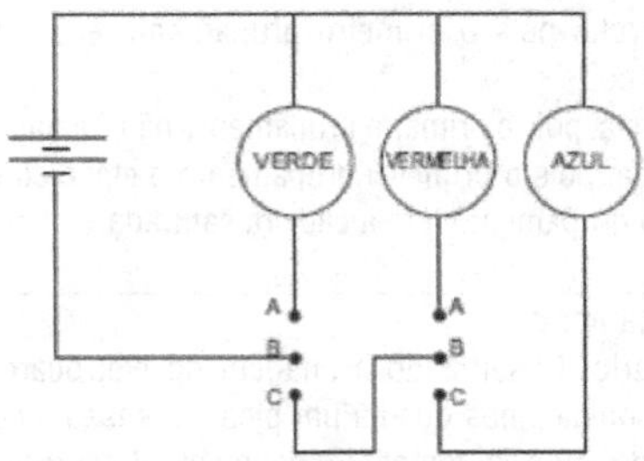

Se ligar B(C) e AB, acende luz vermelha

106. Gabarito: C

Comentário: De acordo com o enunciado da questão, as melhores células para serem utilizadas nos veículos são as que operam numa temperatura baixa, que têm uma membrana de eletrólitos poliméricos e as que ocorrem em meio ácido.

Analisando as alternativas, concluímos que o melhor tipo de célula de combustível é a PEM, pois operam numa temperatura baixa (60 °(C) a 100 °C), têm uma membrana polimérica, formada pelo ácido poliperfluorossulfônico sólido e têm uma das semirreações nos eletrodos em meio ácido, resultado de $H2 \rightarrow 2\ H^+ + 2e^-$.

107. Gabarito: B

Comentário: O incômodo do personagem, em dias úmidos, é devido a maior umidade do ar, ficando mais difícil para a água do suor do corpo evaporar.

108. Gabarito: C

Comentário: De acordo com o conceito de Brõnsted-Lowry, ácido é toda espécie química doadora de prótons H^+ e base é toda espécie química receptora de prótons H^+. O hidróxido de sódio, NaOH, é uma base. O pesticida que pode ser identificado por reação ácido-base, deve possuir caráter ácido.

Dos grupamentos presentes nas substâncias das alternativas, somente os grupamentos fenólicos da molécula III apresentam caráter ácido.

109. Gabarito: B

Comentário: Os dejetos suínos quando processados em biodigestores produzem o biogás metano que pode ser utilizado na geração de energia.

110. Gabarito: D

Comentário: A curcumina é utilizada em água de criadouros para mosquitos. Nessa água ocorre o desenvolvimento das larvas que, posteriormente, torna-se um indivíduo adulto. Nesse sentido a curcumina combate a partir do impedimento do desenvolvimento da larva, ao impedir o amadurecimento da larva.

111. Gabarito: A
Comentário: O processo de transferência de calor entre o Sol e a ilha de calor é o da **irradiação, através de ondas eletromagnéticas. A irradiação é c**apaz de atravessar o vácuo entre o Sol e a ilha de calor.

Entre a ilha de calor e a brisa marítima, o processo de transferência dominante é o da **convecção,** através de transporte de matéria, devido à diferença de densidade e a ação da gravidade das massas de ar, que sobem quando aquecidas.

112. Gabarito: B
Comentário: A diferença de comportamento no experimento do colega (B) é devida à diferença da resistência do ar, em função da área de contato.
Ao amassarmos o papel mudamos seu formato e, portanto, reduzimos sua área de contato e assim reduzimos a resistência do ar, resultando num menor tempo de queda.

113. Gabarito: C
Comentário: Incialmente vamos calcular a quantidade de etanol produzido:
100 g de Glicose produz 50 g de Etanol
50 kg de Glicose produzirá **x** kg de Etanol
Por regra de três: **x** = 50x50/100 = 25 kg de etanol.
Com um rendimento de 80%, produziremos 20 kg de etanol.
Em seguida, calcularemos a quantidade de etanol produzido em litros/hora:
(D) = m/V = 0,80 g/mL ou 0,80 kg/L. Como V = m/(D) = 20/0,8 = 25 L.

114. Gabarito: A
Comentário: Madeiras para construção devem apresentar resistência mecânica e degradação. O principal componente da madeira relacionado com resistência é o cerne – região do xilema.

115. Gabarito: A
Comentário: O enunciado da questão, esclarece que a clorofila reflete a cor verde. Portanto, absorvem a radiação solar na região do azul e vermelho.

Já as antocianinas refletem as cores avermelhadas. Portanto, absorvem a radiação solar na região de azul a verde.

Já os carotenos refletem as cores numa coloração amarelo-alaranjado, logo, as cores absorvidas não possuem esses tons no seu espectro.
Portanto, a faixa absorvida está entre o espectro violeta e azul.

116. Gabarito: D
Comentário: No texto I da questão, é informado que o planeta que o cordel faz referência é menos denso que a água, quando no estado normal, que é o líquido.
Sabemos que a densidade da água no estado liquido é 1.
Analisando a tabela do texto II, encontramos que o planeta Saturno é o único que tem uma densidade relativa média menor que 1.

117. Gabarito: C
Comentário: Incialmente vamos calcular a resistência R de cada um dos fios, utilizando a segunda lei de Ohm:
R = ρL/A, onde ρ é a é resistividade dos fios, que é igual para todos, L é o comprimento e A é a área ou seção transversal de cada fio.
$R_1 = \rho L_1/A_1 = 312\rho/9 = 34{,}66\ \rho$
$R_2 = \rho L_2/A_2 = 47\rho/4 = 11{,}75\ \rho$
$R_3 = \rho L_3/A_3 = 54\rho/2 = 27\ \rho$
$R_4 = \rho L_4/A_4 = 106\rho/1 = 106\ \rho$

As resistências em ordem crescente são: $R_2 < R_3 < R_1 < R_4$

118. Gabarito: B
Comentário: Um dos produtos do processo de fermentação é o álcool – etanol –, composto produzido organicamente, utilizado como combustível.

119. Gabarito: E
Comentário: Foi o teste de titulação com a solução aquosa de NaOH, que permitiu determinar a concentração da solução aquosa de ácido acetilsalícilico.
Esta técnica se baseia na reação de neutralização entre o ácido acetilsalicílico e o NaOH, conforme abaixo.

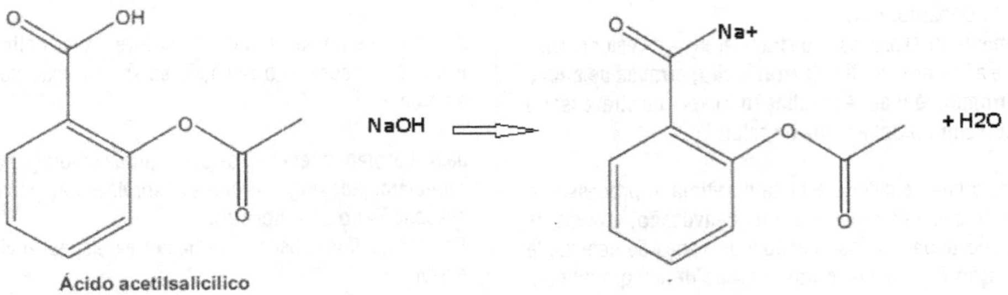

Ácido acetilsalicílico

Com a concentração e o volume de NaOH utilizados podemos determinar a concentração do ácido e saber se está dentro da concentração estipulada.

120. Gabarito: B

Comentário: Dentre as espécies, fitoplâncton, esponjas, algas macroscópicas, peixes herbívoros e os golfinhos, os golfinhos são a espécie topo dessa cadeia alimentar. Consequentemente, os rejeitos minerais da barragem se acumulam, com maior taxa, na espécie de topo em função do efeito de magnificação trófica. Esse efeito cumulativo decorre da inadaptação de seres vivos na excreção desses resíduos.

121. Gabarito: A

Comentário: Precisamos enxergar o problema em três dimensões. Sendo que o símbolo $\otimes\vec{g}$ significa que a gravidade está na vertical, como se tivesse penetrando no papel.

Analisando primeiramente a esfera à direita, de carga negativa.

Pela regra da mão esquerda, onde o polegar é a Força magnética F, o indicador é o campo magnético (B) e o dedo médio é a velocidade, ou a gravidade g, na vertical para baixo, penetrando o papel.

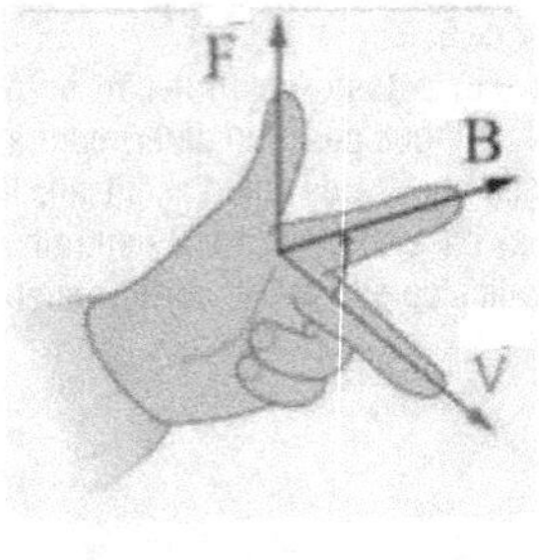

Portanto F, estará para cima.

Para a esfera à esquerda teremos:

Pela regra da mão direita, invertida, onde o polegar é a Força magnética F, o indicador é o campo magnético (B) e o dedo médio é a velocidade, ou a gravidade g, na vertical para baixo, penetrando o papel.

Portanto, F estará para baixo.

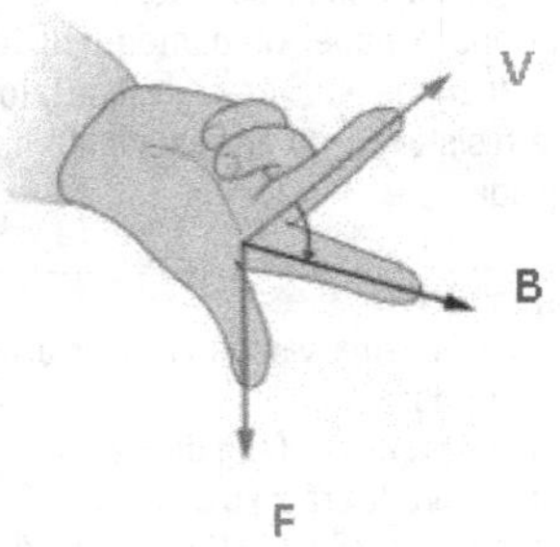

122. Gabarito: B

Comentário: Dentre as alternativas apresentadas, aquela que é fundamental para completar o ciclo de reciclagem é, de fato, a parceria que garanta o transporte e tratamento dos resíduos separados em um local apropriado.

123. Gabarito: E

Comentário: O mapeamento genético da espécie viabiliza a escolha de indivíduos reprodutores, a fim de minimizar cruzamentos consanguíneos, o que, consequentemente, reduziria a probabilidade de doenças hereditárias.

124. Gabarito: E

Comentário: O NOX de substâncias simples é sempre igual a zero.

Numa reação de redução nós teremos uma diminuição do NOX. Analisando a etapa V, nós podemos ver o $CuSO_4$ sendo convertido em Cu, ou seja, seu NOX passa de +2 para zero.

125. Gabarito: B

Comentário: O reflexo do exame patelar decorre da recepção sensorial do tendão patelar, transformação do estímulo mecânico em estímulo elétrico e transmissão do neurônio sensorial até a medula espinhal. Esse reflexo não depende do encéfalo, apenas da medula espinhal.

126. Gabarito: B

Comentário: Inicialmente, faremos os cálculos dos fluxos de calor por condução através dos fundos das panelas de ferro, de alumínio e de cobre-aço.

$$\frac{\Delta Q}{\Delta t} = k\,A\,\frac{\Delta T}{d}.$$

$$\frac{\Delta Q}{\Delta t} = A\,\frac{\Delta T}{\frac{d_1}{k_1} + \frac{d_2}{k_2}}.$$

Panela de ferro:

$$\frac{\Delta Q}{\Delta t} = 8\frac{\Delta t}{d}$$

Panela de alumínio:

$$\frac{\Delta Q}{\Delta t} = 20\frac{\Delta t}{d}$$

Panela de cobre-aço:

$$\frac{\Delta Q}{\Delta t} = A\frac{\Delta T}{\left(\frac{0,5d}{(40)}\right)+\left(\frac{0,5d}{(5}\right)} = A\frac{\Delta T}{\left(\frac{d}{80}\right)+\left(\frac{d}{10}\right)} = A\,\frac{\Delta T}{(d+8d)/(80)} = 80A\frac{\Delta T}{9d} = \frac{80}{9}\,A\frac{\Delta T}{d} \sim 8,9\,A\frac{\Delta T}{d}$$

Comparando os resultados:
Taxa de condução de calor do Alumínio: $20A\,\frac{\Delta T}{d}$

Taxa de condução de calor Cobre-aço: $8,9A\,\frac{\Delta T}{d}$

Taxa de condução de calor Ferro:8A $\frac{\Delta T}{d}$

Taxa de condução de calor do Al>Taxa de condução de calor Cobre-aço > Taxa de condução de calor Ferro.
Portanto, a ordem da mais econômica para a menos econômica é alumínio, cobre-aço e ferro.

127. Gabarito: B

Comentário: Na questão, temos duas pilhas associadas em série e ligadas em paralelo com o voltímetro e o cronômetro (resistor).

128. Gabarito: C

Comentário: Vamos considerar o lançamento de um projétil em B, a um ângulo □ de 53° com a horizontal e com velocidade inicial V_0.

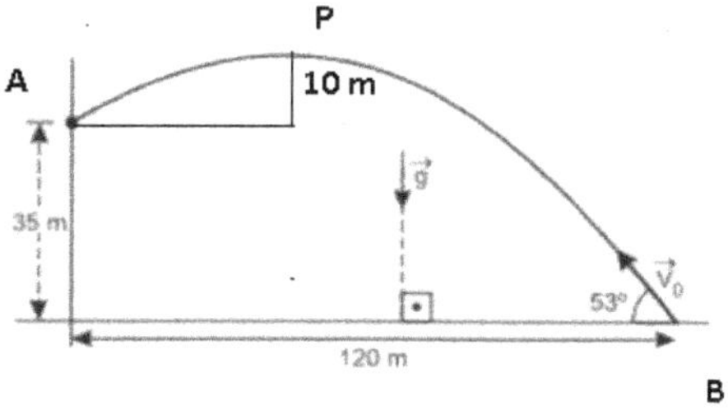

No eixo horizontal, teremos $\Delta S = V_{ox}.t$
Como $V_{ox} = V_0.\cos 53^o = 0,6V_0$, e ΔS é igual a 120m:
$0,6Vo.t = 120$ e $V_0.t = 200$
No eixo vertical, teremos:
$\Delta S_y = V_{oy}.t - (g/2)t^2 = 35$ m e $V_{oy} = V_0.\text{sen}53^o = 0,8.V_0$
$0,8V_0 t - (10/2)t^2 = 35$ e $0,8V_0 t - 5t^2 = 35$

Como $V_0.t = 200$, $(0,8)(200) - 5t^2 = 35$ e $5t^2 = 160 - 35 = 125$. Portanto, $t^2 = 25$ e $t = 5$ segundos.
Em seguida, com a fórmula $V_0.t = 200$, calculamos V_0.
$V_0 = 200/5 = 40$ m/s

129. Gabarito: A
Comentário: A massa inicial do pesticida é de 500 g e tempo de meia vida é 5 anos. Isso significa que a cada 5 anos a massa de pesticida cai pela metade. A pergunta da questão é após 35 anos quanto teremos de pesticida no solo. Para 35 anos teremos 35/5 = 7 meias vidas e, portanto,

Massa inicial	1ª meia vida	2ª meia vida	3ª meia vida	4ª meia vida	5ª meia vida	6ª meia vida	7ª meia vida
500 g	250	125	62,5	31,25	15,625	7,8125	3,906 g

130. Gabarito: B
Comentário: Dado que os códons UAG e UAA indicam a interrupção da tradução, a mutação de menor proteína é aquela resulta nos códons citados anteriormente. Portanto, para o caso do códon CAA, a substituição de (C) por U, resulta no códon terminal UAA.

131. Gabarito: E
Comentário: *Para a formação de sabão a partir do óleo é necessário que ocorra a hidrólise básica dos lipídios (triglicerídeo derivado de um ácido graxo insaturado).*
No caso, a reação ocorre entre o óleo de cozinha e a soda cáustica (hidróxido de sódio).

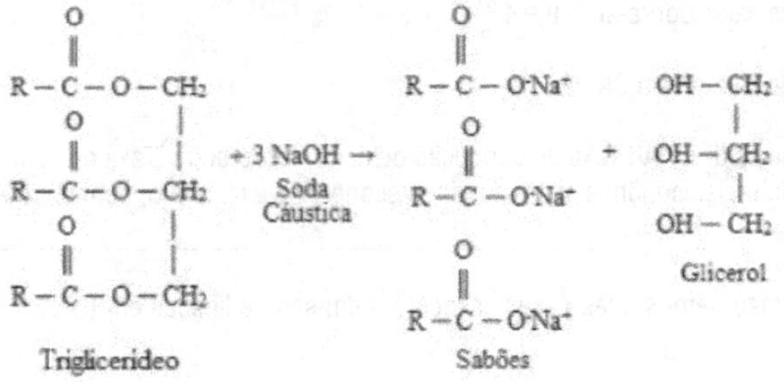

132. Gabarito: D
Comentário: A circulação de um feto se assemelha mais a dos peixes, porque o sangue circulante, a cada volta completa, passa apenas uma vez pelo coração.

133. Gabarito: E
Comentário: Segundo o enunciado, é necessário fazer o controle do pH da solução entre 5,5 e 6,5. No entanto, a solução nutritiva apresenta valor de pH = 4,3. Sendo assim, é preciso adicionar uma substância capaz de aumentar o pH sem ser nocivo ao meio ambiente.
Como a solução está com um pH mais baixo que o de referência, devemos utilizar algum composto de característica básica para que o pH aumente. Sendo assim, entre as opções temos o hidróxido de potássio que é uma base forte.

134. Gabarito: D
Comentário: No sino dos ventos, a barra de menor comprimento produz o som fundamental mais agudo, isto é, numa maior frequência, ocorrendo o oposto com a barra de maior comprimento, logo:
$f1 > f2$
Independentemente da frequência, todos os sons se propagam no ar, de um mesmo ambiente, com a mesma intensidade de velocidade, cerca de 340m/s.
Assim:
$v1 = v2$

135. Gabarito: E
Comentário: A característica do polvo mimético ocorre em função do resultado de variações submetidas pela seleção natural, propiciada pela maior sobrevivência frente aos polvos não miméticos.

136. Gabarito: D
Comentário: Para a construção do ano de fundação, temos que números menores – à esquerda – subtraem, enquanto – à direita – somam.
Logo:
M: 1000
MC: 1000 + 100 = 1100
MCD: 1500 – 100 = 1400
MCDL: 1400 + 50 = 1450
MCDLX: 1450 + 10 = 1460
MCDLXI: 1460 + 1 = 1461
MCDLXIX: 1460 -1 + 10 = 1469

Diferença entre 2050 e 1469 é 581 anos.

137. Gabarito: D
Comentário:
A soma é dada por:

$$\begin{array}{r} 1001 \\ \underline{1100} \\ 10101 \end{array}$$

138. Gabarito: C
Comentário: No total, 2,1 hectares equivalem a 21.000m^2. Com essa área total, obtém se 70 terrenos de 300m^2. Logo o valor total da venda de terrenos é de R$20000,00 x 20 + R$30000,00 x 50 = R$1.900.000,00.

139. Gabarito: A
Comentário: Para escolha tecidos e pedras ornamentais utiliza-se a combinação, dado que a ordem não é um fator de restrição. Portanto, temos a C6,2 de tecidos e C15,5 de pedras preciosas. Como tecidos e pedras não tem relação, faz-se o produto C6,2 x C15,5.

140. Gabarito: B
Comentário: Realizando o cálculo de 4 anos dos laboratórios.
Tipo A:
Custo Total A = Custo fixo A + Custo variável A = 180k + (60k x 4) = R$420.000,00.
Tipo B:
Custo Total (B) = Custo fixo (B) + Custo variável (B) = 120k + (16k x 4) = R$184.000,00.

Economia total por aluno = (R$420.000,00 / 100) – (R$184.000,00 / 80) = R$1.900,00.

141. Gabarito: D
Comentário: A frequência cardíaca máxima desse ciclista amador é F(C) máx = 220 – 61 = 159.
Para a faixa de 65% a 85% da frequência cardíaca máxima, temos 103,4 bpm a 135,15.
Logo, os trechos de percursos forte no plano e subida moderada são os ideias para o ganho de condicionamento físico.

142. Gabarito: C
Comentário: Para calcular o menor número de lavagens diárias que o lava-rápido deve efetuar para não ter prejuízo, basta dividir a receita diária mínima pelo valor da lavagem mais cara (completa). Logo, R$300,00 / R$35,00 resulta em 8,57 lavagens. Portanto, no mínimo, devem ser realizadas 9 lavagens completas.

143. Gabarito: C
Comentário: Cálculo dos custos por farmácia
Farmácia 1: R$45,00 + R$40,00 + R$50,00 = R$135,00
Farmácia 2: (R$50,00 + R$50,00) x (100% - 20%) + R$40,00 = R$120,00
Farmácia 3: (R$65,00 + R$45,00 + R$35,00) x (100% - 20%) = R$116,00

Por inferência, elimina-se a alternativa A. A alternativa (B) resulta em R$120,00 e é eliminada. A alternativa (C) resulta em R$115,00. A alternativa (D) resulta em R$130,00 e é eliminada. Por fim, elimina-se a alternativa E, porque a alternativa (C) é a menor.

144. Gabarito: A
Comentário: Na figura observa-se que existe um cubo dentro de outro. Cada um dos cubos apresenta 6 faces quadradas, portanto, o número de quadrados é 12. Da mesma forma, fazendo a contagem, existem outros 12 trapézios isósceles.

145. Gabarito: E
Comentário: A partir da sobra da figura plana, observa-se que a região cinza escuro terá vértices comuns com as faces de números 1, 2 e 3. Como a face cinza já tem contato com as outras faces não numeradas e levando em consideração que cada face tem uma, e, apenas uma, face oposta, a face oposta da face cinza é a face de número 4.

146. Gabarito: D
Comentário: O triângulo equilátero possui 3 lados iguais. Portanto, o comprimento da barra utilizada é igual a 3 vezes o lado do triângulo. Sabe-se que os 3 ângulos internos do triângulo equilátero valem 60°. O seno de 60° = $\sqrt{3}$ / 2. Portanto, sabendo que altura do triângulo vale 8cm, o seu lado vale 16 / $\sqrt{3}$ = 9,411. Por fim, o

comprimento da barra vale 3 x 9,411 = 28,2. A resposta que mais se aproxima é 27,18.

147. Gabarito: C
Comentário: Volume do tronco de cone é igual ao volume do tronco de base maior menos o volume do tronco de base menor.
Infere-se que o volume pode ser escrito como:
$V = [\pi \times h \times (R^2 + R \times r + r^2)] / (3) = [3 \times 12 \times (25 + 20 + 16)] / 3 = 732$ mL.

148. Gabarito: E
Comentário: Cálculo dos volumes:
- Triângulo equilátero = $12^2 \times \sqrt{3} / 4 = 61,2$ cm²
- Quadrado = 64 cm²
- Retângulo = 88 cm² (eliminado)
- Hexágono = $6 \times (6^2 \times \sqrt{3} / 4) = 91,8$ cm² (eliminado)
- Círculo = $\pi \times 5^2 = 75$ cm²

Dentre as figuras permitidas, a de maior área é o círculo.

149. Gabarito: B
Comentário: Módulo volumétrico de um fluxo é diretamente proporcional a $(m/s)^2 \times kg / m^3 = kg / (m \times s^2) = kg \times m^{-1} \times s^{-2})$.

150. Gabarito: B
Comentário:
Seja X camisetas, Y calças e Z sapatos, temos
Para a viagem 1: 12 X + 4 Y + 3 Z = 10 (1)
Para a viagem 2: 18 X + 3 Y + 2 Z = 10 (2)
Para a nova viagem: AX + 2 Y + 1Z = 10 (3)

Subtraindo (2) de (1), temos que 6 X = Y + Z (4)
Subtraindo (2) de (3), temos que (18 – A) X + Y + Z = 0 (5)

Substituindo (4) em (5), temos:
(18 – A + 6) X = 0

Para a expressão ser 0, 18 – A + 6 = 0.
Assim, A = 24 camisetas.

151. Gabarito: D
Comentário: O carro com motor antigo consome 20L ao percorrer 320km. O carro com novo motor consome 0,9L x 20 = 18L, ao percorrer 320km.

Portanto, o novo consumo é aproximadamente 320km / 18 L = 17,4 km/L.

152. Gabarito: B
Comentário: Considere as dimensões iniciais de comprimento, largura e altura, respectivamente, C, L, A.
A área das paredes vale 4 x ((C) x A) + 4 x (L x A) = Alateral
A área do piso vale (C) x L. = Apiso

Ao dobrar as dimensões de comprimento a largura para 2(C) e 2L, as novas áreas são:
A área das paredes passa a valer 4 x (2(C) x A) + 4 x (2L x A) = 2 x Alateral
A área do piso passa a valer 2(C) x 2L = 4 x Apiso.
A fornecedor que dobra o valor das tintas das paredes e quadruplica a tinta do piso é o número II, o que dentre as propostas é a única de valor justo.

153. Gabarito: D
Comentário: O consumo médio diário por habitante é de 120 litros. Consequentemente, o volume total para um abastecimento de 7 dias é 120 (litros / habitantes) x 100 (habitantes) x (7) [dias] = 84.000 L
Além disso, sabe-se que 1m³ equivale 1000L. Portanto, o volume do reservatório deve ser de 84m³.

Volume do cilindro é dado por $\pi \times R^2 \times$ altura.
A altura, portanto, vale $84 / (\pi \times R^2) = 84 / (3 \times 2,5^2) = 4,48$ metros.

154. Gabarito: A
Comentário: Da tabela, pode-se concluir que o imposto entre o intervalo de preço $0 < R <= 5000$ é igual a 0, eliminando a alternativa C. No intervalo $5000 < R <= 10000$, o coeficiente angular é 0,1, portanto, elimina-se a alternativa D. Por fim, no intervalo $10000 < R <= 15000$, o coeficiente angular é igual a 0,3, eliminando as alternativas (B) e E.

155. Gabarito: E
Comentário: Como os valores de desconto permitidos são inteiros, os gráficos contínuos são eliminados, alternativas A, (C) e D. É possível inferir que a relação entre desconto e quantidade de pessoas resulta em um ponto ótimo de desconto. A seguir são mostrados os possíveis valores de receitas com os descontos de R$6,00, R$7,00 e R$8,00.
Desconto de R$6,00: (200 + 40 x 6) [pessoas] x R$14,00 = R$6720,00.
Desconto de R$7,00: (200 + 40 x 7) [pessoas] x R$13,00 = R$6720,00.
Desconto de R$8,00: (200 + 40 x 8) [pessoas] x R$12,00 = R$6720,00.
Portanto, elimina-se a alternativa B.

156. Gabarito: E
Comentário: Para determinar a quantidade de novas famílias em cada região, basta somar as colunas de cada matriz.

- Região 1: 2 + 1 + 1 = 4
- Região 2: 4 + 2 + 2 = 8
- Região 3: 2 + 6 + 2 = 10
- Região 4: 2 + 2 + 3 + 4 = 11
- Região 5: 5 + 3 + 4 = 12

Logo a região com maior número de novas famílias é a de número 5.

---

157. Gabarito: B

Comentário: No modelo anterior de aeronave, o consumo de um voo é de 2000 x 0,02 x 200 = 8000 litros.

No modelo novo, o consumo de um voo é de 2000 x 0,018 x 220 = 7920 litros.

A economia de combustível em voos lotados é de 80 litros, representando 1% de economia (menor).

---

158. Gabarito: A

Comentário: O tempo para 3 trabalhadores trocar 1 pneu é de 4 segundos. A relação entre quantidade de trabalhadores é inversamente proporcional ao tempo de troca de um pneu. Por fim, o tempo de troca dos 4 pneus é o maior tempo gasto na troca de um pneu, já que os pneus são indistinguíveis. Portanto, o tempo de troca dos pneus nesse novo cenário é 4 [segundos] x 3 / 2 = 6 segundos.

---

159. Gabarito: D

Comentário: A seguir é mostrada a quantidade de unidades de suplemento de cada um dos 5 disponíveis que devem ser comprados para suprir a dieta diária do cliente.

- Suplemento I: 16 unidades para suprir mineral A, 10 unidades para suprir mineral B, 6 unidades para suprir mineral C.
- Suplemento II: 1 unidades para suprir mineral A, 4 unidades para suprir mineral B, 6 unidades para suprir mineral C.
- Suplemento III: 4 unidades para suprir mineral A, 1 unidades para suprir mineral B, 4 unidades para suprir mineral C.
- Suplemento IV: 2 unidades para suprir mineral A, 2 unidades para suprir mineral B, 2 unidades para suprir mineral C.
- Suplemento V: 2 unidades para suprir mineral A, 2 unidades para suprir mineral B, 1 unidades para suprir mineral C.

- Custo A: 16 x R$2,00 = R$32,00
- Custo B: 6 x R$3,00 = R$18,00
- Custo C: 4 x R$5,00 = R$20,00
- Custo D: 2 x R$6,00 = R$12,00
- Custo E: 2 x R$8,00 = R$16,00

Suplemento de menor custo é D.

---

160. Gabarito: C

Comentário: Inicialmente, o aleta gasta R$5,00 com frango, R$3,00 com batata doce e R$2,00 com hortaliças.

O atleta continua gastando R$2,00 com hortaliças, e passa a gastar R$4,50 com batata doce. Portanto, resta R$3,50 para o frango, resultando em 280 gramas de frango. Nesse cenário, a redução percentual da quantidade de frango é de (400g – 280g) / 400g = 30%.

---

161. Gabarito: A

Comentário: Do gráfico da direita, observa-se que a amplitude máxima do movimento é 3, eliminando as alternativas (D) e E. Da mesma forma, observa-se que o período do movimento é π. Portanto, pot vale 2t. Por fim, como no instante t = 0 o a massa está em -3, a função é descrita por um cosseno. Logo, expressão é 3 cos (2t).

---

162. Gabarito: E

Comentário:

A equação $(a\Delta b) * (b\Delta a) = 0$ resulta em

$(a^2 + a(B) - b^2) * (b^2 + ba - a^2) = 0$

$(a^2 + a(B) - b^2) \times (b^2 + ba - a^2) + (a^2 + a(B) - b^2) = 0$

$(a^2 + a(B) - b^2) \times (b^2 + ba - a^2 + 1) = 0$

Substituindo (B) = 1, temos:

$(a^2 + a - 1) \times (1 + a - a^2 + 1) = 0$

$(a^2 + a - 1) \times (- a^2 + a + 2) = 0$

De $(a^2 + a - 1) = 0$, temos que $a = (-1 + \sqrt{5}) / 2$, ou $a = (-1 - \sqrt{5}) / 2$.

De $(- a^2 + a + 2) = 0$, temos que $a = (-1 + \sqrt{1+8}) / (-2) = -1$, ou $a = a = (-1 - \sqrt{1+8})/(-2) = 2$.

As duas maiores soluções são:

$a = (-1 + \sqrt{5}) / 2$ e $a = 2$.

Assim a soma das duas maiores soluções resulta em:

$S = (3 + \sqrt{5}) / 2$.

---

163. Gabarito: C

Comentário: Para determinar a escala, basta dividir 38,4 metros / 1,6 metros, resultando em 24.

A prova real é a divisão 1,68 metros / 0,07 metros = 24

Escala é 1:24.

---

164. Gabarito: D

Comentário:

A média entre a variação de 1990 para 2000 é de 73k médicos e 23M de habitantes.

A média entre a variação de 2000 para 2010 é de 73k médicos e 21M de habitantes

A projeção para a variação do número de médicos de 2010 para 2020 é (73k + 73k) / 2 = 73k
A projeção para a variação do número de habitantes de 2010 para 2020 é (23M + 21M) / 2 = 22M

A projeção do número de médicos em 2020 é de 365k + 73k = 438k
A projeção do número de habitantes em 2020 é de 191M + 22M = 213M

Pela regra, o número de médicos por mil habitantes em 2020 é de (438k) / (213k) = 2,056.

165. Gabarito: B
Comentário:
Lucro Janeiro: R$5M
Lucro Fevereiro: R$10M
Lucro Março: R$5M
Lucro Abril: R$5M
Lucro Maio: R$3M
Maior lucro mensal foi R$10M, do mês de fevereiro.

166. Gabarito: C
Comentário:
Aumento percentual de 2005 a 2009 pode ser descrito por (519,2 – 236) / (236) = 120%.

167. Gabarito: C
Comentário: Dado que o gráfico é constituído por 10 intervalos, para obter o menor preço p, para o qual 50% dos apartamentos apresente preço inferior a p, basta contar 10/2 = 5 intervalos e pegar o maior valor do intervalo. Desse modo, o 5º intervalo é o]700, 800]. Assim, o menor preço p é 800 mil reais.

168. Gabarito: C
Comentário: Do texto original, as letras de maior frequência são A, E, O e S, que representam na codificação D, H, R e V.

169. Gabarito: C
Comentário: Ordenando a as quantidades de terremotos de magnitude maior ou igual a 7, temos:
11, 11, 12, 13, 15, 15, 16, 16, 17 ,18, 20, 24
A mediana pode ser calculada como a média dos elementos centrais da sequência ordenada, que são 15 e 16. Portanto, a mediana vale 15,5.

170. Gabarito: D
Comentário:
Volume do reservatório I: 21 bilhões de litros
Volume do reservatório II: 30 bilhões de litros
Volume do reservatório III: 10 bilhões de litros
Volume do reservatório IV: 32 bilhões de litros
Volume do reservatório V: 24 bilhões de litros
Reservatório com maior volume é o IV.

171. Gabarito: D
Comentário:
Somatório das idades dos alunos: (6 x 9) + (12 x 18) + (9 x 27) = 54 + 216 + 243 = 513.
Média de idades = 513 / 27 = 19.

172. Gabarito: C
Comentário:
Equacionando o problema, temos que:
(3 x X) + (5 x Y) + (12 x X) = 6 minutos
15X + 5Y = 6,
Mas sabemos que 2X + Y = 1.
Portanto, Y = 1 – 2X.
Logo, 15X + 5 – 10X = 6.
X = 20%
Y = 60%

173. Gabarito: E
Comentário:
CV(anterior) = 1 / 10 = 0,1
CV(novo) = 1,5 / (Média massa coelho)

Para a substituição, CV(novo) deve ser no mínimo igual a CV(anterior). Portanto, 1,5 / Massa = 0,1. Logo, a massa deve ser superior a 15,0 kg.

174. Gabarito: E
Comentário:
Calculando a média de cada lanche por franquia, temos:
- Lanche I : 415 lanches
- Lanche II : 410 lanches
- Lanche III : 406,67 lanches
- Lanche IV : 411 lanches
- Lanche V : 427 lanches

Portanto, o lanche mais vendido na média foi o tipo V, sendo incluído no cardápio dos restaurantes.

175. Gabarito: B
Comentário:
O faturamento total da rede pode ser obtido fazendo a soma de todos os produtos de cada faturamento mensal, pela quantidade de meses. Logo, temos:
Faturamento total = (3,5 x 3) + (2,5 x 2) + (5 x 2) + (3 x 4) + (7,5 x 1) = 10,5 + 5 + 10 + 12 + 7,5 = 45 milhões
Número total de meses = 3 + 2 + 2 + 4 + 1 = 12
Portanto, faturamento médio mensal total é 45 / 12 = 3,75.
A comissão se enquadra no tipo II.

176. Gabarito: A

Comentário:

A taxa de serviço é aplicada apenas no valor pago pelas diárias. A taxa de limpeza é fixa e cobrada apenas 1 vez. Portanto, para o caso de n diárias, temos: P = (D) x n [diárias] + (D) x n x s [taxa de serviço] + L [limpeza].

177. Gabarito: B

Comentário:

A quantidade de dardos necessários para que a probabilidade de 90% de pelo menos um dardo seja arremessado corretamente pode ser modelado da seguinte maneira: O espaço amostral contém todos as possibilidades de sequências de acerto, então pode-se escrever:

P(nenhum acerto) + P(pelo menos 1 acerto) = 1

Do enunciado, sabe-se que P(pelo menos 1 acerto) = 0,9. Então, P(nenhum acerto) = 0,1

Dado que a probabilidade de acerto e erro são iguais a 0,5, temos:

$0{,}5^N <= 0{,}1$, então N >= 4.

178. Gabarito: anulada

179. Gabarito: E

Comentário:

Essa questão se trata de P.A. de ordem superior.

Percebe-se uma progressão na formação das potências de cp:

cp^2 = cp + 1.

cp^{2+1}= cp + 1 + (cp + 0); variação 1cp.

cp^{2+2}) = cp + 1 + (2cp + 1); variação 1cp e 1 unidade; variação da variação 0 cp.

cp^{2+3}= cp + 1 + (4cp + 2); variação de 2cp e 1 unidade; variação da variação 1cp.

cp^{2+4}) = cp + 1 + (7cp + 4); variação de 3cp e 2 unidades; variação da variação 1 cp e 1 unidade.

Portanto, temos em cp^7 a variação da variação de 1cp e 1 unidade, então tem-se variação de 5cp e 3 unidades com relação ao cp^6. Logo,

cp^7 = cp + 1 + (7cp + 4) + (5cp + 3) = 13cp + 8.

180. Gabarito: E

Comentário: Como a estrutura está apoiada por um dos vértices, a diagonal do cubo é ortogonal ao plano da base, todas os vértices são interligadas interligadas segundo suas arestas, tendo uma esfera central que conecta todas as diagonais do cubo, a planificação ortogonal do cubo no plano no solo deve possuir um hexágono regular. No hexágono regular, os lados externos são as projeções das arestas do cubo, enquanto os segmentos internos são as projeções das diagonais.

ENEM 2022 • DIA 1

LINGUAGENS, CÓDIGOS E SUAS TECNOLOGIAS

QUESTÕES DE 01 A 45

QUESTÕES DE 01 A 05 (OPÇÃO: INGLÊS)

As my official bio reads, I was made in Cuba, assembled in Spain, and imported to the United States — meaning my mother, seven months pregnant, and the rest of my family arrived as exiles from Cuba to Madrid, where I was born. Less than two months later, we emigrated once more and settled in New York City, then eventually in Miami, where I was raised and educated. Although technically we lived in the United States, the Cuban community was culturally insular in Miami during the 1970s, bonded together by the trauma of exile. What's more, it seemed that practically everyone was Cuban: my teachers, my classmates, the mechanic, the bus driver. I didn't grow up feeling different or treated as a minority. The few kids who got picked on in my grade school were the ones with freckles and funny last names like Dawson and O'Neil.

BLANCO, R. Disponível em: http://edition.cnn.com. Acesso em: 9 dez. 2017 (adaptado).

1. Ao relatar suas vivências, o autor destaca o(a)

(A) qualidade da educação formal em Miami.

(B) prestígio da cultura cubana nos Estados Unidos.

(C) oportunidade de qualificação profissional em Miami.

(D) cenário da integração de cubanos nos Estados Unidos.

(E) fortalecimento do elo familiar em comunidades estadunidenses.

Two hundred years ago, Jane Austen lived in a world where single men boasted vast estates; single ladies were expected to speak several languages, sing and play the piano. In both cases, it was, of course, advantageous if you looked good too. So, how much has — or hasn't — changed? Dating apps opaquely outline the demands of today's relationship market; users ruminate long and hard over their choice of pictures and what they write in their biographies to hook in potential lovers, and that's just your own profile. What do you look for in a future partner's profile — potential signifiers of a popular personality, a good job, a nice car? These apps are a poignant reminder of the often classist attitudes we still adopt, as well as the financial and aesthetic expectations we demand from potential partners.

GALER, S. Disponível em: www.bbc.com. Acesso em: 8 dez. 2017 (adaptado).

2. O texto aborda relações interpessoais com o objetivo de

(A) problematizar o papel de gênero em casamentos modernos.

(B) apontar a relevância da educação formal na escolha de parceiros.

(C) comparar a expectativa de parceiros amorosos em épocas distintas.

(D) discutir o uso de aplicativos para proporcionar encontros românticos.

(E) valorizar a importância da aparência física na seleção de pretendentes.

GAULD, T. Disponível em: www.tomgauld.com. Acesso em: 25 out. 2021.

3. Nessa tirinha, o comportamento da mulher expressa

(A) revolta com a falta de sorte.
(B) gosto pela prática da leitura.
(C) receio pelo futuro do casamento.
(D) entusiasmo com os livros de terror.
(E) rejeição ao novo tipo de residência.

A Teen's View of Social Media

Instagram is made up of all photos and videos. There is the home page that showcases the posts from people you follow, an explore tab which offers posts from accounts all over the world, and your own page, with a notification tab to show who likes and comments on your posts.

It has some downsides though. It is known to make many people feel insecure or down about themselves because the platform showcases the highlights of everyone's lives, while rarely showing the negatives. This can make one feel like their life is not going as well as others, contributing to the growing rates of anxiety or depression in many teens today. There is an underlying desire for acceptance through the number of likes or followers one has.

Disponível em: https://cyberbullying.org. Acesso em: 29 out. 2021.

4. O termo "*downsides*" introduz a ideia de que o Instagram é responsável por

(A) oferecer recursos de fotografia.
(B) divulgar problemas dos usuários.
(C) estimular aceitação dos seguidores.
(D) provocar ansiedade nos adolescentes.
(E) aproximar pessoas ao redor do mundo.

I tend the mobile now
like an injured bird

We text, text, text
our significant words.

I re-read your first,
your second, your third,

Look for your small xx,
feeling absurd.

The codes we send
arrive with a broken chord.

I try to picture your hands,
their image is blurred.

Nothing my thumbs press
will ever be heard.

DUFFY, C. Disponível em: www.independent.co.uk. Acesso em: 27 out. 2021

5. Nesse poema, o eu lírico evidencia um sentimento de

(A) contentamento com a interação virtual.
(B) zelo com o envio de mensagens.
(C) preocupação com a composição de textos.
(D) mágoa com o comportamento de alguém.
(E) insatisfação com uma forma de comunicação.

QUESTÕES DE 01 A 05 (OPÇÃO: ESPANHOL)

Disponível em: www.inali.gob.mx. Acesso em: 2 dez. 2018.

1. Esse cartaz tem a função social de

(A) difundir a arte iconográfica indígena mexicana.

(B) resgatar a literatura popular produzida em língua zapoteca.

(C) questionar o conhecimento do povo mexicano sobre as línguas ameríndias.

(D) destacar o papel dos órgãos governamentais na conservação das línguas no México.

(E) defender a preservação das línguas originárias garantindo a diversidade linguística mexicana.

Pequeño hermano

Es, no cabe duda, el instrumento más presente y más poderoso de todos los que entraron en nuestras vidas. Ni la televisión ni el ordenador, no hablemos ya del obsoleto fax o de las agendas o los libros electrónicos, ha tenido tal influencia, tal predicamento sobre nosotros. El móvil somos nosotros mismos. Todo desactivado e inerte, inocuo, ya les digo. Y de repente, tras un viaje y tres o cuatro imprudentes fotos, salta un aviso en la pantalla. Con sonido, además, pese a que tengo también todas las alertas desactivadas. Y mi monstruo doméstico me dice: tienes un recuerdo nuevo. Lo repetiré: tienes un recuerdo nuevo. ¿Y tú qué sabes? ¿Y a ti, máquina demoníaca, qué te importa? ¿Cómo te atreves a decirme qué son o no son mis recuerdos? ¿Qué es esta intromisión, este descaro? El pequeño hermano lo sabe casi todo. Sólo hay una esperanza: que la obsolescencia programada mate antes al pequeño hermano y que nosotros sigamos vivos, con los recuerdos que nos dé la gana.

FERNÁNDEZ, D. Disponível em: www.lavanguardia.com. Acesso em: 5 dez. 2018 (adaptado).

2. No texto, o autor faz uma crítica ao(à)

(A) conhecimento das pessoas sobre as tecnologias.

(B) uso do celular alheio por pessoas desautorizadas.

(C) funcionamento de recursos tecnológicos obsoletos.

(D) ingerência do celular sobre as escolhas dos usuários.

(E) falta de informação sobre a configuração de alertas no celular.

En los suburbios de La Habana, llaman al amigo *mi tierra* o *mi sangre*. En Caracas, el amigo es *mi pana* o *mi llave*: *pana*, por panadería, la fuente del buen pan para las hambres del alma; y *llave* por... — *Llave*, por *llave* — me dice Mario Benedetti. Y me cuenta que cuando vivía en Buenos Aires, en los tiempos del terror, él llevaba cinco llaves ajenas en su llavero: cinco llaves, de cinco casas, de cinco amigos: las llaves que lo salvaron.

GALEANO, E. **El libro de los abrazos**. Madri: Siglo Veintiuno, 2015.

3. Nesse texto, o autor demonstra como as diferentes expressões existentes em espanhol para se referir a *"amigo"* variam em função

(A) das peculiaridades dos subúrbios hispano-americanos.

(B) da força da conexão espiritual entre os amigos.

(C) do papel da amizade em diferentes contextos.

(D) do hábito de reunir amigos em torno da mesa.

(E) dos graus de intimidade entre os amigos.

Los niños de nuestro olvido

Escribo sobre un destino
que apenas puedo tocar
en tanto un niño se inventa
con pegamento un hogar

Mientras busco las palabras
para hacer esta canción
un niño esquiva las balas
que buscan su corazón

Acurrucado en mi calle
duerme un niño y la piedad
arma lejos un pesebre
y juega a la navidad

Arma lejos un pesebre
y juega a la navidad
y juega a la navidad
y juega, y juega, y juega...

La niñez de nuestro olvido
pide limosna en un bar
y lava tu parabrisas
por un peso, por un pan

Si las flores del futuro
crecen con tanto dolor
seguramente mañana
será un mañana sin sol

SOSA, M. In: **Corazón libre**. Argentina: E.D.G.E., 2004 (fragmento).

4. No texto, a expressão *"un mañana sin sol"* é usada para concluir uma crítica ao(à)

(A) descaso diante da problemática de crianças em situação de rua.
(B) violência característica do cotidiano das grandes metrópoles.
(C) estímulo à mendicância nos centros urbanos.
(D) tendência de informalização do trabalho.
(E) falta de serviços de saúde adequados.

MATERNIDADES EN TIEMPOS DE PANDEMIA

Maternar nunca ha sido fácil; es agotador y desgastante. El cierre de escuelas y guarderías por covid-19 incrementó el trabajo.
La maternidad está romantizada. No todas viven las mismas condiciones, pero aún así las madres ponen lo mejor de sí para sobrellevarlo.
Porque en este sistema no hay lugar para la queja, se da por sentado que las mujeres están hechas para asumir la crianza a pesar de las pocas o nulas herramientas que el Estado o la sociedad les da para ejercer la maternidad.
PARA MATERNAR SE NECESITA UNA TRIBU, LA CRIANZA NO DEBERÍA VIVIRSE EN SOLEDAD.
MURIG
Mujeres en Red para la Igualdad de Género

MURIG. Disponível em: https://murigcolectivafeminista.wordpress.com. Acesso em: 26 out. 2021 (adaptado).

5. No texto, as palavras *"crianza"* e *"tribu"* são usadas para

(A) evidenciar a importância de uma rede de apoio para as mães na criação de seus filhos.
(B) denunciar a disparidade entre o trabalho das mães de diferentes classes sociais.
(C) ressaltar o fechamento de escolas e creches durante o período pandêmico.
(D) ratificar a romantização da dedicação das mães na educação das crianças.
(E) enfatizar a proteção aos filhos em razão do isolamento social das famílias.

LINGUAGENS, CÓDIGOS E SUAS TECNOLOGIAS
QUESTÕES DE 06 A 45

Urgência emocional

Se tudo é para ontem, se a vida engata uma primeira e sai em disparada, se não há mais tempo para paradas estratégicas, caímos fatalmente no vício de querer que os amores sejam igualmente resolvidos num átimo de segundo. Temos pressa para ouvir "eu te amo". Não vemos a hora de que fiquem estabelecidas as regras de convívio: somos namorados, ficantes, casados, amantes? Urgência emocional. Uma cilada. Associamos diversas palavras ao AMOR: paixão, romance, sexo, adrenalina, palpitação. Esquecemos, no entanto, da palavra que viabiliza esse sentimento: "paciência". Amor sem paciência não vinga. Amor não pode ser mastigado e engolido com emergência, com fome desesperada. É uma refeição que pode durar uma vida.

MEDEIROS, M. Disponível em: http://porumavidasimples.blogspot.com.br. Acesso em: 20 ago. 2017 (adaptado).

6. Nesse texto de opinião, as marcas linguísticas revelam uma situação distensa e de pouca formalidade, o que se evidencia pelo(a)

(A) impessoalização ao longo do texto, como em: "se não há mais tempo".
(B) construção de uma atmosfera de urgência, em palavras como: "pressa".
(C) repetição de uma determinada estrutura sintática, como em: "Se tudo é para ontem".
(D) ênfase no emprego da hipérbole, como em: "uma refeição que pode durar uma vida".
(E) emprego de metáforas, como em: "a vida engata uma primeira e sai em disparada".

TEXTO I

EI...
ME LEVE PARA SUA CASA!!!
14ª FEIRA DE ADOÇÃO
DE CÃES E GATOS
ADOTE UM ANIMAL DE RUA
DOCUMENTOS OBRIGATÓRIOS PARA ADOÇÃO
CARTEIRA DE IDENTIDADE | CPF | COMPROVANTE DE RESIDÊNCIA
E muito amor!!

Disponível em: https://amigodobicho.wordpress.com. Acesso em: 10 dez. 2017.

TEXTO II

Nas ruas, na cidade e no parque

Ninguém nunca prendeu o Delegado. O vaivém de rua em rua e sua longa vida são relembrados e recontados. Exemplo de sobrevivência, liderança, inteligência canina, desde pequenininho seu focinho negro e seus olhos delineados desenharam um mapa mental olfativo-visual de Lavras. Corria de quem precisava correr e se aproximava de quem não lhe faria mal, distinguia este daquele. Assim, tornou-se um cão comunitário. Nunca se soube por que escolheu a rua, talvez lhe tenham feito mal dentro de quatro paredes. Idoso, teve câncer e desapareceu. O querido foi procurado pela cidade inteira por duas protetoras, mas nunca encontrado.

COSTA, A. R. N. **Viver o amor aos cães**: Parque Francisco de Assis. Carmo do Cachoeira: Irdin, 2014 (adaptado).

7. Os dois textos abordam a temática de animais de rua, porém, em relação ao Texto I, o Texto II

(A) problematiza a necessidade de adoção de animais sem lar.

(B) valida a troca afetiva entre os pets adotados e seus donos.

(C) reforça a importância da campanha de adoção de animais.

(D) exalta a natureza amigável de cães e de gatos.

(E) promove a campanha de adoção de animais.

É ruivo? Tem olhos azuis? É homem ou mulher? Usa chapéu? Quem jogou *Cara a Cara* na infância sabe de cor o roteiro de perguntas para adivinhar quem é o personagem misterioso do seu oponente.

Agora, o jogo está prestes a ganhar uma nova versão. A designer polonesa Zuzia Kozerska-Girard está desenvolvendo uma variação do *Guess Who?* (nome do *Cara a Cara* em inglês), em que as personalidades do tabuleiro são, na verdade, mulheres notáveis da história e da atualidade, como a artista Frida Kahlo, a ativista Malala Yousafzai, a astronauta Valentina Tereshkova e a aviadora Amelia Earhart. O *Who's She?* ("Quem é ela?", em português) traz, no total, 28 mulheres que representam diversas profissões, nacionalidades e idades.

A ideia é que, em vez de perguntar sobre a aparência das personagens, as questões sejam direcionadas aos feitos delas: ganhou algum Nobel, fez alguma descoberta? Para cada personagem há um cartão com fatos divertidos e interessantes sobre sua vida. Uma campanha entrou no ar com o objetivo de arrecadar dinheiro para desenvolver

o *Who's She?*. A meta inicial era reunir 17 mil dólares. Oito dias antes de a campanha acabar, o projeto já angariou quase 350 mil dólares.

A chegada do jogo à casa do comprador varia de acordo com a quantia doada — quanto mais você doou, mais rápido vai poder jogar.

Disponível em: www.super.abril.com.br. Acesso em: 4 dez. 2018 (adaptado).

8. Ao divulgar a adaptação do jogo para questões relativas a ações e habilidades de mulheres notáveis, o texto busca

(A) contribuir para a formação cidadã dos jogadores.

(B) refutar modelos estereotipados de beleza e elegância.

(C) estimular a competitividade entre potenciais compradores.

(D) exemplificar estratégias de arrecadação financeira pela internet.

(E) desenvolver conhecimentos lúdicos específicos dos tempos atuais.

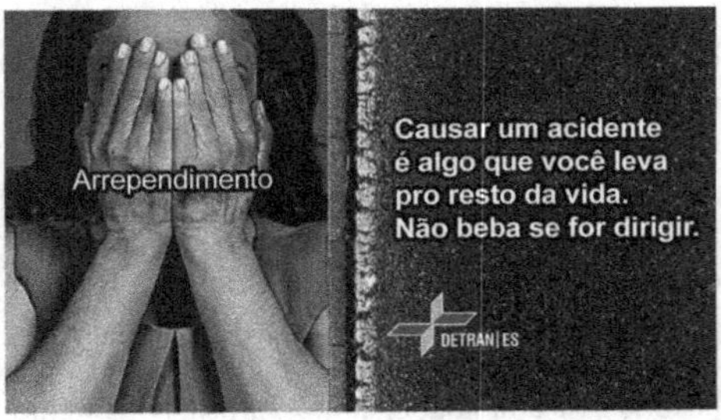

Disponível em: www.portaldapropaganda.com.br. Acesso em: 29 out. 2013 (adaptado).

9. Para convencer o público-alvo sobre a necessidade de um trânsito mais seguro, essa peça publicitária apela para o(a)

(A) sentimento de culpa provocado no condutor causador de acidentes.

(B) dano psicológico causado nas vítimas da violência nas estradas.

(C) importância do monitoramento do trânsito pelas autoridades competentes.

(D) necessidade de punição a motoristas alcoolizados envolvidos em acidentes.

(E) sofrimento decorrente da perda de entes queridos em acidentes automobilísticos.

Ciente de que, no campo da criação, as inovações tecnológicas abrem amplo leque de possibilidades — ao permitir, e mesmo estimular, que o artista explore a fundo, em seu processo criativo, questões como a aleatoriedade, o acaso, a não linearidade e a hipermídia —, Leo Cunha comenta que, no que tange ao campo da divulgação, as alternativas são ainda mais evidentes: "Afinal, é imensa a capacidade de reprodução, multiplicação e compartilhamento das obras artísticas/culturais. Ao mesmo tempo, ganham dimensão os dilemas envolvidos com a questão da autoria, dos direitos autorais, da reprodução e intervenção não autorizadas, entre outras questões". Já segundo a professora Yacy-Ara Froner, o uso de ferramentas tecnológicas não pode ser visto como um fim em si mesmo. Isso porque computadores, *samplers*, programas de imersão, internet e intranet, vídeo, televisão, rádio, GPD etc. são apenas suportes com os quais os artistas exercem sua imaginação.

SILVA JR., M. G. Movidas pela dúvida. **Minas faz Ciências**,n. 52, dez.-fev. 2013 (adaptado).

10. Segundo os autores citados no texto, a expansão de possibilidades no campo das manifestações artísticas promovida pela internet pode pôr em risco o(a)

(A) sucesso dos artistas.

(B) valorização dos suportes.

(C) proteção da produção estética.

(D) modo de distribuição de obras.

(E) compartilhamento das obras artísticas.

Ora, sempre que surge uma nova técnica, ela quer demonstrar que revogará as regras e coerções que presidiram o nascimento de todas as outras invenções do passado. Ela se pretende orgulhosa e única. Como se a nova técnica carreasse com ela, automaticamente, para seus novos usuários, uma propensão natural a fazer economia de qualquer aprendizagem. Como se ela se preparasse para varrer tudo que a precedeu, ao mesmo tempo transformando em analfabetos todos os que ousassem repeli-la. Fui testemunha dessa mudança ao longo de toda a minha vida. Ao passo que, na realidade, é o contrário que acontece. Cada nova técnica exige uma longa iniciação numa nova linguagem, ainda mais longa na medida em que nosso espírito é formatado pela utilização das linguagens que precederam o nascimento da recém-chegada.

ECO, U.; CARRIÈRE, J.-C. **Não contem com o fim do livro**. Rio de Janeiro: Record, 2010 (adaptado).

11. O texto revela que, quando a sociedade promove o desenvolvimento de uma nova técnica, o que mais impacta seus usuários é a

(A) dificuldade na apropriação da nova linguagem.

(B) valorização da utilização da nova tecnologia.

(C) recorrência das mudanças tecnológicas.

(D) suplantação imediata dos conhecimentos prévios.

(E) rapidez no aprendizado do manuseio das novas invenções.

Papos

—Me disseram...

—Disseram-me.

—Hein?

—O correto é "disseram-me". Não "me disseram".

—Eu falo como quero. E te digo mais... Ou é "digo-te"?

—O quê?

—Digo-te que você...

—O "te" e o "você" não combinam.

—Lhe digo?

—Também não. O que você ia me dizer?

—Que você está sendo grosseiro, pedante e chato. [...]

—Dispenso as suas correções. Vê se esquece-me. Falo como bem entender. Mais uma correção e eu...

—O quê?

—O mato.

—Que mato?

—Mato-o. Mato-lhe. Mato você. Matar-lhe-ei-te. Ouviu bem? Pois esqueça-o e para-te. Pronome no lugar certo é elitismo!

—Se você prefere falar errado...

—Falo como todo mundo fala. O importante é me entenderem. Ou entenderem-me?

VERISSIMO, L. F. **Comédias para se ler na escola**. Rio de Janeiro: Objetiva, 2001 (adaptado).

12. Nesse texto, o uso da norma-padrão defendido por um dos personagens torna-se inadequado em razão do(a)

(A) falta de compreensão causada pelo choque entre gerações.

(B) contexto de comunicação em que a conversa se dá.

(C) grau de polidez distinto entre os interlocutores.

(D) diferença de escolaridade entre os falantes.

(E) nível social dos participantes da situação.

São vários os fatores, internos e externos, que influenciam os hábitos das pessoas no acesso à internet, assim como nas práticas culturais realizadas na rede. A utilização das tecnologias de informação e comunicação está diretamente relacionada aos aspectos como: conhecimento de seu uso, acesso à linguagem letrada, nível de instrução, escolaridade, letramento digital etc. Os que detêm tais recursos (os mais escolarizados) são os que mais acessam a rede e também os que possuem maior índice de acumulatividade das práticas. A análise dos dados nos possibilita dizer que a falta de acesso à rede repete as mesmas adversidades e exclusões já verificadas na sociedade brasileira no que se refere a analfabetos, menos escolarizados, negros, população indígena e desempregados. Isso significa dizer que a internet, se não produz diretamente a exclusão, certamente a reproduz, tendo em vista que os que mais a acessam são justamente os mais jovens, escolarizados, remunerados, trabalhadores qualificados, homens e brancos.

SILVA, F. A. B.; ZIVIANE, P.; GHEZZI, D. R. **As tecnologias digitais e seus usos**. Brasília; Rio de Janeiro: Ipea, 2019 (adaptado).

13. Ao analisarem a correlação entre os hábitos e o perfil socioeconômico dos usuários da internet no Brasil, os pesquisadores

(A) apontam o desenvolvimento econômico como solução para ampliar o uso da rede.

(B) questionam a crença de que o acesso à informação é igualitário e democrático.

(C) afirmam que o uso comercial da rede é a causa da exclusão de minorias.

(D) refutam o vínculo entre níveis de escolaridade e dificuldade de acesso.

(E) condicionam a expansão da rede à elaboração de políticas inclusivas.

TEXTO I

A língua não é uma nomenclatura, que se apõe a uma realidade pré-categorizada, ela é que classifica a realidade. No léxico, percebe-se, de maneira mais imediata, o fato de que a língua condensa as experiências de um dado povo.

FIORIN, J. L. Língua, modernidade e tradição. **Diversitas**, n. 2, mar.-set. 2014.

TEXTO II

As expressões coloquiais ainda estão impregnadas de discriminação contra os negros. Basta recordar algumas delas, como passar um "dia negro", ter um "lado negro", ser a "ovelha negra" da família ou praticar "magia negra".

Disponível em: https://brasil.elpais.com. Acesso em: 22 maio 2018.

14. O Texto II exemplifica o que se afirma no Texto I, na medida em que defende a ideia de que as escolhas lexicais são resultantes de um

(A) expediente próprio do sistema linguístico que nos apresenta diferentes possibilidades para traduzir estados de coisas.

(B) ato inventivo de nomear novas realidades que surgem diante de uma comunidade de falantes de uma língua.

(C) mecanismo de apropriação de formas linguísticas que estão no acervo da formação do idioma nacional.

(D) processo de incorporação de preconceitos que são recorrentes na história de uma sociedade.

(E) recurso de expressão marcado pela objetividade que se requer na comunicação diária.

Disponível em: www.facebook.com/senadofederal. Acesso em: 9 dez. 2017.

15. Considerando-se a função social dos *posts*, essa imagem evidencia a apropriação de outro gênero com o objetivo de

(A) promover o uso adequado de campanhas publicitárias do governo.

(B) divulgar o projeto sobre transparência da administração pública.

(C) responsabilizar o cidadão pelo controle dos gastos públicos.

(D) delegar a gestão de projetos de lei ao contribuinte.

(E) assegurar a fiscalização dos gastos públicos.

Ela era linda. Gostava de dançar, fazia teatro em São Paulo e sonhava ser atriz em Hollywood. Tinha 13 anos quando ganhou uma câmera de vídeo — e uma irmã. As duas se tornaram suas companheiras de experimentações. Adolescente, Elena vivia a criar filminhos e se empenhava em dirigir a pequena Petra nas cenas que inventava. Era exigente com a irmã. E acreditava no potencial da menina para satisfazer seus arroubos de diretora precoce. Por cinco anos, integrou algumas das melhores companhias paulistanas de teatro e participou de preleções para filmes e trabalhos na TV. Nunca foi chamada. No início de 1990, Elena tinha 20 anos quando se mudou para Nova York para cursar artes cênicas e batalhar uma chance no mercado americano. Deslocada, ansiosa, frustrada após alguns testes de elenco malsucedidos, decepcionada com a ausência de reconhecimento e vitimada por uma depressão que se agravava com a falta de perspectivas, Elena pôs fim à vida no segundo semestre. Petra tinha 7 anos. Vinte anos depois, é ela, a irmã caçula, que volta a Nova York para percorrer os últimos passos da irmã, vasculhar seus arquivos e transformar suas memórias em imagem e poesia.

Elena é um filme sobre a irmã que parte e sobre a irmã que fica. É um filme sobre a busca, a perda, a saudade, mas também sobre o encontro, o legado, a memória. Um filme sobre a Elena de Petra e sobre a Petra de Elena, sobre o que ficou de uma na outra e, essencialmente, um filme sobre a delicadeza.

VANUCHI, C. **Época**, 19 out. 2012 (adaptado).

16. O texto é exemplar de um gênero discursivo que cumpre a função social de

(A) narrar, por meio de imagem e poesia, cenas da vida das irmãs Petra e Elena.

(B) descrever, por meio das memórias de Petra, a separação de duas irmãs.

(C) sintetizar, por meio das principais cenas do filme, a história de Elena.

(D) lançar, por meio da história de vida do autor, um filme autobiográfico.

(E) avaliar, por meio de análise crítica, o filme em referência.

PALAVRA – As gramáticas classificam as palavras em substantivo, adjetivo, verbo, advérbio, conjunção, pronome, numeral, artigo e preposição. Os poetas classificam as palavras pela alma porque gostam de brincar com elas, e para brincar com elas é preciso ter intimidade primeiro. É a alma da palavra que define, explica, ofende ou elogia, se coloca entre o significante e o significado para dizer o que quer, dar sentimento às coisas, fazer sentido. A palavra nuvem chove. A palavra triste chora. A palavra sono dorme. A palavra tempo passa. A palavra fogo queima. A palavra faca corta. A palavra carro corre. A palavra "palavra" diz. O que quer.

E nunca desdiz depois. As palavras têm corpo e alma, mas são diferentes das pessoas em vários pontos. As palavras dizem o que querem, está dito, e pronto.

FALCÃO, A. **Pequeno dicionário de palavras ao vento.** São Paulo: Salamandra, 2013 (adaptado).

17. Esse texto, que simula um verbete para a palavra "palavra", constitui-se como um poema porque

(A) tematiza o fazer poético, como em "Os poetas classificam as palavras pela alma".

(B) utiliza o recurso expressivo da metáfora, como em "As palavras têm corpo e alma".

(C) valoriza a gramática da língua, como em "substantivo, **ADJETIVO, VERBO, ADVÉRBIO, CONJUNÇÃO"**.

(D) estabelece comparações, como em "As palavras têm corpo e alma, mas são diferentes das pessoas".

(E) apresenta informações pertinentes acerca do conceito de "palavra", como em "As gramáticas classificam as palavras".

Morte lenta ao luso infame que inventou a calçada portuguesa. Maldito D. Manuel I e sua corja de tenentes Eusébios. Quadrados de pedregulho irregular socados à mão. À mão! É claro que ia soltar, ninguém reparou que ia soltar? Branco, preto, branco, preto, as ondas do mar de Copacabana. De que me servem as ondas do mar de Copacabana? Me deem chão liso, sem protuberâncias calcárias. Mosaico estúpido. Mania de mosaico. Joga concreto em cima e aplaina. Buraco, cratera, pedra solta, bueiro-bomba. Depois dos setenta, a vida se transforma numa interminável corrida de obstáculos. A queda é a maior ameaça para o idoso. "Idoso", palavra odienta. Pior, só "terceira idade". A queda separa a velhice da senilidade extrema. O tombo destrói a cadeia que liga a cabeça aos pés. Adeus, corpo. Em casa, vou de corrimão em corrimão, tateio móveis e paredes, e tomo banho sentado. Da poltrona para a janela, da janela para a cama, da cama para a poltrona, da poltrona para a janela. Olha aí, outra vez, a pedrinha traiçoeira atrás de me pegar. Um dia eu caio, hoje não.

TORRES, F. **Fim**. São Paulo: Cia. das Letras, 2013.

18. O recurso que caracteriza a organização estrutural desse texto é o(a)

(A) justaposição de sequências verbais e nominais.

(B) mudança de eventos resultante do jogo temporal.

(C) uso de adjetivos qualificativos na descrição do cenário.

(D) encadeamento semântico pelo uso de substantivos sinônimos.

(E) inter-relação entre orações por elementos linguísticos lógicos.

Pisoteamento, arrastão, empurra-empurra, agressões, vandalismo e até furto a um torcedor que estava caído no asfalto após ser atropelado nas imediações do estádio do Maracanã. As cenas de selvageria tiveram como estopim a invasão de milhares de torcedores sem ingresso, que furaram o bloqueio policial e transformaram o estádio em terra de ninguém. Um reflexo não só do quadro de insegurança que assola o Rio de Janeiro, mas também de como a violência social se embrenha pelo esporte mais popular do país. Em 2017, foram registrados

104 episódios de violência no futebol brasileiro, que resultaram em 11 mortes de torcedores. Desde 1995, quando 101 torcedores ficaram feridos e um morreu durante uma batalha campal no estádio do Pacaembu, autoridades têm focado as ações de enfrentamento à violência no futebol em grupos uniformizados, alguns proibidos de frequentar estádios. Porém, a postura meramente repressiva contra torcidas organizadas é ineficaz em uma sociedade que registra mais de 61 000 homicídios por ano. "É impossível dissociar a escalada de violência no futebol do panorama de desordem pública, social, econômica e política vivida pelo país", de acordo com um doutor em sociologia do esporte.

Disponível em: https://brasil.elpais.com. Acesso em: 22 jun. 2019 (adaptado).

19. Nesse texto, a violência no futebol está caracterizada como um(a)

(A) problema social localizado numa região do país.

(B) desafio para as torcidas organizadas dos clubes.

(C) reflexo da precariedade da organização social no país.

(D) inadequação de espaço nos estádios para receber o público.

(E) consequência da insatisfação dos clubes com a organização dos jogos.

Seis em cada dez pessoas com 15 anos ou mais não praticam esporte ou atividade física. São mais de 100 milhões de sedentários. Esses são dados do estudo *Práticas de esporte e atividade física*, da Pnad 2015, realizado pelo IBGE. A falta de tempo e de interesse são os principais motivos apontados para o sedentarismo. Paralelamente, 73,3% das pessoas de 15 anos ou mais afirmaram que o poder público deveria investir em esporte ou atividades físicas. Observou-se uma relação direta entre escolaridade e renda na realização de esportes ou atividades físicas. Enquanto 17,3% das pessoas que não tinham instrução realizavam diversas práticas corporais, esse percentual chegava a 56,7% das pessoas com superior completo. Entre as pessoas que têm práticas de esporte e atividade física regulares, o percentual de praticantes ia de 31,1%, na classe sem rendimento, a 65,2%, na classe de cinco salários mínimos ou mais. A falta de tempo foi mais declarada pela população adulta, com destaque entre as pessoas de 25 a 39 anos. Entre os adolescentes de 15 a 17 anos, o principal motivo foi não gostarem ou não quererem. Já o principal motivo para praticar esporte, declarado por 11,2 milhões de pessoas, foi relaxar ou se divertir, seguido de melhorar a qualidade de vida ou o bem-estar. A falta de instalação esportiva acessível ou nas proximidades foi um motivo pouco citado, demonstrando que a não prática estaria menos associada à infraestrutura disponível.

Disponível em: www.esporte.gov.br. Acesso em: 9 ago. 2017 (adaptado).

20. Com base na pesquisa e em uma visão ampliada de saúde, para a prática regular de exercícios ter influência significativa na saúde dos brasileiros, é necessário o desenvolvimento de estratégias que

(A) promovam a melhoria da aptidão física da população, dedicando-se mais tempo aos esportes.
(B) combatam o sedentarismo presente em parcela significativa da população no território nacional.
(C) facilitem a adoção da prática de exercícios, com ações relacionadas à educação e à distribuição de renda.
(D) auxiliem na construção de mais instalações esportivas e espaços adequados para a prática de atividades físicas e esportes.
(E) estimulem o incentivo fiscal para a iniciativa privada destinar verbas aos programas nacionais de promoção da saúde pelo esporte.

A escrava

— Admira-me —, disse uma senhora de sentimentos sinceramente abolicionistas —; faz-me até pasmar como se possa sentir, e expressar sentimentos escravocratas, no presente século, no século dezenove! A moral religiosa e a moral cívica aí se erguem, e falam bem alto esmagando a hidra que envenena a família no mais sagrado santuário seu, e desmoraliza, e avilta a nação inteira! Levantai os olhos ao Gólgota, ou percorrei-os em torno da sociedade, e dizei-me:

— Para que se deu em sacrifício o Homem Deus, que ali exalou seu derradeiro alento? Ah! Então não é verdade que seu sangue era o resgate do homem! É então uma mentira abominável ter esse sangue comprado a liberdade!? E depois, olhai a sociedade... Não vedes o abutre que a corrói constantemente!... Não sentis a desmoralização que a enerva, o cancro que a destrói?

Por qualquer modo que encaremos a escravidão, ela é, e será sempre um grande mal. Dela a decadência do comércio; porque o comércio e a lavoura caminham de mãos dadas, e o escravo não pode fazer florescer a lavoura; porque o seu trabalho é forçado.

REIS, M. F. **Úrsula e outras obras**. Brasília: Câmara dos Deputados, 2018.

21. Inscrito na estética romântica da literatura brasileira, o conto descortina aspectos da realidade nacional no século XIX ao

(A) revelar a imposição de crenças religiosas a pessoas escravizadas.
(B) apontar a hipocrisia do discurso conservador na defesa da escravidão.
(C) sugerir práticas de violência física e moral em nome do progresso material.
(D) relacionar o declínio da produção agrícola e comercial a questões raciais.
(E) ironizar o comportamento dos proprietários de terra na exploração do trabalho.

TEXTO I

Projeto Mural Eletrônico desenvolvido no INT, semelhante a um totem, promete tornar o acesso à informação disponível para todos

A inclusão de pessoas com deficiência se constituiu um dos principais desafios e preocupações para a sociedade ao longo das últimas décadas. E o uso da tecnologia tem se revelado um aliado fundamental em muitas iniciativas voltadas para essa área. Exemplo disso é uma das recentes criações do Instituto Nacional de Tecnologia (INT) — unidade de pesquisa do Ministério da Ciência, Tecnologia, Inovações e Comunicações (MCTIC). Ali, com o objetivo de que as diferenças entre pessoas não sejam sinônimo de obstáculos no acesso à informação ou na comunicação, engenheiros e tecnólogos vêm trabalhando no desenvolvimento do projeto Mural Eletrônico.

O Mural Eletrônico nasceu da necessidade de promover a inclusão nas escolas. Com interface multimídia e interativa, todos têm a possibilidade de acessar o Mural Eletrônico. Por meio do equipamento, podem ser disponibilizados vídeos com Libras, leitura sonora de textos, que também estarão acessíveis em uma plataforma de braille dinâmico, ao lado do teclado.

KIFFER, D. Inclusão ampla e irrestrita. **Rio Pesquisa**, n. 36, set. 2016 (adaptado).

TEXTO II

Projeto *Surdonews*, desenvolvido na UFRJ, garante acesso de surdos à informação e contribui para sua "inclusão científica"

Para não permitir que a falta de informação seja um fator para o isolamento e a inacessibilidade da comunidade surda, a jornalista e pesquisadora Roberta Savedra Schiaffino criou o projeto "*Surdonews*: montando os quebra-cabeças das notícias para o surdo". Trata-se de uma página no Facebook, com notícias constantemente atualizadas e apresentadas por surdos em Libras, e veiculadas por meio de vídeos.

A ideia de criar o projeto surgiu quando Roberta, ela própria surda profunda, ainda cursava o mestrado. Para isso, ela procurou traçar um diagnóstico do conhecimento informal entre as pessoas com surdez. Ela entrevistou cinquenta alunos surdos do ensino fundamental e viu que eles tinham muita dificuldade de ler, além de não captar a notícia falada. "Isso é muito grave, pois 90% do saber de um indivíduo vem do conhecimento informal, adquirido em feiras científicas, conversas, cinema, teatro, incluindo a mídia, por todas as suas possibilidades disseminadoras", explica a pesquisadora. "Prezamos pelo conteúdo científico em nossas pautas. Contudo, independentemente disso, nosso principal trabalho é, além de informar e atualizar, fazer com que os textos não sejam empobrecidos no processo de 'tradução' e, sim, acessíveis".

KIFFER, D. Comunicação sem barreiras. **Rio Pesquisa**, n. 37, dez. 2016 (adaptado).

22. Considerando-se o tema tecnologias e acessibilidade, os

textos I e II aproximam-se porque apresentam projetos que

(A) garantem a igualdade entre as pessoas.
(B) foram criados por uma pesquisadora surda.
(C) tiveram origem em um curso de pós-graduação.
(D) estão circunscritos ao espaço institucional da escola.
(E) têm como objetivo a disseminação do conhecimento.

Mas seu olhar verde, inconfundível, impressionante, iluminava com sua luz misteriosa as sombrias arcadas superciliares, que pareciam queimadas por ela, dizia logo a sua origem cruzada e decantada através das misérias e dos orgulhos de homens de aventura, contadores de histórias fantásticas, e de mulheres caladas e sofredoras, que acompanhavam os maridos e amantes através das matas intermináveis, expostas às febres, às feras, às cobras do sertão indecifrável, ameaçador e sem fim, que elas percorriam com a ambição única de um "pouso" onde pudessem viver, por alguns dias, a vida ilusória de família e de lar, sempre no encalço dos homens, enfebrados pela procura do ouro e do diamante.

PENNA, C. **Fronteira**. Rio de Janeiro: Tecnoprint, s/d.

23. Ao descrever os olhos de Maria Santa, o narrador estabelece correlações que refletem a

(A) caracterização da personagem como mestiça.
(B) construção do enredo de conquistas da família.
(C) relação conflituosa das mulheres e seus maridos.
(D) nostalgia do desejo de viver como os antepassados.
(E) marca de antigos sofrimentos no fluxo de consciência.

O complexo de falar difícil

O que importa realmente é que o(a) detentor(a) do notável saber jurídico saiba quando e como deve fazer uso desse português versão 2.0, até porque não tem necessidade de alguém entrar numa padaria de manhã com aquela cara de sono falando o seguinte: "Por obséquio, Vossa Senhoria teria a hipotética possibilidade de estabelecer com minha pessoa uma relação de compra e venda, mediante as imposições dos códigos Civil e do Consumidor, para que seja possível a obtenção de 10 pãezinhos em temperatura estável para que a relação pecuniária no valor de R$ 5,00 seja plenamente legítima e capaz de saciar minha fome matinal?".

O problema é que temos uma cultura de valorizar quem demonstra ser inteligente ao invés de valorizar quem é. Pela nossa lógica, todo mundo que fala difícil tende a ser mais inteligente do que quem valoriza o simples, e 99,9% das pessoas que estivessem na padaria iriam ficar boquiabertas se alguém fizesse uso das palavras que eu disse acima em plenas 7 da manhã em vez de dizer: "Bom dia! O senhor poderia me vender cinco reais de pão francês?".

Agora entramos na parte interessante: o que realmente é falar difícil? Simplesmente fazer uso de palavras que a maioria não faz ideia do que seja é um ato de falar difícil? Eu penso que não, mas é assim que muita gente age. Falar difícil é fazer uso do simples, mas com coerência e coesão, deixar tudo amarradinho gramaticalmente falando. Falar difícil pode fazer alguém parecer inteligente, mas não por muito tempo. É claro que em alguns momentos não temos como fugir do português rebuscado, do juridiquês propriamente dito, como no caso de documentos jurídicos, entre outros.

ARAÚJO, H. Disponível em: www.diariojurista.com. Acesso em: 20 nov. 2021 (adaptado).

24. Nesse artigo de opinião, ao fazer uso de uma fala rebuscada no exemplo da compra do pão, o autor evidencia a importância de(a)

(A) se ter um notável saber jurídico.
(B) valorização da inteligência do falante.
(C) falar difícil para demonstrar inteligência.
(D) coesão e da coerência em documentos jurídicos.
(E) adequação da linguagem à situação de comunicação.

A conquista da medalha de prata por Rayssa Leal, no *skate street* nos Jogos Olímpicos, é exemplo da representatividade feminina no esporte, avalia a âncora do jornal da rede de televisão da CNN. A apresentadora, que também anda de skate, celebrou a vitória da brasileira, que entrou para a história como a atleta mais nova a subir num pódio defendendo o Brasil. "Essa representatividade do esporte nos Jogos faz pensarmos que não temos que ficar nos encaixando em nenhum lugar. Posso gostar de passar notícia e, mesmo assim, gostar de skate, subir montanha, mergulhar, andar de bike, fazer yoga. Temos que parar de ficar enquadrando as pessoas dentro de regras. A gente vive num padrão no qual a menina ganha boneca, mas por que também não fazer um esporte de aventura? Por que o homem pode se machucar, cair de joelhos, e a menina tem que estar sempre lindinha dentro de um padrão? Acabamos limitando os talentos das pessoas", afirmou a jornalista, sobre a prática do skate por mulheres.

Disponível em: www.cnnbrasil.com.br. Acesso em: 31 out. 2021 (adaptado).

25. O discurso da jornalista traz questionamentos sobre a relação da conquista da skatista com a

(A) conciliação do jornalismo com a prática do skate.
(B) inserção das mulheres na modalidade *skate street*.
(C) desconstrução da noção do skate como modalidade masculina.
(D) vanguarda de ser a atleta mais jovem a subir no pódio olímpico.
(E) conquista de medalha nos Jogos Olímpicos de Tóquio.

Assentamento

Zanza daqui Zanza pra acolá
Fim de feira, periferia afora
A cidade não mora mais em mim
Francisco, Serafim Vamos embora
Ver o capim Ver o baobá
Vamos ver a campina quando flora
A piracema, rios contravim Binho, Bel, Bia, Quim
Vamos embora

Quando eu morrer Cansado de guerra Morro de bem
Com a minha terra: Cana, caqui Inhame, abóbora
Onde só vento se semeava outrora Amplidão, nação, sertão sem fim
Ó Manuel, Miguilim Vamos embora

BUARQUE, C. **As cidades**. Rio de Janeiro: RCA, 1998 (fragmento).

26. Nesse texto, predomina a função poética da linguagem. Entretanto, a função emotiva pode ser identificada no verso:

(A) "Zanza pra acolá".
(B) "Fim de feira, periferia afora".
(C) "A cidade não mora mais em mim".
(D) "Onde só vento se semeava outrora".
(E) "Ó Manuel, Miguilim".

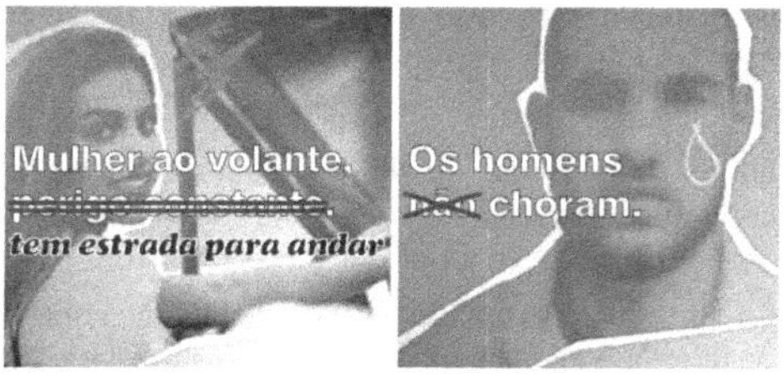

Disponível em: https://viva-porto.pt. Acesso em: 24 nov. 2021 (adaptado).

27. A articulação entre os elementos verbais e os não verbais do texto tem como propósito desencadear a

(A) identificação de distinções entre mulheres e homens.

(B) revisão de representações estereotipadas de gênero.

(C) adoção de medidas preventivas de combate ao sexismo.

(D) ratificação de comportamentos femininos e masculinos.

(E) retomada de opiniões a respeito da diversidade dos papéis sociais.

As línguas silenciadas do Brasil

Para aprender a língua de seu povo, o professor Txaywa Pataxó, de 29 anos, precisou estudar os fatores que, por diversas vezes, quase provocaram a extinção da língua patxôhã. Mergulhou na história do Brasil e descobriu fatos violentos que dispersaram os pataxós, forçados a abandonar a própria língua para escapar da perseguição. "Os pataxós se espalharam, principalmente, depois do Fogo de 1951. Queimaram tudo e expulsaram a gente das nossas terras. Isso constrange o nosso povo até hoje", conta Txaywa, estudante da Universidade Federal de Minas Gerais e professor na aldeia Barra Velha, região de Porto Seguro (BA). Mais de quatro décadas depois, membros da etnia retornaram ao antigo local e iniciaram um movimento de recuperação da língua patxôhã. Os filhos de Sameary Pataxó já são fluentes — e ela, que se mudou quando já era adulta para a aldeia, tenta aprender um pouco com eles. "É a nossa identidade. Você diz quem você é por meio da sua língua", afirma a professora de ensino fundamental sobre a importância de restaurar a língua dos pataxós. O patxôhã está entre as línguas indígenas faladas no Brasil: o IBGE estimou 274 línguas no último censo. A publicação *Povos indígenas no Brasil 2011/2016*, do Instituto Socioambiental, calcula 160. Antes da chegada dos portugueses, elas totalizavam mais de mil.

Disponível em: https://brasil.elpais.com. Acesso em: 11 jun. 2019 (adaptado).

28. O movimento de recuperação da língua patxôhã assume um caráter identitário peculiar na medida em que

(A) denuncia o processo de perseguição histórica sofrida pelos povos indígenas.

(B) conjuga o ato de resistência étnica à preservação da memória cultural.

(C) associa a preservação linguística ao campo da pesquisa acadêmica.

(D) estimula o retorno de povos indígenas a suas terras de origem.

(E) aumenta o número de línguas indígenas faladas no Brasil.

Esaú e Jacó

Bárbara entrou, enquanto o pai pegou da viola e passou ao patamar de pedra, à porta da esquerda. Era uma criaturinha leve e breve, saia bordada, chinelinha no pé. Não se lhe podia negar um corpo airoso. Os cabelos, apanhados no alto da cabeça por um pedaço de fita enxovalhada, faziam-lhe um solidéu natural, cuja borla era suprida por um raminho de arruda. Já vai nisto um pouco de sacerdotisa. O mistério estava nos olhos. Estes eram opacos, não sempre nem tanto que não fossem também lúcidos e agudos, e neste último estado eram igualmente compridos; tão compridos e tão agudos que entravam pela gente abaixo, revolviam o coração e tornavam cá fora, prontos para nova entrada e outro revolvimento. Não te minto dizendo que as duas sentiram tal ou qual fascinação. Bárbara interrogou-as; Natividade disse ao que vinha e entregou-lhe os retratos dos filhos e os cabelos cortados, por lhe haverem dito que bastava.

— Basta, confirmou Bárbara. Os meninos são seus filhos?

— São.

ASSIS, M. **Obra completa**. Rio de Janeiro: Nova Aguilar, 1994.

29. No relato da visita de duas mulheres ricas a uma vidente no Morro do Castelo, a ironia — um dos traços mais representativos da narrativa machadiana — consiste no

(A) modo de vestir dos moradores do morro carioca.

(B) senso prático em relação às oportunidades de renda.

(C) mistério que cerca as clientes de práticas de vidência.

(D) misto de singeleza e astúcia dos gestos da personagem.

(E) interesse do narrador pelas figuras femininas ambíguas.

A senhora manifestava-se por atos, por gestos, e sobretudo por um certo silêncio, que amargava, que esfolava. Porém desmoralizar escancaradamente o marido, não era com ela. [...]

As negras receberam ordem para meter no serviço a gente *do tal compadre Silveira*: as cunhadas, ao fuso; os cunhados, ao campo, tratar do gado com os vaqueiros; a mulher e as irmãs, que se ocupassem da ninhada. Margarida não tivera filhos, e como os desejasse com a força de suas vontades, tratava sempre bem aos pequenitos e às mães que os estavam criando. Não era isso uma sentimentalidade cristã, uma ternura, era o egoísta e cru instinto da maternidade, obrando por mera simpatia carnal. Quanto ao pai do lote (referia-se ao Antônio), esse que fosse ajudar ao vaqueiro das bestas.

Ordens dadas, o Quinquim referendava. Cada um moralizava o outro, para moralizar-se.

PAIVA, M. O. Dona Guidinha do Poço. Rio de Janeiro: Tecnoprint, s/d.

30. No trecho do romance naturalista, a forma como o narrador julga comportamentos e emoções das personagens femininas revela influência do pensamento

(A) capitalista, marcado pela distribuição funcional do trabalho.

(B) liberal, buscando a igualdade entre pessoas escravizadas e livres.

(C) científico, considerando o ser humano como um fenômeno biológico.

(D) religioso, fundamentado na fé e na aceitação dos dogmas do cristianismo.

(E) afetivo, manifesto na determinação de acolher familiares e no respeito mútuo.

Era o êxodo da seca de 1898. Uma ressurreição de cemitérios antigos — esqueletos redivivos, com o aspecto terroso e o fedor das covas podres.

Os fantasmas estropiados como que iam dançando, de tão trôpegos e trêmulos, num passo arrastado de quem leva as pernas, em vez de ser levado por elas.

Andavam devagar, olhando para trás, como quem quer voltar. Não tinham pressa em chegar, porque não sabiam aonde iam. Expulsos de seu paraíso por espadas de fogo, iam, ao acaso, em descaminhos, no arrastão dos maus fados.

Fugiam do sol e o sol guiava-os nesse forçado nomadismo.

Adelgaçados na magreira cômica, cresciam, como se o vento os levantasse. E os braços afinados desciam-lhes aos joelhos, de mãos abanando.

Vinham escoteiros. Menos os hidrópicos — de ascite consecutiva à alimentação tóxica — com os fardos das barrigas alarmantes.

Não tinham sexo, nem idade, nem condição nenhuma.

Eram os retirantes. Nada mais.

ALMEIDA, J. A. **A bagaceira**. Rio de Janeiro: J. Olympio, 1978.

31. Os recursos composicionais que inserem a obra no chamado "Romance de 30" da literatura brasileira manifestam-se aqui no(a)

(A) desenho cru da realidade dramática dos retirantes.

(B) indefinição dos espaços para efeito de generalização.

(C) análise psicológica da reação dos personagens à seca.

(D) engajamento político do narrador ante as desigualdades.

(E) contemplação lírica da paisagem transformada em alegoria.

MANUAL DE ORIENTAÇÃO

O primeiro guia prático da Sociedade Brasileira de Pediatria para ajudar pais e pediatras no desafio de educar nativos digitais

TRABALHO DE BASE

Até 2 anos

A criança não deve ser exposta passivamente às telas — TV, tablet, celular etc. —, principalmente durante as refeições e até 2 horas antes de dormir.

De 2 a 5 anos

O tempo de exposição às telas deve ser limitado a 1 hora por dia. Crianças dessa faixa etária devem ser mais protegidas da violência virtual, pois não sabem separar fantasia de realidade.

Até 10 anos

Devem ter acesso controlado a computadores e dispositivos móveis. Crianças de até 10 anos não devem usar TV ou computador no próprio quarto.

Disponível em: https://tab.uol.com.br. Acesso em: 25 ago. 2017 (adaptado).

32. O texto sobre os chamados nativos digitais traz informações com a função de

(A) propor ações específicas para cada etapa da infância.

(B) estabelecer regras que devem ser seguidas à risca.

(C) explicar os efeitos do acesso precoce à internet.

(D) determinar a incorporação de rituais à educação dos filhos.

(E) educar com base em um conjunto de estratégias formativas.

Notas

Soluços, lágrimas, casa armada, veludo preto nos portais, um homem que veio vestir o cadáver, outro que tomou a medida do caixão, caixão, essa, tocheiros, convites, convidados que entravam, lentamente, a passo surdo, e apertavam a mão à família, alguns tristes, todos sérios e calados, padre e sacristão, rezas, aspersões d'água benta, o fechar do caixão, a prego e martelo, seis pessoas que o tomam da essa, e o levantam, e o descem a custo pela escada, não obstante os gritos, soluços e novas lágrimas da família, e vão até o coche fúnebre, e o colocam em cima e traspassam e apertam as correias, o rodar do coche, o rodar dos carros, um a um... Isto que parece um simples inventário eram notas que eu havia tomado para um capítulo triste e vulgar que não escrevo.

ASSIS, M. **Memórias póstumas de Brás Cubas**. Disponível em: www.dominiopublico.gov.br. Acesso em: 25 jul. 2022.

33. O recurso linguístico que permite a Machado de Assis considerar um capítulo de *Memórias póstumas de Brás Cubas* como inventário é a

(A) enumeração de objetos e fatos.

(B) predominância de linguagem objetiva.

(C) ocorrência de período longo no trecho.

(D) combinação de verbos no presente e no pretérito.

(E) presença de léxico do campo semântico de funerais.

Criado há cerca de 20 anos na Califórnia, o *mountainboard* é um esporte de aventura que utiliza uma espécie de skate *off-road* para realizar manobras similares às das modalidades de *snowboard*, surf e do próprio skate. A atividade chegou ao Brasil em 1997 e hoje possui centenas de praticantes, um circuito nacional respeitável e mais de uma dezena de pistas espalhadas pelo país. Segundo consta na história oficial, o *mountainboard* foi criado por praticantes de *snowboard* que sentiam falta de praticar o esporte nos períodos sem neve. Para isso, eles desenvolveram um equipamento bem simples: uma prancha semelhante ao modelo utilizado na neve (menor e um pouco menos flexível), com dois eixos bem resistentes, alças para encaixar os pés e quatro pneus com câmaras de ar para regular a velocidade que pode ser alcançada em diferentes condições. Com essa configuração, o esporte se mostrou possível em diversos tipos de terreno: grama, terra, pedras, asfalto e areia. Além desses pisos, também é possível procurar pelas próprias trilhas para treinar as manobras.

Disponível em: www.webventure.com.br. Acesso em: 19 jun. 2019.

34. A história da prática do *mountainboard* representa uma das principais marcas das atividades de aventura, caracterizada pela

(A) competitividade entre seus praticantes.
(B) atividade com padrões técnicos definidos.
(C) modalidade com regras predeterminadas.
(D) criatividade para adaptações a novos espaços.
(E) necessidade de espaços definidos para a sua realização.

Ser cronista

Sei que não sou, mas tenho meditado ligeiramente no assunto.

Crônica é um relato? É uma conversa? É um resumo de um estado de espírito? Não sei, pois antes de começar a escrever para o *Jornal do Brasil*, eu só tinha escrito romances e contos.

E também sem perceber, à medida que escrevia para aqui, ia me tornando pessoal demais, correndo o risco de em breve publicar minha vida passada e presente, o que não pretendo. Outra coisa notei: basta eu saber que estou escrevendo para o jornal, isto é, para algo aberto facilmente por todo o mundo, e não para um livro, que só é aberto por quem realmente quer, para que, sem mesmo sentir, o modo de escrever se transforme. Não é que me desagrade mudar, pelo contrário. Mas queria que fossem mudanças mais profundas e interiores que não viessem a se refletir no escrever. Mas mudar só porque isso é uma coluna ou uma crônica? Ser mais leve só porque o leitor assim o quer? Divertir? Fazer passar uns minutos de leitura? E outra coisa: nos meus livros quero profundamente a comunicação profunda comigo e com o leitor. Aqui no jornal apenas falo com o leitor e agrada-me que ele fique agradado. Vou dizer a verdade: não estou contente.

LISPECTOR, C. In: **A descoberta do mundo.** Rio de Janeiro: Rocco, 1999.

35. No texto, ao refletir sobre a atividade de cronista, a autora questiona características do gênero crônica, como

(A) relação distanciada entre os interlocutores.
(B) articulação de vários núcleos narrativos.
(C) brevidade no tratamento da temática.
(D) descrição minuciosa dos personagens.
(E) público leitor exclusivo.

Projeto na Câmara de BH quer a vacinação gratuita de cães contra a leishmaniose

A doença é grave e vem causando preocupação na região metropolitana da capital mineira

Ela é uma doença grave, transmitida pela picada do mosquito-palha, e afeta tanto os seres humanos quanto os cachorros: a leishmaniose. Por ser um problema de saúde pública, a doença pode ganhar uma ação preventiva importante, caso um projeto de lei seja aprovado na Câmara Municipal de Belo Horizonte (CMBH). Diante do alto número de casos da doença na Grande BH, a Comissão de Saúde e Saneamento da CMBH aprovou a proposta de realização de campanhas públicas de vacinação gratuita de cães contra a leishmaniose, tema do PL 404/17, apreciado pelo colegiado em reunião ordinária, no dia 6 de dezembro.

Disponível em: https://revistaencontro.com.br. Acesso em: 11 dez. 2017.

36. Essa notícia, além de cumprir sua função informativa, assume o papel de

(A) fiscalizar as ações de saúde e saneamento da cidade.
(B) defender os serviços gratuitos de atendimento à população.
(C) conscientizar a população sobre grave problema de saúde pública.
(D) propor campanhas para a ampliação de acesso aos serviços públicos.
(E) responsabilizar os agentes públicos pela demora na tomada de decisões.

"Vida perfeita" em redes sociais pode afetar a saúde mental

Nas várias redes sociais que povoam a internet, os chamados *digital influencers* estão sempre felizes e pregam a felicidade como um estilo de vida. Essas pessoas espalham conteúdo para milhares de seguidores, ditando tendência e mostrando um estilo de vida sonhado por muitos, como o corpo esbelto, viagens incríveis, casas deslumbrantes, carros novos e alegria em tempo integral, algo bem improvável de ocorrer o tempo todo, aponta Carla Furtado, mestre em psicologia e fundadora do Instituto Feliciência.

A problemática pode surgir com a busca incessante por essa felicidade, que gera efeitos colaterais em quem consome diariamente a "vida perfeita" de outros. Daí vem o conceito de positividade tóxica: a expressão tem sido usada para abordar uma espécie de pressão pela adoção de um discurso positivo, aliada a uma vida editada para as redes sociais. Para manter a saúde mental e evitar ser atingido pela positividade tóxica, o uso racional das redes sociais é o mais indicado, aconselha a médica psiquiatra Renata Nayara Figueiredo, presidente da Associação Psiquiátrica de Brasília (APBr).

Disponível em: https://agenciabrasil.ebc.com.br. Acesso em: 21 nov. 2021 (adaptado).

37. Associada ao ideário de uma "vida perfeita", a positividade tóxica mencionada no texto é um fenômeno social recente, que se constitui com base em

(A) representações estereotipadas e superficiais de felicidade.
(B) ressignificações contemporâneas do conceito de alegria.
(C) estilos de vida inacessíveis para a sociedade brasileira.
(D) atitudes contraditórias de influenciadores digitais.
(E) padrões idealizados e nocivos de beleza física.

TEXTO I

EL GRECO. **Laocoonte**. Óleo sobre tela, 1,37cm x 1,72cm. National Gallery of Art, Washington, Estados Unidos, *circa* 1610-1614. Disponível em: https://images.nga.gov. Acesso em: 28 jun. 2019 (adaptado).

TEXTO II

Essa impressionante obra apresenta o sacerdote Laocoonte sendo punido pelos deuses por tentar alertar os troianos da ameaça do Cavalo de Troia, que escondia um grupo de soldados gregos. Enviadas pelos deuses, serpentes marinhas são vistas matando Laocoonte e seus dois filhos como forma de punição.

KAY, A. In: FARTHING, S. (Org.). **Tudo sobre arte**. Rio de Janeiro: Sextante, 2011 (adaptado).

38. Produzida no início do século XVII, a obra maneirista distingue-se pela

(A) representação da nudez masculina.
(B) distorção ao representar a figura humana.
(C) evocação de um fato da cultura clássica grega.
(D) presença do tema da morte como punição da família.
(E) utilização da perspectiva para integrar os diferentes planos.

TEXTO I

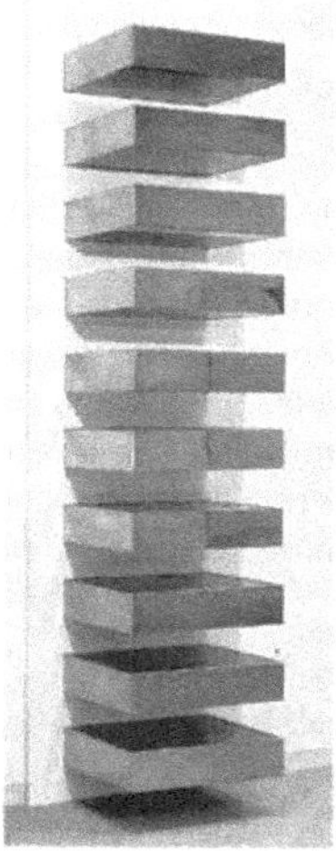

JUDD, D. **Sem título**. 1969. Disponível em: https://dasartes.com.br. Acesso em: 16 jun. 2022.

TEXTO II

Embora não fosse um grupo ou um movimento organizado, o Minimalismo foi um dos muitos rótulos (incluindo estruturas primárias, objetos unitários, arte ABC e *Cool Art*) aplicados pelos críticos para descrever estruturas aparentemente simples que alguns artistas estavam criando. Quando a arte minimalista começou a surgir, muitos críticos e um público opinativo julgaram-na fria, anônima e imperdoável. Os materiais industriais pré-fabricados frequentemente usados não pareciam "arte".

DEMPSEY, A. **Estilos, escolas e movimentos**. São Paulo: Cosac & Naify, 2003 (adaptado).

39. De acordo com os textos I e II, compreende-se que a obra minimalista é uma

(A) representação da simplicidade pelo artista.

(B) exploração da técnica da escultura cubista.

(C) valorização do cotidiano por meio da geometria.

(D) utilização da complexidade dos elementos formais.

(E) combinação de formas sintéticas no espaço utilizado.

Firmo, o vaqueiro

No dia seguinte, à hora em que saía o gado, estava eu debruçado à varanda quando vi o cafuzo que preparava o animal viajeiro:

— Raimundinho, como vai ele?...

De longe apontou a palhoça.

— Sim.

O braço caiu-lhe, olhou-me algum tempo comovido; depois, saltando para o animal, levou o polegar à boca fazendo estalar a unha nos dentes: "Às quatro horas da manhã... Atirei um verso e disse, para bulir com ele: Pega, velho! Não respondeu. Tio Firmo, mesmo velho e doente, não era homem para deixar um verso no chão... Fui ver, coitado!... estava morto". E deu de esporas para que eu não lhe visse as lágrimas.

NETTO, C. In: MARCHEZAN, L. G. (Org.). **O conto regionalista.** São Paulo: Martins Fontes, 2009.

40. A passagem registra um momento em que a expressividade lírica é reforçada pela

(A) plasticidade da imagem do rebanho reunido.

(B) sugestão da firmeza do sertanejo ao arrear o cavalo.

(C) situação de pobreza encontrada nos sertões brasileiros.

(D) afetividade demonstrada ao noticiar a morte do cantador.

(E) preocupação do vaqueiro em demonstrar sua virilidade.

O bebê de tarlatana rosa

— [...] Na terça desliguei-me do grupo e caí no mar alto da depravação, só, com uma roupa leve por cima da pele e todos os maus instintos fustigados. De resto a cidade inteira estava assim. É o momento em que por trás das máscaras as meninas confessam paixões aos rapazes, é o instante em que as ligações mais secretas transparecem, em que a virgindade é dúbia, e todos nós a achamos inútil, a honra uma caceteação, o bom senso uma fadiga. Nesse momento tudo é possível, os maiores absurdos, os maiores crimes; nesse momento há um riso que galvaniza os sentidos e o beijo se desata naturalmente.

Eu estava trepidante, com uma ânsia de acanalhar-me, quase mórbida. Nada de raparigas do galarim perfumadas e por demais conhecidas, nada do contato familiar, mas o deboche anônimo, o deboche ritual de chegar, pegar, acabar, continuar. Era ignóbil. Felizmente muita gente sofre do mesmo mal no carnaval.

RIO, J. Dentro da noite. São Paulo: Antiqua, 2002.

41. No texto, o personagem vincula ao carnaval atitudes e reações coletivas diante das quais expressa

(A) consagração da alegria do povo.

(B) atração e asco perante atitudes libertinas.

(C) espanto com a quantidade de foliões nas ruas.

(D) intenção de confraternizar com desconhecidos.

(E) reconhecimento da festa como manifestação cultural.

10 de maio

Fui na delegacia e falei com o tenente. Que homem amavel! Se eu soubesse que ele era tão amavel, eu teria ido na delegacia na primeira intimação. [...] O tenente interessou-se pela educação dos meus filhos. Disse-me que a favela é um ambiente propenso, que as pessoas tem mais possibilidade de delinquir do que tornar-se util a patria e ao país. Pensei: se ele sabe disto, porque não faz um relatorio e envia para os politicos? O senhor Janio Quadros, o Kubstchek e o Dr. Adhemar de Barros? Agora falar para mim, que sou uma pobre lixeira. Não posso resolver nem as minhas dificuldades.

... O Brasil precisa ser dirigido por uma pessoa que já passou fome. A fome tambem é professora.

Quem passa fome aprende a pensar no próximo, e nas crianças.

JESUS, C. M. **Quarto de despejo**: diário de uma favelada. São Paulo: Ática, 2014.

42. A partir da intimação recebida pelo filho de 9 anos, a autora faz uma reflexão em que transparece a

(A) lição de vida comunicada pelo tenente.
(B) predisposição materna para se emocionar.
(C) atividade política marcante da comunidade.
(D) resposta irônica ante o discurso da autoridade.
(E) necessidade de revelar seus anseios mais íntimos.

Vanda vinha do interior de Minas Gerais e de dentro de um livro de Charles Dickens. Sem dinheiro para criá-la, sua mãe a dera, com seus sete anos, a uma conhecida. Ao recebê-la, a mulher perguntou o que a garotinha gostava de comer. Anotou tudo num papel. Mal a mãe virou as costas, no entanto, a fulana amassou a lista e, como uma vilã de folhetim, decretou: "A partir de hoje, você não vai mais nem sentir o cheiro dessas comidas!".

Vanda trabalhou lá até os quinze anos, quando recebeu a carta de uma prima com uma nota de cem cruzeiros, saiu de casa com a roupa do corpo e fugiu num ônibus para São Paulo.

Todas as vezes que eu e minha irmã a importunávamos com nossas demandas de criança mimada, ela nos contava histórias da infância de gata-borralheira, fazia-nos apertar seu nariz quebrado por uma das filhas da "patroa" com um rolo de amassar pão e nos expulsava da cozinha: "Sai pra lá, peste, e me deixa acabar essa janta".

PRATA, A. **Nu de botas**. São Paulo: Cia. das Letras, 2013 (adaptado).

43. Pela ótica do narrador, a trajetória da empregada de sua casa assume um efeito expressivo decorrente da

(A) citação a referências literárias tradicionais.
(B) alusão à inocência das crianças da época.
(C) estratégia de questionar a bondade humana.
(D) descrição detalhada das pessoas do interior.
(E) representação anedótica de atos de violência.

TEXTO I

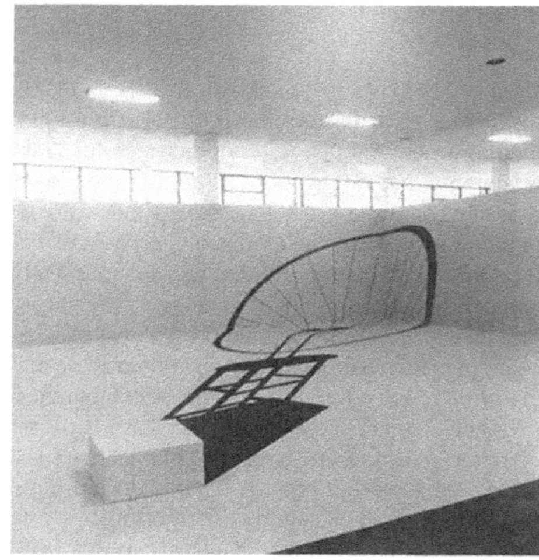

SILVEIRA, R. **In absentia**, 1983. Instalação, 17ª Bienal de São Paulo.

Disponível em: www.bienal.org.br. Acesso em: 1 set. 2016 (adaptado).

TEXTO II

O termo *ready-made* foi criado por Marcel Duchamp (1887-1968) para designar um tipo de objeto, por ele inventado, que consiste em um ou mais artigos de uso cotidiano, produzidos em massa, selecionados sem critérios estéticos e expostos como obras de arte em espaços especializados (museus e galerias). Seu primeiro *ready-made*, de 1912, é uma roda de bicicleta montada sobre um banquinho (*Roda de bicicleta*). Ao transformar qualquer objeto em obra de arte, o artista realiza uma crítica radical ao sistema da arte.

Disponível em: www.bienal.org.br. Acesso em: 1 set. 2016 (adaptado).

44. A instalação *In absentia* propõe um diálogo com o *ready-made Roda de bicicleta*, demonstrando que

(A) as formas de criticar obras do passado se repetem.
(B) a recorrência de temas marca a arte do final do século XX.
(C) as criações desmistificam os valores estéticos estabelecidos.
(D) o distanciamento temporal permite a transformação dos referenciais estéticos.

(E) o objeto ausente sugere a degradação da forma superando o modelo artístico.

O Recife fervilhava no começo da década de 1990, e os artistas trabalhavam para resgatar o prestígio da cultura pernambucana. Era preciso se inspirar, literalmente, nas raízes sobre as quais a cidade se construiu. Foi aí que, em 1992, com a publicação de um manifesto escrito pelo músico e jornalista Fred Zero Quatro, da banda Mundo Livre S/A, nasceu o manguebeat. O nome vem de "mangue", vegetação típica da região, e "beat", para representar as batidas e as influências musicais que o movimento abraçaria a partir dali. Era a hora e a vez de os caranguejos — aos quais os músicos recifenses gostavam de se comparar — mostrarem as caras: o maracatu e suas alfaias se misturaram com as batidas do hip-hop, as guitarras do rock, elementos eletrônicos e o sotaque recifense de Chico Science. A busca pelo novo rendeu uma perspectiva diferente do Brasil ao olhar para o Recife. A cidade deixou de ser o lugar apenas do frevo e do carnaval, transformando-se na ebulição musical que continua a acontecer mesmo após os 25 anos do lançamento do primeiro disco da Nação Zumbi, *Da lama ao caos*.

FORCIONI, G. et al. O mangue está de volta. **Revista Esquinas**, n. 87, set. 2019 (adaptado).

45. Chico Science foi fundamental para a renovação da música pernambucana, fato que se deu pela

(A) utilização de aparelhos musicais eletrônicos em lugar dos instrumentos tradicionais.

(B) ocupação de espaços da natureza local para a produção de eventos musicais memoráveis.

(C) substituição de antigas práticas musicais, como o frevo, por melodias e harmonias inovadoras.

(D) recuperação de composições tradicionais folclóricas e sua apresentação em grandes festivais.

(E) integração de referenciais culturais de diferentes origens, criando uma nova combinação estética.

CIÊNCIAS HUMANAS E SUAS TECNOLOGIAS
QUESTÕES DE 46 A 90

Espera, resignado, o dia 13 daquele mês porque, em tal data, usança avoenga lhe faculta sondar o futuro, interrogando a providência. É a experiência tradicional de Santa Luzia. No dia 12 ao anoitecer expõe ao relento, em linha, seis pedrinhas de sal, que representam, em ordem sucessiva da esquerda para a direita, os seis meses vindouros, de janeiro a junho. Ao alvorecer de 13 observa-as: se estão intactas, pressagiam a seca; se a primeira apenas se deliu, transmudada em aljôfar límpido, é certa a chuva em janeiro; se a segunda, em fevereiro; se a maioria ou todas, é inevitável o inverno benfazejo. Esta experiência é belíssima.

CUNHA, E. **Os sertões**. São Paulo: Editora Três, 1984.

46. No experimento descrito, a relação com a paisagem e com a religiosidade permite que o sertanejo seja

(A) afeito à devoção ao aceitar destinos sacralizados.

(B) acostumado à pobreza ao admitir acasos naturais.

(C) habituado ao solo ao conhecer terrenos cultiváveis.

(D) íntimo à Caatinga ao interpretar condições ambientais.

(E) próximo à vegetação ao identificar espécies arbustivas.

Sempre que a relevância do discurso entra em jogo, a questão torna-se política por definição, pois é o discurso que faz do homem um ser político. E tudo que os homens fazem, sabem ou experimentam só tem sentido na medida em que pode ser discutido. Haverá, talvez, verdades que ficam além da linguagem e que podem ser de grande relevância para o homem no singular, isto é, para o homem que, seja o que for, não é um ser político. Mas homens no plural, isto é, os homens que vivem e se movem e agem neste mundo, só podem experimentar o significado das coisas por poderem falar e ser inteligíveis entre si e consigo mesmos.

ARENDT, H. **A condição humana**. Rio de Janeiro: Forense Universitária, 2004.

47. No trecho, a filósofa Hannah Arendt mostra a importância da linguagem no processo de

(A) entendimento da cultura.
(B) aumento da criatividade.
(C) percepção da individualidade.
(D) melhoria da técnica.
(E) construção da sociabilidade.

Eu estava pagando o sapateiro e conversando com um preto que estava lendo um jornal. Ele estava revoltado com um guarda civil que espancou um preto e amarrou numa árvore. O guarda civil é branco. E há certos brancos que transforma preto em bode expiatório. Quem sabe se guarda civil ignora que já foi extinta a escravidão e ainda estamos no regime da chibata?

JESUS, C. M. **Quarto de despejo**: diário de uma favelada. São Paulo: Ática, 2014.

48. O texto, que guarda a grafia original da autora, expõe uma característica da sociedade brasileira, que é o(a):

(A) Racismo estrutural.
(B) Desemprego latente.
(C) Concentração de renda.
(D) Exclusão informacional.
(E) Precariedade da educação.

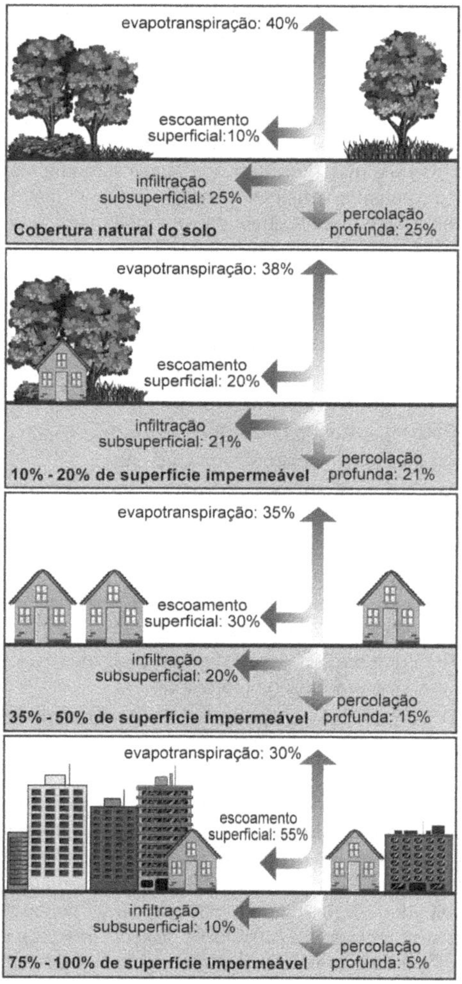

PAZ, A. D. Disponível em: www.ct.ufpb.br. Acesso em: 15 out. 2021 (adaptado).

49. A intensificação da ocupação urbana demonstrada afeta de forma imediata o(a)

(A) nível altimétrico.
(B) ciclo hidrológico.
(C) padrão climático.
(D) tectônica de placas.
(E) estrutura das rochas.

Na construção da ferrovia Madeira-Mamoré, o que dizer dos doentes, eternos moribundos a vagar entre delírios febris, doses de quinino e corredores da morte? O Hospital da Candelária era santuário e túmulo, monumento ao progresso científico e preâmbulo da escuridão. Foi ali, com suas instalações moderníssimas, que médicos e sanitaristas dirigiram seu combate aos males tropicais. As maiores vítimas, contudo, permaneceriam na sombra à margem do palco, cobaias sem consolo, credores sem nome de uma sociedade que não lhes concedera tempo algum para ser decifrada.

FOOT HARDMAN, F. **Trem fantasma**: modernidade na selva. São Paulo: Cia. das Letras, 1988 (adaptado).

50. No texto, há uma crítica ao modo de ocupação do espaço amazônico pautada na

(A) discrepância entre engenharia ambiental e equilíbrio da fauna.

(B) incoerência entre maquinaria estrangeira e controle da floresta.

(C) incompatibilidade entre investimento estatal e proteção aos nativos.

(D) competição entre farmacologia internacional e produtos da fitoterapia.

(E) contradição entre desenvolvimento nacional e respeito aos trabalhadores.

Uma nova economia surgiu em escala global no último quartel do século XX. Chamo-a de informacional, global e em rede para identificar suas características fundamentais e diferenciadas e enfatizar sua interligação. É informacional porque depende basicamente de sua capacidade de gerar, processar e aplicar de forma eficiente a informação baseada em conhecimentos. É global porque seus componentes estão organizados em escala global, diretamente ou mediante uma rede de conexões entre agentes econômicos. É rede porque é feita em uma rede global de interação entre redes empresariais.

CASTELLS, M. **A sociedade em rede — a era da informação**: economia, sociedade e cultura. São Paulo: Paz e Terra, 1999 (adaptado).

51. Qual mudança estrutural é resultado da forma de organização econômica descrita no texto?

(A) Fabricação em série.

(B) Ampliação de estoques.

(C) Fragilização dos cartéis.

(D) Padronização de mercadorias.

(E) Desterritorialização da produção.

Olhar o Brasil e não ver o sertão
É como negar o queijo com a faca na mão
Esse gigante em movimento
Movido a tijolo e cimento
Precisa de arroz com feijão
Que tenha comida na mesa
Que agradeça sempre a grandeza
De cada pedaço de pão
Agradeça a Clemente
Que leva a semente
Em seu embornal
Zezé e o penoso balé
De pisar no cacau
Maria que amanhece o dia
Lá no milharal

VANDER LEE. Do Brasil. In: **Pensei que fosse o céu**: ao vivo. Rio de Janeiro: Indie Records, 2006 (fragmento).

52. A letra da canção valoriza uma dimensão do espaço rural brasileiro em sua relação com a cidade ao ressaltar sua função de

(A) fornecer a mão de obra qualificada.

(B) incorporar a inovação tecnológica.

(C) preservar a diversidade biológica.

(D) promover a produção alimentar.

(E) garantir a moradia básica.

O número cada vez maior de mulheres letradas e interessadas pela literatura e pelas novelas, muitas divulgadas em capítulos, seções, classificadas comumente como folhetim, alçou a um gênero de ficção corrente já em 1840, fazendo parte do florescimento da literatura nacional brasileira, instigando a formação e a ampliação de um público leitor feminino, ávido por novidades, pelo apelo dos folhetins e "narrativas modernas" que encenavam "os dramas e os conflitos de uma mulher em processo de transformação patriarcal e provinciana que, progressivamente, começava a se abrir para modernizar seus costumes". No Segundo Reinado, as mulheres foram se tornando público determinante na construção da literatura e da imprensa nacional. E não apenas público, porquanto crescerá o número de escritoras que colaboram para isso e emergirá uma imprensa feminina, editada, escrita e dirigida por e para mulheres.

ABRANTES, A. Do álbum de família à vitrine impressa: trajetos de retratos (PB, 1920), **Revista Temas em Educação**, n. 24, 2015 (adaptado).

53. O registro das atividades descritas associa a inserção da figura feminina nos espaços de leitura e escrita do Segundo Reinado ao(à)

(A) surgimento de novas práticas culturais.
(B) contestação de antigos hábitos masculinos.
(C) valorização de recentes publicações juvenis.
(D) circulação de variados manuais pedagógicos.
(E) aparecimento de diversas editoras comerciais.

Os caixeiros do comércio a retalho do Rio de Janeiro estiveram entre as primeiras categorias de trabalhadores a se organizar em associações e a exigir a intervenção dos poderes públicos na mediação de suas lutas por direitos. Na década de 1880, os caixeiros participaram da arena política e ganharam as ruas com vários outros, como os republicanos e os abolicionistas.

POPINIGIS, F. "Todas as liberdades são irmãs": os caixeiros e as lutas dos trabalhadores por direitos entre o Império e a República. **Estudos Históricos**, n. 59, set.-dez. 2016 (adaptado).

54. A atuação dos trabalhadores mencionados no texto representou, na capital do Império, um momento de

(A) manutenção das regras patronais.
(B) desprendimento das ideias liberais.
(C) fortalecimento dos contratos laborais.
(D) consolidação das estruturas sindicais.
(E) contestação dos princípios monárquicos.

Solos salinos ou alomórficos apresentam como característica comum uma concentração muito alta de sais solúveis e/ou de sódio trocável. Eles ocorrem nos locais mais baixos do relevo, em regiões áridas e semiáridas e próximas do mar. Em regiões semiáridas, por exemplo, o polígono das secas do Nordeste brasileiro, os locais menos elevados recebem água que se escoa dos declives adjacentes, durante as chuvas que caem em alguns meses do ano. Essa água traz soluções de sais minerais e evapora-se rapidamente antes de infiltrar-se totalmente, havendo então, cada vez que esse processo é repetido, um pequeno acúmulo de sais no horizonte superficial que, com o passar dos anos, provoca a salinização do solo. Nas últimas décadas, a expansão das atividades agrícolas na região tem ampliado esse processo.

LEPSCH, I. F. **Solos: formação e conservação.** São Paulo: Melhoramentos, 1993 (adaptado).

55. As atividades agrícolas, desenvolvidas na região mencionada, intensificam o problema ambiental exposto ao

(A) realizar florestamentos de pinus, desrespeitando a prática do pousio.
(B) utilizar sistemas de irrigação, desprezando uma drenagem adequada.
(C) instalar açudes nos grotões, retardando a velocidade da vazão fluvial.
(D) desmatar áreas de preservação permanente, causando assoreamento.
(E) aplicar fertilizantes de origem orgânica, modificando a química da terra.

TEXTO I

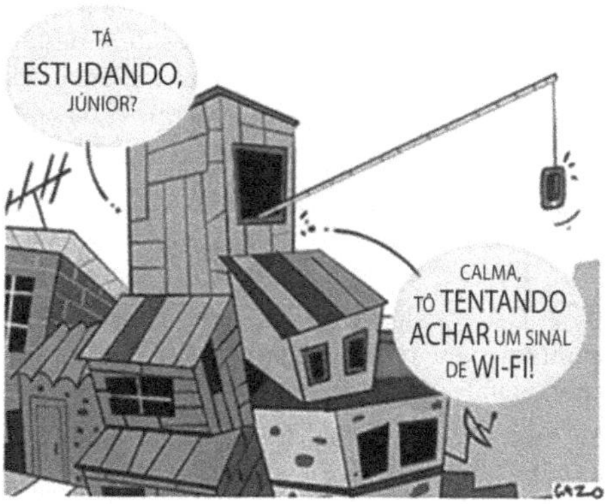

CAZO. Disponível em: www.humorpolitico.com.br. Acesso em: 21 nov. 2021 (adaptado).

TEXTO II

É como se os problemas fossem criados pela pandemia quando, em verdade, isso só demonstra o quanto eles sofrem uma tentativa de serem naturalizados. Eles estavam lá, empurrados para debaixo de vários tapetes. Diversos levantamentos realizados indicam que parcela significativa dos estudantes não têm acesso à internet em suas casas, não têm computadores; têm celulares, mas com pacotes baratos que não permitem assistir a todas as aulas. E, caso tenham celulares e dados, pergunta-se: É possível elaborar um texto no celular? É possível interagir na aula remota pelo celular?

ASSIS, A. E. S. Q. Educação e pandemia. **Educação em Revista**, n. 37, 2021 (adaptado).

56. A crítica contida no texto e na figura evidencia o seguinte aspecto da sociedade contemporânea:

(A) Exclusão social.
(B) Expansão digital.
(C) Manifestação cultural.
(D) Organização espacial.
(E) Valorização intelectual.

O leproso é visto dentro de uma prática da rejeição, do exílio-cerca; deixa-se que se perca lá dentro como numa massa que não tem muita importância diferenciar; os pestilentos são considerados num policiamento tático meticuloso onde as diferenciações individuais são os efeitos limitantes de um poder que se multiplica, se articula e se subdivide. O grande fechamento por um lado; o bom treinamento por outro. A lepra e sua divisão; a peste e seus recortes. Uma é marcada; a outra, analisada e repartida. O exílio do leproso e a prisão da peste não trazem consigo o mesmo sonho político.

FOUCAULT, M. **Vigiar e punir**: nascimento da prisão. Petrópolis: Vozes, 1987.

57. Os modelos autoritários descritos no texto apontam para um sistema de controle que se baseia no(a):

(A) Formação de sociedade disciplinar.
(B) Flexibilização do regramento social.
(C) Banimento da autoridade repressora.
(D) Condenação da degradação humana.
(E) Hierarquização da burocracia estatal.

TEXTO I

Em março de 1889, quando apareceram as primeiras romarias atraídas pelos milagres da beata Maria de Araújo, Juazeiro inseriu-se no rol da fundação do espaço religioso. Construía-se mais um centro, como Aparecida do Norte, Canindé ou Lourdes.

RAMOS, F. R. L. **O meio do mundo**: território sagrado em Juazeiro do Padre Cícero. Fortaleza: Imprensa Universitária, 2014.

TEXTO II

Não sabemos ao certo quantas pessoas estavam presentes na capela no momento em que a hóstia sangrou na boca de Maria de Araújo. O Padre Cícero nos conta que o fato surpreendeu não só aos presentes, mas a própria beata parecia atordoada com o ocorrido. O fenômeno continuou acontecendo todas as quartas e sextas na Capela de Nossa Senhora das Dores a partir daquele dia. Os paninhos manchados do sangue que escorria da hóstia e da boca da beata, a princípio, ficaram sob a guarda do Padre Cícero, mas logo foram expostos à visitação pública e, além disso, o sangramento foi proclamado como milagre sem o conhecimento e sem a autorização do bispo diocesano.

NOBRE, E. **Incêndios da alma.** Rio de Janeiro: Multifoco, 2016 (adaptado).

58. As práticas religiosas mencionadas nos textos estão associadas, respectivamente, à:

(A) Delimitação de paisagens urbanas e abandono de componentes espiritualistas.
(B) Demarcação de patrimônios afetivos e apropriação de elementos judaizantes.
(C) Expansão de fronteiras regionais e subjetivação do cristianismo medieval.
(D) Circunscrição de bens simbólicos e admissão de cerimônias ecumênicas.
(E) Criação de lugares místicos e experiências do catolicismo popular.

Em 2003, teve início o Programa de Aquisição de Alimentos e, com ele, várias mudanças na perspectiva dos mercados institucionais. Trata-se do primeiro programa de compras públicas com uma orientação exclusiva para a agricultura familiar, articulando-a explicitamente com a segurança alimentar e nutricional. O Programa é destinado à aquisição de produtos agropecuários produzidos por agricultores enquadrados no Programa Nacional de Fortalecimento da Agricultura Familiar (Pronaf), incluídas aqui as categorias: assentados da reforma agrária, trabalhadores rurais sem terra, acampados, quilombolas, agroextrativistas, famílias atingidas por barragens e comunidades indígenas.

GRISA, C.; ISOPO, S. P. Dez anos de PAA: As contribuições e os desafios para o desenvolvimento rural. In: GRISA, C.; SCHNEIDER, S. (Org.). **Políticas públicas de desenvolvimento rural no Brasil**. Porto Alegre: UFRGS, 2015.

59. A ação governamental descrita constitui-se uma importante conquista para os pequenos produtores em virtude da:

(A) Inovação tecnológica.
(B) Reestruturação fundiária.
(C) Comercialização garantida.
(D) Eliminação no custo do frete.
(E) Negociação na bolsa de valores.

Um experimento denominado FunFit foi desenvolvido com o objetivo de fazer com que os membros de uma comunidade local se tornassem mais ativos fisicamente. Todos os participantes do estudo foram vinculados a dois outros membros da comunidade que receberiam pequenos incentivos em dinheiro para serem estimulados a aumentar a sua atividade física, que era medida por acelerômetros nos celulares fornecidos pelo estado. Assim, se a pessoa andasse mais do que o habitual, seus conhecidos receberiam o dinheiro. Os resultados foram assombrosos: o esquema mostrou-se de quatro a oito vezes mais eficaz do que o método de oferecer incentivos individuais.

MOROZOV, E. **Big Tech**: a ascensão dos dados e a morte da política. São Paulo: Ubu, 2018 (adaptado).

60. Contrariando a visão prevalente sobre o impacto tecnológico nas relações humanas, o texto revela que os celulares podem desempenhar uma função

(A) recreativa, promovendo o lazer em redes integradas.
(B) social, estimulando a reciprocidade por meios digitais.
(C) laboral, convertendo o desenvolvedor em usuário final.
(D) comercial, direcionando a escolha por produtos industrializados.
(E) cognitiva, favorecendo a aprendizagem pelas ferramentas virtuais.

A dublagem é o novo campo a ser explorado pela inteligência artificial, e há empresas dedicadas a fazer com que as vozes originais de atores sejam transpostas para outros idiomas. A novidade reforça a tendência da automação de postos de trabalho nas mais diversas áreas. Tem potencial para facilitar a vida de estúdios e produtoras e, ao mesmo tempo, tornar mais escassas as oportunidades para dubladores e atores que trabalham com isso.

GAGLIONI, C. Disponível em: www.nexojornal.com.br. Acesso em: 25 out. 2021.

61. A consequência da mudança tecnológica apresentada no texto é a

(A) proteção da economia nacional.
(B) valorização da cultura tradicional.
(C) diminuição da formação acadêmica.
(D) estagnação da manifestação artística.
(E) ampliação do desemprego estrutural.

Brasil e Argentina chegaram a um acordo para a redução em 10% da Tarifa Externa Comum (TEC) do Mercosul. O consenso foi alcançado durante negociação entre o ministro das Relações Exteriores do Brasil e o seu equivalente argentino, no Palácio do Itamaraty, em Brasília, no início do mês de outubro de 2021. A redução da TEC é um antigo desejo do Brasil, que pretende abrir mais sua economia e, com isso, ajudar a controlar a inflação. Já a Argentina temia que a medida pudesse afetar sua produção industrial. O acordo vai abranger uma ampla gama de produtos e ainda será apresentado ao Paraguai e Uruguai, para que seja formalizado.

Brasil e Argentina fecham acordo para corte de 10% na tarifa do Mercosul. Disponível em: https://oglobo.globo.com. Acesso em: 8 out. 2021 (adaptado).

62. A necessidade de negociação diplomática para viabilizar o acordo tarifário mencionado é explicada pela seguinte característica do Mercosul:

(A) Limitação da circulação financeira.
(B) Padronização da política monetária.
(C) Funcionamento da união aduaneira.
(D) Dependência da exportação agrícola.
(E) Equivalência da legislação trabalhista.

Ainda que a fome ocorrida na Itália em 536 tenha origem nos eventos climáticos, suas implicações são tanto políticas quanto econômicas. Nos primeiros séculos da Idade Média, o auxílio aos famintos se inscreve no domínio da gestão pública, mesmo quando a ação de seus agentes é apresentada sob o ângulo da piedade e da caridade individuais, como é o caso da Gália merovíngia. Assim, o fato de que as respostas à fome são mostradas, na Gália, como o fruto de iniciativas pessoais fundadas no imperativo da caridade deriva da natureza das fontes do século VI.

SILVA, M. C. Os agentes públicos e a fome nos primeiros séculos da Idade Média. **Varia Historia**, n. 60, set.-dez. 2016 (adaptado).

63. Na conjuntura histórica destacada no texto, o dever de agir em face da situação de crise apresentada pertencia à jurisdição

(A) da nobreza, proveniente da obrigação de proteção ao campesinato livre.
(B) da realeza, decorrente do conceito de governo subjacente à monarquia cristã.
(C) dos mosteiros, resultante do caráter fraternal afirmado nas regras monásticas.

(D) dos bispados, consequente da participação dos clérigos nos assuntos comunitários.
(E) das corporações, procedente do padrão assistencialista previsto nas normas estatutárias.

As forças tectônicas dentro da litosfera, controladas pelo calor interno das profundezas, geram terremotos, erupções e soerguimento de montanhas. As forças meteorológicas dentro da atmosfera e da hidrosfera, controladas pelo calor do Sol, produzem tempestades, inundações, geleiras e outros agentes de erosão.

PRESS, F. et al. **Para entender a Terra**. Porto Alegre: Bookman, 2006 (adaptado).

64. A interação dinâmica entre as forças naturais citadas favorece a ocupação do espaço geográfico, na medida em que provoca a formação de

(A) solos vulcânicos.
(B) dorsais oceânicas.
(C) relevos escarpados.
(D) superfícies lateríticas.
(E) dobramentos modernos.

Disponível em: https://ndmais.com.br. Acesso em: 8 out. 2021.

65. O ápice da ilustração se traduz por uma conduta social caracterizada pela

(A) cultura do cancelamento.
(B) prática do feminicídio.
(C) postura negacionista.
(D) ação involuntária.
(E) defesa da honra.

TEXTO I

A primeira grande lei educacional do Brasil, de 1827, determinava que, nas "escolas de primeiras letras" do Império, meninos e meninas estudassem separados e tivessem currículos diferentes. No Senado, o Visconde de Cayru foi um dos defensores de que o currículo de matemática das garotas fosse o mais enxuto possível. Nas palavras dele, o "belo sexo" não tinha capacidade intelectual para ir muito longe: — Sobre as contas, são bastantes [para as meninas] as quatro espécies, que não estão fora do seu alcance e lhes podem ser de constante uso na vida.

TEXTO II

No Senado, o único a defender publicamente que as meninas tivessem, em matemática, um currículo idêntico ao dos meninos foi o Marquês de Santo Amaro (RJ). Ele argumentou: — Não me parece conforme, às luzes do tempo em que vivemos, deixarmos de facilitar às brasileiras a aquisição desses conhecimentos [mais aprofundados de matemática]. A oposição que se manifesta não pode nascer senão do arraigado e péssimo costume em que estavam os antigos, os quais nem queriam que suas filhas aprendessem a ler.

WESTIN, R. **Senado Notícias**. Disponível em: www12.senado.leg.br. Acesso em: 20 out. 2021 (adaptado).

66. Os discursos expressam pontos de vista divergentes respectivamente pela oposição entre

(A) liberdade de gênero e controle social.
(B) equidade de escolha e imposição cultural.
(C) dominação de corpos e igualdade humana.
(D) geração de oportunidade e restrição profissional.
(E) exclusão de competências e participação política.

Após sete anos da ocupação de um terreno abandonado em Santo André, no ABC paulista, os condomínios Novo Pinheirinho e Santos Dias foram inaugurados, com a presença de representantes dos governos federal, estadual e municipal. A ocupação começou em 2012 e, desde então, o movimento vinha reivindicando o direito de usufruir do espaço para a construção de casas. A Carta Magna, em seu art. 6º, garante a todos os brasileiros o direito à moradia.

PUTTI, A. Disponível em: www.cartacapital.com.br. Acesso em: 13 nov. 2021 (adaptado).

67. O texto apresenta uma estratégia usada pelo movimento social para

(A) fragilizar o poder público.
(B) fomentar a economia solidária.
(C) controlar a propriedade estatal.
(D) garantir o preceito constitucional.
(E) incentivar a especulação imobiliária.

TEXTO I

A Marinha identifica, na voz de Thomas Barnett, uma ampla região potencialmente insubmissa ou simplesmente irredutível às normas gerais de funcionamento promovidas pelos Estados Unidos e sancionadas pelo Fundo Monetário Internacional, pela Organização Mundial do Comércio e pelo Banco Mundial. E não necessariamente por sua consciência rebelde, mas sim, em muitos casos, pela insubstancialidade de suas instituições estatais.

TEXTO II

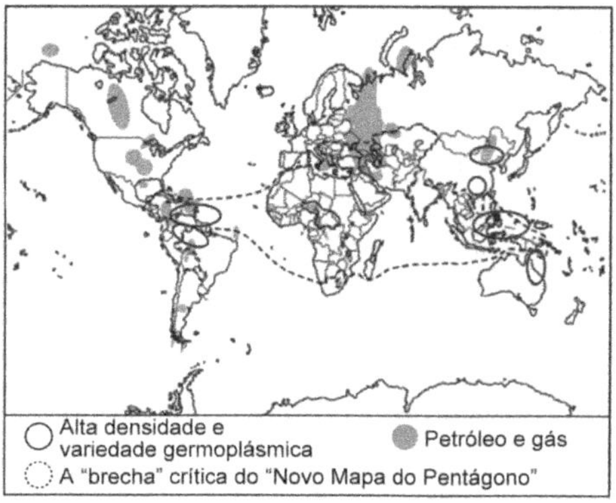

CECEÑA, A. E. **Hegemonias e emancipações no século XXI**. Buenos Aires: Clacso, 2005.

68. As preocupações do governo estadunidense expressas no texto e no mapa evidenciam uma estratégia para

(A) compartilhamento de inovações tecnológicas.
(B) promoção de independência financeira.
(C) incremento de intercâmbios culturais.
(D) ampliação de influência econômica.
(E) preservação de recursos naturais.

Colegas, na mente e no coração do povo, a Crimeia sempre foi uma porção inseparável da Rússia. Essa firme convicção se baseia na verdade e na justiça e foi passada de geração em geração, ao longo do tempo, sob quaisquer circunstâncias, apesar de todas as drásticas mudanças que nosso país atravessou durante todo o século XX.

Disponível em: http://g1.globo.com. Acesso em: 28 jul. 2014.

69. Considerando a dinâmica geopolítica subjacente ao texto, a justificativa utilizada por Vladimir Putin, em 2014, para anexação dessa península apela para o argumento de que

(A) as populações com idioma comum devem estar submetidas à mesma autoridade estatal.
(B) o imperialismo soviético havia se acomodado às pretensões das potências vizinhas.
(C) os organismos transnacionais são incapazes de solucionar disputas territoriais.
(D) a integração regional supõe a livre circulação de pessoas e mercadorias.
(E) a expulsão das forças navais ocidentais garantiria a soberania nacional.

TEXTO I

Interseccionalidade: intercruzamento de desigualdades que gera padrões complexos de discriminação.

TEXTO II

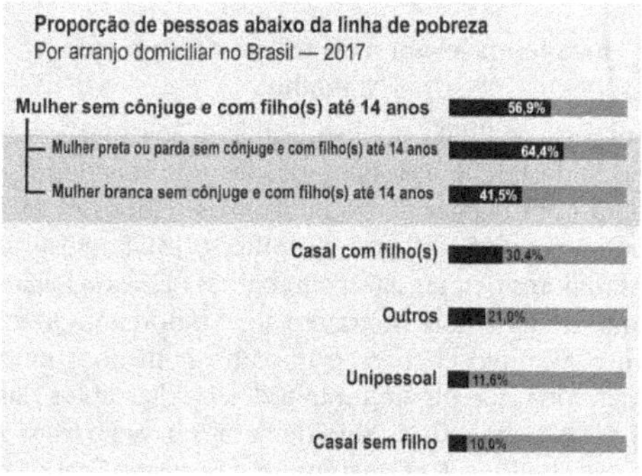

Disponível em: www.agenciadenoticias.ibge.gov.br. Acesso em: 2 dez. 2018.

70. Considerando o conceito apresentado no Texto I e os dados apresentados no Texto II, no Brasil, são fatores que intensificam o fenômeno da discriminação:

(A) Raça e gênero.
(B) Etnia e habitação.
(C) Idade e nupcialidade.
(D) Profissão e sexualidade.
(E) Escolaridade e fecundidade.

O princípio básico do Estado de direito é o da eliminação do arbítrio no exercício dos poderes públicos, com a consequente garantia de direitos dos indivíduos perante esses poderes. Estado de direito significa que nenhum indivíduo, presidente ou cidadão comum está acima da lei. Os governos democráticos exercem a autoridade por meio da lei e estão eles próprios sujeitos aos constrangimentos impostos pela lei.

CANOTILHO, J. J. G. Estado de direito. Lisboa: Gradiva, 1999 (adaptado).

71. Nas sociedades contemporâneas, consiste em violação do princípio básico enunciado no texto:

(A) Supressão de eleições de representantes políticos.
(B) Intervenção em áreas de vulnerabilidade pela Igreja.
(C) Disseminação de projetos sociais em universidades.
(D) Ampliação dos processos de concentração de renda.
(E) Regulamentação das relações de trabalho pelo Legislativo.

Brasileiros levam mais tempo de casa para o trabalho

Pesquisa do IBGE aponta que a situação é mais grave no Sudeste: 13% das pessoas levam mais de uma hora para chegar ao trabalho. Nas regiões metropolitanas de São Paulo e do Rio, o IBGE registrou os maiores percentuais de trabalhadores que levam mais de uma hora no trajeto até o emprego. Quem vê o Marcelo chegar ao trabalho nem imagina a maratona que ele enfrenta todos os dias antes das 5 h. "Acordo 4 h 30, saio de casa 5 h, pego trem 5 h 20, chego na Central umas 6 h 50, pego ônibus e chego no trabalho mais ou menos 7 h 10", conta. Segundo especialista, são os mais pobres os que moram mais longe do emprego.

Disponível em: www.portaldotransito.com.br. Acesso em: 23 nov. 2021 (adaptado).

72. A pesquisa desenvolvida retrata a seguinte dinâmica populacional:

(A) Fluxo de retorno.
(B) Migração interna.
(C) Mudança sazonal.
(D) Movimento pendular.
(E) Deslocamento forçado.

A história do Primeiro de Maio de 1890 — na França e na Europa, o primeiro de todos os Primeiros de Maio — é, sob vários aspectos, exemplar. Resultante de um ato político deliberado, essa manifestação ilustra o lado voluntário da construção de uma classe — a classe operária — à qual os socialistas tentam dar uma unidade política e cultural através daquela pedagogia da festa cujo princípio, eficácia e limites há muito tempo tinham sido experimentados pela Revolução Francesa.

PERROT, M. **Os excluídos da história**: operários, mulheres e prisioneiros. Rio de Janeiro: Paz e Terra, 1988.

73. Com base no texto, a fixação dessa data comemorativa tinha por objetivo

(A) valorizar um sentimento burguês.
(B) afirmar uma identidade coletiva.
(C) edificar uma memória nacional.
(D) criar uma comunidade cívica.
(E) definir uma tradição popular.

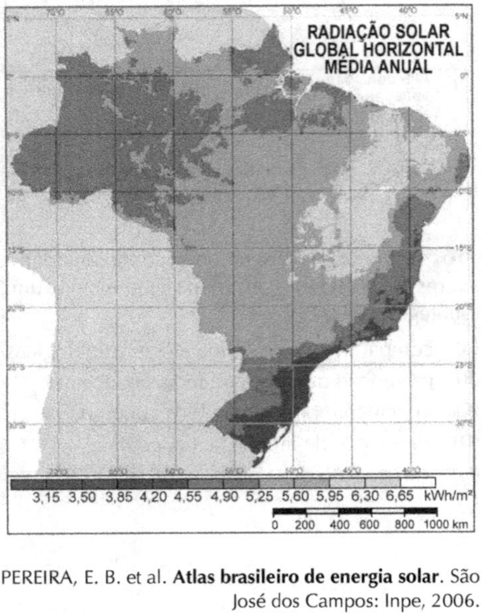

PEREIRA, E. B. et al. **Atlas brasileiro de energia solar**. São José dos Campos: Inpe, 2006.

74. Uma característica regional que justifica o maior potencial anual médio para o aproveitamento da energia solar é a reduzida

(A) declividade do relevo.
(B) extensão longitudinal.
(C) nebulosidade atmosférica.
(D) irregularidade pluviométrica.
(E) influência da continentalidade.

O povo Kambeba é o povo das águas. Os mais velhos costumam contar que o povo nasceu de uma gota-d'água que caiu do céu em uma grande chuva. Nessa gota estavam duas gotículas: o homem e a mulher. "Por essa narrativa e cosmologia indígena de que nós somos o povo das águas é que o rio nos tem fundamental importância", diz Márcia Wayna Kambeba, mestre em Geografia e escritora. Todos os dias, ela ia com o pai observar o rio. Ia em silêncio e, antes que tomasse para si a palavra, era interrompida. "Ouça o rio", o pai dizia. Depois de cerca de duas horas a ouvir as águas do Solimões, ela mergulhava. "Confie no rio e aprenda com ele". "Fui entender mais tarde, com meus estudos e vivências, que meu pai estava me apresentando à sabedoria milenar do rio".

Rios amazônicos influenciam no agro e em reservatórios do Sudeste. Disponível em: www.uol.com.br. Acesso em: 14 out. 2021.

75. Pelo descrito no texto, o povo Kambeba tem o rio como um(a)

(A) objeto tombado e museográfico.
(B) herança religiosa e sacralizada.
(C) cenário bucólico e paisagístico.
(D) riqueza individual e efêmera.
(E) patrimônio cultural e afetivo.

Lá embaixo está o Açude Itans, com seu formigueiro a cavar a terra. É mesmo impressionante o esforço daquele formigar de homens ao sol, lavados em suor, que não param, em longas filas pacientes acompanhando centenas de burricos que sobem e descem, numa ciranda comovente e silenciosa, cada burrico com duas caixas de terra no lombo. É o labor organizado para a salvação da terra e do homem. Depois do semideserto que tanto nos acabrunhou o espírito por falta de chuvas, o esforço destes milhares de sertanejos, todos vestidos de brim mescla e calçando alpercatas, no combate consciente à esterilidade da natureza, com as famílias alojadas em pequeninas casas de taipa e telha — embrião de futura cidade — impressionava-nos profundamente.

VALLE, F. M. **História do Açude Itans, município de Caicó (RN).** Brasília, 1994 (adaptado).

76. Na construção do empreendimento descrito, destaca-se a presença de

(A) engenheiros na execução de canais fluviais.
(B) coronéis na ampliação de antigas fazendas.
(C) operários na distribuição dos recursos hídricos.
(D) trabalhadores na formação de novos espaços.
(E) negociantes na organização de redes comerciais.

Para os Impérios Coloniais, o problema das doenças que atingiam os escravos era algo com que cotidianamente deparavam os senhores. Em vista disso, uma série de obras dedicadas à administração de escravos foi publicada com vista a implementar uma moderna gestão da mão de obra escravista em convergência com o Iluminismo. Nesse contexto, o saber médico adquiria um papel extremamente relevante. Este era encarado como um instrumento fundamental ao desenvolvimento colonial, dada a percepção do impacto que as doenças tropicais causavam na população branca e nos povos escravizados.

ABREU, J. L. N. A Colônia enferma e a saúde dos povos: a medicina das "luzes" e as informações sobre as enfermidades da América portuguesa. **História, Ciências, Saúde – Manguinhos**, n. 3, jul.-set. 2007 (adaptado).

77. De acordo com o texto, a importância da medicina se justifica no âmbito dos objetivos

(A) econômicos das elites.
(B) naturalistas dos viajantes.
(C) abolicionistas dos letrados.
(D) tradicionalistas dos nativos.
(E) emancipadores das metrópoles.

Possível trajeto do voo MH370 da Malaysia Airlines antes da queda, em 2014

Disponível em: http://imguol.com. Acesso em: 30 mar. 2014 (adaptado).

78. Considerando-se que a distância entre o local onde os destroços do avião foram avistados e a cidade de Perth é de 2 cm, a escala aproximada dessa representação cartográfica é:

(A) 1 : 12 500.
(B) 1 : 125 000.
(C) 1 : 1 250 000.
(D) 1 : 12 500 000.
(E) 1 : 125 000 000.

Hoje sou um ser inanimado, mas já tive vida pulsante em seivas vegetais, fui um ser vivo; é bem verdade que do reino vegetal, mas isso não me tirou a percepção de vida vivida como tamborete. Guardo apreço pelos meus criadores, as mãos que me fizeram, me venderam, e pelas mulheres que me usaram para suas vendas e de tantas outras maneiras. Essas pessoas, sim, tiveram suas subjetividades, singularidades e pluralidades, que estão incorporadas a mim. É preciso considerar que a nossa história, de móveis de museus, está para além da mera vinculação aos estilos e à patrimonialização que recebemos como bem material vinculado ao patrimônio imaterial. A nossa história está ligada aos dons individuais das pessoas e suas práticas sociais. Alguns indivíduos consagravam-se por terem determinados requisitos, tais como o conhecimento de modelos clássicos ou destreza nos desenhos.

FREITAS, J. M.; OLIVEIRA, L. R. Memórias de um tamborete de baiana: as muitas vozes em um objeto de museu. **Revista Brasileira de Pesquisa (Auto)Biográfica**, n. 14, maio-ago. 2020 (adaptado).

79. Ao descrever-se como patrimônio museológico, o objeto abordado no texto associa a sua história às

(A) habilidades artísticas e culturais dos sujeitos.
(B) vocações religiosas e pedagógicas dos mestres.
(C) naturezas antropológica e etnográfica dos expositores.
(D) preservações arquitetônica e visual dos conservatórios.
(E) competências econômica e financeira dos comerciantes.

Advento da *Polis*, nascimento da filosofia: entre as duas ordens de fenômenos, os vínculos são demasiado estreitos para que o pensamento racional não apareça, em suas origens, solidário das estruturas sociais e mentais próprias da cidade grega. Assim recolocada na história, a filosofia despoja-se desse caráter de revelação absoluta que às vezes lhe foi atribuído, saudando, na jovem ciência dos jônios, a razão intemporal que veio encarnar-se no Tempo. A escola de Mileto não viu nascer a Razão; ela construiu uma Razão, uma primeira forma de racionalidade. Essa razão grega não é a razão experimental da ciência contemporânea.

VERNANT, J. P. **Origens do pensamento grego**. Rio de Janeiro: Difel, 2002.

80. Os vínculos entre os fenômenos indicados no trecho foram fortalecidos pelo surgimento de uma categoria de pensadores, a saber:

(A) Os epicuristas, envolvidos com o ideal de vida feliz.
(B) Os estoicos, dedicados à superação dos infortúnios.
(C) Os sofistas, comprometidos com o ensino da retórica.
(D) Os peripatéticos, empenhados na dinâmica do ensino.
(E) Os poetas rapsodos, responsáveis pela narrativa do mito.

Decreto-Lei n. 1 949, de 27/12/1937

Art. 1° Fica criado o Departamento de Imprensa e Propaganda (DIP), diretamente subordinado ao presidente da República.

Art. 2° O DIP tem por fim:

h) coordenar e incentivar as relações da imprensa com os poderes públicos no sentido de maior aproximação da mesma com os fatos que se ligam aos interesses nacionais;

n) autorizar mensalmente a devolução dos depósitos efetuados pelas empresas jornalísticas para a importação de papel para imprensa, uma vez demonstrada, a seu juízo, a eficiência e a utilidade pública dos jornais ou periódicos por elas administrados ou dirigidos.

BRASIL apud CARONE, E. **A Terceira República (1937-1945)**. São Paulo: Difel, 1982 (adaptado).

81. Com base nos trechos do decreto, as finalidades do órgão criado permitiram ao governo promover o(a)

(A) diversificação da opinião pública.
(B) mercantilização da cultura popular.
(C) controle das organizações sindicais.
(D) cerceamento da liberdade de expressão.
(E) privatização dos meios de comunicação.

ROCHAS ÍGNEAS DA AMAZÔNIA LEGAL

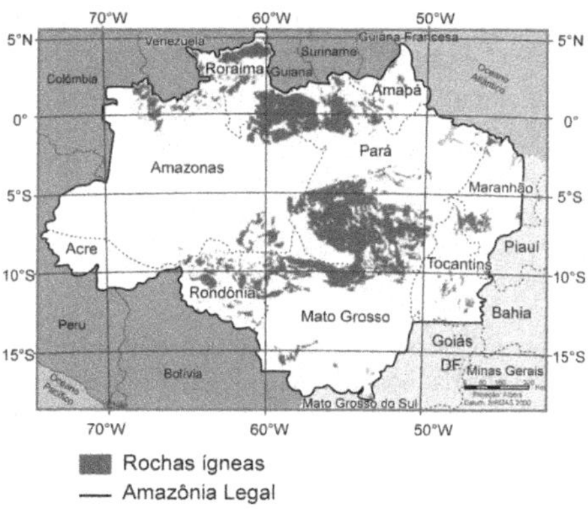

Geoestatísticas de recursos naturais da Amazônia Legal.

Rio de Janeiro: IBGE, 2011 (adaptado).

82. O mapa espacializa um recurso natural com alto potencial para ocorrência de:

(A) Abalos sísmicos periódicos.
(B) Jazidas de minerais metálicos.
(C) Reservas de combustíveis fósseis.
(D) Aquíferos sedimentares profundos.
(E) Estruturas geológicas metamórficas.

Nascidas no Líbano, as duas irmãs não puderam ser registradas no país, porque lá é exigido que os nascidos sejam filhos de pais e mães libaneses. Seus pais, de nacionalidade síria, também não puderam registrá-las no país de origem. Na Síria, crianças só são registradas por pais oficialmente casados, o que não era o caso deles.

Disponível em: https://agenciabrasil.ebc.com.br. Acesso em: 7 nov. 2021.

83. Em situações como a apresentada no texto, as pessoas ao nascerem já se encontram na condição sociopolítica de

(A) exiladas.
(B) apátridas.
(C) foragidas.
(D) refugiadas.
(E) clandestinas.

TEXTO I

Uma filosofia da percepção que queira reaprender a ver o mundo restituirá à pintura e às artes em geral seu lugar verdadeiro.

MERLEAU-PONTY, M. **Conversas: 1948**. São Paulo: Martins Fontes, 2004.

TEXTO II

Os grandes autores de cinema nos pareceram confrontáveis não apenas com pintores, arquitetos, músicos, mas também com pensadores. Eles pensam com imagens, em vez de conceitos.

DELEUZE, G. **Cinema 1**: a imagem-movimento. São Paulo: Brasiliense, 1983 (adaptado).

84. De que modo os textos sustentam a existência de um saber ancorado na sensibilidade?

(A) Admitindo o belo como fenômeno transcendental.
(B) Reafirmando a vivência estética como juízo de gosto.
(C) Considerando o olhar como experiência de conhecimento.
(D) Apontando as formas de expressão como auxiliares da razão
(E) Estabelecendo a inteligência como implicação das representações.

TEXTO I

Manda o Santo Ofício da Inquisição que ninguém, seja qual for seu estado, idade ou condição, pare com carroça, caleça ou montaria nem atrapalhe com mesas ou cadeiras o centro das ruas, que vão da Inquisição a São Domingos, nem atravesse a procissão em ponto algum da ida ou da volta, amanhã, 19 do corrente, em que se celebrará auto de fé. E também que nem nesse dia nem nos dos açoites ouse alguém atirar nos réus maçãs, pedras, laranjas nem outra coisa qualquer.

PALMA, R. **Anais da Inquisição de Lima**. São Paulo: Edusp; Giordano, 1992 (adaptado).

TEXTO II

Como acontece em todos os ritos, o sentido do auto da fé é conferido pela sequência dos atos que o compõem. Os lugares, as posturas, os gestos, as palavras são fixados previamente em toda a sua complexidade. Por isso, o auto da fé apresenta momentos fortes — durante a preparação, a encenação, o ato e a recepção — que convém seguir em seus pormenores.

BETHENCOURT, F. **História das Inquisições**: Portugal, Espanha e Itália – séculos XV-XIX. São Paulo: Cia. das Letras, 2000.

85. O rito mencionado nos textos demonstra a capacidade da Igreja em

(A) abrandar cerimônias de punição.
(B) favorecer anseios de violência.
(C) criticar políticas de disciplina.
(D) produzir padrões de conduta.
(E) ordenar cultos de heresia.

Empédocles estabelece quatro elementos corporais — fogo, ar, água e terra —, que são eternos e que mudam aumentando e diminuindo mediante mistura e separação; mas os princípios propriamente ditos, pelos quais aqueles são movidos, são o Amor e o Ódio. Pois é preciso que os elementos permaneçam alternadamente em movimento, sendo ora misturados pelo Amor, ora separados pelo Ódio.

SIMPLÍCIO. Física, 25, *21*. In: **Os pré-socráticos**. São Paulo: Nova Cultural, 1996.

86. O texto propõe uma reflexão sobre o entendimento de Empédocles acerca da *arché*, uma preocupação típica do pensamento pré-socrático, porque

(A) exalta a investigação filosófica.
(B) transcende ao mundo sensível.
(C) evoca a discussão cosmogônica.
(D) fundamenta as paixões humanas.
(E) corresponde à explicação mitológica.

Macrocefalia urbana pode ser entendida como a massiva concentração das atividades econômicas em algumas metrópoles que propicia o desencadeamento de processos descompassados: redirecionamento e convergência de fluxos migratórios, déficit no número de empregos, ocupação desordenada de determinadas regiões da cidade e estigmatização de estratos sociais, que comprometem substancialmente a segurança pública urbana.

SANTOS, M. **O espaço dividido**: os dois circuitos da economia urbana dos países subdesenvolvidos. São Paulo: Edusp, 2004.

87. O processo de concentração espacial apresentado foi estimulado por qual fator geográfico?

(A) Limitação da área ocupada.
(B) Êxodo da população do campo.
(C) Ampliação do risco habitacional.
(D) Deficiência do transporte alternativo.
(E) Crescimento da taxa de fecundidade.

Entretanto, nosso amigo Basso tem o ânimo alegre. Isso resulta da filosofia: estar alegre diante da morte, forte e contente qualquer que seja o estado do corpo, sem desfalecer, ainda que desfaleça.

SÊNECA, L. **Cartas morais**. Lisboa: Calouste Gulbenkian, 1990.

88. O excerto refere-se a uma carta de Sêneca na qual se apresenta como um bem fundamental da filosofia promover a

(A) valorização de disputas dialógicas.
(B) rejeição das convenções sociais.
(C) inspiração de natureza religiosa.
(D) exaltação do sofrimento.
(E) moderação das paixões.

Quando os espanhóis chegaram à América, estava em seu apogeu o império teocrático dos Incas, que estendia seu poder sobre o que hoje chamamos Peru, Bolívia e Equador, abarcava parte da Colômbia e do Chile e alcançava até o norte argentino e a selva brasileira; a confederação dos Astecas tinha conquistado um alto nível de eficiência no vale do México, e no Yucatán, na América Central, a esplêndida civilização dos Maias persistia nos povos herdeiros, organizados para o trabalho e para a guerra. Os Maias tinham sido grandes astrônomos, mediram o tempo e o espaço com assombrosa precisão, e tinham descoberto o valor do número zero antes de qualquer povo da história. No museu de Lima, podem ser vistos centenas de crânios que receberam placas de ouro e prata por parte dos cirurgiões Incas.

GALEANO, E. **As veias abertas da América Latina**. Porto Alegre: L&PM, 2012.

89. As sociedades mencionadas deixaram como legado uma diversidade de

(A) bens religiosos inspirados na matriz cristã.
(B) materiais bélicos pilhados em batalhas coloniais.
(C) heranças culturais constituídas em saberes próprios.
(D) costumes laborais moldados em estilos estrangeiros.
(E) práticas medicinais alicerçadas no conhecimento científico.

Em Vitória (ES), no bairro Goiabeiras, encontramos as paneleiras, mulheres que são conhecidas pelos saberes/fazeres das tradicionais panelas de barro, ícones da culinária capixaba. A tradição passada de mãe para filha é de origem indígena e sofreu influência de outras etnias, como a afro e a luso. Dessa mistura, acredita-se que a fabricação das panelas de barro já tenha 400 anos. A fabricação das panelas de barro se dá em várias etapas, desde a obtenção de matéria-prima à confecção das panelas. As matérias-primas tradicionalmente utilizadas são provenientes do meio natural, como: argila, retirada do barreiro no Vale do Mulembá; madeira, atualmente proveniente das sobras da construção civil; e tinta, extraída da casca do manguezal, o popular mangue-vermelho.

TRISTÃO, M. A educação ambiental e o pós-colonialismo. **Revista de Educação**, n. 53, ago. 2014.

90. Uma característica de práticas tradicionais como a exemplificada no texto é a vinculação entre os recursos do mundo natural e a

(A) manutenção dos modos de vida.
(B) conservação dos plantios da roça.
(C) atualização do modelo de gestão.
(D) participação na sociedade de consumo.
(E) especialização nas etapas de produção.

FOLHA DE RESPOSTAS

1	A	B	C	D	E
2	A	B	C	D	E
3	A	B	C	D	E
4	A	B	C	D	E
5	A	B	C	D	E
6	A	B	C	D	E
7	A	B	C	D	E
8	A	B	C	D	E
9	A	B	C	D	E
10	A	B	C	D	E
11	A	B	C	D	E
12	A	B	C	D	E
13	A	B	C	D	E
14	A	B	C	D	E
15	A	B	C	D	E
16	A	B	C	D	E
17	A	B	C	D	E
18	A	B	C	D	E
19	A	B	C	D	E
20	A	B	C	D	E
21	A	B	C	D	E
22	A	B	C	D	E
23	A	B	C	D	E
24	A	B	C	D	E
25	A	B	C	D	E
26	A	B	C	D	E
27	A	B	C	D	E
28	A	B	C	D	E
29	A	B	C	D	E
30	A	B	C	D	E
31	A	B	C	D	E
32	A	B	C	D	E
33	A	B	C	D	E
34	A	B	C	D	E
35	A	B	C	D	E
36	A	B	C	D	E
37	A	B	C	D	E

38	A	B	C	D	E
39	A	B	C	D	E
40	A	B	C	D	E
41	A	B	C	D	E
42	A	B	C	D	E
43	A	B	C	D	E
44	A	B	C	D	E
45	A	B	C	D	E
46	A	B	C	D	E
47	A	B	C	D	E
48	A	B	C	D	E
49	A	B	C	D	E
50	A	B	C	D	E
51	A	B	C	D	E
52	A	B	C	D	E
53	A	B	C	D	E
54	A	B	C	D	E
55	A	B	C	D	E
56	A	B	C	D	E
57	A	B	C	D	E
58	A	B	C	D	E
59	A	B	C	D	E
60	A	B	C	D	E
61	A	B	C	D	E
62	A	B	C	D	E
63	A	B	C	D	E
64	A	B	C	D	E
65	A	B	C	D	E
66	A	B	C	D	E
67	A	B	C	D	E
68	A	B	C	D	E
69	A	B	C	D	E
70	A	B	C	D	E
71	A	B	C	D	E
72	A	B	C	D	E
73	A	B	C	D	E
74	A	B	C	D	E

75	A	B	C	D	E
76	A	B	C	D	E
77	A	B	C	D	E
78	A	B	C	D	E
79	A	B	C	D	E
80	A	B	C	D	E
81	A	B	C	D	E
82	A	B	C	D	E

83	A	B	C	D	E
84	A	B	C	D	E
85	A	B	C	D	E
86	A	B	C	D	E
87	A	B	C	D	E
88	A	B	C	D	E
89	A	B	C	D	E
90	A	B	C	D	E

Gabarito Comentado:

1. Gabarito: D
Ao relatar suas vivências, o autor destaca o cenário da integração de cubanos nos Estados Unidos, conforme se observa neste trecho: "*What's more, it seemed that practically everyone was Cuban: my teachers, my classmates, the mechanic, the bus driver. I didn't grow up feeling different or treated as a minority*".

2. Gabarito: C
O texto aborda relações interpessoais com o objetivo de comparar a expectativa de parceiros amorosos em épocas distintas: "two hundred years ago" X "today's relationship market".

3. Gabarito: B
Nessa tirinha, o comportamento da mulher expressa gosto pela prática da leitura.

4. Gabarito: D
O termo "*downsides*" (desvantagens) introduz a ideia de que o Instagram é responsável por provocar ansiedade nos adolescentes, conforme demonstra este trecho: "*This can make one feel like their life is not going as well as others, contributing to the growing rates of anxiety or depression in many teens today*".

5. Gabarito: E
Nesse poema, o eu lírico evidencia um sentimento de insatisfação com uma forma de comunicação, conforme se observa neste trecho: "*Nothing my thumbs press will ever be heard*".

1. Gabarito: E
Esse cartaz tem a função social de defender a preservação das línguas originárias garantindo a diversidade linguística mexicana.

2. Gabarito: D
No texto, o autor faz uma crítica à ingerência do celular sobre as escolhas dos usuários, conforme demonstra este excerto: "*¿Cómo te atreves a decirme qué son o no son mis recuerdos? ¿Qué es esta intromisión, este descaro? El pequeño hermano lo sabe casi todo*".

3. Gabarito: C
No texto, o autor demonstra como as diferentes expressões existentes em espanhol para se referir a "*amigo*" variam em função do papel da amizade em diferentes contextos.

4. Gabarito: A
No texto, a expressão "*un mañana sin sol*" é usada para concluir uma crítica ao descaso diante da problemática de crianças em situação de rua. Observe este trecho: "*La niñez de nuestro olvido / pide limosna en un bar / y lava tu parabrisas / por un peso, por un pan*".

5. Gabarito: A
No texto, as palavras "*crianza*" e "*tribu*" são usadas para evidenciar a importância de uma rede de apoio para as mães na criação de seus filhos.

6. Gabarito: E
A pouca formalidade é evidenciada pelo emprego de metáforas, como no trecho "a vida engata uma primeira e sai em disparada", que utiliza uma linguagem figurada acessível ao público.

7. Gabarito: A
O Texto I traz uma campanha publicitária de uma feira de adoção de cães e gatos. O Texto II descreve a vida de um cão de rua de modo a problematizar a necessidade de adoção de animais sem lar.

8. Gabarito: A
Ao divulgar a adaptação do jogo para questões relativas a ações e habilidades de mulheres notáveis que representam diversas profissões, nacionalidades e idades, o texto contribui para a formação cidadã dos jogadores, combatendo estereótipos.

9. Gabarito: A
A peça publicitária apela para o sentimento de culpa provocado no condutor causador de acidentes ("arrependimento", "leva pro resto da vida").

10. Gabarito: C
Segundo os autores citados no texto, as inovações tecnológicas abrem amplo leque de possibilidades no campo das manifestações artísticas e, ao mesmo tempo, geram dilemas com a questão da autoria, dos direitos autorais, da reprodução e intervenção não autorizadas, podendo pôr em risco a proteção da produção estética.

11. Gabarito: A
O texto revela que, quando a sociedade promove o desenvolvimento de uma nova técnica, o que mais impacta seus usuários é a dificuldade na apropriação

da nova linguagem, pois cada nova técnica exige uma longa iniciação numa nova linguagem.

12. Gabarito: B
O texto de Luis Fernando Verissimo é uma crônica ficcional que tem como finalidade demonstrar que a preocupação excessiva com a gramática pode prejudicar a comunicação, a tal ponto que a mensagem inicial foi esquecida. Assim, o uso da norma-padrão defendido por um dos personagens torna-se inadequado em razão do contexto de comunicação em que a conversa se dá (informalidade entre pessoas próximas).

13. Gabarito: B
Ao analisarem a correlação entre os hábitos e o perfil socioeconômico dos usuários da internet no Brasil, os pesquisadores sustentam que a falta de acesso à rede repete as mesmas adversidades e exclusões já verificadas na sociedade brasileira no que se refere a analfabetos, menos escolarizados, negros, população indígena e desempregados. Logo, os pesquisadores questionam a crença de que o acesso à informação é igualitário e democrático, pois a internet reproduz a exclusão social.

14. Gabarito: D
O Texto II apresenta expressões coloquiais impregnadas de discriminação contra os negros, exemplificando "o fato de que a língua condensa as experiências de um dado povo", apontado no Texto I. Logo, as escolhas lexicais são resultantes de um processo de incorporação de preconceitos que são recorrentes na história de uma sociedade.

15. Gabarito: B
A imagem utiliza um texto publicitário com o objetivo de divulgar o projeto sobre transparência da administração pública (publicação dos gastos públicos com anúncios).

16. Gabarito: E
Resenha é um gênero textual que consiste na descrição de um texto ou de um filme, podendo ainda expressar a opinião do autor. O texto cumpre a função social de avaliar, por meio de análise crítica, o filme em referência.

17. Gabarito: B
Esse texto constitui-se como um poema porque utiliza o recurso expressivo da metáfora em diversas passagens, como em "As palavras têm corpo e alma"; "A palavra nuvem chove"; "A palavra triste chora", etc.

18. Gabarito: A
Frase verbal é aquela que apresenta verbos na sua composição. Frase nominal é aquela que não apresenta um verbo na sua composição, sendo formada por nomes (substantivos, adjetivos e advérbios). O recurso que caracteriza a organização estrutural desse texto é a justaposição de sequências verbais e nominais.

19. Gabarito: C
Nesse texto, a violência no futebol está caracterizada como um reflexo da precariedade da organização social no país, pois "é impossível dissociar a escalada de violência no futebol do panorama de desordem pública, social, econômica e política vivida pelo país".

20. Gabarito: C
O texto afirma que existe um percentual de pessoas sedentárias e que há uma relação direta entre escolaridade e renda na realização de esportes ou atividades físicas. Assim, é necessário o desenvolvimento de estratégias que facilitem a adoção da prática de exercícios, com ações relacionadas à educação e à distribuição de renda.

21. Gabarito: B
O conto mostra aspectos da realidade nacional no século XIX ao apontar a hipocrisia do discurso conservador na defesa da escravidão, conforme se observa neste trecho: "faz-me até pasmar como se possa sentir, e expressar sentimentos escravocratas, no presente século, no século dezenove!"

22. Gabarito: E
Os textos I e II aproximam-se porque apresentam projetos que têm como objetivo a disseminação do conhecimento voltados à inclusão de pessoas com deficiência.

23. Gabarito: E
Ao descrever os olhos de Maria Santa, o narrador remonta às origens da personagem ("dizia logo a sua origem cruzada e decantada através das misérias e dos orgulhos de homens de aventura"), estabelecendo correlações que refletem a marca de antigos sofrimentos no fluxo de consciência.

24. Gabarito: E
Ao fazer uso de uma fala rebuscada no exemplo da compra do pão, o autor evidencia a importância da adequação da linguagem à situação de comunicação.

25. Gabarito: C
O discurso da jornalista traz questionamentos sobre a relação da conquista da skatista com a desconstrução da noção do skate como modalidade masculina. Isso fica evidente no trecho: "A gente vive num padrão no qual a menina ganha boneca, mas por que também não fazer um esporte de aventura?".

26. Gabarito: C
No texto, a função emotiva pode ser identificada no verso "A cidade não mora mais em mim", em razão do uso do pronome de primeira pessoa.

27. Gabarito: B
A articulação entre os elementos verbais e os não verbais do texto (como o uso de palavras riscadas) tem como propósito desencadear a revisão de representações estereotipadas de gênero.

28. Gabarito: B
O movimento de recuperação da língua patxôhã assume um caráter identitário peculiar na medida em que conjuga o ato de resistência étnica à preservação da memória cultural. A fala "É a nossa identidade. Você diz quem você é por meio da sua língua" destaca a importância de restaurar a língua dos pataxós.

29. Gabarito: D
No texto, a descrição da personagem contém aspectos singelos ("criaturinha leve e breve, saia bordada, chinelinha no pé") e traços astutos ("O mistério estava nos olhos. Estes eram opacos, não sempre nem tanto que não fossem também lúcidos e agudos..."). Assim, a ironia consiste no misto de singeleza e astúcia dos gestos da personagem.

30. Gabarito: C
O naturalismo foi uma corrente literária que buscava a representação objetiva da realidade, utilizando uma abordagem biológica, científica e patológica das personagens. No texto, a forma como o narrador julga comportamentos e emoções das personagens femininas revela influência do pensamento científico, considerando o ser humano como um fenômeno biológico, conforme se observa no trecho: "era o egoísta e cru instinto da maternidade, obrando por mera simpatia carnal".

31. Gabarito: A
José Américo de Almeida introduziu o romance regionalista no Brasil com a publicação de *A Bagaceira* (1928), obra que constitui o marco inicial do "Romance de 30", movimento da segunda fase do modernismo no Brasil (1930-1945). Nesse romance, José Américo de Almeida aborda o tema da seca de 1898 e da fuga dos retirantes nordestinos, apresentando um desenho cru da realidade dramática dos retirantes.

32. Gabarito: A
O texto traz informações com a função de propor ações específicas para cada etapa da infância no que tange ao uso de equipamentos eletrônicos.

33. Gabarito: A
Inventário é a listagem detalhada de bens, mercadorias, produtos; também pode significar a caracterização pormenorizada de alguma coisa. O recurso linguístico que permite considerar o capítulo como inventário é a enumeração de objetos e fatos.

34. Gabarito: D
Segundo o texto, o *mountainboard* foi criado por praticantes de snowboard que sentiam falta de praticar o esporte nos períodos sem neve. O equipamento desenvolvido permite que o esporte possa ser praticado em diversos tipos de terreno: grama, terra, pedras, asfalto e areia. Assim, a atividade é caracterizada pela criatividade para adaptações a novos espaços.

35. Gabarito: C
Ao refletir sobre a atividade de cronista, Clarice Lispector inicia sua reflexão indagando se a crônica é um relato, uma conversa ou um resumo de um estado de espírito. Assim, a autora questiona características do gênero crônica, como a brevidade no tratamento da temática, que não permite uma comunicação mais profunda com o leitor.

36. Gabarito: C
Além de informar sobre um projeto de lei de vacinação gratuita de cães contra a leishmaniose, a notícia busca conscientizar a população sobre grave problema de saúde pública.

37. Gabarito: A
De acordo com o texto, a expressão positividade tóxica aborda uma espécie de pressão pela adoção de um discurso positivo, aliada a uma vida editada para as redes sociais. Logo, a positividade tóxica é um fenômeno social que se constitui com base em representações estereotipadas e superficiais de felicidade.

38. Gabarito: B
O maneirismo foi um movimento artístico que se originou na Itália no século XVI (1520 a 1610). Esse movimento artístico utilizou a arquitetura, escultura, artes plásticas, música e literatura para apresentar uma arte mais perturbadora, exagerada e sofisticada. Produzida no início do século XVII, a tela de El Greco (1541-1614) distingue-se pela distorção ao representar a figura humana, o que se nota no alongamento dos corpos.

39. Gabarito: E
O Minimalismo faz referência aos movimentos estéticos, científicos e culturais que surgiram em Nova York, entre o fim dos anos de 1950 e início da década de 1960. Os movimentos minimalistas se caracterizam pela austeri-

dade e síntese, inclusive dos meios e usos da abstração, reduzindo todos seus aspectos ao nível essencial. De acordo com os textos I e II, compreende-se que a obra minimalista é uma combinação de formas sintéticas no espaço utilizado, como se observa no uso de "materiais industriais pré-fabricados".

40. Gabarito: D
A expressividade lírica no texto é reforçada pela afetividade demonstrada ao noticiar a morte do cantador, conforme se observa no trecho "E deu de esporas para que eu não lhe visse as lágrimas".

41. Gabarito: B
No texto, o personagem vincula ao carnaval atitudes e reações coletivas diante das quais expressa atração e asco perante atitudes libertinas, conforme ilustram estes trechos: "Na terça desliguei-me do grupo e caí no mar alto da depravação"; "Nesse momento tudo é possível, os maiores absurdos, os maiores crimes"; "Eu estava trepidante, com uma ânsia de acanalhar-me"; "Era ignóbil".

42. Gabarito: D
Ao comparecer na delegacia, a autora faz uma reflexão em que transparece a resposta irônica ante o discurso da autoridade, conforme se observa neste trecho: "se ele sabe disto, porque não faz um relatorio e envia para os politicos? (...) Agora falar para mim, que sou uma pobre lixeira. Não posso resolver nem as minhas dificuldades."

43. Gabarito: E
Pela ótica do narrador, a trajetória da empregada de sua casa assume um efeito expressivo decorrente da representação anedótica de atos de violência, conforme demonstra estes trechos: "Mal a mãe virou as costas, no entanto, a fulana amassou a lista e, como uma vilã de folhetim, decretou..."; "ela nos contava histórias da infância de gata-borralheira, fazia-nos apertar seu nariz quebrado por uma das filhas da 'patroa'...".

44. Gabarito: C
Marcel Duchamp foi um pintor e escultor francês, considerado um dos precursores da arte conceitual, do dadaísmo, do surrealismo, do expressionismo abstrato e o inventor dos *ready-made*. A instalação *In absentia* propõe um diálogo com o *ready-made Roda de bicicleta*, demonstrando que as criações desmistificam os valores estéticos estabelecidos.

45. Gabarito: E
Chico Science foi fundamental para a renovação da música pernambucana, fato que se deu pela integração de referenciais culturais de diferentes origens (o maracatu, as batidas do hip-hop, as guitarras do rock e elementos eletrônicos), criando uma nova combinação estética.

46. Gabarito: D
Na obra *Os sertões*, de Euclides da Cunha, o narrador observador relata a Guerra de Canudos (1896-1897). Trata-se de um relato histórico mesclado à literatura, pois o autor foi convidado pelo jornal *O Estado de São Paulo* para cobrir a Guerra de Canudos, surgindo, assim, a sua obra. No experimento descrito, a relação com a paisagem e com a religiosidade permite que o sertanejo seja íntimo à Caatinga ao interpretar condições ambientais.

47. Gabarito: E
Segundo Hannah Arendt, é o discurso que faz do homem um ser político. E os homens só podem experimentar o significado das coisas por poderem falar e ser inteligíveis entre si e consigo mesmos. Logo, a autora mostra a importância da linguagem no processo de construção da sociabilidade.

48. Gabarito: A
Ao descrever a ação de um guarda civil que se assemelha àquelas adotadas no período escravocrata, o texto expõe uma característica da sociedade brasileira, que é o racismo estrutural.

49. Gabarito: B
A impermeabilização do solo reduz a evapotranspiração, a infiltração subsuperficial e a percolação profunda e, consequentemente, aumenta o escoamento superficial da água. Nesse sentido, a intensificação da ocupação urbana afeta de forma imediata o ciclo hidrológico.

50. Gabarito: E
Construída entre os anos de 1907 e 1912, a ferrovia Madeira-Mamoré ligava Porto Velho a Guajará-Mirim, passando ao longo do rio Madeira. Sua construção mobilizou 30 mil trabalhadores de 50 nacionalidades diferentes. Além da insalubridade do trabalho, a fome, as doenças e a falta de medicamentos foram fatais para uma grande quantidade de trabalhadores, causando a morte de 6 mil deles. Os corpos foram sendo deixados pelo caminho, o que lhe deu a alcunha de "Ferrovia do Diabo". No texto, há uma crítica ao modo de ocupação do espaço amazônico pautada na contradição entre desenvolvimento nacional e respeito aos trabalhadores.

51. Gabarito: E
De acordo com o texto, a economia que surgiu no último quartel do século XX está organizada numa rede global de conexões entre agentes econômicos. Esse fenômeno fez com que as empresas transferissem as suas unidades produtivas para outros países, de modo que a produção

das mercadorias atualmente não ocorre em apenas um território, caracterizando a desterritorialização da produção.

52. Gabarito: D
A letra da canção valoriza o espaço rural brasileiro em sua relação com a cidade ao ressaltar sua função de promover a produção alimentar.

53. Gabarito: A
De acordo com o texto, o público leitor feminino estava ávido por novidades, folhetins e "narrativas modernas" que encenavam os dilemas da mulher em processo de transformação patriarcal e provinciana que se abria para modernizar seus costumes. Assim, o registro das atividades descritas associa a inserção da figura feminina nos espaços de leitura e escrita do Segundo Reinado ao surgimento de novas práticas culturais.

54. Gabarito: E
No final do século XIX, os caixeiros do comércio se reuniram para lutar por direitos e participar da vida política, tomando as ruas junto com outros movimentos, como os republicanos e os abolicionistas, que eram críticos ao império e às bases da monarquia. Assim, a atuação dos caixeiros representou, na capital do Império, um momento de contestação dos princípios monárquicos.

55. Gabarito: B
O processo de salinização do solo (acúmulo excessivo de sais minerais no solo) pode ocorrer naturalmente, mas são as ações humanas que intensificam esse processo, principalmente pela adoção de métodos incorretos na agricultura. Quando a quantidade de água utilizada na irrigação é muito alta e não há um controle da salinidade, o processo pode intensificar-se ao longo do tempo até que o solo se torne completamente improdutivo. Assim, as atividades agrícolas na região semiárida intensificam o processo de salinização do solo ao utilizar sistemas de irrigação, desprezando uma drenagem adequada.

56. Gabarito: A
Tanto o Texto I (charge) quanto o Texto II criticam a falta de acesso à internet de parcela significativa dos estudantes, evidenciando a exclusão social.

57. Gabarito: A
Para Michel Foucault, as sociedades disciplinares são aquelas em que as instituições sociais assumem papéis de vigilância, normatização e exame constante dos sujeitos, de tal maneira que o poder, exercido minuciosamente, marca os corpos e lhes impõe condutas. O tipo de poder de uma sociedade disciplinar tende a separar, prender, controlar e punir. Os modelos autoritários descritos no texto apontam para um sistema de controle que se baseia na formação de sociedade disciplinar.

58. Gabarito: E
As práticas religiosas mencionadas nos textos estão associadas, respectivamente, à criação de lugares místicos e experiências do catolicismo popular.

59. Gabarito: C
O Programa Nacional de Fortalecimento da Agricultura Familiar (Pronaf) tem como objetivo orientar as compras públicas de produtos agropecuários produzidos por pequenos agricultores e populações tradicionais. Esse programa constitui importante conquista para os pequenos produtores em virtude da comercialização garantida.

60. Gabarito: B
O experimento demonstrou que a concessão de incentivo ao grupo dos participantes foi muito mais eficaz do que oferecer incentivos individuais. Assim, o texto revela que os celulares podem desempenhar uma função social, estimulando a reciprocidade por meios digitais.

61. Gabarito: E
A consequência da mudança tecnológica apresentada no texto é a ampliação do desemprego estrutural.

62. Gabarito: C
A união aduaneira é uma associação de países caracterizada por uma Tarifa Externa Comum (TEC), cuja finalidade é eliminar a concorrência externa e favorecer o comércio de produtos entre os membros, e por uma área de livre comércio, cujo objetivo é favorecer o comércio entre os membros e diminuir ou eliminar quaisquer taxas comerciais, barreiras alfandegárias ou impostos. Na união aduaneira, o país participante deve seguir as regras do bloco, não podendo realizar qualquer ação política deliberadamente. Assim, a necessidade de negociação diplomática para viabilizar o acordo tarifário mencionado é característica do funcionamento da união aduaneira.

63. Gabarito: B
Segundo o texto, "o auxílio aos famintos se inscreve no domínio da gestão pública", a qual era responsabilidade da realeza, na Gália, durante o século VI. Assim, o dever de agir em face da situação de crise apresentada pertencia à jurisdição da realeza, decorrente do conceito de governo subjacente à monarquia cristã.

64. Gabarito: A
O texto trata dos agentes modeladores do relevo, que podem ser classificados em agentes internos ou endógenos (abalos sísmicos, vulcanismo e tectonismo) e agentes externos ou exógenos (erosão e intemperismo). A interação dinâmica entre as forças naturais citadas favorece a ocupação do espaço geográfico, na medida em que provoca a formação de solos vulcânicos.

65. Gabarito: B
A ilustração mostra a rotina de um relacionamento marcado por tensão e agressão, culminando, no ápice, na prática do feminicídio (homicídio praticado contra a mulher em decorrência do fato de ela ser mulher).

66. Gabarito: C
O Texto I aborda a separação do ensino e a diferenciação do currículo de meninos e meninas, ao passo que o texto II trata da igualdade do currículo de meninos e meninas. Assim, os discursos expressam, respectivamente, pontos de vista divergentes pela oposição entre dominação de corpos e igualdade humana.

67. Gabarito: D
A estratégia de ocupação do terreno usada pelo movimento social busca garantir o preceito constitucional do direito à moradia.

68. Gabarito: D
As preocupações do governo estadunidense expressas no texto e no mapa evidenciam uma estratégia para ampliação de influência econômica.

69. Gabarito: A
O texto é parte do discurso proferido por Vladimir Putin no Kremlin, em 2014, no qual defende que a Crimeia "sempre foi e sempre será parte da Rússia". O discurso foi seguido de uma lei que permitiu a anexação da Crimeia, região ucraniana de maioria russa. A justificativa utilizada por Vladimir Putin para anexação dessa península apela para o argumento de que as populações com idioma comum devem estar submetidas à mesma autoridade estatal.

70. Gabarito: A
O termo **interseccionalidade** se refere às formas como diferentes marcadores sociais – gênero, raça, classe, sexualidade, entre outros – interagem entre si influenciando a vida em sociedade. Conforme os dados apresentados no Texto II (gráfico), raça e gênero são fatores que intensificam o fenômeno da discriminação no Brasil.

71. Gabarito: A
O Estado de Direito é um dos principais pilares de uma sociedade contra os abusos de poder e o autoritarismo, constituindo a base de uma democracia. Assim, consiste em violação do Estado de Direito a supressão de eleições de representantes políticos.

72. Gabarito: D
Migração pendular ou movimento pendular é o movimento de ida e volta realizado por indivíduos dentro do período de um dia, com o propósito de trabalhar ou estudar em outro local. Essa dinâmica populacional é muito comum nas regiões metropolitanas como resultado da segregação urbana e da concentração de serviços nas grandes cidades.

73. Gabarito: B
A fixação dessa data comemorativa tinha por objetivo afirmar uma identidade coletiva: a classe operária.

74. Gabarito: C
O maior potencial anual médio para o aproveitamento da energia solar decorre da reduzida nebulosidade atmosférica, o que provoca menor ocorrência de áreas de sombra.

75. Gabarito: E
De acordo com o texto, o povo Kambeba tem o rio como um patrimônio cultural e afetivo.

76. Gabarito: D
Na construção do Açude Itans, no município de Caicó (RN), destaca-se a presença de trabalhadores na formação de novos espaços ("embrião de futura cidade").

77. Gabarito: A
Nos Impérios Coloniais, o problema das doenças que atingiam os escravos era algo com que cotidianamente deparavam os senhores. Nesse contexto, o saber médico adquiria um papel extremamente relevante, sendo encarado como um instrumento fundamental ao desenvolvimento colonial. Assim, a importância da medicina se justifica no âmbito dos objetivos econômicos das elites.

78. Gabarito: E
A escala cartográfica expressa a razão entre as dimensões de uma superfície ou de um objeto na realidade e as suas dimensões no mapa.
A distância real entre o local onde os destroços foram avistados e a cidade de Perth é de 2.500 Km; essa mesma distância no mapa corresponde a 2 cm. Logo, cada 1 cm no mapa corresponde a 1.250 km na realidade – o que equivale a 125.000.000 cm. Logo, a escala aproximada dessa representação cartográfica é 1 : 125 000 000.

79. Gabarito: A
Ao descrever-se como patrimônio museológico, o objeto abordado no texto associa a sua história às habilidades artísticas e culturais dos sujeitos, conforme se observa neste trecho: “A nossa história está ligada aos dons individuais das pessoas e suas práticas sociais”.

80. Gabarito: C
Os vínculos entre o surgimento da Polis e o nascimento da filosofia foram fortalecidos pelo surgimento dos sofistas, comprometidos com o ensino da retórica. A valorização do cuidado com as palavras e a distinção entre leis naturais e leis artificiais foram as contribuições mais relevantes para a filosofia; e o estudo da retórica foi em grande parte motivado pelo uso do discurso na política ateniense.

81. Gabarito: D
A criação do Departamento de Imprensa e Propaganda (DIP), no Estado Novo, permitiu ao governo promover o controle da imprensa e o cerceamento da liberdade de expressão.

82. Gabarito: B
O mapa mostra a distribuição de rochas ígneas na Amazônia Legal, um recurso natural com alto potencial para ocorrência de jazidas de minerais metálicos.

83. Gabarito: B
Em situações como a apresentada no texto, as pessoas ao nascerem já se encontram na condição sociopolítica de apátridas, isto é, pessoas que não têm sua nacionalidade reconhecida por nenhum país.

84. Gabarito: C
Tanto Maurice Merleau-Ponty (Texto I) quanto Gilles Deleuze (Texto II) sustentam a existência de um saber ancorado na sensibilidade considerando o olhar como experiência de conhecimento.

85. Gabarito: D
O rito mencionado nos textos (Inquisição) demonstra a capacidade da Igreja em produzir padrões de conduta, determinando lugares, posturas, gestos e palavras.

86. Gabarito: C
Os filósofos pré-socráticos buscavam formular uma possível origem racional para o Universo (*cosmos*, em grego) por meio da observação empírica da natureza (*physis*) e do uso da faculdade racional humana. Todos os pré-socráticos deixaram suas contribuições para a cosmologia e cada um deles descreveu um ou vários elementos como a causa de tudo o que existe (*arché*). Desse modo, a reflexão sobre o entendimento de Empédocles acerca da *arché* era uma preocupação típica do pensamento pré-socrático porque evoca a discussão cosmogônica (acerca da origem do Universo).

87. Gabarito: B
A macrocefalia urbana é um fenômeno urbano caracterizado pela concentração de serviços, atividades econômicas e população em uma determinada área urbana. Esse processo foi estimulado pelo êxodo da população do campo, que migra em direção aos grandes centros urbanos.

88. Gabarito: E
O estoicismo busca a felicidade por meio do domínio das paixões e um alinhamento à vontade geral da natureza. Em suas cartas, Sêneca, um dos grandes representantes do estoicismo, propõe a moderação das paixões para tornar o homem menos reativo emocionalmente, mais consciente de si e mais resiliente.

89. Gabarito: C
Os Incas, Maias e Astecas (sociedades pré-hispânicas) deixaram como legado uma diversidade de heranças culturais constituídas em saberes próprios, como a astronomia, a medição do tempo e do espaço, o valor do número zero etc.

90. Gabarito: A
A panela de barro é um dos principais símbolos da cultura capixaba, sua fabricação artesanal é considerada um bem cultural do Espírito Santo, registrado inclusive pelo Iphan como Patrimônio Imaterial. Uma característica de práticas tradicionais é a vinculação entre os recursos do mundo natural e a manutenção dos modos de vida.

ENEM 2022 • DIA 2

CIÊNCIAS DA NATUREZA E SUAS TECNOLOGIAS

QUESTÕES DE 91 A 135

Um pai faz um balanço utilizando dois segmentos paralelos e iguais da mesma corda para fixar uma tábua a uma barra horizontal. Por segurança, opta por um tipo de corda cuja tensão de ruptura seja 25% superior à tensão máxima calculada nas seguintes condições:

- O ângulo máximo atingido pelo balanço em relação à vertical é igual a 90°;

- Os filhos utilizarão o balanço até que tenham uma massa de 24 kg.

Além disso, ele aproxima o movimento do balanço para o movimento circular uniforme, considera que a aceleração da gravidade é igual a $10 \frac{m}{s^2}$ dissipativas.

91. Qual é a tensão de ruptura da corda escolhida?

(A) 120 N
(B) 300 N
(C) 360 N
(D) 450 N
(E) 900 N

A nanotecnologia é responsável pelo aprimoramento de diversos materiais, incluindo os que são impactados com a presença de poluentes e da umidade na atmosfera, causadores de corrosão. O processo de corrosão é espontâneo e provoca a deterioração de metais como o ferro, que, em presença de oxigênio e água, sofre oxidação, conforme ilustra a equação química:

$$4\,Fe\,(s) + 2\,H_2O\,(l) + 3\,O_2\,(g) \rightarrow 2\,Fe_2O_3 \times H_2O\,(s)$$

Uma forma de garantir a durabilidade da estrutura metálica e a sua resistência à umidade consiste na deposição de filmes finos nanocerâmicos à base de zircônia (ZrO_2) e alumina (Al_2O_3) sobre a superfície do objeto que se deseja proteger.

CLEMENTE, G. A. B. F. et al. O uso de materiais híbridos ou nanocompósitos como revestimentos anticorrosivos do aço. Química Nova, n. 9, 2021 (adaptado).

92. Essa nanotecnologia aplicada na proteção contra a corrosão se baseia no(a)

(A) proteção catódica, que utiliza um metal fortemente redutor.
(B) uso de metais de sacrifício, que se oxidam no lugar do ferro.
(C) passivação do ferro, que fica revestido pelo seu próprio óxido.
(D) efeito de barreira, que impede o contato com o agente oxidante.
(E) galvanização, que usa outros metais de menor potencial de redução.

As células da epiderme da folha da Tradescantia pallida purpurea, uma herbácea popularmente conhecida como trapoeraba-roxa, contém um vacúolo onde se encontra um pigmento que dá a coloração arroxeada a esse tecido. Em um experimento, um corte da epiderme de uma folha da trapoeraba-roxa foi imerso em ambiente hipotônico e, logo em seguida, foi colocado em uma lâmina e observado em microscópio óptico.

93. Durante a observação desse corte, foi possível identificar o(a)

(A) acúmulo do solvente com fragmentação da organela.
(B) rompimento da membrana celular com liberação do citosol.
(C) aumento do vacúolo com diluição do pigmento no seu interior.
(D) quebra da parede celular com extravasamento do pigmento.
(E) murchamento da célula com expulsão do pigmento do vacúolo.

A variação da incidência de radiação solar sobre a superfície da Terra resulta em uma variação de temperatura ao longo de um dia denominada amplitude térmica. Edificações e pavimentações realizadas nas áreas urbanas contribuem para alterar as amplitudes térmicas dessas regiões, em comparação com regiões que mantêm suas características naturais, com presença de vegetação e água, já que o calor específico do concreto é inferior ao da água. Assim, parte da avaliação do impacto ambiental que a presença de concreto proporciona às áreas urbanas consiste em considerar a substituição da área concretada por um mesmo volume de água e comparar as variações de temperatura devido à absorção da radiação solar nas duas situações (concretada e alagada). Desprezando os efeitos da evaporação e considerando que toda a radiação é absorvida, essa avaliação pode ser realizada com os seguintes dados:

	Densidade $\left(\frac{kg}{m^3}\right)$	Calor específico $\left(\frac{J}{g\,°C}\right)$
Água	1 000	4,2
Concreto	2 500	0,8

ROMERO. M. A. B. et al. **Mudanças climáticas e ilhas de calor urbanas.** Brasília: UnB; ETB, 2019 (adaptado).

94. A razão entre as variações de temperatura nas áreas concretada e alagada é mais próxima de

(A) 1,0.
(B) 2,1.
(C) 2,5.
(D) 5,3.
(E) 13,1.

O manual de uma ducha elétrica informa que seus três níveis de aquecimento (morno, quente e superquente) apresentam as seguintes variações de temperatura da água em função de sua vazão:

Vazão $\left(\frac{L}{min}\right)$	ΔT (°C)		
	Morno	Quente	Superquente
3	10	20	30
6	5	10	15

Utiliza-se um disjuntor para proteger o circuito dessa ducha contra sobrecargas elétricas em qualquer nível de aquecimento. Por padrão, o disjuntor é especificado pela corrente nominal igual ao múltiplo de 5 A imediatamente superior à corrente máxima do circuito. Considere que a ducha deve ser ligada em 220 V e que toda a energia é dissipada através da resistência do chuveiro e convertida em energia térmica transferida para a água, que apresenta calor específico de $4{,}2\ \frac{J}{g\,°C}$ e densidade de $1\,000\ \frac{g}{L}$.

95. O disjuntor adequado para a proteção dessa ducha é especificado por:

(A) 60 A
(B) 30 A
(C) 20 A
(D) 10 A
(E) 5 A

Um grupo de alunos realizou um experimento para observar algumas propriedades dos ácidos, adicionando um pedaço de mármore ($CaCO_3$) a uma solução aquosa de ácido clorídrico (HCl), observando a liberação de um gás e o aumento da temperatura.

96. O gás obtido no experimento é o:

(A) H_2
(B) O_2
(C) CO_2
(D) CO
(E) Cl_2

Em 2002, foi publicado um artigo científico que relacionava alterações na produção de hormônios sexuais de sapos machos expostos à atrazina, um herbicida, com o desenvolvimento anômalo de seus caracteres sexuais primários e secundários. Entre os animais sujeitos à contaminação, observaram-se casos de hermafroditismo e desmasculinização da laringe. O estudo em questão comparou a concentração de um hormônio específico no sangue de machos expostos ao agrotóxico com a de outros machos e fêmeas que não o foram (controles).

Os resultados podem ser vistos na figura.

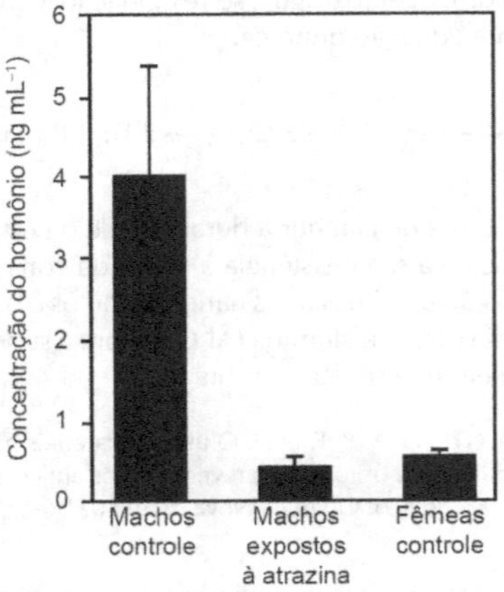

HAYES, T. B. et al. Hermaphroditic, Demasculinized Frogs After Exposure to the Herbicide Atrazine at Low Ecologically Relevant Doses. **Proceedings of the National Academy of Sciences**, n. 8, 2002 (adaptado).

97. Com base nas informações do texto, qual é o hormônio cujas concentrações estão representadas na figura?

(A) Estrogênio.
(B) Feromônio.
(C) Testosterona.
(D) Somatotrofina.
(E) Hormônio folículo estimulante.

O elemento iodo (I) tem função biológica e é acumulado na tireoide. Nos acidentes nucleares de Chernobyl e Fukushima, ocorreu a liberação para a atmosfera do radioisótopo ^{131}I, responsável por enfermidades nas pessoas que foram expostas a ele. O decaimento de uma massa de 12 microgramas do isótopo ^{131}I foi monitorado por 14 dias, conforme o quadro.

Tempo (dia)	**Massa residual de ^{131}I** (μg)
0	12,0
2	10,1
4	8,5
5	7,8
6	7,2
8	6,0
14	3,6

98. Após o período de 40 dias, a massa residual desse isótopo é mais próxima de

(A) 2,4 μg.
(B) 1,5 μg.
(C) 0,8 μg.
(D) 0,4 μg.
(E) 0,2 μg.

Desde a proposição da teoria de seleção natural por Darwin, os seres vivos nunca mais foram olhados da mesma forma. No que diz respeito à reprodução de anfíbios anuros, os cientistas já descreveram diferentes padrões reprodutivos, como os exemplificados a seguir:

Espécie 1 – As fêmeas produzem cerca de 5 000 gametas, que são fecundados na água, em lagoas temporárias de estação chuvosa. Todo o desenvolvimento embrionário, do ovo à metamorfose, ocorre, nesse ambiente, independente dos pais.

Espécie 2 – As fêmeas produzem aproximadamente 200 gametas, que são depositados em poças próximas a corpos-d'água. Os embriões são vigiados pelos machos durante boa parte do seu desenvolvimento.

Espécie 3 – As fêmeas produzem por volta de20 gametas, que são fecundados sobre a superfície das folhas de plantas cujos galhos estão dispostos acima da superfície de corpos-d'água e aí se desenvolvem até a eclosão.

Espécie 4 – As fêmeas produzem poucos gametas que, quando fecundados, são "abocanhados" pelos machos. Os embriões se desenvolvem no interior do saco vocal do macho até a metamorfose, quando saem através da boca do pai.

99. Os padrões descritos evidenciam que

(A) as fêmeas influenciam o comportamento dos machos.
(B) o cuidado parental é necessário para o desenvolvimento.
(C) o grau de evolução determina o comportamento reprodutivo.
(D) o sucesso reprodutivo pode ser garantido por estratégias diferentes.
(E) o ambiente induz modificação na produção do número de gametas femininos.

O eixo de rotação da Terra apresenta uma inclinação em relação ao plano de sua órbita em torno do Sol, interferindo na duração do dia e da noite ao longo do ano.

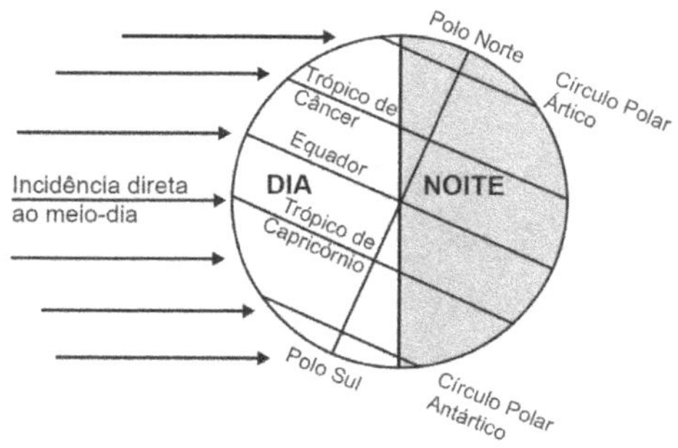

Terra em 21 de dezembro

Uma pessoa instala em sua residência uma placa fotovoltaica, que transforma energia solar em elétrica. Ela monitora a energia total produzida por essa placa em 4 dias do ano, ensolarados e sem nuvens, e lança os resultados no gráfico.

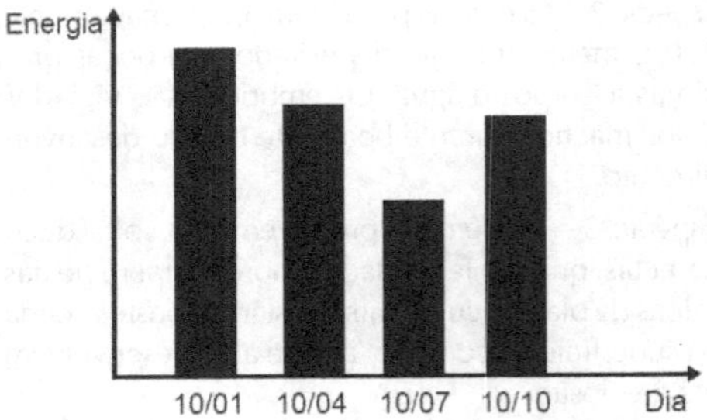

Disponível em: www.fisica.ufpr.br. Acesso em: 27 maio 2022 (adaptado).

100. Próximo a que região se situa a residência onde as placas foram instaladas?

(A) Trópico de Capricórnio.
(B) Trópico de Câncer.
(C) Polo Norte.
(D) Polo Sul.
(E) Equador.

A figura ilustra esquematicamente um processo de remediação de solos contaminados com tricloroeteno (TCE), um agente desengraxante. Em razão de vazamentos de tanques de estocagem ou de manejo inapropriado de resíduos industriais, ele se encontra presente em águas subterrâneas, nas quais forma uma fase líquida densa não aquosa (DNAPL) que se deposita no fundo do aquífero. Essa tecnologia de descontaminação emprega o íon persulfato ($S_2O_8^{2-}$), que é convertido no radical $\bullet SO_4^-$ por minerais que contêm Fe(III). O esquema representa de forma simplificada o mecanismo de ação química sobre o TCE e a formação dos produtos de degradação.

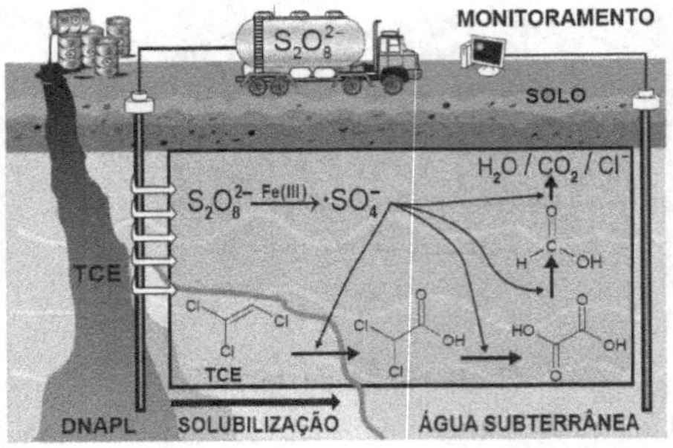

BERTAGI, L. T.; BASÍLIO, A. O.; PERALTA-ZAMORA, P. Aplicações ambientais de persulfato: remediação de águas subterrâneas e solos contaminados. **Química Nova**, n. 9, 2021 (adaptado).

101. Esse procedimento de remediação de águas subterrâneas baseia-se em reações de

(A) oxirredução.
(B) substituição.
(C) precipitação.
(D) desidratação.
(E) neutralização.

De acordo com a Organização Mundial da Saúde, a filariose e a leishmaniose são consideradas doenças tropicais infecciosas e constituem uma preocupação para a saúde pública por ser alto o índice de mortalidade a elas associado.

102. Uma medida profilática comum a essas duas doenças é o(a)

(A) incineração do lixo orgânico.
(B) construção de rede de esgoto.
(C) uso de vermífugo pela população.
(D) controle das populações dos vetores.
(E) consumo de carnes vermelhas bem cozidas.

Em 2017, foi inaugurado, no estado da Bahia, o Parque Solar Lapa, composto por duas usinas (Bom Jesus da Lapa e Lapa) e capaz de gerar cerca de 300 GWh de energia por ano. Considere que cada usina apresente potência igual a 75 MW, com o parque totalizando uma potência instalada de 150 MW. Considere ainda que a irradiância solar média é de $1\,500 \frac{W}{m^2}$ e que a eficiência dos painéis é de 20%.

Parque Solar Lapa entra em operação. Disponível em: www.canalbioenergia.com.br. Acesso em: 9 jun. 2022 (adaptado).

103. Nessas condições, a área total dos painéis solares que compõem o Parque Solar Lapa é mais próxima de:

(A) 1 000 000 m_2
(B) 500 000 m_2
(C) 250 000 m_2
(D) 100 000 m_2
(E) 20 000 m_2

Os riscos apresentados pelos produtos dependem de suas propriedades e da reatividade quando em contato com outras substâncias. Para prevenir os riscos devido à natureza química dos produtos, devemos conhecer a lista de substâncias incompatíveis e de uso cotidiano em fábricas, hospitais e laboratórios, a fim de observar cuidados na estocagem, manipulação e descarte. O quadro elenca algumas dessas incompatibilidades, que podem levar à ocorrência de acidentes.

Substância	Incompatibilidade	Riscos associados
Ácidos minerais fortes concentrados	Bases fortes Cianetos Hipoclorito de sódio	Reação enérgica, explosão, produção de oxidante forte e produto tóxico
Ácido nítrico concentrado	Matéria orgânica	Reação enérgica, explosão e produto tóxico

Considere que houve o descarte indevido de dois conjuntos de substâncias:

(1) ácido clorídrico concentrado com cianeto de potássio;

(2) ácido nítrico concentrado com sacarose.

Disponível em: www.fiocruz.br. Acesso em: 6 dez. 2017 (adaptado).

104. O descarte dos conjuntos (1) e (2) resultará, respectivamente, em

(A) liberação de gás tóxico e reação oxidativa forte.

(B) reação oxidativa forte e liberação de gás tóxico.

(C) formação de sais tóxicos e reação oxidativa forte.

(D) liberação de gás tóxico e liberação de gás oxidante.

(E) formação de sais tóxicos e liberação de gás oxidante.

O quadro mostra valores de corrente elétrica e seus efeitos sobre o corpo humano.

Corrente elétrica	Dano físico
Até 10 mA	Dor e contração muscular
De 10 mA até 20 mA	Aumento das contrações musculares
De 20 mA até 100 mA	Parada respiratória
De 100 mA até 3 A	Fibrilação ventricular
Acima de 3 A	Parada cardíaca e queimaduras

A corrente elétrica que percorrerá o corpo de um indivíduo depende da tensão aplicada e da resistência elétrica média do corpo humano. Esse último fator está intimamente relacionado com a umidade da pele, que seca apresenta resistência elétrica da ordem de 500 kΩ, mas, se molhada, pode chegar a apenas 1 kΩ.

Apesar de incomum, é possível sofrer um acidente utilizando baterias de 12 V. Considere que um indivíduo com a pele molhada sofreu uma parada respiratória ao tocar simultaneamente nos pontos A e B de uma associação de duas dessas baterias.

DURAN, J. E. R. **Biofísica: fundamentos e aplicações**. São Paulo: Pearson Prentice Hall, 2003 (adaptado).

105. Qual associação de baterias foi responsável pelo acidente?

(A)

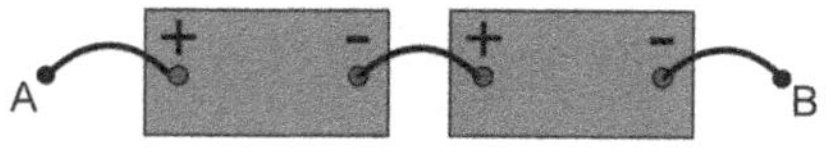

(B)

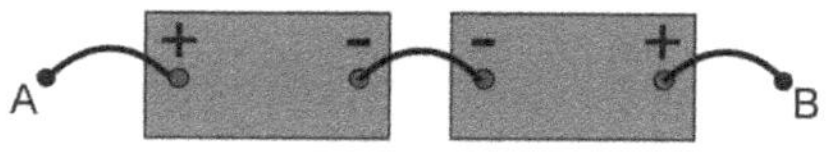

(C)

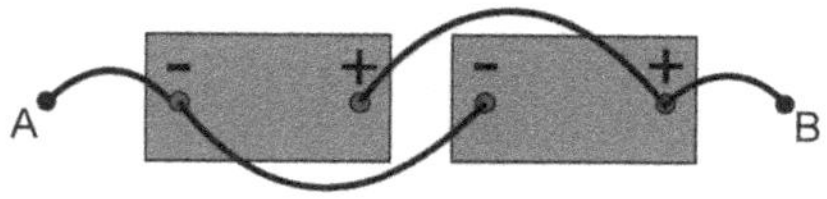

(D) 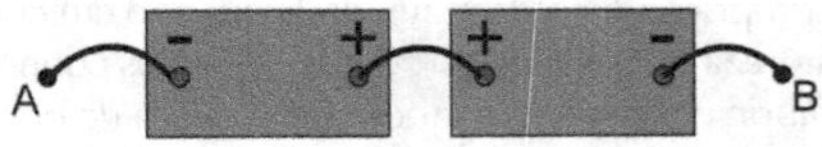

(E) 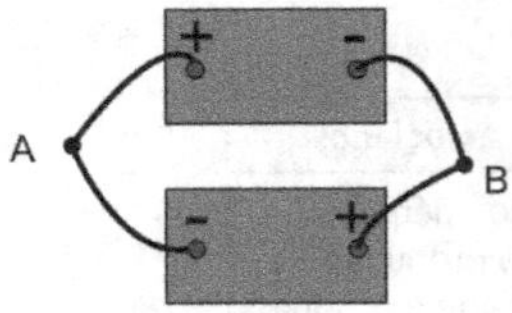

O urânio é empregado como fonte de energia em reatores nucleares. Para tanto, o seu mineral deve ser refinado, convertido a hexafluoreto de urânio e posteriormente enriquecido, para aumentar de 0,7% a 3% a abundância de um isótopo específico — o urânio-235. Uma das formas de enriquecimento utiliza a pequena diferença de massa entre os hexafluoretos de urânio-235 e de urânio-238 para separá-los por efusão, precedida pela vaporização. Esses vapores devem efundir repetidamente milhares de vezes através de barreiras porosas formadas por telas com grande número de pequenos orifícios. No entanto, devido à complexidade e à grande quantidade de energia envolvida, cientistas e engenheiros continuam a pesquisar procedimentos alternativos de enriquecimento.

ATKINS, P.; JONES, L. **Princípios de química**: questionando a vida moderna e o meio ambiente. Porto Alegre: Bookman, 2006 (adaptado).

106. Considerando a diferença de massa mencionada entre os dois isótopos, que tipo de procedimento alternativo ao da efusão pode ser empregado para tal finalidade?

(A) Peneiração.
(B) Centrifugação.
(C) Extração por solvente.
(D) Destilação fracionada.
(E) Separação magnética.

A Agência Nacional de Vigilância Sanitária (Anvisa) aprovou um produto de terapia gênica no país, indicado para o tratamento da distrofia hereditária da retina. O procedimento é recomendado para crianças acima de 12 meses e adultos com perda de visão causada pela mutação do gene humano RPE65. O produto, elaborado por engenharia genética, é composto por um vírus, no qual foi inserida uma cópia do gene normal humano RPE65 para corrigir o funcionamento das células da retina.

ANVISA. Disponível em: www.gov.br/anvisa. Acesso em: 4 dez. 2021 (adaptado).

107. O sucesso dessa terapia advém do fato de que o produto favorecerá a

(A) correção do código genético para a tradução da proteína.
(B) alteração do RNA ribossômico ligado à síntese da proteína.
(C) produção de mutações benéficas para a correção do problema.
(D) liberação imediata da proteína normal na região ocular humana.
(E) expressão do gene responsável pela produção da enzima normal.

O físico Hans C. Oersted observou que um fio transportando corrente elétrica produz um campo magnético. A presença do campo magnético foi verificada ao aproximar uma bússola de um fio conduzindo corrente elétrica. A figura ilustra um fio percorrido por uma corrente elétrica i, constante e com sentido para cima. Os pontos **A**, **B** e **C** estão num plano transversal e equidistantes do fio. Em cada ponto foi colocada uma bússola.

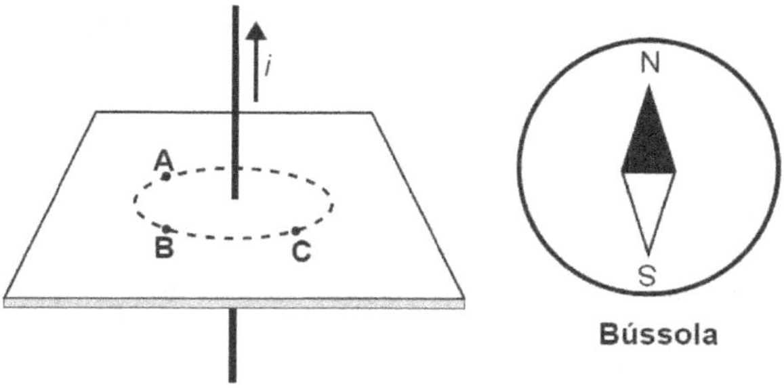

108. Considerando apenas o campo magnético por causa da corrente *i*, as respectivas configurações das bússolas nos pontos **A**, **B** e **C** serão

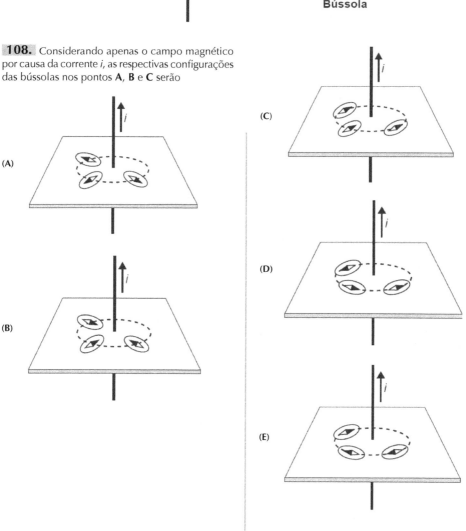

(A)

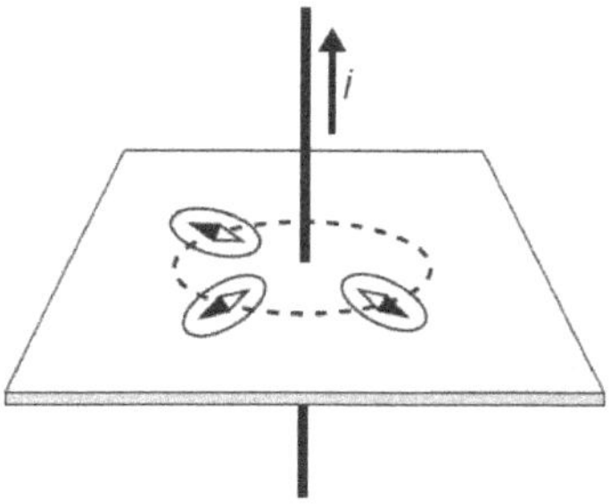

(B)

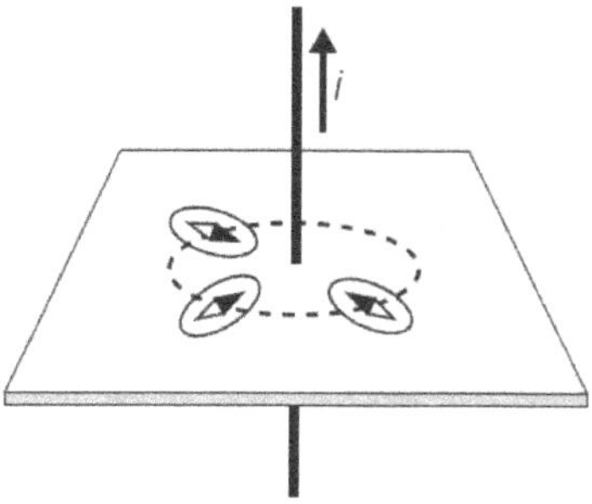

(C)

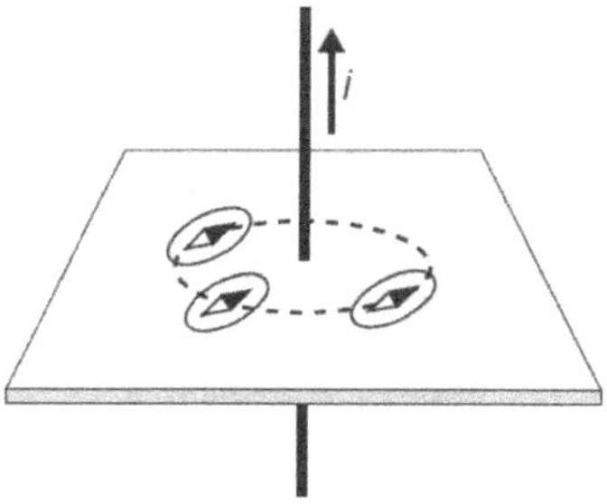

(D)

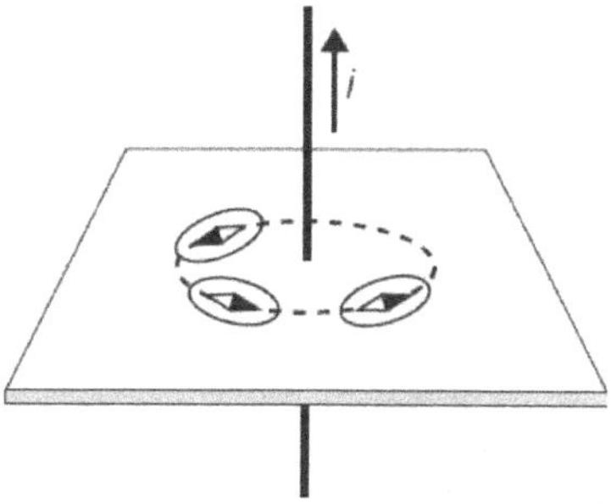

(E)

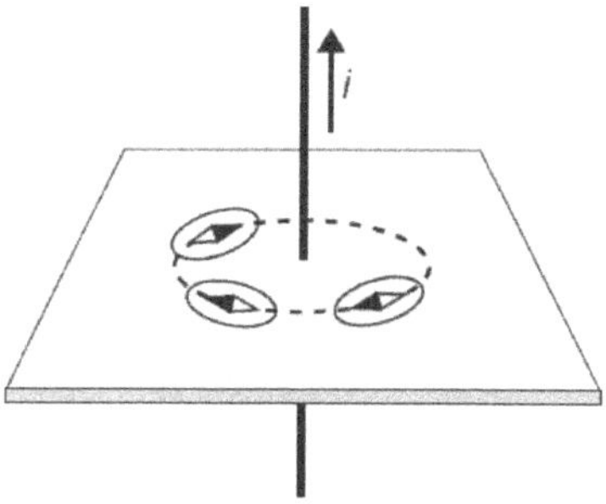

A extinção de espécies é uma ameaça real que afeta diversas regiões do país. A introdução de espécies exóticas pode ser considerada um fator maximizador desse processo. A jaqueira (*Artocarpus heterophyllus*), por exemplo, é uma árvore originária da Índia e de regiões do Sudeste Asiático que foi introduzida ainda na era colonial e se aclimatou muito bem em praticamente todo o território nacional.

109. Casos como o dessa árvore podem provocar a redução da biodiversidade, pois elas

(A) ocupam áreas de vegetação nativa e substituem parcialmente a flora original.

(B) estimulam a competição por seus frutos entre animais típicos da região e eliminam as espécies perdedoras.

(C) alteram os nichos e aumentam o número de possibilidades de relações entre os seres vivos daquele ambiente.

(D) apresentam alta taxa de reprodução e se mantêm com um número de indivíduos superior à capacidade suporte do ambiente.

(E) diminuem a relação de competição entre os polinizadores e facilitam a ação de dispersores de sementes de espécies nativas.

Em um dia de calor intenso, dois colegas estão a brincar com a água da mangueira. Um deles quer saber até que altura o jato de água alcança, a partir da saída de água, quando a mangueira está posicionada totalmente na direção vertical. O outro colega propõe então o seguinte experimento: eles posicionarem a saída de água da mangueira na direção horizontal, a 1 m de altura em relação ao chão, e então medirem a distância horizontal entre a mangueira e o local onde a água atinge o chão. A medida dessa distância foi de 3 m, e a partir disso eles calcularam o alcance vertical do jato de água. Considere a aceleração da gravidade de 10 m s^{-2}.

110. O resultado que eles obtiveram foi de

(A) 1,50 m.

(B) 2,25 m.

(C) 4,00 m.

(D) 4,50 m.

(E) 5,00 m.

O etanol é um combustível produzido a partir da fermentação da sacarose presente no caldo de cana-de-açúcar. Um dos fatores que afeta a produção desse álcool é o grau de deterioração da sacarose, que se inicia após o corte, por causa da ação de microrganismos. Foram analisadas cinco amostras de diferentes tipos de cana-de-açúcar e cada uma recebeu um código de identificação. No quadro são apresentados os dados de concentração de sacarose e de microrganismos presentes nessas amostras.

	Amostra de cana-de-açúcar				
	RB72	**RB84**	**RB92**	**SP79**	**SP80**
Concentração inicial de sacarose (g L^{-1})	13,0	18,0	16,0	14,0	17,0
Concentração de microrganismos (mg L^{-1})	0,7	0,8	0,6	0,5	0,9

Pretende-se escolher o tipo de cana-de-açúcar que conterá o maior teor de sacarose 10 horas após o corte e que, consequentemente, produzirá a maior quantidade de etanol por fermentação. Considere que existe uma redução de aproximadamente 50% da concentração de sacarose nesse tempo, para cada 1,0 mg L^{-1} de microrganismos presentes na cana-de-açúcar.

Disponível em: www.inovacao.unicamp.br. Acesso em: 11 ago. 2012 (adaptado).

111. Qual tipo de cana-de-açúcar deve ser escolhido?

(A) RB72

(B) RB84

(C) RB92

(D) SP79

(E) SP80

Entre as diversas técnicas para diagnóstico da covid-19, destaca-se o teste genético. Considerando as diferentes variantes e cargas virais, um exemplo é a PCR, reação efetuada por uma enzima do tipo polimerase. Essa técnica permite identificar, com confiabilidade, o material genético do SARS-CoV-2, um vírus de RNA. Para comprovação da infecção por esse coronavírus, são coletadas amostras de secreções do indivíduo. Uma etapa que antecede a reação de PCR precisa ser realizada para permitir a amplificação do material genético do vírus.

112. Essa etapa deve ser realizada para

(A) concentrar o RNA viral para otimizar a técnica.

(B) identificar nas amostras anticorpos anti-SARS-CoV-2.

(C) proliferar o vírus em culturas, aumentando a carga viral.

(D) purificar ácidos nucleicos virais, facilitando a ação da enzima.

(E) obter moléculas de cDNA viral por meio da transcrição reversa.

Tribologia é o estudo da interação entre duas superfícies em contato, como desgaste e atrito, sendo de extrema importância na avaliação de diferentes produtos e de bens de consumo em geral. Para testar a conformidade de uma muleta, realiza-se um ensaio tribológico, pressionando-a verticalmente contra o piso com uma força $\vec{F}$, conforme ilustra a imagem, em que **CM** representa o centro de massa da muleta.

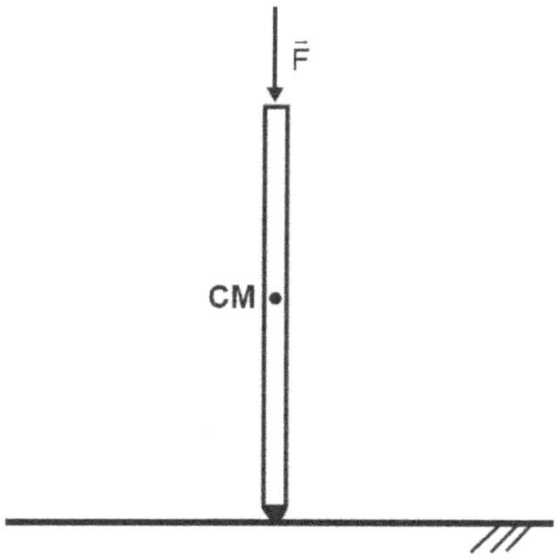

113. Mantendo-se a força $\vec{F}$ paralela à muleta, varia-se lentamente o ângulo entre a muleta e a vertical, até o máximo ângulo imediatamente anterior ao de escorregamento, denominado ângulo crítico. Esse ângulo também pode ser calculado a partir da identificação dos pontos de aplicação, da direção e do sentido das forças peso $(\vec{P})$, normal $(\vec{N})$ e de atrito estático $(\vec{f}_e)$.

O esquema que representa corretamente todas as forças que atuam sobre a muleta quando ela atinge o ângulo crítico é

(A)

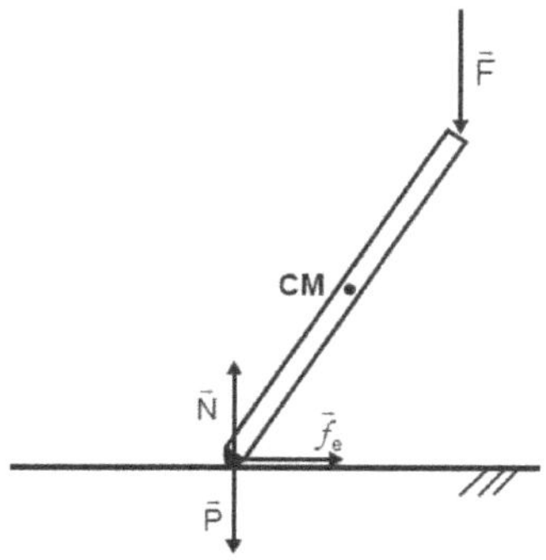

(B)

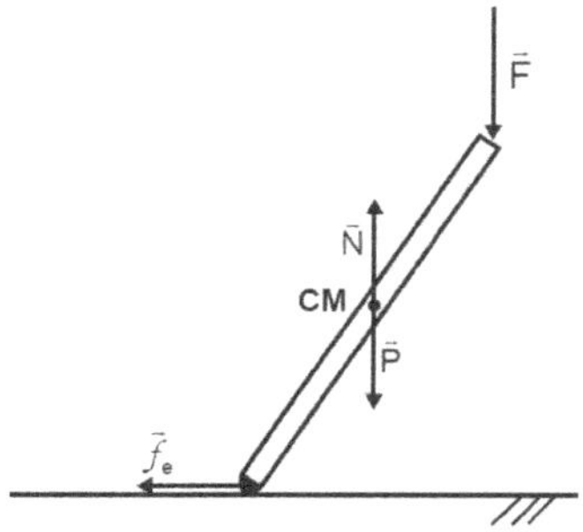

(C)

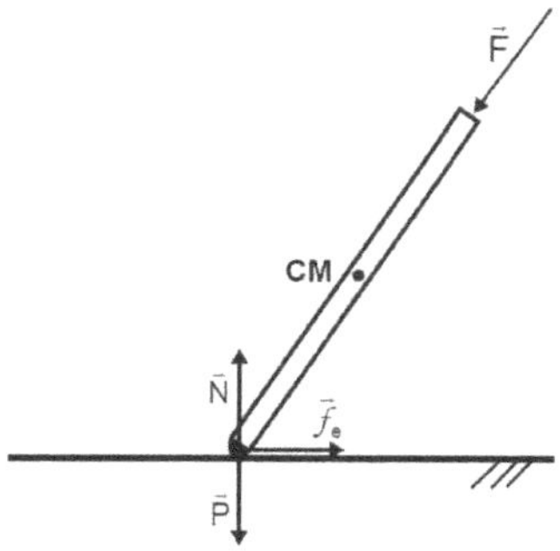

(D)

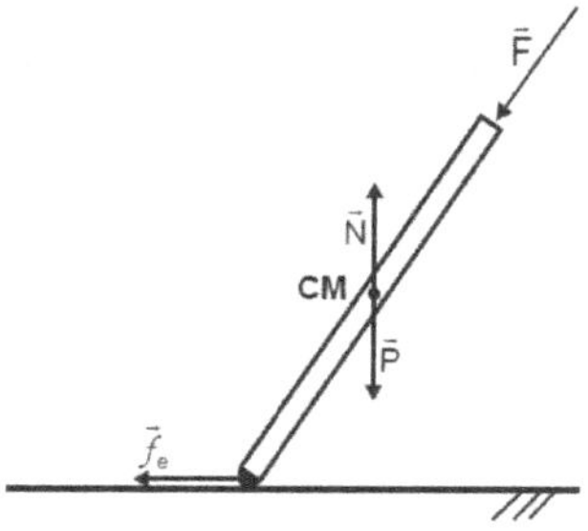

(E)

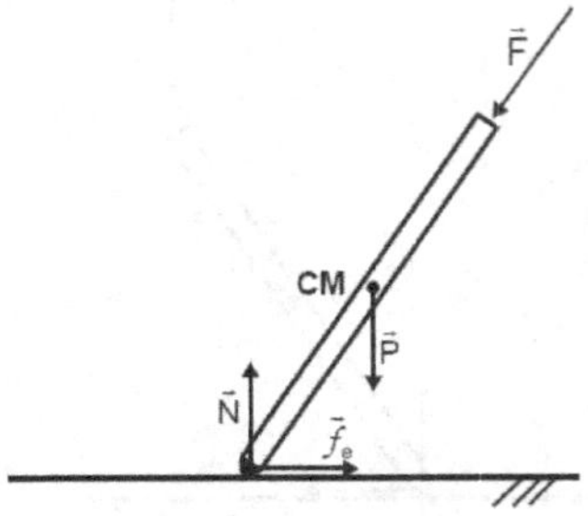

Uma lanterna funciona com três pilhas de resistência interna igual a 0,5 Ω cada, ligadas em série. Quando posicionadas corretamente, devem acender a lâmpada incandescente de especificações 4,5 W e 4,5 V. Cada pilha na posição correta gera uma f.e.m. (força eletromotriz) de 1,5 V. Uma pessoa, ao trocar as pilhas da lanterna, comete o equívoco de inverter a posição de uma das pilhas. Considere que as pilhas mantêm contato independentemente da posição.

114. Com esse equívoco, qual é a intensidade de corrente que passa pela lâmpada ao se ligar a lanterna?

(A) 0,25 A
(B) 0,33 A
(C) 0,75 A
(D) 1,00 A
(E) 1,33 A

Em uma aula prática de bioquímica, para medir a atividade catalítica da enzima catalase, foram realizados seis ensaios independentes, nas mesmas condições, variando-se apenas a temperatura. A catalase decompõe o peróxido de hidrogênio (H2O2), produzindo água e oxigênio. Os resultados dos ensaios estão apresentados no Quadro.

Ensaio	Temperatura (°C)	Resultado
		Decomposição de H_2O_2 $\left(\frac{10^{-12}\,mol}{min}\right)$
1	10	8,0
2	15	10,5
3	20	9,5
4	25	5,0
5	30	3,6
6	35	3,1

115. Os diferentes resultados dos ensaios justificam-se pelo(a)

(A) variação do pH do meio.
(B) aumento da energia de ativação.
(C) consumo da enzima durante o ensaio.
(D) diminuição da concentração do substrato.
(E) modificação da estrutura tridimensional da enzima.

Antimicrobianos são substâncias naturais ou sintéticas que têm capacidade de matar ou inibir o crescimento de microrganismos. A tabela apresenta uma lista de antimicrobianos hipotéticos, bem como suas ações e efeitos sobre o metabolismo microbiano.

Antimicrobiano	Ação	Efeito
1	Une-se aos ribossomos	Impede a síntese proteica
2	Une-se aos microtúbulos	Impede a segregação das cromátides
3	Une-se aos fosfolipídeos da membrana plasmática	Reduz a permeabilidade da membrana plasmática
4	Interfere na síntese de timina	Inibe a síntese de DNA
5	Interfere na síntese de uracila	Impede a síntese de RNA

116. Qual dos antimicrobianos deve ser utilizado para curar uma infecção causada por um fungo sem afetar as bactérias da microbiota normal do organismo?

(A) 1
(B) 2
(C) 3
(D) 4
(E) 5

O veneno da cascavel pode causar hemorragia com risco de morte a quem é picado pela serpente. No entanto, pesquisadores do Brasil e da Bélgica desenvolveram uma molécula de interesse farmacêutico, a PEG-collineína-1, a partir de uma proteína encontrada no veneno dessa cobra, capaz de modular a coagulação sanguínea. Embora a técnica não seja nova, foi a primeira vez que o método foi usado a partir de uma toxina animal na sua forma recombinante, ou seja, produzida em laboratório por um fungo geneticamente modificado.

JULIÃO, A. **Técnica modifica proteína do veneno de cascavel e permite criar fármaco que modula a coagulação sanguínea**. Disponível em: https://agencia.fapesp.br. Acesso em: 22 nov. 2021 (adaptado).

117. Esse novo medicamento apresenta potencial aplicação para

(A) impedir a formação de trombos, típicos em alguns casos de acidente vascular cerebral.
(B) tratar consequências da anemia profunda, em razão da perda de grande volume de sangue.
(C) evitar a manifestação de urticárias, comumente relacionadas a processos alérgicos.
(D) reduzir o inchaço dos linfonodos, parte da resposta imunitária de diferentes infecções.
(E) regular a oscilação da pressão arterial, característica dos quadros de hipertensão.

Um Buraco Negro é um corpo celeste que possui uma grande quantidade de matéria concentrada em uma pequena região do espaço, de modo que sua força gravitacional é tão grande que qualquer partícula fica aprisionada em sua superfície, inclusive a luz. O raio dessa região caracteriza uma superfície-limite, chamada de horizonte de eventos, da qual nada consegue escapar. Considere que o Sol foi instantaneamente substituído por um Buraco Negro com a mesma massa solar, de modo que o seu horizonte de eventos seja de aproximadamente 3,0 km.

SCHWARZSCHILD, K. **On the Gravitational Field of a Mass Point According to Einstein's Theory**. Disponível em: arxiv.org. Acesso em: 26 maio 2022 (adaptado).

118. Após a substituição descrita, o que aconteceria aos planetas do Sistema Solar?

(A) Eles se moveriam em órbitas espirais, aproximando-se sucessivamente do Buraco Negro.
(B) Eles oscilariam aleatoriamente em torno de suas órbitas elípticas originais.
(C) Eles se moveriam em direção ao centro do Buraco Negro.
(D) Eles passariam a precessionar mais rapidamente.
(E) Eles manteriam suas órbitas inalteradas.

Durante o ano de 2020, impulsionado pela necessidade de respostas rápidas e eficientes para desinfectar ambientes de possíveis contaminações com o SARS-CoV-2, causador da covid-19, diversas alternativas foram buscadas para os procedimentos de descontaminação de materiais e ambientes. Entre elas, o uso de ozônio em meio aquoso como agente sanitizante para pulverização em humanos e equipamentos de proteção em câmaras ou túneis, higienização de automóveis e de ambientes fechados e descontaminação de trajes. No entanto, pouca atenção foi dada à toxicidade do ozônio, à formação de subprodutos, ao nível de concentração segura e às precauções necessárias.

LIMA, M. J. A.; FELIX, E. P.; CARDOSO, A. A. Aplicações e implicações do ozônio na indústria, ambiente e saúde. **Química Nova**, n. 9, 2021 (adaptado).

119. O grande risco envolvido no emprego indiscriminado dessa substância deve-se à sua ação química como

(A) catalisador.
(B) oxidante.
(C) redutor.
(D) ácido.
(E) base.

Na figura está representado o mosaicismo em função da inativação aleatória de um dos cromossomos X, que ocorre em todas as mulheres sem alterações patológicas.

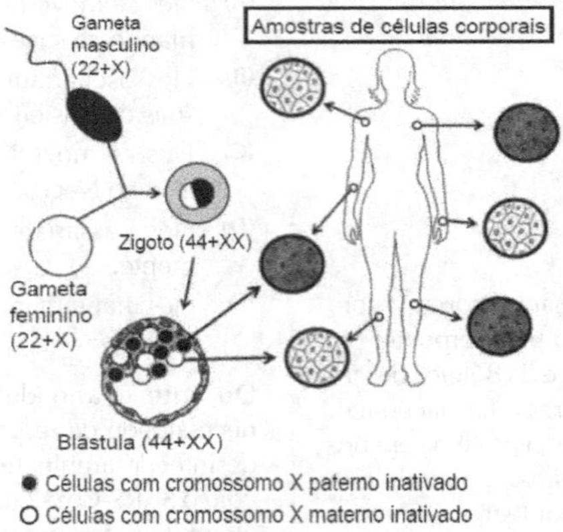

120. Entre mulheres heterozigotas para doenças determinadas por genes recessivos ligados ao sexo, essa inativação tem como consequência a ocorrência de

(A) pleiotropia.
(B) mutação gênica.
(C) interação gênica.
(D) penetrância incompleta.
(E) expressividade variável.

A biomassa celulósica pode ser utilizada para a produção de etanol de segunda geração. Entretanto, é necessário que os polissacarídeos sejam convertidos em mono e dissacarídeos, processo que pode ser conduzido em meio ácido, conforme mostra o esquema:

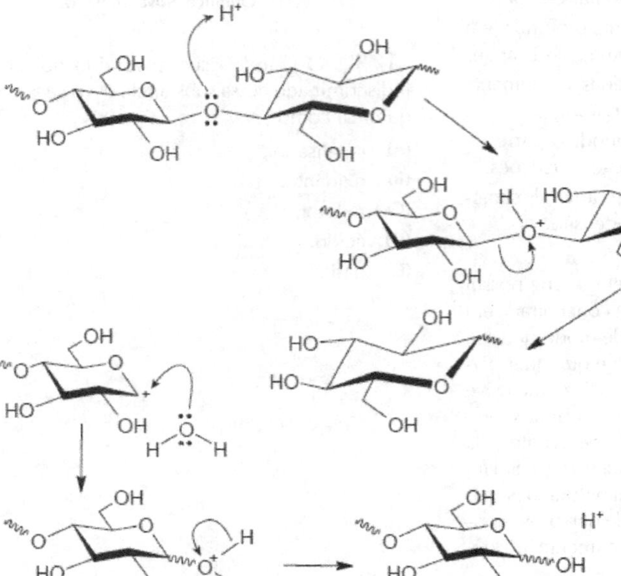

OGEDA, T. L.; PETRI, D. F. S. [...] **Química Nova**, n. 7, 2010 (adaptado).

121. Nessa conversão de polissacarídeos, a função do íon H+ é

(A) dissolver os reagentes.
(B) deslocar o equilíbrio químico.
(C) aumentar a velocidade da reação.
(D) mudar a constante de equilíbrio da reação.
(E) formar ligações de hidrogênio com o polissacarídeo.

O ácido tartárico é o principal ácido do vinho e está diretamente relacionado com sua qualidade. Na avaliação de um vinho branco em produção, uma analista neutralizou uma alíquota de 25,0 mL do vinho com NaOH a 0,10 mol L–1, consumindo um volume igual a 8,0 mL dessa base. A reação para esse processo de titulação é representada pela equação química:

Ácido tartárico
(massa molar: 150 g mol^{-1})

122. A concentração de ácido tartárico no vinho analisado é mais próxima de:

(A) 1,8 g L^{-1}
(B) 2,4 g L^{-1}
(C) 3,6 g L^{-1}
(D) 4,8 g L^{-1}
(E) 9,6 g L^{-1}

O protozoário *Trypanosoma cruzi*, causador da doença de Chagas, pode ser a nova arma da medicina contra o câncer. Pesquisadores brasileiros conseguiram criar uma vacina contra a doença usando uma variação do protozoário incapaz de desencadear a patologia (não patogênico). Para isso, realizaram uma modificação genética criando um *T. cruzi* capaz de produzir também moléculas fabricadas pelas células tumorais. Quando o organismo inicia o combate ao protozoário, entra em contato também com a molécula tumoral, que passa a ser vista também pelo sistema imune como um indicador de células do protozoário. Depois de induzidas as defesas, estas passam a destruir todas as células com a molécula tumoral, como se lutassem apenas contra o protozoário.

Disponível em: www.estadao.com.br. Acesso em: 1 mar. 2012 (adaptado).

123. Qual o mecanismo utilizado no experimento para enganar as células de defesa, fazendo com que ataquem o tumor?

(A) Autoimunidade.
(B) Hipersensibilidade.
(C) Ativação da resposta inata.
(D) Apresentação de antígeno específico.
(E) Desencadeamento de processo anti-inflamatório.

O sinal sonoro oriundo da queda de um grande bloco de gelo de uma geleira é detectado por dois dispositivos situados em um barco, sendo que o detector A está imerso em água e o B, na proa da embarcação. Sabe-se que a velocidade do som na água é de 1 540 $\frac{m}{s}$ e no ar é de 340 $\frac{m}{s}$.

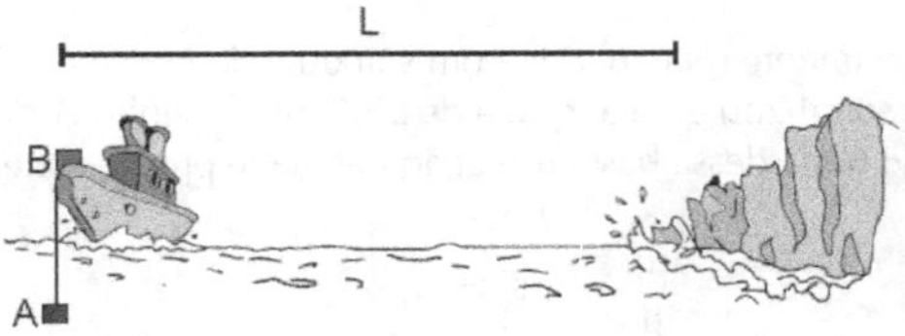

Os gráficos indicam, em tempo real, o sinal sonoro detectado pelos dois dispositivos, os quais foram ligados simultaneamente em um instante anterior à queda do bloco de gelo. Ao comparar pontos correspondentes desse sinal em cada dispositivo, é possível obter informações sobre a onda sonora.

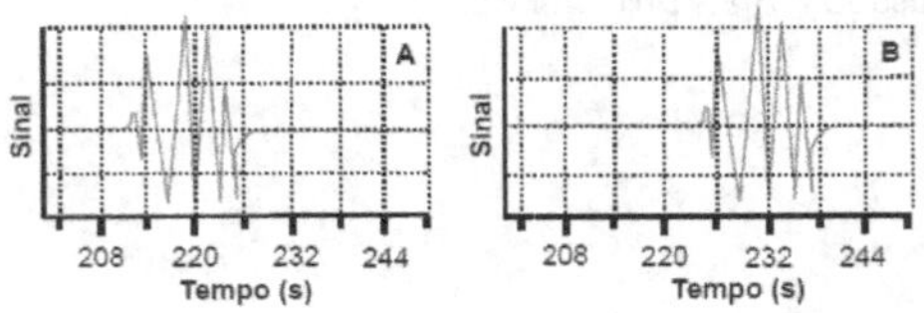

124. A distância L, em metro, entre o barco e a geleira é mais próxima de

(A) 339 000.
(B) 78 900.
(C) 14 400.
(D) 5 240.
(E) 100.

Em 2002, um mecânico da cidade mineira de Uberaba (MG) teve uma ideia para economizar o consumo de energia elétrica e iluminar a própria casa num dia de sol. Para isso, ele utilizou garrafas plásticas PET com água e cloro, conforme ilustram as figuras. Cada garrafa foi fixada ao telhado de sua casa em um buraco com diâmetro igual ao da garrafa, muito maior que o comprimento de onda da luz. Nos últimos dois anos, sua ideia já alcançou diversas partes do mundo e deve atingir a marca de 1 milhão de casas utilizando a "luz engarrafada".

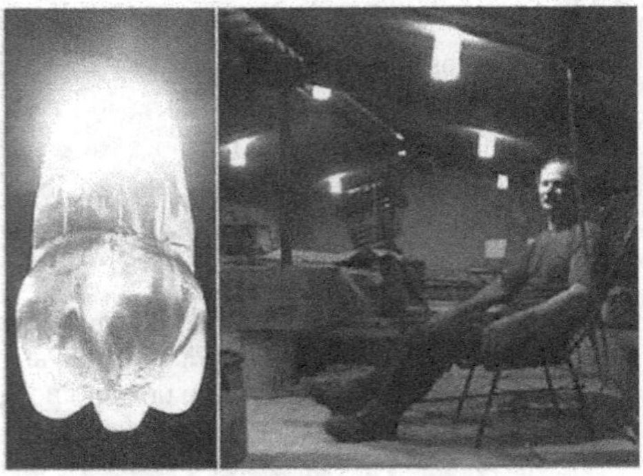

ZOBEL, G. **Brasileiro inventor de "luz engarrafada" tem ideia espalhada pelo mundo**. Disponível em: www.bbc.com. Acesso em: 23 jun. 2022 (adaptado).

125. Que fenômeno óptico explica o funcionamento da "luz engarrafada"?

(A) Difração.
(B) Absorção.
(C) Polarização.
(D) Reflexão.
(E) Refração.

A água bruta coletada de mananciais apresenta alto índice de sólidos suspensos, o que a deixa com um aspecto turvo. Para se obter uma água límpida e potável, ela deve passar por um processo de purificação numa estação de tratamento de água. Nesse processo, as principais etapas são, nesta ordem: coagulação, decantação, filtração, desinfecção e fluoretação.

126. Qual é a etapa de retirada de grande parte desses sólidos?

(A) Coagulação.
(B) Decantação.
(C) Filtração.
(D) Desinfecção.
(E) Fluoretação.

Os ursos, por não apresentarem uma hibernação verdadeira, acordam por causa da presença de termogenina, uma proteína mitocondrial que impede a chegada dos prótons até a ATP sintetase, gerando calor. Esse calor é importante para aquecer o organismo, permitindo seu despertar.

SADAVA, D. et al. **Vida: a ciência da biologia**. Porto Alegre: Artmed, 2009 (adaptado).

127. Em qual etapa do metabolismo energético celular a termogenina interfere?

(A) Glicólise.
(B) Fermentação lática.
(C) Ciclo do ácido cítrico.
(D) Oxidação do piruvato.
(E) Fosforilação oxidativa.

A fim de classificar as melhores rotas em um aplicativo de trânsito, um pesquisador propõe um modelo com base em circuitos elétricos. Nesse modelo, a corrente representa o número de carros que passam por um ponto da pista no intervalo de 1 s. A diferença de potencial (d.d.p.) corresponde à quantidade de energia por carro necessária para o deslocamento de 1 m. De forma análoga à lei de Ohm, cada via é classificada pela sua resistência, sendo a de maior resistência a mais congestionada. O aplicativo mostra as rotas em ordem crescente, ou seja, da rota de menor para a de maior resistência.

Como teste para o sistema, são utilizadas três possíveis vias para uma viagem de A até B, com os valores de d.d.p. e corrente conforme a tabela.

Rota	d.d.p. $\left(\frac{J}{carro \cdot m}\right)$	Corrente $\left(\frac{carro}{s}\right)$
1	510	4
2	608	4
3	575	3

128. Nesse teste, a ordenação das rotas indicadas pelo aplicativo será:

(A) 1, 2, 3.
(B) 1, 3, 2.
(C) 2, 1, 3.
(D) 3, 1, 2.
(E) 3, 2, 1.

O esquema representa o ciclo do nitrogênio:

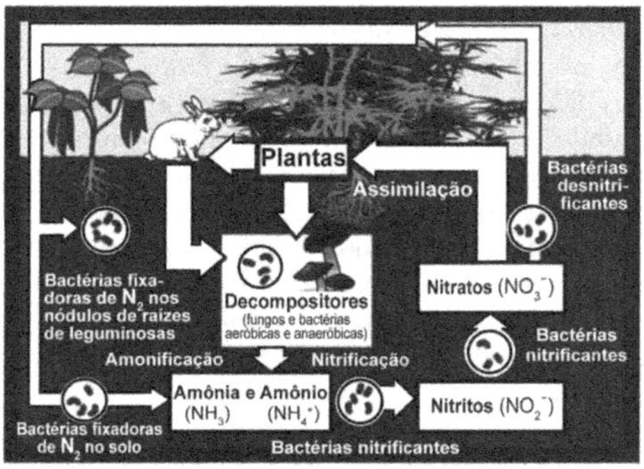

A chuva ácida interfere no ciclo do nitrogênio, principalmente, por proporcionar uma diminuição do pH do solo e da atmosfera, alterando a concentração dos compostos presentes nesse ciclo.

Disponível em: http://scienceprojectideasforkids.com. Acesso em: 6 ago. 2012 (adaptado).

129. Em um solo de menor pH, será favorecida a formação de:

(A) N_2
(B) NH_3
(C) NH_4^+
(D) NO_2^-
(E) NO_3^-

No processo de captação da luz pelo olho para a formação de imagens estão envolvidas duas estruturas celulares: os cones e os bastonetes. Os cones são sensíveis à energia dos fótons, e os bastonetes, à quantidade de fótons incidentes. A energia dos fótons que compõem os raios luminosos está associada à sua frequência, e a intensidade, ao número de fótons incidentes.

130. Um animal que tem bastonetes mais sensíveis irá

(A) apresentar daltonismo.
(B) perceber cores fora do espectro do visível.
(C) enxergar bem em ambientes mal iluminados.
(D) necessitar de mais luminosidade para enxergar.
(E) fazer uma pequena distinção de cores em ambientes iluminados.

Diversas substâncias são empregadas com a intenção de incrementar o desempenho esportivo de atletas de alto nível. O chamado *doping* sanguíneo, por exemplo, pela utilização da eritropoietina, é proibido pelas principais federações de esportes no mundo. A eritropoietina é um hormônio produzido pelos rins e fígado e sua principal ação é regular o processo de eritropoiese. Seu uso administrado intravenosamente em quantidades superiores àquelas presentes naturalmente no organismo permite que o indivíduo aumente a sua capacidade de realização de exercícios físicos.

131. Esse tipo de *doping* está diretamente relacionado ao aumento da

(A) frequência cardíaca.
(B) capacidade pulmonar.
(C) massa muscular do indivíduo.
(D) atividade anaeróbica da musculatura.
(E) taxa de transporte de oxigênio pelo sangue.

Em um autódromo, os carros podem derrapar em uma curva e bater na parede de proteção. Para diminuir o impacto de uma batida, pode-se colocar na parede uma barreira de pneus, isso faz com que a colisão seja mais demorada e o carro retorne com velocidade reduzida. Outra opção é colocar uma barreira de blocos de um material que se deforma, tornando-a tão demorada quanto a colisão com os pneus, mas que não permite a volta do carro após a colisão.

132. Comparando as duas situações, como ficam a força média exercida sobre o carro e a energia mecânica dissipada?

(A) A força é maior na colisão com a barreira de pneus, e a energia dissipada é maior na colisão com a barreira de blocos.
(B) A força é maior na colisão com a barreira de blocos, e a energia dissipada é maior na colisão com a barreira de pneus.
(C) A força é maior na colisão com a barreira de blocos, e a energia dissipada é a mesma nas duas situações.
(D) A força é maior na colisão com a barreira de pneus, e a energia dissipada é maior na colisão com a barreira de pneus.
(E) A força é maior na colisão com a barreira de blocos, e a energia dissipada é maior na colisão com a barreira de blocos.

A penicilamina é um medicamento de uso oral utilizado no tratamento de várias doenças. Esse composto é excretado na urina, cujo pH se situa entre 5 e 7. A penicilamina, cuja fórmula estrutural plana está apresentada, possui três grupos funcionais que podem ser ionizados:

- carboxila: —COOH, cujo pK_a é igual a 1,8;
- amino: —NH_2, que pode ser convertido em amínio (—NH_3^+, cujo pK_a é igual a 7,9);
- tiol: —SH, cujo pK_a é igual a 10,5.

Sabe-se que pK_a = −log K_a.

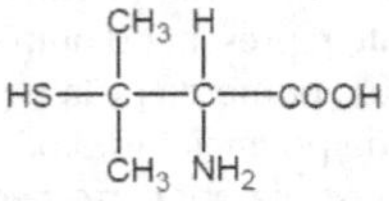

Penicilamina

133. Qual estrutura derivada da penicilamina é predominantemente encontrada na urina?

(A) 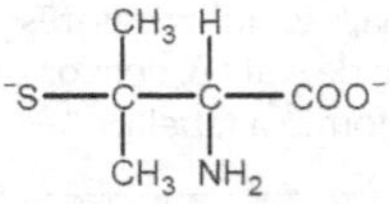

(B) 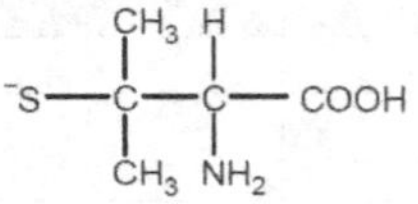

(C) 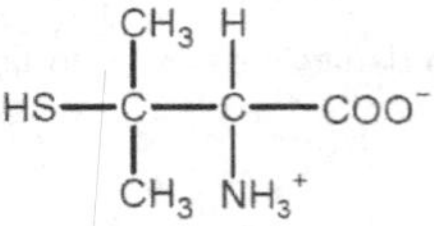

(D) 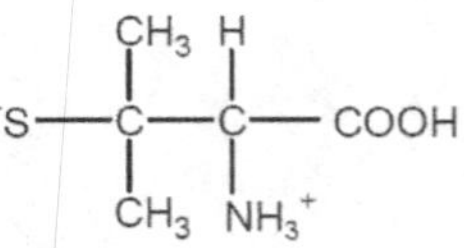

(E) 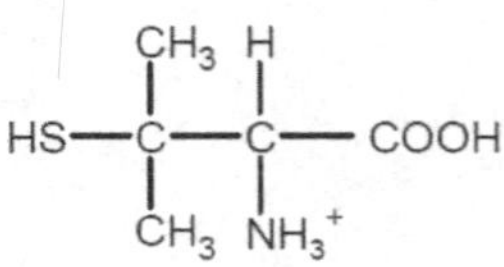

De modo geral, a palavra "aromático" invoca associações agradáveis, como cheiro de café fresco ou de um pão doce de canela. Associações similares ocorriam no passado da história da química orgânica, quando os compostos ditos "aromáticos" apresentavam um odor agradável e foram isolados de óleos naturais. À medida que as estruturas desses compostos eram elucidadas, foi se descobrindo que vários deles continham uma unidade estrutural específica. Os compostos aromáticos que continham essa unidade estrutural tornaram-se parte de uma grande família, muito mais com base em suas estruturas eletrônicas do que nos seus cheiros, como as substâncias a seguir, encontradas em óleos vegetais.

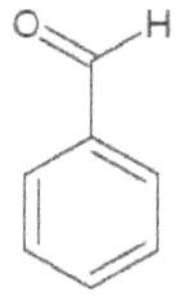

Benzaldeído
(no óleo de amêndoas)

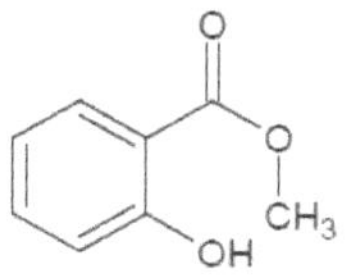

Salicilato de metila
(no óleo de gaultéria)

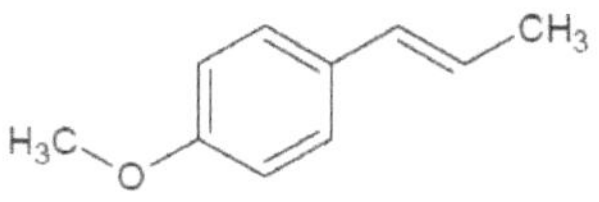

Anetol
(no óleo de anis)

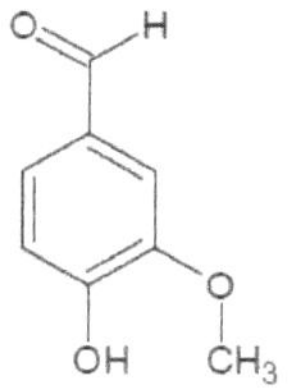

Vanilina
(no óleo de baunilha)

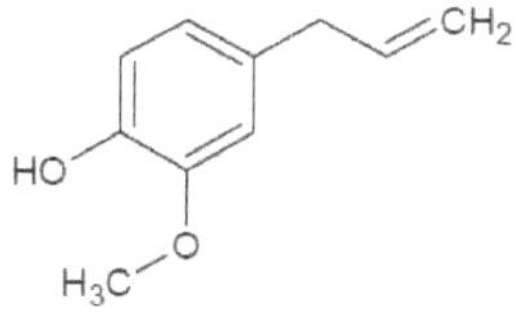

Eugenol
(no óleo de cravos)

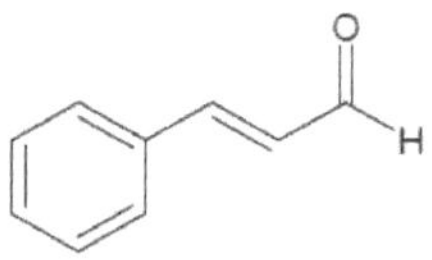

Cinamaldeído
(no óleo de canela)

SOLOMONS, T. W. G.; FRYHLE, C. B. **Química orgânica**. Rio de Janeiro: LTC, 2009 (adaptado).

134. A característica estrutural dessa família de compostos é a presença de

(A) ramificações.
(B) insaturações.
(C) anel benzênico.
(D) átomos de oxigênio.
(E) carbonos assimétricos.

Os resultados de um ensaio clínico randomizado na Indonésia apontaram uma redução de 77% dos casos de dengue nas áreas que receberam o mosquito *Aedes aegypti* infectado com a bactéria *Wolbachia*. Trata-se da mesma técnica utilizada no Brasil pelo Método Wolbachia, iniciativa conduzida pela Fundação Oswaldo Cruz — Fiocruz. Essa bactéria induz a redução da carga viral no mosquito e, consequentemente, o número de casos de dengue na área, sendo repassada por meio do cruzamento entre os insetos. Como essa bactéria é um organismo intracelular e o vírus também precisa entrar nas células para se reproduzir, ambos necessitarão de recursos comuns.

COSTA, G. Agência Fiocruz de Notícias. **Estudo confirma eficácia do Método Wolbachia para dengue**. Disponível em: https://portal.fiocruz.br. Acesso em: 3 jun. 2022 (adaptado).

135. Essa tecnologia utilizada no combate à dengue consiste na

(A) predação do vírus pela bactéria.
(B) esterilização de mosquitos infectados.
(C) alteração no genótipo do mosquito pela bactéria.
(D) competição do vírus e da bactéria no hospedeiro.
(E) inserção de material genético do vírus na bactéria.

MATEMÁTICA E SUAS TECNOLOGIAS
QUESTÕES DE 136 A 180

Um médico faz o acompanhamento clínico de um grupo de pessoas que realizam atividades físicas diariamente. Ele observou que a perda média de massa dessas pessoas para cada hora de atividade física era de 1,5 kg. Sabendo que a massa de 1 L de água é de 1 kg, ele recomendou que ingerissem, ao longo das 3 horas seguintes ao final da atividade, uma quantidade total de água correspondente a 40% a mais do que a massa perdida na atividade física, para evitar desidratação.

Seguindo a recomendação médica, uma dessas pessoas ingeriu, certo dia, um total de 1,7 L de água após terminar seus exercícios físicos.

136. Para que a recomendação médica tenha efetivamente sido respeitada, a atividade física dessa pessoa, nesse dia, durou

(A) 30 minutos ou menos.
(B) mais de 35 e menos de 45 minutos.
(C) mais de 45 e menos de 55 minutos.
(D) mais de 60 e menos de 70 minutos.
(E) 70 minutos ou mais.

Em uma sala de cinema, para garantir que os espectadores vejam toda a imagem projetada na tela, a disposição das poltronas deve obedecer à norma técnica da Associação Brasileira de Normas Técnicas (ABNT), que faz as seguintes indicações:

-Distância mínima (*D*mín) entre a tela de projeção e o encosto da poltrona da primeira fileira deve ser de, pelo menos, 60% da largura (*L*) da tela.

-Distância máxima (*D*máx) entre a tela de projeção e o encosto da poltrona da última fileira deve ser o dobro da largura (*L*) da tela, sendo aceitável uma distância de até 2,9 vezes a largura (*L*) da tela.

Para o espaçamento entre as fileiras de poltronas, é considerada a distância de 1 metro entre os encostos de poltronas em duas fileiras consecutivas.

Disponível em: www.ctav.gov.br. Acesso em: 14 nov. 2013.

Uma sala de cinema, cuja largura da tela mede 12 m, está montada em conformidade com as normas da ABNT e

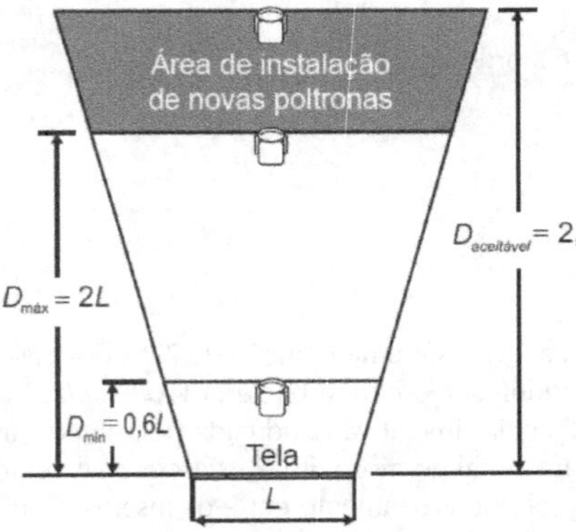

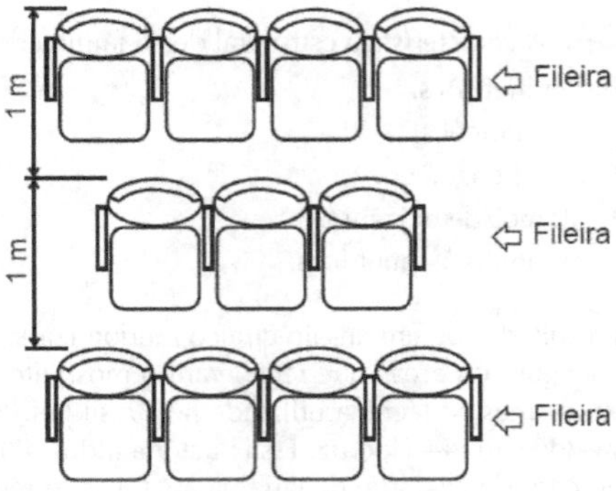

Pretende-se ampliar essa sala, mantendo-se na mesma posição a tela e todas as poltronas já instaladas, ampliando-se ao máximo a sala para os fundos (área de instalação de novas poltronas), respeitando-se o limite aceitável da norma da ABNT. A intenção é aumentar, ao máximo, a quantidade de poltronas da sala, instalando-se novas unidades, iguais às já instaladas.

137. Quantas fileiras de poltronas a sala comportará após essa ampliação?

(A) 26
(B) 27
(C) 28
(D) 29
(E) 35

Uma empresa produz e vende um tipo de chocolate, maciço, em formato de cone circular reto com as medidas do diâmetro da base e da altura iguais a 8 cm e 10 cm, respectivamente, como apresenta a figura.

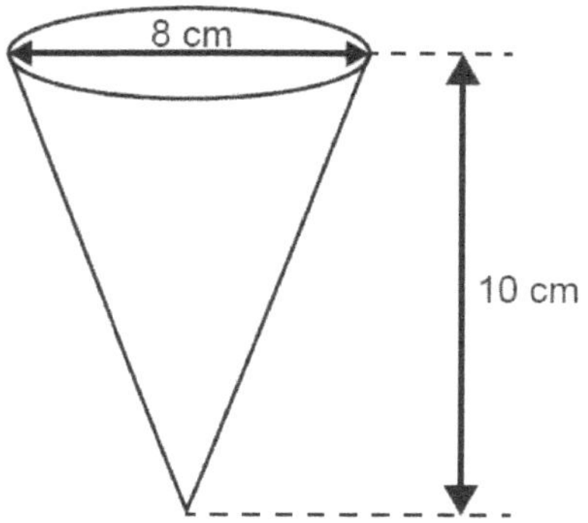

Devido a um aumento de preço dos ingredientes utilizados na produção desse chocolate, a empresa decide produzir esse mesmo tipo de chocolate com um volume 19% menor, no mesmo formato de cone circular reto com altura de 10 cm.

138. Para isso, a empresa produzirá esses novos chocolates com medida do raio da base, em centímetro, igual a

(A) 1,52.
(B) 3,24.
(C) 3,60.
(D) 6,48.
(E) 7,20.

Em janeiro de 2013, foram declaradas 1 794 272 admissões e 1 765 372 desligamentos no Brasil, ou seja, foram criadas 28 900 vagas de emprego, segundo dados do Cadastro Geral de Empregados e Desempregados (Caged), divulgados pelo Ministério do Trabalho e Emprego (MTE). Segundo o Caged, o número de vagas criadas em janeiro de 2013 sofreu uma queda de 75%, quando comparado com o mesmo período de 2012.

Disponível em: http://portal.mte.gov.br. Acesso em: 23 fev. 2013 (adaptado).

139. De acordo com as informações dadas, o número de vagas criadas em janeiro de 2012 foi

(A) 16 514.
(B) 86 700.
(C) 115 600.
(D) 441 343.
(E) 448 568.

Um prédio, com 9 andares e 8 apartamentos de 2 quartos por andar, está com todos os seus apartamentos à venda. Os apartamentos são identificados por números formados por dois algarismos, sendo que a dezena indica o andar onde se encontra o apartamento, e a unidade, um algarismo de 1 a 8, que diferencia os apartamentos de um mesmo andar. Quanto à incidência de sol nos quartos desses apartamentos, constatam-se as seguintes características, em função de seus números de identificação:

- naqueles que finalizam em 1 ou 2, ambos os quartos recebem sol apenas na parte da manhã;
- naqueles que finalizam em 3, 4, 5 ou 6, apenas um dos quartos recebe sol na parte da manhã;
- naqueles que finalizam em 7 ou 8, ambos os quartos

recebem sol apenas na parte da tarde.

Uma pessoa pretende comprar 2 desses apartamentos em um mesmo andar, mas quer que, em ambos, pelo menos um dos quartos receba sol na parte da manhã.

140. De quantas maneiras diferentes essa pessoa poderá escolher 2 desses apartamentos para compra nas condições desejadas?

(A) $9 \times \dfrac{6!}{(6-2)!}$

(B) $9 \times \dfrac{6!}{(6-2)! \times 2!}$

(C) $9 \times \dfrac{4!}{(4-2)! \times 2!}$

(D) $9 \times \dfrac{2!}{(2-2)! \times 2!}$

(E) $9 \times \left(\dfrac{8!}{(8-2)! \times 2!} - 1\right)$

O funcionário de uma loja tem seu salário mensal formado por uma parcela fixa de 675 reais mais uma comissão que depende da quantidade de peças vendidas por ele no mês. O cálculo do valor dessa comissão é feito de acordo com estes critérios:

- até a quinquagésima peça vendida, paga-se 5 reais por peça;
- a partir da quinquagésima primeira peça vendida, o valor pago é de 7 reais por peça.

Represente por q a quantidade de peças vendidas no mês por esse funcionário, e por $S(q)$ o seu salário mensal, em real, nesse mês.

141. A expressão algébrica que descreve $S(q)$ em função de q é

(A) $S(q) = 675 + 12q$

(B) $S(q) = 325 + 12q$

(C) $S(q) = 675 + 7q$

(D) $S(q) = \begin{cases} 625 + 5q, \text{ se } q \leq 50 \\ 925 + 7q, \text{ se } q > 50 \end{cases}$

(E) $S(q) = \begin{cases} 625 + 5q, \text{ se } q \leq 50 \\ 575 + 7q, \text{ se } q > 50 \end{cases}$

Ao analisar os dados de uma epidemia em uma cidade, peritos obtiveram um modelo que avalia a quantidade de pessoas infectadas a cada mês, ao longo de um ano. O modelo é dado por $p(t) = -t\ 2 + 10t + 24$, sendo t um número natural, variando de 1 a 12, que representa os meses do ano, e $p(t)$ a quantidade de pessoas infectadas no mês t do ano. Para tentar diminuir o número de infectados no próximo ano, a Secretaria Municipal de Saúde decidiu intensificar a propaganda oficial sobre os cuidados com a epidemia. Foram apresentadas cinco propostas (I, II, III, IV e V), com diferentes períodos de intensificação das propagandas:

I: $1 \leq t \leq 2$;

II: $3 \leq t \leq 4$;

III: $5 \leq t \leq 6$;

IV: $7 \leq t \leq 9$;

V: $10 \leq t \leq 12$.

A sugestão dos peritos é que seja escolhida a proposta cujo período de intensificação da propaganda englobe o mês em que, segundo o modelo, há a maior quantidade de infectados. A sugestão foi aceita.

142. A proposta escolhida foi a

(A) I.
(B) II.
(C) III.
(D) IV.
(E) V.

Um atleta iniciou seu treinamento visando as competições de fim de ano. Seu treinamento consiste em cinco tipos diferentes de treinos: treino T_1, treino T_2, treino T_3, treino T_4 e treino T_5. A sequencia dos treinamentos deve seguir esta ordem:

Dia	1º	2º	3º	4º	5º	6º	7º	8º	9º	10º	11º	12º	13º
Treino	T_1	R	R	T_2	R	R	T_3	R	T_4	R	R	T_5	R

143. A letra R significa repouso. Após completar a sequência de treinamentos, o atleta começa novamente a sequência a partir do treino T1 e segue a ordem descrita. Após 24 semanas completas de treinamento, se dará o início das competições. A sequência de treinamentos que o atleta realizará na 24ª semana de treinos é

(A) T_3 R T_4 R R T_5 R
(B) R T_3 R T4 R R T_5
(C) R T_4 R R T_5 R T_1
(D) R R T_5 R T_1 R R
(E) R T_5 R T_1 R R T_2

Um casal está reformando a cozinha de casa e decidiu comprar um refrigerador novo. Observando a planta da nova cozinha, desenhada na escala de 1 : 50, notaram que o espaço destinado ao refrigerador tinha 3,8 cm de altura e 1,6 cm de largura. Eles sabem que os fabricantes de refrigeradores indicam que, para um bom funcionamento e fácil manejo na limpeza, esses eletrodomésticos devem ser colocados em espaços que permitam uma distância de, pelo menos, 10 cm de outros móveis ou paredes, tanto na parte superior quanto nas laterais. O casal comprou um refrigerador que caberia no local a ele destinado na nova cozinha, seguindo as instruções do fabricante.

144. Esse refrigerador tem altura e largura máximas, em metro, respectivamente, iguais a

(A) 1,80 e 0,60.
(B) 1,80 e 0,70.
(C) 1,90 e 0,80.
(D) 2,00 e 0,90.
(E) 2,00 e 1,00.

Foram convidadas 32 equipes para um torneio de futebol, que foram divididas em 8 grupos com 4 equipes, sendo que, dentro de um grupo, cada equipe disputa uma única partida contra cada uma das demais equipes de seu grupo. A primeira e a segunda colocadas de cada grupo seguem para realizar as 8 partidas da próxima fase do torneio, chamada oitavas de final. Os vencedores das partidas das oitavas de final seguem para jogar as 4 partidas das quartas de final. Os vencedores das quartas de final disputam as 2 partidas das semifinais, e os vencedores avançam para a grande final, que define a campeã do torneio.

Pelas regras do torneio, cada equipe deve ter um período de descanso de, no mínimo, 3 dias entre dois jogos por ela disputados, ou seja, se um time disputar uma partida, por exemplo, num domingo, só poderá disputar a partida seguinte a partir da quinta-feira da mesma semana.

145. O número mínimo de dias necessários para a realização desse torneio é

(A) 22.
(B) 25.
(C) 28.
(D) 48.
(E) 64.

Em um jogo de bingo, as cartelas contêm 16 quadrículas dispostas em linhas e colunas. Cada quadrícula tem impresso um número, dentre os inteiros de 1 a 50, sem repetição de número. Na primeira rodada, um número é sorteado, aleatoriamente, dentre os 50 possíveis. Em todas as rodadas, o número sorteado é descartado e não participa dos sorteios das rodadas seguintes. Caso o jogador tenha em sua cartela o número sorteado, ele o assinala na cartela. Ganha o jogador que primeiro conseguir preencher quatro quadrículas que formam uma linha, uma coluna ou uma diagonal, conforme os tipos de situações ilustradas na Figura 1.

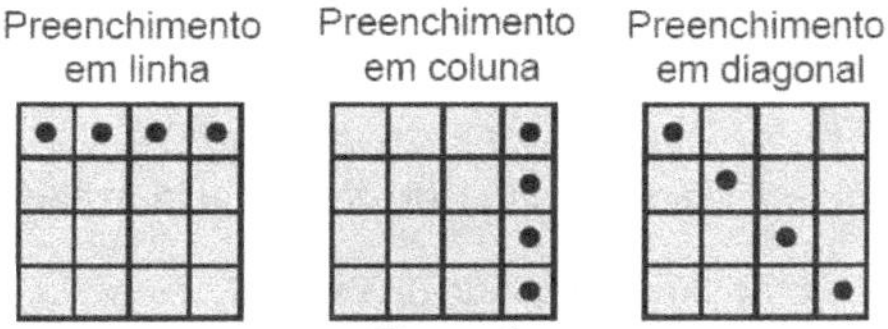

Figura 1

O jogo inicia e, nas quatro primeiras rodadas, foram sorteados os seguintes números: 03, 27, 07 e 48. Ao final da quarta rodada, somente Pedro possuía uma cartela que continha esses quatro números sorteados, sendo que todos os demais jogadores conseguiram assinalar, no máximo, um desses números em suas cartelas. Observe na Figura 2 o cartão de Pedro após as quatro primeiras rodadas.

03	48	12	27
49	11	22	05
29	50	19	45
33	23	38	07

Figura 2

146. A probabilidade de Pedro ganhar o jogo em uma das duas próximas rodadas é

(A) $\frac{1}{46}+\frac{1}{45}$

(B) $\frac{1}{46}+\frac{2}{46\times45}$

(C) $\frac{1}{46}+\frac{8}{46\times45}$

(D) $\frac{1}{46}+\frac{43}{46\times45}$

(E) $\frac{1}{46}+\frac{49}{46\times45}$

O professor de artes orientou seus estudantes a realizarem a seguinte sequência de atividades:

-Dobrar uma folha de papel em formato quadrado duas vezes, em sequência, ao longo das linhas tracejadas, conforme ilustrado nas figuras 1 e 2, para obter o papel dobrado, conforme Figura 3.

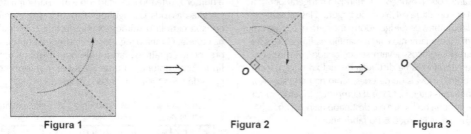

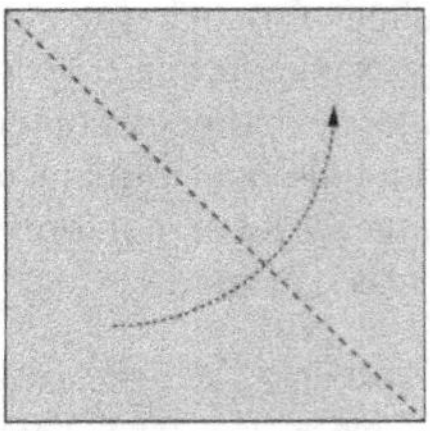
Figura 1

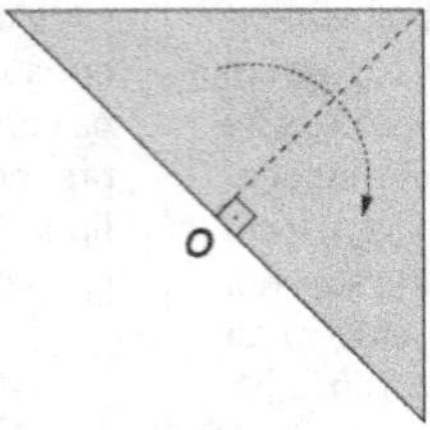

Figura 2

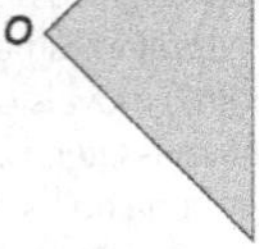

Figura 3

-Em seguida, no papel dobrado da Figura 3, considerar o ponto *R*, sobre o segmento *OM*, sendo *M* o ponto médio do lado do quadrado original, de modo que $OR = \frac{1}{4}OM$, traçar um arco de circunferência de raio medindo $\frac{1}{2}OM$ com centro no ponto *R*, obtendo a Figura 4. Por último, recortar o papel ao longo do arco de circunferência e excluir a parte que contém o setor circular, obtendo o papel dobrado, conforme Figura 5.

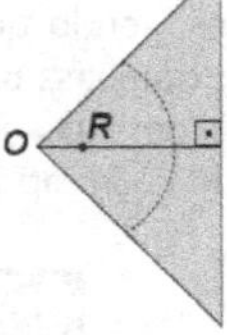

Figura 4

Figura 5

147. Após desdobrado o papel que restou na Figura 5, a figura plana que os estudantes obterão será

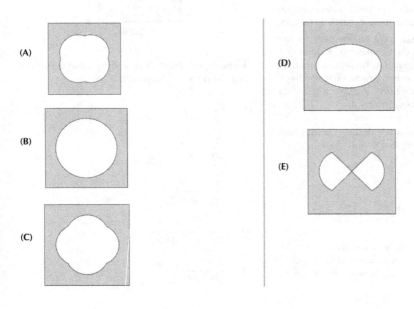

(A) 

(B) 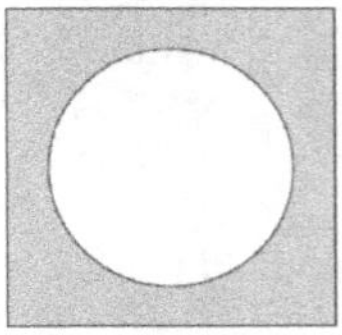

(C) 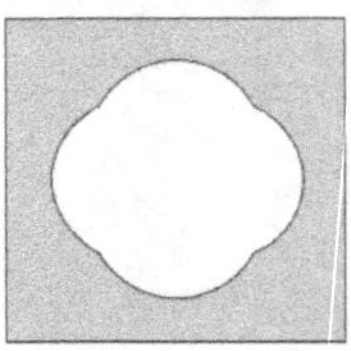

(D) 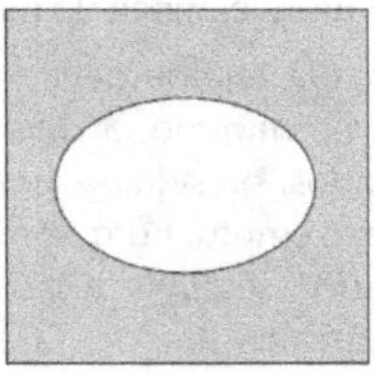

(E) 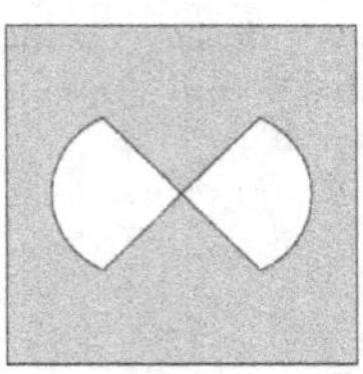

A esperança de vida ao nascer é o número médio de anos que um indivíduo tende a viver a partir de seu nascimento, considerando dados da população. No Brasil, esse número vem aumentando consideravelmente, como mostra o gráfico.

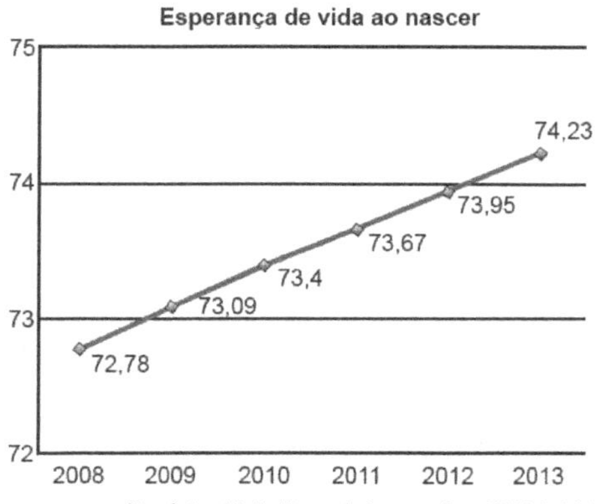

Disponível em: http://cod.ibge.gov.br. Acesso em: 6 mar. 2014 (adaptado).

Pode-se observar que a esperança de vida ao nascer em 2012 foi exatamente a média das registradas nos anos de 2011 e 2013. Suponha que esse fato também ocorreu com a esperança de vida ao nascer em 2013, em relação às esperanças de vida de 2012 e de 2014.

148. Caso a suposição feita tenha sido confirmada, a esperança de vida ao nascer no Brasil no ano de 2014 terá sido, em ano, igual a

(A) 74,23.
(B) 74,51.
(C) 75,07.
(D) 75,23.
(E) 78,49.

Na figura estão destacadas duas trajetórias sobre a superfície do globo terrestre, descritas ao se percorrer parte dos meridianos 1, 2 e da Linha do Equador, sendo que os meridianos 1 e 2 estão contidos em planos perpendiculares entre si. O plano α é paralelo ao que contém a Linha do Equador.

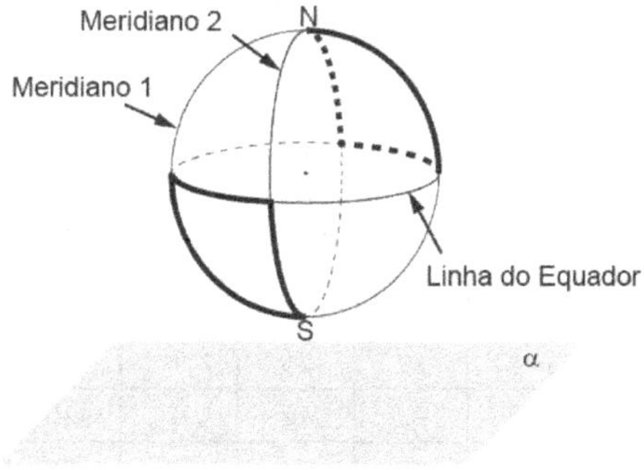

149. A vista superior da projeção ortogonal sobre o plano α dessas duas trajetórias é

(A) 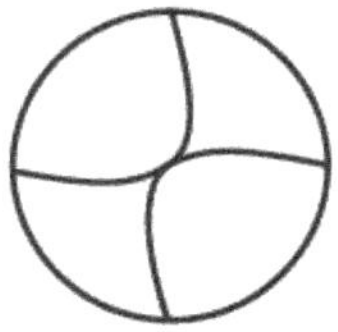

(B) 

(C) 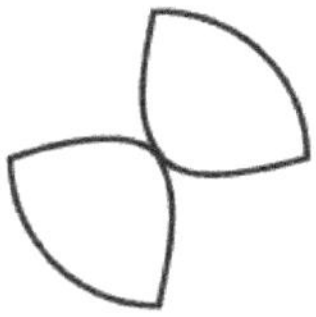

(D) 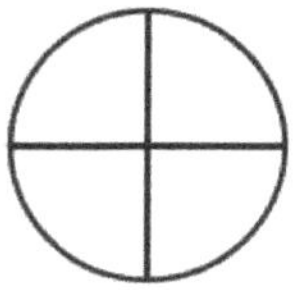

(E) 

Nos cinco jogos finais da última temporada, com uma média de 18 pontos por jogo, um jogador foi eleito o melhor do campeonato de basquete. Na atual temporada, cinco jogadores têm a chance de igualar ou melhorar essa média. No quadro estão registradas as pontuações desses cinco jogadores nos quatro primeiros jogos das finais deste ano.

Jogadores	Jogo 1	Jogo 2	Jogo 3	Jogo 4
I	12	25	20	20
II	12	12	27	20
III	14	14	17	26
IV	15	18	21	21
V	22	15	23	15

O quinto e último jogo será realizado para decidir a equipe campeã e qual o melhor jogador da temporada.

150. O jogador que precisa fazer a menor quantidade de pontos no quinto jogo, para igualar a média de pontos do melhor jogador da temporada passada, é o

(A) I.
(B) II.
(C) III.
(D) IV.
(E) V.

Um casal planeja construir em sua chácara uma piscina com o formato de um paralelepípedo reto retângulo com capacidade para 90 000 L de água. O casal contratou uma empresa de construções que apresentou cinco projetos com diferentes combinações nas dimensões internas de profundidade, largura e comprimento. A piscina a ser construída terá revestimento interno em suas paredes e fundo com uma mesma cerâmica, e o casal irá escolher o projeto que exija a menor área de revestimento.

As dimensões internas de profundidade, largura e comprimento, respectivamente, para cada um dos projetos, são:

-projeto I: 1,8 m, 2,0 m e 25,0 m;

-projeto II: 2,0 m, 5,0 m e 9,0 m;

-projeto III: 1,0 m, 6,0 m e 15,0 m;

-projeto IV: 1,5 m, 15,0 m e 4,0 m;

-projeto V: 2,5 m, 3,0 m e 12,0 m.

151. O projeto que o casal deverá escolher será o

(A) I.
(B) II.
(C) III.
(D) IV.
(E) V.

Uma instituição de ensino superior ofereceu vagas em um processo seletivo de acesso a seus cursos. Finalizadas as inscrições, foi divulgada a relação do número de candidatos por vaga em cada um dos cursos oferecidos. Esses dados são apresentados no quadro.

Curso	Número de vagas oferecidas	Número de candidatos por vaga
Administração	30	6
Ciências Contábeis	40	6
Engenharia Elétrica	50	7
História	30	8
Letras	25	4
Pedagogia	25	5

152. Qual foi o número total de candidatos inscritos nesse processo seletivo?

(A) 200
(B) 400
(C) 1 200
(D) 1 235
(E) 7 200

Peças metálicas de aeronaves abandonadas em aeroportos serão recicladas. Uma dessas peças é maciça e tem o formato cilíndrico, com a medida do raio da base igual a 4 cm e a da altura igual a 50 cm. Ela será derretida, e o volume de metal resultante será utilizado para a fabricação de esferas maciças com diâmetro de 1 cm, a serem usadas para confeccionar rolamentos. Para estimar a quantidade de esferas que poderão ser produzidas a partir de cada uma das peças cilíndricas, admite-se que não ocorre perda de material durante o processo de derretimento.

153. Quantas dessas esferas poderão ser obtidas a partir de cada peça cilíndrica?

(A) 800
(B) 1 200
(C) 2 400
(D) 4 800
(E) 6 400

A luminosidade L de uma estrela está relacionada com o raio R e com a temperatura T dessa estrela segundo a Lei de Stefan-Boltzmann: $L = c \times R^2 \times T^4$, em que c é uma constante igual para todas as estrelas.

Disponível em: http://ciencia.hsw.uol.com.br. Acesso em: 22 nov. 2013 (adaptado).

Considere duas estrelas E e F, sendo que a estrela E tem metade do raio da estrela F e o dobro da temperatura de F.

154. Indique por LE e LF suas respectivas luminosidades. A relação entre as luminosidades dessas duas estrelas é dada por

(A) $L_E = \frac{L_F}{2}$

(B) $L_E = \frac{L_F}{4}$

(C) $L_E = L_F$

(D) $L_E = 4L_F$

(E) $L_E = 8L_F$

Uma das informações que pode auxiliar no dimensionamento do número de pediatras que devem atender em uma Unidade Básica de Saúde (UBS) é o número que representa a mediana da quantidade de crianças por família existente na região sob sua responsabilidade. O quadro mostra a distribuição das frequências do número de crianças por família na região de responsabilidade de uma UBS.

Número de crianças por família	Frequência
0	100
1	400
2	200
3	150
4	100
5	50

155. O número que representa a mediana da quantidade de crianças por família nessa região é

(A) 1,0.

(B) 1,5.

(C) 1,9.

(D) 2,1.

(E) 2,5.

Em jogos de voleibol, um saque é invalidado se a bola atingir o teto do ginásio onde ocorre o jogo. Um jogador de uma equipe tem um saque que atinge uma grande altura. Seu recorde foi quando a batida do saque se iniciou a uma altura de 1,5 m do piso da quadra, e a trajetória da bola foi descrita pela parábola $y = -\frac{x^2}{6} - \frac{7x}{3} + 12$, em que y representa a altura da bola em relação ao eixo x (das abscissas) que está localizado a 1,5 m do piso da quadra, como representado na figura. Suponha que em todas as partidas algum saque desse jogador atinja a mesma altura do seu recorde.

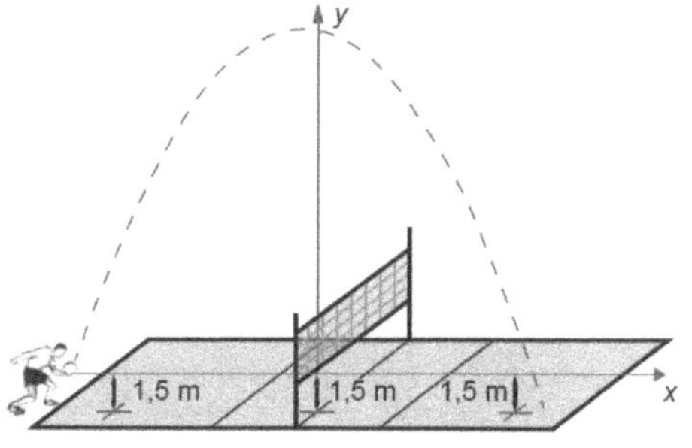

A equipe desse jogador participou de um torneio de voleibol no qual jogou cinco partidas, cada uma delas em um ginásio diferente. As alturas dos tetos desses ginásios, em relação aos pisos das quadras, são:

- ginásio I: 17 m;
- ginásio II: 18 m;
- ginásio III: 19 m;
- ginásio IV: 21 m;
- ginásio V: 40 m.

156. O saque desse atleta foi invalidado

(A) apenas no ginásio I.

(B) apenas nos ginásios I e II.

(C) apenas nos ginásios I, II e III.

(D) apenas nos ginásios I, II, III e IV.

(E) em todos os ginásios.

Uma máquina em operação tem sua temperatura *T* monitorada por meio de um registro gráfico, ao longo do tempo *t*. Essa máquina possui um pistão cuja velocidade *V* varia com a temperatura *T* da máquina, de acordo com a expressão $V = T2 - 4$. Após a máquina funcionar durante o intervalo de tempo de 10 horas, o seu operador analisa o registro gráfico, apresentado na figura, para avaliar a necessidade de eventuais ajustes, sabendo que a máquina apresenta falhas de funcionamento quando a velocidade do pistão se anula.

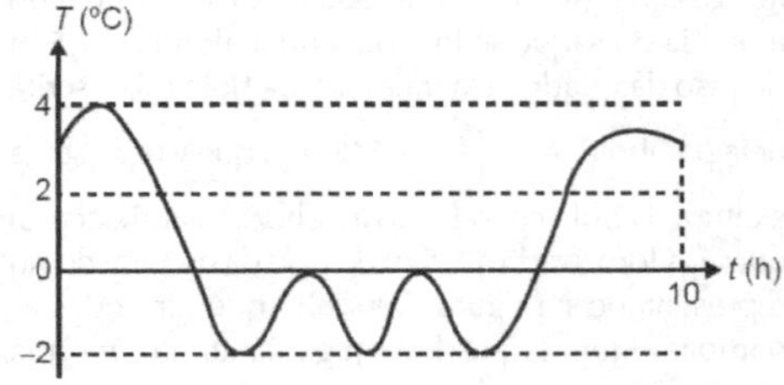

157. Quantas vezes a velocidade do pistão se anulou durante as 10 horas de funcionamento?

(A) 1
(B) 2
(C) 3
(D) 4
(E) 5

A *World Series* é a decisão do campeonato norte-americano de beisebol. Os dois times que chegam a essa fase jogam, entre si, até sete partidas. O primeiro desses times que completar quatro vitórias é declarado campeão.

Considere que, em todas as partidas, a probabilidade de qualquer um dos dois times vencer é sempre ½.

158. Qual é a probabilidade de o time campeão ser aquele que venceu a primeira partida da *World Series*?

(A) $\frac{35}{64}$

(B) $\frac{40}{64}$

(C) $\frac{42}{64}$

(D) $\frac{44}{64}$

(E) $\frac{52}{64}$

O gráfico apresenta os totais de receitas e despesas de uma empresa, expressos em milhão de reais, no decorrer dos meses de um determinado ano. A empresa obtém lucro quando a diferença entre receita e despesa é positiva e tem prejuízo quando essa diferença é negativa.

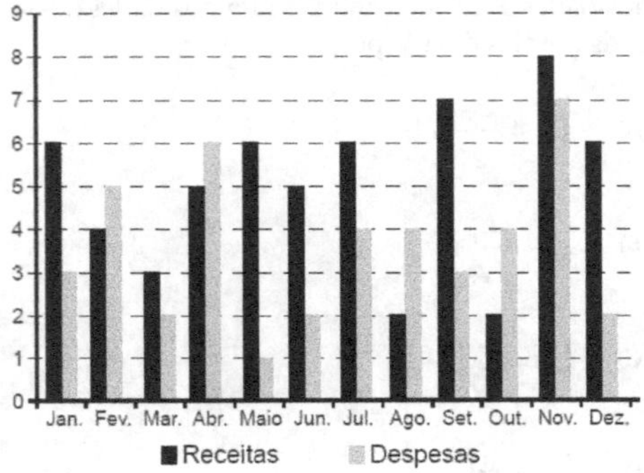

159. Qual é a mediana, em milhão de reais, dos valores dos lucros apurados pela empresa nesse ano?

(A) 1,5
(B) 2,0
(C) 2,9
(D) 3,0
(E) 5,5

Uma montadora de automóveis divulgou que oferta a seus clientes mais de 1 000 configurações diferentes de carro, variando o modelo, a motorização, os opcionais e a cor do veículo. Atualmente, ela oferece 7 modelos de carros com 2 tipos de motores: 1.0 e 1.6. Já em relação aos opcionais, existem 3 escolhas possíveis: central multimídia, rodas de liga leve e bancos de couro, podendo o cliente optar por incluir um, dois, três ou nenhum dos opcionais disponíveis.

160. Para ser fiel à divulgação feita, a quantidade mínima de cores que a montadora deverá disponibilizar a seus clientes é

(A) 8.
(B) 9.

(C) 11.

(D) 18.

(E) 24.

Dentre as diversas planificações possíveis para o cubo, uma delas é a que se encontra apresentada na Figura 1.

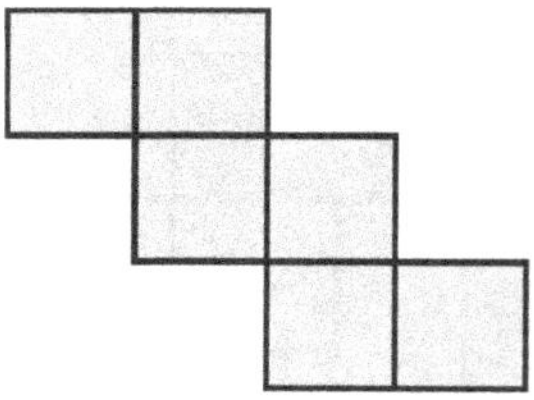

Figura 1

Em um cubo, foram pintados, em três de suas faces, quadrados de cor cinza escura, que ocupam um quarto dessas faces, tendo esses três quadrados um vértice em comum, conforme ilustrado na Figura 2.

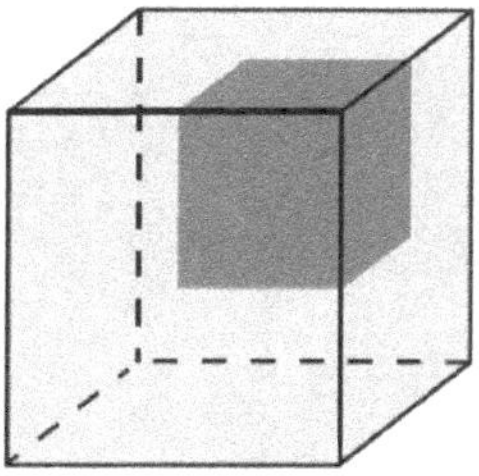

Figura 2

161. A planificação do cubo da Figura 2, conforme o tipo de planificação apresentada na Figura 1, é

(A)

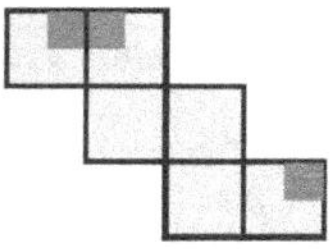

(B)

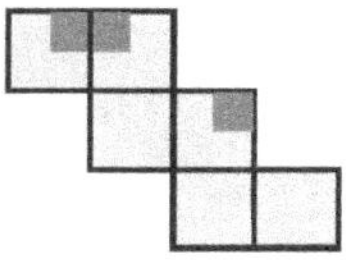

(C)

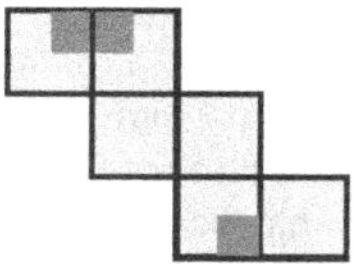

(D)

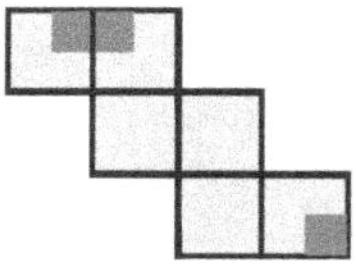

(E)

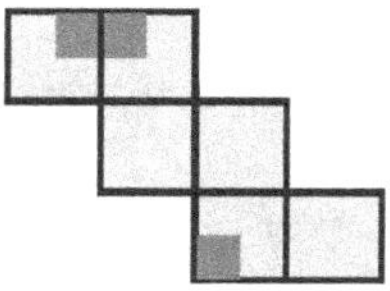

Cada número que identifica uma agência bancária tem quatro dígitos: N_1, N_2, N_3, N_4 mais um dígito verificador N_5.

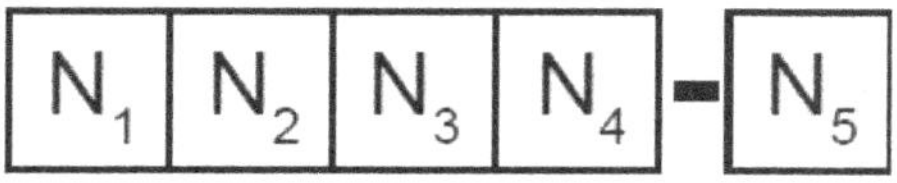

Todos esses dígitos são números naturais pertencentes ao conjunto {0, 1, 2, 3, 4, 5, 6, 7, 8, 9}. Para a determinação de N5, primeiramente multiplica-se ordenadamente os quatro primeiros dígitos do número da agência por 5, 4, 3 e 2, respectivamente, somam-se os resultados e obtém-se $S = 5\ N_1 + 4\ N_2 + 3\ N_3 + 2\ N_4$.

Posteriormente, encontra-se o resto da divisão de S por 11, denotando por R esse resto. Dessa forma, N_5 é a diferença 11 – R.

Considere o número de uma agência bancária cujos quatro primeiros dígitos são 0100.

162. Qual é o dígito verificador N5 dessa agência bancária?

(A) 0

(B) 6

(C) 7

(D) 8

(E) 9

Um robô, que tem um ímã em sua base, se desloca sobre a superfície externa de um cubo metálico, ao longo de segmentos de reta cujas extremidades são pontos médios de arestas e centros de faces. Ele inicia seu deslocamento no ponto *P*, centro da face superior do cubo, segue para o centro da próxima face, converte à esquerda e segue para o centro da face seguinte, converte à direita e continua sua movimentação, sempre alternando entre conversões à esquerda e à direita quando alcança o centro de uma face. O robô só termina sua movimentação quando retorna ao ponto *P*. A figura apresenta os deslocamentos iniciais desse robô.

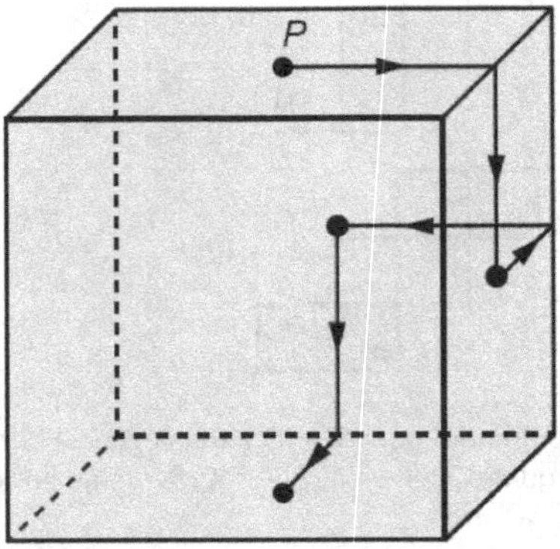

163. A projeção ortogonal do trajeto descrito por esse robô sobre o plano da base, após terminada sua movimentação, visualizada da posição em que se está enxergando esse cubo, é

(A) 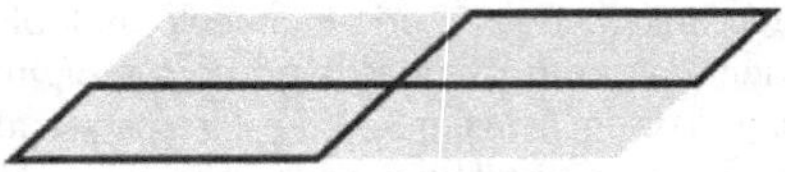

(B) 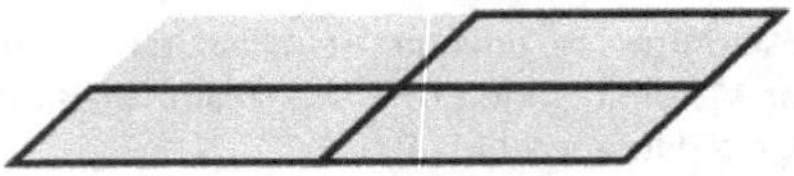

(C) 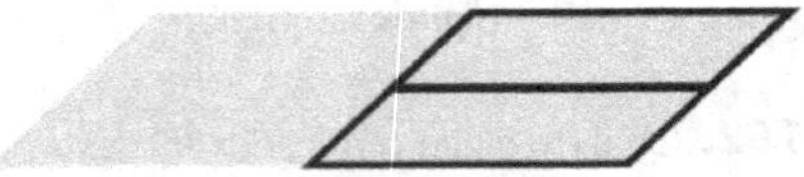

(D) 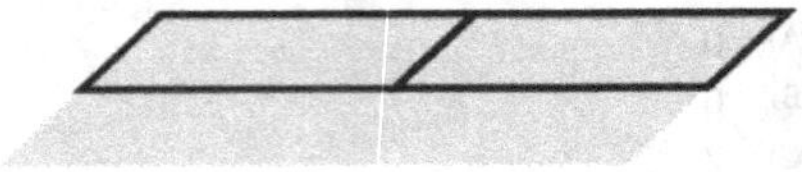

(E) 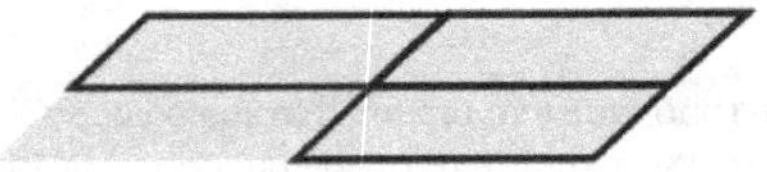

Uma empresa de engenharia projetou uma casa com a forma de um retângulo para um de seus clientes. Esse cliente solicitou a inclusão de uma varanda em forma de L. A figura apresenta a planta baixa desenhada pela empresa, já com a varanda incluída, cujas medidas, indicadas em centímetro, representam os valores das dimensões da varanda na escala de 1 : 50.

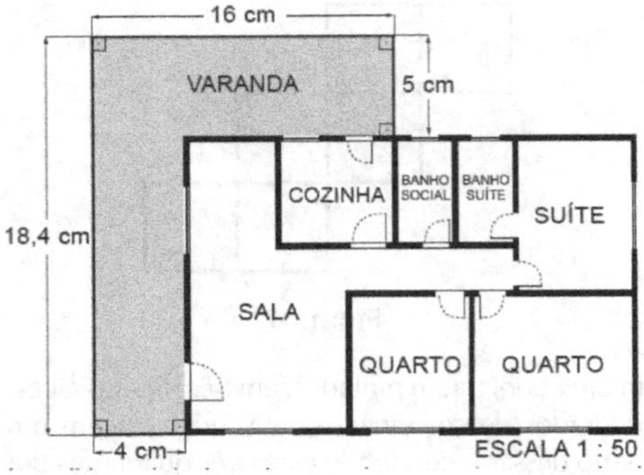

164. A medida real da área da varanda, em metro quadrado, é

(A) 33,40.

(B) 66,80.

(C) 89,24.

(D) 133,60.

(E) 534,40.

Uma loja de roupas fixou uma meta de vendas de 77 000 reais para um determinado mês de 30 dias. O gráfico mostra o volume de vendas dessa loja, em real, nos dez primeiros dias do mês e entre o dia dez e o dia vinte desse mês, nos seus dois únicos setores (infantil e adulto). Suponha que a variação no volume de vendas, para o período registrado, tenha se dado de forma linear, como mostrado no gráfico, e que essa tendência se mantenha a mesma para os próximos dez dias.

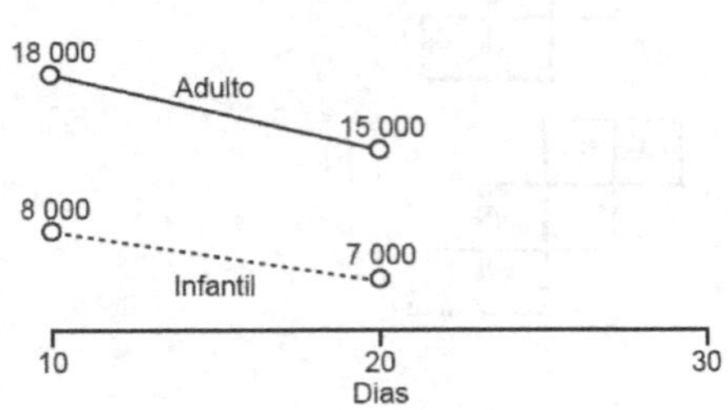

165. Ao final do trigésimo dia, quanto faltará no volume de vendas, em real, para que a meta fixada para o mês seja alcançada?

(A) 5 000
(B) 7 000
(C) 11 000
(D) 18 000
(E) 29 000

O pacote básico de um jogo para smartphone, que é vendido a R$ 50,00, contém 2 000 gemas e 100 000 moedas de ouro, que são itens utilizáveis nesse jogo.

A empresa que comercializa esse jogo decidiu criar um pacote especial que será vendido a R$ 100,00 e que se diferenciará do pacote básico por apresentar maiores quantidades de gemas e moedas de ouro. Para estimular as vendas desse novo pacote, a empresa decidiu inserir nele 6 000 gemas a mais, em relação ao que o cliente teria caso optasse por comprar, com a mesma quantia, dois pacotes básicos.

166. A quantidade de moedas de ouro que a empresa deverá inserir ao pacote especial, para que seja mantida a mesma proporção existente entre as quantidades de gemas e de moedas de ouro contidas no pacote básico, é

(A) 50 000.
(B) 100 000.
(C) 200 000.
(D) 300 000.
(E) 400 000.

Um parque tem dois circuitos de tamanhos diferentes para corridas. Um corredor treina nesse parque e, no primeiro dia, inicia seu treino percorrendo 3 voltas em torno do circuito maior e 2 voltas em torno do menor, perfazendo um total de 1 800 m. Em seguida, dando continuidade a seu treino, corre mais 2 voltas em torno do circuito maior e 1 volta em torno do menor, percorrendo mais 1 100 m.

No segundo dia, ele pretende percorrer 5 000 m nos circuitos do parque, fazendo um número inteiro de voltas em torno deles e de modo que o número de voltas seja o maior possível.

167. A soma do número de voltas em torno dos dois circuitos, no segundo dia, será

(A) 10.
(B) 13.
(C) 14.
(D) 15.
(E) 16.

Uma equipe de marketing digital foi contratada para aumentar as vendas de um produto ofertado em um site de comércio eletrônico. Para isso, elaborou um anúncio que, quando o cliente clica sobre ele, é direcionado para a página de vendas do produto. Esse anúncio foi divulgado em duas redes sociais, A e B, e foram obtidos os seguintes resultados:

-rede social A: o anúncio foi visualizado por 3 000 pessoas; 10% delas clicaram sobre o anúncio e foram redirecionadas para o site; 3% das que clicaram sobre o anúncio compraram o produto. O investimento feito para a publicação do anúncio nessa rede foi de R$ 100,00;

-rede social B: o anúncio foi visualizado por 1 000 pessoas; 30% delas clicaram sobre o anúncio e foram redirecionadas para o site; 2% das que clicaram sobre o anúncio compraram o produto. O investimento feito para a publicação do anúncio nessa rede foi de R$ 200,00.

Por experiência, o pessoal da equipe de marketing considera que a quantidade de novas pessoas que verão o anúncio é diretamente proporcional ao investimento realizado, e que a quantidade de pessoas que comprarão o produto também se manterá proporcional à quantidade de pessoas que clicarão sobre o anúncio.

O responsável pelo produto decidiu, então, investir mais R$ 300,00 em cada uma das duas redes sociais para a divulgação desse anúncio e obteve, de fato, o aumento proporcional esperado na quantidade de clientes que compraram esse produto. Para classificar o aumento obtido na quantidade (Q) de compradores desse produto, em consequência dessa segunda divulgação, em relação aos resultados observados na primeira divulgação, o responsável pelo produto adotou o seguinte critério:

$Q \leq 60\%$: não satisfatório;

$60\% < Q \leq 100\%$: regular;

$100\% < Q \leq 150\%$: bom;

$150\% < Q \leq 190\%$: muito bom;

$190\% < Q \leq 200\%$: excelente.

168. O aumento na quantidade de compradores, em consequência dessa segunda divulgação, em relação ao que foi registrado com a primeira divulgação, foi classificado como

(A) não satisfatório.
(B) regular.
(C) bom.
(D) muito bom.
(E) excelente.

Uma pessoa precisa se deslocar de automóvel do ponto P para o ponto Q, indicados na figura, na qual as linhas verticais e horizontais simbolizam ruas.

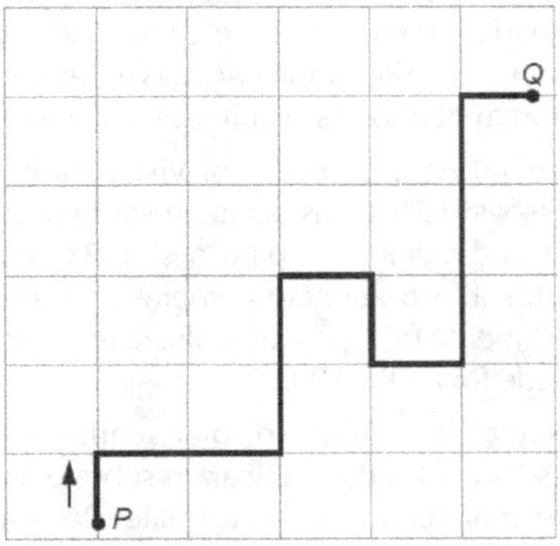

Por causa do sentido de tráfego nessas ruas, o caminho poligonal destacado é a possibilidade mais curta de efetuar esse deslocamento. Para descrevê-lo, deve-se especificar qual o sentido a ser tomado em cada cruzamento de ruas, em relação à direção de deslocamento do automóvel, que se movimentará continuamente. Para isso, empregam-se as letras E, F e D para indicar "vire à esquerda", "siga em frente" e "vire à direita", respectivamente.

169. A sequência de letras que descreve o caminho poligonal destacado é

(A) DDEFDDEEFFD.
(B) DFEFDDDEFFD.
(C) DFEFDDEEFFD.
(D) EFDFEEDDFFE.
(E) EFDFEEEDFFE.

Uma loja comercializa cinco modelos de caixas-d'água (I, II, III, IV e V), todos em formato de cilindro reto de base circular. Os modelos II, III, IV e V têm as especificações de suas dimensões dadas em relação às dimensões do modelo I, cuja profundidade é P e área da base é A_b, como segue:

-modelo II: o dobro da profundidade e a metade da área da base do modelo I;

-modelo III: o dobro da profundidade e a metade do raio da base do modelo I;

-modelo IV: a metade da profundidade e o dobro da área da base do modelo I;

-modelo V: a metade da profundidade e o dobro do raio da base do modelo I.

Uma pessoa pretende comprar nessa loja o modelo de caixa-d'água que ofereça a maior capacidade volumétrica.

170. O modelo escolhido deve ser o

(A) I.
(B) II.
(C) III.
(D) IV.
(E) V.

No período de 2005 a 2013, o valor de venda dos imóveis em uma cidade apresentou alta, o que resultou no aumento dos aluguéis. Os gráficos apresentam a evolução desses valores, para um mesmo imóvel, no mercado imobiliário dessa cidade.

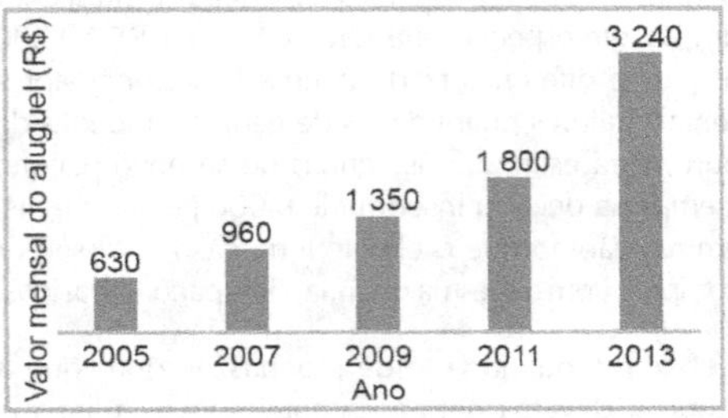

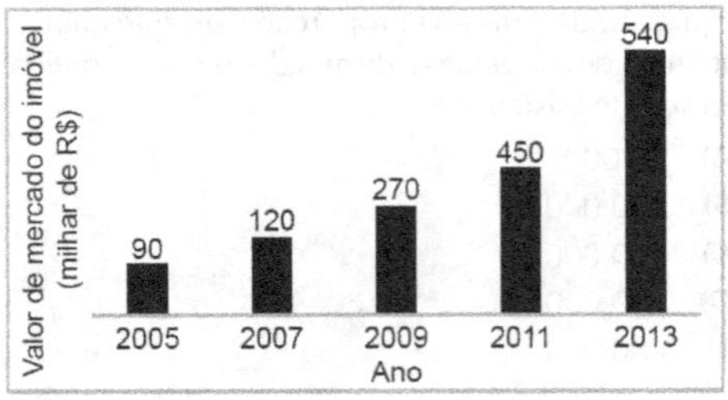

171. A rentabilidade do aluguel de um imóvel é calculada pela razão entre o valor mensal de aluguel e o valor de mercado desse imóvel.

Com base nos dados fornecidos, em que ano a rentabilidade do aluguel foi maior?

(A) 2005
(B) 2007
(C) 2009
(D) 2011
(E) 2013

Em uma universidade, atuam professores que estão enquadrados funcionalmente pela sua maior titulação: mestre ou doutor. Nela há, atualmente, 60 mestres e 40 doutores. Os salários mensais dos professores mestres e dos doutores são, respectivamente, R$ 8 000,00 e R$ 12 000,00.

A diretoria da instituição pretende proporcionar um aumento salarial diferenciado para o ano seguinte, de tal forma que o salário médio mensal dos professores dessa instituição não ultrapasse R$ 12 240,00. A universidade já estabeleceu que o aumento salarial será de 25% para os mestres e precisa ainda definir o percentual de reajuste para os doutores.

172. Mantido o número atual de professores com suas atuais titulações, o aumento salarial, em porcentagem, a ser concedido aos doutores deverá ser de, no máximo,

(A) 14,4.
(B) 20,7.
(C) 22,0.
(D) 30,0.
(E) 37,5.

Um borrifador de atuação automática libera, a cada acionamento, uma mesma quantidade de inseticida. O recipiente desse produto, quando cheio, contém 360 mL de inseticida, que duram 60 dias se o borrifador permanecer ligado ininterruptamente e for acionado a cada 48 minutos.

173. A quantidade de inseticida que é liberada a cada acionamento do borrifador, em mililitro, é

(A) 0,125.
(B) 0,200.
(C) 4,800.
(D) 6,000.
(E) 12,000.

Definem-se o dia eo ano de um planeta de um sistema solar como sendo, respectivamente, o tempo que o planeta leva para dar 1 volta completa em torno de seu próprio eixo de rotação e o tempo para dar 1 volta completa em torno de seu Sol.

Suponha que exista um planeta Z, em algum sistema solar, onde um dia corresponda a 73 dias terrestres e que 2 de seus anos correspondam a 1 ano terrestre. Considere que 1 ano terrestre tem 365 de seus dias.

174. No planeta Z, seu ano corresponderia a quantos de seus dias?

(A) 2,5
(B) 10,0
(C) 730,0
(D) 13 322,5
(E) 53 290,0

Em uma competição de velocidade, diz-se que há uma ultrapassagem quando um veículo que está atrás de outro passa à sua frente, com ambos se deslocando no mesmo sentido. Considere uma competição automobilística entre cinco carros em uma pista com 100 m de comprimento, onde todos largam no mesmo instante e da mesma linha. O gráfico mostra a variação da distância percorrida por cada veículo, em função do tempo, durante toda a competição.

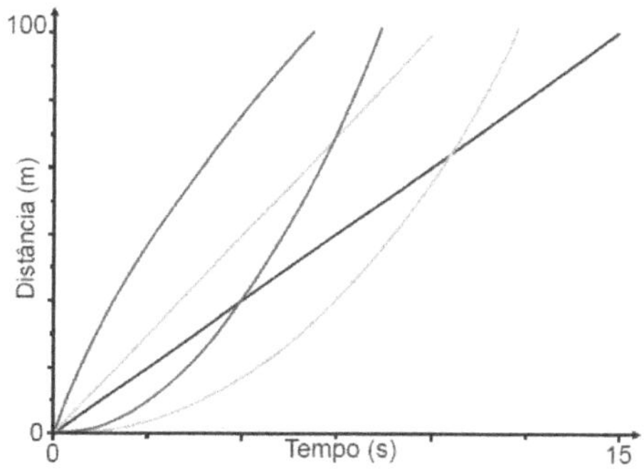

175. Qual o número de ultrapassagens, após o início da competição, efetuadas pelo veículo que chegou em último lugar?

(A) 0
(B) 1
(C) 2
(D) 3
(E) 4

Em uma loja, o preço promocional de uma geladeira é de R$ 1 000,00 para pagamento somente em dinheiro. Seu preço normal, fora da promoção, é 10% maior. Para pagamento feito com o cartão de crédito da loja, é dado um desconto de 2% sobre o preço normal.

Uma cliente decidiu comprar essa geladeira, optando pelo pagamento com o cartão de crédito da loja. Ela calculou que o valor a ser pago seria o preço promocional acrescido de 8%. Ao ser informada pela loja do valor a pagar, segundo sua opção, percebeu uma diferença entre seu cálculo e o valor que lhe foi apresentado.

176. O valor apresentado pela loja, comparado ao valor calculado pela cliente, foi

(A) R$ 2,00 menor.
(B) R$ 100,00 menor.

(C) R$ 200,00 menor.
(D) R$ 42,00 maior.
(E) R$ 80,00 maior.

Ao escutar a notícia de que um filme recém-lançado arrecadou, no primeiro mês de lançamento, R$ 1,35 bilhão em bilheteria, um estudante escreveu corretamente o número que representa essa quantia, com todos os seus algarismos.

177. O número escrito pelo estudante foi

(A) 135 000,00.
(B) 1 350 000,00.
(C) 13 500 000,00.
(D) 135 000 000,00.
(E) 1 350 000 000,00.

O governo de um estado pretende realizar uma obra de infraestrutura para auxiliar na integração e no processo de escoamento da produção agrícola de duas cidades. O projeto consiste na interligação direta das cidades A e B com a Rodovia 003, pela construção das Rodovias 001 e 002. As duas rodovias serão construídas em linha reta e deverão se conectar à Rodovia 003 em um mesmo ponto, conforme esboço apresentado na figura, na qual estão também indicadas as posições das cidades A e B, considerando o eixo x posicionado sobre a Rodovia 003, e cinco localizações sugeridas para o ponto de conexão entre as três rodovias.

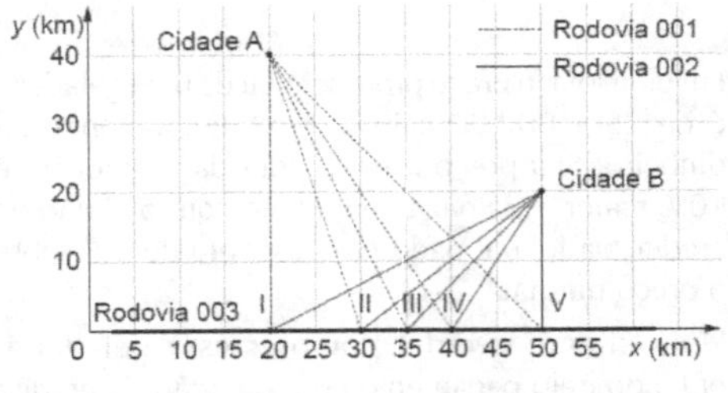

Pretende-se que a distância percorrida entre as duas cidades, pelas Rodovias 001 e 002, passando pelo ponto de conexão, seja a menor possível.

178. Dadas as exigências do projeto, qual das localizações sugeridas deve ser a escolhida para o ponto de conexão?

(A) I
(B) II
(C) III
(D) IV
(E) V

Uma pessoa precisa contratar um operário para fazer um serviço em sua casa. Para isso, ela postou um anúncio em uma rede social.

Cinco pessoas responderam informando preços por hora trabalhada, gasto diário com transporte e tempo necessário para conclusão do serviço, conforme valores apresentados no quadro.

Operário	Preço por hora (real)	Preço do transporte (real)	Tempo até conclusão (hora)
I	120	0,00	8
II	180	0,00	6
III	170	20,00	6
IV	110	10,00	9
V	110	0,00	10

179. Se a pessoa pretende gastar o mínimo possível com essa contratação, irá contratar o operário

(A) I.
(B) II.
(C) III.
(D) IV.
(E) V.

Uma cozinheira produz docinhos especiais por encomenda. Usando uma receita-base de massa, ela prepara uma porção, com a qual produz 50 docinhos maciços de formato esférico, com 2 cm de diâmetro. Um cliente encomenda 150 desses docinhos, mas pede que cada um tenha formato esférico com 4 cm de diâmetro.

A cozinheira pretende preparar o número exato de porções da receita-base de massa necessário para produzir os docinhos dessa encomenda.

180. Quantas porções da receita-base de massa ela deve preparar para atender esse cliente?

(A) 2
(B) 3
(C) 6
(D) 12
(E) 24

Folha de Respostas

91	A	B	C	D	E
92	A	B	C	D	E
93	A	B	C	D	E
94	A	B	C	D	E
95	A	B	C	D	E
96	A	B	C	D	E
97	A	B	C	D	E
98	A	B	C	D	E
99	A	B	C	D	E
100	A	B	C	D	E
101	A	B	C	D	E
102	A	B	C	D	E
103	A	B	C	D	E
104	A	B	C	D	E
105	A	B	C	D	E
106	A	B	C	D	E
107	A	B	C	D	E
108	A	B	C	D	E
109	A	B	C	D	E
110	A	B	C	D	E
111	A	B	C	D	E
112	A	B	C	D	E
113	A	B	C	D	E
114	A	B	C	D	E
115	A	B	C	D	E
116	A	B	C	D	E
117	A	B	C	D	E
118	A	B	C	D	E
119	A	B	C	D	E
120	A	B	C	D	E
121	A	B	C	D	E
122	A	B	C	D	E
123	A	B	C	D	E
124	A	B	C	D	E
125	A	B	C	D	E
126	A	B	C	D	E
127	A	B	C	D	E

128	A	B	C	D	E
129	A	B	C	D	E
130	A	B	C	D	E
131	A	B	C	D	E
132	A	B	C	D	E
133	A	B	C	D	E
134	A	B	C	D	E
135	A	B	C	D	E
136	A	B	C	D	E
137	A	B	C	D	E
138	A	B	C	D	E
139	A	B	C	D	E
140	A	B	C	D	E
141	A	B	C	D	E
142	A	B	C	D	E
143	A	B	C	D	E
144	A	B	C	D	E
145	A	B	C	D	E
146	A	B	C	D	E
147	A	B	C	D	E
148	A	B	C	D	E
149	A	B	C	D	E
150	A	B	C	D	E
151	A	B	C	D	E
152	A	B	C	D	E
153	A	B	C	D	E
154	A	B	C	D	E
155	A	B	C	D	E
156	A	B	C	D	E
157	A	B	C	D	E
158	A	B	C	D	E
159	A	B	C	D	E
160	A	B	C	D	E
161	A	B	C	D	E
162	A	B	C	D	E
163	A	B	C	D	E
164	A	B	C	D	E

165	A	B	C	D	E
166	A	B	C	D	E
167	A	B	C	D	E
168	A	B	C	D	E
169	A	B	C	D	E
170	A	B	C	D	E
171	A	B	C	D	E
172	A	B	C	D	E

173	A	B	C	D	E
174	A	B	C	D	E
175	A	B	C	D	E
176	A	B	C	D	E
177	A	B	C	D	E
178	A	B	C	D	E
179	A	B	C	D	E
180	A	B	C	D	E

GABARITO COMENTADO

91. Gabarito: D

Da figura 1: E_{p1} = m.g.R = Energia potencial em 1

E_{c2} = m.v^2/2 = Energia cinética em 2.

Como E_{p1} = E_{c2} m.g.R = m.v^2/2

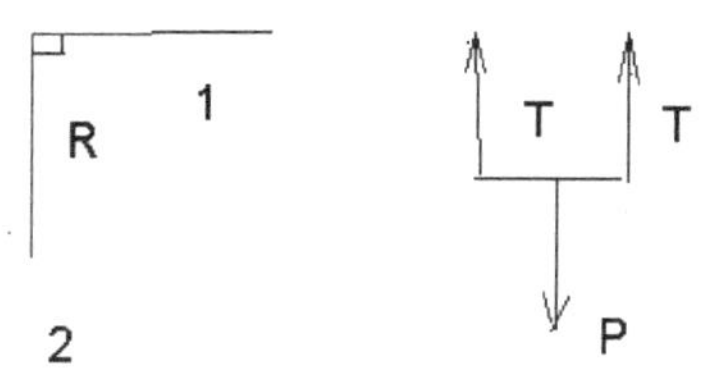

Figura 1 Figura 2

Na figura 2, 2T – P = F_{cp2}, onde F_{cp2} = Força centrípeta em 2 e T é a tensão máxima.

Como m.g.R = m.v^2/2 e F_{cp2} = m.v^2/R, temos m.v^2/R = 2m.g

Como P = mg temos 2T – mg = 2mg e T = 3m.g/2, onde m é 24 kg, g = 10 m/s^2. Portanto, T = 3.24.10/2 = 360 N.

Com a tensão de ruptura (T_r) deve ser 25% maior que a Tensão máxima (T),

T_r = 1,25 T $_r$ = 450 N.

92. Gabarito: D

A deposição de filmes nanocerâmicos sobre a superfície do ferro forma uma barreira que impede o contato com o oxigênio.

93. Gabarito: C

Quando uma célula é colocada em um ambiente de menor concentração, quando comparado com a concentração interna, ocorre a entrada de água na célula, fazendo com que ela aumente de tamanho. No caso, da célula da epiderme da folha da trapoeroba-roxa, o vacúolo presente na célula é preenchido com um pigmento de tonalidade roxa, responsável pela coloração da folha. O aumento das células nesse caso, faz com que a concentração do pigmento diminua.

94. Gabarito: B

A fórmula que calcula a transferência de calor é Q = m.c.Δt, onde Q é troca térmica, c é o calor específico e Δt é a variação de temperatura.

Para o concreto teremos, $Q_c = m_c.c_c.(\Delta t)_c$ e para a água $Q_a = m.c_a.(\Delta t)_a$.

As quantidades de calor recebidas por volumes iguais de água e concreto pela incidência da radiação solar para as áreas alagadas e concreto, são as mesmas, portanto $Q_c = Q_a = Q$ e $V_a = V_c = V$

E como d = m/V, onde d é a densidade e V é o volume e para as duas situações a massa m é: $m_a = d_aV$ e $m_c = d_cV$. Portanto:

$d_cV.c_c.(\Delta t)_c = d_aV.c_a.(\Delta t)_a$ ou, $d_c.c_c.(\Delta t)_c = d_a.c_a.(\Delta t)_a$

Portanto, $(\Delta t)_c / (\Delta t)_a = (d_a.c_a) / (d_c.c_c)$ = (1.000x4,2) / (2.500x0,8) = 2,1.

95. Gabarito: B

A energia dissipada na ducha elétrica é absorvida pela água na forma de calor:

E = P.Δt = Q sendo Q = w.c.ΔT onde E: Energia elétrica, P: Potência, Δt: período de tempo, w: vazão mássica de água, c: calor específico da água e ΔT a variação de temperatura.

Por sua vez, P = i.U, onde i, intensidade de corrente elétrica, U: tensão elétrica e w = v.d, onde v é a vazão líquida e d é a densidade.

O maior nivel de aquecimento é quando o produto v.ΔT é maximo, ou seja, para

3x30 = 90, ou 6x15 = 90 L.°C/min, ou 3000x30 mL/60°C = 1.500 mL.°C/s =

1500 g.°C/s

Então, i.U.Δt = v.d.c. ΔT e i = (v.d.c. ΔT)/(U.Δt)

i = (1500 g.°C.x4,2J/g°C)/(220V) =

$$i = \frac{28{,}64 mL.oC.g.J}{o\,C.mL.g.V} \quad i = 28{,}64 J/V \quad i = 28{,}64\ A$$

Portanto o disjuntor adequado é o de 30A.

96. Gabarito: C

Na reação do carbonato de cálcio com o ácido clorídrico há formação de cloreto de cálcio, de água e de gás carbônico, conforme reação abaixo

$CaCO_3(s) + 2\ HCl(aq) \rightarrow CaCl_2(aq) + H_2O(l) + CO2(g)$

O gás liberado é o CO_2.

97. Gabarito: C

Baseado no texto, o estudo comparou a concentração de um hormônio específico no sangue de machos expostos ao herbicida com a de outros machos e fêmeas que não foram expostos. Além disso, o gráfico permite complementar que a substância tóxica diminui a concentração de hormônios nos machos. Portanto, o hormônio em questão é a testosterona, que é um hormônio sexual normalmente presente em quantidades maiores nos machos em relação à fêmeas.

98. Gabarito: D

Observando a tabela constatamos que após 8 dias a massa residual de Iodo caiu para a metade. Então o tempo de meia-vida do Iodo radioativo é igual a 8 dias.
Vamos calcular a massa residual após cada meia vida:
Inicial 12 µg, cada meia-vida 8 dias
Após 8 dias (a primeira meia-vida) caiu para 6 µg
Após 16 dias (a segunda meia-vida) cairá para 3 µg
Após 24 dias (a terceira meia-vida) cairá para 1,5 µg
Após 32 dias (a quarta meia-vida) cairá para 0,75 µg
Após 40 dias (a quinta meia-vida) cairá para 0,375 µg.
O valor mais próximo de 0,375 µg é 0,4 µg

99. Gabarito: D

As quatro espécies de anfíbios utilizam diversas estratégias reprodutivas que viabilizam a sobrevivência e reprodução em seus respectivos ambientes. Essas estratégias incluem a produção de muitos gametas para maximizar as chances de fertilização, o cuidado parental para aumentar a sobrevivência dos embriões e dos girinos, a colocação dos ovos em locais específicos para protegê-los de predadores e condições adversas e até mesmo o desenvolvimento dos embriões no saco vocal do macho para garantir a sobrevivência. A variedade de adaptações é um potencial exemplo de diversidade de estratégias reprodutivas, que garante o sucesso reprodutivo.

100. Gabarito: A

É informado que a figura da Terra é do dia 21 de dezembro, portanto no hemisfério sul é verão.
No gráfico é indicado que a incidência máxima de energia solar é em 10 de janeiro, próximo ao dia 21 dezembro.
E essa incidência máxima é sobre o Trópico de Capricórnio, região onde foram instaladas as placas.

101. Gabarito: A

No processo de remediação do solo, temos as seguintes semirreações químicas:
Inicialmente o íon persulfato ($S_2O_8^{2-}$), reage com o íon Fe^{3+} sendo convertido para o radical livre $\bullet SO_4^-$, por uma reação de redução, conforme abaixo:
No íon persulfato o Nox (Número de oxidação) do oxigênio é -2. No S vamos chamar o Nox de x. Calculando 2x + 8(-2) = -2. Resolvendo a equação,
2x = -2 + 16 = 14 e x = 7. Portanto o Nox do S é +7.
No radical livre $\bullet SO_4^-$, como o Nox do O é -2, teremos x + 4(-2) = -2 e o x será igual a +6.
Então o Nox do S passa +7 para +6. Portanto esta reação inicial será de redução.
Nas demais reações temos:

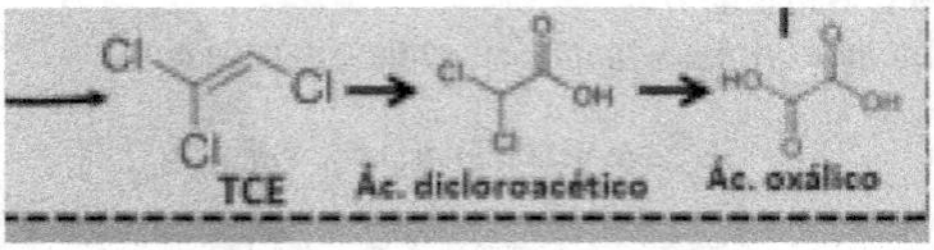

No tricloroeteno, o Nox do Cl é -1, portanto o Nox do primeiro carbono é +2. Já o Nox do segundo carbono será de +1.
No ácido dicloroacético, o Nox do primeiro carbono também é +2 e o do segundo carbono é +2 do oxigênio com dupla ligação e +1 devido ao grupamento OH^-, ou seja, no total +3.
Portanto essa semirreação é de oxidação.
Essas duas semirreações caracterizam a reação como de oxirredução.

102. Gabarito: D

As doenças mencionadas na questão são transmitidas por vetores, ou seja, animais que carregam e transmitem o parasita causador da doença. A medida profilática, portanto, é o controle das populações dos vetores, o que pode ser feito com a gestão do uso de inseticidas, controle de criadouros, redução ou eliminação (controle) de habitats que favoreçam a proliferação dos vetores.

103. Gabarito: B

Como somente 20% da radiação solar é aproveitada pelas placas, a irradiação útil será (0,2)(1500) = 300 W/m^2.
Considerando que a capacidade das duas usinas é de 150 MW, ou 150.10^6 W, podemos calcular por regra de 3 calcular a área total dos painéis.

$1\ m^2$ ----- 300W x = $150.10^6/300 = 1500.10^5/300 = 500.000 m^2$
$x\ m^2$ ----- 150.10^6W

104. Gabarito: A

No primeiro conjunto temos a seguinte reação:
HCl (conc) + KCN → HCN (gás) + KCl (liberando HCN, gás tóxico).
No segundo conjunto o ácido nítrico concentrado, um oxidante forte, reage com a sacarose, uma matéria orgânica, numa reação oxidativa forte, liberando muita energia.
A alternativa correta é a letra A.

105. Gabarito: A

Analisando as alternativas:

A: Duas baterias em série, ligadas corretamente, resultando numa tensão de 24 V. O normal é conectar o polo negativo da primeira bateria ao polo positivo da segunda; **B:** Duas baterias aparentemente em série, porém ligadas erradamente, resultando numa tensão igual a zero. **C:** Duas baterias ligadas corretamente em paralelo, resultando numa tensão de 12 V; **D:** As duas baterias estão ligadas erradamente: positivo conectado com positivo e negativo com negativo resultando numa tensão igual a zero. **E:** As duas baterias estão ligadas erradamente, resultando num choque de no máximo 12 V.

As baterias associadas em série resultam numa tensão maior, de 24 V e, portanto, numa corrente elétrica maior. Para a pele molhada, que é a maior situação de risco, temos R = 1kΩ ou

Ω.

Pela Primeira Lei de Ohm: i = U/R = 24/1000 = 24mA.

Como temos parada respiratória para correntes entre 20mA e 100 mA, a alternativa A é a única que pode causar parada respiratória.

106. Gabarito: B

Como os hexafluoretos de urânio têm massas diferentes, a centrifugação pode ser utilizada como processo de separação.

107. Gabarito: E

A terapia gênica tem o objetivo de corrigir o funcionamento das células da retina, sendo composta por um vírus que contém uma cópia do gene normal humano. Portanto, o sucesso dessa terapia advém da expressão do gene responsável pela produção da enzima normal.

108. Gabarito: D

De acordo com a regra da mão direita, quando temos uma corrente elétrica passando por um fio, no sentido para cima, o campo magnético são as linhas que circundam o fio.

Os vetores de indução magnética serão sempre tangentes à linha de indução. Visto de cima teremos:

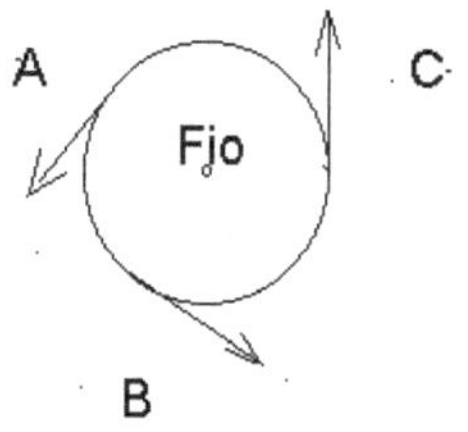

As bússolas posicionadas nos pontos A, B e C também ficarão tangentes à linha de indução, com o seu polo norte no mesmo sentido do vetor indução magnética.

109. Gabarito: A

A introdução de espécies exóticas como a jaqueira pode ocupar área de vegetação nativa e substituir parcialmente a flora original, reduzindo a biodiversidade. Esse fenômeno ocorre por conta da competição por recursos. Como resultado, a introdução de espécies exóticas pode levar à extinção de espécies nativas, afetando a dinâmica do ecossistema em questão. Ou seja, a introdução de espécies exóticas podem ocupar áreas de vegetação nativa e substituir parcialmente a flora original, como aponta a alternativa A.

110. Gabarito: B

Conforme as figuras abaixo, temos:

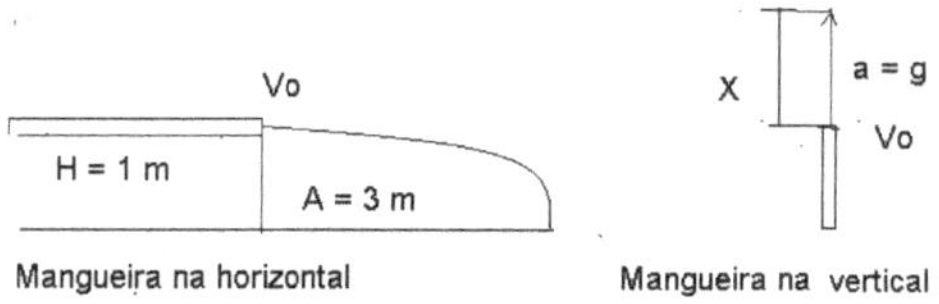

Cálculo da velocidade V_0 de saída da mangueira na horizontal:

Primeiramente calculamos o tempo de queda da água, pela fórmula:

$H = V_{oy}.t + ½\, g.t^2$ Como $V_{oy} = 0$, H = 1 e g = 10 m/s²

$1 = ½\, 10t^2$

e $t = 1/\sqrt{5}$ s

E calculamos a velocidade inicial: $\Delta S_x = V_{ox}.t$. Como $\Delta S_x = 3$ m,

$V_{ox} = 3/\left(\frac{1}{\sqrt{5}}\right) = 3.\sqrt{5}$ m/s

Cálculo do alcance X da água na mangueira na vertical:

Usaremos a equação $V = V_0^2 - 2gX = V_0^2 - 20X$

Como V = 0 e $V_0 = 3.\sqrt{5}$ m/s $X = (3.\sqrt{5})^2/(20) = 2{,}25$ m

111. Gabarito: C

Quantidades de sacarose que sobraram para cada tipo de cana-de-açúcar:

RB72: Para cada 1 $mg.L^{-1}$ de microorganismo presente, perde 50% de sacarose. Portanto, para 0,7 $mg.L^{-1}$ se perderá x. x = 0,7.50/ 1 = 35%.

Então sobrará 65% ou 0,65.13 = 8,45 $mg.L^{-1}$.

RB84: Para cada 1 $mg.L^{-1}$ de microorganismo presente, perde 50% de sacarose. Portanto, para 0,8 $mg.L^{-1}$ se perderá x'. x' = 0,8.50/ 1 = 40%.

Então sobrará 60% ou 0,60.18 = 10,8 $mg.L^{-1}$.

RB92: Para cada 1 $mg.L^{-1}$ de microorganismo presente, perde 50% de sacarose. Portanto, para 0,6 $mg.L^{-1}$ se perderá x''. x''' = 0,6.50/ 1 = 30%.

Então sobrará 70% ou 0,70.16 = 11,2 $mg.L^{-1}$.

SP79: Para cada 1 $mg.L^{-1}$ de microorganismo presente, perde 50% de sacarose. Portanto, para 0,5 $mg.L^{-1}$ se perderá x'''. x''' = 0,5.50/ 1 = 25%.

Então sobrará 75% ou 0,75.14 = 10,5 $mg.L^{-1}$.

SP80: Para cada 1 $mg.L^{-1}$ de microorganismo presente, perde 50% de sacarose. Portanto, para 0,9 $mg.L^{-1}$ se perderá x"". x"" = 0,9.50/ 1 = 45%.

Então sobrará 55% ou 0,55.17 = 9,35 $mg.L^{-1}$.

Portanto a cana-de-açúcar que ficará com maior teor de sacarose é a RB92.

112. Gabarito: E

A etapa que antecede a reação de PCR e permite a amplificação do material genético do vírus é a transcrição reversa, que produz moléculas de DNA complementar (cDNA) viral a partir do RNA viral presente nas amostras coletadas. Essa etapa é importante porque a enzima polimerase usada na PCR é capaz de amplificar somente moléculas de DNA, não de RNA.

113. Gabarito: E

Vamos analisar a figura da alternativa E, conforme abaixo:

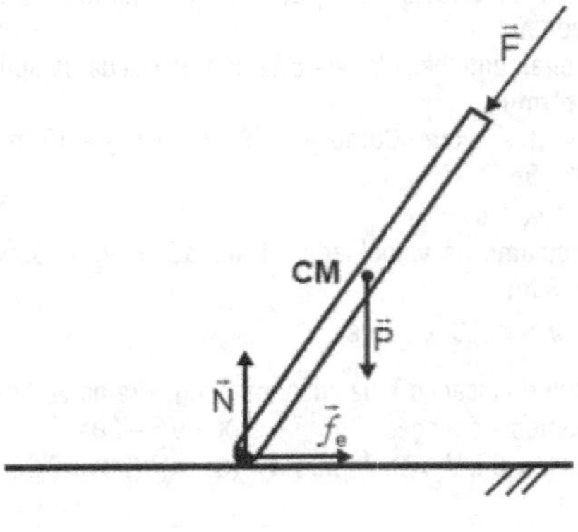

Onde: N – Força normal, CM – Centro de massa

F – Força aplicada à muleta, f_e – Força de atrito

A tendência da muleta é escorregar para a esquerda e a força de atrito é para a direita.

No ângulo crítico, a força resultante da força normal e da força de atrito passa pelo centro da bengala e a sua linha passa pelo centro de massa.

Portanto, a resposta correta é a letra E.

114. Gabarito: A

Vamos inicialmente calcular a resistência da lâmpada.

Com as pilhas montadas corretamente, teremos P = 4,5 W e U = 4,5 V.

Como $P = U^2/R$, $R = U^2/P = 4{,}5\ \Omega$

Como a segunda pilha foi montada ao contrário conforme o esquema abaixo teremos que esta pilha anulará a primeira pilha.

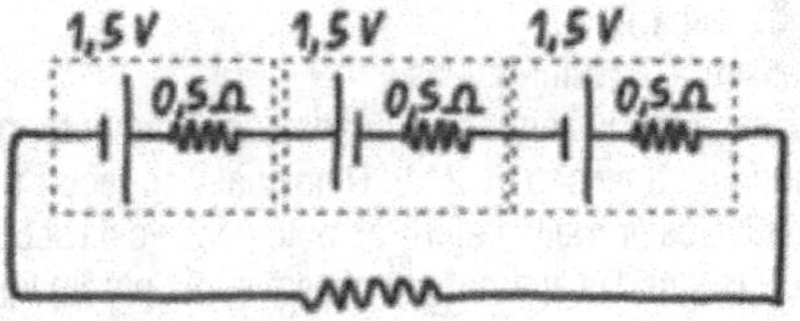

Então ficaremos somente com a terceira pilha operante e a corrente na lanterna ficará: $i = U/R = 1{,}5/R_{eq}$. A R_{eq} será as 4 resistências em série

$3x0{,}5 + 4{,}5 = 6\ \Omega$. $i = 0{,}25$ A

115. Gabarito: E

A enzima catalase é um catalisador que tem por finalidade acelerar a reação, ou seja, aumentar o rendimento da reação.

O aumento da temperatura da reação também deveria aumentar a velocidade de reação.

Por que será que os resultados não mostraram isso?

A única explicação é que o aumento da temperatura está modificando a estrutura da enzima, fazendo que ela perca eficiência.

116. Gabarito: B

O antimicrobiano 2 é o indicado para curar a infecção causada pelo fungo, pois sua ação se dá nos microtúbulos, estruturas proteicas presentes apenas no citoesqueleto de organismos eucariontes. As bactérias, classificadas como procariontes, não possuem microtúbulos. Portanto, a escolha desse antimicrobiano não afetará as bactérias da microbiota normal do organismo.

117. Gabarito: A

O novo medicamento desenvolvido a partir da proteína encontrada no veneno da cascavel apresenta potencial aplicação para modular a coagulação sanguínea, o que pode auxiliar no tratamento de hemorragias ao impedir a formação de trombos, que ocorrem em alguns casos de acidente vascular cerebral.

118. Gabarito: E

A força de atração F de um determinado planeta pelo Sol é dada pela fórmula:

$F = (G.M.m) / (d^2)$ onde G= Constante gravitacional, M = Massa do sol, m =massa do Planeta e d: distância entre o centro do Sol e o Centro do Planeta.

Como a massa do Buraco Negro é igual à massa do Sol, a força de atração do Buraco Negro será igual à força de atração do Sol. Portanto, a órbita do Planeta não será alterada.

Também não existe o risco do Planeta ser "sugado" pelo Buraco Negro, pois estaria fora de seu horizonte de eventos, que é de apenas 3 km.

119. Gabarito: B

Analisando as alternativas:

A letra **A** está errada pois a única função química do catalisador é acelerar a reação. As letras **D** e **E** estão erradas pois o ozônio não é nem ácido, nem base.

A resposta estaria entre as letras **B** ou **C**. Precisamente, letra **B** pois o ozônio é utilizado como oxidante em reações de ozonólise.

120. Gabarito: E

A inativação de um dos cromossomos X nas mulheres heterozigotas para doenças determinadas por genes recessivos ligados ao sexo é um processo chamado de inativação do X ou lyonização. Isso significa que uma das duas cópias do gene em questão é desativada em cada célula. Como resultado, as mulheres heterozigotas são, em geral, saudáveis, pois a cópia normal do gene é capaz de produzir a proteína funcional necessária. No entanto, em algumas células, a cópia mutada do gene pode ser a única ativa, o que pode levar a sintomas de doenças recessivas ligadas ao sexo. Portanto, a consequência da inativação do X em mulheres heterozigotas é a expressão de sintomas da doença em uma proporção variável de células, dependendo do padrão de inativação – expressividade variável. Alternativa E.

121. Gabarito: C

Trata-se de uma reação de hidrólise.

Inicialmente o íon H^+ do meio ácido, reage com o oxigênio da primeira molécula, quebrando a cadeia.

Em seguida a molécula de água é introduzida numa das extremidades da cadeia.

Numa terceira etapa, o íon H^+ é regenerado da cadeia. Portanto, não há consumo de H^+. Então este íon atua como catalisador, aumentando a velocidade de reação e não sendo consumido, pois é regenerado.

122. Gabarito: B

Inicialmente calculamos a quantidade de NaOH consumida na reação, em mol, por regra de três:

1.000 mL da solução - tem 0,1 mol de NaOH x = (8x0,1) /(1.000)
8 mL da solução - tem x mol 0,0008 mol de NaOH.

Em seguida calculamos a quantidade de Ácido Tartárico no vinho em mol.

Temos que 1 mol de ácido tartárico reage com 2 mol de NaOH.
x´mol de ácido tartárico reagirá com 0,0008 mol de NaOOH.

x' = (1x0,0008)/(2) = 0,0004 mol de ácido tartárico

A massa de ácido tartárico que reagiu será: (0,0004)(Massa molar).

Como a massa molar do ácido tartárico é 150 g/mol, a massa será de 0,06 g.

Como a de vinho analisada foi de 25 mL, a concentração de ácido tartárico no vinho será de:

0,06 g em 25 mL c = (0,06x1.000) / (25) = 2,4 $g.L^{-1}$
c em 1.000 ml

123. Gabarito: D

O mecanismo utilizado no experimento utiliza uma modificação genética do protozoário para produzir moléculas fabricadas pelas células tumorais, que foram reconhecidas pelo sistema imunológico, como um indicador de células do protozoário. Como consequência, as defesas do organismo foram induzidas a destruir todas as células com a molécula tumoral, como se lutassem apenas contra o protozoário. Portanto, a resposta imune foi direcionada para o tumor devido à presença de antígenos específicos presentes no protozoário modificado geneticamente, indicada pela alternativa D. A resposta autoimune e hipersensibilidade não foi utilizada no experimento, e a ativação da resposta inata e o desencadeamento de processo anti-inflamatório não foram citados como mecanismos envolvidos na ação da vacina. Assim, a única alternativa viável é a D.

124. Gabarito: D

Examinando os gráficos, constatamos que os sinais aparecem inicialmente no gráfico da esquerda, portanto este é da velocidade do som na água. O gráfico da direita é da velocidade do som no ar.

Examinando o segundo pico do gráfico da esquerda ocorre em 214 s e o segundo pico do gráfico da direita ocorre em 226 s e o tempo decorrido entre eles é 226 – 214 = 12 s.

Esquematicamente, temos:

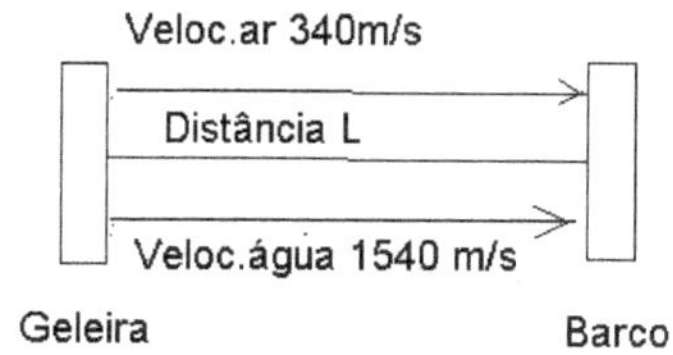

A distância percorrida no som pelo ar (L_{ar}) é igual à distância percorrida no som pelo água($L_{água}$).

Portanto, $V_{ar}.T_{ar} = V_{água}.T_{água}$ ou 340.(T + 12) = 1540xT

340T +12x340 = 1540xT. (1540 – 340) T = 12x340 e T = 3,4 s

Calculando agora D: 1540xT = D = 1540x3,4 = 5.236 m ~ 5.240 m

---

125. Gabarito: E

Quando a luz vem do ar e passa para o líquido dentro da garrafa, ela muda a velocidade, portanto sofre uma refração. Portanto o fenômeno óptico está associado à refração.

Verificando as demais alternativas:

A: Está incorreta pois, como o buraco da garrafa é muito maior do que o comprimento de onda da luz, a difração será imperceptível; **B:** Está incorreta pois, se houvesse absorção, a luz não iluminaria o ambiente; **C:** Está incorreta pois, a polarização está associada a filtração da luz; **D:** Está incorreta pois, se a luz fosse refletida, ela não iluminaria o ambiente.

---

126. Gabarito: B

Analisando as alternativas:

A: Está incorreta, pois a Coagulação é a etapa onde são neutralizadas as cargas das partículas de sujeira, que se repelem e assim conseguir agregá-las em partículas maiores (flocos); **B:** Está correta, pois na Decantação a maioria dos flocos pesados são levados para o fundo do Decantador; **C:** Está incorreta, pois a Filtração somente remove uma pequena quantidade de partículas que não foram decantadas na etapa anterior; **D** e **E**: Estão incorretas, pois na desinfecção é adicionado o cloro e na fluoretação é adicionado o fluor à água.

---

127. Gabarito: E

A termogenina interfere na fosforilação oxidativa (alternativa E), que é a etapa final do metabolismo energético celular responsável pela produção de ATP a partir do gradiente de prótons gerado pelo transporte de elétrons na cadeia respiratória mitocondrial. Ao impedir a chegada dos prótons até a ATP sintetase, a termogenina faz com que parte da energia liberada na oxidação de substratos seja dissipada na forma de calor, em vez de ser utilizada na síntese de ATP.

---

128. Gabarito: A

O aplicativo desenvolvido mostra as de menor para a de maior resistência.

Utilizando a primeira lei de Ohm, temos U = R.i onde U é a diferença de potencial, R é a resistência elétrica e i é a intensidade de corrente.

Neste caso R = U/i. Portanto, R1 = 510/4 = 127,50 Ω – R2 = 608/4 = 152 Ω e
R3 = 575/3 = 191,67 Ω
Como R1 < R2 < R3, a via a ser escolhida é a 1.

---

129. Gabarito: C

A chuva ácida diminui o pH do solo, pois há aumento da concentração do íon H^+. Este íon vai reagir com a amônia conforme abaixo:

$NH3 + H^+ \rightarrow NH4^+$

---

130. Gabarito: C

Como os cones são sensíveis à energia dos fótons e a energia é função da frequência, quando a frequência aumenta, ou diminui, muda a cor da luz. Ou seja, os cones são responsáveis pela captação das cores.

Já os bastonetes são responsáveis pela visão noturna, pelos percepção dos tons de cinza, indo do preto ao branco.

Analisamos as alternativas:

A: Está incorreta pois o daltonismo está relacionado à incapacidade de distinguir entre tons de cores, portanto relacionado aos cones; **B:** Está incorreta pois cores do espectro também está relacionado aos cones; **C:** Está correta pois os bastonetes são responsáveis pela visão noturna; **D:** Está incorreta pois a falta da luminosidade está relacionada aos cones; **E:** Está incorreta pois distinção de cores tem a ver com os cones.

---

131. Gabarito: E

O uso de eritropoietina permite que o indivíduo aumente a sua capacidade de realização de exercícios físicos por aumentar a quantidade de glóbulos vermelhos no sangue, o que, por sua vez, aumenta a taxa de transporte de oxigênio pelo sangue, tal como apontado na alternativa E.

---

132. Gabarito: A

Podemos calcular I o impulso durante a colisão pela fórmula:

$I = (Q_f - Q_i)$, onde Q_f e Q_i são as quantidades de movimento final e inicial.

I também é igual à F.Δt, onde F é a força na colisão e $F = (Q_f - Q_i)/ \Delta t$, onde Δt é o intervalo de tempo,

O enunciado da questão informa que o Δt é mesmo para as duas situações de colisão.

No caso da barreira de pneus temos uma colisão parcialmente elástica, e o sentido do movimento após a colisão é o oposto.

Dessa forma, $F = [Q_f - Q_i)] / \Delta t$, como o sentido após a colisão é oposto temos que Q_f e Q_i se somam, ou seja, $- [Q_f -(+ Q_i)]$ ou $(-Q_f - Q_i)$ em módulo temos $|F| = |Q_f + Q_i|$.

No caso da barreira de blocos temos uma colisão inelástica, e a quantidade de movimento após a colisão (Q_f) é igual a 0. Dessa forma, $F = [Q_i)] / \Delta t$.
Como $|Q_f + Q_i|$. é maior que $|Q_i|$, concluímos que F é maior na colisão com a barreira de pneus. Portanto poderiam estar corretas as alternativas A e D.
Vamos agora analisar o que acontece com a energia dissipada nas duas situações:
A energia dissipada é calculada pela fórmula:

$\Delta E_{diss} = |mv_f^2/2 - mv_i^2/2|$ ou $= (m/2)|v_f^2 - v_i^2|$, onde m é massa do carro e

v_f e v_i, são as velocidades.

Para a barreira de pneus, temos $E_p = (m/2)|v_f^2 - v_i^2|$ e para a barreira de blocos temos vf = 0 e $E_b = (m/2)|0 - v_i^2|$.
Em módulo $E_b > E_p$.

Alternativa A, correta.

133. Gabarito: C
A penicilamina é um aminoácido com caráter anfótero, que possui agrupamentos que podem reagir, em solução em meio aquoso, tanto como ácido, quanto como base.
O K_a é igual à: $[A^-][H^+] / [HA]$, onde K_a é a constante de dissociação ácida, $[A^-]$ é a concentração da base conjugada do ácido, $[H^+]$ é concentração de íons hidrogênio e [HA] é a concentração de espécies químicas HA.
O pK_a é igual a = $\log K_a$, ou seja, quanto maior o K_a (mais ácido), menor o pK_a. A ordem dos três grupamentos, quanto à liberação os íons H^+ é
- COOH: pK_a 1,8 - NH_3^+ pK_a 7,9 e - SH pK_a 10,5.
Como o pH da urina é entre 5 e 7, irá ionização do grupo – COOH produzindo um íon dipolar.

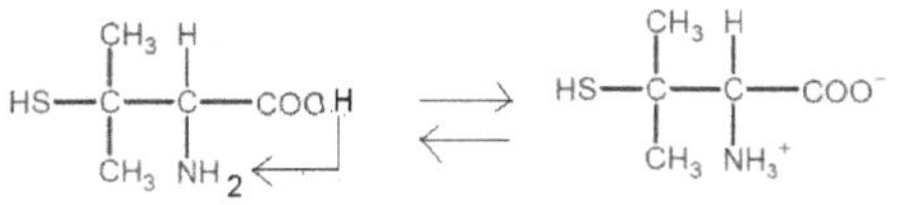

134. Gabarito: C
A característica comum desses compostos é a presença do anel benzênico, com a fórmula estrutural:

135. Gabarito: D
A tecnologia utilizada no combate à dengue descrita no texto é o Método Wolbachia, que consiste em infectar o mosquito Aedes aegypti com a bactéria Wolbachia. Essa bactéria induz a redução da carga viral no mosquito, reduzindo a probabilidade de os mosquitos infectarem pessoas com a dengue, o que consequentemente reduz o número de casos de dengue na área. Portanto, a tecnologia utilizada no combate à dengue consiste na competição do vírus e da bactéria no hospedeiro, tal como aponta a alternativa D.

136. Gabarito: C
m = massa perdida na atividade física, então para que a recomendação tenha sido respeitada é necessário que 140% de m = 1,7Kg, e portanto m=1,7/1,4 Kg. Para saber o tempo t de exercício para se perder m, basta fazer a regra de 3, pois em 1 hora a perda é de 1,5Kg. Da regra de 3, tem-se que t/1 = (1,7/1,4)/1,5 => t = 0,81 h = 49.5 minutos. Alternativa C.

137. Gabarito: C
Considerando L = 12, sabemos que a distância mínima é de 7,2 metros, e que a distância máxima é de 24 metros. A distância aceitável é de 34,8 metros.
Assim, a distância entre a primeira fileira e a última fileira (aceitável) é de 27,6 metros. Dado que a distância de cada fileira é de 1 metro, temos que a área desconsiderando a primeira fileira comporta 27 fileiras de poltronas. Note que a primeira fileira deve ser considerada, portanto esse cinema comportará um total de 28 fileiras de poltronas.

138. Gabarito: C
Fórmula do volume de cone: V = ⅓ x Área da Base do cone x Altura do cone.
Novo volume é 19% menor, então:
V(inicial) = ⅓ x pi x r^2 x h = ⅓ x pi x (16) x (10) = 160 / 3 x pi

Então, temos que o novo volume é:

V(inicial) x (1 - 0,19) = 160 / 3 x pi x 0,81 = 43,2 x pi

Como o novo cone tem a mesma altura, basta aplicar a fórmula para achar o novo raio.
⅓ x pi x (r^2) x (10) = ⅓ x pi x (16) x (10)
r^2 = 12,96
r = 3,6

139. Gabarito: C
Considere que o número de vagas criadas em janeiro 2013 é 28.900, o que representa 1/4 das vagas criadas em janeiro de 2012 – já que a medida em janeiro de 2013 sofreu uma queda de 75%. Assim, o número de vagas de janeiro de 2012 é 4 vezes maior que 2013, resultando em 115.600 vagas.

140. Gabarito: B

A pessoa possui a seguinte combinação de apartamentos para satisfazer o enunciado.

Em cada andar, o comprador só pode escolher 2 apartamentos entre 6 unidades (que batem sol pela manhã); Assim, aplica-se a fórmula de combinação de 6 escolhe 2 = 6! / [(6! - 2!) * 2!].

Como são 9 andares, o resultado é: 9 x 6! / [(6! - 2!) * 2!].

141. Gabarito: anulada

O salário fixo do funcionário é de 675 reais, independentemente da quantidade de vendas.

A comissão de cada venda até a 50ª peça é de 5 reais por peça. A partir da 51ª a sua comissão por peça passa a ser de 7 reais.

Assim, temos que:

- S(q) = 675 + 5q, se q <= 50.
- S(q) = 675 + 250 + 7q = 925 + 7q, se q > 50.

Alternativa D, mas a questão foi anulada.

142. Gabarito: C

As soluções da função de segundo grau $p(t) = -t^2 + 10t + 24$ são t = -2 e 12.

Para equações de segundo grau, o valor médio entre as raízes da equação equivale ao valor máximo (para funções de termo de maior ordem negativa), ou valor mínimo (para funções de termo de maior ordem positiva). Como p(t) é uma função de termo de maior ordem negativa, o valor médio entre as raízes equivale a um valor máximo. O valor médio é de (-2 + 12) / 2 = 10 / 2 = 5 O mês 5, portanto, é o mês de maior infecção da doença. Portanto seria o mês no intervalo da opção III.

143. Gabarito: B

24 semanas, equivalem a 168 dias.

O ciclo de treinos é composto por 13 dias. Nas primeiras 23 semanas, o atleta consegue efetuar 12 ciclos e 38,46% de um ciclo (161 / 13 = 12,3846). Note que 0,3846 de um ciclo equivale a 5 dias de treino. Portanto, na última semana o atleta realizará as atividades a partir do 6º dia de ciclo até o 12º.

R T_3 R T_4 R R T_5

144. Gabarito: A

Da escala de 1:50, temos que a altura equivale a 1,90m e a largura de 80 centímetros.

Como existe móvel acima e nas duas laterais da geladeira, temos que a altura limite é de 1,90 – 0,1 = 1,8. A largura limite é de 0,8 – 0,1 – 0,1 = 0,6.

145. Gabarito: B

A primeira fase é composta de 3 jogos. Portanto, 3 jogos x (1 dia de jogo + 3 dias de descanso) = 12 dias.

A fase oitavas, de final requer 1 dia de jogo + 3 de descanso = 4 dias.

A fase quartas de final requer 1 dia de jogo + 3 de descanso = 4 dias.

A fase semifinal requer 1 dia de jogo + 3 de descanso = 4 dias.

A final só requer 1 dia de jogo, já que o descanso veio depois da semifinal.

Portanto, o mínimo de dias para realizar esse torneio é de 12 + 4 + 4 + 4 + 1 = 25.

146. Gabarito: E

Como já foram realizados 4 sorteios, restam 46 novos sorteios.

A probabilidade de Pedro ganhar o jogo em uma das duas próximas rodadas é o Pedro ganhar na próxima, ou Pedro ganhar na rodada seguinte.

A probabilidade de Pedro ganhar na 5ª rodada é de 1 / 46 (tirar 12).

A probabilidade de Pedro ganhar na 6ª rodada depende de:

1. Caso 1.

5ª rodada: Não tirar 12 (45 / 46).

6ª rodada: Tirar 12 (1 / 45).

2. Caso 2.

a. 5ª rodada: Tirar 11 ou 19 (1 / 46).

b. 6ª rodada: Tirar 19 ou 11 (1 / 45).

3. Caso 3.

a. 5ª rodada: Tirar 05 ou 45 (1 / 46).

b. 6ª rodada: Tirar 45 ou 05 (1 / 45).

Assim:

(1 / 46) + [45 x (45 x 46)] + [1 x (45 x 46)] + [1 x (45 x 46)] = (1 / 46) + [49 x (45 x 46)].

147. Gabarito: C

Como o centro da circunferência não está centralizado no papel, ou seja, o recorte resultaria em um círculo, descarta-se a alternativa B. Em A, observa-se que duas circunferências não se cruzam na direção da diagonal do quadrado principal, portanto, alternativa descartada. A alternativa E é descartada porque o corte retira papel nos quatro quadrantes da folha. Por fim, em se tratando de quadrado e recorte de seções de circunferência, a alternativa D é descartada pelo fato de que a descrição do corte não gera uma simetria – elipse.

148. Gabarito: B

Como 2013 seria o valor médio, temos que:

74,23 (ano 2013) = [73,95 (ano 2012) + X (ano 2014)] / 2

X = 74,51.

149. Gabarito: E

Nota-se que em alfa, as projeções de N e S são coincidentes. Cada uma das projeções forma uma figura de um quarto de circunferência. Além disso, por observação, percebe-se que as trajetórias são opostas. Portanto, a única alternativa consistente com as conclusões anteriores é E.

150. Gabarito: A
Realizando os cálculos de cada jogador para o número de pontos necessários para a média de pontos do ano anterior, temos:
I – (12 + 25 + 20 + 20 + X) / 5 = 18, então X = 13.
II – (12 + 12 + 27 + 20 + X) / 5 = 18, então X = 19.
III – (14 + 14 + 17 + 26 + X) / 5 = 18, então X = 19.
IV – (15 + 18 + 21 + 21 + X) / 5 = 18, então X = 15.
V – (22 + 15 + 23 + 15 + X) / 5 = 18, então X = 15.
O jogador que precisa da menor pontuação é I.

151. Gabarito: B
Realizando os cálculos:
Projeto I – (2 x 25) + 2 x (1,8 x 2) + 2 x (1,8 x 25) = (2 x 25) + 2 x 1,8 x (2 + 27) = 154,4.
Projeto II – (5 x 9) + 2 x 2 x (5 + 9) = 101.
Projeto III – (6 x 15) + 2 x 1 x (6 + 15) = 132.
Projeto IV – (15 x 4) + 2 x 1,5 x (15 + 4) = 117.
Projeto V – (3 x 12) + 2 x 2,5 x (3 + 12) = 111.
O projeto de menor área é Projeto II.

152. Gabarito: D
Realizando os cálculos:
Administração: 30 x 6 = 180.
Ciências Contábeis: 40 x 6 = 240.
Engenharia Elétrica: 50 x 7 = 350.
História: 30 x 8 = 240.
Letras: 25 x 4 = 100.
Pedagogia: 25 x 5 = 125.
O total de candidatos no processo seletivo é 1235.

153. Gabarito: D
Volume do cilindro = área da base x altura = pi x r^2 * h = pi x 4 * 4 * 50 = 800 x pi.
Volume de esfera = (4 / 3) x pi x r^3 = (4 / 3) x pi x $0,5^3$ = 1 / 6 x pi.
Assim: (800 x pi) / [(1 / 6) x pi) = 4800.

154. Gabarito: D
R – raio da estrela E.
T – temperatura da estrela F.
L(E) = c x R^2 x $(2 \times T)^4$ = 16 K (constante).
L(F) = c x $(2 \times R)^2$ x $(T)^4$ = 4 K.
Assim, L(E) = 4 x L(F).

155. Gabarito: B
O total de crianças são 1000. Observe que os números de crianças por família 0 e 1 representam metade das frequências observadas.

Dado que a mediana é o valor que divide a frequência, temos que a mediana aproximada para o exercício é a média aritmética entre 1 e 2, que vale 1,5.

156. Gabarito: D
Sabemos que o ponto de máximo de uma equação de segundo grau pode ser encontrada por: Y_max = - delta / (4 x a).
delta = - (7 / 3)^2 - 4 x [(-1 / 6) x 12] = -121 / 9.
Y_max = (-121 / 9) / [4 x (-1 / 6)] = 20,16.
Y_final = 21,66.
Assim, o saque foi invalidado em I, II, III e IV.

157. Gabarito: E
As raízes da equação V = T^2 - 4 são -2 e 2.
Pelo gráfico observamos que a temperatura atingiu o valor -2 ou 2, um total de 5 vezes.

158. Gabarito: C
Considerando que o time que ganhou a primeira partida seja campeão, ele deve ganhar pelo menos 3 vezes, antes que o outro time ganhe 4.
Considere:
- V – Vitória do time que ganhou a primeira partida;
- D – Derrotado time que ganhou a primeira partida;

Assim, as possibilidades são:
- {V, V, V} = (0,5)^3
- {V, V, V, D} = (0,5)^4 x (3! / 2!) [independentemente da ordem]
- {V, V, V, D, D} = (0,5)^5 x (4! / 2!2!) [independentemente da ordem]
- {V, V, V, D, D, D} = (0,5)^6 x (5! / 3!2!) [independentemente da ordem]

A probabilidade final é a soma dos casos anteriores, que é 42 / 64.

159. Gabarito: D
Lucros:
- Jan: 3
- Fev: -1
- Mar: 1
- Abr: -1
- Maio: 5
- Jun: 3
- Jul: 2
- Ago: -2
- Set: 4
- Out: -2
- Nov: 1
- Dez: 4

Ordenando apenas os lucros da empresa, temos:
1, 1, 2, 3, 3, 4, 4, 5
Por inspeção, a mediana é 3.

160. Gabarito: B

Para gerar o número de configuração, basta fazer o produto entre a quantidade de cada característica. Assim:

1000 = 7 x 2 x (3 + 3 + 1 + 1) x C

C = 8,92. Portanto, a montadora deverá ofertar pelo menos 9 cores.

161. Gabarito: D

A planificação do cubo (ou o cubo desmontado) precisa ser tal que dois quadrados pintados tenham uma de suas arestas em comum, o que em todas as alternativas ocorre. Além disso, é necessário que o outro quadrado pintado tenha duas de suas arestas em comum os demais quadrados, sendo uma aresta em comum com cada quadrado. Para isso ocorrer, na planificação o terceiro quadrado pintado tem que estar no extremo oposto dos outros dois quadrados, o que ocorre apenas na planificação mostrada na alternativa d.

162. Gabarito: C

0 x 5 + 1 x 4 + 0 x 3 + 0 x 2 = 4.

O resto da divisão de 4 por 11 é 4.

A operação 11 - 4, resulta em 7.

163. Gabarito: A

Por inspeção, observa-se que na primeira metade do movimento o robô não sai do quadrante superior direito. Nota-se que essa trajetória é simétrica, não resultando em projeções que geram quadrados lado a lado. Portanto, elimina-se todas as alternativas, exceto a alternativa A.

164. Gabarito: A

Realizando os cálculos em centímetros, temos que a área total é de:

- 4 x 18,4 = 73,6
- 5 x (16 - 4) = 5 x 12 = 60

Assim, a área total em centímetros quadrados é 60 + 73,6 = 133,6.

Como a escala é de 1:50, temos então que a área em metros quadrados é 133,6 * 50 * 50 / 10.000 = 33,40.

165. Gabarito: C

Para adultos, a variação da curva é de 3000 para 10 dias. Portanto, a projeção de vendas de roupas de adulto para o dia 30 é de 12000.

Já para roupas de crianças, a variação da curva é de 1000 para 10 dias. Portanto, a projeção de vendas de roupas de adulto para o dia 30 é de 6000.

Para calcular as vendas do mês, basta somar o volume de vendas de cada 10 dias.

Assim:

Adultos: 18.000 + 15.000 + 12.000 = 45.000.

Crianças: 8.000 + 7.000 + 6.000 = 21.000.

Total = 66.000.

Para 77.000 faltam 11.000.

166. Gabarito: E

O pacote básico oferece 2.000 gemas. Dois pacotes básicos oferecem 4.000. O novo pacote de R$100,00 oferece 6.000 gemas a mais, portanto, 10.000 gemas. Para manter a proporção de 2.000 gemas para 100.000 moedas, ou seja, 1:50, o jogo deverá oferecer 500.000. Dado que o pacote básico já contém 100.000 moedas. A empresa deverá incluir mais 400.000 moedas.

167. Gabarito: E

A volta no circuito maior vale X metros. A volta no circuito menor vale Y metros.

Assim:

3X + 2 Y = 1800

2X + Y = 1100

Portanto, X = 400, Y = 300

Para maximizar o número máximo de voltas, deve-se completar mais voltas no circuito menor. Portanto, temos que percorrer 14 voltas no circuito menor, totalizando 4200 metros e 2 voltas no circuito maior, totalizando 800 metros.

Portanto, o máximo de voltas em 5000 metros são 16.

168. Gabarito: C

Calculando a quantidade de pessoas que compraram por meio da rede social A:

- Investimento de A: R$100,00.
- 3000 visualizações.
- 10% clicam no anúncio x (3000 pessoas) = 300 pessoas.
- 3% dos que clicaram, compraram, então 3% x 300 = 9 pessoas.

Agora o raciocínio para B:

- Investimento de B: R$200,00.
- 1000 visualizações.
- 30% clicam no anúncio x (1000 pessoas) = 300 pessoas
- 2% dos que clicaram, compraram, então 2% x 300 = 6 pessoas.

Na segunda divulgação, realiza-se o investimento de R$300,00 em cada uma das redes sociais.

- Rede A: investimento 3 vezes maior, espera-se retorno 3 vezes maior, ou seja 27 compradores
- Rede B: investimento 1,5 maior, espera-se retorno 1,5 vezes maior, ou seja 9.

O aumento observado na quantidade de vendas é:

[(27 + 9) - (9 + 6)] / (9 + 6) = 21 / 15 = 140%.

Pelo critério, o resultado é bom.

169. Gabarito: C
Usando o dedo, uma caneta ou um lápis, deve-se tentar cada alternativa, para se concluir, por eliminação, que a única solução viável é DFEFDDEEFFD.

170. Gabarito: E
Realizando os cálculos, temos:
- Modelo I: A x h.
- Modelo II: (A / 2) x 2 x h = A x h.
- Modelo III: (A / 4) x 2 x h = A x h / 2.
- Modelo IV: 2 x A x h / 2 = A x h.
- Modelo V: (4 x A) x h / 2 = 2 x A x h.

Assim, o modelo de maior capacidade é o modelo V, indicado na alternativa E.

171. Gabarito: B
Realizando os cálculos, temos:
- 2005: 630 / 90 = 7.
- 2007: 960 / 120 = 8.
- 2009: 1350 / 270 = 5.
- 2011: 1800 / 450 = 4.
- 2013: 3240 / 540 = 6.

Portanto, o ano de maior rentabilidade é 2007.

172. Gabarito: D
O salário médio limite é de 12.240, ou seja, uma folha de 1.224.000.
O salário dos mestres será 60 x 8000 x 1,25 = 600.000.
O salário total dos doutores será de 624.000
Assim, temos que o salário por doutor será de 15.600, o que representa um aumento de (15.600 – 12.000) / 12.000 de 30%.

173. Gabarito: B
Sabendo que o borrifador funciona ininterruptamente por 60 dias, borrifando a cada 48 minutos, e sabendo que 60 dias são 60 dias x 24 (horas / dia) x 60 (minutos / hora), nesse período o borrifador é acionado 1800 vezes. Logo, cada acionamento utiliza 360 mL / 1800 = 0,2 mL.

174. Gabarito: A
Cada 73 dias na terra corresponde a 1 dia em Z. Cada ano terrestre corresponde a 2 anos em Z. 1 ano na terra corresponde a 365 na terra.
Portanto, 2 anos em Z correspondem a 365 dias na terra, ou seja, 5 x 73 dias na terra, que resulta em 5 dias em Z. Portanto, cada ano em Z corresponde a 2,5 dias de Z.

175. Gabarito: A
O veículo que chegou em último lugar é o veículo cuja descrição no gráfico é a reta.
Observando o gráfico, nota-se que o último veículo não fez nenhuma ultrapassagem, mas foi ultrapassado 2 vezes. Portanto, alternativa A.

176. Gabarito: A
Valor com pagamento em dinheiro: 1000.
Valor com preço normal: 1000 x (1 + 0,1) = 1100.
Valor com pagamento em cartão: 1100 x (1 - 0,02) = 1078.

Valor que cliente achou que pagaria: 1000 x (1 + 0,08) = 1080.

A diferença de valor apresentada na loja é 1078 - 1080 = -2, ou seja, 2 reais menor.

177. Gabarito: E
Ordem de Bilhão: número com pelo menos 10 dígitos.
Ordem de milhão: número com pelo menos 7 dígitos.
A única alternativa com um número com pelo menos 10 dígitos antes do número decimal é a alternativa E.

178. Gabarito: D
No mapa cartesiano, a cidade A está na coordenada (20, 40), enquanto a cidade B está na coordenada (50, 20). Por simetria, em relação ao eixo das abscissas, a cidade B se espelha no ponto C (50, -20). O menor caminho é a reta que passa pelo ponto de espelhamento C.
A função que descreve a reta IV é y = -2x + 80. Repare que o ponto (50,-20) pertence a reta IV. Assim, a reta IV é a de menor caminho.

179. Gabarito: A
Calculando o valor total para cada operário, temos:
- Operário I: 120 x 8 = 960
- Operário II: 180 x 6 = 1080
- Operário III: 170 x 6 + 20 = 1040
- Operário IV: 110 x 9 + 10 = 1000
- Operário V: 110 x 10 = 1100

Assim, o operário I é o escolhido.

180. Gabarito: E
Calculando o volume dos doces com 2cm de diâmetro, temos.
V(2) = 4/3 x pi x (1cm)^3 = 4/3 x pi.

O volume total da receita para esse formato é de 50 x 4/3 x pi = 200/3 x pi.

Agora, calculando o volume dos doces com 4cm de diâmetro, temos:
V(4) = 4/3 x pi (2cm)^3 = 32/3 x pi.
O volume total para essa receita é de 150 x 32/3 x pi = 1600 x pi.
Assim, o número de porções para a encomenda é de 1600 x pi / (200/3 x pi) = 24.

MEUS RESULTADOS

Simulado ENEM 2018 - Dia 1: ____

Data: _____ / _____ / _________

Tempo de Prova: _________

Acertos Totais: _________

Onde posso melhorar:

Simulado ENEM 2018 - Dia 2: ______________________________

Data: _____ / _____ / _________

Tempo de Prova: _________

Acertos Totais: _________

Onde posso melhorar:

Simulado ENEM 2019 - Dia 1: ____________________________________

Data: _____ / _____ / _________

Tempo de Prova: _________

Acertos Totais: _________

Onde posso melhorar:

Simulado ENEM 2019 - Dia 2: ______________________________________

Data: _____ / _____ / _________

Tempo de Prova: _________

Acertos Totais: _________

Onde posso melhorar:

Simulado ENEM 2020 - Dia 1: ______________________________

Data: _____ / _____ / _________

Tempo de Prova: _________

Acertos Totais: _________

Onde posso melhorar:

Simulado ENEM 2020 - Dia 2: ______________________________

Data: _____ / _____ / _________

Tempo de Prova: _________

Acertos Totais: _________

Onde posso melhorar:

Simulado ENEM 2021 - Dia 1: ______________________________

Data: ____ / ____ / ______

Tempo de Prova: ________

Acertos Totais: ________

Onde posso melhorar:

Simulado ENEM 2021 - Dia 2: ____________________

Data: _____ / _____ / __________

Tempo de Prova: __________

Acertos Totais: __________

Onde posso melhorar:

Simulado ENEM 2022 - Dia 1: ______________________________

Data: ____ / ____ / ________

Tempo de Prova: ________

Acertos Totais: ________

Onde posso melhorar:

Simulado ENEM 2022 - Dia 2: ______________________________

Data: _____ / _____ / _________

Tempo de Prova: _________

Acertos Totais: _________

Onde posso melhorar:

ANOTAÇÕES